滴天髓三十天快譯通

作者：於光泰（易經）博士

於光泰

籍貫：中國，江蘇省，常州。
1957 年出生於台灣桃園市。

學經歷：

台北科技大學建築系、土木系
輔仁大學中文(易經)博士
中央大學哲學博士候選人
指南宮中華道教學院講師
中華易學產業協進會第一屆理事長
桃園市易經研究學會第十屆副理事長

相關著作：

1.八字基礎會通
2.周易與六爻預測
3.易經三十天快譯通
4.擇日學三十天快譯通
5.陽宅奧秘三十天快譯通
6.八字奧秘三十天快譯通
7.子平真詮三十天快譯通
8.滴天髓三十天快譯通
9.「梁學八字大破譯」教學光碟
10.「梁學陽宅內局大解碼」教學光碟

11.「三合派與形家風水會通」教學光碟

12.「梁學八字基礎整合」教學光碟

13.「擇日十週會通」教學光碟

14.「八字流年實務」教學光碟

15.「八字卜卦基礎十八堂」教學影片

16.「陽宅奧秘二十六堂」教學影片

17.「九星水法八堂」教學影片

內文目錄

1

自序

　　《滴天髓》這本書相傳是宋代京圖所作，我認為宋代子平學尚未如此成熟。至於是否劉伯溫所注，我是持很大的疑問，之後由清朝任鐵樵增加實例解說，再經由民國初年徐樂吾、袁樹珊各自表述，因此我們手上的《滴天髓》就像《易經》一樣，隨著時間與學者的增補，各有意旨，且《滴天髓》相關著作在我出書之前不知凡幾，我就像過江之鯽，優游於湖海之中，雖然才華不如其他作者，此書也未必能成為金石之作；但赤子之心，當仁不讓，若足供茶餘飯後莞爾一笑，足矣。所以面對佳作如林的情況下，我採用最樸拙的方法，逐一將五百多命例，依序照自己的理解解說，所念茲者勤能補拙而已。

　　業師　梁湘潤大師在《流年法典》一書中提到：「明、清兩代五百年來，能留下的『命學名著』，並不是很多。若以清代而言---大約只有兩本書。一者是『子平真詮』，二者是『滴天髓』。……任鐵樵氏---視『流年實務』是『商品』---有待價而沽的行情，怎會(核心技術)寫在書上呢？」所以我寫這本書的動機，首在講穿任鐵樵有意無意間遺漏的部分，至於任氏不免射箭畫靶的部分，今人更甚，故無須苛論；遑論該書流傳三百餘年，自有子平學之歷史地位，非蚍蜉之輩可撼動。我竭盡使力，以白話通譯此書文辭趑趄難解之處，寫作中自詡野人獻曝，樂在其中。

　　首先，任鐵樵忠於自己之論述，有時為了附和自己的理論，以至有意無意間屈解或與原文矛盾；但這不是吾人吹毛求玼閱讀此書應有的態度，而是應該在其解釋文中整理出自己的心得。其次，任鐵樵是以實例附和自己認知的理論，這在古代確實是個大工程，因為實例一時間難以收集完整，也可能見樹不見林，難以合乎在專旺、調候、通關、病藥等諸用神間，變化莫測，莫衷一

是；或以格局為用神而不明述，我雖欲化幽微於清明，然非望其項背可及，讀者應自有定見。

讀者應體會八字學是深淵，而不是淺碟。所以我樂於以愚公移山之舉，揭露任鐵樵的核心理論。其次，學習欣賞任鐵樵優美的文辭，例如其自述「上不能繼父志，下不能守田園」等語，茲節錄任鐵樵自批八字部分內容如下：

> 運走四十載木火，生助劫刃之地，所以上不能繼父志以成名，下不能守田園而創業，骨肉六親，直同畫餅，半生事業，亦似浮雲。至卯運，壬水絕地，陽刃逢生，遭骨肉之變，以致傾家蕩產，猶憶未學命時，請人推算，一味虛褒，以為名利自如，後竟一毫不驗，豈不痛哉！且予賦性偏拙，喜誠實不喜虛浮，無謟態，多傲慢，交遊往來，每落落難合，所凜凜者，吾祖若父，忠厚之訓，不敢失墜耳。先嚴逝後，家業凋零，潛心學命，為餬口之計，夫六尺之軀，非無遠圖之志，徒以末技見哂，自思命運不齊（濟），無益於事，所以涸轍之鮒（小魚蝦），僅邀升斗之水，限於地，困於時，嗟乎，莫非命也，順受其正云爾。

任氏批文讀後令人戚戚而潸然，今人文筆不及萬分之一，自捧糟粕，卻訕笑其曲解原文，不揣自我淺陋至極。再次，讀者切勿膨脹八字作用，忠實面對論命者，此由《滴天髓》一書中，任鐵樵在書中僅形容命格、行運、人品等，可謂謹言慎語；與現代術士著作中偶有出現來電報上八字，即刻精確論斷：婚姻二次，生有一女，去年車禍傷在右腳下部，出軌三次等，神準至飛天鑽地，令人捧腹稱神。

《滴天髓》之文筆雖非正宗之文言文，但對於現在讀者之古

文閱讀能力卻是一項高度挑戰，因此不適合全本語譯成白話文。所以我用通俗簡約的白話文方式，斷句詮釋原注與任鐵樵晦澀之辭；對於過長的辭句則以段落區隔，希望能獲得廣大讀者的共鳴。若視古文如畏途者，應能在本書中克服閱讀難度，鑽研核心技巧。

　　寫完這本書，確實認為任鐵樵少寫一大堆，不論是基於江湖留一手或進路各有所長，後人自當戮力增補。又任鐵樵此書大致僅及於大運，對流年之論述偶而為之，讀者逐一撿拾定有斬獲，我自認為已經知無不言，言無不盡。當我只是在任鐵樵之吉凶禍福論述之下補充八字學理時，可能我也不免犯下前人之誤。《易》曰：

　　　　憧憧往來，朋從爾思。子曰：「天下何思何慮？天下同歸
　　　　而殊塗，一致而百慮，天下何思何慮？」

　　慮雖百種，必歸一致；塗雖殊異，亦同歸於至真。言多不如少，動則不如寂，序文就像比基尼，不能沒有布料，但越少越好。本書底稿依據任鐵樵增注，袁樹珊撰輯，武陵書局出版的《滴天髓闡微》一書。

　　限於才疏學淺，又與中央大學哲學博士論文「先秦陰陽五行研究」同時動筆，故倉促成書，不免遺漏而粗淺。任何有所本的批評我都樂意接受，至於命理界的酸言胡語，我只能期望批評者也來寫一本共襄盛舉。本書精裝八百餘頁，讀累了用來當枕頭也很管用，請笑納。

作者：　　　　　於光泰　博士
輔仁大學　　　中文(易經)博士
中央大學　　　哲學博士候選人
臺北大元講堂　　　　　講師
中華易學會　　理事長兼講師

識天地人道而知命

—為於光泰老師《滴天髓三十天快譯通》作序

　　研究命理學者就不能不知"命學四書"之一的《滴天髓》。《滴天髓》，別名《誠意伯秘授天官五星玄徹通旨滴天髓》，相傳為宋人京圖所撰，後經明朝劉基作注，至清道光年間，民間命學混亂蕪雜，有識之士任鐵樵用畢生對命學的研究，闡微發隱，加入大量時人之命造作為例證重新編寫《滴天髓》。此書一出，作為命學經典，被古人推崇為命理學中的聖經。

　　說是命理學研究，其實追其根本是在研究宇宙科學規律，宇宙中星球的運轉規律。我們的八字命學也就是地球在這宇宙中受到的物質和暗物質、能量與暗能量的變化作用，地球上的自然形態（如：寒冷酷熱、高山流水、潮汐）受此作用的體現，以及綜上最終落在我們"人"作為主體所受的影響、感受和表現出來的實際體現。天有日月交替，地有春夏秋冬，人有生老病死，宇宙間有哪些法則？我們人何以生？何以富？何以窮？何以病？何以死？我們從古至今一直都在探討著這亙古不變的主題。人生是否有一定的規律？能否掌握這一定的規律來預測，從而得以趨吉避凶？八字命理學站在時間的維度，把人以四維的運行模式進行分析，如此深遠的思維高度這不得不讓人佩服古人的智慧！

　　但因經典著作常語句晦澀難懂，與現代已隔了一些時代，用語習慣已有所不同，當代初學者往往無法精準理解含義。現台灣於光泰老師懷著正本清源、傳承經典之心，編寫《滴天髓三十天快譯通》，實在是令人交口稱譽！

　　同於光泰老師的結緣始於戊戌年，當時我常奔走於上海與台灣之間--四處追尋易學的求知之路，耗費了不少時間精力和金錢。一日，突然收到未曾謀面的於老師發信息說贈送我書籍。我還以為只是個客氣話，並未放心上，誰知沒過兩

天，收到一個台灣的包裹，正是於光泰老師所寄，內有於老師所著《八字基礎會通》、《周易與六爻預測》厚厚的兩本書，真是如獲至寶！在坎坷求知路上的我頗受感動，深深地敬佩於老師的德才兼備和對發揚傳承文化的無私奉獻！次年己亥年，在兩岸自由行政策結束前，我懷著感恩之心再次飛向台灣，很榮幸終於拜訪了於光泰老師，並且在之後跟著於老師學習命理。現得知恩師編著《滴天髓三十天快譯通》，非常榮幸能為恩師作序。此版《滴天髓三十天快譯通》深入淺出、化繁為簡，絕對是當代廣大命理學習者的福音。雖然疫情仍阻礙著我們兩岸的通行，但是希望善知識能跨越鴻溝和各種界限，傳遞到各地命學研究者！

壬寅年辛亥月
上海玄玥教育科技有限公司董事長　王雅妮

目前主要從事易學文化研究、
易學文化的海內外宣傳和交流，
在中國、歐洲、東南亞都有廣
大的粉絲群體

艾維思 序

　　八字首重五行的「相生相剋」與「平衡流通」，其次，參透月令提綱的四季溼寒燥暖與十神的優缺點，並參酌大運流年，最後以真切的文辭來論斷命主一生功名利祿的高低與衰亡。至於該如何深入學習八字？如果您是一位坊間的五術八字習者，知道了天干地支、刑沖會合害與十神這些「基本意象」之後，那您可以繼續在萬育吾《三命通會》或沈孝瞻《子平真銓》中尋求更紮實的基礎，然後攻堅深入「八字聖經」《滴天髓》（傳為明明朝‧劉伯溫所著）。目前坊間相關著作有任鐵樵增注，袁樹珊撰輯《滴天髓闡微》與任鐵樵編註，徐樂吾增註《滴天髓徵義》。這兩本書核心技術大致相同，相同點在類似文言文而晦澀難解，造成初學者屢屢撞牆。

綜觀這數十年坊間出版了無數的初階八字學習書籍，千篇一律，而您只能碰到八字的皮毛。若想再進階深化功力的途徑為何？在下艾維思建議您一定要涉略古書，其震撼將是「一石擊破水中天」，而領悟內容後，絕對是波瀾壯闊。如果「八字教主」宋朝 徐子平 的《淵海子平》條列式的文字對你來說有的簡單、有的太艱深難懂，就要以實際命例在腦海中架構命盤，進行沙盤推演以突破糾結。那麼

「八字教父」清朝任鐵樵 提供了《滴天髓》五百餘命例，來幫助你理解濁清真假、剛柔順逆。可是你又對文言文的體會不深，那您就需要這本白話命例書---『滴天髓三十天快譯通』。

　　在下學習八字命理僅十餘年功夫，至今能獲得每年數百則命主反饋準確，唯一只有跟隨過於光泰老師 學習，幫我打通學習八字的任督二脈。作者是輔仁大學中文（易經）博士，博覽古書，深諳應用易學。本書已經為您把《滴天髓》和 任鐵樵的命例一步步的闡述八字原理與變化，八字乾坤盡在其中，是一本深度夠，值得細心研讀的工具書，在此誠心的向您推薦。

壬寅（2022）年辛亥月

天機論命 創團人　　艾維思

通神論　卷一

天道

> 原文：欲識三元萬法宗，先觀地載與神功。

按：「通神論」，神者，元神、用神、喜神、忌神、閑神、仇神等，泛指八字學所涵蓋的學問。「三元」，天干、地支、藏干。「地載」，指月令地支，《子平真詮》：「八字用神，專求月令。」由月令為樞紐計算各種用神、喜神、忌神稱「地載與神功」。

> 原注：天有陰陽。故春木、夏火、秋金、冬水、季土。隨時顯其神功。命中天地人三元之理。悉本於此。

按：日主生於四季不等，每個季節都有特性，十天干配十二地支，就有一百二十組，結合天干地支藏干，變化無窮。

> 任氏曰：干為天元，支為地元，支中所藏為人元。人之稟命，萬有不齊，總不越此三元之理，所謂萬法宗也，陰陽本乎太極，是謂地載。五行播於四時，是謂神功；乃三才之統系，萬物之本原，滴天髓首明天道如此。

《易經》講天地人三才之道，是為萬物之本原；子平學則以天干、地支、藏干類比天道地道人道。人命雖有吉凶智愚，行運亦有流暢顛簸，但「萬法」都包含在陰陽五行之中。任氏以地載配太極陰陽，五行四時謂神功，還是在「三元萬法宗」的範疇中。

地道

按：「坤」指地支，以月令為主；「元」指日主；兩者間有線索可會通尋覓。八字以金木水火土偏枯或周全定吉凶，雖然要求中和，但特別格另有看法。

原注：地有剛柔，故五行生於東南西北中，與天合德，而感其機緘之妙。賦于人者，有偏全之不一。故吉凶定於此。

按：人接受天地之氣，生存於天地之間；基於天人合德，人的各種五行屬性在時空之間異動，有偏枯周全之不一，吉凶了然矣。

任氏曰：大哉乾元，萬物資始。至哉坤元，萬物資生。乾主健，坤主順，順以承天，德與天合，煦蘊覆育，機緘流通，特五行之氣有偏全，故萬物之命有吉凶。

按：「大哉乾元，萬物資始。至哉坤元，萬物資生。乾主健，坤主順，順以承天」等語出自〈象傳〉。子平學最要陰陽五行均衡暢通，此為人生於天地之間，道法自然之意義。不贅述。

人道

原文：戴天履地人為貴，順則吉兮凶則悖。

按：天地之間由人挺立，人有靈性故最「為貴」；吉祥如意是順天應理，遭凶則是悖逆陰陽五行。

原注：萬物莫不得五行而戴天履地，惟人得五行之全故為貴。其有吉凶之不一者。以其得于五行之順與悖也。

按：與原文同理，不贅述。

任氏曰：人居覆載之中，戴天履地，八字貴乎天干地支順而不悖也。順者接續相生，悖者反剋為害，故吉凶判然。如天干氣弱，地支生之；地支神衰，天干輔之；皆為有情而順則吉。如天干衰弱，地支抑之；地支氣弱，天干剋之，皆為無情而悖則凶也。假如干是木，畏金之剋，地支有亥子生之；（或）支無亥子，天干有壬癸以化之；干無壬癸，地支有寅卯以通根；支無寅卯，天干有丙丁以制之，木有生機，吉可知矣。若天干無壬癸，而反透之以戊己，支無亥子寅卯，而反加之以辰戌丑未申酉，黨助庚辛之金，木無生理，凶可知矣。餘可類推。

1、按：「順而不悖」，天干與地支之間的五行關係，寧可相生、比合，而不要剋入、剋出。「接續相生」，木火土金水連續相生。「悖者反剋為害」，例如壬寅、乙巳、癸亥、丁巳，生少剋多。

2、天干氣弱，地支相生；地支衰弱，天干輔佐；就是有情和順論吉。反之，地支氣弱，天干相剋，則是無情悖反論凶。例如天干是木，畏金相剋，地支有亥子水印綬化官殺，可解；或地支無印綬，而天干有印綬化殺，可解。或干無印綬，地支有寅卯以通根，則是日主身強，足以抗官殺。或地支無寅卯旺根，而天干有丙丁食神傷官剋制，這些條件使木日主有生機，准以論吉。

3、更糟，天干沒有印綬，而是戊己財星，地支也缺乏印綬比劫扶身，周圍都是財與官殺，生助庚辛官殺，故日主衰微論凶。其餘仿此類推。此為陰陽五行中庸平順之理，特別格另當別論。

任氏曰：凡物莫不得五行戴天履地，即羽毛麟介，亦各得五行專氣而生，如羽蟲屬火，毛屬木，麟屬金，介屬水，惟人屬土；土居中央，乃木火金水中氣所成，獨是五行之全為貴，是以人之八字，最宜四柱流通、五行生化；大忌四柱缺陷、五行偏枯。謬書妄言四戊午者，是聖帝之造，四癸亥者，是張桓侯之造，究其理皆後人訛傳，試思自漢至今二千餘載，週甲循環，此造不少，謬可知矣。余行道以來，推過四戊午、四丁未、四癸亥、四乙酉、四辛卯、四庚辰、四甲戌者甚多，皆作偏枯論，無不應驗。

按：任何物類都規範在五行之中，各有五行的專旺氣質，例如「羽蟲屬火，毛屬木，麟屬金，介屬水」等。而人屬於土，土在中央，土中藏有木火金水，故五行為全，靈性最高，凡四柱八字流通生化最美，而忌缺陷偏枯。因此謬書所謂的四柱戊午，四柱癸亥都是以訛傳訛，其餘四乙酉、四辛卯、四庚辰、四甲戌者甚多，作偏枯之論比高命有準。

任氏曰：同邑史姓有四壬寅者，寅中火土長生、食神祿旺，尚有生化之情，而妻財子祿，不能全美，只因寅中火土之氣無從引出，以致幼遭孤苦，中受飢寒，至三旬外，運轉南方，引出寅中火氣，得際遇，經營發財，後竟無子，家業分奪一空，可知仍作偏枯論也。由此觀之，命貴中和，偏枯終於有損，理求平正，奇異不足為憑。

按：任氏又舉四柱壬寅為例，指出寅中火土之氣在壬水之下，無從引出，火衰則土微，早運癸卯濕木孤苦飢寒，甲辰運濕土生木洩水轉運，乙巳運後進入火地經營發財，因為原局火土被壬水覆蓋，財殺（子息）無氣，故「後竟無子，家業分奪一空」。戊申大運全盤冲剋，水木一堆要用火，金運生水狗拿耗子。

比肩	日主	比肩	比肩
壬寅	壬寅	壬寅	壬寅
戊　丙　甲	戊　丙　甲	戊　丙　甲	戊　丙　甲
七　偏　食 殺　財　神	七　偏　食 殺　財　神	七　偏　食 殺　財　神	七　偏　食 殺　財　神
庚戌　己酉	戊申　丁未	丙午　乙巳	甲辰　癸卯

知命

按：對於八字學者振聾發瞶之言，首要理解「順逆之機」；順逆在八字中是很籠統的名稱，例如：大運有順逆，同一個八字男女大運反向；在格局有順用、逆用；〈卷六〉：「順生之機，遇擊神而抗；逆生之序，見閑神而狂。」

按：不知命，無以為君子；此命雖非「算命」，乃在於透悟生命價值之後，知人間順逆之理，能振聾發瞶，成家立業。

任氏曰：此言有至理，惟恐後人學命，不究順悖之機，妄談人命，貽誤不淺。混看奇異格局，一切神殺，荒唐取用，桃花咸池，專論女命邪淫，受責鬼神。金鎖鐵蛇，謬指小兒關煞，憂人父母。

按：《滴天髓》一書駁斥謬書「不究順悖之機」，將一些神煞、奇格，荒唐取用；術士又將桃花咸池，扯上女命邪淫；小兒關煞等，收攝人心。

任氏曰：不論日主之衰旺，總以財官為喜，傷殺為憎，定人終身。不管日主之強弱，盡以食印為福，梟劫為殃，不知財官等名，乃六親取用而列，竟認作財可養命，官可榮身，何其愚也。如財可養身，則財多身弱者，不為富屋貧人，而成巨富。官可榮身，則身衰官重者，不至夭賤，而成顯貴。

1、按：財官等名稱是根據日主與五行關係所定，因此顧名思義看原局內的名詞就以「財官為喜，傷殺為憎」，判斷吉凶，不知道這些名詞只是五行機械式排列所成，竟認為「財可養命，官可榮身，何其愚也」？沒酸上幾句，怎能體現任氏才華。

2、任氏反證說，如果財可養身，則多多益善，財多就是鉅富，為何有「富屋貧人」？或官可榮耀自身，為何官殺一堆，反而貧夭，而非顯貴之人？

任氏曰：余詳考古書，子平之法，全在四柱五行，察其衰旺、究其順悖、審其進退、論其喜忌，是謂理會。至於奇格、異局、神煞、納音諸名目，乃好事妄造，非關命理休咎。若據此論，必致以正為謬，以是為非，訛以傳訛，遂使吉凶之理昏昧難明矣。書云：用之為財不可劫，用之為官不可傷，用之印綬不可壞，用之食神不可奪。此四句原有至理，其要在一用字，無如學命者，不究用字根源，專以財官為重，不知不用財星儘可劫，不用官星儘可傷，不用印綬儘可壞，不用食神儘可奪，順悖之機不理會，與聾瞶何異，豈能論吉凶，辨賢否，而有功於世哉，反誤世惑人者多矣。

1、按：「子平之法，全在四柱五行」，不以十神名稱美惡斷命，專以用神定論，此為任氏所長，非一概而論。正常之下「用之為財不可劫」，用神為財星，天干行運不宜有劫財。「用之為官不可傷」，用神是正官，不宜遇上傷官。「用之印綬不可壞」，用神是印綬，不宜財地。「用之食神不可奪」，指梟印奪食。

2、不懂這些基本學理，順悖之機，就是前述的「不知命者如聾瞶」，反而耽誤論命而迷惑世人。

按：清高宗造，月令羊刃透干，喜羊刃駕殺，以財生官殺對抗羊刃；大運行火地官殺有印綬傷官，行財地有比劫。

七殺	日主	正官	劫財
丙子	庚午	丁酉	辛卯
癸	己　丁	辛	乙
傷官	正印　正官	劫財	正財
	月德　將星	羊刃	桃花

己丑	庚寅	辛卯	壬辰	癸巳	甲午	乙未	丙申

任注：天干庚辛丙丁，正配火煉秋金，地支子午卯酉，又配坎離震兌，支全四正，氣貫八方。然五行無土，雖誕秋令，不作旺論，最喜子午逢沖，水剋火，使午火不破酉金，足以輔主，更妙卯酉逢沖，金剋木，則卯木不助午火，制伏得宜，卯酉為震兌，主仁義之真機，子午為坎離，宰天地之中氣，且坎離得日月之正體，無消無滅，一潤一暄，坐下端門，水火既濟，所以八方賓服，四海攸同，金馬朱鳶，並隸版圖之內，白狼元兔，咸歸覆幬之中，天下熙寧也。

按：皇帝的命格當然要歌頌一番，然不免射箭畫靶。庚金生在酉月，羊刃格；五行齊全，羊刃駕殺，羊刃喜見七殺，秉權。自坐月德、將星。為何「震兌主仁義」？八字以正五行為理論，卯木主仁，酉金主義，離火主禮，坎水主智。八字全沖貴命，天干庚辛祿旺在酉；丙丁祿旺在午，四天干祿旺相交。

按：月令雖以正官正財為用，拱子後論財格逢食神，忌財殺之地。

比肩	日主	食神	食神
戊午	戊辰	庚辰	庚申
己　丁	癸　乙　戊	癸　乙　戊	戊　壬　庚
劫財　正印	正財　正官　比肩	正財　正官　比肩	比肩　偏財　食神
羊刃	紅豔　華蓋	紅豔　華蓋	文昌
戊子	丁亥	丙戌	乙酉	甲申	癸未	壬午	辛巳

（下欄運干支，自左至右）

任注：董中堂造，戊土生於季春，午時，似乎旺相，第春時虛土，非比六九月之實也，且兩辰蓄水為溼，足以洩火生金，干透兩庚，支會申辰，日主過洩，用神必在午火，喜水木不見，日主印綬不傷，精神旺足，純粹中和，一生宦海無波，三十餘年，太平宰相。直至子運，會水局，不祿，壽已八旬矣。

1、庚申、庚辰拱子，格局成食神生財。又戊子運填實，子沖午，財剋印，不祿。為何「春時虛土」？指春天土濕寒被旺木所剋，不要認為日主很旺。為何「日主過洩，用神必在午火」？因為天干兩庚，支會申辰水一堆，戊土需要午火生。

2、戊辰、戊午拱巳，拱祿。戊日午時，時上羊刃。庚祿在申，戊祿旺在巳午，四柱有祿。申子辰拱合財局，解辰辰自刑。午運辰年自刑連環必不利。「支會申辰」？指庚申庚辰拱子三合。

9

按：月令食神與偏財為用，然而壬寅、壬辰拱卯成羊刃格，正偏印三見，身旺；七殺單超一個，有印化殺，休想羊刃駕殺，除非有庚申、辛酉之類大運。反之，行食傷生財，「不用官星盡可傷」。

七殺			日主			偏印			偏印		
庚午			甲寅			壬寅			壬辰		
己		丁	戊	丙	甲	戊	丙	甲	癸	乙	戊
正財		傷官	偏財	食神	比肩	偏財	食神	比肩	正印	劫財	偏財
庚戌		己酉	戊申		丁未	丙午		乙巳	甲辰		癸卯

任注：同邑王姓造，俗以身強殺淺論，取庚金為用，謂春木逢金，必作棟樑之器，勸其讀書必發，至三旬外，不但讀書未授，而且家業漸消，屬余推之，觀其支坐兩寅，乘權當令，干透兩壬，生助旺神，年支之辰土，乃水之庫，木之餘氣，能蓄水養木，不能生金，一點庚金，休囚已極，且午火敵之，壬水洩之，不惟無用，反為生水之病。大凡旺之極者，宜洩而不宜剋，宜順其氣勢，弗悖其性也，以午火為用，將來運至火地，雖不貴於名，定當富於利，可棄名就利，如再守芸窗，終身誤矣。彼即棄儒就經營，至丙午運，剋盡庚金之病，不滿十年，發財十餘萬，則庚金為病明矣。

1、為何「旺之極者，宜洩而不宜剋」？因為甲木寅月建祿格，但壬辰、壬寅拱卯，寅卯辰三會成羊刃格，辰土被合不能生金，故唯一七殺身強殺淺不能用。

2、既然羊刃駕殺與身殺兩停構不上條件，就只能指望「順其氣勢，弗悖其性」，羊刃喜傷官洩身，故丙午運經商得利，以火土同位甲木傷官運即是財運。

按：金水二局，要水勢流暢；庚申辛酉推動水勢，己未戊午阻擋水勢。日月互換空亡。月令比肩，尋外格傷官、偏印為用。印剋傷官，傷官無財，格局敗壞。

偏印	日主	傷官	比肩
辛酉	癸亥	甲子	癸酉
辛	甲　壬	癸	辛
偏印	傷官　劫財	比肩	偏印

丙辰	丁巳	戊午	己未	庚申	辛酉	壬戌	癸亥

任注：此福建人不知姓氏，庚午冬余推之，大取金水運，不取火土，彼曰金水旺極，何以又取金水，則命書不足憑乎？書曰：旺則宜洩宜傷。今滿局金水反取金水，是命書無憑矣。余曰：命書何為無憑？皆因不能識命中五行之奧妙耳。此造水旺逢金，其勢沖奔，一點甲木枯浮，難洩水氣，如止其流，反成水患；不若順其流為美。初行癸亥，助其旺神，蔭庇有餘，一交壬戌，水不通根，逆其氣勢，刑耗並見，辛酉庚申，丁財並旺，己未戊午，逆其性，半生事業，盡付東流，刑妻剋子，孤苦無依，此所謂崑崙之水可順而不可逆也，順逆之機，不可不知也。

按：五行缺火土，滿盤金水，崑崙之水可順而不可逆，其他五行並非此論。傷官格無財，財來財去。壬戌運土旺制水衰而刑耗。庚申、辛酉助水勢丁財兩旺。己未戊午官殺剋比劫，水勢阻滯。

11

理氣

按：中國哲學大致有心學、理學、氣學；「理承氣行」，指道理存在五行造化中，進退、扶抑千變萬化，神而明之。

原注：闔闢往來皆是氣，而理行乎其間。行之始而進，進之極則為退之機。如三月之甲木是也，行之盛而退。退之極則為進之機，如九月之甲木是也。學者宜抑揚其淺深。斯可以言命也。

按：理在氣中，顯象在事物的一闔一闢，反復其道。「行之始而進」，事物變化必有原始；「進之極則為退之機」，《易‧復》：「反復其道，七日來復，利有攸往」，七則絕，絕則復始。例如辰月甲木是衰地（退），戌月甲木坐養地（進）。十二生旺庫是必須熟練的。

任氏曰：進退之機，不可不知也。非長生為旺，死絕為衰。必當審明理氣之進退，庶得衰旺之真機矣。凡五行旺相休囚，按四季而定之。將來者進，是謂相；進而當令，是謂旺。功成者退，是謂休。退而無氣是謂囚。須辨其旺相休囚，以知其進退之機。為日主，為喜神，宜旺相，不宜休囚。為凶煞為忌神，宜休囚，不宜旺相。然相妙於旺，旺則極盛之物，其退反速，相則方長之氣，其進無涯也。休甚於囚，囚則既極之勢，必將漸生，休則方退之氣，未能遽復也。此理氣進退之正論。爰舉兩造為例。

1、按：進退並非狹義的十二生旺庫，指何謂「將來者進，是謂相；進而當令，是謂旺。功成者退，是謂休。退而無氣是謂囚」？例如寅卯月，比劫木為旺。木生火，木印綬為相。其餘金、水、土皆稱休囚。原則是喜用神要旺相，忌神要休囚，即非單獨以日主為判斷。

2、如果為日主，為喜神，宜旺相，不宜休囚。為凶煞為忌神，宜休囚，不宜旺相。然「相妙於旺」？因為「旺」則極盛之物，《易》曰：「日昃之離，何可久？」故其退反速。「相」則方長之氣，其進無涯，來日方長，受益綿延。休（被洩）甚於囚（被尅），因為囚是極端之勢，必將否極泰來而逐漸復甦；休則方退之氣，未能遽然復甦。

按：月令偏財為旺。帶正官、傷官；以傷官生財為用，傷輕財重，大運丙丁、巳午剛好；忌官殺運。甲不離庚，庚不離丁，丁不離甲。

偏印	日主	七殺	傷官
壬申	甲辰	庚戌	丁亥
戊　壬　庚	癸　乙　戊	丁　辛　戊	甲　壬
偏財　偏印　七殺	正印　劫財　偏財	傷官　正官　偏財	比肩　偏印
壬寅	癸卯	甲辰	乙巳	丙午	丁未	戊申	己酉

任注：甲木休囚已極，庚金祿旺剋之，一點丁火，難以相對。加之兩財生殺，似乎殺重身輕，不知九月甲木進氣，壬水貼身相生，不傷丁火。丁火雖弱，通根身庫。戊乃燥土，火之本根。辰乃溼土，木之餘氣。天干一生一制。地支又遇長生，四柱生化有情，五行不爭不妒，至丁運科甲聯登，用火敵殺明矣，雖久任京官，而官資豐厚，皆因一路南方運也。

1、按：七殺格、偏印格、傷官格，三格鼎立，乍看格強身弱。為何「甲木休囚已極…不知九月甲木進氣」？任氏先講反話，再提出自己意見，實則反對此命休囚已極。甲木身弱有濕土生身，辰中癸水有印化殺，有庚金雕琢，丁火淬煉，貴命。

2、丁未運為何科甲連登？因為丁未丁亥拱卯，三合木局幫身，卯申合殺，卯戌合火，比劫生食傷，故羊刃駕殺。甲木戌月，偏財三見，庚金七殺不弱又成格局，日月雙沖，天下沒有白吃的晚餐。

按：月令偏財為主，帶劫財、正印、偏印透干，取外格偏印。原局殺重印綬重，故不宜用財生殺，宜比劫之地，食傷持平。

偏印	日主	七殺	劫財
壬申	甲戌	庚辰	乙亥
戊　壬　庚	丁　辛　戊	癸　乙　戊	甲　壬
偏財　偏印　七殺	傷官　正官　偏財	正印　劫財　偏財	比肩　偏印
驛馬　月德　天德	華蓋　寡宿	大耗	劫煞
壬申　　癸酉	甲戌　　乙亥	丙子　　丁丑	戊寅　　己卯

任注：此與前大同小異，以俗論之。甲以乙妹妻庚，凶為吉兆，貪合忘沖，較之前造更佳。何彼則翰苑，此則寒衿（秀才），不知乙庚合而化金，反助其暴，彼則甲辰，辰乃溼土，能生木，此則甲戌。戌燥土不能生木，彼則申辰拱化，此則申戌生殺，彼則甲木進氣，而庚金退，此則庚金進氣，而甲木退。推此兩造，天淵之隔，進退之機，不可不知也。

1、何謂「乙妹妻庚，凶為吉兆」？參閱五十四卦〈雷澤歸妹〉，指劫財合掉七殺，表面庚金貪合忘沖甲木，實則不然。七殺格、偏印格，但庚殺得到刦財乙木五合，庚進氣其勢更猛。甲戌壬申生殺，甲坐下戌土無水生木，日主退氣殺重，故為寒衿。

2、甲不離庚，庚不離丁，本造庚金七殺無丁火制。甲木脫胎要火，而前造行火地，命好不如運巧。本造中運行水地，水泛木漂。差在丁火沒透干，無力制七殺。

配合

> 原文：配合干支仔細詳，定人禍福與災祥。

> 原注：天干地支。相為配合。仔細推詳其進退之機。則可以斷人之禍福災祥矣。

按：老生常談，不贅述。

> 任氏曰：此章乃闢謬之要領也。配合干支，必須正理，搜尋推詳，與衰旺喜忌之理，不可將四柱干支置之弗論，專從奇格神殺等類妄談，以致禍福無憑，吉凶不驗。命中至理，只存用神，不拘財官印綬比劫食傷梟殺，皆可為用，勿以名之美者為佳，惡者為憎。果能審日主之衰旺，用神之喜忌，當抑則抑，當扶則扶，所謂去留舒配，取裁碻當，則運途否泰，顯然明白，禍福災祥，無不驗矣。

按：學習八字切勿一頭栽進奇特格局，也不要執著在十神六親，任氏主張不要認為財官印優於梟刼殺，而是在用神之喜忌，當抑則抑，當扶則扶。

16

按：月令偏印透干，偏印格；申子辰合出水局，即傷官格，帶食神透干；成格反敗。宜用財地剋印。

食神	日主	偏印	偏財
壬午	庚申	戊辰	甲子
己　丁	戊　壬　庚	癸　乙　戊	癸
正印　正官	偏印　食神　比肩	傷官　正財　偏印	傷官

丙子	乙亥	甲戌	癸酉	壬申	辛未	庚午	己巳

任注：此造以俗論之，干透三奇之美，支逢拱貴之榮，且又會局不沖，官星得用，主名利雙收。然庚申生於季春，水本休囚，原可用官，嫌其支會水局，則坎增其勢，而離失其威，官星必傷，不足為用。欲以強眾敵寡而用壬水，更嫌三奇透戊，根深奪食，亦難作用，甲木之財，本可借用，疏土衛水，洩傷生官，似乎有情不知甲木退氣，戊土當權，難以疏通，縱用甲木，亦是假神。不過庸碌之人，況運走西南，甲木休囚之地，雖有祖業，亦一敗而盡，且不免刑妻剋子，孤苦不堪。以三奇拱貴等格論命，而不看用神者，皆虛謬耳。

1、何謂「三奇之美」？指天干甲戊庚，支逢拱貴指申午拱未，庚之天乙貴人，又帶天月德貴人。地支申子辰拱水局，原局偏印格、傷官格。

2、原本傷官格透干，指望甲木傷官生財，但正偏印四見制水。庚金生在辰月，只怕土厚埋金，先用甲木疏土，次用丁火鍛鍊。大運西南不利甲木，惟甲戌運甲子年柱拱亥，時柱正官正印食神，丁壬合財，即便庸碌亦能發福。任氏向來數落神煞一系，讀者應有定見。

17

按：月令正印透干成格，外格偏財則喜食傷，財印雙清；取外格偏財為用，喜神食傷，忌北地。

正印	日主	偏財	傷官
壬午	乙丑	己亥	丙子
己　丁	辛　癸　己	甲　壬	癸
偏財　食神	七殺　偏印　偏財	劫財　正印	偏印
丁未　丙午	乙巳　甲辰	癸卯　壬寅	辛丑　庚子

任注：此造初看，一無可取。天干壬丙一剋，地支子午遙沖，且寒木喜陽，正遇水勢氾濫，火氣剋絕，似乎名利無成。余細推之，三水二土二火，水勢雖旺，喜無金，火本休囚，幸有土衛，謂兒能救母。況天干壬水生乙木，丙火生己土，各立門戶，相生有情，必無爭剋之意。地支雖北方，然喜己土原神透出，通根祿旺，互相庇護，其勢足以止水衛火，正謂有病得藥，且一陽後萬物懷胎，木火進氣，以傷官秀氣為用，中年運走東南，用神生旺，必是甲第中人。交寅，火生木旺，連登甲榜，入翰苑，是以青雲直上。由此兩造觀之，配合干支之理，其可忽乎。

1、何謂「幸有土衛，謂兒能救母…有病得藥」？日主休囚，火兒為土，己土偏財剋水救火。寒木喜陽，丙火為用。年時雙沖，乍看不妙，其實水火併濟。亥子丑三會，幸好缺金助水源。

2、地支亥子丑壬水透干，乙木賴己土偏財格，免於漂泊。己土制水護火，兒能救母，偏財格己土為病藥用神。妙在傷官生偏財，正印護身，丁壬合木幫身。何謂「一陽後萬物懷胎，木火進氣」？指〈地雷復〉冬至後，時間在庚子辛丑運之間。天乙、天德、文昌、驛馬，桃花等一堆神煞幫襯。

天干

原文：五陽皆陽丙為最，五陰皆陰癸為至。

按：五陽干以丙火最猛，以日主喜忌而言，甲不離庚，庚不離丁，丁不離甲，戊不離甲，壬不離戊，己不離丙，丙不離壬，辛不離壬，原則上陽日主要有剋制，陰日主要生扶。

原注：甲丙戊庚壬為陽。獨丙火秉陽之精。而為陽中之陽。乙丁己辛癸為陰。獨癸水秉陰之精。而為陰中之陰。

按：因為丙火最烈要剋制，所以調候用神除亥月外，離不開壬水。而癸水屬弱，生剋均用不得過重，巳月僅能用辛，申月僅能用丁。

任氏曰：丙乃純陽之火，萬物莫不由此而發，得此而斂。癸乃純陰之水，萬物莫不由此而生，得此而茂。陽極則陰生，故丙辛化水；陰極則陽生，故戊癸化火。陰陽相濟，萬物有生生之妙。夫十干之氣，以先天言之，故一原同出。以後天言之，亦一氣相包。甲乙一木也；丙丁一火也；戊己一土也；庚辛一金也；壬癸，一水也。即分別所用，不過陽剛陰柔、陽健陰順而已。竊怪命家作為歌賦，比擬失倫，竟以甲木為梁棟，乙木為花果，丙作太陽，丁作燈燭，戊作城牆，己作田園，庚為頑鐵，辛作珠玉，壬為江河，癸為雨露，相沿已久，牢不可破，用之論命，誠大謬也。如謂甲為無根死木，乙為有根活木，同是木而分生死，豈陽木獨稟死氣，陰木獨稟生氣乎。又謂活木畏水泛，死木不畏水泛，豈活木遇水且漂，而枯槎遇水反定乎？論斷諸干，如此之類，不一而足，當盡闢之，以絕將來之謬。

按：任氏認為十天干陽剛陰柔、陽健陰順而已，對於十天干陽死陰生，陰死陽生，又以萬物形象類比是謬論，此說出於任氏慣以用神論命，固然有所本，然八字學出於《易經》術數項下，自古術師以象數輔佐論述十天干，使學者易於辨識歸納亦無不可。

原文：五陽從氣不從勢，五陰從勢無情義。

按：「從氣」，不論財官印綬食傷之類，如氣勢在木火，要行木火運，氣勢在金水，要行金水運；反此必凶。「從勢」，日主無根，四柱財官食傷並旺，不分強弱，又無劫印生扶日主，又不能從一神而去，惟有和解之可也，視其財官食傷之中，何者獨旺？則從旺者之勢。

原注：五陽得陽之氣，即能成乎陽剛之事，不畏財殺之勢。五陰得陰之氣，即能成乎陰順之義。故木盛則從木，火盛則從火。土盛則從土。金盛則從金。水盛則從水。於情義之所在者，見其勢衰，則忌之矣，蓋婦人之情也。如此若得氣順理正者。亦未必從勢而忘義；雖從亦必正矣。

按：陽干本就剛強，有一線生機就堅持到底；而陰干則見風轉舵，「若得氣順理正」，指「無情義」也並非不顧道理，將社會現象聯繫到八字學理，雖然騎牆派一堆，在八字學也還是要由正理斷吉凶。

任氏曰：五陽氣闢，光亨之象易觀；五陰氣翕，包含之蘊難測。五陽之性剛健，故不畏財煞，而有惻隱之心，其處世不苟且。五陰之性柔順，故見勢忘義，而有鄙吝之心，其處世多驕諂。是以柔能制剋剛，剛不能制剋柔也。大都趨利忘義之徒，皆陰氣之為戾也。豪俠慷慨之人，皆陽氣之獨鍾。然尚有陽中之陰、陰中之陽，又有陽外陰內、陰外陽內，亦當辨之。陽中之陰，外仁義而內奸詐；陰中之陽，外凶暴而內仁慈。陽外陰內者，包藏禍心；陰外陽內者，秉持直道。此人品之端邪，故不可以不辨。要在氣勢順正，四柱五行停勻，庶不偏倚，自無損人利己之心，凡持身涉世之道，趨避必先知人。故云擇其善者而從之，即此意也。

按：五陽干氣勢開闊，容易觀象；五陰干氣勢蘊藏，難以預測。將陽干比喻為君子，豪俠慷慨；陰干比喻為小人，趨利忘義。然又有陽中之陰、陰中之陽，又有陽外陰內、陰外陽內等應該加以分辨，又云擇其善者而從之。唯八字以氣順理正為上格，全陰全陽非能一概而論。不贅述。

原文：甲木參天，脫胎要火。春不容金，秋不容土。火熾乘龍，水宕騎虎。地潤天和，植立千古。
原注：純陽之木。參天雄壯。火者木之子也。旺木得火而愈敷榮。生於春則欺金。而不能容金也。生於秋則助金。而不能容土也。寅午戌。丙丁多見而坐辰。則能歸。申子辰。壬癸多見而坐寅。則能納。使土氣不乾。水氣不消。則能長生矣。
任氏曰：甲為純陽之木，體本堅固。參天之勢，又極雄壯。生於春初，木嫩氣寒，得火而發榮，生於仲春，旺極之勢，宜洩其菁英。所謂強木得火，方化其頑，剋之者金。然金屬休囚，以衰金而剋旺木，木堅金缺，勢所必然，故春不容金也。生於秋，失時就衰，但枝葉雖凋落漸稀，根氣卻收斂下達，受剋者土，秋土生金洩氣，最為虛薄，以虛氣之土，遇下攻之木。不能培木之根，必反遭其傾陷，故秋不容土也。柱中寅午戌全，又透丙丁，不惟洩氣太過，而木且被焚，宜坐辰，辰為水庫，其土溼。溼土能生木洩火，所謂火熾乘龍也。申子辰全，又透壬癸，水泛木浮，宜坐寅。寅乃火土生地。木之祿旺，能納水氣，不致浮泛，所謂水宕騎虎也。如果金不銳、土不燥、火不烈、水不狂，非植立千古而得長生者哉。

按：就五行性而言，甲木堅實，所以火來則旺，火旺生土，火土同位則食傷生財，所以「脫胎要火」。甲木雖需庚金雕鑿，但春天是庚金的絕位，作用有限，故「春不容金」。秋天庚金強旺，若有土生則過強，對秋天之甲木而言是財生殺黨，故「秋不容土」。火熾乘龍，傷官太旺，要用土洩。「水宕騎虎」，因水多木漂，故用「寅」中甲丙戊洩水氣。「地潤天和」，故甲木地支有癸水滋潤，例如甲辰日，天干有丙丁火照耀，自能植立千古，鶴立雞群。

原文：乙木雖柔，刲羊解牛。懷丁抱丙，跨鳳乘猴。虛溼之地，騎馬亦憂。藤蘿繫甲，可春可秋。

原注：乙木者。生於春如桃李。夏如禾稼。秋如桐桂。冬如奇葩。坐丑未能制柔土。如刲宰羊。解割牛然。只要有一丙丁。則雖生申酉之月。亦不畏之。生於子月。而又壬癸發透者。則雖坐午。亦難發生。故益知坐丑未之月之為美。甲與寅字多見。弟從兄義。譬之藤蘿附喬木。不畏斤伐也。

任氏曰：乙木者，甲之質，而承甲之生氣也。春如桃李，金剋則凋；夏如禾稼，水滋得生；秋如桐桂，金旺火制；冬如奇葩，火溼土培。生於春宜火者，喜其發榮也；生於夏宜水者，潤地之燥也；生於秋宜火者，使其剋金也；生於冬宜火者，解天之凍也。刲羊解牛者，生於丑未月或乙未乙丑日。未乃木庫，得以蟠根；丑乃溼土，可以受氣也。懷丁抱丙，跨鳳乘猴者，生於申酉月或乙酉日，得丙丁透出天干，有水不相爭剋，制化得宜，不畏金強。虛溼之地，騎馬亦憂者，生於亥子月，四柱無丙丁，又無戌未燥土，即使年支有午，亦難發生也。天干甲透，地支寅藏，此謂蔦蘿繫松柏，春固得助，秋亦合扶，故曰可春可秋，言四季皆可也。

按：乙木性柔，僅能剋丑未己土。為何「懷丁抱丙，跨鳳乘猴」？指生在申酉月，必須有丙丁火制金。在亥子丑、申子辰合會或水旺的地支中，四柱僅存的午火，也畏懼柱運歲子水之類的冲剋。為何「藤蘿繫甲，可春可秋」？乙木性柔怕剋洩，有春季甲木可幫身，抵擋官殺剋制，食傷洩氣。

原文：丙火猛烈，欺霜侮雪。能煅庚金，逢辛反怯。土眾成慈，水猖顯節。虎馬犬鄉，甲木若來，必當焚滅。

原注：火陽精也。丙火灼陽之至。故猛烈。不畏秋而欺霜。不畏冬而侮雪。庚金雖頑。力能煅之。辛金本柔。合而反弱。土其子也。見戊己多而成慈愛之德。水其君也。遇壬癸旺而顯忠節之風。至於未遂炎上之性，而遇寅午戌三位者。露甲木則燥而焚滅也。

任氏曰：丙乃純陽之火，其勢猛烈，欺霜侮雪，有除寒解凍之功。能煅庚金，遇強暴而施剋伐也。逢辛反怯，合柔而寓和平也。土眾成慈，不陵下也。水猖顯節，不援上也。虎馬犬鄉者，支坐寅午戌，火勢已過於猛烈，若再見甲木來生，轉致焚滅也。由此論之，洩其威須用己土，遏其焰必要壬水，順其性還須辛金。己土卑溼之體，能收元陽之氣。戊土高燥，見丙火而焦坼矣。壬水剛中之德，能制暴烈之火。癸水陰柔，逢丙火而熯乾矣。辛金柔軟之物，明作合而相親，暗化水而相濟。庚金剛健，剛又逢剛，勢不兩立。此雖舉五行而論，然世事人情何莫不然。

按：「丙火猛烈，欺霜侮雪」，因此不畏懼亥子月，最要壬水七殺剋制。庚金雖頑照剋不誤；「逢辛反怯」，遇到辛金，反而有丙辛合水的顧慮。「土眾成慈」，指火化土，土性敦厚。水猖顯節，水剋火，水旺則丙火既濟有功，官顯名揚。「虎馬犬」，指寅午戌火局，柱運歲甲木進來必然焚滅。指丙火身強，若甲木或柱運歲三合木局，丙日主大凶。

24

原文：丁火柔中，內性昭融。抱乙而孝，合壬而忠，旺而不烈，衰而不窮。如有嫡母，可秋可冬。

原注：丁干屬陰。火性雖陽。柔而得其中矣。外柔順而內文明。內性豈不昭融乎。乙非丁之嫡母也。乙畏辛而丁抱之。不若丙抱甲而反能焚甲木也。不若己抱丁而反能晦丁火也。其孝異乎人矣。壬為丁之正君也。壬畏戊而丁合之。外則撫卹戊土。能使戊土不欺壬也。內則暗化木神。而使戊土不敢抗乎壬也。其忠異乎人矣。生於夏令。雖逢丙火。特讓之而不助其焰。不至於烈矣。生於秋冬。得一甲木。則倚之不滅。而焰至於無窮也。故曰可秋可冬。皆柔之道也。

任氏曰：丁非燈燭之謂，較丙火則柔中耳。內性昭融者，文明之象也。抱乙而孝，明使辛金不傷乙木也；合壬而忠，暗使戊土不傷壬水也；惟其柔中，故無太過不及之弊。雖時當乘旺，而不至於赫炎；即時值就衰，而不至於熄滅。干透甲乙，秋生不畏金；支藏寅卯，冬產不忌水。

「丁火柔中，內性昭融」，指離火文明。「抱乙而孝」，乙木是丁火偏印，偏印怕偏財辛金剋入，丁火制住辛金保住後母偏印。「合壬而忠」壬水是丁火的正官，是為君，丁壬合木剋制戊土保住壬水。「旺而不烈，衰而不窮」，指丁火特性。「如有嫡母，可秋可冬」，丁火嫡母是甲木正印，提供丁火秋冬之能量。

原文：戊土固重，既中且正，靜翕動闢，萬物司命，水潤物生，土燥物病，若在艮坤，怕沖宜靜。
原注：戊土非城牆隄岸之謂也。較己特高厚剛燥。乃己土發源之地。得乎中氣而且正大矣。春夏則氣闢而生萬物。秋冬則氣翕而成萬物。故為萬物之司命也。其氣屬陽。喜潤不喜燥。坐寅怕申。坐申怕寅。蓋沖則根動。非地道之正也。故宜靜。
任氏曰：戊為陽土，其氣固重，居中得正，春夏氣動而闢，則發生；秋冬氣靜而翕，則收藏，故為萬物之司命也。其氣高厚，生於春夏，火旺宜水潤之，則萬物發生，燥則物枯。生於秋冬，水多宜火暖之，則萬物化成，溼則物病。艮坤者，寅申之月也，春則受剋，氣虛宜靜。秋則多洩，體薄怕沖。或坐寅申日，亦喜靜忌沖。又生四季月者，最喜庚申辛酉之金，秀氣流行，定為貴格；己土亦然。如柱見木火，或行運遇之，則破矣。

按：「戊土固重，既中且正」，戊土性質堅固厚重，不宜沖刑。「靜翕動闢，萬物司命，水潤物生」，指陽土喜潤不喜燥，地支要有癸水，才能生發萬物。如果火旺缺水土燥，易犯體弱多病。「若在艮坤，怕沖宜靜」，後天八卦坤艮屬土，所以戊土忌寅申相沖。生於春夏，火旺宜水潤之。生於秋冬，水多宜火暖之，溼則物病。生在辰戌丑未月，比劫當令，身強食傷洩秀貴格。但木為官殺，火為印，原局與行運併見，太旺破格。

原文：己土卑溼，中正蓄藏，不愁木盛，不畏水狂，火少火晦，金多金光，若要物旺，宜助宜幫。

原注：己土卑薄軟溼。乃戊土枝葉之地。亦主中正而能蓄藏萬物。柔土能生木。非木所能剋。故不愁木盛。土深而能納水。非水所能蕩。故不畏水狂。無根之火。不能生溼土。故火少而火反晦。濕土能潤金厼。故金多而金光彩。反清瑩可觀。此其無為而有為之妙用。若要萬物充盛長旺。惟土勢固重。又得火氣暖和方可。

任氏曰：己土為陰溼之土，中正蓄藏，貫八方而旺四季，有滋生不息之妙用焉。不愁木盛者，其性柔和，木藉以培養，木不剋也。不畏水狂者，其體端凝，水得以納藏，水不沖也。火少火晦者，丁火也，陰土能斂火晦火也。金多金光者，辛金也。溼土能生金潤金也，柱中土氣深固，又得丙火去其陰溼之氣，更足以滋生萬物，所謂宜助宜幫者也。

按：「己土卑溼，中正蓄藏」，己土位於午、未、丑，己土卑濕指丑土，中正蓄藏指不喜丑未相冲。「不愁木盛」，甲己合化土，午中己土有火洩木。己土軟溼，甲木使己土盤根更堅硬，合化後還是土。「不畏水狂」，壬水為正財，財多身弱，財可生官。「火少火晦」，指丁火性弱，生己土後暗晦，適於洩丙火。「金多金光」，己土生辛金，溼土尤甚。宜助宜幫，指己土需要丙丁火幫身。

原文：庚金帶煞，剛健為最，得水而清，得火而銳，土潤則生，土乾則脆，能贏甲兄，輸於乙妹。

原注：庚金乃天上之太白。帶殺而剛健。健而得水，則氣流而清。剛而得火，則氣純而銳。有水之土，能全其生。有火之土。能使其脆。甲木雖強。力足伐之。乙木雖柔。合而反弱。

任氏曰：庚乃秋天肅殺之氣，剛健為最。得水而清者，壬水也，壬水發生，引通剛殺之性，便覺淬屬晶瑩。得火而銳者，丁火也，丁火陰柔，不與庚金為敵，良冶銷鎔，遂成劍戟，洪爐煆煉，時露鋒鋩。生於春夏，其氣稍弱，遇丑辰之溼土則生，逢未戌之燥土則脆，甲木正敵，力能伐之，與乙相合，轉覺有情，乙非盡合庚而助暴，庚亦非盡合乙而反弱也，宜詳辨之。

按：「庚金帶煞，剛健為最」，秋天得西方祿旺肅殺之氣，銳利剛健。「得水而清，得火而銳」，庚金生壬水，即食神，食神有氣勝財官。得火而銳，丁火鍛煉庚金而銳利。「土潤則生」，溼土丑辰能生金。「土乾則脆」，燥土未戌使庚金變脆。「能贏甲兄，輸於乙妹」，庚金能剋制甲木，逢乙木則不剋而變合，合化與否，六親難定。「乙非盡合庚而助暴，庚亦非盡合乙而反弱」，轉強轉弱宜詳辨之。庚金生於春月坐絕地，夏季火剋，喜丑辰之溼土則生。

原文：辛金軟弱，溫潤而清，畏土之疊，樂水之盈，能扶社稷，能救生靈，熱則喜母，寒則喜丁。

原注：辛乃陰金，非珠玉之謂也。凡溫軟清潤者，皆辛金也。戊己土多而能埋，故畏之。壬癸水多而必秀，故樂之。辛為丙之臣也，合丙化水。使丙火臣服壬水，而安扶社稷，辛為甲之君也。合丙化水，使丙火不焚甲木，而救援生靈。生於九夏而得己土，則能晦火而存之。生於隆冬而得丁火，則能敵寒而養之。故辛金生於冬月，見丙火則男命不貴，雖貴亦不忠。女命剋夫，不剋亦不和。見丁男女皆貴且順。

任氏曰：辛金乃人間五金之質，故清潤可觀。畏土之疊者，戊土太重而涸水埋金。樂水之盈者，壬水有餘而潤土養金也。辛為甲之君也，丙火能焚甲木，合而化水，使丙火不焚甲木，反有相生之象。辛為丙之臣也，丙火能生戊土，合丙化水，使丙火不生戊土，反有相助之美，豈非扶社稷救生靈乎。生於夏而火多，有己土則晦火而生金，金生於冬而水旺，有丁火則暖水而養金，所謂熱則喜母，寒則喜丁也。

按：「辛金軟弱，溫潤而清」，辛金本質軟弱溫潤，「畏土之疊」，畏懼土厚疊疊而埋金。「樂水之盈」，土剋水埋金，並使辛金無從瑩透；而壬水可滋潤潔淨辛金。「能扶社稷，能救生靈」，甲為辛金之正財，丙火正官需甲木正財來生，辛能合丙使丙火不焚甲木，丙火不生戊土。「熱則喜母，寒則喜丁」辛金之母是戊土，熱則以土洩火。生於亥子寒冬，僅宜丁火暖身。

原文：壬水通河，能洩金氣，剛中之德，周流不滯，通根透癸，沖天奔地，化則有情，從則相濟。
原注：壬水即癸水之發源。崑崙之水也。癸水即壬水之歸宿。扶桑之水也。有分有合。運行不息。所以為百川者此也。亦為雨露者此也。是不可歧而二之。申為天關。乃天河之口。壬水長生於此。能洩西方金氣。周流之性。漸進不滯。剛中之德猶然也。若申子辰全而又透癸。則其勢沖奔。不可遏也。如東海本發端於天河。每成水患。命中遇之。若無財官（火生土制水）者。其禍當何如哉？合丁化木。又生丁火。則可謂有情。能制丙火。不使其奪丁之愛。故為夫義而為君仁。生於九夏。則巳午未中火土之氣。得壬水薰蒸而成雨露。故雖從火土。未嘗不相濟也。
任氏曰：壬為陽水，通河者，即天河也。長生在申，申在天河之口，又在坤方，壬水生此，能洩西方肅殺之氣，所以為剛中之德也。百川之源，周流不滯，易進而難退也。如申子辰全，又透癸水，其勢氾濫，縱有戊己之土，亦不能止其流。若強制之，反沖激而成水患，必須用木洩之，順其氣勢，不制於沖奔也。合丁化木，又能生火，不息之妙，化則有情也。生於四五六月，柱中火土並旺，別無金水相助，火旺透干則從火，土旺透干則從土，調和潤澤，仍有相濟之功也。

按：「壬水通河，能洩金氣，剛中之德，周流不滯」，庚辛金生水，水洩西方肅殺之氣，故稱剛中之德。「通根透癸，沖天奔地，化則有情」，《孟子‧離婁下》：「原泉混混，不舍晝夜，盈科而後進。」水性有沖奔之象，若柱運歲三合水，以木洩化。「從則相濟」，指火旺透干則從火，從財格。土旺透干則從土，從殺格。

原文：癸水至弱，達於天津，得龍而運，功化斯神，不愁火土，不論庚辛，合戊見火，化象斯真。

原注：癸水乃陰之純而至弱。故扶桑有弱水也。達於天津。隨天而運。得龍以成雲雨。乃能潤澤萬物。功化斯神。凡柱中有甲乙寅卯。皆能運水氣。生木制火。潤土養金。定為貴格。火土雖多。不畏。至於庚金。則不賴其生。亦不忌其多。惟合戊土化火何也？戊生寅，癸生卯，皆屬東方，故能生火。此固一說也。不知地不滿東南。戊土之極處。即癸水之盡處。乃太陽起方也。故化火。凡戊癸得丙丁透者。不論衰旺秋冬皆能化火。最為真也。

任氏曰：癸水非雨露之謂，乃純陰之水。發源雖長，其性極弱，其勢最靜，能潤土養金，發育萬物。得龍而運，變化不測，所謂逢龍則化，龍即辰也，非真龍而能變化也。得辰而化者，化辰之原神發露也。凡十干逢辰位，必干透化神，此一定不易之理也。不愁火土者，至弱之性，見火多即從化矣。不論庚辛者，弱水不能洩金氣，所謂金多反濁，癸水是也。合戊見火者，陰極則陽生，戊土燥厚，柱中得丙火透露，引出化神，乃為真也。若秋冬金水旺地，縱使支遇辰龍，干透丙丁，亦難從化，宜詳細之。

「癸水至弱，達於天津」，癸水很弱，遇圓則圓，遇方則方，所以看自身造化。「得龍而運，功化斯神」，戊癸合火，地支有火相應，變化不測。「不愁火土」，癸水遇火土多，從財從殺均妙。「不論庚辛」，弱水不能洩金氣，金多反濁。「合戊見火，化象斯真」，戊癸合火最要真化有情。

地支

原文：陽支動且強，速達顯災祥，陰支靜且專，否泰每經年。
原注：子寅辰午申戌陽也。其性動。其勢強。其發至速。其災祥至顯。丑卯巳未酉亥陰也。其性靜。其氣專。發之不速。而否泰之驗。每至經年而後見。
任氏曰：地支有以子至巳為陽，午至亥為陰者，此從冬至陽生，夏至陰生論也。有以寅至未為陽，申至丑為陰者，此分木火為陽，金水為陰也。命家以子、寅、辰、午、申、戌為陽，丑、卯、巳、未、酉、亥為陰。若子從癸、午從丁，是體陽而用陰也；巳從丙、亥從壬，是體陰而用陽也。分別取用，亦惟剛柔健順之理，與天干無異。但生剋制化，其理多端，蓋一支所藏，或二干或三干故耳，然以本氣為主，寅必先甲而後及丙，申必先庚而後及壬，餘支皆然。陽支性動而強，吉凶之驗恆速；陰支性靜而弱，禍福之應較遲，在局在運，均以此意消息之。

1、冬至陽生，夏至陰生是呼應陰陽五行卦氣說，不外體驗宇宙陰陽和諧之論。地支子位藏癸水，午中藏丁火，皆在揭示陰陽和諧。

2、陽順陰逆，陽支性動而強，吉凶之驗恆速；陰支性靜而弱，禍福之應較遲，在局在運，均如此體會。上說僅是籠統的原則，陰陽雖有天性，在刑冲合會的組合之下更奧妙。

原文：生方怕動庫宜開，敗地逢沖仔細推。

原注：寅申巳亥生方也。忌沖動。辰戌丑未四庫也。宜沖則開。子午卯酉。四敗也。有逢合而喜沖者。不若生地之必不可沖也。有逢沖而喜合者。不若庫地之必不可閉也。須仔細詳之。

任氏曰：舊說云：金水能沖木火，木火不能沖金水，此論天干則可，論地支則不可。蓋地支之氣多不專，有他氣藏在內也，須看他氣乘權得勢，即木火亦豈不能沖金水乎。生方怕動者，兩敗俱傷也。假如寅申逢沖，申中庚金剋寅中甲木，寅中丙火未嘗不剋申中庚金，申中壬水剋寅中丙火，寅中戊土未嘗不剋申中壬水，戰剋不靜故也。庫宜開者，然亦有宜不宜，詳在雜氣章中。敗地逢沖仔細推者，子午卯酉之專氣也，用金水則可沖，用木火則不可沖，然亦須活看，不可執一。倘用春夏之金水，則金水之氣休囚，木火之勢旺相，金水豈不反傷乎，宜參究之。

1、按：「生方怕動」，生方指長生的位置，寅申巳亥，主氣明顯故忌沖動，金剋木，水剋火。「庫宜開」，庫指辰戌丑未，土中藏有木火金水，宜沖開顯象為用。「敗地逢沖仔細推」，敗地指子午卯酉，用金水則可沖，用木火則不可沖，然亦須活看。

2、地支相沖則天干動搖，格局必衰。地支有藏干，所以金剋木，水剋火適用於天干，未必適用於地支。

按：月令正印、劫財、正官均不透干，比劫透干四見帶印，身強為用，喜傷官洩身。

比肩	日主	劫財	傷官
癸亥	癸巳	壬申	甲寅
甲　壬	庚　戊　丙	戊　壬　庚	戊　丙　甲
傷官　劫財	正印　正官　正財	正官　劫財　正印	正官　正財　傷官
驛馬　天德	天乙　天德　孤辰	紅豔　亡神　月德	劫煞
庚辰　己卯	戊寅　丁丑	丙子　乙亥	甲戌　癸酉

任注：秋水通源，金當令，水重重，木囚逢沖，不足為用。火雖休而緊臨日支，況秋初餘氣未熄，用神必在巳火，巳亥逢沖，羣劫紛爭，所以連剋三妻無子，兼之運走北方水地，以致破耗異常，至戊寅己卯，運轉東方，喜用合宜，得其溫飽，庚運制傷生劫，又逢酉年，喜用兩傷，不祿。

1、「秋水通源，金當令」，癸水申月庚金是月令主氣。「水重重」，干支壬癸水合計四見，母旺子相，此造月柱壬申與時柱癸亥，水勢滔滔，若無戊土，即應用丙丁火斷其水源。觀察其四柱地支寅巳申均藏有戊土正官，然而大運戊寅卻雙冲月柱壬申。「木囚逢冲」，年月地支寅申冲，傷官格不好用。為何「用神必在巳火」？因為申月庚金最旺，癸水有得生，因此取丁火鍛鍊庚金，無丁用丙。

2、「巳亥逢冲，羣劫紛爭」，指比劫四見剋財。乙亥丙子運還是一堆比肩劫財，戊寅己卯運，制水生火，水生木，木生火，喜通關用神。為何「庚運制傷生劫，又逢酉年，喜用兩傷，不祿」？因為庚剋甲，使甲木無法洩水，酉年辰酉合金，一片金生水。癸水身強本應洩之，但庚辰運酉印生比劫，印剋食傷，大凶。

3、原局唯一傷官格坐寅巳申三刑，寅申冲，巳亥冲，焉得安詳？癸酉運拱戌制水，甲戌運與年柱甲寅拱午，三合財局應吉祥如意。

按：月令偏印透干成格為用，寅亥合，印多不用殺，身強用食傷火土帶財之地。

偏印	日主	正印	正印
壬申	甲寅	癸亥	癸巳
戊　壬　庚	戊　丙　甲	甲　壬	庚　戊　丙
偏財　偏印　七殺	偏財　食神　比肩	比肩　偏印	七殺　偏財　食神
驛馬　孤辰	干祿　月德	劫煞	文昌　亡神
乙卯	丙辰	丁巳　戊午	己未　庚申	辛酉　壬戌

任注：甲寅日元，生於孟冬。寒木必須用火，柱中四逢旺水，傷用，無土砥定，似乎不美。妙在寅亥臨合，巳火絕處逢生，此即興發之機，然初運西方金地，有傷體用，碌碌風霜，奔馳未遇，四旬外，運轉南方火土之地，助起用神，棄印就財，財發數萬，娶妾，連生四子。由是觀之，印綬作用，逢財為禍不小，不用就財，發福最大。

1、甲木生在亥月，寒冬當然以火為優先，然而唯一的巳火，處在癸水亥水之中，用神受傷，亦無土剋水之跡象。簡言之，用神為火，忌神為水。原局巳亥沖，寅申沖，何謂「四逢旺水，傷用，無土砥定」？指正偏印壬癸水五見，土財不透干，難敵水勢滔滔；甲木生在亥月冷颼颼，冬水不生木，喜用神丙丁，水眾火寡，乍看凶命。

2、為何「妙在寅亥臨合，巳火絕處逢生」？因為寅亥合木，解除巳亥沖，寅申沖，木又可洩水，敵人帶槍投靠，水勢驟緩，巳火反而得到生機。

3、為何「初運西方金地，有傷體用」？因為壬戌運壬申時柱拱酉，三合申酉戌金生水，仇神助忌神，傷用神。辛酉、庚申大運，一路金剋木，碌碌奔馳而無功。為何「南方火土之地，助起用神，棄印就財」？南方火土共長生，甲木生火即是食傷生財，同時得到土財。棄印，指印是北方之水，就財，指行運在南方火土。庚申與甲寅運正氣無刑沖，沖破寅亥合，必有一番糾纏。己未戊午運干支火土，食傷生財俱喜用。

4、簡言之，南方運既有調候用神，又有病藥用神。甲木得財，財剋印，棄印就財而發福。初運一路官殺生印，原局印綬強旺，何須官殺來生？此例為甲木行南方火土之地，寅亥合出喜神為用。與前例巳申合出忌神不同。又寅巳申三刑被拆開。

按：戊土酉月，調候丙、癸，子午沖去。月令傷官為用，透干成格，喜生財。正印格干支逢沖，破格。

比肩	日主	正印	傷官
戊午	戊子	丁酉	辛卯
己 丁	癸	辛	乙
劫財 正印	正財	傷官	正官

己丑	庚寅	辛卯	壬辰	癸巳	甲午	乙未	丙申

任注：此傷官用印，喜神即是官星，非俗論土金傷官忌官星也。卯酉沖則印綬無生助之神，子午沖使傷官得以肆逞，地支金旺水生，木火沖剋已盡，天干火土虛脫，以致讀書未遂，碌碌經營，然喜水不透干，為人文采風流，精於書法，更兼中運天干金水，未免有志難伸，凡傷官佩印，喜用在木火者，忌見金水也。

1、傷官格，正印格成立，傷官配印。為何「此傷官用印，喜神即是官星」？戊土酉月，金淺土寒，賴丙照暖，因為卯酉沖，子午沖，丁火正印生助戊土無力，傷官自然囂張。

2、為何「地支金旺水生，木火沖剋已盡，天干火土虛脫」？傷官辛金得令生財，丁火印又破損不生土，卯木正官被辛金剋盡，以致印得不到生扶而被財剋。

3、為何「喜水不透干，為人文采風流」？因為財透干，財剋印的力量加大，印格的學術性質就被消滅。

38

按：月令劫財、正財、傷官，財星透干，傷官成格，喜金水之地，不宜木火運。

偏財	日主	傷官	傷官
壬戌	戊辰	辛丑	辛未
丁　辛　戊	癸　乙　戊	辛　癸　己	乙　丁　己
正印　傷官　比肩	正財　正官　比肩	傷官　正財　劫財	正官　正印　劫財
	紅豔　華蓋　寡宿	天乙	天乙
癸巳　甲午	乙未　丙申	丁酉　戊戌	己亥　庚子

任注：此造非支全四庫之美，所喜者辛金吐秀，丑中元神透出，洩其精英，更妙木火伏而不見，純清不混，至酉運辛金得地，中鄉榜，復因運行南方，木火並旺，用神之辛金受傷，由舉而進，而不能選。

1、地支辰戌丑未全，辰戌冲，丑未冲，日時雙冲。「辛金吐秀，丑中元神透出」，指土旺生金，丑中藏辛透干。何謂「木火伏而不見，純清不混」？指乙木丁火都在地支且非主氣，故而傷官不見官，印不剋傷官。

2、為何「酉運辛金得地，中鄉榜」？因為天干為印，地支傷官，傷官配印格局有成。「運行南方，木火並旺，用神之辛金受傷」？因為原局氣勢在金水傷官生財，不喜木火之官印相生。

按：月令正偏印六見，母旺子衰，宜金運扶衰，財運疏土。

偏印	日主	傷官	正印
己丑	辛未	壬戌	戊辰
辛　癸　己	乙　丁　己	丁　辛　戊	癸　乙　戊
比肩　食神　偏印	偏財　七殺　偏印	七殺　比肩　正印	食神　偏財　正印
庚午	己巳	戊辰	丁卯	丙寅	乙丑	甲子	癸亥

任注：此滿局印綬，土重金埋。壬水用神傷盡，未辰雖藏乙木，
無沖或可借用，以待運來引出，乃被丑戌沖破，藏金暗相砍伐，
以致剋妻無子。由此論之，四庫必要沖者，執一之論也。全在
天干調劑得宜，更須用神有力，歲運輔助，庶無偏枯之病也。

1、「滿局印綬，土重金埋」，指地支辰戌未丑全，戊己透干，厚
土埋金。「壬水用神傷盡」？指正偏印戊己土剋水，而辛金需
要壬水淘洗。「未辰雖藏乙木，無沖或可借用，以待運來引出，
乃被丑戌沖破」，指未辰土中的乙木，被鄰柱相剋無用武之地。

2、「四庫必要沖者，執一之論」，任氏不認為四庫以沖為吉，端
視天干調劑得宜否。原局弊端：辛金生在戌月，先取壬水淘
洗辛金，以顯其輝燦，次因土厚急需甲木疏土，然而原局缺
甲木，且壬水被層層戊土圍困，《滴天髓》妙則妙矣，講學問
還是不乾脆。

原文：支神只以沖為重，刑與穿兮動不動。

按：地支以六沖為重，至於三刑、自刑、六害等在其次。凡沖動的是用神、喜神，則重論。

原注：沖者必是相剋；及四庫兄弟之沖，所以必動。至於刑穿之間，又有相生相合者存；所以有動不動之異。

按：沖者必是相剋，例如寅申、卯酉、巳亥、子午之類，四庫辰戌丑未則固然相沖，但五行不相剋，輕論。刑與穿單獨存在不嚴重，需在柱運歲重逢相疊。

任氏曰：地支逢沖，猶天干之相剋也，須視其強弱喜忌而論之，至於四庫之沖，亦有宜不宜，如三月之辰，乙木司令，逢戌沖，則戌中辛金亦能傷乙木；六月之未，丁火司令，逢丑沖，則丑中癸水亦能傷丁火。按三月之乙、六月之丁，雖屬退氣，若得司令，竟可為用。沖則受傷，不足用矣。

按：任氏以正五行為依據，特別注重地支相沖，認為「地支逢沖，猶天干之相剋」，例如寅申沖就是金剋木，巳亥沖就是水剋火。辰中有乙木，戌中有辛金，辛金剋乙木。丑未沖則是癸水傷丁火；辰中乙木與未中丁火雖然退氣，處於月令可用，但不可受沖。

任氏曰：所謂墓庫逢沖則發者，後人之謬也。墓者，墳墓之意，庫者，木火金水收藏埋根之地，譬如得氣之墳，未有開動而發福者也，如木火金水之天干，地支無寅卯巳午申酉亥子之祿旺，全賴辰戌丑未之身庫通根，逢沖則微根盡拔，未有沖動而強旺者也。

按：四庫之地要逢沖則發是謬論，因為辰戌丑未是戊己土為主氣，木火金水只是微根，逢沖則拔，如何開運？微根如此，餘氣、主氣是否另當別論？

任氏曰：如不用司令，以土為喜神，沖之有益無損，蓋土動則發生矣；刑之義無所取。如亥刑亥、辰刑辰、酉刑酉、午刑午，謂之自刑。本支見本支，自謂同氣，何以相刑，子刑卯，卯刑子，是謂相生，何以相刑。戌刑未，未刑丑，皆為本氣，更不當刑。寅刑巳，亦是相生，寅申相刑，既沖何必再刑。

按：若四庫不是用神，但為喜神則沖動有益，因土需要鬆動；但刑則無意義。例如亥亥、酉酉自刑，同氣如何相刑？子刑卯是水生木；丑刑戌之類是本氣，無從論刑。寅刑巳是木生火，而寅申相沖，無從論刑。

任氏曰：又曰子卯一刑也、寅巳申二刑也、丑戌未三刑也，故稱三刑。又有自刑，此皆俗謬，姑置之。穿即害也，六害由六合而來，沖我合神，故為之害，如子合丑而未沖，丑合子而午沖之類，子未之害，無非相剋，丑午寅亥之害，乃是相生，何以為害，且刑既不足為憑，而害之義，尤為穿鑿，總以論其生剋為是，至於破之義，非害即刑也，尤屬不經，削之可也。

按：又有將子卯、寅巳申、丑戌未三種情況，稱為「三刑」。「穿」即害也，因為穿是破壞六合，例如子丑合，而子未穿，因為未沖丑，致使丑無法合住子，無非是未土剋制子水。而寅亥合，寅木生巳火，申金生亥水，皆是相生。總之，重點是五行的生剋制化，任氏不採用刑害之類。

按：子卯刑兩組，無禮之刑否？月令傷官為用，丙辛化水當劫財，《子平真詮》：「傷官用財，財旺身輕，則利印比；身強財淺，則喜財運，傷官亦宜。」

劫財	日主	正印	偏財
癸卯	壬子	辛卯	丙子
乙	癸	乙	癸
傷官	劫財	傷官	劫財
己亥 戊戌	丁酉 丙申	乙未 甲午	癸巳 壬辰

任注：壬子日元，支逢兩刃，干透癸辛，五行無土，年干丙火臨絕，合辛化水，最喜卯旺提綱，洩其精英，能化劫刃之頑，秀氣流行，為人恭而有禮，和而中節，至甲運木之元神發露，科甲連登，午運得卯木洩水生火，及乙未丙運，官至郡守，仕途平順，以俗論之，子卯為無禮之刑，且傷官陽刃逢刑，必至傲慢無禮，凶惡多端矣。

1、「支逢兩刃」，壬子日年日地支羊刃，身強；加上丙辛化水，時干癸水，水旺又不見土剋。為何「喜卯旺提綱，洩其精英」？因為一堆水既無土剋，當然用卯木洩水，使羊刃洩氣。水旺，故行運以木火為喜用。

2、任氏說子卯刑兩現，傷官羊刃對幹，為何不是傲慢無禮，凶惡多端，而是恭而有禮，官至郡守？為何「甲運木之元神發露」？因為甲午運食傷生財，順著卯旺提綱，洩其精英。乙未丙運木生火還是食傷生財，但丁酉運雙冲月時兩柱，必然轉運。總之，水旺以木火通暢之，土則激盪水勢。

按：月令正印、正官、正財，財官透出天干，以餘氣丁火正官代表，宜財官印運。

正官	日主	正財	劫財
丁亥	庚辰	乙未	辛未
甲　壬	癸　乙　戊	乙　丁　己	乙　丁　己
偏財　食神	傷官　正財　偏印	正財　正官　正印	正財　正官　正印
丁亥　戊子	己丑　庚寅	辛卯　壬辰	癸巳　甲午

任注：庚辰日元，生於季夏，金進氣，土當權，喜其丁火司令，元神發露，而為用神，能制辛金之劫，未為火之餘氣，辰乃木之餘氣，財官皆通根有氣，更妙亥水潤土養金而滋木，四柱無缺陷，運走東南，金水虛，木火實，一生無凶無險，辰運午年，財官印皆有生扶，中鄉榜，由琴堂而遷司馬，壽至丑運。

1、按：正偏財五見，偏財格；正官格也成立，四柱無刑冲，格局漂亮，甲不離庚，庚不離丁，行運喜木生火。

2、甲午運財生官。癸巳運傷官制殺，官星不混，雙冲時柱必有耗損。壬辰運丁壬合，用神被合，賴辰土生金。辛卯運三合拱財。必有斬獲。更妙庚寅運寅辰拱卯，三會財，卯逢亥未還是三合財，直上青雲。「丁火司令」，指月支丁火有月干乙木相生，時干丁火引拔。「壽至丑運」，一丑冲兩未，若逢戌年丑戌未三刑，外加辰戌冲，大凶。

按：月令正印、正官、正財，財官透干。正官（火）為用，正財（木）為喜，金水之地不宜。

正官	日主	正財	劫財
丁丑	庚辰	乙未	辛丑
辛　癸　己	癸　乙　戊	乙　丁　己	辛　癸　己
劫財　傷官　正印	傷官　正財　偏印	正財　正官　正印	劫財　傷官　正印
丁亥　戊子	己丑　庚寅	辛卯　壬辰	癸巳　甲午

任注：此與前造大同小異，財官亦通根有氣，前則丁火司令，此則己土司令，更嫌丑時，丁火熄滅，則年干辛金肆逞，沖去未中木火微根，財官雖有若無，初運甲午，木火並旺，蔭庇有餘，一交癸巳，剋丁拱酉，傷劫並旺，刑喪破耗，壬辰運妻子兩傷，家業蕩然無存，削髮為僧，以俗論之，丑未沖開財官兩庫，名利兩全也。

1、正財格與正官格，同根透，丑未沖同時破耗兩個格局。任氏以此八字數落雜氣財官，不沖不發之說，卻忽略年月雙沖，兩丑一未之關鍵性。財官格併立，乍見好看，然而敗在劫財三見，天干相貼又通根到年時兩支，乙木正財辛剋庚合，正財焉有出頭日？

2、初運甲午就是財官助益格局，故蔭庇有餘。為何「癸巳運剋丁拱酉，傷劫並旺」？癸水是傷官，丁火正官被剋，一巳兩丑皆庚辛比劫之地，故刑喪破耗。為何「壬辰運妻子兩傷」？丁壬合而不化，用神丁火正官無用，原局土厚埋金，辰土是忌神。

45

原文：暗沖暗會尤為喜，彼沖我分皆沖起。

按：原局之外的運歲刑沖合會，皆稱「暗沖暗會」。沖會之後的吉凶，任氏解釋在後。

原注：如柱中無所缺之局，取多者暗沖暗會，沖起暗神。而來會合暗神，比明沖明會尤佳。子來沖午。寅與戌會午是也。是日為我，提綱為彼。提綱為我，年時為彼。四柱為我，運途為彼。運途為我，歲月為彼。如我寅彼申，申能剋寅，是彼沖我。我子彼午，子能剋午，是我沖彼；皆為沖起。

1、按：若原局五行無所缺之局，例如月令食神成格，局中有財局，或七殺成格，就是「取多者」；而成為暗沖暗會的主角。「會合暗神，比明沖明會尤佳」，指柱運歲的沖會結合比原局已存有的沖會更妙；原局來的好，不如運歲來的巧。

2、日主是我，月令就是彼；提綱為我，年時為彼，因為用神從月令做線索。四柱原局是我，運歲為彼。大運為我，歲月為彼。總之，層層關聯又彼此競合；誰剋誰，誰沖起彼。

任氏曰：支中逢沖，固非美事，然八字缺陷者多，停勻者少，木火旺，金水必乏矣；金水旺，木火必乏矣。若旺而有餘者，沖去之；衰而不足者，會助之為美。如四柱無沖會之神，得歲運暗來沖會，尤為喜也，蓋有病得良劑以生也。

按：地支逢沖一般都不圓滿，然而原局有缺陷者居多，例如木火旺，則缺乏金水；金水旺則木火缺乏，因為菜籃就這麼大，零和遊戲。因此旺而有餘的五行，沖去為喜用；衰而不足者，比劫印綬相助為美。續前段旺要沖，衰要助，為何「四柱無沖會之神，得歲運暗來沖會，尤為喜」？因為原局若已有沖會，再遇上歲運沖會就過頭；至於是否「病得良劑」，還要適得其所其性。

> 任氏曰：然沖有彼我之分，會有去來之理，彼我者，不必分年時為彼，日月為我，亦不必分四柱為我，歲運為彼也。總之，喜神是我，忌神為彼可也。如喜神是午，逢子沖，是彼沖我，喜與寅戌會為吉。喜神是子逢午沖，是我沖彼，忌寅與戌會為凶。

1、按：沖的主角不以四柱年月日時判斷，因為原局就是一體，以日主為太極點，以月令提綱契領。也不可用原局與歲運分彼我。

2、彼與我者，喜神與忌神。例如喜神是午，逢子沖，水剋火是彼沖我，喜與午戌會合為吉，因為衰神沖旺，旺神發。反之，喜神是子，逢午沖，子水剋午火，是我喜神沖彼，忌寅午戌三合為凶，因為旺者沖衰，衰者拔。

> 任氏曰：如喜神是子，有申，得辰會而來之為吉；喜神是亥，有未，得卯會而去之則凶。寧可我去沖彼，不可彼來沖我，我去沖彼，謂之沖起；彼來沖我，謂之不起，水火之沖會如此，餘可例推。

按：如喜神是子，有申，得辰會為吉，因為申金生水。反之，喜神是亥，有未，得卯會成木局，喜神亥水泡湯則凶。換言之，喜神喜生，不喜洩。喜用神合會可以沖去單一忌神，單一忌神沖不去合會的喜用神。

按：月令正官，透出七殺，官殺四見，七殺格為用；官殺多不用財（土），七殺喜印綬（水），忌財剋印，傷官（火）制殺。合殺存殺。

七殺	日主	劫財	七殺
庚午	甲寅	乙酉	庚戌
己　丁	戊　丙　甲	辛	丁　辛　戊
正財　傷官	偏財　食神　比肩	正官	傷官　正官　偏財
癸巳　壬辰	辛卯　庚寅	己丑　戊子	丁亥　丙戌

任注：此造干透兩庚，正當秋令，支會火局，雖制殺有功，而剋洩並見；且庚金銳氣方盛，制之以威，不若化之以德；化之以德者，有益於日主也；制之以威者，洩日主之氣也。由此推之，不喜會火局也，反以火為病矣，故子運辰年，大魁天下，子運沖破火局，去午之旺神也，引通庚金之性，益我日主之氣，辰年溼土，能洩火氣，拱我子水，培日主之根源也。

1、官殺四見，七殺格。為何「制殺有功，而剋洩並見」？因為寅午戌三合火剋制庚辛金，剋，指官殺四見；洩，指寅午戌火局洩甲木元氣。不如用印化殺，以水生木。

2、如前文所說：「旺而有餘者，沖去之，衰而不足者，會助之為美。如四柱無沖會之神，得歲運暗來沖會，尤為喜也」，故寅午戌三合火既然不高明，在子運辰年子運沖破火局，去午之旺神，奪魁。辰年溼土，能洩火氣，拱我子水，培育日主之根源。

3、原局是傷官與七殺對抗賽，甲不離庚，以官殺為用神，在寅午戌傷官失勢情況下用神顯威，子午沖之外，辰沖戌削弱傷官，辰酉合金又強化官殺，對抗賽分出勝負，日主漁翁得利。

按：月令食神、七殺、偏財，七殺透干成格；食傷生財無力制殺，日主印綬比劫身強，喜歲運暗來沖會助七殺。

劫財	日主	七殺	比肩
丙午	丁卯	癸丑	丁巳
己　丁	乙	辛　癸　己	庚　戊　丙
食神　比肩	偏印	偏財　七殺　食神	正財　傷官　劫財
乙巳　　丙午	丁未　　戊申	己酉　　庚戌	辛亥　　壬子

任注：丁火雖生季冬，比劫重重，癸水退氣，無力制劫，不足為用。必以丑中辛金為用，得丑土包藏，洩劫生財，為輔用之喜神也。所嫌者卯木生劫奪食為病，以致早年妻子刑傷，初運壬子辛亥，暗沖巳午之火，蔭庇有餘。庚戌運暗來拱合午火，刑傷破耗，至己酉會金局，沖去卯木之病，財發十餘萬，由此觀之，暗沖其忌神，暗會其喜神，發福不淺，暗沖其喜神，暗會其忌神，為禍非輕，暗沖暗會之理，豈可忽乎。

1、「比劫重重，癸水退氣，無力制劫」？丁日主雖然生在丑月，但比劫四見，癸水七殺格無力剋丙丁火，當然急需財生殺，喜金水一路，彰顯七殺。

2、「初運壬子辛亥，暗沖巳午之火」，以金水生助為佳，故蔭庇有餘。庚戌運卯戌合火，午戌半合火，刑傷破耗。「己酉會金局，沖去卯木之病」，指巳酉丑三會金局，酉沖去卯木偏印，財生殺，無印化殺，身殺兩停，七殺彰顯有力。

49

按：月令比肩、食神、偏財，財星透干是財格，申酉運落實；天干不見食傷、正官，比劫來便衰。

正財	日主	正財	偏財
辛卯	丙寅	辛巳	庚寅
乙	戊 丙 甲	庚 戊 丙	戊 丙 甲
正印	食神 比肩 偏印	偏財 食神 比肩	食神 比肩 偏印
桃花 天德	紅豔	干祿 亡神 天德 孤辰	紅豔 月德

己丑	戊子	丁亥	丙戌	乙酉	甲申	癸未	壬午

任注：丙火生於孟夏，地支兩寅一卯，巳火乘權，引出寅中丙火，天干雖逢庚辛，皆虛浮無根。初運壬午癸未，無根之水，能洩金氣，地支午未南方，又助旺火，財之氣劫洩已盡；祖業雖豐，刑喪早見。甲運臨申，本無大患，因流年木火，又刑妻剋子，家計蕭條。一交申字，暗沖寅木之病，天十浮財通根，如枯苗得雨，淳然而興；及乙酉十五年，自刱（創）倍於祖業，申運驛馬逢財，出外大利，經營得財十餘萬。丙戌運丙子年，凶多吉少，得風疾不起，比劫爭財，乃臨絕地，子水不足以剋火，反生寅卯之木故也。

1、天干正偏財三見，地支僅庚金偏財，而月支的丙火得到寅木相生，所以雖然天干財三見，屬於虛浮無根。地支印比身旺，印比為忌神。

2、為何「祖業豐盈」？因為年上偏財坐月德，丙火最要壬水，壬運開門見水。「刑喪早見」，指壬午癸未運無根之水，能洩金氣，午未火旺剋制金氣，唯一財格受制。

3、「一交申字，暗冲寅木之病，天干浮財通根，如枯苗得雨」，甲申與庚寅，甲祿在寅庚祿在申，互換祿，甲申使浮財通根到申庚，申也是驛馬。乙酉運，乙庚合印，酉冲卯印，合剋忌神就是喜。

4、為何「丙戌運丙子年，凶多吉少」？因為如前文所說：「旺而有餘者，冲去之，衰而不足者，會助之為美。如四柱無冲會之神，得歲運暗來冲會，尤為喜也」，反之，日主丙寅與丙戌運拱午，三合火。丙戌運與丙子年拱亥，合日主寅亥生木。丙子年與丙寅年拱丑，三合水亥子丑。子水三合貪生忘剋，反生寅亥之木，寅亥木生寅午戌三合火，一堆比劫忌神爭財。

1、按：何者「旺者沖衰衰者拔，衰神沖旺旺神發」？如果日主
　　是午或喜神是午，地支中有寅卯木，巳未戌火之類生扶，表
　　示日主強勢，而相對較弱的子水來沖謂「衰神沖旺」，無傷；
　　原局固然如此解釋，但注意合出柱運歲就不能相提並論。反
　　之日主是午或喜神是午，支中有申酉亥子丑辰之類，則午火
　　身弱，遇子沖，謂「旺者沖衰」，則拔。

2、六沖幾乎都是衰事，只有正氣無刑沖，互換祿，水火既濟之
　　類論吉。其次，旺者指三合、三會的氣勢；衰者則是孤立無
　　助之類。例如子旺午衰，又水剋火，午火就破局。子衰午旺，
　　午被沖則發，然午必須是喜用神。

1、按：明沖的事情性質是發生在明顯可見，可預料中。例如原
　　局辰戌沖，辛金剋乙木，癸水剋丁火，暗沖則看三合三會後
　　的性質而定。拱沖則是突如其來，無從防備。

2、總之，強勢者沖去失勢者，去凶神忌神有利；反之，去吉神
　　不利。其次，沖者無力，則被反噬，激怒凶神為禍，激起吉
　　神雖無禍，但也無福可受。

3、相沖以子午卯酉，寅申巳亥為重，辰戌丑未因為五行性相同
　　，沖力較輕。

> 任氏曰：如日主是午或喜神是午，支中有寅卯巳未戌之類，遇子沖，謂衰神沖旺，無傷。日主是午，或喜神是午，支中有申酉亥子丑辰之類，遇子沖，謂旺者沖衰，則拔，餘支皆然。

按：如果日主或喜神是午，支中有寅卯巳未戌等印綬比劫之類，單獨子水來沖，稱「衰神沖旺」，強勢不怕沖，無傷。反之，日主或喜神是午，支中有申酉亥子丑辰等財殺食傷剋洩之類，子水結合財殺食傷攻擊日主或喜神，則破局論凶咎。

> 任氏曰：然以子午卯酉寅申巳亥八支為重，辰戌丑未較輕，如子午沖，子中癸水沖午中丁火，如午旺提綱，四柱無金而有木，則午能沖子。卯酉沖，酉中辛金沖卯中乙木，如卯旺提綱（月支）；四柱有火而無土，則卯亦能沖酉。

1、按：論及上述旺衰六沖，以子午、卯酉、寅申、巳亥為重，辰戌沖，丑未沖則較輕（五行相同）。例如子午沖，子中癸水沖午中丁火；如午旺提綱，四柱無金而有木，則午能沖子，因為木生火，而水無金作後援。

2、例如卯酉沖，酉中辛金沖卯中乙木，如果卯旺提綱，四柱有火而無土，則卯木帶火剋金，而能沖無土相生的酉金。

任氏曰：寅沖申，寅中甲木丙火被申中庚金壬水所剋，然寅旺提綱；四柱有火，則寅亦能沖申矣。巳亥沖，巳中丙火戊土，被亥中甲木壬水所剋，然巳旺提綱；四柱有木，則巳亦能沖亥矣。必先察其衰旺，四柱有無解救，或抑沖，或助沖，觀其大勢，究其喜忌，則吉凶自驗矣。

按：例如寅沖申，寅中甲木丙火被申中庚金壬水所剋，然寅旺提綱，四柱有火，以火剋金，則寅亦能沖申矣。又例如巳亥沖，巳中丙火戊土，被亥中甲木壬水所剋，然巳旺提綱，四柱有木，以木生火洩水，則巳亦能沖亥矣。總之「必先觀察四柱衰旺，四柱有無解救，或抑沖，或助沖，觀其大勢，究其喜忌，則吉凶自驗矣。」

任氏曰：至於四庫兄弟之沖，其蓄藏之物，看其四柱干支，有無引出，如四柱之干支，無所引出，及司令之神，又不關切，雖沖無害，合而得用亦為喜，原局與歲運，皆同此論。

按：四庫辰戌丑未之沖，因五行相同稱「兄弟之沖」。其蓄藏之物，看其四柱干支，有無透出天干，透出天干就是格局，相沖就是撼動格局。如四柱之干支，無所引出成格，及司令之神，又不關切，並非主要格局，無法主導原局氣勢，雖沖無害，合而得用亦為喜，但喜神合化不利，忌神合化則好事。柱運歲皆同此論。

按：月令酉金正財透干成格，食神生財成格，正官透出成格；辰中乙木唯一正印辰酉合去，化金生水，形成土金水與火對抗，格強身弱，子運會辰土，辛酉助陣，旺水冲火。

正官	日主	正財	食神
癸巳	**丙午**	**辛酉**	**戊辰**
庚 戊 丙	己 丁	辛	癸 乙 戊
偏財 食神 比肩	傷官 劫財	正財	正官 正印 食神
己巳　戊辰	丁卯　丙寅	乙丑　甲子	癸亥　壬戌

任注：此造旺財當令，加以年上食神生助，日逢時祿，不為無根，所以身出富家，時透癸水，巳火失勢，逢酉邀而拱金矣，五行無木，全賴午火幫身，則癸水為病明矣。一交子運，癸水得祿，子辰拱水，酉金黨子冲午，四柱無解救之神，所謂旺者冲衰衰者拔，破家亡身，若運走東南木火之地，豈不名利兩全乎。

1、正財格得地，食傷四見傷官格。為何「身出富家」？因為年月干支均食神生財，比劫不現。

2、為何「癸水為病明矣」？因為正官格年支透時干，但時干癸水正官坐絕，年支癸水辰酉合金變質，反去挺立正財格，正官格好看不中用。其次癸水剋幫身的丁火，合去食神戊土。

3、原局缺木印，忌財生官殺，無印可化。子運子辰拱水，財生殺，旺者冲衰衰者拔，破家亡身。

按：月令比肩、食神，食神為用，生財為喜。地支全部正偏印比劫，靠天干財官殺平衡，申運冲寅，酉運冲卯，申酉財生殺，印綬坐絕。

七殺	日主	正官	正財
癸卯	丁卯	壬午	庚寅
乙	乙	己　丁	戊　丙　甲
偏印	偏印	食神　比肩	傷官　劫財　正印
庚寅　己丑	戊子　丁亥	丙戌　乙酉	甲申　癸未

任注：此財官虛露無根，梟比當權得勢，以四柱觀之，貧夭之命，前造身財並旺，反遭破敗，無壽，此則財官休囚，刱業有壽，不知彼則無木，逢水冲則拔，此則有水，遇火劫有救，至甲申乙酉運，庚金祿旺，壬癸逢生，又冲去寅卯之木，所謂衰神冲旺旺神發，驟然財發巨萬，命好不如運好，信斯言也。

1、按：丁火地支有比劫祿印，身強。為何「財官虛露無根」？因為財官為金水，地支沒有金水。為何「有水，遇火劫有救」？火劫就是比劫，申酉就是財地，比劫要有官殺剋，原局壬癸官殺就像財庫邊的警衛。

2、甲申運與年柱庚寅，互換祿，丁不離甲，金水衰木火旺。乙酉運冲卯，還是「衰神冲旺旺神發」。以此推論丙戌運會火局，卯戌合火，比劫反剋官殺，官殺無地自容。

干支總論

原文：陰陽順逆之說，洛書流行之用，其理信有之也，其法不可執一。

原注：陰生陽死，陽順陰逆，此理出於洛書；五行流行之用，固信有之。然甲木死午，午為洩氣之地，理固然也；而乙木死亥。亥中有壬水，乃其嫡母，何為死哉。凡此皆詳其干支輕重之機，母子相依之勢，陰陽消息之理，而論吉凶可也。若專執生死敗絕之說。推斷多誤矣。

1、按：《繫辭傳》：「河出圖，洛出書，聖人則之」，有其理，無定法。陰生陽死，陽順陰逆，基於河圖洛書的記載，成為陰陽五行學的準則。至於十二生旺庫，陰生陽死，陽生陰死，不可作為生死敗絕的判斷，還是依照河圖五行的旺衰判斷。

2、任氏執定陰陽共長生，目前的電腦命盤皆以陽死陰生，陰死陽生排定十二生旺庫，其實兩者重點僅是將臨官、帝旺與絕、胎互換而已，不影響論命強弱之判斷。在《尅擇講義》擇日系統中，執定陽死陰生，陰死陽生。八字與擇日體有互通，用則各表。

任氏曰：陰陽順逆之說，其理出於洛書，流行之用，不過陽主聚，以進為退；陰主散，以退為進。若論命理，則不專以順逆為憑，須觀日主之衰旺，察生時之淺深，究四柱之用神，以論吉凶，則了然矣。至於長生沐浴等名，乃假借形容之辭也。長生者，猶人之初生而沐浴以去垢也；冠帶者，形氣漸長，猶人年長而冠帶也；臨官者，由長而旺，猶人之可以出仕也；帝旺者，壯盛之極，猶人之輔帝而大有為也；衰者，盛極而衰，物之初變也；病者，衰之甚也；死者，氣之盡而無餘也；墓者，造化有收藏，猶人之埋於土也；絕者，前之氣絕而後將續也；胎者，後之氣續而結胎也；養者，如人之養母腹也。自是而復長生，循環無端矣。人之日主，不必生逢祿旺，即月令休囚，而年日時中得長生祿旺，便不為弱，就使逢庫，亦為有根，時說謂投墓而必沖者，俗書之謬也，古法只有四長生，從無子午卯酉為陰長生之說。水生木，申為天關，亥為天門，天一生水，即生生不息，故木皆生在亥；木死午為火旺之地，木至午發洩已盡，故木皆死在午，言木而餘可類推矣。夫五陽育於生方，盛於本方，弊於洩方，盡於剋方，於理為順。五陰生於洩方，死於生方，於理為背，即曲為之說，而子午之地，終無產金產木之道，寅亥之地，終無滅火滅木之道。古人取格，丁遇酉以財論，乙遇午、己遇酉、辛遇子、癸遇卯，以食神洩氣論，俱不以生論。乙遇亥、癸遇申，以印論，俱不以死論。即己遇寅藏之丙火，辛遇巳藏之戊土，亦以印論，不以死論。由此觀之，陰陽同生同死可知也，若執定陰陽順逆，而以陽生陰死、陰生陽死論命，則太謬矣，故知命章中，順逆之機須理會，正為此也。

按：以上辨證建立干支五行衰旺基準。

58

按：月令正印，天干傷官生財，財剋印破格；天干火土與地支水木對抗，宜生扶火土，辛丑、壬運，水泛木漂，如何讀書？

傷官	日主	偏財	傷官
丙子	乙亥	己亥	丙子
癸	甲　壬	甲　壬	癸
偏印	劫財　正印	劫財　正印	偏印
天乙　桃花	天德		天乙　桃花
丁未　　丙午	乙巳　　甲辰	癸卯　　壬寅	辛丑　　庚子

任注：乙亥日元，生於亥月，喜其天干兩透丙火，不失陽春之景；寒木向陽，清而純粹，惜乎火土無根，水木太重，讀書未售；兼之中年一路木水，生扶太過，局中火土皆傷，以致財鮮聚而志未伸。然喜無金，業必清高，若以年時為乙木病位，月日為死地，豈不休囚已極，宜用生扶之運，今以亥子之水作生論，則不宜再見水木也。

1、按：乙木生在亥月，調候火土，月日天剋地刑，地支皆亥子水，初運庚子，水泛木漂。辛丑運丙辛合水，子丑濕土難以制水。壬寅癸卯運何須水木幫身。

2、「財鮮聚而志未伸」？丙火傷官坐絕難以生財，己土無根難以制水。原局既無調候用神，又無格局。滿局桃花貴人，金為官殺，水多金沉，業必清高。原局水木太重，缺乏火土運。

按：月令食神透干成格，食傷四見變傷官格，年柱財生官殺，剋洩交加；最急印綬為藥，無藥可醫。

比肩	日主	食神	正官
癸亥	癸卯	乙卯	戊午
甲　壬	乙	乙	己　丁
傷官　劫財	食神	食神	七殺　偏財
大耗	文昌　天乙　將星	文昌　天乙　將星	
癸亥　　壬戌	辛酉　　庚申	己未　　戊午	丁巳　　丙辰

任注：此春水多木，過於洩氣，五行無金，全賴亥時比劫幫身，嫌其亥卯拱局，又透戊土，剋洩並見，交戊午運不壽，若據書云，癸水兩坐長生，時逢旺地，何以不壽，又云食神有壽妻多子，食神生旺勝財官，此名利兩全多子有壽之格也，總之陰陽生死之說，不足憑也。

1、按：陰陽同長生與否，其實不影響身強身弱之判斷，因為臨官、帝旺與衰、絕都還是與正五行符合，任鐵樵總以用神作綜合判斷。

2、四柱換祿（以臨官帝旺皆視為祿）：戊旺在午，乙祿在卯，癸旺在亥，好命。忌在身弱，僅賴亥水幫身，又缺庚辛調候發水源，一旦面臨沖合即是險境。

3、丁巳運雙沖癸亥，戊午運戊癸合火，午亥暗合，又兼伏吟年柱。總之，日主轉弱入絕地時，忌諱食傷生財並臨。

原文：故天地順遂而精粹者昌，天地乖悖而
混亂者亡，不論有根無根，俱要天覆地載。

按：天覆地載，就是天干地支喜相生相扶，例如乙卯、癸亥之類。
忌諱相剋，例如丙子、庚寅之類。如果天干地支相剋要有通關。

任氏曰：取用干支之法，干以載之支為切，支以覆之干為切。
如喜甲乙而載以寅卯亥子則生旺，載以申酉則剋敗矣；忌丙丁
載以亥子則制伏，載以巳午寅卯則肆逞矣。如喜寅卯而覆以甲
乙壬癸則生旺，覆以庚辛則剋敗矣。忌巳午而覆以壬癸則制伏，
覆以丙丁甲乙則肆逞矣。不特此也，干通根於支，支逢生扶，
則干之根堅；支逢沖剋，則干之根拔矣。支受蔭於干，干逢生
扶，則支之蔭盛；干逢剋制，則支之蔭衰矣。凡命中四柱干支，
有顯然吉神而不為吉，碍乎凶神而不為凶者，皆是故也。此無
論天干一氣，地支雙清，總要天覆地載。

1、按：干支要有相輔相成的關係，因此甲乙天干宜地支寅卯亥
　子，忌申酉截腳。餘類推。大運則略有不同，如果是喜神要
　天地順遂而精粹；忌神若如此其力必加倍，反而壞事。
2、所謂「支逢沖剋，則干之根拔」，簡言之，地支忌刑沖破格。
　原局成格而不為吉，是天干該生未生。看似凶格又不盡然，
　則是該剋未剋。

61

按：月令財為用，月干正官剛好；官有印不畏傷官，天覆地載。

比肩	日主	正官	正印
庚辰	庚申	丁卯	己亥
癸 乙 戊	戊 壬 庚	乙	甲 壬
傷官 正財 偏印	偏印 食神 比肩	正財	偏財 食神
華蓋 大耗	干祿 天德		文昌 亡神
己未　　庚申	辛酉　　壬戌	癸亥　　甲子	乙丑　　丙寅

任注：庚金雖生春令，支坐祿旺，時逢印比，足以用官，地支載以卯木財星，又得亥水生扶有情，丁火之根愈固，所謂天地順遂而精粹者昌也。歲運逢壬癸亥子，干有己印衛官，支得卯財化傷，生平履險如夷，少年科甲，仕至封疆。經云：日主最宜健旺，用神不可損傷，信斯言也。

1、庚祿在申自坐祿，時柱比肩偏印相生不悖。月柱卯木生丁火，財生官。年柱則是亥水生卯木，天地順遂而精粹。簡單說，四柱無刑冲。中運行「壬癸亥子，干有己印衛官，支得卯財化傷，生平履險如夷」，戊己土印剋制壬癸亥子水食傷，又有卯財洩食傷，以至唯一正官不受損。

2、為何「少年科甲，仕至封疆」？庚申、庚辰拱子三合水局，《三命通會》：「庚日全逢申子辰，井欄叉出世超羣，丙丁寅午全無露，定是清朝富貴人。」井中有水，所以濟人。任鐵樵會不知道這是井欄叉格嗎？

按：月令正財為用，卯酉沖破；透干偏財又逢截腳，財格無用；天干官生印好看，地支相沖干頭站不柱，地支不載。

偏財	日主	正官	正印
甲申	庚辰	丁卯	己酉
戊　壬　庚	癸　乙　戊	乙	辛
偏印　食神　比肩	傷官　正財　偏印	正財	劫財
干祿　月德　天德	華蓋　大耗		羊刃　桃花
己未　庚申	辛酉　壬戌	癸亥　甲子	乙丑　丙寅

任注：此亦以丁火官星為用，地支亦載以卯木財星，與前造大同小異。只為卯酉逢沖，剋敗丁火之根，支中少水，財星有剋無生，雖時透甲木，臨於申支，謂地支不載，雖有若無，故身出舊家，詩書不繼，破耗刑傷，一交戌運，支類西方，貧乏不堪。

1、按：日主庚金年支羊刃，日祿歸時；原局天干正印、正官、偏財，門面漂亮，竟無干透支藏，身強沒有格局。身出舊家，年月卯酉沖，財官印俱破。

2、何謂「地支不載」？卯酉沖，甲絕在申被截腳。交壬戌運支類西方，指申酉戌三會比劫，比劫剋財，貧乏不堪。壬戌運又與月柱丁卯雙合，辰戌沖，卯戌合，調候用神丁官合化，財生殺。

按：月令七殺生印為用，透出傷官破格。轉用外格，無奈傷官無財。丙戌官殺運，食傷無財制殺剛好。

食神	日主	傷官	劫財
癸巳	辛酉	壬午	庚申
庚 戊 丙	辛	己 丁	戊 壬 庚
劫財 正印 正官	比肩	偏印 七殺	正印 傷官 劫財
庚寅　己丑	戊子　丁亥	丙戌　乙酉	甲申　癸未

任注：此庚辛壬癸，金水雙清，地支申酉巳午，煅煉有功，謂午火真神得用，理應名利雙輝，所惜者五行無木，金雖失令而黨多，火雖當令而無輔，更嫌壬癸覆之，緊貼庚辛之生，而申中又得長生，則壬水愈肆逞矣，雖有巳火助午，無如巳酉拱金，則午火之勢必孤，所以申酉兩運，破耗異常，丙戌運中，助起用神，大得際遇，一交亥運，壬水得祿，癸水臨旺，火氣剋盡，家破身亡。

1、「金水雙清」，指天干庚辛金，壬癸水。「煅煉有功」，指地支巳午火，申酉金。「午火真神得用」，殺印相生。

2、「金雖失令而黨多」，辛金午月未得地及失令。「火雖當令而無輔」，五行缺木，午火缺能源輔佐，又被壬水蓋頭，而壬水有庚申一氣相生。巳火似乎與午火同聲相應，遠親不如近鄰，巳酉先行半合（巳火也被癸水蓋頭比較是正理）。

3、總之，先唱衰午火就是財殺衰弱，反觀，食傷三見，隱含傷官見官的伏筆。然後為何「申酉兩運，破耗異常」？因為午火被唱衰表示宜走火運，而微火不西奔，申酉西方之地為何破耗異常？其實是原局正偏印三見，比劫四見，身強又比劫肆虐所致。丙戌運是官印運，所以「助起用神」。丁亥運雙合月柱，雙冲時柱，食傷尅官殺。又傷官格不帶財，焉能高命？

按：月令七殺為用，偏印為喜；宜殺印比劫之地，戊子運水土互換祿，財運逢傷官。

正財	日主	傷官	劫財
甲午	**辛酉**	**壬午**	**庚申**
己 丁	辛	己 丁	戊 壬 庚
偏印 七殺	比肩	偏印 七殺	正印 傷官 劫財
天乙 桃花	紅豔 干祿 將星	天乙 桃花	亡神
庚寅	己丑	戊子	丁亥	丙戌	乙酉	甲申	癸未

任注：此亦用午中丁火之殺，壬水亦覆之於上，亦有庚辛金緊貼之生，所喜者午時一助，更妙天干覆以甲木，則火之蔭盛，且壬水見甲木而貪生，不來敵火，四柱有相生之誼，無爭剋之風，中鄉榜，仕至觀察，與前造只換得先後一時，天淵之隔，所謂毫釐千里之差也。

1、與上例僅時柱不同，格局傷官帶財，殺印相生蓄勢待發，行甲乙財運差很大。前例火弱官殺難用，本例官印相生又有甲木正財提供能量。

2、四柱無土，財生殺，日主辛金坐祿旺，身殺兩停，貴而不久。辛金午月，調候壬、己、癸，初運金地壬水能用。

原文：天全一氣，不可使地德莫之載。

原注：四甲四乙。而遇寅申卯酉。為地不載。

按：「天全一氣，不可使地德莫之載」，天干四字相同，無根則枯萎，故宜通根地支而有承載。如果四甲而地支寅申冲，四乙而地支卯酉冲，稱「地不載」。

任氏曰：天全一氣者，天干四甲、四乙、四丙、四丁、四戊、四己、四庚、四辛、四壬、四癸皆是也。地支不載者，地支與天干無生化也，非特四甲四乙而遇申酉寅卯為不載，即全受剋於地支，或反剋地支，或天干不顧地支，或地支不顧天干，皆為不載也。如四乙酉者，受剋於地支也；四辛卯者，反剋地支也。必須地支之氣上升，天干之氣下降，則流通生化，而不至於偏枯，又得歲運安頓，非富亦貴矣。如無升降之情，反有冲剋之勢，皆為偏枯而貧賤矣，宜細究之。

1、按：地支與天干必須相扶相生，如果天干受剋於地支（乙酉），或反剋地支（辛卯），或天干不顧地支（乙未），或地支不顧天干（戊寅），都稱「不載」。

2、解救之道是「必須地支之氣上升（乙酉要水），天干之氣下降（丁酉要土），則流通生化」，即天全一氣，若發生干支冲剋現象，必須流通生化，指須有通關用神。若原局與大運皆無通關，偏枯貧賤之命。

按：月令偏財生官，可惜皆未透干；甲申甲戌拱出七殺格，甲戌甲寅拱出傷官格，日主因變格而根微身弱。身弱宜用印綬比肩生扶日主。

比肩	日主	比肩	比肩
甲戌	甲寅	甲戌	甲申
丁　辛　戊	戊　丙　甲	丁　辛　戊	戊　壬　庚
傷官　正官　偏財	偏財　食神　比肩	傷官　正官　偏財	偏財　偏印　七殺
壬午　　辛巳	庚辰　　己卯	戊寅　　丁丑	丙子　　乙亥

任注：年支申金，沖去日主寅木，加以戌土乘權重見，生金助殺，謂地支不顧天干，夫四甲一寅，似乎強旺，第秋木休囚，沖去祿神，其根已拔，不作旺論。故寅卯亥子運中，衣食頗豐，一交庚辰，殺之元神透出，四子俱傷，破家不祿，干多不如支重，理固然也。

1、四甲少夫妻。為何四甲一寅，不作旺論？因為申戌拱酉七殺格，寅戌拱午傷官格，日主面對又剋又洩，身弱用印化殺，剋制傷官。

2、乙亥、丙子運水生甲寅。戊寅、己卯運木幫身，衣食頗豐。庚辰運中庚剋甲，辰戌沖，辰酉合，原局所拱之格局俱破損殆盡，七殺沖剋太多，破家不祿。

按：火土一堆，用金洩氣，用水降溫，全靠子水獨挑重任，稱「天干不覆」，申酉之地無妨，戌運堵水必衰。

比肩	日主	比肩	比肩
戊午	戊戌	戊午	戊子
己　丁	丁　辛　戊	己　丁	癸
劫財　正印	正印　傷官　比肩	劫財　正印	正財
羊刃　將星	華蓋　寡宿	羊刃　將星	

丙寅	乙丑	甲子	癸亥	壬戌	辛酉	庚申	己未

任注：此滿局火土，子衰午旺，沖則午發而愈烈，熬乾滴水，是謂天干不覆。初交己未，孤苦萬狀，至庚申辛酉運，引通戊土之性，大得際遇，娶妻生子，立業成家，一交壬戌，水不通根，暗拱火局，遭柱融之變，一家五口皆亡，如天干透一庚辛，或地支藏一申酉，豈至若是之結局乎。

1、「滿局火土，子衰午旺」，指原局處在羣劫爭財之中。己未運劫財通透，午未又合而孤苦。庚申辛酉運，比劫生食傷，通關有成，大得際遇，娶妻生子。

2、壬戌運水不通根，午戌暗拱火局，助長土勢，羣劫爭財，遭回祿。

69

按：戊土換成申金，火土去一，以金洩水，地支承載有功。食神為喜，財為用；忌神火土，戌運合出火局。

比肩	日主	比肩	比肩
戊午	戊子	戊午	戊申
己 丁	癸	己 丁	戊 壬 庚
劫財 正印	正財	劫財 正印	比肩 偏財 食神
羊刃	將星	羊刃	文昌

丙寅	乙丑	甲子	癸亥	壬戌	辛酉	庚申	己未

任注：此與前造只換一申字，而天干之氣下降，地支之水有源，午火雖烈，究不能傷申金，用金明矣。況有子水為去病之喜神，交申運戊辰年四月入學，九月登科，蓋得太歲辰字，暗會水局之妙，惜將來壬戌運中，天干羣比爭財，地支暗會火局，未見其吉矣。

1、「天干之氣下降，地支之水有源」？一羣比劫以財星為樞紐，財星子水處於層層火土間，幸有年柱戊土生申金，申金生水。

2、「用金明矣」，指戊日主身強，喜生金會水，食神生財。庚申是食神運，羊刃喜食神洩身，戊辰年柱運歲三合水，食神生財一氣呵成，辛酉運順勢通關無咎。

3、「壬戌運中，天干羣比爭財」？指原局一堆戊己土圍困壬水偏財。以柱運歲寅年之寅午戌或卯年卯戌合火，巳年、午年等，印剋食傷，用神食神生財俱破局矣。

按：辛剋卯，干支之間以水通關，走水運就是好，己丑、戊子運帶水，丁亥運丁火剋辛金，地支亥水生卯木會木局生火，喜神化忌神，財生殺黨。

比肩	日主	比肩	比肩
辛 卯	辛 卯	辛 卯	辛 卯
乙	乙	乙	乙
偏財	偏財	偏財	偏財

癸未	甲申	乙酉	丙戌	丁亥	戊子	己丑	庚寅

任注：此造四木當權，四金臨絕，雖曰反剋地支，實無力剋也。如果能剋，可用財矣。若能用財，豈無成立乎，彼出母腹，數年間父母皆亡，與道士為徒，己丑、戊子運，印綬生扶，衣食無虧，一交丁亥，生木剋金，即亡其師，所有微業，嫖賭掃盡而死。

1、按：任鐵樵以這個命例說明「天全一氣，不可使地德莫之載」，指辛金剋卯木，即地德不載，以通關與否決定吉凶。

2、日主無根，《三命通會》載：「四辛卯暗冲酉祿，主貴，晚年財薄，壽不堅牢。」庚寅運，庚絕在寅，比劫剋財。己丑運濕土生金。戊子運土生金，水通關，衣食無虧。

3、丁亥運，亥卯合局生火，丁火七殺剋日主，師亡家敗。原局比劫剋財，柱中無水通關。

71

> 原文：地全三物，不可使天道莫之容。
>
> 原注：寅卯辰，亥卯未，而遇甲庚乙辛，則天不覆。然不特全一氣與三物者。皆宜天覆地載。不論有根無根。皆要循其氣序。干支不反悖為妙。

按：「地全三物」，指地支三合三會成局，天干有官殺反剋。然而合會只是強調氣勢，地支四見半合加半會，也是如此。「干支不反悖為妙」，通關即可。

> 任氏曰：地支三物者，支得寅卯辰、巳午未、申酉戌、亥子丑之方是也。如寅卯辰日主是木，要天干火多，日主是火，要天干金旺，日主是金，要天干土重。大凡支全三物，其勢旺盛，如旺神在提綱，天干必須順其氣勢，洩之可也，如旺神在別支，天干制之有力，制之可也。何以「旺神在提綱，只宜洩而不宜制」？夫旺神在提綱者，必制神之絕地也，如強制之，不得其性，及激而肆逞矣。旺神者，木方提綱得寅卯是也，制神者，庚辛金也，寅卯乃庚辛之絕地也。如辰在提綱，四柱干支又有庚辛之助，方可制矣。所謂循其氣序，調劑得宜，斯為全美，木方如此，餘可例推。

1、按：「地全三物」，指三會地支其勢必旺，此時要針對日主而定。因此「寅卯辰日主是木，要天干火多」，因為甲乙木比劫旺要用火洩，即比劫偏重以食傷洩。如果地支寅卯辰三會，日主改成金，則地支三會財，要「天干土重」，因為三會木就成財多身弱，故以土印幫生日主，取得平衡。

2、為何「旺神在提綱，只宜洩而不宜制」？假設地支寅卯辰三會，其中寅或卯在月支，月干的庚辛（夫旺神在提綱者，必制神之絕地）都是坐絕無力；但如果月支改為辰，月干可以坐庚，因為土生金庚有力反剋。

3、何謂「不可使天道莫之容」？若三合三會透干就占優勢，此時要有反剋制衡，這是一般人皆知曉，然而坐絕坐旺仍有區別。

按：甲日主地支東方一氣，庚辛坐絕，強眾而敵寡，勢在去其寡；月令食神透干為用，財為喜，官殺為忌。

食神	日主	七殺	正官
丙寅	甲辰	庚寅	辛卯
戊 丙 甲	癸 乙 戊	戊 丙 甲	乙
偏財 食神 比肩	正印 劫財 偏財	偏財 食神 比肩	劫財
干祿 驛馬 月德	華蓋	干祿 驛馬	羊刃
壬午 癸未	甲申 乙酉	丙戌 丁亥	戊子 己丑

任注：此寅卯辰東方，兼之寅時，旺之極矣。年月兩金臨絕，旺神在提綱，休金難剋，而且丙火透時，木火同心，謂強眾而敵寡，勢在去庚辛之寡，早行土運生金，破耗異常，進京入部辦事，至丙戌運，分發廣東，得軍功，升知縣，喜其剋盡庚辛之美，至酉，庚辛得地，不祿宜矣。

1、甲日主地支寅卯辰四見，羊刃格身強。「旺神在提綱，休金難剋」，指庚金坐絕又無根，無力剋制比劫。「丙火透時，木火同心」，指比劫抗煞，食神三見制殺；庚辛無力回天。食傷強而官殺弱之對抗賽。

2、「旺神在提綱，天干必須順其氣勢，洩之可也」，因此洩庚金為首要。初運己丑戊子土運生金，破耗異常。丙戌運丙火剋庚，丙戌丙寅拱午，三合食傷喜其剋盡庚辛。乙酉沖辛卯合辰土，乙庚合官殺轉強，不祿。

73

按：此例在月令辰土偏財最旺，七殺有財生，財為喜，殺為用，殺輕日主旺，庚金得申運，羊刃駕殺。

傷官	日主	七殺	七殺
丁卯	甲寅	庚辰	庚寅
乙	戊 丙 甲	癸 乙 戊	戊 丙 甲
劫財	偏財 食神 比肩	正印 劫財 偏財	偏財 食神 比肩
戊子　丁亥	丙戌　乙酉	甲申　癸未	壬午　辛巳

任注：此亦寅卯辰東方，旺神不是提綱，辰土歸垣，庚金得載，力量足以剋木，丁火雖透，非庚金之敵，用殺明矣。至甲申運，庚金祿旺，暗沖寅木，科甲聯登，仕至郡守，一交丙運制殺，降職歸田。

1、按：「旺神不是提綱」？指甲日主地支三會寅卯辰，但提綱是辰土而非寅卯木，辰土生金，七殺庚金有力，足抗衡三會木。

2、食傷三見，七殺兩現，「甲申運，庚金祿旺，暗沖寅木，科甲聯登」？指甲申運與庚寅年柱，正氣無刑沖，互換祿。乙酉運乙助庚，辰酉合金，上下一氣，七殺得用。「一交丙運制殺」，指丙戌雙沖月柱，卯戌合火，食傷轉強尅盡七殺，降職歸田。

3、「如旺神在別支，天干制之有力，制之可也」，指庚金不是坐絕，可以加強生扶之勢以成全其用。甲不離庚，庚不離丁，木生丁火，土生庚金，均用神得地。食傷與官殺對抗賽，但羊刃格首要羊刃駕殺，所以官殺為用。

74

> 原文：陽乘陽位陽氣昌，最要行程安頓。
>
> 原注：六陽之位。獨子寅辰為陽方，為陽位之純。
> 五陽居之，如若是旺神，最要行運陰順安頓之地。

按：地支分陰陽，木火之地陽旺，金水之地陰旺，因此大運是否安頓協調，反應出原局高低。總之，原局木火陽支的「陽中之陽」氣勢旺，大運宜金水之地，又以陰地支更宜。

> 任氏曰：六陽皆陽，非子、寅、辰為陽之純也，須分陽寒、陽暖而論也。西北為寒，東南為暖；如若申戌子，為西北之陽寒，最要行運遇卯巳未東南之陰暖是也。如寅辰午全，為東南之陽暖，最要行運遇酉亥丑西北之陰寒是也，此舉大局而論。

按：子、寅、辰為陽地支之陽；反之，午、申、戌為陽地支之陰，區別何在？八字要陰陽和諧，故「申戌子為西北之陽寒，最要行運遇卯巳未東南之陰暖」，因申戌子是(陽)一團金水，宜運行卯巳未(陰)火土之地。反之，寅辰午木火之地，宜酉亥丑西北陰寒地。

> 任氏曰：若遇日主之用神喜神，或木、或火、或土，是東南之陽暖，歲運亦宜配西北之陰水、陰木、陰火，方能生助喜神用神，而歡如酬酢，若歲運遇西北之陽水、陽木、陽火，則為孤陽不生，縱使生助喜神，亦難切當，不過免崎嶇而趨平坦也。陽暖之局如此，陽寒之局亦如此論。所謂陽盛光昌剛健之勢，須配以陰盛包寒柔順之地是也，若不深心確究，孰能探其精微，而得其要訣乎。

按：用神喜神是木火土，屬東南陽暖之地，則大運宜西北金水之地，賓主盡歡；反之，需要木火土喜用神，而歲運遇西北之陽水、陽木、陽火；指大運走錯，即使流年五行配合喜用神，只是免於道路崎嶇而已。因此「陽盛光昌剛健之勢，須配以陰盛包寒柔順之地」。如果大運合宜，贏在起跑點。

按：月令食神為用，偏財透出成格為喜，正官喜財。日主旺印綬就是忌神，火土旺宜金水運接應，陽乘陽位陽氣昌，最要行程安頓。

偏財	日主	比肩	正官
庚寅	丙午	丙辰	癸巳
戊　丙　甲	己　丁	癸　乙　戊	庚　戊　丙
食神　比肩　偏印	傷官　劫財	正官　正印　食神	偏財　食神　比肩
戊申　　己酉	庚戌　　辛亥	壬子　　癸丑	甲寅　　乙卯

任注：此東南之陽暖，天干金水，似乎無根，喜月支辰土，洩火蓄水而生金，庚金掛角逢生，則庚金可用，癸水即庚金之喜神。初運乙卯、甲寅，金絕火生而水洩，孤苦不堪，一交癸丑，北方陰溼之地，金水通根，又得巳丑拱金之妙，出外大得際遇，驟然發財十餘萬，陽暖逢寒，配合之美也。

1、按：正官格，偏財格，地支食傷四見。「東南之陽暖」，指地支寅辰東方，巳午南方。「庚金掛角逢生，則庚金可用」，指時干庚金通根年支長生在巳，偏財格可用。「癸水即庚金之喜神」，指偏財生出正官。

2、「初運乙卯甲寅，金絕火生而水洩，孤苦不堪」，指比劫四見尅偏財，以致正官不受用。「一交癸丑，北方陰溼之地，金水通根，又得巳丑拱金之妙」，癸丑運與癸巳年柱拱酉，三合金生水，正官得用。壬子運與丙午日柱，水火既濟。丙日主木火旺盛，喜行陰寒之地。

按：木火旺，用丑土為喜神；月令傷官、正官、正財，財星透干成格為用，食傷五見，傷官格，但食神寅地受剋，提綱傷官左右合去；洩氣有隱憂。

偏財	日主	正印	食神
庚寅	丙寅	乙丑	戊寅
戊　丙　甲	戊　丙　甲	辛　癸　己	戊　丙　甲
食神　比肩　偏印	食神　比肩　偏印	正財　正官　傷官	食神　比肩　偏印
癸酉　　壬申	辛未　　庚午	己巳　　戊辰	丁卯　　丙寅

任注：丙寅日元，雖支遇三寅，最喜丑土乘權，財星歸庫；若運走西北土金，財業必勝前造，惜一路東南木火之地，祖業破盡，遍歷數省，奔馳不遇，至午運暗會劫局，死於廣東，一事無成，莫非運也。

1、地支食傷四見透天干，傷官格帶財。正偏印四見，偏印格。「若運走西北土金」，因為原局木火旺盛，卻行東南木火之地，提油救火。戊辰運三合拱卯印綬局，身旺印綬就是忌神。

2、為何「至午運暗會劫局，死於廣東」？因為庚午運滿盤寅午半合比劫火局，食神化比劫，傷官被午穿害，日主撐爆。

> 原文：陰乘陰位陰氣盛，還須道路光亨。
>
> 原注：六陰之位，獨酉亥丑為陰方，乃陰位之純，
> 五陰居之。如若是旺神，最要行運陽順光亨之地。

按：陰地支在金水方位是酉、亥、丑，是「陰位之純」，也就是「陰中之陰」，如果是旺神，指原局偏重陰氣，要行運光亨，即木火陽支大運。例如寒木向陽。

> 任氏曰：六陰皆陰，非酉、亥、丑為陰之盛也，須分陰寒陰暖而論也，承上文西北為寒，東南為暖。假如酉亥丑全，為西北之陰寒，最要行運遇東南寅辰午之陽暖是也。如卯巳未全，為東南之陰暖，最要行運遇申戌子西北之陽寒是也，此舉大局而論。若日主之用神喜神，或金、或水、或土，是西北之陰寒，歲運亦宜配東南之陽金陽火陽土，方能助用神喜神，而福力彌增；若歲運遇東南之陰金陰火陰土，則為純陰不育，難獲厚福，不過和平而無災咎也。陰寒之局如此論，陰暖之局亦如此論。所謂陰盛包含柔順之氣，須配以陽順光昌剛健之地者是也。

1、按：酉亥丑為金水之地中的陰地支，因此要走東南寅辰午陽地支大運。又例如卯巳未是木火之地的陰地支，行運喜歡金水之地的申戌子陽地支。以上舉原局概括而言。

2、如果日主之用神、喜神，或金、或水、或土，是西北之陰寒，歲運亦宜配東南之陽金、陽火、陽土，方能助用神、喜神，而福力彌增。若歲運遇東南之陰金、陰火、陰土，則為純陰不育，難獲厚福，不過和平而無災咎也。陰寒之局如此論，陰暖之局亦如此論。所謂陰盛包含柔順之氣，須配以陽順光昌剛健之地者是也。

按：乙木亥月，月令提綱正印透出，正印格。偏財通根時支，偏財格，偏財為用，傷官為喜，正印是忌神，最宜財印雙清。日主偏弱，一路比劫印綬，道路光亨。

正印	日主	偏財	傷官
壬午	乙酉	己亥	丙子
己　丁	辛	甲　壬	癸
偏財　食神	七殺	劫財　正印	偏印
丁未　丙午	乙巳　甲辰	癸卯　壬寅	辛丑　庚子

任注： 此全酉亥子西北之陰寒，寒木更宜向陽，以丙火為用。壬水，即其病也，然喜壬水遠隔，與日主緊貼，日主本衰，未嘗不喜其生，又有己土透干，亦能砥定中流，且喜天干水木火土，各立門戶，相生有情，地支午火，緊制七殺，年月火土，通根祿旺，更喜行運東南陽暖之地，不但四柱有情，而且行運光亨，早年聯登甲第，仕至封疆，皆陰陽配合之妙也。

1、乙木生在亥月，不愁無水，調候用神丙、戊；丙火暖身，壬水是病，但遠離丙火；戊己土制水。偏財格制水，正印格化殺，四柱無刑冲，偏財坐驛馬。

2、何謂「各立門戶」？天干丙旺在午，己祿在午，乙長生在亥，壬旺在午。其中年柱丙子，時柱壬午，互換帝旺，水火相濟。癸卯運，乙祿在卯，四柱皆得祿旺。

3、原局年柱丙子與時柱壬午，水火既濟，祿元互換，一生吉祥。庚子運溼地，必不如意。辛丑運雙合年柱丙子，有土尅水。壬寅運合木生火，還須道路光亨。

按：原局木火土與金水兩停，丑土暗助印剋食傷。亥子丑透干，乙木浮泛，僅賴午火中流砥柱，午火調候兼病藥，然月時雙冲有隱憂。財為用，食傷為喜，印為忌。

正印	日主	傷官	偏財
壬 **午**	**乙** **丑**	**丙** **子**	**己** **亥**
己　丁	辛　癸　己	癸	甲　壬
偏財　食神	七殺　偏印　偏財	偏印	劫財　正印
戊辰　己巳	庚午　辛未	壬申　癸酉	甲戌　乙亥

任注：此與前只換一酉字，以俗論之，丑換酉更美。酉乃七殺剋我；丑乃傷財我剋，又能止水，何其妙也。不知丑乃溼土，能洩火不能止水，酉雖七殺，午火緊剋，不洩火之元神，彼則丙火在年，壬水遙遠，又得己土一隔，此則丙火在月，壬水相近，己土不能為力，子水又逼近相冲，而且運走西北陰寒之地，丙火一無生扶，乙木何能發生？十干體象云：虛溼之地，騎馬亦憂，斯言不謬也。所以屆志芸窗，一貧如洗，剋妻無子，至壬申運丙火剋盡而亡，所謂陰乘陰位陰氣盛也。

1、乙木生在子月，調候用丙，丙火坐絕無力。與前例最大區別是地支亥子丑三會水，合會不換祿旺。偏財格與正印格。「虛溼之地，騎馬亦憂」，午火無力。

2、「一貧如洗，剋妻無子，至壬申運丙火剋盡而亡」，初運乙亥與乙丑拱子三合水局，水泛木漂。甲戌運洩水制水，溫飽無虞。癸酉運金生水，一片泥沼。壬申運拱未冲丑，傷官被制，偏財斷根，申金生水，丙火剋盡而亡。

> 原文：地生天者，天衰怕沖。

> 原注：如丙寅、戊寅、丁酉、壬申、癸卯、己酉皆長生日主。甲子、乙亥、丙寅、丁卯、己巳，皆自生日主。如主衰逢沖。則相拔而禍更甚。

按：「地生天」，日主靠印綬撐住者，如丙寅木生火，戊寅火生土，丁酉（丁長生在酉）等都是日主自坐長生。甲子水生木，己巳火生土，日主自坐印綬；「如主衰逢沖」，指「主衰」僅能靠坐下印綬生身，逢沖則唯一生命線受害，故「拔而禍更甚」。

> 任氏曰：地生天者，如甲子、丙寅、丁卯、己巳、戊午、壬申、癸酉、乙亥、庚辰、辛丑是也。日主生於不得令之月，柱中又少幫扶，用其身印，沖則根拔，生機絕矣，為禍最重。若日主得時當令，或年時皆逢祿旺，或天干比劫重疊，或官星衰弱，反忌印綬之洩，則不怕沖破矣。總之，看日主之氣勢，旺相者喜沖，休囚者怕沖，雖以日主而論，歲運沖亦然。

1、按：「地生天者」，又不得令，柱中少幫身，身弱靠印綬，故「沖則根拔，生機絕矣」。即日主若受地支所生，日支有印綬，例如甲子，因日主弱而受沖剋更嚴重。

2、「日主得時當令（月令根深），或年時皆逢祿旺（根深在年時地支），或天干比劫重疊，或官星衰弱（日主偏旺），反忌印綬之洩，則不怕沖破」，當日主強時，反而忌諱印綬洩，因為印綬洩就是元氣生給日主，旺上加旺即是比劫祿刃印過多。

按:「貪財壞印」與「棄印就財」,有何不同?印綬比劫食神皆旺,以財剋制偏印。反之,「地生天者,天衰怕冲」。

比肩	日主	食神	偏印
丙申	丙寅	戊辰	甲寅
戊　壬　庚	戊　丙　甲	癸　乙　戊	戊　丙　甲
食神　七殺　偏財	食神　比肩　偏印	正官　正印　食神	食神　比肩　偏印
文昌　驛馬	紅豔		紅豔
丙子　乙亥	甲戌　癸酉	壬申　辛未	庚午　己巳

任注:此坐下印綬,生於季春,印氣有餘,又年逢甲寅,則太過矣。土雖當令,而木更堅,喜其寅申逢冲,財星得用,第嫌比肩蓋頭,冲之無力,早年運走南方,起倒異常,至壬申、癸酉二十年,幫冲寅木,剋去比肩,刱業興家,此謂棄印就財也。

1、丙火生於辰月,比劫三見,正偏印四見,以格局言,食神五見傷官格,正偏印四見偏印格,印剋食傷,日主偏強。

2、己巳運火地比劫,食傷眾多不勞比劫。庚午運財逢比劫,不免破耗。起倒異常。辛未運財逢食傷,久旱逢甘霖。壬申與癸酉運,日主強不怕冲破,壬申運雙冲日柱,壬水長生冲剋丙火長生,剋去比肩,財星發露。癸酉運雙合月柱,癸水剋去比肩,辰酉合金,棄印就財。印比食一路發旺,難分軒輊,以財星疏通。

按：上例印綬是多餘，本例官殺四見，印綬成為必要。月令正印透干，印綬為用，喜化七殺，水木相聚一團歡。戊申運土生金，財剋印，土剋水食神制殺，喜用破滅。

比肩	日主	偏印	七殺
丙申	丙寅	甲辰	壬申
戊　壬　庚	戊　丙　甲	癸　乙　戊	戊　壬　庚
食　七　偏 神　殺　財	食　比　偏 神　肩　印	正　正　食 官　印　神	食　七　偏 神　殺　財
文　　驛 昌　　馬	紅 豔		文　驛　月　天 昌　馬　德　德
壬子　　辛亥	庚戌　　己酉	戊申　　丁未	丙午　　乙巳

任注：此坐下印綬，亦在季春，印綬未嘗無餘。年干壬殺，生印有情，不足畏也。所嫌者兩申沖寅，甲木之根拔，還喜壬水洩金生木，運走丙午，劫去申財，入學、補廩、登科。丁未合去壬水，三走春闈不捷。戊申，剋去壬水，三沖寅木，而死於路途。此造之壬水，乃甲木之元神，斷不可傷，壬水受傷，甲木必孤，凡獨殺用印者，最忌制殺也。

1、按：官殺四見，正偏印三見，比肩兩現，日主不弱，僅嫌兩申沖寅，年日雙沖，隱伏殺機。官殺生印，殺重印輕，以年上七殺為用神。

2、「兩申沖寅，甲木之根拔」，寅是甲木的根。「壬水洩金生木」，指申金生壬水，壬水生甲木，甲木生丙火，原局氣勢尚通順。

3、「運走丙午，劫去申財」，指丙午比劫運尅去申中庚金偏財，為何能「入學、補廩、登科」？因為官殺生印格局已成，不勞財生殺黨，其次丙午就是羊刃，丙午與丙申拱未合火，就是柱運歲形成羊刃駕殺，七殺立功。

4、丁未運合去壬水，己土制水，丁未運就是劫財幫日主，並尅制合化七殺，以至羊刃駕殺破格，三走春闈不捷。戊申運尅去壬水，三沖寅木，而死於路途。年時地支驛馬，終身難安定。

原文：天合地者，地旺喜靜。

原注：如丁亥、戊子、甲午、己亥、辛巳、壬午、癸巳之類，皆支中人元，與天干相合者。此乃坐下財官之地，財官若旺，則宜靜不宜冲。

按：前面講「看日主之氣勢，旺相者喜冲，休囚者怕冲，雖以日主而論，歲運冲亦然」；這裡是講「財官若旺，則宜靜不宜冲」，兩者之區別財官若旺可能就是格強身弱，也就是前言「休囚者怕冲」。例如丁亥是丁合支中藏干壬水正官，戊子是戊合子中癸水正財之類，財官若旺，宜靜不宜冲。

任氏曰：十干之合，乃陰陽相配者也。五陽合五陰為財，五陰合五陽為官，所以必合。尚有陰旺不從陽，陽旺不從陰，雖合不化，有爭合、妒合、分合之別。若露干合支中暗干，則隨局無所不合，無所不分爭妒忌矣。此節本有至理，只因原注少變通耳。天合地三字，須活看輕看。重在下句地旺喜靜四字，夫地旺者，天必衰也，喜靜者，四支無冲剋之物，有生助之神也。天干衰而無助，地支旺而有生，天干必懷忻合之意，若得地支元神透出，緣上天下地升降有情，此合似從之意也。合財似從財，合官似從官，非十干合化之理也。所以靜則居安，尚堪保守，動則履危，難以支持。然可言合者，只有戊子、辛巳、丁亥、壬午四日耳。若甲午日，則午必先丁而後己，己土豈能專權而合甲；己亥日，亥必先壬而後甲，甲豈能出而合己；癸巳日，巳必先丙而後戊，戊豈能越佔而合癸。此三日不論，至於十干應合而化，則為化格，另有作用，解在化格章中。

按：「坐下財官之地，財官若旺，則宜靜不宜冲」，財官旺日主即弱，「宜靜」，則利於生助靜養。當天干衰弱無助，靠地支旺而相生，天干自然喜合地支或其藏干，等同升降有情。因此靜居則安，動則履艱。任氏明言干支可以論合的僅有：戊子、辛巳、丁亥、壬午四日。「合財似從財，合官似從官，非十干合化之理也」？所合為喜，吉上加吉。所合為忌，提油滅火。如下例。

按：月令正官透干成格，身強喜財，身弱喜印，日主無根不用此論。強眾而敵寡，勢在去其寡。食傷生財，忌神在印，財生殺黨。

傷官	日主	正印	正官
乙巳	壬午	辛未	己巳
庚 戊 丙	己 丁	乙 丁 己	庚 戊 丙
偏印 七殺 偏財	正官 正財	傷官 正財 正官	偏印 七殺 偏財
癸亥 甲子	乙丑 丙寅	丁卯 戊辰	己巳 庚午

任注：支類南方，乘權當令，地旺極矣。火炎土燥，脆金難滋水源，天衰極矣。故日干之情，不在辛金，其意向必在午中丁火而合從矣，己巳、戊辰運生金洩火，刑耗有之，丁卯、丙寅，木火並旺，剋盡辛金，經營發財巨萬。

1、日主壬水無根，地支巳午未全，巳午未三會火，又偏印合在火中，僅辛金得己土生化日主，日主衰極；但月支又是未土得令，地支正偏財四見，天干乙木，假從財。正官格與傷官格，同根透，財官難兩全，因為會財而透出己土正官，正官又三會在財中。為何「意向必在午中丁火而合從矣」？日柱壬午，以壬水合午中丁火，非前述「十干合化之理」，勿以合化之木認為是食傷，而是合財「向錢看」的個性。

2、「己巳、戊辰運生金洩火，刑耗有之」？己巳運火生土，戊辰運柱運歲，皆滿盤官殺，《星平會海》：「行財旺之運，忌煞印之鄉」，故刑耗有之。為何「丁卯丙寅，木火並旺，剋盡辛金」？木生火食傷生財，故經營發財巨萬。「坐下財官之地，財官若旺，則宜靜不宜沖」。

86

按：日主無根，地支三合官殺局，食神與財格皆破七殺。乾脆從財殺，加入敵營，故申酉運財生殺獲利。丁火合壬心向官，丙火就是個累贅。

正財	日主	劫財	食神
庚 子	丁 亥	丙 子	己 丑
癸	甲　壬	癸	辛　癸　己
七 殺	正　正 印　官	七 殺	偏　七　食 財　殺　神

戊 辰	己 巳	庚 午	辛 未	壬 申	癸 酉	甲 戌	乙 亥

任注：此造支類北方，地旺極矣。天干火虛，無木生扶，又有溼土晦火，天衰極矣。人皆論其殺重身輕，取火土運幫身敵殺，戊寅歲，金絕火生，又合去亥水（丁壬合），必有大凶，果卒於季夏。此地支官星乘旺，又類官方，天干無印，己土洩丙，未足幫身。此為天地合而從官也。甲戌運生火剋水，刑喪破耗，家業已盡。癸酉、壬申剋盡丙火，助起財官，獲利五萬，未運丙子年，遭回祿，破去二萬，人皆取火土幫身，以午未運為美，殊不知比劫奪財，反致大凶。

1、「天衰極矣」，指丁日主地支全部亥子丑，五行缺木，食神生財。何謂「官星乘旺，又類官方」？指地支官殺四見，接近七殺格。為何「人皆論其殺重身輕，取火土運幫身敵殺」？這句要配合「人皆取火土幫身，以午未運為美，殊不知比劫奪財，反致大凶」兩句參看；任氏意思是已經假從殺，柱運歲促成從殺就是美運，比劫幫身就是幫倒忙。

87

2、「天干無印，己土洩丙，未足幫身」？缺木，丙火又去生己土，日主無依靠。何謂「此為天地合而從官」？日柱干支丁壬合，壬水為正官，暗示從殺去吧！

3、甲戌運生火剋水，甲木洩水生比劫，又戌土尅制官殺，刑喪破耗。癸酉、壬申運金生水，剋盡丙火，故助起財官而獲利。未運丙子年，以三子破害未，子丑合，丑未冲遭回祿。

4、為何「戊寅歲（49歲），金絕火生，又合去亥水，必有大凶，果卒於季夏」？如果卒於壬申運戊寅年，以戊寅年與壬申運雙冲，寅年金絕火生，冲去申不生水，又合去原局亥水，大凶而卒於季夏。為何又有「未運丙子年，遭回祿」？盡信書，不如無書。

原文：甲申、戊寅，真為殺印相生；庚寅、癸丑，也坐兩神興旺。

原注：兩神者，殺印也。庚金見寅中火土，卻多甲木，而以財論。癸見丑中土金，卻多癸水則幫身；不如甲見申中壬水庚金。戊見寅中甲木丙火之為真也。

按：甲申，申中藏庚金，庚是甲木七殺，壬是印綬。庚寅，寅中藏丙火，丙是庚金七殺，戊是印綬。「兩神者，殺印也」。日主庚寅如果帶卯亥辰未，木多就論財格。癸丑雖然也是殺印相生，但不如甲申、戊寅為「真」，因為丑中帶比肩。

任氏曰：支坐殺印，非止此四日。如乙丑、辛未、壬戌之類，亦是兩神也。癸丑多比肩，戊寅豈無比肩乎？庚寅多財星，甲申豈無財星乎？非惟庚寅、癸丑不真，即甲申、戊寅，亦難作據，若只以日主一字論格，則年月時中，作何安頓理會耶？不過將此數日為題，用殺則扶之，不用則抑之，須觀四柱氣勢，日主衰旺之別；如身強殺淺，則以財星滋殺。身殺兩停，則以食神制殺。殺強身弱，則以印綬化殺。論局中，殺重身輕者，非貧即夭；制殺太過者，雖學無成。論行運，殺旺復行殺地者，立見凶災；制殺再行制鄉者，必遭窮乏。書云格格推詳，以殺為重，又云有殺只論殺，無殺方論用，殺其可忽乎。

1、按：日主自坐殺印相生，不只前述，尚有乙丑、辛未、壬戌之類。但單論日柱，其餘干支也是變化多端，因此前述「甲申、戊寅，真為殺印相生；庚寅、癸丑，也坐兩神興旺」不是定論，其實必須依據原局整體論斷。

2、用殺則扶之，不用則抑之，須觀四柱氣勢，論日主衰旺之別，例如身強殺淺，則以財星滋殺。身殺兩停，則以食神制殺。殺強身弱，則以印綬化殺。論局中，殺重身輕者，非貧即夭。制殺太過者，雖學無成。論行運，殺旺復行殺地者，立見凶災。制殺再行制鄉者，必遭窮乏。

按：有殺只論殺，無殺方論用。月令正官為用，天干財星成格，但日主要夠強；宜印比之地。

比肩	日主	正財	偏印
甲子	甲申	己酉	壬午
癸	戊　壬　庚	辛	己　丁
正印	偏財　偏印　七殺	正官	正財　傷官
丁巳　丙辰	乙卯　甲寅	癸丑　壬子	辛亥　庚戌

任注：甲申日元，生於八月，官殺當權，喜其午火緊制酉金，子水化其申金。所謂去官留煞，煞印相生，木凋金旺，印星為用，甲第聯登，由郎署出為觀察，從臬憲而轉封疆。

1、按：偏印格，正財格，財生官，正官得令，四柱無刑冲，調候庚、丁，日主無根。「喜其午火緊制酉金，子水化其申金」？指正官有制，有印化七殺。

2、「去官留煞」？指酉金被午火尅去。「煞印相生，木凋金旺，印星為用」，指申中藏干庚與壬，甲絕在申，庚殺為主氣，壬水用來化殺。

3、本例並無說明行運如何？初運庚戌財生殺，忌殺旺之地。辛亥運金生水，官生印，如魚得水。壬子運印運護身，平順無咎。癸丑運濕土含水生印，官運亨通。甲寅、乙卯運，印運雖去，日主得根氣相挺，身強用官殺。

按：月令正官，官殺為用帶財，喜得印洩；用神為官殺，喜神是印綬；辰酉合正官，再合出七殺，財生殺黨破格。宜用印綬化去，故喜亥子運。寅運身弱，辰中乙木又合殺而去，甲寅運用神與喜神同時報銷。

比肩	日主	正財	偏印
甲子	甲申	己酉	壬辰
癸	戊　壬　庚	辛	癸　乙　戊
正印	偏財　偏印　七殺	正官	正印　劫財　偏財

丁巳	丙辰	乙卯	甲寅	癸丑	壬子	辛亥	庚戌

任注：此與前造只換一辰字，以俗論之，前則制官留殺，此則合官留殺。功名仕路，無所高下，殊不知有天淵之隔。夫制者，剋而去之；合者，有去有不去也。如以辰土為財，則化金而助殺；以酉金為官，仍化金而黨殺。由此觀之，清中帶濁，且以財為病者，不但功名蹭蹬，而且刑耗難辭。惟亥運逢生，可獲一衿。壬子如逢木年，秋闈有望。癸丑合去子印，一阻雲程，有凶無吉。甲寅運被申沖破，壽元有礙矣。

91

1、原局格強身弱，甲日酉月喜庚、丁、壬，不喜財生殺，喜殺生印護身。何謂「合官留殺」？「合者，有去有不去也」，辰酉合，尚須判斷去或不去化金而助殺；以酉金為官，仍化金而黨殺。故合金而不去，清中帶濁，且以財為病者，不但功名蹭蹬，而且刑耗難辭。總之，官殺雖然各一，其實己干辰支財來生殺，財又剋印，官殺翻盤論強。

2、「亥運逢生，可獲一衿」？官生印合乎原局氣勢。「壬子如逢木年，秋闈有望」？因為原局申子辰三合，子運又合申子辰水太旺，喜神太多也要木年來洩，等於比劫助身，木剋戊己財，比劫抗殺，身殺兩停也有一時貴氣。「癸丑合去子印，一阻雲程」，日主失去元神，有凶無吉。為何「甲寅運被申沖破，壽元有礙矣」？因為日主身弱日支逢沖，固然不利，其次，甲寅與甲子拱丑，合子水化土，日主失去元神，反助土財生殺，既然身弱，情何以堪！

> 原文：上下貴乎情協。
>
> 原注：天干地支，雖非相生，宜有情而不反背。

按：干支應該相生相合，剋洩總是不宜。宜「有情而不反背」，任氏概括情況如下。

> 任氏曰：上下情協者，互相衛護，干支不反背者也。如官衰傷旺，財星得局。官旺財多，比劫得局。殺重用印忌財者，財臨劫地。身強殺淺喜財者，財坐食鄉。財清劫重，有官而官星制劫，無官而食傷化劫，皆謂有情。

1、按：上下情協大抵如下：「官衰傷旺，財星得局」，指傷官剋官時，正官衰弱忌逢傷官，若有財星通關，則傷官生財，財生官，有情而不悖。「官旺財多，比劫得局」，指官旺則財多可以生官，但格局強日主弱，有比劫幫身制財，可以平衡財生殺黨的局勢。

2、「殺重用印忌財者，財臨劫地」，指七殺眾多，有印化殺，忌諱財生殺黨，財又剋印，如果有比劫制殺，可以維持均衡。「身強殺淺喜財者，財坐食鄉」，身強有元氣生食神，再以財星增加七殺強度，財星遇食神而旺。

3、「財輕劫重，有官而官星制劫，無官而食傷化劫」，指財輕比劫重則財星遇劫，若有官星制比劫則有情；若無官星可取食傷化比劫。以上皆謂有情。

任氏曰：如官衰遇傷，財星不現。官旺無印，財星得局。殺重用印忌財者，財坐食位。身旺煞輕喜財者，財作劫地。財輕劫重，無食傷而官失令。有食傷而印當權，皆為不協。

1、按：「官衰遇傷，財星不現」，指官星衰弱怕遇到傷官，此傷官又無財洩化，只能冲著官星發洩。「官旺無印，財星得局」，因為官生印，無印則官旺無處可洩，又得財星生官，財生殺黨，日主扛不住。「殺重用印忌財者，財坐食位」，指七殺重必須用印化，忌財尅印，財可生殺，食神若來生財，殺星吃撐又洩不出去。

2、「身旺煞輕喜財者，財坐劫地」，身旺煞輕要財生殺，財不可逢比劫。「財輕劫重，無食傷而官失令，有食傷而印當權，皆為不協」，指財輕劫重，用食傷通關洩比劫生財是好，但是若藉食傷生財而印當權，結果印尅食傷也是不妥。

按：月令正財透出成格為用，財生官為喜；巳酉拱金化去傷官見官；火地用食傷，食傷之地有偏印。除時柱外，其餘均干支相生情協。

偏財	日主	正官	傷官
庚寅	丙寅	癸酉	己巳
戊　丙　甲	戊　丙　甲	辛	庚　戊　丙
食　比　偏 神　肩　印	食　比　偏 神　肩　印	正 財	偏　食　比 財　神　肩
紅　月　天 豔　德　德	紅　天 豔　德	天 乙	干　亡 祿　神
乙 丑	丙 寅	丁 卯	戊 辰	己 巳	庚 午	辛 未	壬 申

任注：此日主兩坐長生，年支又逢祿旺，足以用官。癸水官星，被己土貼身一傷，喜得官臨財位，尤妙巳酉拱金，則己土之氣已洩，而官星之根固矣，所以一生不遭凶險，名利兩全也。

1、丙火生在酉月，調候取壬、癸。食傷四見，傷官格。偏財格。為何「足以用官…官臨財位」？比肩三見，偏印兩見，唯一正官得巳酉合金生水，己土貪生忘尅，故原局強弱均衡。

2、為何「一生不遭凶險，名利兩全」？其一，貴人坐財官。其次，傷官生財，同根透格局有成，四柱無刑冲。

按：月令七殺透官，官殺為用；偏印成格為喜；四柱無財，財運可用。殺重印輕，不嫌比劫；食傷無財，可制官殺。癸亥比合，丙火生辰土，甲木生丙火，上下貴乎情協。

偏印	日主	正官	正官
甲午	丙辰	癸亥	癸亥
己　丁	癸　乙　戊	甲　壬	甲　壬
傷官　劫財	正官　正印　食神	偏印　七殺	偏印　七殺
羊刃　月德　大耗	華蓋　大耗	天乙　亡神	天乙　亡神
乙卯　　丙辰	丁巳　　戊午	己未　　庚申	辛酉　　壬戌

任注：此造官殺乘旺，原可畏也。然喜午時，生食制煞，時干透甲，生火洩水，旺殺半化為印，衰木兩遇長生，賴此木根愈固，上下情協，不誣也。白手成家，發財數萬。

1、丙火生在亥月，四柱缺財。「官殺乘旺」？原局官殺五見，七
殺格偏印格成立，殺重印輕。何謂「生食制煞」？木火是印
比可洩官殺，生助比劫，所以時柱甲午是印生比劫。又因為
火土同位，午中藏己就等於食傷的地位，午火又生辰土，因
此轉一圈食傷制官殺。

2、何謂「旺殺半化為印」？年月兩柱皆癸亥，稱旺殺，甲木洩
掉壬水，稱半化為印。「衰木兩遇長生」？時干甲木稱衰木，
通根年月長生沾到水氣。「賴此木根愈固，上下情協，不誣也」？
官殺生印成格，同根透，四柱無刑冲，雖然無財，財為仇神
會生殺，沒有剛好。

3、何謂「白手成家，發財數萬」？所謂白手成家都是經過一段
困蹇。初運壬戌雙冲日柱，壬殺帶辰戌冲，焉得安寧！辛酉
運丙辛合水，辰酉合金，財生殺、庚申，焉得安寧！庚申運
還是一路財殺。己未運與時柱合出火土，比劫生食傷，食傷
制殺，翻盤。戊午運戊癸合火，午亥暗合木土，木是印洩殺，
火是比劫抗殺，土是食傷制殺，氣順則財聚。丁巳運雙冲年
月癸亥兩柱，大凶。原局地支自刑滿佈，發財歸發財，心情
還是很鬱悶的。

按：月令食神生財不透干，取外格傷官為用；殺印之地，傷官無用；身強亥子水地，亦非美地。《三命通會》：「六乙鼠貴……此格要月通木局，日下支神，皆是木旺之地……《相心賦》：六乙鼠貴，遇午沖而赤貧如洗。」

傷官	日主	正官	劫財
丙子	乙卯	庚午	甲寅
癸	乙	己 丁	戊 丙 甲
偏印	比肩	偏財 食神	正財 傷官 劫財
天乙 桃花 月德	干祿 將星	紅豔 文昌	亡神

戊寅	丁丑	丙子	乙亥	甲戌	癸酉	壬申	辛未

任注：專祿日主，時支子水生之，年干甲木，亦坐祿旺，用庚金則火旺無土，坐於火地，用丙火則子沖去其旺支，即或用火，亦無安頓之運，所以一敗如灰，至乙亥運，水木齊來，竟為乞丐。

98

1、乙祿在卯,即專祿日主,時干丙火通年支傷官格。乙木生在午月,調候用神癸、丙,四柱缺土。火土同位,乙木食傷即是財。正官庚金坐午火被尅,傷官丙火坐子水被冲尅,月時兩柱雙冲,經云「月時雙冲,根基一定空」。

2、壬申、癸酉運都是金水之地,乙木不宜。甲戌運與甲寅年柱拱午冲子,乙木用神生機破滅。

3、為何「乙亥運,水木齊來,竟為乞丐」?亥水生乙木強化比肩,乙亥雙合庚午,乙庚化金是官殺,寅亥化木是比劫,丁壬合木是比劫,甲己合土是財生官,一場身殺對抗賽。正官傷官坐子卯午三刑,終身難堪。

4、《三命通會》:「六乙生人時遇子,既帶官星復用此;庚申辛酉馬(午)牛(丑)欺(指被冲被合),一位逢之為丐子。」這是月時雙冲而破格的六乙鼠貴格,任鐵樵就是不願談枝枝節節的特別格。

按：月令建祿格，外格偏財與正印，看似財印雙清；然而比肩夾剋偏財，乙木不用壬水正印，卻大運水地。

正 印	日 主	偏 財	比 肩
壬 午	乙 亥	己 卯	乙 丑
己　丁	甲　壬	乙	辛　癸　己
偏　食 財　神	劫　正 財　印	比 肩	七　偏　偏 殺　印　財
辛 未	壬 申	癸 酉	甲 戌	乙 亥	丙 子	丁 丑	戊 寅

任注：此己土之財，通根在丑，得祿於午，似乎身財並旺，不知己土之財，比肩奪去，丑土之財，卯木剋破，午火食神，亥水剋之，壬水蓋之，無從引化，所謂上下無情也。初逢戊寅丁丑，財逢生助，遺業頗豐，一交丙子，沖去午火，一敗而盡。乙亥運，妻子俱賣，削髮為僧，又不守清規，凍餓而死。合此兩造觀之，則上下之情協與不協，富貴貧賤，遂判天淵，即於此證驗焉。

100

1、偏財三見，偏財格。比劫三見，正偏印三見，正印格。身強格弱。乙木生在卯月，乙祿在卯，建祿格；調候丙、癸，丙火先用。所嫌者，卯月月干己土偏財被乙木尅去，偏財又坐比肩，正印坐食神，蓋頭截腳，格局就是七折八扣。

2、四柱缺金，印生比劫，壬午時柱干支與日時地支午亥暗合，又是一堆比劫，既無官殺，比劫猖狂，難免敗家破財。

3、所謂「上下無情」，指午火食神，亥水尅之，壬水蓋之，無從引化，丙子運合出亥子丑三合水局，雙冲時柱壬午，乙亥運與乙丑年柱拱子，還是亥子丑三合水局，冲午，午火用神被冲，凍餓而死。

4、原局印比強旺，須要食傷洩比劫，財尅印；丙子與乙亥運三個偏財分別是被冲、被合、坐絕。柱運歲印尅食神，比劫尅財。

> 原文：左右貴乎同志。

> 原注：上下左右，雖不全一氣之物，須生化不錯。

按：何謂「左右貴乎同志」？原局要上下左右，一氣呵成，生化流通；或退而求其次，盡量減少天剋地支刑沖。

> 任氏曰：左右同志者，制化得宜，左右生扶，不雜亂者也。如殺旺身弱，有羊刃合之，或印綬化之。身旺殺弱，有財星生之，或官星助之。身殺兩旺，有食神制之，或傷官敵之，此謂同志。

按：前述「左右貴乎同志」，指制化得宜，左右生扶，不要刑沖疊疊。例如鄰柱間殺旺身弱，有羊刃合（例如甲日主生於申月七殺，鄰柱有卯羊刃駕殺）或印綬化之（鄰柱有亥子）；身旺殺弱，用財星生官殺，或官星助之，即便官殺混雜也比身弱好；身殺兩旺，用食神傷官制敵之，此謂同志。

任氏曰：若身弱而殺有財滋，則殺為累矣；身旺而劫將官合，則官已忘矣。總之，日主所喜之神，必要貼身透露。喜殺而殺與財親；忌殺而殺逢食制；喜印而印居官後；忌印而印讓財先；喜財而遇食傷；忌財而遭比劫。日主所喜之神，得閑神相助，不爭不妒，所忌之神，被閑神制伏，不肆不逞，此謂同志，宜細究之。

1、按：何謂「若身弱而殺有財滋」？身弱怕七殺，若有財生七殺，則殺為累贅矣，必去之而後快。何謂「身旺而劫將官合，則官已忘矣？」例如丙火旺以壬水為殺，有劫財丁火合掉壬水七殺，則官不再管用，此種情形吉凶未可驟斷，但女命合官則七殺夫星就乾淨。

2、何謂「日主所喜之神，必要貼身透露」？喜神要鄰柱才有力，同理，忌神離遠點。所以喜殺而與財鄰，忌殺而殺逢食制。官生印，故喜印而印居官後護日主。忌印而印讓財先，財先行尅到印，印先行管不到後面的財。喜財而遇食傷，大旱逢甘霖。忌財而遭比劫，財受制而不奢侈亂性；都是日主所喜之神，得閑神相助，不爭不妒，所忌之神，被閑神制伏，不肆不逞，此謂同志。

按：月令正官透殺，殺為用，身殺兩停，庚午、庚辰夾巳，食傷弱官殺強，原局無財轉生殺；申酉之地生食傷，亥子之地食神制殺。

比肩	日主	七殺	食神
庚辰	庚午	丙午	壬申
癸 乙 戊	己 丁	己 丁	戊 壬 庚
傷官 正財 偏印	正印 正官	正印 正官	偏印 食神 比肩
甲寅　癸丑	壬子　辛亥	庚戌　己酉	戊申　丁未

任注：此丙火之殺雖旺，壬水之根亦固。日主有比肩之助，溼土之生，謂身殺兩停，用壬制殺，天干之同志者。地支之同志者，辰土也，一制一化，可謂有情，運至金水之鄉，仕途顯赫，位至封疆。

1、何謂「溼土之生」？指申中有壬水，辰中有癸水。何謂「身殺兩停」？庚午、庚辰拱巳，巳中藏干丙、戊、庚。

2、庚日主比肩三見，正偏印五見，身強論。官殺四見，雖強有印化殺。「天干之同志」，壬水制丙火，食神制殺。何謂「地支之同志」？辰土化掉午火，癸水制丁火正官，可謂有情。

3、為何「運至金水之鄉，仕途顯赫」？因為金生水助食傷制官殺。初運申酉庚運助比劫，辛亥壬子運食傷駕殺。

按：月令正官透殺，殺為用；年干壬水通根日支，食神格；原指望食神制殺，然壬水坐絕，寅申沖，左右不是同志。原局火土金旺，就是身強，初運申酉不利，中運洩秀生財。

偏印	日主	七殺	食神
戊寅	庚申	丙午	壬午
戊 丙 甲	戊 壬 庚	己 丁	己 丁
偏印 七殺 偏財	偏印 食神 比肩	正印 正官	正印 正官

甲寅	癸丑	壬子	辛亥	庚戌	己酉	戊申	丁未

任注：此造與前合觀，大同小異。況乎日坐祿旺，壬水亦緊制殺，何彼則名利雙收，此則終身不發？蓋彼則壬水逢申之生地，制殺有權；此則壬水坐午之絕地，敵殺無力。彼則時干比劫幫身，又可生水，此則時上梟神剋水，而不能生食，所謂左右不能同志者也。

1、乍看格局漂亮，食神格，七殺格，正偏印五見偏印格，均天透地藏。庚金自坐祿，為何前例「名利雙收，此則終身不發」？因為壬水坐絕，食神制殺無力，時上梟神剋水，而不能生食神，故而「左右不能同志」。

2、說穿了，原局壬丙沖剋，午午自刑，寅申沖，戊土長生在寅，甲木剋土，格局全部落在沖刑之地。原局梟印奪食，喜甲木財剋印，但行運無緣。

> 原文：始其所始，終其所終；福壽富貴，永乎無窮。

> 原注：年月為始，日時不反背之。日時為終，年月不妒忌之。凡局中所喜之神，引於時支，有所歸者，為始終得所。則富貴福壽。永乎無窮矣。

按：原局是一體而論，年月引到日時喜用神一貫，不為忌神阻撓，就是富貴。

> 任氏曰：始終之理，要干支流通，四助生化不息之謂也。必須接續連珠，五行俱足。即多缺乏，或有合化之情，互相護衛，純粹可觀。

按：年月為始，日時為終，何謂「接續連珠」？例如木生火，火生土，土生金等，倒著順生也算，或能繞一圈，三柱流通相生皆是生化不息。合化即能相生，互相護衛即不怕冲剋。

> 任氏曰：所喜者逢生得地；所忌者受剋無根；閑神不黨忌物；忌物合化為功，四柱干支，一無棄物，縱有傷梟劫刃，亦來輔格助用，喜用有情，日元得氣，未有不富貴福壽者也。

按：喜用皆要旺相生扶，忌神則剋合，或坐絕無根。何謂「閑神不黨忌物，忌物合化為功」？無關緊要之五行，不要成為忌神的元神，反成仇神。忌神是累贅最好合化掉，傷官、偏印、劫財、羊刃不必顧名思義而唱衰，只要能輔助格局用神，日主有元氣，皆為富貴。

按：月令傷官、偏印、七殺，所透出者五行雖同而氣雜，取日支正官正印透干為純美，大運干支不反背而相生相扶。

食 神	日 主	正 印	正 官
己 酉	丁 亥	甲 辰	壬 寅
辛	甲　壬	癸　乙　戊	戊　丙　甲
偏 財	正　正 印　官	七　偏　傷 殺　印　官	傷　劫　正 官　財　印
壬　辛 子　亥	庚　己 戌　酉	戊　丁 申　未	丙　乙 午　巳

任注：年干壬水為始，日支亥水為終。官生印，印生身，食神發用吐秀，財得食神之覆，官逢財星之生，傷官雖當令，印綬制之有情，年月不反背，日時不妒忌，始終得所，貴至二品，富有百萬，子孫濟美，壽至八旬。

1、壬水生甲木，甲木生丁火，丁火生己土，己土生酉金，酉金生亥水。格局正官格、正印格，同根透，四柱無刑冲。

2、丁火生在辰月，調候甲、庚；雖無庚金，以酉金得己土生，更妙辰酉合金等同庚。原局除相生外，年日兩柱雙合，月時兩柱也雙合，天月德、天乙貴人俱全，就是富貴命。

按：接續連珠，五行俱足，干支相扶。月令正印透干為用，正官為喜，食神正官不弱，比劫之地可用。

食神	日主	正印	正官
乙卯	**癸亥**	**庚申**	**戊戌**
乙	甲　壬	戊　壬　庚	丁　辛　戊
食神	傷官　劫財	正官　劫財　正印	偏財　偏印　正官

戊辰	丁卯	丙寅	乙丑	甲子	癸亥	壬戌	辛酉

任注：此造土生金，金生水，水生木，干支同流，有相生之誼，而無爭妒之風。戌中財星歸庫，官清印正分明，食神吐秀逢生，鄉榜出身，仕至黃堂，一妻二妾，子有十三，科第連綿，富有百萬，壽過九旬。

1、天干戊土生庚金，庚金生癸水，癸水生乙木。地支戌土生申金，申金生亥水，亥水生卯木。

2、何謂「戌中財星歸庫，官清印正分明」？因為年月正官格與正印格成立，同根透。而財可生官，財又尅印，丁火入戌庫作用低調，因此「官清印正」。「食神吐秀逢生」，食神格在時柱，得到庚申、癸亥一路相生，又得月時兩柱相合。

按：月令正官與正印同根透干，正官為用，正印偏財為喜，火運沖去忌神食傷。官印雙清。

食神	日主	正印	正官
辛未	己巳	丙寅	甲子
乙　丁　己	庚　戊　丙	戊　丙　甲	癸
七　偏　比 殺　印　肩	傷　劫　正 官　財　印	劫　正　正 財　印　官	偏 財
甲 戌	癸 酉	壬 申	辛 未	庚 午	己 巳	戊 辰	丁 卯

任注：此造天干木生火，火生土，土生金。地支水生木，木生火，火生土，土生金。且由支而生干，從地支則以年支子水生寅木為始，至時干辛金為終；從天干亦以年支子生甲木為始，至時干辛金為終，天地同流。正所謂始其所始，終其所終也，是以科甲聯登，仕至極品，夫婦齊眉，子孫繁衍，科甲不絕，壽至九旬。

按：何謂「天地同流」？因為天干甲木生丙火，丙火生己土，己土生辛金。地支子水生寅木，寅木生巳火，巳火生未土，未土生辛金。正是「始其所始，終其所終」；正官格與正印格，同根透，四柱無刑沖。

形象

原文：兩氣合而成象，象不可破也。
原注：天干屬木，地支屬火。天干屬火，地支屬木，其象則一。若見金水則破。餘倣此。

按：「兩氣合而成象」，原局中大約只有兩種偏重的五行。「象不可破」，就以這兩種五行為關鍵，或使通關，或使流通。例如干支木火局，不宜金水運歲。

任氏曰：兩氣雙清，非獨木火二形也。如土金、金水、水木、木火、火土，相生各半五局，即相剋之五局亦是也。如木土、土水、水火、火金、金木之各半相敵也。相生要我生，秀氣流行；相剋要我剋，日主不傷。相生必欲平分，無取稍多稍寡；相剋務須均敵，切忌偏重偏輕。若用金水，則火土不宜夾雜；如取水木，則火金不可交爭。木火成象者，最怕金水破局；水火得濟者，尤忌土來止水。

1、按：「兩氣雙清，非獨木火二行」？指五行拆成兩行成象共有十種，有木火、木土、木金、木水、火土、火金、火水、土金、土水、金水等十種。相生行運宜連環有情，由日主生出。相剋者由日主剋出，宜通關相生。不論相生相剋，最宜兩造勢均力敵。

2、金水兩象，不宜火土夾雜。水木兩局，不宜火金交爭。木火成象者，最怕金水破局，宜走土運。水火得濟者，尤忌土來止水。生而復生，乃是流通之妙，例如水生木，木去生火。倘剋而遇化，亦為和合之情，例如申金剋寅木，巳申合水生木。

110

任氏曰：格既如此，取運亦仿此而行。一路澄清，必位高而祿重，中途混亂，恐職奪而家傾，故此格最難全美，而看法貴在至精，若生而復生，乃是流通之妙，倘剋而遇化，亦為和合之情，或謂理僅兩神，似嫌狹少，不知格分十種，盡費推詳。

按：行運雷同，一路五行不悖原局「成象」，位高權重；行運中如果忌神相混，由清轉濁則傾敗，如何流通？以上十格，各有特性。

按：木火成象者，最怕金水破局；月令羊刃不見官殺，傷官洩秀為用神，土運是財為喜，金水不宜。

傷官	日主	傷官	比肩
丁卯	甲午	丁卯	甲午
乙	己 丁	乙	己 丁
劫財	正財 傷官	劫財	正財 傷官
乙亥 甲戌	癸酉 壬申	辛未 庚午	己巳 戊辰

任注：此造木火各半，兩氣成象，取丁火傷官秀氣為用，四柱金水全無，純粹可觀，巳運丁火臨官，南宮奏捷，名高翰苑；庚運官殺混局，降知縣。夫南方之金，尚有不足，將來西方之水，難言無咎。

1、按：何謂「木火各半，兩氣成象」？日主甲木比劫三見，丁火傷官四見，缺金水官殺與印，取丁火傷官秀氣為用。木火不喜金水，巳運是沿用傷官，故南宮奏捷。庚午運天剋地刑兩柱，沖刑不利，子年猶凶。

2、為何「將來西方之水，難言無咎」？因為原局木生火，火土同位，可延用到土。金已經無氣了，水何來依附？《三命通會》：「火明木秀，生春月以為榮…木日火秀行南方運，火日木秀行東方運，主清貴福厚。」本例甲日主應行南方之地，行運悖反。

3、甲木生在卯月卯時，就是羊刃格，可以傷官洩羊刃或羊刃駕殺。「南方之金，尚有不足」，指南方本是旺運，庚干夾雜就已經不行了，何況到了金水之地。

按：木火兩行極旺，月令劫財，印比一團，宜木火土，二人同心，可順而不可逆，忌官殺。

偏印	日主	偏印	比肩
乙巳	丁卯	乙巳	丁卯
庚 戊 丙	乙	庚 戊 丙	乙
正財 傷官 劫財	偏印	正財 傷官 劫財	偏印
驛馬 孤辰	將星	驛馬 孤辰	將星

丁酉	戊戌	己亥	庚子	辛丑	壬寅	癸卯	甲辰

任注：此亦木火各半，兩氣成象，非前傷官之比，日主是火，長於夏令，木從火勢，格成炎上，更不宜見金運，火逢生助，巡撫浙江，至辛運水年，木火皆傷，故不能免禍。所謂二人同心，可順而不可逆也。

1、丙丁火比劫四見，乙木偏印四見，木火交輝，火日木秀行東方運，主清貴福厚。日主身強，炎上格。

2、《三命通會》：「若有木制成貴，忌水金鄉怕冲。」癸卯壬寅運水生木，木生火，幹到巡撫。辛丑運子年，子丑合濕土。「木火皆傷」，指濕土晦火，卯木被刑。

按：月令食神為用，財為喜；殺印為忌。兩干不雜，兩行成象。

食神	日主	食神	比肩
戊戌	丙午	戊戌	丙午
丁 辛 戊	己 丁	丁 辛 戊	己 丁
劫財 正財 食神	傷官 劫財	劫財 正財 食神	傷官 劫財
華蓋	羊刃 將星 月德 天德	華蓋	羊刃 將星 月德 天德

丙午	乙巳	甲辰	癸卯	壬寅	辛丑	庚子	己亥

任注：此火土各半，兩氣成象。取戊土食神秀氣為用，辛丑運，溼土晦火，秀氣流行，登鄉榜；壬運，壬年，赴會試，死於都中，蓋水激丙火，則火滅也。如兩戌換以兩辰，不致燥烈，雖逢水運，亦不致大凶也。

1、「火土夾雜」，《三命通會》：「火虛土聚成何用，定是塵埃碌碌人」火土同位，死腦筋原地打轉。為何「辛丑運，溼土晦火，秀氣流行，登鄉榜」？因為火土在丑地，丙辛合水，濕土生金，食神生財，氣勢流暢。

2、為何「壬運，壬年，赴會試，死於都中，蓋水激丙火，則火滅」？壬寅運壬年，而月時地支為戌，所拱必為午，干為壬水兩見，支為三合火，又原局午戌兩見，會合運歲後比劫為源，天干全沖，食神制殺太過。

114

按：月令傷官透干，傷官格為用；原局缺官殺與財星，最怕官殺運硬碰硬。兩氣成象要日主去生，或食或傷，謂英華秀發。

傷官	日主	傷官	比肩
辛酉	戊戌	辛酉	戊戌
辛	丁 辛 戊	辛	丁 辛 戊
傷官	正印 傷官 比肩	傷官	正印 傷官 比肩
己巳　戊辰	丁卯　丙寅	乙丑　甲子	癸亥　壬戌

任注：此土金各半，兩氣成象。取辛金傷官為用，喜其一路北方運，秀氣流行，少年科甲，仕至黃堂，交丙破辛金之用，不祿。凡兩氣成象者，要日主去生，或食或傷，謂英華秀發，多致富貴，所不足者，運破局，不免於禍，如金水水木之印綬格，無秀可取，故無富貴，試之屢驗。

1、土金傷官格，「喜其一路北方運，秀氣流行，少年科甲」？因為傷官喜歡生財。《三命通會》：「土以木為官，以金為傷，木畏金剋，金得木無益」，故「土金官去反成官」。

2、為何「交丙破辛金之用，不祿」？，因為火剋金，丙辛難合，寅戌丙丁火，實為印剋食傷，官殺黨印。

按：水土兩局無金通關，月令偏財透干，以財格旺水為用，原局以戊土透干為堤防，不如行運以木洩水，疏土為用。

正財	日主	正財	比肩
癸亥	戊戌	癸亥	戊戌
甲　壬	丁　辛　戊	甲　壬	丁　辛　戊
七殺　偏財	正印　傷官　比肩	七殺　偏財	正印　傷官　比肩
劫煞　孤辰	華蓋	劫煞　孤辰	華蓋
辛未　庚午	己巳　戊辰	丁卯　丙寅	乙丑　甲子

任注：此水土各半，兩氣成象。喜其通根燥土，財命有一，然氣勢稍寒，所以運至丙寅，寒土逢陽，連登科甲，更妙亥中甲木暗生，仕至郡守，官途平坦。

1、水土大約各占一半，水土兩局，土尅水很難搞定。戊土生在亥月，調候用神甲、丙。柱中缺丙火，至丙寅大運，木生火，寒土逢陽，連登科甲。

2、「更妙亥中甲木暗生，仕至郡守」，甲木洩水疏土，故喜行寅卯東方運，須帶火。

按：月令七殺透出成格，七殺為用，原局無印綬化殺。地支食傷四見帶偏財，近傷官生財。七殺喜印？食神制煞？忌財生殺黨，火土之地。

七殺	日主	七殺	比肩
己 **未**	**癸** **亥**	**己** **未**	**癸** **亥**
乙　丁　己	甲　　壬	乙　丁　己	甲　　壬
食神　偏財　七殺	傷官　劫財	食神　偏財　七殺	傷官　劫財
辛亥	壬子	癸丑	甲寅	乙卯	丙辰	丁巳	戊午

任注：此土水相剋，兩氣成象，純殺無制，日主受傷，初走火土之鄉，生助七殺，正是明月清風誰與共，高山流水少知音，一交乙卯，運轉東方，制殺化權，得奇遇，飛升縣令。由此觀之，生局必須食為美，印局無秀氣，不足為佳，財局身財均敵，日主本氣無傷，然又要運程安頓得好，斯為全美，一遇破局，則禍生矣。

1、水土兩局，土剋水，七殺剋日主，七殺生印，羊刃駕殺，身殺兩停均談不上，惟有地支食傷四見，可以尋求食神制殺的氣勢。

2、為何「初走火土之鄉，生助七殺」？因為戊午、丁巳、丙辰皆是火土之地，七殺得地，因此無緣發跡。「運轉東方，制殺化權」？己土七殺，故行運東方乙卯是食神，食神制殺，格局有成，故「生局必須食（神）為美」。

> 原文：五氣聚而成形，形不可害也。
>
> 原注：木必得水以生之，火以行之，土以培之，金以成之；是以成形於要緊之地。或過或缺，則害。餘皆倣之。

按：原局五行的「象」要有「形」，成形幾乎就是高命。因此木要有水源、火化，土壤培植，金來雕琢，也必須在關鍵樞紐位置。過猶不及，需恰到好處。

> 任氏曰：木之成形，食傷洩氣，水以生之。官殺交加，火以行之、印綬重疊，土以培之、財輕劫重，金以成之。成形於得用之地，庶無偏枯之病，何患名利不遂乎。即舉木論，五行皆可成形，亦仿此而推。若四柱無成，成之於歲運，又無成處，則終身碌碌，凶多吉少，有志難伸矣。

1、按：此段老生常談，若以甲乙為日主，食傷洩氣，水生木；若官殺庚辛交相害，以食傷丙丁剋制；印綬水旺，以戊己土財剋印等。

2、「成形於得用之地，庶無偏枯之病，何患名利不遂乎」？即來的好不如來的巧。原局偏枯有病，以行運醫藥，行運不成，刑冲交加，終身碌碌。

按：月令正印透干為用，五見逆用，故以戊土偏財為堤。初運母旺子衰，木運助子。寒木喜陽，南方火地，調候得地。

偏財	日主	偏印	偏印
戊辰	甲子	壬子	壬戌
癸 乙 戊	癸	癸	丁 辛 戊
正印 劫財 偏財	正印	正印	傷官 正官 偏財
華蓋	將星	將星 月德	月德
庚申　己未	戊午　丁巳	丙辰　乙卯	甲寅　癸丑

任注：此造水勢猖狂，獨戊土以培之，以作砥柱之功，不致浮泛也。然戊土亦有賴戌土而根固，若有辰而無戌，辰乃溼土，見水則蕩，戊土不能植根而虛矣，無根之土豈能止百川之源，故此造所重者，戌之燥土也。但寒木無陽，必須火以溫之，則木方可發榮，所以運至南方火旺之鄉，發財數萬，名成異路也。

1、按：壬戌、壬子拱亥，故甲木的壬癸水正偏印五見。偏財三見，財弱印強，需要食傷火地生財。甲木生在子月，冬水不生木，丙丁為調候用神。

2、何謂「寒木無陽，必須火以溫之，則木方可發榮」？丙辰、丁巳、戊午等食傷生財之地，木方可發榮。偏財格有偏印尅，帶貴人就算好命。

按：月令羊刃透干，羊刃格。羊刃不駕殺就用食傷化去，原局帶財，洩的順暢。原局無官殺，庚申辛酉運，羊刃駕殺。

正官	日主	劫財	偏財
辛未	甲辰	乙卯	戊寅
乙 丁 己	癸 乙 戊	乙	戊 丙 甲
劫 傷 正 財 官 財	正 劫 偏 印 財 財	劫 財	偏 食 比 財 神 肩
天 大 乙 耗	華 月 蓋 德	羊 刃	干 驛 祿 馬
癸 壬 亥 戌	辛 庚 酉 申	己 戊 未 午	丁 丙 巳 辰

任注：此造支類東方，劫刃肆逞，一點微金，成之不足，故書香不繼。初運火土，不失生化之情，財源通裕。至庚申辛酉，辛金得地，而成之異路，加捐至州牧，癸運生木洩金，不祿。

1、「支類東方」，寅卯辰三會。「劫刃肆逞」，因為甲日主生在卯月又透乙，就是羊刃格透干放肆。「一點微金，成之不足」？只有一個正官坐病，管不住慾望，故書香不繼。

2、初運南方火土，食傷洩比劫，生化有情，財源通裕。庚申辛酉運，辛金得地，羊刃駕殺而成之異路。癸亥運印生比劫，寅亥合木，亥卯未會木局，又化掉官殺，甲木撐到爆，不祿，人生夠本了。

按：月令卯木透乙，羊刃格。《三命通會》：「甲乙日得亥卯未局，柱中須有亥字帶印，為入格」，卯戌合，假性曲直格。

劫財	日主	劫財	正印
乙亥	甲戌	乙卯	癸未
甲　壬	丁　辛　戊	乙	乙　丁　己
比　偏 肩　印	傷　正　偏 官　官　財	劫 財	劫　傷　正 財　官　財
劫 煞	華　月 蓋　德	羊　桃 刃　花	天 乙
丁 未　戊 申	己 酉　庚 戌	辛 亥　壬 子	癸 丑　甲 寅

任注：此造柱中未土深藏，戌土自坐，謂財來就我，未嘗不美。只因四柱無金以成之，五行無火以行之，再加亥時，癸水通根生劫，亥卯未全，助起劫刃猖狂；查其歲運，又無成地，以致祖業消磨，剋妻無子。由此推之，命之所重在運，運其可忽乎。諺云人有凌雲之志，無運不能自達也。

1、「財來就我」，指甲木自坐戌土偏財。「劫刃猖狂」，指甲木生在卯月透出兩干，又亥卯未齊全，癸水生身。

2、羊刃格在南方火地化出食傷，或在西方庚申之地以官殺對抗羊刃，均未在行運之中，徒呼奈何。原局太旺，故行運也難制衡。然而流年食傷旺或官殺也能斬獲。

> 原文：獨象喜行化地，而化神要昌。

> 原注：一者為獨；曲直、炎上之類也，所生者為化神。化神宜旺，則其氣流行。然後行財官之地方可。

按：「獨象」，指曲直、炎上、從革、潤下、稼穡等專旺格。「所生者為化神，化神宜旺，則其氣流行」，指專旺格身強，要有食傷洩秀，食傷生財，財生官，其氣流行最佳；財官才是果實。

> 任氏曰：權在一人，曲直炎上之類是也。化者，食傷也，局中化神昌旺，歲運行化神之地，名利皆遂也。八字五行全備，固為合宜，而獨象乘權，亦主光亨。

1、按：「權在一人」，五行獨象。以木局而言，土運就是財運，但四柱要有化神食傷，可免比劫奪財之憂。見到火運要原局有財，喜財遇食傷，而不喜歡印來尅食傷。見金運，是官殺，謂破局，凶多吉少。走水運，而局中無火，謂生助強神（即日主），亦主光亨，故舊有從強之說，喜印運來生日主。

2、八字宜五行全備均衡，但獨象成權而專旺，有食傷生財，一路順洩，也算高命。

> 任氏曰：木日，或方或局全，不雜金，為曲直。火日，或方或局全，不雜水，為炎上。土日，四庫皆全，不雜木，為稼穡。金日，或方或局全，不雜火，為從革。水日，或方或局全，不雜土，為潤下。皆從一方之秀氣，不同六格之常情，必要得時當令，遇旺逢生。但體質過於自強，須以引通為妙，而氣勢必有所關，務須審察其情。

按：這段談專旺的要件：曲直格（木）要三合三會，不雜官殺。炎上（火）、稼穡（土）、從革（金）、潤下（水）皆同。因為跟從五行偏旺的氣勢，所以不同於普通格的常情討論，必須得時當令（甲在寅卯月），有臨官、帝旺、長生之類相挺。但如果氣勢極旺，還是要用疏導的方式；所以必須審查專旺的程度，決定生或洩。

> 任氏曰：如木局見土運，斯雖財神資養，先要四柱有食有傷，庶無分爭之慮。見火運，謂英華發秀，須看原局有財無印，方免反剋為殃，名利可遂。見金運，謂破局，凶多吉少。見水運，而局中無火，謂生助強神，亦主光亨，故舊有從強之說，再行生旺為佳。若四柱先有食傷，必主凶禍臨身。如原局微伏破神，須運有合沖之妙。若本主（月令）失時得局，要運遇生旺之鄉，亦主功名小就。苟行運偶逢剋（官殺）地，獨象立見災凶，若局有食傷反剋之能，方無大害。

1、按：如曲直格逢土是財運，但若無食神傷官通關，「庶無分爭之慮」，否則還是一堆比劫奪財。曲直逢火是傷官，稱「英華發秀」，重點在原局有財無印，因為財接續五行化生，而印綬剋去食傷。

2、木局見金運就是官殺，算破局論衰。見水運，水生木日主更旺，主光亨。故早先說法，從強就錦上添花再行生旺，然而原局有食傷，因印剋食傷必凶。原局若有「破神」（主要是官殺，其次喜印綬忌食傷，喜食傷忌印綬），合去沖去都妙。

3、若原局專旺之勢不足，運行比劫印綬之地，小有功名。如果專旺極旺，行運不宜官殺，否則「立見災凶」，必須原局帶食傷反剋官殺，方無大害。

123

> 任氏曰：總之干乃領袖之神，陽氣為強，陰氣為
> 弱，支乃會格之物，方力較重，局力較輕。獨象
> 雖美，只怕運途破局；合象雖雜，卻喜制化成功。

按：專旺格天干以甲、丙、戊、庚、壬，陽氣為強；乙、丁、己、
辛、癸為弱，地支則是以「方力較重，局力較輕」，指三會力道
大於三合。獨象特別格給人印象似乎高命，但不然，因為運途破
局機率很高，還不如普通格雖雜不專，制化有成。

按：曲直格帶食傷四見，甲生卯月，羊刃格；羊刃用食傷洩身，生化有序。庚辛不得地，丙丁制化；壬運剋去喜神，申運官殺無解。

食神	日主	傷官	比肩
丙寅	甲辰	丁卯	甲寅
戊　丙　甲	癸　乙　戊	乙	戊　丙　甲
偏財　食神　比肩	正印　劫財　偏財	劫財	偏財　食神　比肩
干祿　驛馬	華蓋　月德	羊刃	干祿　驛馬　月德
乙亥　　甲戌	癸酉　　壬申	辛未　　庚午	己巳　　戊辰

任注：支全寅卯辰，東方一氣，化神者，丙丁也。發洩菁華，少年科甲，早遂仕路之光，行財地，先有食傷化劫之功，行金運又得丙丁回剋之能，交壬破局傷秀，降職歸田不祿。

1、甲日主地支三會寅卯辰，曲直格。「化神者」，丙丁，行運即是己巳、庚午，早遂仕路之光。「行財地，先有食傷化劫之功」，指辛未運，比劫生食傷，食傷生財。「行金運又得丙丁回剋之能」，破局而凶多吉少。「交壬破局傷秀」，壬申運與時柱丙寅雙沖，與月柱丁卯雙合，水剋火，食傷難用，不祿。

2、《三命通會》：「甲乙生人寅卯辰，又名仁壽兩堪評；亥卯未全嫌白帝，若逢坎位必身榮。」白帝指庚辛申酉，坎位指壬癸亥子運。

按：戊子日主合財，宜食傷運；稼穡專旺成立也宜食傷洩秀，傷官入庫在月令丑土，土厚金埋，辛金不夠力；以申、酉、庚、辛運為宜。

劫財	日主	正印	劫財
己未	戊子	丁丑	己未
乙　丁　己	癸	辛　癸　己	乙　丁　己
正官　正印　劫財	正財	傷官　正財　劫財	正官　正印　劫財
天乙	將星　大耗	天乙	天乙
己巳　庚午	辛未　壬申	癸酉　甲戌	乙亥　丙子

任注：費中堂造，天干戊己逢丁，地支重重丑未，子丑化土斯真，格象已成稼穡。所不足者，丑中辛金無從引出，且局中丁火三見，辛金暗傷，未得生化之妙，所以嗣息艱難。若天干透一庚辛，地支藏一申酉，必多子矣。

1、戊日主生在丑月，子丑合土解除丑未冲，除丁火外全部屬土，成立稼穡格。原局賴辛金洩土，丁火三見正印尅制傷官，所以嗣息艱難。

2、《三命通會》：「戊己日生宜四季，多防丑戌懷金氣；生來見木或逢癸（南方火地），個中消息真榮貴。」「天干透一庚辛，地支藏一申酉，必多子」？比劫多仍以食傷洩秀為用。本例則在行運走西方之地。戊土生在丑月，仍以丙火生身，甲木疏土為用，萬變不離五行體用。

126

按：炎上格，本例與上例不同在印綬與食傷的力量相抗衡，原局官殺來有印化，惟庚運生官殺，尅合甲乙，進入尅地。

正印	日主	偏印	比肩
乙未	丙戌	甲午	丙寅
乙 丁 己	丁 辛 戊	己 丁	戊 丙 甲
正印 劫財 傷官	劫財 正財 食神	傷官 劫財	食神 比肩 偏印
壬寅　辛丑	庚子　己亥	戊戌　丁酉	丙申　乙未

任注：支全火局，木從火勢，格成炎上。惜木旺尅土，秀氣有傷，書香難就。武甲出身，仕至副將，行申酉運，亦有戌未之化，所以無咎。亥運，幸得未會、寅合，不過降職。交庚子，干無食傷，支逢沖激，死在軍中。

1、丙日主生在午月，寅午戌三合火，甲乙木生火，炎上格，地支食傷四見。「木旺尅土，秀氣有傷，書香難就」，指印尅食傷與缺官殺運。「申酉運，亦有戌未之化」，指土生金，傷官生財。「亥運，幸得未會、寅合」，亥是官殺，按理論凶，己亥運會合未年，當指亥卯未三合印，寅亥合木印，不過降職。換言之，亥水由官殺變質為印，專旺格喜印生。

2、《三命通會》：「丙丁日坐寅午戌，火炎上格從此出；無寅無亥不成名，忌逢土晦主殘疾。」因此「交庚子，干無食傷，支逢沖激，死在軍中」，指庚子運雙沖甲午月柱，庚財尅甲合乙，而「子」是官，故原局比劫五見，羣劫尅財（庚），食傷尅官，前言「苟行運偶逢尅（官殺）地，獨象立見災凶。」

127

按：申酉戌三會金，乙庚合金，從革格；原局食神化劫，傷官入庫，化地不順暢。亥子丑化地可嘉，「苟行運偶逢剋（官殺）地，獨象立見災凶。」

比肩	日主	正財	比肩
庚辰	庚戌	乙酉	庚申
癸　乙　戊	丁　辛　戊	辛	戊　壬　庚
傷官　正財　偏印	正官　劫財　偏印	劫財	偏印　食神　比肩
月德	紅豔　華蓋　月德	羊刃	干祿　驛馬　月德
癸巳　　壬辰	辛卯　　庚寅	己丑　　戊子	丁亥　　丙戌

任注：此造天干乙庚化合，地支申酉戌全，格成從革。惜無水，肅殺之氣太銳，不但書香不利，而且不能善終。行伍出身，官至參將，一交寅運，陣亡。蓋局無食傷之故耳，又寅戌暗拱，觸其旺神也。

1、從革格，羊刃格，也是辰戌沖而破格的魁罡格，故肅殺之氣太銳，不但書香不利，而且不能善終。專旺格太旺，以洩日主為優先，即食傷有氣。

2、「一交寅運，陣亡」，庚寅運與時柱庚辰三合財，拱出之卯沖酉，其次庚寅運與日柱庚戌拱午，三合官殺，財生殺攻日主，極凶。《三命通會》：「此格須疊位重逢⋯性嚴有操持，而為人聰敏是也。運行身旺，發福百端。一見財官，禍患立至。」

按：潤下格，盈科而後進，浩蕩不可擋，癸丑、甲寅、乙卯運，化地昌盛，丙辰財生殺，子辰化劫，全局撼動。

劫財	日主	偏印	劫財
壬子	癸丑	辛亥	壬子
癸	辛　癸　己	甲　壬	癸
比肩	偏印　比肩　七殺	傷官　劫財	比肩
干祿	華蓋	驛馬	干祿

己未	戊午	丁巳	丙辰	乙卯	甲寅	癸丑	壬子

任注：地支亥子丑，干透壬癸辛，局成潤下。喜行運不背，書香早遂，甲寅運秀氣流行，登科發甲，乙卯宦途平坦，由縣令而遷州牧，丙運原局無食傷之化，羣劫爭財，不祿。

1、癸日主，地支亥子丑，潤下格。「喜行運不背，書香早遂」，指初運壬子、癸丑都是水地。「甲寅運秀氣流行」，指甲寅傷官洩秀，故登科發甲。「乙卯宦途平坦」，還是食神洩秀。「丙運原局無食傷之化」，丙是財，坐下辰土合子，再加上原局比劫六見，群劫爭財。

2、《三命通會》：「天干壬癸喜冬生，更值申辰會局成；或是全歸亥子丑，等閒平步上青雲。」喜西方金生水，北方水地，東方秀氣。

原文：全象喜行財地，而財神要旺。

原注：三者為全。有傷官而又有財也，
主旺喜財旺，而不行官殺之地方可。

按：五行俱全，財官印成格，人人喜歡的好命。傷官生財，日主
旺相，固然以行財運為佳，因為財怕比劫，比劫已經被傷官化去，
若行官殺運，傷官忙著剋官殺，生財無方；因此「不行官殺之地
方可」。

任氏曰：三者為全，非專論傷官與財也。傷官生財，
固為全矣，而官印相生，財官並見，豈非全乎。傷官
生財，日主旺相，固宜財運，倘四柱比劫多見，財星
被劫，官運必佳，傷官運更美，須觀局中意向為是。

按：「三者為全」是格局有成的名稱，故傷官生財，官印相生，
財官並見等均屬之。傷官生財，日主旺相，喜行財運；但如果四
柱比劫多見，比劫剋財為病，以官運治病最佳。又如果傷官運更
美，因為比劫為傷官洩去，增加為生財元氣。還須注意原局與大
運變化情況。

> 任氏曰：日主旺，傷官輕，有印綬，喜財而不喜官。日主旺，財神輕，有比劫，喜官而不喜財。財官並見，日主旺相，喜財而不喜官。官印相生，日主休囚，喜印綬而不喜比劫。大凡論命，不可執一，須察全局之意向，日主之喜忌為的。

1、按：具體命例如：「日主旺，傷官輕，有印綬，喜財而不喜官」，指日主旺，食傷輕，有印剋食傷，則泄去不通暢，喜用財星剋去印綬，反之，官來生印，閑神變仇神，故「喜財而不喜官」。「日主旺，財神輕，有比劫」，怕財被劫奪，宜有官運制比劫護財，而財運只是送給比劫的獵物，故「喜官而不喜財」。

2、「財官並見，日主旺相，喜財而不喜官」，日主旺相，以財滋官，可身殺兩停；反之，生官化印生身，既然日主旺相即不必多此一舉。「官印相生，日主休囚，喜印綬而不喜比劫」，因為日主休囚，必以印生身，因此喜印綬，而不喜比劫生身在於正官要去剋比劫，生印無力。

按：月令傷官為用，喜財。前言「日主旺，傷官輕，有印綬，喜財而不喜官」，本例傷官不輕，但印也相對不弱，以致傷官無法順利發揮生財功能，到庚申、辛酉財運，剋去印綬之病。

正印	日主	劫財	傷官
甲辰	丁卯	丙辰	戊申
癸　乙　戊	乙	癸　乙　戊	戊　壬　庚
七　偏　傷 殺　印　官	偏 印	七　偏　傷 殺　印　官	傷　正　正 官　官　財
甲　　　癸 子　　　亥	壬　　　辛 戌　　　酉	庚　　　己 申　　　未	戊　　　丁 午　　　巳

任注：丁卯日元，生於季春，傷官生財，嫌其木盛土虛，書香難就，幸得傷官化劫，使丙火無爭財之意，所以運至庚申辛酉，承先人之事業雖微，而自刱（創）之規模頗大，財發十餘萬。

1、丁日主生在辰月，傷官四見，傷官格；正偏印四見，偏印格。「木盛土虛」，木盛是因為地支卯辰透甲，土虛是因為木旺就剋土，故傷官不靈，「書香難就」。

2、為何「傷官化劫，使丙火無爭財之意」？因為比劫只有丙火，生給一堆戊土傷官，僧多粥少，無力奪財。「庚申辛酉，…財發十餘萬。」庚申辛酉金是財；金剋木，財剋印，也是傷官生財格局之成。總之，印是病，財是藥。

按：羊刃？炎上？火土傷官生財？全象喜行財地，而財神要旺，還需有食傷接應。火土同位，食傷洩不動，加用財運金局，洩動食傷。

劫財	日主	正財	傷官
丁酉	丙午	辛未	己巳
辛	己 丁	乙 丁 己	庚 戊 丙
正財	傷官 劫財	正印 劫財 傷官	偏財 食神 比肩
癸亥 甲子	乙丑 丙寅	丁卯 戊辰	己巳 庚午

任注：此造火長夏天，支類南方，旺之極矣，火土傷官生財格。所嫌者，丁火陽刃透干，局中全無溼氣，劫刃肆逞，祖業無恆，父母早亡，幼遭孤苦，中受飢寒，六旬之前，運走東南木火之地，妻財子祿，一事無成。至丑運，北方溼土，晦火生金，暗會金局，從此得際遇，立業發財，至七旬又買妾，連生二子，及甲子癸亥，北方水地，獲利數萬，壽至九旬。諺云有其運必得其福，為人豈可限量哉。

1、丙日主自坐羊刃，地支巳午未透丁，日刃透干，因月令為土，如羊刃在月炎上格成立。食傷四見，火土傷官格；正偏財三見，正財格。丙火生在未月，調候用神壬、庚。

2、自坐羊刃尅偏財，年上傷官，故「祖業無恆，父母早亡。」六旬之前，一事無成，因庚午運財坐羊刃，己巳、戊辰、丁卯、丙寅等運，皆行比劫食傷運，非用神。乙丑運雜氣財透干，地支三合巳酉丑，傷官生財。

> 原文：形全者宜損其有餘，形缺者宜補其不足。
>
> 原注：如甲木生於寅卯辰月，丙火生於巳午未月，皆為形全。戊土生於寅卯辰月，庚金生於巳午未月，皆為形缺。餘倣此。

按：「形全」，指地支三合三會助旺日主，天干宜有反剋「損其有餘」。「形缺」，指地支三合三會剋制日主，天干宜有比劫祿刃生助日主「補其不足」。總之，基於平衡概念。

> 任氏曰：形全宜損，形缺宜補之說，即子平旺則宜洩宜傷，衰則喜幫喜助之謂也。命書萬卷，總不外此二句，讀之直捷痛快，顯然明白，故人人得而知之，究之深奧異常，此中作用，實有至理，庸俗只知旺用洩傷，衰用幫助，以致吉凶顛倒，宜忌淆亂也，以余論之，須將四字分用為是，通變在一宜字。

按：八字旺則宜洩宜傷，衰則喜幫喜助，顯然明白，人人皆知。任氏認為此項通俗看法還需變通，否則吉凶顛倒，宜忌淆亂。幫、洩、旺、衰，要拆開分解，適時適地解釋。

> 任氏曰：宜洩則洩之為妙；宜傷則傷之有功。洩者，食傷也；傷者，官殺也，均是旺也。或洩之有害，而傷之有利；或洩之有利，而傷之有害。所以洩、傷兩字，宜分而用之也。宜幫則幫之為切；宜助則助之為佳。幫者，比劫也；助者，印綬也，均是衰也。或幫之則凶，而助之則吉；或幫之則吉，而助之則凶。所以幫、助兩字，亦宜分而用之也。

1、按：該洩則洩，宜傷則傷，不贅述。洩者，指食傷。傷者，指官殺。或洩之有害，而傷之有利；或洩之有利，而傷之有害。所以食傷（洩）與官殺（傷），宜分別利用。

2、幫者，指比劫。助者，指印綬。例如「幫之則凶」，比劫有剋財的副作用，而助之則吉。或幫之則吉，而「助之則凶」，例如梟印奪食。所以幫、助兩字，比劫與印綬，宜分別利用。

> 任氏曰：如日主旺相，柱中財官無氣，洩之則官星有損，傷則去比劫之有餘，補官星之不足；所謂傷之有利，而洩之有害也。日主旺相，柱中財官不見，滿局比劫，傷之則激而有害，不若洩之以順其氣勢，所謂傷之有害，而洩之有利也。

1、按：何謂「傷之有利，而洩之有害」？例如日主旺相，柱中財官無氣（微弱非無），就是身強要用洩，用食傷運洩之官星就受剋（要用財通關）。反之，用「傷」（官殺）正好補強財官無氣的缺陷，制去比劫的氣勢。

2、日主旺相，柱中財官不見，滿局比劫，羊刃性爆，激之則反彈，不如以食傷洩秀為佳，即「傷之有害，而洩之有利」，因為原局傷官傷盡。

> 任氏曰：日主衰弱，柱中財星重疊，印綬助之反壞，幫者去財星之有餘，補日主之不足，所以幫之則吉，而助之則凶也。日主衰弱，柱中官殺交加，滿盤殺勢，幫之恐反剋無情，不若助之以化其強暴，所以幫之則凶，而助之則吉也。此補前人所未發之言也。

1、按：日主衰弱，柱中財星重疊，謂之「財多身弱」，印綬怕財，幫不上忙「助之反壞」。比劫幫者去財星之有餘，散財找幫手，以補日主之不足。所以幫之則吉，而助之則凶。換言之，印是間接幫助，比劫就地幫腔。

2、日主衰弱，柱中官殺交加，滿盤殺勢，比劫幫之恐反剋無情，展開身殺對抗賽，不若助之，就力使力，以印綬化其強暴，所以幫之則凶，而助之則吉。

任氏曰：至於木生寅卯辰月、火生巳午未月，為形全，亦偏論也。如木生寅卯辰月，干露庚辛，支藏申酉，莫非仍作全形而損之乎；火生巳午未月，干透壬癸，支藏亥子，莫非仍作全形而損之乎；土生於寅卯辰月為形缺，干丙丁而支巳午，莫非仍作形缺而補之乎；金生於巳午未月，干戊己而支申酉，莫非亦作形缺而補之乎。凡此須究其旺中變弱、弱中變旺之理，不可執一而論。是以實似所當損者，而損之反有害；實似所當補者，補之反無功，須詳察焉。

按：任鐵樵認為「形全」與「形缺」不可死法對待，如果三合三會生助日主，而有天透地藏的反剋之類，就不能稱形全。應查其旺中變弱、弱中變旺之理，不可執一而論。搞錯了就是當損而補，當補卻損。

按：庚不離丁，丁不離甲，甲不離庚；月令偏印宜官生，金水傷官要見官，官殺就是調候用神。

偏財	日主	比肩	正官
甲申	庚子	庚戌	丁丑
戊　壬　庚	癸	丁　辛　戊	辛　癸　己
偏印　食神　比肩	傷官	正官　劫財　偏印	劫財　傷官　正印
壬寅　　癸卯	甲辰　　乙巳	丙午　　丁未	戊申　　己酉

任注：此秋金銳銳，官星虛脫，不能相制，財星臨絕，何暇生官？初運土金，晦火生金，刑傷破耗，無所不見。丁未丙午，助起官星，家業鼎新，乙巳晚景優游，所謂傷之有功也。

1、庚金生戌月，但比劫四見，正偏印三見，故稱「秋金銳銳」。雖然是正官格，但丁火天干坐絕，地支入庫，食傷三見，又庚戌、庚子拱亥水，故「官星虛脫，不能相制」。

2、己酉、戊申運土生金，身強何勞印來生比劫。丁未運助起官星，地支丑戌未三刑，身強者力爭上游。丙午運雙冲日柱庚子，官殺得力，身殺兩停，不免冲刑纏鬥。乙巳運財生官，奮鬥有成，故「晚景優游」。「所謂傷之有功」，因為日主旺相，柱中財官無氣而印綬比劫多，以傷官洩之則官星有損，以官殺尅去比劫之有餘，補官星之不足，所以用官殺尅制有利。

3、《三命通會》：「時上偏財冲最忌，兄弟之輩皆為畏；喜行身旺官祿鄉，別無透出方為貴。」此例由比劫運入官鄉，正是時上偏財身主旺，白屋公卿。

137

按：從革？身強喜北方亥子丑，中運丙寅財殺之地，雙冲日柱，寅戌拱火，傷神觸旺。

正財	日主	食神	偏印
乙酉	**庚申**	**壬戌**	**戊申**
辛	戊 壬 庚	丁 辛 戊	戊 壬 庚
劫財	偏印 食神 比肩	正官 劫財 偏印	偏印 食神 比肩
庚午　　己巳	戊辰　　丁卯	丙寅　　乙丑	甲子　　癸亥

任注：此造乙從庚化，官星不見，支類西方，又坐祿旺，權在一人，從其強勢，雖有壬水，戊土緊剋，不能引通洩其殺氣，初交癸亥、甲子，順其氣勢，財喜如心，一交丙寅，觸其旺神，一敗如灰，衣食難度，自縊而死，所謂洩之有益，傷之有害也。

1、為何「乙從庚化，官星不見」？乙木酉支，故乙庚合化，庚日主收編乙木更強勢，對頭丁火正官入庫，等同不存在。「支類西方」，原局地支全部是申酉戌，「從其強勢」，成立從革格。

2、為何「雖有壬水，戊土緊剋」，因為庚金強勢需要壬水洩金，然而坐下戌土，水勢阻滯，故「不能引通洩其殺氣」。「初交癸亥甲子，順其氣勢，財喜如心」，因為強金喜用水洩。

3、為何「一交丙寅，觸其旺神，一敗如灰，衣食難度，自縊而死」？《三命通會》：「白虎但逢巳酉丑，格呼從革名偏厚；丙丁巳午少逢之，貴氣煉成官最久。」從革格不宜行丙丁巳午火旺之地。

按：丙火月令建祿帶印格，身不弱財更多，外格食傷生財更強，用比劫補元氣。財印雙清，〈四言獨步〉：「先財後印，反成其福」。

正印	日主	正財	偏財
乙未	丙辰	辛巳	庚申
乙　丁　己	癸　乙　戊	庚　戊　丙	戊　壬　庚
正印　劫財　傷官	正官　正印　食神	偏財　食神　比肩	食神　七殺　偏財
己丑	戊子	丁亥	丙戌	乙酉	甲申	癸未	壬午

任注：此造以俗論之，丙火生於巳月，建祿，必要用財，無如庚辛重疊根深，獨印受傷，弱可知矣。運至甲申、乙酉，金得地，木無根，破耗異常，丙戌丁運，重振家聲，此財多身弱，所謂幫之則有功也。

1、丙火生在巳月，建祿格。正偏財四見，偏財格。正印三見，正印格。為何「庚辛重疊根深，獨印受傷」？因為偏財庚金坐申支，而正印乙木坐未入庫，故「弱可知矣」。

2、為何「運至甲申乙酉，金得地，木無根，破耗異常」？原局偏財金局旺盛，木為印而衰弱，甲申乙酉運，金得地，木無根，呼應原局而無功破耗。「丙戌丁運，重振家聲」，因為財多身弱，比劫幫身有功。

3、先財後印，先填飽肚子，再談學術道德。先印後財，滿嘴清高，見錢轉舵。

按：丙午日自坐羊刃，月令正官透出為用，日主弱不用財生官，食傷弱，官殺強，以印綬化官殺為宜。

七殺	日主	正官	七殺
壬辰	丙午	癸丑	壬子
癸 乙 戊	己 丁	辛 癸 己	癸
正官 正印 食神	傷官 劫財	正財 正官 傷官	正官
辛酉　庚申	己未　戊午	丁巳　丙辰	乙卯　甲寅

任注：此造滿局官星，日主孤弱，雖食傷並見，但丑辰皆溼土，能蓄水，不能止水。初交甲寅乙卯，化殺生身，早游泮水，財業有餘。後交丙辰，不但不能幫身，反受官殺回剋，刑妻剋子，家業耗散。申年暗拱殺局而亡，所謂助之則吉，幫之反害也。

1、「滿局官星」？指官殺六見，日主孤弱。「雖食傷並見，但丑辰皆溼土，能蓄水，不能止水」？食傷三見，濕土難制壬癸水。年日雙沖，主本不和，自力更生。

2、「初交甲寅乙卯，化殺生身」？甲寅乙卯都是印，印可化殺，故「早游泮水，財業有餘」。「交丙辰，不但不能幫身，反受官殺回剋」？因為日主衰弱，柱中官殺交加，滿盤殺勢，比劫幫之恐反剋無情，展開身殺對抗賽，不若助之以印授化其強暴。

3、「申年暗拱殺局而亡」，申年柱運歲三合水沖午，丙午、丙辰拱巳，與申年合水，一片官殺，「所謂助之則吉，幫之反害。」

方局（上）

> 原文：方是方兮局是局，方要得方莫混局。
>
> 原注：寅卯辰，東方也，搭一亥或卯或未，則太過；豈不為混局哉。

按：方是三會，局是三合。因此假設寅卯辰三會，再加上亥、卯、未其一的半合就是三合三會混搭，造成日主偏強或偏弱。

> 任氏曰：十二支，寅卯辰東方、巳午未南方、申酉戌西方、亥子丑北方，凡三字全為成方。如寅卯辰全，其力量較勝於亥卯未木局，戊日遇寅月，見三字俱以殺論；遇卯月，見三字，俱以官論，己日反是，遇辰月，視寅卯之勢，較量輕重，以分官殺，其餘仿此。若只二字，則竟不取。所言方局莫混之理，愚意以為不然，且如木方而見亥字，為生旺之神，見未字，為我剋之財，又是木盤根之地，有合不可，即用三合木局，豈有所損累耶？至於作用，則局之用多，而方之用狹，弗以論方而別生穿鑿也。

1、按：方是指三會，局是指三合。寅卯辰東方木，搭一亥或卯或未，則強化木局力量，在柱運歲很容易合會出寅卯辰、亥卯未之局面，大抵都是失衡而論凶。「三字全為成方」，方比局更有力。戊日主遇到寅月，陽干對陽支，論七殺；反之，遇到亥卯未陰地支，論正官。再若日主改成己土，陰對陰，論七殺；若遇辰月則分判寅重或卯重，分出官殺性質。若僅有兩個字，只是多見少見的區別。

2、「方局莫混之理」任氏不認同，認為亥水生之，未土是財，都是有益之物，三合木局未必是命格累贅。至於作用則局之用多，方則氣偏一方作用相對狹隘，無須因此穿鑿。上述任鐵樵論為「所言方局莫混之理，愚意以為不然」，是以靜態的原局而論，至於柱運歲合會之妙是八字精華，任鐵樵自無輕易授人之意。

按：月令正官，三會透出天干為用，用印化殺，殺重印輕，強化日主對抗官殺，身殺兩停。

劫財	日主	正印	七殺
己未	戊辰	丁卯	甲寅
乙 丁 己	癸 乙 戊	乙	戊 丙 甲
正官 正印 劫財	正財 正官 比肩	正官	比肩 偏印 七殺
天乙 大耗	紅豔 華蓋		驛馬 月德
乙亥 甲戌	癸酉 壬申	辛未 庚午	己巳 戊辰

任注：此木方全，搭一未字為混，然無未字，則日主虛脫，且天干甲木透出，作殺而不作官，必要未字，日主氣貫，身殺兩停，名利雙輝，鼎甲出身，仕至極品，可知方混局之無害也。

1、何謂「此木方全，搭一未字為混」？因為戊日主地支寅卯辰三會官殺，時支未土。「然無未字，則日主虛脫」，指未土可以幫戊土強化。因為官殺四見，七殺格透干；日主正偏印四見，比肩劫財四見，故形成「身殺兩停，名利雙輝，鼎甲出身，仕至極品」。

2、甲寅為木，生丁火，丁火生戊己未辰土，四柱也算流通。原局缺金食傷，壬申、癸酉運，印剋食傷，以金生水難言無咎。身殺兩停，貴而不久。戊土卯月調候丙、甲、癸，何況寅卯辰三會透甲木。

143

按：月令劫財，寅卯辰三會，陰刃；取外格傷官為用生財，洩秀以維持平衡，宜火土運；

食神	日主	正官	傷官
丁亥	乙卯	庚寅	丙辰
甲　壬	乙	戊　丙　甲	癸　乙　戊
劫　正 財　印	比 肩	正　傷　劫 財　官　財	偏　比　正 印　肩　財
戊　丁 戌　酉	丙　乙 申　未	甲　癸 午　巳	壬　辛 辰　卯

任注：此支類東方，火明木秀，最喜丙火緊剋庚金之濁，如春初木嫩，必得亥時生助，為人風流瀟灑，學問淵深，丁亥生木助火，采芹攀貴，巳運南宮報捷，名高翰苑，午運拱寅合卯，採樑棟於鄧林，是唯哲匠，搜琳琅於瑤圃，爰藉宗工。至酉，乙木無根，金得地，沖破東方秀氣，犯事落職，若無亥水化之，豈能免大凶。

1、「支類東方，火明木秀」？地支寅卯辰，火明，指食傷三見；木秀，指地支寅卯辰；原局以木火兩行為主。「丙火緊剋庚金之濁」，乙庚合而不化，丙火緊貼剋去庚金。「春初木嫩，必得亥時生助」，三會木局又寅亥合，要有水源滋潤，故身強。調候用神丙癸，有丙無癸。

2、「巳運南宮報捷」，癸巳運雙沖時柱丁亥，干支火水皆為用神，沖剋比劫，得丙火傷官洩日主，名高翰苑。「午運拱寅合卯」，木火通明，帶入文昌。丙申印局剋食傷，用神受挫。酉運乙木無根，金得地，丁酉運與丁亥拱戌沖辰，卯酉沖，辰酉合，「沖破東方秀氣」。

144

原文：局混方兮有純疵，行運喜南還喜北。

原注：亥卯未木局。混一寅辰。則太強。行運南北。則有純疵。不能俱利。

按：「局混方兮有純疵，行運喜南還喜北」，因為氣偏一方，因此行運絕無兩全其美，利弊均霑，禍福與共。詳見任氏下論。

任氏曰：地支有三位相合而成局者，亥卯未木局、寅午戌火局、巳酉丑金局，皆取生旺墓一氣始終也。柱中遇三支合勢，吉凶之力較大，亦有取二支者，然以旺支為主，或亥卯、或卯未，皆可取，亥未次之。

按：地支有三位相合，即長生、帝旺、墓庫而成局，一氣始終。柱中生旺庫一體，吉凶之力較大，也有取其中二支者，然子午卯酉專旺之氣不可缺，即半三合之意。故或亥卯、或卯未，皆可取。而亥未次之，可用透干補足。

任氏曰：凡會忌沖，如亥卯未木局，雜一酉丑字於其中，而又與所沖之神緊貼，是為破局，雖沖字雜於其中，而不緊貼，或沖字處於其外而緊貼，則會局與損局兼論；其二支會局者，以相貼為妙，逢沖即破，他字間之，亦遙隔無力，須天干領出可用。至於局混方兮有純疵之說，與方要得方莫混局之理相似，究其理亦無所害，見寅字是謂同氣，見辰字是謂餘氣，又是東方溼土，能生助木神，又何損累耶？

1、按：凡三合會忌沖，如亥卯未木局，雜一酉（沖卯）、丑字於其中，而又與所沖之神緊貼，是為破局。雖沖字雜於其中，而不緊貼，或沖字處於其外而緊貼，則會局與損局兼論。主要指不見六沖就好。

2、其二支會局者，以相貼為妙，逢沖即破，他字間之，亦遙隔無力，須天干一氣領出可用（干透支藏成格），至於局混方兮有純疵之說，與「方要得方莫混局」之理相似，有三合已經很強再來同氣就容易顛覆。而半三合究其理亦無所害。

任氏曰：行運南北之分，須看局中意向為是。如木局，日主是甲乙，四柱純木，不雜別字，運行南方，謂秀氣流行，則純，運行北方，謂之生助強神，無疵，或干支有火吐秀，運行南方，名利裕如，運行北方，凶災立見，木論如此，餘可類推。

按：秀氣流行、生助強神、凶災立見等情況不一，斷例如下。

按：曲直格成真，以食傷化之最美，印地比劫平順，忌官殺。

偏 印	日 主	比 肩	劫 財
癸 未	乙 卯	乙 亥	甲 寅
乙　丁　己	乙	甲　壬	戊　丙　甲
比　食　偏 肩　神　財	比 肩	劫　正 財　印	正　傷　劫 財　官　財
癸　壬 未　午	辛　庚 巳　辰	己　戊 卯　寅	丁　丙 丑　子

任注：此木局全，混一寅字，然四柱無金，其勢從強，深得一方秀氣，少年科第。惟庚辰、辛巳運，雖有癸水之化，仍不免刑喪起倒，仕路蹭蹬。至六旬外，運走壬午、癸未，由縣令而遷司馬，履黃堂而升觀察，直如揚帆大海，誰能禦之。由此觀之，從強之木局，東南北運皆利，惟忌西方金運剋破耳。

1、乙日主，地支亥卯未帶寅，透甲乙癸，四柱無金，曲直格。
《三命通會》：「甲乙日得亥卯未局，柱中須有亥字帶印，為入格，若無亥有卯，只是木之本氣，卻要見金（官殺）土（財星）為貴。」指日主強就喜見財官。

2、為何「庚辰辛巳運，雖有癸水之化（辰中藏癸水化金），仍不免刑喪起倒？」《三命通會》：「甲乙生人寅卯辰，又名仁壽兩堪評，亥卯未全嫌白帝，若逢坎位必身榮。」白帝是西方，坎位是水地。因此庚辰辛巳運，「仕路蹭蹬」。

3、為何「運走壬午癸未，由縣令而遷司馬，履黃堂而升觀察」？因為任氏結論：「從強之木局，東南北運皆利，惟忌西方金運剋破耳」，只要不行西方庚辛申酉運皆可。

通神論　卷二

方局（下）

按：月令比肩，取外格食傷為用，財為喜。此食傷四見，與前曲直成格尚有不同。木旺火接續，食傷生財均可，官印不宜插上一腳。

食神	日主	食神	劫財
丁 亥	**乙 未**	**丁 卯**	**甲 寅**
甲　壬	乙　丁　己	乙	戊　丙　甲
劫財　正印	比肩　食神　偏財	比肩	正財　傷官　劫財

乙	甲	癸	壬	辛	庚	己	戊
亥	戌	酉	申	未	午	巳	辰

任注：此亦木局全，混一寅字，取丁火食神秀氣，非前造從強論也。至巳運，丁火臨官，登科發甲，庚午、辛未，南方金敗之地，不傷體用，仕途平坦。壬申，木火皆傷，破局，死於軍中。前則從強，南北皆利；此則木火，西（官）北（印）有害，由此兩造觀之，局混方之無害也。

1、乙木地支亥卯未，食傷四見，以傷官格論，四柱無官殺。為何「巳運，丁火臨官，登科發甲」？因為食神丁火旺在巳。「庚午辛未，南方金敗之地」？指庚辛官殺在火地無法肆虐，傷不動日主，故「不傷體用，仕途平坦」。「壬申，木火皆傷，破局」，壬水尅制食傷火，申金尅日主，故「死於軍中」。

2、為何「前則從強，南北皆利，此則木火，西北有害」？從強的全木局，納水、生木、化火皆能，而木火兩局偏枯，金水皆傷，此二者的區別。「局混方」木透干太強，傷官洩之，不亦樂乎。壬申運木表面被撐，暗中被尅，申金生水尅去食傷用神。

原文：若然方局一齊來，須是干頭無反覆。

原注：木局木方全者，須要天干全順得序，行運不背乃好。

按：「木局木方全者」，指三合三會俱全，例如寅卯辰兼亥未、亥卯未兼寅辰等，這是將行運流年納入計算。因為氣盛，全順得序指食傷生財。所以「行運不背」，一般指官殺運。

任氏曰：方局齊來者，承上文方混局、局混方之謂也。如寅卯辰兼亥未、亥卯未兼寅辰、巳午未兼寅戌、寅午戌兼巳未、申酉戌兼巳丑、巳酉丑兼申戌、亥子丑兼申辰、申子辰兼丑亥之類是也。干頭無反覆者，方局齊來，其氣旺盛，要天干順其氣勢為妙。若地支寅卯辰，日主是木，或再見亥之生、未之庫，或地支亥卯未，日主是木，或再逢寅之祿、辰之餘，旺之極矣，非金所能剋也，須要天干有火，洩其菁英，不見金水，則干頭無反覆，然後行土運，乃為全順得序而不悖矣。

按：方局齊來「干頭無反覆」者，其氣旺盛，要天干順其氣勢為妙；若地支寅卯辰，日主是木，或再見亥之生、未之庫，或地支亥卯未，日主是木，或再逢寅之祿、辰之餘，旺之極矣，非金所能剋也（干頭無反覆，指不要有金剋木，水生木之類），平衡之法，須要天干有火，洩其菁英，以上這段是說，三合三會一齊來又透干（干頭無反覆），其勢甚強，不宜用反剋的方式，而應以火洩木，以土承火，分階段洩出木氣。此即「全順得序而不悖矣」的意思。

任氏曰：如天干無火而有水，謂之從強，行水運，順其旺神，最美。行金運，金生水，水仍生木，逢凶有解。苟有火而見水，或無火而見金，此謂干頭反覆，如得運程安頓，遇土則可止其逆水，遇火則可去其微金，亦不失為吉耳。如日干是土，別干得火，相生之誼，亦不反覆；見金，以寡敵眾；見水，生助強神，則反覆矣。所以制之以盛，不若化之以德，則其流行全順矣，餘仿此。

1、按：甲木如果天干無火而有水，木不洩，而得水生更旺，謂之「從強」；因為行水運，順其旺神（木）最美。「行金（官殺）運，金生水，水仍生木，逢凶有解」；前述「苟行運偶逢剋地，獨象立見凶災」，故有水化金最妙。如果有火（食傷）而見水（印綬），印剋食傷；或無火（食傷）而見金（官殺），官殺剋比劫，無食傷反制，此謂「干頭反覆」，如得運程安頓，遇土則可止其逆水，即以財剋印；若遇火則可去其微金，以食傷剋官殺，亦不失為吉耳。

2、如日干是土，木多則官殺旺；別干得火食傷，以食傷剋官殺，有火生土相生之誼，即是以印洩官殺，亦不「反覆」，總之，忌神不剋就洩。見金食傷，以寡敵眾；見水財生殺黨，生助強神，就是反覆。所以強行剋制硬碰硬，不如化去頑強，保全流行全順。

按：曲直格？帶印綬、食神，又補又洩很矛盾，此謂「干頭反覆」。
大運火地至金水之地，就是土運不旺。

偏印	日主	食神	劫財
癸未	乙亥	丁卯	甲寅
乙 丁 己	甲 壬	乙	戊 丙 甲
比 食 偏 肩 神 財	劫 正 財 印	比 肩	正 傷 劫 財 官 財
乙 亥	甲 戌	癸 酉	壬 申	辛 未	庚 午	己 巳	戊 辰

任注：此方局齊來，得月干丁火獨透，發洩菁英，何其妙也。惜
乎時干癸水透露，通根亥支，緊傷丁火秀氣，謂干頭反覆，所以
一衿尚不能搏，貧乏無子，設使癸水換一火土，名利皆遂矣。

1、按：「月干丁火獨透，發洩菁英」？日主乙木地支亥卯未全，
　帶寅透甲，曲直格身強，故須以食傷洩之，固然是妙。為何
　「干頭反覆」？因為時干癸水透露有根在亥，緊傷丁火秀氣，
　故「一衿尚不能搏，貧乏無子」。

2、四柱缺金，缺官殺。行運巳午未皆火地，藤蘿繫甲難成棟樑
　之材。又時支丁火三合甲木，從旺失勢。總之，曲直格以食
　傷洩之，而被印尅食傷而破局。本例無庚辛金制住比劫，以
　至比劫剋財。乙木既有亥水，何須癸水？大運壬申、癸酉金
　水之地，印尅食傷。

按：月令偏財，傷官透出，也算傷官生財。傷官怕印，印綬在地支剋不到傷官。「行運不甚反悖」，指寅卯辰洩去亥子丑的反悖，庚辛官殺有地支洩去，申酉運有丙丁剋制。

劫財	日主	比肩	傷官
乙亥	甲寅	甲辰	丁卯
甲　壬	戊　丙　甲	癸　乙　戊	乙
比肩　偏印	偏財　食神　比肩	正印　劫財　偏財	劫財
丙申　丁酉	戊戌　己亥	庚子　辛丑	壬寅　癸卯

任注：此亦方局齊來，干頭無水，丁火秀氣流行，行運不甚反悖，中鄉榜，仕至州牧。子多財旺，賦性仁慈，品行端方，壽越八旬，夫婦齊眉。所謂木主仁，仁者壽，格名曲直仁壽者，信斯言也。由此兩造觀之，干頭反覆與全順得序者，天淵也。

1、何謂「方局齊來，干頭無水，丁火秀氣流行」？因為寅卯辰三合木，寅亥合木，天干得甲乙透出，丁火得卯木生。

2、天干無印，地支正偏印合成比劫木，一氣呵成。曲直格以食傷洩之，而無印剋食傷來破局。故「干頭反覆與全順得序者，天淵也」。干頭反覆，官殺剋比劫，印剋食傷之類。

> 原文：成方干透一元神，生地庫地皆非福。

> 原注：寅卯辰全者，日主甲乙，則透元神；而又遇亥之生，未之庫，決不發福。惟純一火運略好。

按：例如寅卯辰三會透出甲乙，就是身強的極端，再有生地亥水，木庫未土，就是亥卯未三合木局，太強就是崩盤無福。若運行食神之地卸去論吉。

> 任氏曰：成方干透元神者，日主即方之氣也。如木方，日主是木；火方，日主是火，即為元神透出也。生地庫地非福者，身旺不宜再助也，然亦要看其氣勢，不可一例而推。成方透元神，旺可知矣，固不宜再行生地、庫地以幫方也。倘年月時干，不雜財官，又有劫印，謂之從強，則生地庫地，亦能發福；如逢純一火運，真謂秀氣流行，名利皆遂，如年月時干，財官無氣，再行生地庫地之運，不但不能發福，而且刑耗多端，此屢試屢驗，故誌之。

按：「元神透出」，指合會五行相同於日主五行。如果年、月、時干，不雜財官（即身強），又有劫印，謂之從強。從強氣盛，則長生、墓庫之地，亦能發福。如逢純一食傷火運，真謂秀氣流行，名利皆遂。如果年、月、時干，財官無氣（指還是有財官，只是衰絕無力而已），再行長生、墓庫之運，不但不能發福，而且刑耗多端。因為三合三會後等同兩組羊刃聚集，羣劫爭財，木堅金缺。

154

按：曲直格？身強用洩，宜火土運；忌官殺反剋。

傷官	日主	比肩	偏財
丁卯	甲辰	甲寅	戊寅
乙	癸 乙 戊	戊 丙 甲	戊 丙 甲
劫財	正印 劫財 偏財	偏財 食神 比肩	偏財 食神 比肩
羊刃 天德	華蓋	干祿 驛馬	干祿 驛馬
壬戌 辛酉	庚申 己未	戊午 丁巳	丙辰 乙卯

任注：此成方干透元神，四柱不雜金水，時干丁火吐秀，純粹可觀。初中行運火土，中鄉榜，出宰名區。惜木多火熾，丁火不足以洩之，所以運至庚申，不能免禍。此造如時逢丙寅，必中甲榜，仕路顯赫，庚申運丙火足以敵之，亦不致大凶也。

1、按：甲日主，地支寅卯辰三會成方，干透甲木，食傷三見，偏財四見，可謂食傷生財。故「初中行運火土，中鄉榜」。何謂「木多火熾，丁火不足以洩之」？指原局火力不夠強，幸無庚金。行運丙辰、丁巳、戊午，正是「獨象喜行化地，而化神要昌」。

2、「運至庚申，不能免禍」？卯申合，羊刃倒戈，又因為庚申冲兩甲兩寅，與丁火不足無甚妨礙。「如時逢丙寅，必中甲榜，仕路顯赫」？特別格或然富貴顯達，然而五行缺一就是原局的缺陷。如果改丙寅時，時刃不被合去，齊心對抗庚申運就是食神制殺；原局則傷官洩秀。

按：月令偏財為用，變格化出比劫生食神，食神生財，正印為忌神，辛亥運印剋食傷。

食神	日主	食神	正印
丙寅	甲辰	丙辰	癸卯
戊　丙　甲	癸　乙　戊	癸　乙　戊	乙
偏財　食神　比肩	正印　劫財　偏財	正印　劫財　偏財	劫財
戊申　　己酉	庚戌　　辛亥	壬子　　癸丑	甲寅　　乙卯

任注：此造財旺提綱，丙食生助，當以財星為用。丙火為喜，癸水為忌，身旺用財，遺業十餘萬，初中年水木運，一敗如灰。至辛亥運，火絕木生，水臨旺，凍餓而死。以此觀之，不論成方成局，必先察財官之勢，若財旺提綱，則以財為用，或官得財助，則以官為用，如財不通月支，官無旺財相生，必須棄其寡而從其眾也，餘皆仿此。

1、甲木生在辰月，地支東方一氣，地支比劫四見，身強的食神格與正印格。時柱食神帶偏財，戊土偏財也旺在提綱。四柱無金，故以「財星為用」。「丙火為喜」，身強喜洩。「癸水為忌」？因為身強不勞印生，印剋食神。

2、為何「初中年水木運，一敗如灰」？因為甲寅運與日主甲辰拱卯，三會大羊刃，既然「以財星為用」，當然一敗如灰。癸丑、壬子、辛亥諸運，一片水地，用神之元神是食神，梟印轉強，元神就受剋，竟然「凍餓而死」。

156

原文：成局干透一官星，左邊右邊空碌碌。

原注：甲乙日遇亥卯未全者，庚辛乃木之官也，又見左辰右寅，則名利無成。詳例自見。甲乙日單遇庚辛。則亦無成。

按：「一官星」，指無力的官殺。「左邊右邊空」，指官殺無財無黨，身重官輕，碌碌無成。甲乙亥卯未就是身強；「左辰右寅」，指庚辛夾在一堆比劫間，弱弱的官殺，名利無成。

任氏曰：如地支會木局，日主元神透出，別干見辛之官，庚之殺，虛脫無氣，即餘干有土，土亦休囚，難以生金，須地支有一申酉丑字為美，若無申酉丑，反加之寅辰字，則木勢愈盛，金勢愈衰矣。故碌碌終身，名利無成也，若得歲運去其官星，亦可發達，必要柱中先見食傷，然後歲運去淨官煞之根，名利遂矣。木局如此，餘局仿此論之可也。

1、按：地支會木局，日主元神透出，日主極旺，如果有官殺透干，而無財星生之，或有財星但周邊一定都是比劫而無力生官殺，則官殺孤懸無力，因此要官殺有根，否則官殺勢衰，碌碌終身。意思指官殺強一些，達到身殺兩停的平衡度。

2、「故碌碌終身，名利無成也，若得歲運去其官星，亦可發達」，「去其官星」，就是指官殺微弱無用時，利用柱中原有食傷，再行食傷運。故柱中先見食傷，然後歲運去淨官煞之根。例如下例：辛未、辛卯、乙未、丁亥，在食傷運中得利，官殺運反撲，不祿。

按：月令比肩，三合木局，陰刃，身重有食神洩去，用食神喜財，七殺為忌。

食神	日主	七殺	七殺
丁亥	乙未	辛卯	辛未
甲　壬	乙　丁　己	乙	乙　丁　己
劫財　正印	比肩　食神　偏財	比肩	比肩　食神　偏財

癸未	甲申	乙酉	丙戌	丁亥	戊子	己丑	庚寅

任注：此乙木歸垣，亥卯未全，木勢旺盛，金氣虛脫，最喜時透丁火制煞為用。故初運土金之鄉，奔馳未遇。至丁亥運，生木制煞，軍前效力，得縣佐。丙戌運中，幫丁剋辛，升縣令，此所謂強眾而敵寡，勢在去其寡，非煞旺宜制而推也。至酉運煞逢祿旺，沖破木局，不祿。

1、按：乙木建祿格，坐下亥卯未三合，又因為辛金坐在三合木之上，所以「木勢旺盛，金氣虛脫」。為何「喜時透丁火制煞為用」？日主旺自然需要丁火食神洩身，四個比劫洩出三個食神，三個食神生出兩個偏財，氣勢循順。

2、「初運土金之鄉，奔馳未遇」？因為財生殺被食神剋制。丁亥運比劫生食神制殺，故「軍前效力，得縣佐」。丙戌運傷官制殺，升縣令。「強眾而敵寡（七殺），勢在去其寡，非煞旺宜制而推也」，去掉忌神七殺即可，並非食神制殺。酉運「煞逢祿『旺』」，祿者，乙酉運與乙未日柱拱申，故沖破木局，不祿。

按：雖非三合三會，月令卯木，勝於合會木局，木火土一團旺氣，最怕食神制殺太過。

正財	日主	七殺	七殺
戊寅	乙未	辛卯	辛未
戊　丙　甲	乙　丁　己	乙	乙　丁　己
正　傷　劫 財　官　財	比　食　偏 肩　神　財	比 肩	比　食　偏 肩　神　財
癸　甲 未　申	乙　丙 酉　戌	丁　戊 亥　子	己　庚 丑　寅

任注：此乙木歸垣，雖無全會，然寅時比亥之力量勝數倍矣。以大象觀之，局中三土兩金，似乎財生煞旺，不知卯旺提綱，支中皆木之根旺，非金之生地也。初運土金之鄉，采芹食廩，家業豐裕。一交丁亥，制煞會局，刑妻剋子，破耗異常，犯事革名，憂鬱而死。

1、按：乙木建祿格，雖然三會三合不成立，且木專旺氣勢甚於前例，但缺水，故食傷火運缺乏反尅甚凶。「三土兩金，似乎財生煞旺」？豈不知官殺坐絕，危如累卵。正是「成局干透一官星，左邊右邊空碌碌」。

2、「初運土金之鄉」，己丑運濕土帶金，戊子運與戊寅運拱丑，土金護殺。丁亥運地支合出亥卯未木局，寅亥合木，丁火食神得地有力，制殺無情，故刑妻剋子，破耗異常，扼制七殺；而前例是七殺得地反撲。

按：成方干透一元神；身強。正官孤懸，財逢刃劫，身強何須印？
財、官、印好看而已，年日雙合，火地尚有光景。

偏印	日主	偏財	正官
癸未	乙亥	己卯	庚寅
乙　丁　己	甲　壬	乙	戊　丙　甲
比　食　偏 肩　神　財	劫　正 財　印	比 肩	正　傷　劫 財　官　財
丁亥　丙戌	乙酉　甲申	癸未　壬午	辛巳　庚辰

任注：此造正合本文成局，干透官星，左右皆空，四柱一無情
致，用財則財會劫局，用官則官臨絕地，用神無所著落，為人
少恆一之志，多遷變之心，以致家業破耗，讀書未就而學醫；
學醫又不就，又學堪輿，自以為仲景再世、楊賴復生，而人終
不信。又學巫、學易、學命，所學甚多，不能盡述，不但一無
所就，而且財散人離，削髮為僧矣。

1、按：「干透官星，左右皆空」，指正官庚金坐絕，偏財己土坐
下卯木尅土。「用財則財會劫局」，指偏財成格，但亥卯未三
合比劫尅財。「用官則官臨絕地」，指正官庚金坐絕，地支無
根。故其人「少恆一之志，多遷變之心，以致家業破耗」，最
後削髮為僧。

2、初運庚辰與年柱庚寅拱卯，三合比劫撐太飽。辛巳運雙冲日
柱，七殺無根。壬午運比劫尅財，有事無功。癸未運伏吟時
柱，財尅印乏善可陳。甲申運與年柱庚寅正氣相冲，人生總
有風光時。乙木卯月，調候丙火傷官柱運歲不現。

八格

正財、偏財、正官、偏官、正印、偏印、食神、傷官是也。

> 原文：財官印綬分偏正，兼論食傷八格定。

> 原注：自形象氣局之外，而格為最。格之真者，月支之神，透於天干也。以散亂之天干，而尋其得所附於提綱，非格也。自八格以外，若曲直五格皆為格，而方局氣象定之者，不可言格也。五格之外，飛天合祿雖為格，而可以破害刑沖論之者，亦不可言格也。

1、 按：這裡所論的八格是指普通格，因此有正財、偏財、正官、七殺、正印、偏印、食神、傷官等名稱，而不會有比肩、劫財的格局。「形象氣局」，指從勢、專旺之類，以格局判斷最真；又由月支透出月干更真。

2、 以剋合無氣的天干通根到月支，並非有力的格局，然而大運或有變化。其餘曲直、炎上、稼穡、從革、潤下也非「八格」所言的格局；專旺格之外的飛天祿馬之類雖為格，但可以用破害刑沖之類普通格理論定高低者，還是屬於普通格，不必捨近求遠。

> 任氏曰：八格者，命中之正理也。先看月令所得何支，次看天干透出何神，再究司令以定真假，然後取用，以分清濁，此實依經順理。

按：「八格」，子平法正理。先看月令地支輕重，再看藏干透出天干，再推究月令在地支中的消長變化，決定是否採用？否則繼續推求外格、變格的成立與否。

任氏曰：若月逢祿刃，無格可取，須審日主之喜忌，另尋別支透出天干者，借以為用；然格局有正有變，正者必兼五行之常理也：曰官印、曰財官、曰煞印、曰財煞、曰食神制殺、曰食神生財、曰傷官配印、曰傷官生財。

按：月支建祿、羊刃，不在八格之內；必須審酌日主喜忌，觀察其餘地支透出天干為用。格局有正有變，正者，運用五行之常理有：官生印、財生官、殺生印、財生殺、食神制殺、食神生財、傷官配印、傷官生財等。

任氏曰：變者，必從五行之氣勢也，曰從財、曰從官殺、曰從食傷、曰從強、曰從弱、曰從勢、曰一行得氣、曰兩氣成行，其餘外格多端，余備考羣書，俱不從五行正理，盡屬謬談。

按：變格者，隨從五行的氣勢，有從財、從殺、從食傷、從強、從弱、從勢等。又有：一行得氣、兩氣成行，其餘一堆外格，不依五行正理，任氏不從。

任氏曰：至於蘭台妙選，所定一切奇格異局、納音諸法，尤屬不經，不待辯而知其荒唐也。自唐宋以來，作者甚多，皆虛妄之論，更有吉凶神煞，不知起自何人，作此險語，往往全無應驗。

按：奇格異局、納音諸法，尤其神煞之說，任氏評為盡屬謬談。

任氏曰：誠意伯《千金賦》云：吉凶神煞之多端，何如生剋制化之一理，一言以蔽之矣。即如壬辰日為壬騎龍背，壬寅日為壬騎虎背，何不再取壬午、壬申、壬戌、壬子，謂騎猴馬犬鼠之背乎？又如六辛日逢子時，謂六陰朝陽，夫五陰皆陰，何獨辛金可朝陽，餘干不可朝陽乎？且子乃體陽用陰，子中癸水，六陰之至，何謂陽也？又如六乙日逢子時，謂鼠貴格，夫鼠者，耗也，何以為貴？且十干之貴，時支皆有之者，豈餘干不可取貴乎？不待辨而知其謬也，其餘謬格甚多，支離無當，學者宜細詳正理五行之格，弗以謬書為惑也。

按：任氏反對不符合五行正理的特別格，神煞則仍須符合生剋制化。在五行正理之中的特別格與神煞仍有參酌餘地，無須一竿子打翻。

按：月令偏財、食神、比肩，財為用，食神與正官為喜，地支財星四見，近財格；中和純粹。

偏印	日主	偏印	正官
癸未	乙未	癸未	庚辰
乙　丁　己	乙　丁　己	乙　丁　己	癸　乙　戊
比肩　食神　偏財	比肩　食神　偏財	比肩　食神　偏財	偏印　比肩　正財
辛卯　　庚寅	己丑　　戊子	丁亥　　丙戌	乙酉　　甲申

任注：此造支中三未通根，尚有餘氣；干透兩癸，正三伏生寒，貼身生扶，亦通根身庫，官星獨發而清，癸水潤土養金，生化不悖，財旺生官，中和純粹，科甲出身，仕至藩臬，官境安和。

1、按：偏印格，「三未通根，尚有餘氣」，乙木入未庫，辰中帶餘氣，干透兩癸，生扶有情。「官星獨發而清」，指正官一位，但得坐下辰土相生。

2、「癸水潤土養金，生化不悖」，指地支全土，有癸水偏印財星四見，故「財旺生官」，中和純粹，科甲出身。乙酉運庚官得根，丙戌運雙冲年柱庚辰，丑年冲三未，必有糾纏。己丑運三冲月日時三地支，戌年帶三刑，焉能全身而退。

164

按：月令正官透干為用帶七殺，食傷五見帶財；行火土之地，制官太逼；寅卯運剋制食傷，正官以子護母，亨通於後。

劫財	日主	正官	食神
丙午	丁未	壬申	己丑
己 丁	乙 丁 己	戊 壬 庚	辛 癸 己
食神 比肩	偏印 比肩 食神	傷官 正官 正財	偏財 七殺 食神
甲子	乙丑	丙寅	丁卯	戊辰	己巳	庚午	辛未

任注：此造以大勢觀之，官星清於彼，何彼則富貴，此則困窮，不知此造無印，官緊剋，午未雖是餘氣祿旺，丑中蓄水，暗傷午未之火，壬水逢生，又傷丙火，更嫌己土一透，不能制水，反能晦火，兼之中運逢土，又洩火氣，謂剋洩交加，因之功名未遂，耗散資財，尚不免刑妻剋子，細究皆己丑兩字之患。幸格局順正，氣象不偏，將來運至木火之地，雖然屈抑於前，終必奮亨於後。

1、按：丁火生申月，先甲後庚，缺木，偏弱。「此造以大勢觀之，官星清於彼，何彼則富貴，此則困窮」？任氏認為此例正官格清晰可辨，實則食傷五見，緊制官殺，比劫食傷與財官之對抗賽，去官殺而後快。

2、原局無印，正官緊剋日主，午未比肩食神雖是餘氣祿旺，但丑未沖，癸剋丁，辛剋乙，食傷官殺重又帶七殺，剋洩交加就是要印比之地。任氏這段話是為比劫食傷鬥不過官殺鋪梗，「幸格局順正，氣象不偏」，指食神、正官格局有成，將來運至木火印比之地，官生印，印生身，身官兩停，「必奮亨於後。」墓庫相沖，何者受損？傷在餘氣與入墓。

按：月令正印透干，以正印為用，官星為喜，惟官星孤懸，財運不濟。水地助官，金地財旺。財印雙清，仕路清高。

正財	日主	正印	正官
辛卯	丙午	乙卯	癸未
乙	己 丁	乙	乙 丁 己
正印	傷官 劫財	正印	正印 劫財 傷官

丁未	戊申	己酉	庚戌	辛亥	壬子	癸丑	甲寅

任注：此官清印正格，喜其未卯拱木，純粹之象，故為人品格超群，才華卓越，文望若高山北斗，品行似良玉精金，惜印星太重，官星洩氣，神有餘而精不足，以致功名蹭蹬，縱有凌雲之志，難遂青錢之選，還喜格正局清，財星逢合，雖然大才小用，究竟名利兩全，仕路清高，施菁莪之雅化，振械樸之人才。

1、「官清印正格」，正印四見，官輕印重，故「印星太重，官星洩氣，神有餘而精不足，以致功名蹭蹬」。印重且自坐羊刃，身太旺；剋不動，洩不去。

2、「還喜格正局清，財星逢合」？因為丙火須要壬水，而原局缺壬水與庚辛發水源，故天干正官、正印、正財，門面漂亮，不如用神來的妙。壬子運丙午日柱，水火既濟自有局面。

166

按：月令正印為用，正財為忌，食傷為仇，喜財逢偏印合去。壬癸運制財，庚辛運制食傷。

劫財	日主	正財	偏印
壬戌	癸卯	丙申	辛卯
丁 辛 戊	乙	戊 壬 庚	乙
偏財 偏印 正官	食神	正官 劫財 正印	食神
月德 大耗	文昌 天乙 將星 天德	紅豔 劫煞 大耗	文昌 天乙 將星
戊子　己丑	庚寅　辛卯	壬辰　癸巳	甲午　乙未

任注：此印綬格，以申金為用，以丙火為病，以壬水為藥，中和純粹，秋水通源。運至癸巳，金水逢生得助，科甲聯登，壬辰藥病相濟，由部屬出為郡守。至辛卯、庚寅蓋頭，逢金不能生火壞印，所以名利兩全也。

1、「印綬格，以申金為用，以丙火為病，以壬水為藥」？癸水生在申月，庚金正印生身為用神。庚金怕丙火尅去，所以丙火是病，如果運歲丙火來，柱中壬水為藥。

2、「運至癸巳，金水逢生得助，科甲聯登」，指癸巳運與日柱癸卯拱辰，辰戌冲，得雜氣財官，又巳申合水，故「科甲聯登」。「壬辰藥病相濟」，指壬水為藥，尅財護印，辰土七殺洩丙，殺印相生，由部屬調升郡守。「辛卯、庚寅蓋頭」，庚辛尅去寅卯，不能生火財壞印，故名利兩全。四柱多合，丙辛、卯申、卯戌之類，帶天德、月德、天乙、文昌貴人等，也是好事。

167

按：月令正印，透出偏印，以印綬為用；食傷四見生財有力，財為忌神剋用神為病，以劫財為藥，印為喜，身弱所致。

傷官	日主	正財	偏印
甲寅	**癸卯**	**丙申**	**辛卯**
戊 丙 甲	乙	戊 壬 庚	乙
正官 正財 傷官	食神	正官 劫財 正印	食神
亡神	文昌 天乙 將星 天德	紅豔 劫煞 大耗	文昌 天乙 將星
戊子 己丑	庚寅 辛卯	壬辰 癸巳	甲午 乙未

任注：此亦以申金為用，以丙火為病，與前只換一寅字；不但有病無藥，而且生助病神。彼則青錢萬選，名利兩全。此則機杼空拋，守株待兔，更嫌寅申遙冲，卯木助之，印綬反傷，木旺金缺，且月建乃六親之位，未免分荊破斧，資財耗散。惟壬運幫身去病，財源稍裕。辛卯、庚寅，東方無根之金，功名未能進取，家業不過小康，然格正局真，印星秉令，所以襟懷曠達，八斗才誇，爭似元龍意氣，五花筆吐，渾如司馬文章，獨嫌月透秋陽，難免珠沉滄海，順受其正，莫非命也。

按：這個命例與前造相同，但時柱由壬戌改為甲寅；壬戌水土尅洩病神丙火，而甲寅生助丙火，帶寅申冲，木旺金缺，即食傷尅官殺，洩氣太重。「壬運幫身去病」？因為四柱缺水，日主癸水辛金坐絕，靠庚印生身，而丙火蓋頭；故壬水尅去丙火，「財源稍裕」。「辛卯庚寅，東方無根之金」，以印尅食傷，雖才高八斗，難免珠沉滄海。以食傷、財、印三者均有根而矛盾所致。

168

> 由此數造觀之，格局不可執一論也。不拘財官印
> 綬等格，與日主無干，旺則宜抑，衰則宜扶，印
> 旺洩官宜財星。印衰逢財宜比劫，此不易之法。

1、按：看格局無定法，不可執一。總之，日主旺則宜抑制，日
　　主衰則宜生扶。「印旺洩官，宜財星」，印綬旺相，則洩官殺
　　生日主，此時宜有財星尅印綬，生官星，故印為病，財為藥。
2、「印衰逢財宜比劫」，印綬衰就是缺元神生身，因此身弱之時
　　以比劫幫身，比劫雖然尅財，但財尅印更危險，所以財去人
　　平安。

> 原文：影響遙繫既為虛，雜氣財官不可拘。

> 原注：飛天合祿之類，固為影響遙繫而非格矣。如四季月
> 生人，只當取土為格，不可言雜氣財官。戊己日生於四季
> 月者，當看人元透出天干者取格，不可概以雜氣財官論
> 之。至於建祿月劫羊刃，亦當看月令中人元透於天干者取
> 格。若不合氣象形局，則又無格矣。只取用神，用神又無
> 所取，只得看其大勢。以皮面上斷其窮通，不可執格論也。

1、按：「遙繫」，指暗冲暗合之類的格局。戊己日主生在辰、戌、
　　丑、未月就是月劫，初當身強看；再看藏干人元何者透出，
　　並非就是雜氣財官論。
2、至於建祿、月劫、羊刃等，也以月令中藏干看何者透出為用
　　神，大抵必須合乎格局順用逆用的原則，再以用神推估取用
　　如何，若無用神就放大至原局，觀察原局與大運互補如何。

169

任氏曰：影響遙繫，即暗冲暗合之格也。俗書所謂飛天祿馬是也，如丙午日支全三午、癸酉日支全三酉，逢三則冲，午去暗冲子水為官，酉去暗合辰土為官。尚有冲財合財，如壬子日支全三子，暗冲午火為財，乙卯日支全三卯，暗合戌土為財，又云：先要四柱不見財官為真，方可冲合。

按：《三命通會》有：子遙巳祿、丑遙巳祿、刑合得祿、冲合祿馬之類。又云：「先要四柱不見財官為真，方可冲合。」因此往往是財官說對於原局雖高命，卻無財官之迂迴，因此雖無財官，必須在格局與相關用神有成。

任氏曰：夫冲者，散也，合者，化也。何能為我所用乎？四柱原有財官，不宜冲合，尚有喜與不喜，何況四柱無財官乎？至於雜氣財官，亦是畫蛇添足。辰戌丑未，無非支藏三干，各為雜氣，寅申巳亥，亦有三干，何故不論？夫庫中餘氣，可以言格，生地之神，莫非反棄，又云：雜氣財官喜冲。尤為穿鑿。若甲木生丑月，為雜氣財官，喜未冲之，未中丁火，緊傷丑中辛金之官，格仍破矣，餘支皆然，不若透出天干，取格為是。

按：冲去一般論凶，合去財官也不妙，但喜用神畏冲合，忌神喜冲合。任氏質疑雜氣財官，但說出重點「透出天干，取格為是」，格局有成，身強不怕冲，何況相同五行，冲力甚微。

170

任氏曰：諸書所載，祿分四種，年為背祿、月為建祿、日為專祿、時為歸祿。又云：「建祿喜官，歸祿忌官」，則又遺背祿專祿矣。又云：「日祿歸時沒官星，號為青雲得路」，誠如所論，則丙、辛兩日生人，逢癸巳、丁酉時者，世無讀書出仕者乎，無非日干旺地之比肩也，不可認作食祿為王家之祿，如一字之祿，可以格言，則四柱之神，竟同閒廢，既柱中祿為美，何得運逢祿支反為祿堂而家破人亡乎？

按：年為背祿、月為建祿、日為專祿、時為歸祿。臨官是祿，強身之用。「建祿喜官，歸祿忌官」，其它地支又如何？不能一概而論，須視原局強弱而定。因為時支有祿還須與時干日主比較中和度，衡量剋洩與祿旺的對比。總之，原局大運相輔相成，莫以兩三字判斷。

任氏曰：命者，五行之理也；格者，五行之正也。論命取格，須究五行正理，澈底根源，則窮通壽夭，自不爽矣。大凡格局真實而純粹者，百無一二，破壞而雜氣者，十有八九，無格可取者甚多，無用可尋者不少。格正用真，行運不悖，名利自如。格破用損，損之有病，憂多樂少。

按：祿命法談陰陽五行的道理；格局也是依據五行的道理盤算，因此祿命法爽快又靈驗。然而格局真實純正是難得一見，破壞而雜滯者十之八九，因此無格局與用神的原局，不在少數。如果格局成立，行運輔佐剛好，則「名利自如」。反之，格局與用神又缺又破，有病無藥醫，則「憂多樂少」。

任氏曰：倘行運得所，去其破損之物，扶其喜用之神，譬如人染沉痾，得良劑以生也，不貴亦富。無格可取者，尋其用神；若用神有力，行運安頓，亦可以創業興家。無格可取，無用可尋，只可看其大勢，與日主之所向；運途能補其所喜，去其所忌，雖碌碌營生，可免飢寒之患。若行運又無可取，則不貧亦賤；若格正用真，行運五行反悖，一生有志難伸矣。

按：原局的缺陷在大運彌補之，就是「人染沉痾，得良劑以生」，不貴亦富。無格局可取，就找出扶抑、調候、通關、專旺、病藥等加持用神，也可以「創業興家」。找不到格局用神就看大局是和諧還是彆扭？行運如果能益之喜用，剋合忌神，人生一步一腳印，也有衣食無缺的場面。反之，連行運都幫不上忙，不貧亦賤。格局用神雖真，行運反悖，有志難伸。

按：炎上？從兒？羊刃格，傷官透官為用，生財則喜，故格局有成，。宜濕土辰、丑。官殺之地，喜用財星通關，使傷官不剋官。忌行寅卯之地，子運「旺神冲衰，衰者拔。衰神冲旺，旺神衰」。

偏印	日主	偏財	傷官
甲午	丙午	庚午	己巳
己丁	己丁	己丁	庚戊丙
傷官 劫財	傷官 劫財	傷官 劫財	偏財 食神 比肩

壬戌	癸亥	甲子	乙丑	丙寅	丁卯	戊辰	己巳

任注：此造俗論，丙午日支全三午，四柱滴水全無，中年又無水運，必作飛天祿馬，名利雙輝。不知此造午中己土，巳中庚金，元神透出年月兩干，真火土傷官生財格。初交己巳、戊辰，洩火生金，遺業頗豐。丁卯丙寅，土金喜用皆傷，連遭回祿三次，又剋兩妻四子，家業破盡。至乙丑運，北方溼土、晦火生金，又合化有情，經營獲利，納妾生子，重振家園。甲子癸亥北方水地，潤土養金，發財數萬，若以飛天合祿論，大忌水運。

1、「飛天祿馬」，例如此例丙午日支全三午，四柱滴水全無，中年又無水運，午火冲子水，午火是官殺。任氏則斷為火土傷官生財格，身強應順其氣勢洩化。

2、「初交己巳、戊辰」，指一路火土用神，故洩火生金，遺業頗豐。丁卯與丙寅運，火剋金，木剋土，土金喜用皆傷，比劫剋財，印剋食傷，故「家業破盡」。「乙丑運，北方溼土、晦火生金」，指傷官生財，乙丑、己巳合財，經營獲利。甲子與癸亥運，潤土養金發財數萬，盡信書不如無書。

按：身強，用食神洩秀為用，年月印剋食傷，故偏印為忌神。偏財成格以子衛母，喜火土之地，忌金水木，年柱空亡。

偏財	日主	偏印	食神
己卯	乙卯	癸卯	丁丑
乙	乙	乙	辛 癸 己
比肩	比肩	比肩	七殺 偏印 偏財

乙未	丙申	丁酉	戊戌	己亥	庚子	辛丑	壬寅

任注：乙卯日，生於卯月、卯時，旺之極矣。最喜丁火獨發，洩其精英，惜癸水剋丁，仍傷秀氣，時干己土臨絕，不能去其癸水，因之書香不繼。初中運逢水木之地，刑喪破耗，家業漸消。戊戌丁運，大遂經營之願，發財巨萬，若以飛天祿馬論之，則戊戌運當大破矣。

1、乙木生於卯月卯日卯時，旺旺旺，喜歡食傷生財，逐步推洩，故依靠年干丁火洩身，可惜月干癸水剋制，喜五行缺金。「時干己土臨絕，不能去其癸水」？偏印格與偏財格，同根透。

2、「初中運逢水木之地」，身強無須印比，故刑喪破耗。戊戌運雙合癸卯，化火傷官生財。丁運食神，大遂經營之願。酉運合丑沖卯，官殺沖比肩，難斷如願。

174

按：月令財官印，財印不合，傷印互鬥，格局破損。前言雜氣財官，「不若透出天干，取格為是」；果然本例財官既無透出成格，用來數落剛好。身弱不託財官。

比 肩	日 主	正 印	傷 官
甲 戌	甲 辰	癸 丑	丁 未
丁　辛　戊	癸　乙　戊	辛　癸　己	乙　丁　己
傷　正　偏 官　官　財	正　劫　偏 印　財　財	正　正　正 官　印　財	劫　傷　正 財　官　財
乙 巳	丙 午	丁 未	戊 申	己 酉	庚 戌	辛 亥	壬 子

任注：此造支全四庫逢冲，俗作雜氣財官也。不知丑未逢冲，不特官星受傷，而且冲去庫根，日主坐下餘氣，亦是盤根，更嫌戌冲，微根已拔，財多身弱，且旺土愈冲愈旺，則癸水必傷。初運壬子、辛亥水旺之地，蔭庇有餘。一交庚戌，財煞並旺，椿萱並逝，刑妻剋子。己酉、戊申，土蓋天干，使金不能生水，家業破盡，無子而亡。

1、此造雜氣財官，然而年柱丁未與月柱癸丑雙冲，日時辰戌對冲；冲太多與單純的雜氣財官相冲，不可相提並論。

2、甲日主比劫三見，正印三見，正印格與傷官格成立，財多尅印傷癸水。故「初運壬子辛亥水旺之地」以水生身潤土，蔭庇有餘。

3、「一交庚戌，財煞並旺」，庚戌運與日柱甲辰雙冲，地支丑戌未三刑。己酉運與日柱甲辰天干合土制水。戊申運還是土蓋天干，使金不能生水，家業破盡。本例雖然癸水正印三見，實則地支皆土，月干癸水尅丁洩在甲，救癸水最急。

按：月令財官印，正印透出月干為用，正官透出時干為喜，財星加持，宜土金水運，忌食傷運。

正官	日主	正印	傷官
辛未	**甲子**	**癸丑**	**丁亥**
乙　丁　己	癸	辛　癸　己	甲　壬
劫財　傷官　正財	正印	正官　正印　正財	比肩　偏印
乙巳	丙午	丁未	戊申	己酉	庚戌	辛亥	壬子

任注：甲子日元，生於丑月，支類北方，天干辛癸，官印元神發露，剋去丁火，丑未遙剋，又水勢乘權，不能冲丑，正得中和之象。所以土金水運，皆得生化之情。早游泮水，戰勝秋闈，只因格局清寒，仕路未居顯秩，芹泮日長鳴孔鐸，杏壇春暖奏虞絃。前則逢冲，官印兩傷，名利無成。此則不動，名成利遂，可知墓庫逢冲必發者，謬也。

1、甲日主地支亥子丑三合水，癸水透干，正官格，正印格，傷官格三格鼎立。「官印元神發露，剋去丁火」，指辛金生癸水剋丁，官生印，印剋傷官，以至「剋去丁火」。「丑未遙剋，又水勢乘權，不能冲丑」，因為亥子丑三合水甚強，隔位冲不到。「土金水運，皆得生化之情」，指財生殺，殺生印，故能「戰勝秋闈」。

2、格局清寒，仕路未居顯秩，指甲不離庚，庚不離丁，以辛代庚，癸水無力。任氏以此例原局隔位之冲，反駁墓庫逢冲必發似乎不合理。

176

體用

> 原文：道有體用，不可以一端論也，要在扶之抑之得其宜。

> 原注：有以日主為體，提綱為用。日主旺，則提綱之食神財官皆為我用。日主弱，則提綱有物幫身以制其強神者，亦皆為我用。提綱為體，喜神為用者，日主不能用乎提綱矣。提綱食傷財官太旺，則取年月時上印比為喜神。提綱印比太旺，則取年月時上食傷財官為喜神而用之。此二者。乃體用之正法也。

1、按：體用是哲學的兩面，例如中學為體，西學為用。陰陽五行為體，刑冲合會為用等；只練一端不成體用。扶抑、通關、調候、病藥等都是談平衡協調。

2、一般是日主為體，提綱為用。身強，則月令食神財官都是好用神。日主弱，能幫身的印綬比劫都能用。其次，以提綱為體，能搭配月令旺氣的就是喜神，剋合喜神的就是忌神。

3、「提綱食傷財官太旺」，就是格強身弱，取印比幫身為喜。反之，提綱印比幫身太旺，則取其餘干支食傷財官為喜神。二分法，體用互相平衡而已。

> 原注：有以四柱為體，暗神為用者；必四柱俱無可用，方取暗沖暗合之神。有以四柱為體，化神為用。四柱有合神，即以四柱為體，而以化合之神可用者為用。有以化神為體，四柱為用，化之真者，即以化神為體，以四柱中與化神相生相剋者，取以為用。

按：原局喜用神不如意，四柱俱無可用，就循用柱歲運暗神為用。或觀察原局五行氣勢，配合化氣格為用神。例如甲日主逢申酉戌官殺，就以官殺格看待，再以官殺格對待四柱看成敗。化氣格化出五行與原局甚為搭配，就以化氣五行為體，對待四柱中的生剋關係。化氣不足補之，化氣有餘洩之。

按：原局衰旺，歲運扶抑輔助為用。如果喜神是原局主體，輔助
喜神的就是用神。喜神一般為用神的輔佐，依附於用神，沒有用
神很難躍位發揮作用。或有以格局形象為主體，日主為用神；例
如壬癸日主，天干金水成象，地支木火成象，宛如水火既濟；但
是「皆成一個體段」，指形象有成，搭得上陰陽五行學說。

按：如果整體的格局形象與日主搭不上輔佐的關係，例如食神不
生財遇見正印；傷官生財遇見七殺；日主無根財生殺黨；或比劫
印綬撐爆日主等，中間要分辨出體用關係；以上如果沒有脈絡，
就以日主中和，行運冲剋，用神宜忌等，作為判斷。

> 原注：有以日主為用，有用過於體者；如用食財，而財官
> 食神盡行隱伏，及太發露浮泛者，雖美亦過度矣。有用立
> 而體行者，有體立而用行者，正體用之理也。如用神不行
> 於流行之地，且又行助體之運則不妙。有體用各立者，體
> 用皆旺，不分勝負。行運又無輕重上下，則各立。

1、按：例如日主用食神生財，而財官食神不見於行運中，或者行
　　運流年干支重疊相見，過於氾濫，帥過頭也不好。此謂「以日
　　主為用，有用過於體」。用神在行運之中發露浮泛，一般論吉。

2、有用神明顯而藉行運發揮作用；有原局雖然標立用神，卻必
　　須在行運中用神始得地；兩者間立體尋用或立用尋運。如果
　　用神不在大運，大運使原局更旺，又與用神南轅北轍則不妙。

3、體用間互相挺立，吉凶必須看格局性質，例如身殺兩停，而行
　　運「又無輕重上下」，表示格局不受破壞。又例如傷官配印，
　　體用皆旺，不分勝負。

> 原注：有體用俱滯者，如木火俱旺，不遇金土則俱滯。
> 不可一端定也。然體用之用，與用神之用有分別；若
> 以體用之用為用神固不可，舍此以別求用神又不可。
> 只要斟酌體用真了，於此取緊要為用神，而二三四五
> 處用神者，的非妙造，須抑揚其重輕，毋使有餘不足。

按：木火俱旺即是偏枯，不遇金土則氣滯，特別格則非如此，不
可拘泥。體用之「用」，指用法。用神之用，指「用神」，動詞與
名詞當然不同。因此「以體用之用為用神固不可」，但不依據原
局之「體」尋找用神也不可，泛以「八字用神，專求月令」，依
此斟酌體用即可。其次，用神太多達「二三四五處用神」，等於
沒有用神，即不貧賤，亦為庸碌。過猶不及，平衡剛好。

179

任氏曰：體者，形象氣局之謂也。如無形象氣局，即以日主為體。用者，用神也，非體用之外，別有用神也。原注體用與用神有分別，又不詳細載明，仍屬模糊了局，可知除體用之外，不能別求用神；完本文句末云：要在扶之抑之得其宜。顯見體用之用，即用神無疑矣。

按：每個八字在陰陽五行之中都有特性，指形象、氣勢、順逆等。如果形象氣局並不凸顯，即以日主為體，用神為用，此時「用法」即是「用神」，故「除體用之外，不能別求用神」。因為日主為體，要在扶之抑之得其宜，亦即日主相對的「扶抑」就是用神。

任氏曰：旺則抑之，弱則扶之，雖不易之法，然有不易中之變易者，惟在審察得、其宜，三字而已矣。旺則抑之，如不可抑，反宜扶之，弱則扶之，如不可扶，反宜抑之，此命理之真機，五行顛倒之妙用也。蓋旺極者抑之，抑之反激而有害，則宜從其強而扶之。弱極者扶之，扶之徒勞而無功，則宜從其弱而抑之，是不可以一端論也。

按：扶抑在尋求平衡，如果過於高亢或傾頹，翻盤了就順其旺或頹之勢。因此，扶不起就抑制到底，抑制不動就一路生扶，此指從勢、從旺、從強、從氣之類。過旺者抑之，反而激怒其性，不如扶或洩。反之，弱極者，爛泥巴糊不上牆，就爛到底。

> 任氏曰：如日主旺，提綱或官、或財、或食傷，皆可為用。日主衰，別尋四柱干支有幫身者為用。提綱是祿刃，即以提綱為體，看其大勢，以四柱干支食神財官，尋其得所者用之。如四柱干支財殺過旺，日主旺中變弱，須尋其幫身制化財殺者而用之；日主為體者，日主旺，印綬多，必要財星為用。

1、按：身強，月令財官食傷，剋洩兩相宜。身弱，就在其它干支找些印綬比劫幫身。月令是建祿、羊刃，一般就是身強，即以月令為體，尋找食神財官等格局用神，然須注意這些八格之間的消長變化。

2、如果財殺過旺，就是格強身弱；必須尋找幫身制化財殺者，以比劫剋財抗殺，印綬化殺等生扶日主。日主為體即是氣象集於一身，日主旺印綬多，不可用七殺，否則反被印綬轉換七殺元氣而生身，應以食傷生財，次第洩去日主旺氣為宜。

> 任氏曰：日主旺，官殺輕，亦以財星為用。日主旺，比劫多，而無財星，以食傷為用。日主旺，比劫多，而財星輕，亦以食傷為用。日主旺，官星輕，印綬重，以財星為用。日主弱，官殺旺，則以印綬為用。日主弱，食傷多，亦以印綬為用。日主弱，財星旺，則以比劫為用。日主與官殺兩停者，則以食傷為用。日主與財星均敵者，則以比劫為用，此皆用神之的當者也。

1、按：日主旺，官殺輕，以財生官，財為用，官為喜。日主旺，比劫多，而無財星，以食傷為用，財星為喜。日主旺，比劫多，而財星輕，亦以食傷通關為用。日主旺，官星輕，印綬重，以財星為用，生官為喜。日主弱，官殺旺，則以印綬為用，化官殺生日主。

2、日主弱，食傷多，亦以印綬為用，印剋食傷以免盜氣嚴重。
日主弱，財星旺，則以比劫強身為用。日主與官殺兩停者，
則以食傷為用，食傷雖使日主變弱，仍助日主對抗官殺。日
主與財星勢均力敵者，則以印比為用。

> 任氏曰：如日主不能為力，合別干而化，化之
> 真者，即以化神為體，化神有餘，則以洩化神
> 之神為用，化神不足，則以生助化神之神為用。

按：此段詳述在卷三「化得真者只論化，化神還有幾般化」。化
神有餘則洩，化神不足則補。

> 任氏曰：局方曲直五格，日主是元神，即以格象為體，以
> 生助氣象者為用，或以食傷為用，或以財星為用，只不宜
> 用官殺。餘總視其格局之氣勢意向而用之，毋執一也。

按：「格象」，即曲直、炎上、稼穡、從革、潤下之類的專旺格形
象，格真氣旺用洩平衡，專氣不足彌補之。因此觀察原局後，用
生助氣象，或食傷洩去，或財星順勢，視其「格局之氣勢意向而
用」，不可拘泥。官殺運，剋地最忌。

> 任氏曰:如無格無局,四柱又無用神可取,即或取之,或被閑神合住,或被沖神損傷,或被忌神劫占,或被客神阻隔。不但用神不能顧日主,而日主亦不能顧用神,若得歲運破其合神,合其沖神,制其劫占,通其阻隔,此謂歲運安頓,隨歲運取用,亦不失為吉也。

1、按:原局可能無格局,四柱又沒有用神可取,或者有用神卻被「閑神合住」,或被刑沖剋去,或被忌神劫奪而去,或有無關輕重的五行截堵,以致用神無法發揮作用。

2、若前述合、剋、劫、占,使用神不能顧日主,而日主也不能顧用神,然而卻在行運出現破去合、沖、劫、占的否態,使五行流通,用神福佑,忌神遠颺,即「歲運安頓」,論吉。

> 任氏曰:原注云,二三四五用神者,的非妙造。此說大謬,只有八字,若去四五字為用神,則是除日干之外,只有兩字不用,斷無此裡。總之有用無用,定有一個著落,確乎不易也,命中只有喜用兩字,用神者,日主所喜,始終依賴之神也,除用神喜神忌神之外皆閑神客神也。學者宜審察之,大凡天干作用,生則生,剋則剋,合則合,沖則沖,易於取材;而地支作用,則有種種不同者,故天干易見,地支難推。

1、按:任氏認為「二三四五用神者,的非妙造」,評之大謬,應該只是對於「用神」的定義誤解,用神多就像官多不貴,財多不富的意義。

2、天干特性,生則生,剋則剋,合則合,沖則沖,易於取材,指天干的看法單純。而地支作用「則有種種不同」,因地支有刑、沖、三合、三會、神煞等,故天干易見,地支複雜難推。

按：真炎上格，順勢洩化才妙，前言「日主是元神，即以格象為體，以生助氣象者為用，或以食傷為用，或以財星為用，只不宜用官殺」。

正官	日主	偏印	比肩
癸巳	丙午	甲午	丙寅
庚　戊　丙	己　丁	己　丁	戊　丙　甲
偏財　食神　比肩	傷官　劫財	傷官　劫財	食神　比肩　偏印
壬寅　辛丑	庚子　己亥	戊戌　丁酉	丙申　乙未

任注：此火長夏令，月支坐刃，年支逢生，時支得祿，年月兩支，又透甲丙，烈火焚木，旺之極矣。一點癸水熬乾，只得從其強勢，運逢木火土，財喜頻增，申酉運中，刑耗多端，至亥運，激火之烈，家業破盡而亡，所謂旺極者，抑之反激有害也。

1、丙日主日月地支皆羊刃，年干透丙，月干甲木生火，旺之極矣，炎上格成立。「運逢木火土，財喜頻增」，乙未運木生火，地支三會巳午未，順從火勢。「申酉運中，刑耗多端」，丙申運與年柱丙寅相沖，丙申與日柱丙午拱未，地支三會巳午未，六合巳申化水，冲合併見，羊刃最忌。

2、「亥運激火之烈」，因為上文「要在扶之抑之得其宜」一文中，任氏解說「旺極者抑之，抑之反激而有害，則宜從其強而扶之」。在原局「一點癸水熬乾」的情況下，進入亥水運，寡不敵眾。己亥運與原局寅亥六合、午亥暗合、巳亥冲，天干甲己合，己癸相尅，刑冲合會太多。

184

按：月令偏財透干為用，食神五見，喜神滿天飛。丙火調候用神壬水，喜水地殺運。

比肩	日主	偏財	食神
丙申	丙申	庚申	戊寅
戊 壬 庚	戊 壬 庚	戊 壬 庚	戊 丙 甲
食神 七殺 偏財	食神 七殺 偏財	食神 七殺 偏財	食神 比肩 偏印
戊辰 丁卯	丙寅 乙丑	甲子 癸亥	壬戌 辛酉

任注：丙火生於初秋，秋金乘令，三申沖去一寅，丙火之根已拔，比肩亦不能為力。年月兩干，又透土金，只得從其弱勢，順財之性，以比肩為病，故運至水旺之地，制去比肩，事業巍峨。丙寅幫身，刑喪破耗，所謂弱極者，扶之徒勞無功，反有害也。此等格局頗多，以俗論之，前造必以金水為用，次造必以木火為用，以致吉凶顛倒，反歸咎於命理之無憑，故特書兩造為證云。

1、丙火生在申月，偏財四見坐下月令透月干，財強又得食神五見生財，財多身弱，從財不真必假。喜食傷生財，財生殺黨，以體為用。寅中木火印比，必去之而後快。

2、「運至水旺之地，制去比肩，事業巍峨」，癸亥運戊癸合火，寅亥合木，印比生身，刑喪破耗。甲子運庚尅甲，申子半合三對，故「制去比肩，事業巍峨」。丙寅運，丙尅庚偏財，一寅沖三申，又從財則從到底，丙寅運木火生身，半途易幟，逆勢必衰。

185

精神

> 原文：人有精神，不可以一偏求也，要在損之益之得其中。

> 原注：精氣、神氣皆元氣也。五行大率以金水為精氣，木火為神氣，而土所以實之者也。有神足，不見其精而精自足者。有精足，不見其神而神自足者。

按：精氣神要中庸平和，不可過或不及，故《道德經》云：「天之道，損有餘而補不足」「故物或損之而益，或益之而損」。精神就是元氣，五行大概以金水算精氣，木火為神氣，而金木水火皆藏於土中，與土有相生相成的關係，故精氣與神氣兩面一體。

> 原注：有精缺神索，而日主虛旺者。有精缺神索，而日主孤弱者。有神不足而精有餘者；有精不足而神有餘者。有精神俱缺而氣旺；有精神俱旺而氣衰。有精缺得神以助之者；有神缺得精以生之者。有精助精而精反洩無氣者；有神助神而神反斃無氣者。二者皆由氣以主之也。凡此皆不可以一偏求也，俱要損益其進退。不可使有過不及也。

按：精氣（金水）與神氣（木火），皆因比例之關係造成旺衰不等的情況。這些五行間的平衡就是進氣、退氣、生氣、旺氣在運作，主要原則在損益平衡與過猶不及，不可固執不變。

任氏曰：精者，生我之神也，神者，剋我之物也，氣者，本氣貫足也，三者以精為主，精足則氣旺，氣旺則神旺，非專以金水為精氣，木火為神氣也。本文末句云：要在損之益之得其中。顯非金水為精，木火為神，必得流通生化，損益適中，則精氣神三者備矣。

按：「精」者，生我之神；「神」者，剋我之物；「氣」者，萬物生成之本。精氣神，一以貫之；並非硬性規定金水為精氣，木火為神氣；重點在損益間的中和平衡。能流通生化，損益適中，則精氣神三者完備。

任氏曰：細究之，不特日主用神體象有精神，即五行皆有也。有餘則損之，不足則益之，雖為一定之理，然亦有一定中之不定也，惟在審察得其中三字而已。

按：日主有用神體象，其餘五行皆有，平衡流行為宜，有餘則損，不足則益。但原則中又有例外，只能透過審查細究。

任氏曰：損者，剋制也。益者，生扶也。有餘損之過，有餘者宜洩之；不足益之過，不足者宜去之，此損益之妙用也。蓋過於有餘，損之反觸其怒，則宜順其有餘而洩之；過於不足，益不受補，則宜從其不足而去之，是不可以一偏求也。

按：「損」，指食傷官殺的剋洩。「益」，指比劫印綬的生扶。損有餘，補不足是原則；但氣勢太過，以洩為剋，順導其勢，以免反觸其怒。反之，不足甚多，弱不堪扶，去之而後快。

任氏曰：總之精太足，宜益其氣；氣太旺，宜助其神；神太洩，宜滋其精；則生化流通，神清氣壯矣。如精太足，反損其氣；太旺，反傷其神；神太洩，反抑其精；則偏枯雜亂，精索神枯矣。所以水泛木浮，木無精神；木多火熾，火無精神；火焰土焦，土無精神；土重金埋，金無精神；金多水弱，水無精神。

按：精氣神有一貫性，前述本義在強調子平正理，水泛木浮，木無精神。木多火熾，火無精神。火焰土焦，土無精神。土重金埋，金無精神。金多水弱，水無精神。總之，其理在避免五行偏枯。

任氏曰：原注以金水為精氣，木火為神氣者，此由臟而論也。以肺屬金、以腎屬水，金水相生，藏於裏，故為精氣。以肝屬木，以心屬火，木火相生，發於表，故為神氣。以脾屬土，貫於周身，土所以實之也。若論命中之表裏精神，則不以金木水火為精神也。

按：任氏以五行五臟解釋精氣神氣之義，肺金、腎水、脾土、心火、肝木。精藏於裏，神發於表，皆依五行氣象而論，非關臟腑。

任氏曰：譬如旺者宜洩，洩神得氣為精足，此從裏發於表，而神自足矣。旺者宜剋，剋神有力為神足，此由表達於裏，而精自足矣。如土生四季月，四柱土多無木，或干透庚辛，或支藏申酉，此謂裏發於表，精足神定。如土多無金，或干透甲乙，或支藏寅卯，此謂表達於裏，神足精安。土論如此，五行皆同，宜細究之。

按：精氣神一貫，精為表，神為裏，氣旺則神清精足，由裏而外。旺則剋，不剋就洩；例如土在辰戌丑未月，四柱又土多比劫旺，缺官殺甲乙木，或天干有庚辛食傷，或地支申酉食傷，足以洩去旺氣，就是「裏發於表」，指由內向外洩秀平衡。反之，如土多無金，而有官殺在干支，稱「表達於裏」。

188

按：月令正官透干為用，財、官、印魚貫流行，財來有官，官殺來有印，印來日主剛好，食傷來有印綬。

食神	日主	偏印	正官
戊戌	丙寅	甲子	癸酉
丁　辛　戊	戊　丙　甲	癸	辛
劫財　正財　食神	食神　比肩　偏印	正官	正財
丙辰　　丁巳	戊午　　己未	庚申　　辛酉	壬戌　　癸亥

任注：此造以甲木為精，衰木得水滋而逢寅祿，為精足，以戊土為神，坐戌通根，寅戌拱之為神旺。官生印，印生身，坐下長生，為氣貫，流通生化，五行俱足，左右上下，情協不悖，官來能攔，劫來有官，傷來有印，東西南北之運，皆可行也，所以一生富貴福壽，可謂美矣。

1、正官格、偏印格、食神格，三格並立。何謂「精足」？任氏：「精者，生我之神也，神者，剋我之物」，丙日主以甲木為精，偏印日支透月干，得到癸水正官生印，故「精足」。何謂「神旺」？以戊土為神，坐戌通根，寅戌拱之為神旺，就是食神三見。

2、癸水生甲木，官生印；甲木生丙火，印生身。所以「流通生化，五行俱足…官來能攔」，故印比攔化官殺，比劫來有正官剋制，食傷來有偏印剋制。五行順生，酉金生癸水，癸水生甲木，甲木生丙火，丙火生時柱戊戌土，四柱無刑沖，故「一生富貴」。

按：丙日主地支三會木局透干，成方干透一元神，生地庫地皆非福。母旺子衰，宜行火土；無奈金水之地。

偏財	日主	正印	正官
庚寅	**丙辰**	**乙卯**	**癸未**
戊 丙 甲	癸 乙 戊	乙	乙 丁 己
食神 比肩 偏印	正官 正印 食神	正印	正印 劫財 傷官
丁未 戊申	己酉 庚戌	辛亥 壬子	癸丑 甲寅

任注：此造以大勢觀之，官印相生，偏財時遇，五行不缺，四柱純粹，儼然貴格。不知財官兩字休囚，又遙隔不能相顧，支全寅卯辰，春土剋盡，不能生金，金臨絕地，不能生水，水之氣盡洩於木，木之勢愈旺，而火熾，火熾則氣斃，氣斃則神枯，行運北方，又傷丙火之氣，反助木之精，即逢金運，所謂過於有餘，損之反觸其怒，以致終身碌碌，名利無成也。

1、丙日主地支三會寅卯辰，透出月干，正偏印五見，比劫兩見，身強。庚金偏財一點，時干虛懸坐絕。「春土剋盡，不能生金，金臨絕地，不能生水，水之氣盡洩於木，木之勢愈旺，而火熾，火熾則氣斃，氣斃則神枯。」

2、天干正官、正印、偏財，其人門面風雅。雖然正官格有根，但三合後癸水已非正官之根，年干癸水逢土剋，乙木又洩化，故正官格不穩定。印格太強，就是個孤芳自賞，自我感覺良好；丙火卯月，壬水為用，木多水縮，癸水不濟事。

按：丙火丑月，月令傷官透出食神與傷官為用神，子旺母衰，從兒不真即假，洩秀太過，宜用印剋食傷，補氣止血。辛酉、庚申剋去病藥。

傷官	日主	正印	食神
己丑	丙辰	乙丑	戊戌
辛　癸　己	癸　乙　戊	辛　癸　己	丁　辛　戊
正財　正官　傷官	正官　正印　食神	正財　正官　傷官	劫財　正財　食神
丁巳　戊午	己未　庚申	辛酉　壬戌	癸亥　甲子

任注：此四柱皆土，命主元神洩盡，月干乙木凋枯，所謂精氣枯索，運逢壬戌，本主受傷，年逢辛未，緊剋乙木，卒於九月，患弱症而亡。此造運用逆行，大抵是右命（指前造丙辰日主）。

1、丙火生在丑月，調候壬、甲。地支戌、丑、辰、丑土四見，沒有甲木疏土，壬水制丙，人生機緣就是差。食傷六見，從兒格。

2、壬戌運辛未年，柱運歲丑、戌、未三刑，壬戌運雙冲日柱，辛未年雙冲月柱。「本主受傷」，指壬水與戊土、丙火都是剋的關係。戊戌月，丁火入庫。

月令

原文：月令乃提綱之府，譬之宅也。人元為用事之神，宅之定向也，不可以不卜。

原注：令星乃三命之至要。氣象得令者吉；喜神得令者吉；令其可忽乎。月令如人之家宅，支中之三元，定宅中之向道，不可以不卜。如寅月生人。立春後七日前，皆值戊土用事。八日後十四日前者，丙火用事。十五日後，甲木用事。知此則可以取格。可以取用矣。

1、按：「八字用神，專求月令」，月令就是提綱契領之處；其中所藏人元依據旺氣、透干的原則處理。喜用神在月令出現，不用輾轉旁求其餘干支就是吉象。

2、寅中藏干甲、丙、戊，雖然甲最旺，但不在立春後，因為立春後天氣仍嚴寒，至雨水後甲木才處於祿位。換言之，藏干又分別當令與否，但如果透干優先成格。

任氏曰：月令者，命中之至要也，氣象格局用神，皆屬提綱司令，天干又有引助之神，譬如廣廈不移之象。人元用事者，即此月此日之司令神也，如宅中之向道，不可不卜。

按：月令最重要，原局之氣象、格局，定於月令，如果透出天干，就是「廣廈不移之象」，喜用神由此得出。就像卜宅般，先定出坐山立向。

任氏曰：地理元機云：宇宙有大關會，氣運為主，山川有真性情，氣勢為先；所以天氣動於上，而人元應之；地勢動於下，而天氣從之。由此論之，人元司令，雖助格輔用之首領，然亦要天地相應為妙；故知地支人元，必得天干引助，天干為用，必要地支司令。總之，人元必須司令，則能引吉制凶，司令必須出現，方能助格輔用。

按：用宇宙形象解釋八字學，山川氣勢類原局氣象，地理與命理都有行運，天地之間，唯人最靈；故「人元司令，雖助格輔用之首領，然亦要天地相應為妙」，因此地支藏干喜用天干引出，天干為用，也要地支有權呼應。藏干司令必須通透明顯，與格局輔佐之。

任氏曰：如寅月之戊土，巳月之庚金，司令出見，可置弗論也。譬如寅月生人，戊土司令，甲木雖未及時，戊土雖則司令，天干不透火土而透水木，謂「地衰門旺」。天干不透水木而透火土，謂「門旺地衰」，皆吉凶參半。如丙火司令，四柱無水，寒木得火而繁華，相火得木而生助，謂「門地兩旺」，福力非常也。如戊土司令，木透干，支藏水，謂「門地同衰」，禍生不測矣，餘月依此而論。

1、按：寅月藏干甲丙戊，戊土被甲木剋制；或巳月藏丙戊庚，庚金被丙火剋制，戊、庚兩者衰微不當一回事。寅月戊土司令，甲剋戊，稱「地衰」；天干透水木，扶助甲木，稱「門旺」。若天干透火土，地支戊土得天干火土之助，稱「門旺地衰」，兩者皆吉凶參半，但還需全局而論。

2、如果丙火司令，四柱無水，寒木得火，木生火，丙火得元氣，稱「門地兩旺」，印比齊至論吉。反之，戊土司令，木透天干為官殺，地支藏水為財剋去丙火，謂「門地同衰」，財生官殺齊至論凶。

193

按：甲木司令，七殺透出成格為用，印綬為喜，壬申、癸酉運食傷生財，喜用受挫。

偏印	日主	偏印	七殺
丙辰	戊寅	丙寅	甲戌
癸　乙　戊	戊　丙　甲	戊　丙　甲	丁　辛　戊
正財　正官　比肩	比肩　偏印　七殺	比肩　偏印　七殺	正印　傷官　比肩
甲戌　　癸酉	壬申　　辛未	庚午　　己巳	戊辰　　丁卯

任注：戊寅日元，生於立春十五日後，正當甲木司令，地支兩寅緊剋辰戌之土，天干甲木，又制日干之戊，似乎煞旺身弱。然喜無金，則日元之氣不洩。更妙無水，則丙火之印不壞，尤羨貼身透丙，化殺生身，由甲榜而縣青綬，從副尹以躋身黃堂，名利雙收也。

1、戊土立春後十五天，寒氣漸退，戊日主正偏印五見，比劫四見，身強。天干甲丙戊，地支寅中藏人元甲丙戊，謂「門地兩旺」，福力非常。

2、何謂「化殺生身」？指正偏印丙丁火五見，可以洩化甲乙木官殺四見的強勢，又可以生助戊日主，故「名利雙收」。戊土寅月，要甲丙成格，殺印相生，四柱無刑沖。甲祿在寅，丙戊長生也用寅，貴人加持，一團喜氣。

月令七殺透干成格為用，偏印為喜，人生前半截好看；時柱食神生財，壬申運金水對抗木火。

食神	日主	偏印	七殺
庚申	戊辰	丙寅	甲戌
戊　壬　庚	癸　乙　戊	戊　丙　甲	丁　辛　戊
比　偏　食 肩　財　神	正　正　比 財　官　肩	比　偏　七 肩　印　殺	正　傷　比 印　官　肩
甲戌　癸酉	壬申　辛未	庚午　己巳	戊辰　丁卯

任注：戊辰日元，生於立春後六日，正戊土司令。月透丙火，生化有情，日支坐辰，通根身旺，又得食神制殺，俗論比之勝於前造，不知嫩木寒土皆喜火，況殺既化，不宜再制。所嫌者申時，不但日主洩氣，而且丙火臨絕，以致書香難遂，一生起倒不寧，刑喪不免也。

1、戊土生在寅月，先用丙甲，丙火暖身，甲木疏土；故甲木七殺格，丙火偏印格，帶時柱食神格，甲木生丙火，丙火生戊土，戊土生庚金，一路順行，門面好看。

2、官殺三見尅日主，食傷三見洩日主，但正偏印三見，地支比肩四見，勢均力敵。所謂「所嫌者申時，不但日主洩氣，而且丙火臨絕」不可盡信。其實在年日雙冲，月時雙冲，故「一生起倒不寧」。

195

生時

原文：生時歸宿之地，譬之墓也。人元為用事之神，墓之定方也，不可以不辨。

原注：子時生人，前三刻，三分壬水用事；後四刻，七分癸水用事。評其與寅月生人，戊土用事何如，丙火用事何如，甲木用事何如。局中所用之神，與壬水用事者何如，癸水用事者何如。窮其淺深如墳墓之定方道，斯可以斷人之禍福。至（於）同年月日而百人各一應者，當究其時之先後。又論山川之異，世德之殊，十有九驗。其有不驗者，不過此則有官，彼則子多。此則多財，彼則妻美，為小異耳。夫山川之異，不惟東西南北，迥乎不同者，宜辨之。即一邑一家，而風聲氣習，不能一律也。世德之殊，不惟富貴貧賤，絕乎不侔者宜辨之。即同門共戶，而善惡邪正，不能盡齊也。學者察此，可以知其興替矣。

按：時柱是人生歸宿，其中藏干又有關鍵性，不可不辨。與何者司令同上論法。「又論山川之異，世德之殊，十有九驗」，意思說，風水環境與道德修為，也影響了命運吉凶。扣除這些因素，否則吉凶大抵都是相同的，只是有富、貴、妻、子息，各自勝場而已。

任氏曰：子時前三刻三分，壬水用事者，亥中餘氣，即所謂夜子時是也。如大雪十日前壬水用事之謂也，餘時亦有前後用事，須從司令一例而推；如生時用事，與月令人元用事相附，是日主所喜者，加倍興隆。為日主所忌者，必增凶禍。生時之美惡，譬墳墓之穴道，人元之用事，如墳墓之朝向，不可以不辨。故穴吉向凶，必減其吉；穴凶向吉，必減其凶。

按：這部分是討論時柱，如果生時用事附合月令人元用事，合於日主所喜用，論吉。反之，論凶。任氏又以墳墓朝向比喻穴吉向凶，必減其吉；穴凶向吉，必減其凶。

任氏曰：如丙日亥時，亥中壬水乃丙之殺，得甲木用事，謂穴凶向吉。辛日未時，未中己土乃辛金之印，得丁火用事，謂穴吉向凶。理雖如此，然時之不的當者十有四五，夫時尚有不的，又何能辨其生剋乎？如果時的，縱不究其人元，亦可斷其規模矣。

按：例如丙日主，亥中壬水乃丙之七殺，得甲木用事，謂穴凶向吉；指通關化殺。辛日未時，未中己土乃辛金之偏印，得丁火用事殺生印，謂穴吉向凶。時辰是否輔佐命格，還是要整體判斷。

任氏曰：譬如天然之龍，天然之穴，必有天然之向，天然之向，必有天然之水，只要時支不錯，則吉凶自驗，其人元用事，到底不比提綱司令之為重也，至於山川之異，世德之殊，因之發福有厚薄，見禍有重輕，而況人品端邪，亦可轉移禍福，此又非命之所得而拘矣，宜消息之。

按：本段拉入風水學口氣，不贅述。時支的重要性當然不如月令；除此外，風水、道德，使個人發福見禍，就不是八字可以拘束的。

衰旺

原文：能知衰旺之真機，其於三命之奧，思過半矣。

原注：旺則宜洩宜傷，衰則喜幫喜助，子平之理也。然旺中有衰者存，不可損也。衰中有旺者存，不可益也。旺之極者不可損，以損在其中矣。衰之極者不可益，以益在其中矣。至於實所當損者而損之，反凶。實所當益者而益之，反害。此真機皆能知之，又何難於詳察三命之微奧乎。

1、 按：八字既然以中和平衡為宜，先認識原局中五行何者旺衰？再綜合判斷就登堂入室了。

2、旺則剋洩宜傷，衰則生扶；然而旺中有衰，此「衰」是關鍵少數，不可損去。反之，衰中有旺，此「旺」會野火燎原，不可益。旺到極處，必然隱含亢龍之悔，不必損之，順其勢而為。反之，衰到至微，即將否極泰來，不必益之。總之，旺極衰極等特別格，要依據特別格的規則判斷。

任氏曰：得時俱為旺論，失令便作衰看，雖是至理，亦死法也。夫五行之氣，流行於四時；雖日干各有專令，而其專令之中，亦有並存者在，如春木司令，甲乙雖旺，而此時休囚之戊己，亦未嘗絕於天地也。冬水司令，壬癸雖旺，而此時休囚之丙丁，亦未嘗絕於天地也。

特時當退避，不敢爭先，而其實春土何嘗不生萬物，冬日何嘗不照萬國乎。況八字雖以月令為重，而旺相休囚，年日時中，亦有損益之權；故生月即不值令，亦能值年值日值時，豈可執一而論。

1、按：得令、得地、得黨就是日主旺，反之，日主衰弱，雖然
　也是道理，但過於刻板。因為五行之氣流行於四季，各有旺
　或衰的比例，但絕無「絕」地即是滅絕之境。例如，春天甲
　乙木最旺，戊己土雖被剋，但也有幾分餘力。其餘季節如此。
2、八字雖然以月令為重，但其餘干支也有話語權，因此不當令
　，也能當年當日當時，不可執一而論。

> 任氏曰：有如春木雖強，金太重而木亦危，干庚辛而支申
> 酉，無火制而不富，逢土生而必夭，是得時不旺也。
> 秋木雖弱，木根深而木亦強，干甲乙而支寅卯，遇官透而
> 能受，逢水生而太過，是失時不弱也。是故日干不論月令
> 休囚，只要四柱有根，便能受財官食神而擋傷官七殺。

按：例如甲乙木生在寅卯月身強，但庚辛申酉一堆，又無丙丁火
剋金不富，若行土運生金，財生殺黨必夭，得時也無益。反之，
甲乙木生在申酉月，秋木根深，透出比劫，遇到官殺也能承受；
水生木太過，有根也不畏水泛木漂。總之，日主月令休囚，只要
其它地支有根，便能承受財官食神而擋傷官七殺。

> 任氏曰：長生祿旺，根之重者也。墓庫餘氣，根之輕者
> 也。天干得一比肩，不如地支得一餘氣也。墓庫，墓者，
> 如甲乙逢未、丙丁逢戌、庚辛逢丑、壬癸逢辰之類是也。
> 餘氣者，如丙丁逢未、甲乙逢辰、庚辛逢戌、壬癸逢丑
> 之類是也。得二比肩，不如支中得一長生祿旺，如甲乙
> 逢亥、寅、卯之類是也。蓋比肩如朋友之相扶，通根如
> 家室之可託，干多不如根重，理固然也。

按：長生、祿、旺就算根深，以帝旺最重，臨官（祿）其次，長生、墓庫又次。天干的比肩不如地支餘氣，例如乙木辰月乙時。墓庫指甲乙木入未庫，丙丁火入戌庫，庚辛金入丑庫，壬癸水入辰庫。天干兩個比肩不如地支一個長生祿旺，例如甲乙逢亥、寅、卯，比甲木甲月甲年還旺。朋友雖然可以互相扶持，但有根才是立足之本，干多不如根重。

任氏曰：今人不知此理，見是春土夏水秋木冬火，不問有根無根，便謂之弱。見是春木夏火秋金冬水，不究剋重剋輕，便謂之旺。
更有壬癸逢辰、丙丁逢戌、甲乙逢未、庚辛逢丑之類，不以為通根身庫，甚至求刑沖以開之，竟不思刑沖傷吾本根之氣，此種謬論，必宜一切掃除也。
然此皆論衰旺之正而易者也，更有顛倒之理存焉。

1、按：春土被旺木剋，夏水臨絕，秋木遭庚辛斬鑿，冬火臨絕，常理上被認為衰絕，而不知觀察其它地支是否得地。反之，春木、夏火、秋金、冬水等，以為都是坐祿旺，不知觀察是否剋洩交加，反成格強身弱。

2、還有前述木火金水入庫，卻認為應該以刑沖開發財官氣勢，而不知根氣被傷。總之，五行衰旺之理，雖不容顛倒以對，實則前述「旺之極者不可損，以損在其中矣。衰之極者不可益，以益在其中矣。」如下。

任氏曰：其理有十：

木太旺者而似金，喜火之煉也。（旺則洩）

木旺極者而似火，喜水之剋也。（旺極宜從，喜印生）

火太旺者而似水，喜土之止也。（旺則洩）

火旺極者而似土，喜木之剋也。（旺極宜從，喜印生）

土太旺者而似木，喜金之剋也。（旺則洩）

土旺極者而似金，喜火之煉也。（旺極宜從，喜印生）

金太旺者而似火，喜水之濟也。（旺則洩）

金旺極者而似水，喜土之止也。（旺極宜從，喜印生）

水太旺者而似土，喜木之制也。（旺則洩）

水旺極者而似木，喜金之剋也。（旺極宜從，喜印生）

木太衰者而似水也，宜金以生之。（剋去）

木衰極者而似土也，宜火以生之。（洩去）

火太衰者而似木也，宜水以生之。（剋去）

火衰極者而似金也，宜土以生之。（洩去）

土太衰者而似火也，宜木以生之。（剋去）

土衰極者而似水也，宜金以生之。（洩去）

金太衰者而似土也，宜火以生之。（剋去）

金衰極者而似木也，宜水以生之。（洩去）

水太衰者而似金也，宜土以生之。（剋去）

水衰極者而似火也，宜木以生之。（洩去）

此五行顛倒之真機，學者宜詳細元元之妙。

按：以上道理宜與從象、化象、假從、假化、從旺、從強、從氣、從勢等併參。

按：羊刃印綬木太旺，木太旺者而似金，喜火之煉，壬申運羊刃被合，三合水局剋去喜神。

偏財	日主	傷官	比肩
戊辰	甲子	丁卯	甲辰
癸　乙　戊	癸	乙	癸　乙　戊
正印　劫財　偏財	正印	劫財	正印　劫財　偏財
乙亥　甲戌	癸酉　壬申	辛未　庚午	己巳　戊辰

任注：甲子日坐於卯月，地支兩辰，是木之餘氣也。又辰卯東方，子辰拱水，木太旺似金也，以丁火為用。至巳運，丁火臨旺，名列宮牆。庚辛兩運，南方截腳之金，雖有刑耗而無大患。未運剋去子水，食廩天儲。午運子水沖剋，秋闈失意。壬申金水齊來，刑妻剋子，破耗多端，癸運不祿。

1、甲日主生在卯月，缺官殺，羊刃格，比劫四見，正印三見，身強木旺。前言「木太旺者而似金，喜火之煉也」。木太旺喜食傷洩，故「至巳運，丁火臨旺，名列宮牆」。

2、為何午運「子水沖剋，秋闈失意」？因為庚午運雙沖日柱，旺者沖衰。辛運「南方截腳之金，雖有刑耗而無大患」。未運剋去子水，截斷甲日主元神，食廩天儲。為何「壬申運金水齊來，刑妻剋子，破耗多端」，因為地支申子辰三合水生木，壬申運與丁卯月柱雙合，金生水，水生木，破耗多端。癸酉運與時柱戊辰雙合，月柱雙沖，不祿。

202

按：寅卯亥癸，水生木旺，木旺極者而似火，喜水之剋，故宜水木運。庚戌運，乙庚合金，卯戌合火，寅戌拱午帶火土，金剋用神木，火土剋去喜神。

劫財	日主	劫財	正印
乙亥	甲寅	乙卯	癸卯
甲　壬	戊　丙　甲	乙	乙
比肩　偏印	偏財　食神　比肩	劫財	劫財
劫煞	干祿　月德	羊刃　桃花	羊刃　桃花
丁未　戊申	己酉　庚戌	辛亥　壬子	癸丑　甲寅

任注：此造四支皆木，又逢水生，七木兩水，別無他氣，木旺極者，似火也，出身祖業本豐，惟丑運刑傷，壬子水勢乘旺，辛亥金不通根，支逢水旺，此二十年經營獲利數萬，一交庚戌，土金並旺，破財而亡。

1、「四支皆木，又逢水生，七木兩水，別無他氣」，年月羊刃，寅亥合木，曲直格；前言「木旺極者而似火，喜水之剋也」。旺極則從，故喜水印來生；年干為印，故「祖業本豐」。惟丑運刑傷，因為丑土合掉子水。

2、壬子運水勢乘旺，辛亥運雖金不通根，但支逢水旺，此二十年經營獲利數萬。一交庚戌運，雙合月柱，土金並旺，破財而亡。《三命通會》：「亥卯未全嫌白帝（金），若逢坎（水）位必身榮。」

203

按：木太衰者而似水也，宜金以生之，即剋去之意；故不宜水木火運，庚辰運生金轉吉，己卯運扶所不當扶。

正官	日主	比肩	劫財
辛未	甲申	甲申	乙丑
乙 丁 己	戊 壬 庚	戊 壬 庚	辛 癸 己
劫財 傷官 正財	偏財 偏印 七殺	偏財 偏印 七殺	正官 正印 正財
丙子 丁丑	戊寅 己卯	庚辰 辛巳	壬午 癸未

任注：此造地支土金，木無盤根之處，時干辛金，元神發透，木太衰者，似水也。初運癸未壬午，生木制金，刑喪早見，蔭庇難豐。辛巳庚辰，金逢生地，白手發財數萬。己卯運，土無根，木得地，遭回祿，破財萬餘。至寅運而亡。

1、唯一格局七殺格，但比劫三見，正偏印三見，假從殺，宜金以生之。「初運癸未壬午，生木制金」，癸未運與年柱乙丑雙沖，刑喪早見。年月天干比劫，蔭庇難豐。「生木制金」，壬癸水生木，午火制金。

2、辛巳運與辛未運拱午火，巳申合水，水火既濟；庚辰運土生金，木太衰者而似水也，宜金以生之，乾脆剋去木。己卯運雙合日月兩柱甲申，故「土無根，木得地，遭回祿」。「至戊寅運而亡」，因為雙沖日月兩柱。本例原局年時雙沖，日月伏吟，一旦再遇上雙合雙沖兩柱都是力道加倍，不管運歲是忌神或用神，必凶。

按：日主無根，從兒？從財？從殺？《子平脆言》：「凡從格皆忌比劫，忌通根，見之為破格，獨有從兒格不忌。……從格以所從之神為用，而從兒格以財為用。」

傷官	日主	偏財	偏財
丙戌	乙酉	己巳	己巳
丁　辛　戊	辛	庚　戊　丙	庚　戊　丙
食神　七殺　正財	七殺	正官　正財　傷官	正官　正財　傷官

辛酉	壬戌	癸亥	甲子	乙丑	丙寅	丁卯	戊辰

任注：此造地支皆逢剋洩，天干又透火土，全無水氣。木衰極者，似土也。初交戊辰丁，藉豐盛之蔭庇，美景良多。卯運椿萱並謝。丙運大遂經營之願，獲利萬金。寅運剋妻破財，又遭回祿。乙丑支全金局，火土兩洩，家業耗散。甲子北方水地，不祿宜矣。

1、乙木自坐七殺，地支官殺四見，食傷四見，正偏財五見，日主無根無印比。前言「木衰極者而似土也，宜火以生之」，乾脆洩去日主。

2、「初交戊辰丁，藉豐盛之蔭庇」，因為戊辰丁食神與財，年月兩柱沒有比劫剋財，故「美景良多」。「卯運椿萱並謝」，卯酉沖，卯戌合，焉能順心。「丙運大遂經營之願」，因為洩去乙木。

3、「寅運剋妻破財」，寅木助乙日主，自以為力挽狂瀾，殊不知提油救火。乙丑運支全金局，丑濕土洩火，土生金也是洩，故「火土兩洩」家業耗散。甲子北方水地，水剋火，不祿。

按：羊刃帶印極旺，火旺極者而似土，喜木之剋，旺極宜從，喜印生，庚辛財逢比劫，寅卯木來生火。

偏印	日主	七殺	正印
甲午	丙戌	壬午	乙丑
己　丁	丁　辛　戊	己　丁	辛　癸　己
傷官　劫財	劫財　正財　食神	傷官　劫財	正財　正官　傷官
甲戌　乙亥	丙子　丁丑	戊寅　己卯	庚辰　辛巳

任注：此丙戌日元，月時兩刃，壬水無根，又逢木洩。火太旺者，似水也。初運庚辰辛巳，金逢生地，孔懷無輔助之人，親黨少知心之輩。己卯得際遇，戊寅全會火局，及丁丑二十年，發財四五萬，至子運而亡。

1、丙日主，月時羊刃，天干年時正偏印，羊刃格，身強。火前言「太旺者而似水，喜土之止也。」太旺則土洩，莫以水激起火性。

2、初運辛巳，金逢生地，辛金正財坐羊刃，比劫剋財莫問財。庚辰運雙冲丙戌，羊刃刼財，故「無輔助之人，親黨少知心之輩」。己卯運甲己合土，卯戌合火以傷官洩羊刃，得際遇。戊寅運寅午戌三會火，羊刃生食神。丁丑運以濕土洩刼財而發財。丙子運激起火性而亡，丙子與壬午是水火既濟，但丙子與丙戌日柱拱亥，午亥暗合，子午冲，子丑合，羊刃最怕冲合併見。

206

按：丙火巳月，木火土印比食傷，不容金水，木火土吉運，庚申、辛酉運財生殺黨，逆勢而行。

偏印	日主	劫財	食神
甲午	丙寅	丁巳	戊寅
己　丁	戊　丙　甲	庚　戊　丙	戊　丙　甲
傷官　劫財	食神　比肩　偏印	偏財　食神　比肩	食神　比肩　偏印
乙丑　甲子	癸亥　壬戌	辛酉　庚申	己未　戊午

任注：此造丙火生孟夏，地支兩坐長生而逢祿旺。火旺極者，似土也。初運雖不逢木，喜其南方火地，遺緒豐盈，讀書過目成誦。一交庚運，即棄詩書，愛嬉好遊，揮金如土。申運家破身亡，此造若逢木運，名利兩全也。

1、丙日主生在巳月，比劫五見，食傷四見，偏印三見，四柱缺水，炎上格。食神格與偏印格，地支兩組寅刑巳。《星平會海》：「以丙丁見寅午戌、巳午未，俱從火類。忌金水喜東南，怕沖要身旺歲運同。」

2、初運戊午與時柱天尅地刑，但南方火得地，參看年柱食神，應「遺緒豐盈」。庚運「棄詩書，愛嬉好遊，揮金如土」，申運家破身亡；庚申運雙沖日柱，帶地支寅巳申三刑，巳申合，庚與甲丙沖尅，刑沖合太多。任氏：「此造若逢木運，名利兩全也」，火旺極者而似土，喜木之尅也。旺極則專一跟從，喜印生，指專旺格而已。

207

按：丁火巳年根旺，實則巳酉丑透干從財，火太衰似木宜水，財生殺，喜三六合財運。

偏財	日主	比肩	偏財
辛丑	丁酉	丁酉	辛巳
辛 癸 己	辛	辛	庚 戊 丙
偏財 七殺 食神	偏財	偏財	正財 傷官 劫財

己丑	庚寅	辛卯	壬辰	癸巳	甲午	乙未	丙申

任注：丁火生於八月，秋金秉令，又全金局。火太衰者似木也。初運乙未甲午，火木並旺，骨肉如同畫餅，六親亦是浮雲。一交癸巳，干透水，支拱金，出外經營，大得際遇。壬辰運中發財十餘萬。

1、丁火生在酉月，地支巳酉丑，天干透辛，日落西山。四柱缺印，但月干丁火通根巳火，假從財，經曰：「身弱無依且多財，不逢印刧月提因，歲運若臨財旺處，須教得貴勝陶功。」就是要行財旺。

2、初運丙申，刧財尅正財，家運不濟。乙未運雙冲辛丑，又忌乙木生火。甲午運印比幫身，等於比劫尅財。癸巳運地支巳酉丑，生運干癸水，前言「火太衰者而似木也，宜水以生之。」這是用五行相生解釋，以水生木，乙木生日主丁火。但另以從財格解釋，乾脆尅去日主，使假從變成真從，故「出外經營，大得際遇」。壬辰運發財，因為壬辰雙合丁酉，辰酉合金生壬水，尅去丁火就發財。

按：丙日主無根帶印綬，傷財殺有根，食傷生財，財生殺，土金水當家，木火迴避。

傷官	日主	七殺	正財
己亥	丙申	壬辰	辛亥
甲　壬	戊　壬　庚	癸　乙　戊	甲　壬
偏印　七殺	食神　七殺　偏財	正官　正印　食神	偏印　七殺
甲申　乙酉	丙戌　丁亥	戊子　己丑	庚寅　辛卯

任注：此財生殺，殺攻身，丙臨申，申辰拱水。火衰極者，似金也。初運辛卯庚寅，東方木地，萱椿凋謝，祖業無恆。至己丑，出外經營，青蚨襯輦，白�隨輿。及戊子二十年，春風吹柳，紅綾易公子之裳，杏露沾衣，膏雨沐王孫之袖，所謂有其運，必得其福也。

1、丙日主無根，地支官殺四見透干，年干財生殺，火衰極者而似金，宜土以生之；實則以食傷土洩火。初運辛卯庚寅（也是雙冲日柱），正偏財坐絕，木生火印尅食傷，又生比劫對抗七殺，故家運凋零。

2、己丑運傷官洩比劫，成全傷官駕殺，又己丑與時柱己亥拱三會水局，七殺得用；故「青蚨襯輦，白鏺（白銀金錢總稱）隨輿」，等於現在開法拉利。戊子運食神洩火，又水勢滔滔還是七殺得用。總之，就是個棄命從煞，洩比劫，助七殺。天德、月德、天乙、文昌等貴人齊全。

209

按：火土兩局，水來激焰，木來燥熱，金運最美。

劫財	日主	比肩	比肩
己未	戊申	戊午	戊辰
乙 丁 己	戊 壬 庚	己 丁	癸 乙 戊
正官 正印 劫財	比肩 偏財 食神	劫財 正印	正財 正官 比肩
丙寅	乙丑	甲子	癸亥	壬戌	辛酉	庚申	己未

任注：此造重重厚土，生於夏令。土太旺者，似木也，其用在金。庚申運，早采芹香。辛酉運，辛丑年，飲鹿鳴，宴瓊林，雲程直上。壬戌運，刑喪挫折，丙午年亡。

1、戊土生在午月，羊刃格（生於午月，不宜作稼穡格論），比劫七見，以身強論。前言「土太旺者而似木，喜金之剋也。」旺則宜食傷洩。其中戊辰、戊午拱巳，戊午、戊申拱未。

2、庚申運羊刃喜食神洩秀。辛酉運傷官洩秀，特別在辛丑年雲程直上；因為柱運歲巳酉丑三合。壬戌運，雙冲年柱，戌未刑，丙午年亡；因為丙午年火氣太旺，印剋食傷，用神破滅。

按：己土辰月，稼穡格，土旺極，金無接應，印綬太重。

比肩	日主	正印	劫財
己 巳	己 巳	丙 辰	戊 戌
庚　戊　丙	庚　戊　丙	癸　乙　戊	丁　辛　戊
傷官　劫財　正印	傷官　劫財　正印	偏財　七殺　劫財	偏印　食神　劫財
甲子　癸亥	壬戌　辛酉	庚申　己未	戊午　丁巳

任注：此造四柱火土，全無剋洩，土旺極者，似金也。初運南方，遺業豐盈，午運入泮，己未棘闈，拔而不舉。一交庚申，青蚨化蜷，家業漸消。辛酉財若春後霜雪，事業蕭條，壬運剋，不祿。

1、己土生在辰月，比劫六見，正偏印四見，前言「土旺極者而似金，喜火之煉也」。故旺極宜從，喜丙丁印綬。

2、初運南方巳午未，用神得地；己未運與日時己巳拱午，用神兩現，左右猶豫。庚申運傷官得地，金多火熄，家業漸消。辛酉運食神得地，雙合月柱，地支合出一片食傷，金多火熄。壬戌運辰戌沖，戌土無暇制水，故剋丙不祿。

按：月令偏財透干為用，地支有根，陽日主財多不從，以官殺剋去比劫，喜傷官就怕印綬。

正財	日主	傷官	偏財
癸丑	戊子	辛亥	壬辰
辛　癸　己	癸	甲　壬	癸　乙　戊
傷官　正財　劫財	正財	七殺　偏財	正財　正官　比肩
天乙　寡宿	將星	亡神　大耗	紅豔　華蓋
己未　戊午	丁巳　丙辰	乙卯　甲寅	癸丑　壬子

任注：此造支類北方，水勢汪洋，天干又透金水，土太衰者，似火也。運至甲寅乙卯，干支皆木，名成利遂。一交丙運，刑妻剋子，破耗多端。至丁巳運，歲運火土，暗傷體用，得風疾而亡。

1、戊土生在亥月，地支亥子丑，壬癸透干，傷官生財，有根假從財。前言「土太衰者而似火也，宜木以生之」。乾脆以壬癸水生出甲乙官殺，剋去日主。

2、甲寅運七殺通根，乙卯運正官通根，剋去日主從財而名成利遂。丙辰運印生比劫，衰土得到元神，濕土投旺水，破耗多端。丁巳運歲運火土，印生比劫洩官殺剋財，又丁剋辛，癸剋丁，丁壬合，巳亥沖，沖合太多；從財食傷被剋，財被刼就衰。

212

按：前例日主有根，本例日主無根，從財格喜食傷，宜申酉運。己未運羣劫破財，戊子日合財，壽亡於財破。《子平粹言》:「從格皆以所從之神為用，逆其旺氣固非吉，洩其旺氣亦非美。」

偏財	日主	七殺	正財
壬子	戊子	甲子	癸酉
癸	癸	癸	辛
正財	正財	正財	傷官
將星 月德	將星	將星	桃花

丙辰	丁巳	戊午	己未	庚申	辛酉	壬戌	癸亥

任注：此四柱皆水，又得金生，土衰極者，似水也。初運癸亥，平寧之境。壬戌水無根，土得地，刑喪破耗，家業消亡。辛酉庚申二十年，大得際遇，白手發財十餘萬。己未運破去數萬，壽亦在未而亡。

1、戊日主無根，正偏財五見，從財格。前言「土衰極者而似水也，宜金以生之」。從財以食傷成全財，犧牲小我完成大我。

2、初運癸亥，從財宜行財地，平寧之境。壬戌運水無根但與壬子拱出亥水，下半運漸入佳境。辛酉庚申運食傷生財，故「白手發財」。己未運己土尅癸水，甲己合，地支子未穿三組。試論「壽亦在未而亡」？丑年則是丑未沖，子丑合三組。午年則是午未合，子午沖三組。

按：羊刃格，無官殺用食傷，食傷是用神；食傷忌印，故正偏印三見是病，財是藥。

比肩	日主	正印	食神
庚辰	**庚子**	**己酉**	**壬申**
癸 乙 戊	癸	辛	戊 壬 庚
傷官 正財 偏印	傷官	劫財	偏印 食神 比肩
華蓋 月德	將星 月德	羊刃 桃花	干祿
丁巳 丙辰	乙卯 甲寅	癸丑 壬子	辛亥 庚戌

任注：此造秋金秉令，木火全無，金太旺者，似火也。亥運壬水坐祿，早游泮水。壬子運用神臨旺，撞破煙樓，高攀月桂。癸丑合去壬水旺地，囊內青蚨成蝶舞，枝上子規月下啼。甲寅乙卯，尚有制土衛水之功，仕路清高，楓葉未應氈共冷，梅開早覺筆先香。

1、庚金生在酉月，比劫三見，食傷申子辰四見透壬水，正偏印三見，羊刃格。前言「金太旺者而似火，喜水之濟也」，羊刃格就是用食傷洩秀。

2、亥運壬水坐祿，金生水。壬子運用神臨旺。「癸丑合去壬水旺地」，指日支子水合丑土，傷官天透地藏。甲寅乙卯為何「制土衛水」？因為甲寅乙卯是財，木尅土財尅印，印被尅制，就是土不能尅水，食傷就保住了。總之，傷官傷盡，行運又無官殺運。

214

按：從革格，土金水一團和氣，不宜財殺木火之地。

比肩	日主	正財	比肩
庚辰	庚戌	乙酉	庚申
癸　乙　戊	丁　辛　戊	辛	戊　壬　庚
傷官　正財　偏印	正官　劫財　偏印	劫財	偏印　食神　比肩
癸巳　　壬辰	辛卯　　庚寅	己丑　　戊子	丁亥　　丙戌

任注：此造支類西方，又逢厚土，金旺極者，似水也。初運火土，祖業無恆。至戊子運獲厚利，納粟出仕。己丑庚運，名利皆遂。一交寅運，犯事落職，大破財利，至卯不祿。

1、庚日主，比劫五見，正財格地支相冲，地支申酉戌三會，大型羊刃格，從革格。前言「金旺極者而似水，喜土之止也」。旺極宜從金水，喜土尅止食傷水。

2、初運丙戌丁火土運，年柱比劫通根，祖業難蔭。戊子運土尅三合水，印尅食傷獲厚利。「己丑庚運，名利皆遂」，因為己丑是印格，庚運是比肩，不違旺極之氣勢。為何「一交寅運，犯事落職」，因為庚寅與日柱庚戌拱三合火，又與時柱庚辰拱卯財冲酉，財生官殺尅比劫，卯酉冲財尅印，寅申冲，地支全部翻動，故「大破財利」。為何「至卯不祿」？庚辛絕在寅卯。辛卯運，辛是劫財，卯是正財，卯申合比劫，卯戌合火官殺，歲運柱對槓一堆，雙冲月柱，不祿。經曰：「三庚是才郎，萬里置田莊」。《三命通會》：「魁罡聚眾，發福非常…為人性格聰明，文章振發，臨事果斷…運行身旺，發福百端，一見財官，禍患立至。」

215

按：日主無根金太衰，從財？從殺？丁卯、丙寅運財官並旺，丑運逢印綬比劫，必衰。《滴天髓》：「從氣者，不論財官印綬食傷之類；如氣勢在木火，要行木火運；氣勢在金水，要行金水運。反此必凶。」

正財	日主	劫財	偏印
甲午	辛卯	庚午	己卯
己　丁	乙	己　丁	乙
偏印　七殺	偏財	偏印　七殺	偏財
壬戌　癸亥	甲子　乙丑	丙寅　丁卯	戊辰　己巳

任注：辛金生於仲夏，地支皆逢財殺，金太衰者，似土也。初運己巳戊辰，晦火生金，求名多滯，作事少成。一交丁卯，木火並旺，如枯苗得雨，浡然而興，似鴻毛遇風，飄然而起，家業豐裕。交丑生金洩火，不祿。

1、辛金生於午月，偏印三見，正偏財三見，七殺兩見，財生殺，格強身弱，五行缺水。前言「金太衰者而似土也，宜火以生之」。乾脆以官殺尅去。

2、初運己巳、戊辰，晦火生金，提油救火。交丁卯運，木火並旺，官殺尅去比劫，如枯苗得雨。乙丑運，乙庚合金，丑土生金，金多火熄，不祿。

按：庚日主無根，印綬格就是不從，氣勢在食傷財官，宜乘勢而行。月令正財為用，喜食傷財官。

七殺	日主	正官	正印
丙子	庚寅	丁卯	己亥
癸	戊　丙　甲	乙	甲　壬
傷官	偏印　七殺　偏財	正財	偏財　食神

己未	庚申	辛酉	壬戌	癸亥	甲子	乙丑	丙寅

任注：此造木旺乘權，又得水生，四面皆逢財殺，金衰極者，似木也。所以乙丑運中，土金暗旺，家業破盡。至甲子運，北方水旺，財源通裕。癸亥出仕，名利兩全，壬戌水臨絕地，罷職而歸。

1、庚金生在月，日主無根，己土正印孤懸於年干。「木旺乘權」，卯木當令，故「金衰極者，似木也，宜水以生之」，用水洩身。總之，身弱又不從最怕官殺，要食傷尅官殺。

2、乙丑運土金暗旺，指乙庚合金，子丑合土洩水尅水，家業破盡。甲子癸亥食傷運，水旺生財。壬戌運水臨絕地，丁壬木生卯戌火，最怕用神合去，官殺生印，梟印剋去喜神。

217

按：潤下格，《子平粹言》：「原命金水純粹，喜行東方木運以洩其旺氣，若原命帶木火格局不純，則宜西北金水運，以助成其旺。」

正印	日主	正印	比肩
辛丑	壬子	辛亥	壬寅
辛　癸　己	癸	甲　壬	戊　丙　甲
正印　劫財　正官	劫財	食神　比肩	七殺　偏財　食神

己未	戊午	丁巳	丙辰	乙卯	甲寅	癸丑	壬子

任注：此造壬水生於孟冬，支類北方，干皆金水。水太旺者，似土也，喜其寅木吐秀。至甲寅運，早遂青雲之志，可謂才藻翩翩，輝映杏壇桃李，文思奕奕，光騰藥籠參苓。乙卯運官途順遂。交丙而亡。

1、按：壬日主生在亥月，地支亥子丑三合水，正印三見，比劫四見，潤下格。前言「水太旺者而似土，喜木之制也」。旺則洩，寅木吐秀。

2、壬子運伏吟日柱與壬寅年柱拱丑，至癸丑運皆非喜用。甲寅運，寅亥合洩秀，故「早遂青雲」。乙卯運洩水合木，故「輝映杏壇」。為何「交丙而亡」？丙辛合化水，壬沖丙，天干全部翻動，水多土流，羣劫爭財。

按:《滴天髓》:「崑崙之水,可順而不可逆。」金水木諸運皆宜,忌火土運。

偏印	日主	劫財	劫財
庚子	壬子	癸亥	癸亥
癸	癸	甲　壬	甲　壬
劫財	劫財	食神　比肩	食神　比肩
乙卯　丙辰	丁巳　戊午	己未　庚申	辛酉　壬戌

任注:此造四柱皆水,一無剋洩,其勢沖奔,不可遏也。初運壬戌,支逢土旺,早見刑喪。辛酉庚申,干支皆金,所謂月印千江銀作浪,門臨五福錦鋪花。交己未運,妻子皆傷,家業破盡。戊午運,貧乏不堪,憂鬱而卒。

1、壬日主生在亥月,干支全是印比,水勢滔滔,兩刃兩祿透刼財,五行無土潤下格。前言「水旺極者而似木,喜金之剋也」,旺極宜從其勢,喜印庚辛相生。

2、「初運壬戌,支逢土旺」,初運壬水坐戌土,壬戌、壬子拱亥,三亥孤苦憐。辛酉庚申運,干支皆金印生水,所謂月印千江銀作浪,門臨五福錦鋪花。交己未運,干支皆土,水勢淤塞,妻子皆傷。戊午運火土,戊午雙合年月柱癸亥,雙冲壬子,冲合太多,故「憂鬱而卒」,羣刼爭財而已。

按：壬水微根入辰土，四柱無印綬，而傷官、財格、官殺等比例偏重，弱者從勢謙卑，宜剋洩之地，忌印比扶身。

劫財	日主	傷官	偏財
癸卯	壬午	乙未	丙辰
乙	己 丁	乙 丁 己	癸 乙 戊
傷官	正官 正財	傷官 正財 正官	劫財 傷官 七殺

癸卯	壬寅	辛丑	庚子	己亥	戊戌	丁酉	丙申

任注：此火土當權，又逢木助，五行無金，水太衰者，似金也。初交丙申丁酉，蓋頭是火，使申酉不能生水，財喜並旺。戊戌運中，家業饒裕。己亥土無根，還喜支會木局，雖有破耗而無大患。一交庚子，家破人亡。

1、壬水生在未月，日主無根，又無印綬。前言「水太衰者而似金也，宜土以生之」，乾脆以土官殺剋去日主壬水。傷官四見，正偏財三見，五行缺金印。

2、初運丙申與年柱丙辰拱子冲午，絕無好事。丁酉運辰酉合，雙冲時柱癸卯，不利食傷生財。戊戌運即官殺運，用神得地，故「家業饒裕」。己亥運土無根，支會三合木洩水，表面打平，殊不知午亥暗合木洩火，土助己。庚子運乙庚合，生助子水比劫，丙庚冲，子午冲，子未相害，子卯刑，故「家破人亡」。總之，柱運子午卯三刑，申年三合水局，流年酉合辰之類。

按：日主無根，四柱財傷官殺併旺，順勢而行，如行比劫印綬，必凶無疑。

偏財	日主	七殺	劫財
丙午	壬寅	戊午	癸卯
己　丁	戊　丙　甲	己　丁	乙
正官　正財	七殺　偏財　食神	正官　正財	傷官
庚戌　辛亥	壬子　癸丑	甲寅　乙卯	丙辰　丁巳

任注：此造丙火當權，戊癸從化，暵乾壬水，水衰極者，似火也。初運逢火，從其火旺，豐衣足食，乙卯甲寅，名利雙全。癸丑爭官奪財，破耗而亡。

1、壬水生在午月，日主無根，戊癸從化合火，從財格，注意官殺四見，正偏財三見，財生殺黨的結構。既然從格，喜一路順從。前言「水衰極者而似火也，宜木以生之」。乾脆繼續洩日主與生財。

2、初運丁巳從財如流，故「豐衣足食」。丙辰運與時柱丙午拱巳火，還是財。乙卯甲寅，財逢食傷，說曹操曹操到，故「名利雙全」。

3、為何「癸丑運爭『官』奪『財』」？因為癸丑運與年柱癸卯拱寅，寅午半合兩組，等於寅木洩水生火就見財，另癸丑與月柱戊午合化也是火財，丑土是官，柱運霎那間全是『官』與『財』，故「破耗而亡」。癸丑運冒犯「衰之極者不可益」。

> 原文：以上二十造，五行極旺極衰，不得中和之氣，
> 原注云：「旺中有衰者存，衰中有旺者存」。此兩句，
> 即余之太旺太衰也。旺之極者不可損，衰之極者不
> 可益，此兩句即余之極旺極衰也，特選此為後證。

按：以上所舉例都是極旺極衰，不得中和之氣，就需觀察是否從旺、從強、從氣、從勢。太旺者「旺之極者不可損」，指旺之極的曲直、潤下之類就順旺氣，不宜官殺制。太衰者「衰之極者不可益」，衰之極指從財、從殺、從勢等，不宜比劫生扶。八字哲學授人觀察局勢，牆頭草與老二哲學。

中和

> 原文：既識中和之正理，而於五行之妙，有全能焉。

> 原注：中而且和，子平之要法也。有病方為貴，無傷不是奇，舉偏而言之也。至於格中如去病，財祿兩相宜，則又中和矣。到底要中和，乃為至貴。若當令之氣數，或身弱而財官旺地，取富貴不必於中也。用神強，取富貴不必於和也。偏氣古怪，取富貴而不必於中和也。何也？以天下之財官，止有此數，而天下之人材，惟此時為最多皆尚於奇巧也。

1、按：中和是子平法原則，全般適用於五行之中。「有病方為貴，無傷不是奇」，是指氣偏一方的補救之道，而非喜四柱傷病怪格。如果能去病，而得到中和，到底即為富貴之命。

2、「當令之氣數」，指身強。「身弱而財官旺地」，指身弱格強。這種極強或極弱而偏枯的八字，就不能適用五行中和的原則。喜用神非常突兀者，富貴險中求，就不受中和的羈絆。怎麼說？因為財官有限，人人爭奪，鈔票權勢不會從天上掉下來。

任氏曰：中和者，命中之正理也。既得中和之氣，又何患名利之不遂耶？夫一世優游無抑鬱而暢遂者，少險阻而迪吉者，為人孝友而無驕諂者，居心耿介而不苟且者，皆得中和之正氣也。

按：中和是命理正道；這段解釋是強調心性道德修養可得正氣而中和，非關論命技巧。

任氏曰：至若身弱而旺地取富貴，身旺而弱地取富貴者，必四柱有所缺陷。或財輕劫重、或官衰傷旺、或殺強制弱、或制強殺弱，此等雖不得中和之理，其氣卻亦純正，為人恩怨分明，惟柱中有所缺陷，或運又乖違，因而財子妻祿，各有不足。如財輕劫重妻不足、制強殺弱子不足、官衰傷旺名不足、殺強制弱財不足，其人或志高傲物，雖貧無諂，後至歲運補其不足，去其有餘，仍得中和之理，定然起發於後。

1、按：原局身弱行比劫印綬之地而發，或身強行官殺食傷之地而旺必然四柱有缺陷，而在大運彌補缺陷。例如財輕劫重、官衰傷旺、殺強制弱、制強殺弱等即非中和之理，但如果氣勢純正，為人有個性，然而運勢不足，即顯示在妻財子祿方面。

2、如何顯示？財輕劫重妻緣不足。官殺被制子息不足（男命）。正官衰而傷官旺名聲有破。七殺強旺財不足。以上命造都是有個性的人物，如果操守純正，在往後行運損有餘，補不足，取得中和，定然有後運。

任氏曰：有等見富貴而生諂容，遇貧窮而作驕態，必四柱偏氣古怪，五行不得其正，故心事奸貪，作事僥倖也。若所謂有病有藥，吉凶易驗，無病無藥，禍福難推，此論仍失之偏。大凡有病者，顯而易取；無病者，隱而難推；然總以中和為主。猶如人之無病，則四肢健旺，營衛調和，行止自如，諸多安適。設使有病，則憂多樂少，舉動艱難，如遇良藥則可，若無良藥醫之，豈不為終身之患乎？

1、按：四柱偏氣古怪者，「見富貴而生諂容，遇貧窮而作驕態，必四柱偏氣古怪，五行不得其正，故心事奸貪，作事僥倖」。指八字與人品互為因果。

2、「有病有藥，吉凶易驗。無病無藥，禍福難推」，任氏認為這段話有偏失，應該是「大凡有病者，顯而易取；無病者，隱而難推」，還是以中和為主，無病則諸多安適，有病有藥一時安頓，無藥則終身之患。

224

按：月令偏財不透干，月干傷官生財，偏印被財剋。外格傷官為用，傷官生財？傷官配印？巳亥遙冲，去火存金，印星得用。

比肩	日主	傷官	偏印
癸亥	癸卯	甲午	辛巳
甲　壬	乙	己　丁	庚　戊　丙
傷官　劫財	食神	七殺　偏財	正印　正官　正財

丙戌	丁亥	戊子	己丑	庚寅	辛卯	壬辰	癸巳

任注：癸卯日元，生於亥時，日主之氣已貫，喜其無土，財旺自能生官；更妙巳亥遙冲，去火存金，印星得用；木火受制，體用不傷，中和純粹。為人智識深沉，器重荊山璞玉，才華卓越，光浮鑑水珠璣。庚運助辛制甲，自應台曜高躔，朗映紫薇之彩，鼎居左列，輝騰廊廟之光。微嫌亥卯拱木，木旺金衰，未免嗣息艱難也。此莫寶齋先生造。

1、癸日主生於午月坐絕，喜無土剋制，調候用神庚、壬、癸。印綬兩見，比劫兩見，身弱，傷官格，偏財當令。

2、「財旺自能生官」，指月支偏財七殺，正偏財丙丁當令有傷官生財。「印星得用，木火受制」，年柱正偏印化官殺，傷官木有印綬剋制，正偏財有比劫制，故「中和純粹」。

3、「庚運助辛制甲」，庚寅運用神庚金剋制寅木，強化印格，剋制傷官得用，故「輝騰廊廟之光」。至於「微嫌亥卯拱木，木旺金衰」，因為官殺戊己在時支亥水坐絕。

225

按：原局財殺偏重，日主月令建祿偏弱，戊癸合官化財。身弱宜金水運，未運財殺重則傾身。

正官	日主	正財	七殺
戊午	癸未	丙子	己酉
己　丁	乙丁己	癸	辛
七殺　偏財	食神 偏財 七殺	比肩	偏印
戊辰　　己巳	庚午　　辛未	壬申　　癸酉	甲戌　　乙亥

任注：此王觀察造，癸日子月，似乎旺相，不知財殺太重，旺中變弱，局中無木，混濁不清，陰內陽外之象。月透財星，其心意必欲愛之，時逢官殺，其心志必欲合之，所以權謀異眾，才幹過人，出身本微，心術不端。癸酉得際遇，由佐貳至觀察，奢華逢迎，無出其右。至未運不能免禍，所謂欲不除，似蛾撲燈，焚身乃止，如猩嗜酒，鞭血方休。

1、按：癸水生在子月固然是旺相，然而火土甚重，正偏財三見，官殺四見，故「旺中變弱」。「局中無木」原局缺食傷，以至財生殺黨，故為人「混濁不清」。

2、「出身本微，心術不端」，年上七殺，早年一場凶。「癸酉得際遇」，癸酉運與癸未日主拱申，原局殺重印輕，官殺化印扶身，故得際遇。「未運不能免禍」，身弱喜申酉運扶身，未運七殺攻身，故「不能免禍」。

226

源流

原文：何處起根源，流到何方住，機括此中求，知來亦知去。

原注：不必論當令不當令，只論取最多最旺，而可以為滿局之祖宗者，為源頭也。看此源頭，流到何方，流去之處，是所喜之神，即在此住了，乃為好歸路。

按：原局五行的流動終結在用神最好，又此可查出吉凶。並非《子平真詮》：「八字用神，專求月令」，而是取五行氣最旺為源頭，由此觀察五行脈絡，結穴如何，彷彿人生歸宿。

原注：如辛酉、癸巳、戊申、丁巳（如下）。以火為源頭，流至金水之方即住了。所以富貴為最。若再流至木地，則氣洩為亂。如未曾流到吉方，中間即遇阻節，看其阻住之神何神，以斷其休咎；流住之地何地，以知其地位。如癸丑、壬戌、癸丑、壬子（如下），以土為源頭，止水方，只生得一個身子，而戌中火土之氣，得從引注。所以為僧也。

按：戊日主巳火先當身強看，宜洩；月令偏印比劫最旺當源頭，流至金水即是食傷生財，最富貴，即是「流去之處，是所喜之神，即在此住了」；若流到木地官殺洩了財氣，平衡極好，失衡偏枯就是阻節。

227

正印	日主	正財	傷官
丁	戊	癸	辛
巳	申	巳	酉
庚　戊　丙	戊　壬　庚	庚　戊　丙	辛
食　比　偏 神　肩　印	比　偏　食 肩　財　神	食　比　偏 神　肩　印	傷 官
乙　　　丙 酉　　　戌	丁　　　戊 亥　　　子	己　　　庚 丑　　　寅	辛　　　壬 卯　　　辰

按：月令偏印透出正印，食神透出傷官，正財也通根偏財，火土
與金水勢均力敵，「若再流至木地，則氣洩為亂」，指平衡被破壞。

劫 財	日主	劫 財	比肩
壬	癸	壬	癸
子	丑	戌	丑
癸	辛　癸　己	丁　辛　戊	辛　癸　己
比 肩	偏　比　七 印　肩　殺	偏　偏　正 財　印　官	偏　比　七 印　肩　殺
甲　　　乙 寅　　　卯	丙　　　丁 辰　　　巳	戊　　　己 午　　　未	庚　　　辛 申　　　酉

按：水土兩局，水勢被戌土阻截；初運辛酉、庚申通關，利攸
往。進入火土之地，將原本水勢阻攔，無金洩土生水，無木洩
水疏土，「所以為僧」。

228

任氏曰：源頭者，即四柱中之旺神也。不論財官、印綬、食傷、比劫之類，皆可為源頭也。總要流通生化，收局得美為佳。或起於比劫，止於財官，為喜。或起於財官，止於比劫，為忌。

按：上文所提源頭指四柱中最旺的五行，所以財官、印綬、食傷、比劫之類，皆可為源頭，五行流通，截止處為喜用即好。因此比劫重喜用財官收尾；財官旺而忌用比劫收尾。

任氏曰：如山川之發脈來龍，認氣於大父母，看尊星。認氣於真子息，看主星。認氣於方交媾，看胎伏星。認氣於胎育，看胎星。認氣於化煞為權，看解星。認氣於絕處逢生，看恩星。認源之氣以勢、認流之氣以情。故源頭流住之地，即山川結穴之所也，不可以不究。

按：以堪輿而論，有太祖山、少祖山、父母山，辭樓下殿，一路而來；總要氣勢綿延，各星俱有因果重點。認源頭氣勢，察流行情意，八字也有穴點。

任氏曰：源頭阻節之氣，即來龍破損隔絕之意也，不可以不察。看其源頭流止之地何地，以知其誰興誰替；看其阻節之神何神，以論其何吉何凶。

按：用風水的理論解釋八字，異曲同工；凡五行之氣何處被攔截，可根據六親屬性推算興替盛衰，論吉凶。

> 任氏曰：如源頭起於年月是食印，住於月時是財
> 官，則上叨祖父之蔭，下享兒孫之福。或起於年月
> 是財官，住於日時是傷劫，則破敗祖業，刑妻剋子。

按：年月食神、印綬看似吉神，五行流通到月時兩柱是財官，即食神生財、官生印之類成格，祖上有餘蔭，兒孫是幹才。反之，年月是財官，而日時轉出傷官、劫財，則破祖敗業，刑妻剋子；此說慎用，因為牽涉格局、調候、強弱等因素。

> 任氏曰：如起於日時是財官，住於年月是食印，
> 則上與祖父爭光，下與子孫立業。或起於日時是
> 財官，住於年月是傷劫，則祖業難享，自創維新。

按：若日時兩柱是財官，流到年月是食神印綬，能承接祖業餘蔭；日時是妻宮與子息位，有財官則財業子息旺相。反之，日時財官，代表人生後半有成，而年月是傷官、劫財，則祖業微薄，靠自己獨立更生。訣曰：「年上傷官，父母不全；月上傷官，兄弟不完」。

> 任氏曰：流住年是官印者，知其祖上清高。是傷劫者，知
> 其祖上寒微。流住月是財官者，知其父母創業。是傷劫者，
> 知其父母流敗。流住日時是財官食印者，必白手成家，或
> 妻賢子貴。流住日時是傷劫梟刃者，必妻陋子劣，或因妻
> 招禍，破家受辱；然又要看日主之喜忌斷之，無不驗也。

按：年柱官印，祖上清高。年柱傷官、劫財必是寒門人家。月柱是財官，由父母創業打頭陣；反之，傷官、劫財是父母流離無成。人生後半段日時才出現財官，必經一番寒徹骨而白手成家，或得賢妻良子。反之，人生後半段才出現傷、劫、梟、刃，即「妻陋子劣，或因妻招禍，破家受辱」。說歸說，要件是配合「日主之喜忌斷之」。

230

任氏曰：如源頭流止未住之地，有阻節隔絕之神，
是偏正印綬，必為長輩之禍。柱中有財星相制，
必得妻賢之助。如有比劫之化，或得兄弟相扶。

按：如源頭流出尚未至結穴處，有刑沖攔截的忌神出現，忌神既
是印綬，即受長輩牽連。忌神印綬恰有財星相制，必然是有賢內
助；或有比劫化去印綬，長輩無力也有兄弟相挺。

任氏曰：如阻節是比劫，必遭兄弟之累，或不和。柱中有
官星相制，必得賢貴之解。如有食傷之化，或得子姪之助。

按：如阻截是比劫，遭兄弟拖累或不和，但四柱有官殺可剋制比
劫，必有貴人賢能之士拔刀相助。如有食傷洩秀，則晚輩也能助
上一臂之力。

任氏曰：如阻節是財星，必遭妻妾之禍。柱中有比劫相制，必
得兄弟之助，或兄弟愛敬。如有官星之化，或得賢貴提攜。

按：如阻截是財星，妻妾總是帶來麻煩，神煞千萬不要插上一腳。
原局有比劫能分財，則兄弟間有貴人相助。最宜財星生官，或有
官貴提攜。

任氏曰：如阻節是食傷，必受子孫之累。柱中有印綬相制，必
叨長輩之福或親長提拔。有財星之化，必得美妻，或中饋多能。

按：如阻截出在食神傷官，是子息不爭氣而被拖累。柱中有印剋
食傷，長輩能壓制子孫，子息因祖上提攜教化而爭輝。妻財同宮，
有持家能幹或貌美之妻。

> 任氏曰：如阻節是官煞，必遭官刑之禍。柱中有
> 食傷相制，必得子姪之力。有印綬之化，必仗長
> 輩之助。然又要看用神之宜忌論之，無不應也。

按：如阻截忌神是官殺，不免遭到官司刑訟；食傷剋官殺，必得
晚輩助力。宜印綬化殺，長輩有助力；以上總總，喜用神與忌神
必須分判。

> 任氏曰：如源頭流住是官星，又是日主之用神，就名，貴顯者，
> 十居八九。如是財星，又是日主之用神，就利，發財者十居八
> 九。如是印星，又是日主之用神，有文望而清高者，十居八九。
> 如是食傷，又是日主之用神，財子兩美者，十居八九。

按：如源頭最旺的五行一路流行，收尾在官殺，且官殺又是日主
的用神，則名聲官貴之類。如果收尾在日主用神財星，以發財為
最準。如果收尾在用神印綬，文旺而有清譽最準。如果收尾是日
主用神食傷，美利在財富與子息。

> 任氏曰：如日主以官星為忌神，為官遭禍傾家者有之。如日主
> 以財星為忌神，為財喪身敗名節者有之。如日主以印星為忌神，
> 為文書傷時犯上而受殃者有之。如日主以食傷為忌神，為子孫
> 受累而絕嗣者有之。此窮極源流之正理，不同俗書之謬論也。

按：官星為忌神，官訟禍事連綿。日主財星為忌神，因財惹禍，
身敗名裂。以印綬為忌神，學問上就吃虧。食傷為忌神，因子孫
沒出息而受牽累，子嗣微薄氣衰。以上皆背棄謬論之五行正理。

按：月令正官透出時干，最喜財相生，日支用印綬流通，丙火日祿歸時。〈四言獨步〉：「日祿歸時，青雲得路；月令財官，遇之吉助。」

正官	日主	偏財	正財
癸巳	丙寅	庚子	辛酉
庚 戊 丙	戊 丙 甲	癸	辛
偏財 食神 比肩	食神 比肩 偏印	正官	正財
干祿 亡神 天德	紅豔 大耗		天乙

壬辰	癸巳	甲午	乙未	丙申	丁酉	戊戌	己亥

任注：此以金為源頭，流至寅木，印綬生身更妙。巳時得祿，財又逢生，官星透露，清有精神，中和純粹。起處亦佳，歸局尤美，詞林出身，仕至通政，一生無險，名利雙輝。

1、按：年支酉金，酉金生子水，財生官。子水生寅木，官生印。甲木生丙火，偏印生比肩；一路無阻截，財到財生官。「財又逢生，官星透露」，偏財長生在巳，時干正官通根月支。

2、「一生無險」，因為四柱無刑冲。「名利雙輝」，地支五行順生，四柱有祿，正財格、偏財格、正官格，財生官。

233

按：月柱偏印透出時干為偏印格，日主太旺；食傷四見為用，洩秀於財星喜神剛好，以子護母；財印雙清。

偏 印	日 主	正 財	傷 官
丙 辰	戊 申	癸 巳	辛 丑
癸　乙　戊	戊　壬　庚	庚　戊　丙	辛　癸　己
正　正　比 財　官　肩	比　偏　食 肩　財　神	食　比　偏 神　肩　印	傷　正　劫 官　財　財
紅　華 豔　蓋	文　大 昌　耗	干　劫 祿　煞	天　天 乙　德
乙　　　丙 酉　　　戌	丁　　　戊 亥　　　子	己　　　庚 丑　　　寅	辛　　　壬 卯　　　辰

任注：此以火為源頭，流止水方，更妙月時，兩火之源，皆得流通，至金水歸局，所以富有百萬。貴至二品，一生履險如夷。所謂景星慶雲，仰眾吉之拱向，花攢錦簇，盼五福之駢臻。

1、「火為源頭，流止水方」，時柱丙火流到年柱是傷官生財。「更妙月時，兩火之源」指偏印格時干引到月支。「金水歸局」，年月柱干支皆食傷生財。

2、「貴至二品，一生履險如夷」，日月兩柱天干戊癸合，地支巳申合，就是「水火既濟」，故吹捧為「花攢錦簇，盼五福之駢臻」。

按：月令正印，透出偏印，丙日時支帝旺，肯定身強；浮財藉戊己運消化。金木兩行通關不順利。

偏印	日主	正財	正財
甲午	丙子	辛卯	辛卯
己 丁	癸	乙	乙
傷官 劫財	正官	正印	正印

癸未	甲申	乙酉	丙戌	丁亥	戊子	己丑	庚寅

任注：此以木為源頭，五行無土，不能流至金，財官又隔絕，沖而逢洩，無生化之情。初運庚寅，叨上人之福，己丑運合子，洩火生金，財福駢臻，戊子土虛水旺，暗助木神，刑耗多端，丁亥尅金會木，家破人亡。

1、「木為源頭，五行無土，不能流至金」，指年支卯木，辛金蓋頭，財印無情相對。「財官又隔絕」，指財官沒有干支或鄰柱的交集。「沖而逢洩」，沖指子午，洩指子卯刑，故「無生化之情」。丙日主正偏印三見帶劫財，五行缺土，撐到身強。

2、初運庚寅「己丑運合子，洩火生金」，指丑土洩日主丙火，故「財福駢臻」。戊子運官生印，哪壺不開提哪壺。丁亥運干支木火相生，上尅下合，故「家破人亡」。

3、總之，丙日主生在卯月，無調候用神壬、己；又無格局，子午沖，子卯刑，原局結構性不佳。

按：月令羊刃格，食神格蓋頭截腳無氣，印綬一堆無水地，強眾而敵寡，勢在去其寡。

正印	日主	偏財	食神
丁巳	戊午	壬午	庚寅
庚　戊　丙	己　丁	己　丁	戊　丙　甲
食神　比肩　偏印	劫財　正印	劫財　正印	比肩　偏印　七殺

庚寅	己丑	戊子	丁亥	丙戌	乙酉	甲申	癸未

任注：此以火為源頭，年支寅木阻節，月干壬水隔之，不能流至金。初運土金之地，沖化阻節之神，業同秋水春花盛，人被堯天舜日恩。一交丙戌，支會火局，梟神奪食，破耗異常，又剋一妻二妾四子。至丁亥運，干支皆合化木，煢煢隻影，孤苦不堪，削髮為僧。

1、「火為源頭，年支寅木阻節，月干壬水隔之」，指時柱丁巳經戊土與壬水相剋阻節。戊土生在午月，羊刃兩見，祿在時支，正偏印三見透干，地支比劫四見，身強到爆。注意日月兩柱天剋地刑，印剋食傷，梟印奪食的架構。

2、「初運土金之地，沖化阻節之神」，前言「土太旺者而似木，喜金之剋」，旺則宜洩，故喜申酉之地。「一交丙戌，支會火局」，指寅午戌三合火，梟神奪食，故「破耗異常」。丁亥運「干支皆合化木」，指丁壬合木，寅亥合木，支中午亥暗合也有木。官殺給力，印就猖狂，故「削髮為僧」，研究佛經去。

任注：凡富貴者，未有不從源頭也，分其貴賤，全在收局一字定之，去我濁氣，作我喜神，不貴亦富；去我清氣，作我忌神，不貧亦賤。學者當審察之。

按：本結「源流」之述，證明八字五行無法全然到位，否則最多最旺之源頭，豈不旺上加旺。任氏之學高明，用語玄妙，著書之意，雖成一家之言，然非傳學之誠，學者當審察之。

通關

原文：關內有織女，關外有牛郎，此關若通也，相邀入洞房。

原注：天氣欲下降。地氣欲上升。欲相合、相和、相生也。木土而要火；火金而要土；土水而要金；金木而要水；皆是牛郎織女之有情也。中間上下遠隔，為物所間；前後遠絕。或被刑沖；或被劫占；或隔一物；皆謂之關也。必得引用無合之神，及刑沖所間之物，前後上下，援引得來，能勝劫占之神，能補所缺之物，明見暗會，歲運相逢，乃為通關也。關通而其願遂矣，不猶牛郎織女之入洞房也哉。

按：五行要順暢，原局有兩行成象相剋時，即須以中間五行通關。例如金剋木，以水通關。但通關用神不宜被合、被沖。

任氏曰：通關者，引通剋制之神也，所謂陰陽二用，妙在氣交，天降而下，地升而上，天干之氣動而專，地支之氣靜而雜，是故地運有推移，而天氣從之，天氣有轉徙，而地運應之，天氣動於上，而人元應之，人元動於下，而天氣從之，所以陰勝逢陽則止，陽勝逢陰則住，是謂天地交泰，干支有情，左右不背，陰陽生育而相通也。

按：本段先敘述宇宙論如何成為通關理論基礎，妙在氣交，天地交泰之類。然後四柱要中和，五行要氣順，陰陽生育而相通，所以首要原局通關，不然在行運通關，也有一時之美。

任氏曰：若殺重喜印，殺露印亦露，煞藏印亦藏，此顯然通達，不必節外生枝。倘原局無印，必須歲運逢印向而通之，或暗會明合而通之。局內有印，被財星損壞，或官星化之，或比劫解之，或被合住，則沖開之，或被沖壞，則合化之，或隔一物，則剋去之，前後上下，不能援引，得歲運相逢尤佳。

1、按：若「殺重喜印，殺露印亦露，煞藏印亦藏」，是說官殺與印綬均衡，則顯然通達可用，不要有其他氣流混入。如果原局無印就是殺重印輕，必須歲運逢印綬之地而達到平衡，或暗會明合而相通。

2、原局內有印綬，但被財星損壞，則以官星化財，或比劫剋財，或合去財星，使財不剋印。喜神如果被合住，則沖開之。喜神被忌神沖壞，則合化之；或隔一物，則剋去相隔之物。若前後上下，不能援引，只能依賴歲運相逢。

任氏曰：如年印時殺，干殺支印，前後遠立，上下懸隔，或為閑神忌物所間，此局原無可通之理，必須歲運暗沖暗會，剋制閑神忌物，該沖則沖，該合則合，引通相剋之勢，此關一通，所謂琴遇子期，馬逢伯樂，求名者青錢萬選，問利者億則屢中，如牛郎織女之入洞房，無不遂其所願，殺印之論如此，食傷財官之論亦如此。

按：如年干七殺時支印綬，殺印前後遠立，上下懸隔，或為閑神忌物所間隔，這種原局雖然無法相通，但逢歲運暗沖暗會，剋制閑神忌物，該沖則沖，該合則合，引通相剋之勢，則為通關妙用。

按：月令七殺透干為用，殺喜印綬，水來用印；辛酉、庚申用七殺通關，財不剋印。

劫財	日主	正印	七殺
丙午	丁卯	甲子	癸酉
己　丁	乙	癸	辛
食神　比肩	偏印	七殺	偏財
丙辰　丁巳	戊午　己未	庚申　辛酉	壬戌　癸亥

任注：此造天干地支，皆殺生印，印生身，時歸祿旺，尤妙四沖，反為四助。金見水不剋木而生水，水見木不剋火而生木，此自然不隔不占，無阻節之物。日主弱中變旺，運遇水，仍能生木，逢金仍能生水，印綬不傷，所以秋闈早捷，仕至觀察。

1、 原局殺印相生，地支子午卯酉，但生化而非相沖，反為四助。前言「源頭者，即四柱中之旺神也，不論財官印綬食傷比劫之類，皆可為源頭也，總要流通生化，收局得美為佳。」觀察四柱，由年支酉金開始生癸水，癸水生甲木，甲木生丙丁午火，酉金在地支生子水，子水生卯木，卯木生午火。

2、 原局除了鄰柱遊走相生，在干支方面，年柱酉金生癸水。月柱子水生甲木。日柱卯木生丁火。時柱丙午相合。七殺帶印，癸祿在子，甲旺在卯，丙丁祿旺在午，天干四柱換祿；辛酉運地支四柱祿旺透干。

按：前述「若殺重喜印，殺露印亦露，煞藏印亦藏」，指殺印相生要符合比例原則；本例月令正官為用，透出七殺，殺強用地支印綬四見化去剛好。

偏財	日主	七殺	傷官
辛 亥	丁 未	癸 亥	戊 寅
甲　壬	乙　丁　己	甲　壬	戊　丙　甲
正印　正官	偏印　比肩　食神	正印　正官	傷官　劫財　正印
辛未　庚午	己巳　戊辰	丁卯　丙寅	乙丑　甲子

任注：此癸水臨旺，貼身相剋，被戊土合去，反作幫身。月支亥水本助殺，得年支寅亥合來生身；寅本遙隔，反為親近。時支之亥，又逢未會，已難為恩，一來一去，何等情協；一往一會，通關無阻，所以科甲聯登，仕至黃堂。

1、丁火生在亥月，乍看身弱，實則不然。月干癸水合戊土，倒戈為火幫身。亥水合寅木化木，亥水變印生身。「寅本遙隔，反為親近」，寅木雖然與丁日主被癸亥隔開，但經由干支雙合後反而幫扶日主，轉弱為強。

2、「時支之亥，又逢未會，已難為恩」，指亥水與未土相剋。「通關無阻」，指寅亥合木，木生戊癸火，助益丁日主，丁日主生未土，未土生辛金，辛金生亥水。

3、《三命通會》：「時上偏財沖最忌，兄弟之輩皆為畏；喜行身旺官祿鄉，別無透出方為貴。」丙寅運水生木，丁卯運木生火，戊辰運三合木生火，水木火一團和氣。

按：月令偏財透干，財格為用，財剋印，印化不到殺，原局糾結在月令是忌神。為何庚申運「屢得軍功」？前言「中間上下遠隔，為物所間；前後遠絕。或被刑冲；或被劫占；或隔一物；皆謂之關也」，以庚申、辛酉剋去財星，使殺印通關。

七殺	日主	偏財	正印
丁酉	辛丑	乙卯	戊辰
辛	辛 癸 己	乙	癸 乙 戊
比肩	比肩 食神 偏印	偏財	食神 偏財 正印
癸亥　壬戌	辛酉　庚申	己未　戊午	丁巳　丙辰

任注：此春金氣弱，時殺緊剋，年逢印綬，遠隔不通，又被旺木剋土壞印。不但戊土不能生化，即日支之丑土，亦被卯木所壞，此局內無可通之理。中運南方殺地，碌碌風霜，奔馳未遇，交庚申剋去木神，得奇遇，分發陝西，屢得軍功，及辛酉二十年，仕至副尹，蓋金能剋木幫身，印可化殺而通也。

1、按：辛金生在卯月坐絕，時干七殺緊貼尅日主；年柱干支正印，遠隔日主幫不到。「旺木剋土壞印」，旺木指月柱乙卯，尅年柱戊辰土與丑土。正偏印三見，比劫兩見帶日祿歸時，無所謂強弱。

2、天干由時柱丁尅日柱辛金，辛金尅乙木，乙木尅戊土。地支卯木尅日支丑土與年支辰土。時干丁火尅地支酉金，原局干支與鄰柱敵尅太多，以至正印格與偏財格難有表現。

3、丁巳三合殺運，戊午拱巳殺地，己未運南方殺地，身弱不宜行官殺之地。庚申運合尅去月柱乙卯，及辛酉運皆幫身，因為庚申辛酉以金尅木，財不生殺，「印可化殺而通」。《三命通會》：「時上偏官一位強，日辰自旺喜非常；有財有印多財祿，定是天生作棟樑。」

按：日主身弱，月令偏財透干生殺，財生殺黨為忌；偏印在外，生不到日主。〈象〉：「否之匪人，不利君子貞，大往小來，則是天地不交，而萬物不通。」

偏財	日主	七殺	偏印
乙未	辛卯	丁卯	己巳
乙　丁　己	乙	乙	庚　戊　丙
偏財　七殺　偏印	偏財	偏財	劫財　正印　正官

己未	庚申	辛酉	壬戌	癸亥	甲子	乙丑	丙寅

任注：此春金虛弱，木火當權，年印月殺，未得相通，時支未土，又會卯化木，只有生殺之情，而無輔主之意，兼之一路運途無金，一派水木，仍滋殺之根源，以致破敗祖業，一事無成，至亥運會木生殺而亡。

1、按：「春金虛弱」，指辛金生在卯月。「木火當權」，指月柱丁火卯木。「年印月殺，未得相通」，因為七殺緊貼日主，偏印護不到日主。時支未土，又會卯化木，只對七殺丁火有情。總之，日主身弱。

2、運途無金沒有比劫，「一派水木，仍滋殺之根源」，原局財重尅印，甲子癸亥運水木幫助七殺，壬戌運雙合月柱丁卯，木火財生殺。「亥運會木生殺而亡」，原局木火當權，亥卯未三合財生殺黨，日主無根，財殺貼身大凶。

244

官殺

> 原文：官殺混雜來問我，有可有不可。

> 原注：殺即官也；同流共派者可混也。官非殺也；各立門牆者，不可混也。殺重矣，官從之，非混官也。官輕矣，殺助之，非混也。敗財與比肩雙至者，殺可使官混也。比肩與劫財兩遇者，官可使殺混也。一官而不能生印者，殺助之，非混也。一殺而遇食傷者，官助之，非混也。

1、按：官殺混雜不一定壞事，視情況而論可否。七殺也是官職，七殺某些同聲相應的情況可以混官。正官非七殺之流，兩者各立門牆，正官不喜七殺相混。例如七殺重，正官貼附七殺，還是論七殺，正官當小弟而已，老大不會因為找來個憨厚的小弟而漂白。反之，正官輕，需要官殺幫忙，也不會因為找個猛將而變成黑道。

2、劫財比肩多，七殺扛不住，歡迎正官來相混，只要是同道支援即可。因此日主身強，官殺即可相混。單獨的正官力量不足生印綬，用七殺支援，相混也無妨。七殺一枚遇見食傷勢眾，需要正官支援，官殺混雜也無妨。總之，互相利用有利成格就可混雜。

> 原注：勢在於官，官有根，殺之情依乎官；依官之殺，歲助之而混官，不可也。勢在於殺，殺有權，官之勢依乎殺；依殺之官，歲扶之而混殺，不可也。藏官露殺，干神助殺，合官留殺，皆成殺氣，勿使官混也。藏殺露官，干神助官，合殺留官，皆從官象，不可使殺混也。

1、按：原局氣勢正官旺而有根，七殺依附正官；但柱運歲七殺
驟生，正官由順用變逆用，此種官殺相混要不得。反之，七
殺氣勢重，七殺主導原局，正官依附七殺，遇柱運歲正官驟
生，明暗會合都是失衡的狀態，日主承受重壓，要不得。

2、地支藏正官，天干有七殺，而天干有財生殺，又逢地支正官
被合去，就是七殺獨當一面，就不要正官再來混雜，讓強者挺
立。反之同理，地支藏七殺，天干有正官，天干也有財生官，
而地支七殺被合去，就是正官獨當一面，不宜七殺來相混。

> 任氏曰：殺即官也，身旺者，以殺為官。官即殺也，身
> 弱者，以官為殺。日主甚強，雖無制不為殺困，正官相
> 雜，但無根亦隨殺行。去官不過兩端，用食用傷皆可，
> 合殺總為美事，合來合去宜清。獨殺乘權，無制伏，職
> 居清要。眾殺有制，主通根，身掌權衡。殺生印而印生
> 身，龍墀高步，身任財而財滋殺，雁塔題名。

1、按：七殺也是官職，身旺要官殺強，七殺視同正官。正官剋
日主，身弱就怕剋，將正官當成七殺認。反之，身強不怕七
殺來，正官當作七殺小弟，無根無妨；注意柱運歲官殺成方
成局。

2、去除官殺之弊，可用食傷剋官殺，合去七殺或正官，清一色
都算美事。原局七殺獨顯，無食傷制伏「職居清要」，日主與
七殺兩停，「身掌權衡」。總之，殺印相生，身強托財滋殺之
類命格，隨口誇為「龍墀高步，雁塔題名」。

任氏曰：若殺重而身輕，非貧即夭；苟殺微而制過，雖學無成，在四柱總宜降伏。休云年逢勿制，以一位取為權貴，何必時上尊稱。制殺為吉，全憑調劑之功，借殺為權，妙有中和之理，但見殺臨衰主，究竟必傾家，弗謂局得吉神，遂許顯豁。

1、按：殺重身輕制過頭，非貧即夭；反之，七殺微弱，日主與食傷強勢，殺不顯「雖學無成」動力不足，故原局降伏總宜平衡。四柱以年柱之力較輕微，七殺在年柱亦有可觀，並非一定由時上七殺領得頭籌。

2、七殺逆用，可用食神制殺，印綬化殺，傷官駕殺等，取得原局或行運的平衡。一旦行運官殺加重成方成局，傾家破身，並非擔保七殺就是高命。

任氏曰：書云：格格推詳，以殺為重。是以究之宜切，用之宜精，殺有可混不可混之理。如天干甲、丙、戊、庚、壬為殺；地支卯、午、丑、未、酉、子，乃殺之旺地，非混也。天干乙、丁、己、辛、癸為官，地支寅、巳、辰、戌、申、亥，乃官之旺地，非混也。如干甲乙支寅；干丙丁支巳；干戊己支辰戌；干庚辛支申；干壬癸支亥，以官混殺，宜乎去官。如干甲乙支卯；干丙丁支午；干戊己支丑未；干庚辛支酉；干壬癸支子，以殺混官，宜乎去殺。

1、按：看命格高低，先看官殺，如何剝絲抽繭？先看官殺混不混。「混」是宜或忌？幫的恰到好處就是可以「混」，幫上倒忙的就不能「混」。如果官殺並透無根，四柱劫印重逢，不但喜混，尚宜財星助殺官。總之，日主旺相，可混；日主休囚，不可混。

247

2、本段舉例說明「殺之旺地」,例如:甲七殺,地支卯就是正官,但因為卯是專氣,殺氣很旺,不能當正官來相混。同理,乙是正官,地支有寅,甲木雖然是七殺,但當正官的根氣有力,不算官殺混雜。

3、如何才算「官殺混雜」?例如天干有甲殺、乙官,地支寅中甲木是七殺,有官殺爭根就是官殺混雜,宜將天干多餘的正官合剋為妙。又例如天干壬殺、癸官,地支子水正官,也是官殺混雜,宜將壬水七殺合剋去掉。

任氏曰:年月兩干透一殺,年月支中有財,時遇官星無根,此官從殺勢,非混也。年月兩干透一官,年月支中有財,時遇殺星無根,此殺從官勢,非混也。勢在於官,官得祿,依官之殺,年干助於殺,為混也。勢在於殺,殺得祿,依殺之官,年干助官,為混也。

1、按:年月兩柱財殺成黨成格,時柱正官孤懸無根,是正官當七殺小弟,「官從殺勢,非混也」。反之,年月兩柱干透官,得地支財生官,時柱七殺孤懸無根,是七殺當正官的跑腿,非混也。

2、氣勢在正官,正官祿旺得位,而所附隨的七殺竟然得到年干相助,後來先到,先馳得點。反之,七殺得勢,正官竟然得到年柱相生助,喧賓奪主。以上為官殺混雜。

> 任氏曰：敗財合殺，比肩敵殺，官可混也。比肩合官，劫財攩官，殺可混也。一官而印綬重逢，官星洩氣，殺助之，非混也。一殺而食傷並見，制殺太過，官助之，非混也。若官殺並透無根，四柱劫印重逢，不但喜混，尚宜財星助殺官也。

1、按：劫財合去七殺，比肩強勢對抗七殺，需要正官加持，喜正官相混。同理，正官被比肩合去，或劫財對抗七殺，宜七殺相混給力。正官孤獨帶印綬疊疊，化去官氣，七殺來也不嫌棄，給力不忌相混。

2、七殺單操一枚而食傷併見，七殺被壓制過頭，正官也能拔刀相助，非混也。若官殺透天干而無根，四柱比劫強，印綬旺，不但要官殺對外團結，還需財星外援使身殺兩停。

> 總之日主旺相，可混也，日主休囚，不可混也，今將殺分六等，此余所試驗者，分列詳細於後，以備參考。

按：總之，日主旺相，官殺就絕處求生表演大團結。日主休囚，官殺間就高唱攘外必先攘內，相煎永嫌慢。

一曰：財滋弱殺格

按：月令財生殺為喜用，庚日主祿刃交集，殺為印化，身強格弱；木火為用，土金水為忌。

比肩	日主	七殺	正印
庚辰	庚申	丙寅	己酉
癸 乙 戊	戊 壬 庚	戊 丙 甲	辛
傷官 正財 偏印	偏印 食神 比肩	偏印 七殺 偏財	劫財
華蓋 大耗	干祿	驛馬 月德 大耗	羊刃 桃花

戊午	己未	庚申	辛酉	壬戌	癸亥	甲子	乙丑

任注：此造以俗論之，春金失令，旺財生殺，殺坐長生，必要扶身抑殺，不知春金雖不當令，地支兩逢祿旺，又得辰時印比幫身，弱中變旺，所謂木嫩金堅，若無丙火，則寅木難存，若無寅木，則丙火無根，必要用財滋殺，木火兩字，缺一不可也。甲運入泮，子運會水生木，補廩。癸運有己土當頭，無咎。亥運合寅，丙火絕處逢生，棘闈奏捷。壬戌支類西方，木火並傷，一阻雲程，刑耗並見。辛酉劫刃肆逞，不祿。此造惜運走西北金水。若行東南木火，自然科甲聯登，仕路顯赫矣。

250

1、庚日主生在寅月，庚絕在寅，「旺財生殺」，指寅中甲木偏財生丙火，丙火七殺尅日主。但庚日主地支申、酉幫身，時柱印比幫扶，七殺其實是面對一團食傷、比印，「弱殺格」要財生。

2、甲子運偏財生七殺，填實得榮華富貴。癸亥運食傷水旺，己土尅癸水。「丙火絕處逢生」寅亥合木，丙火得長生。壬戌運「支類西方，木火並傷」，金尅木，火不西奔。辛酉運比劫太旺，金多火熄。

3、日時庚申、庚辰拱子，但日月雙冲，七殺露出，破格的井欄叉格。為何「若行東南木火，自然科甲聯登」？《三命通會》：「井欄運喜東方地，得到財鄉真富貴；丙丁巳午歲運逢，失祿破財須且畏。」

按：月令偏財生七殺，七殺三見透干為用，殺弱身強，宜木火財殺之地。「以八字觀之，此造不及前造」，指此造兩申沖一寅，七殺透出在年干；年時互換空亡。窮通全在於運限。

劫 財	日 主	比 肩	七 殺
辛 巳	**庚 申**	**庚 寅**	**丙 申**
庚　戊　丙	戊　壬　庚	戊　丙　甲	戊　壬　庚
比　偏　七 肩　印　殺	偏　食　比 印　神　肩	偏　七　偏 印　殺　財	偏　食　比 印　神　肩
戊　　丁 戌　　酉	丙　　乙 申　　未	甲　　癸 午　　巳	壬　　辛 辰　　卯

任注：此造天干三透庚辛，地支兩坐祿旺，丙火雖挂角得祿，無如庚辛元神透露，非火之祿支，是金之長生，用財滋殺明矣。辰運木之餘氣，採芹生色。巳運火之祿旺，科甲聯登。甲乙午未，木火並旺，仕至藩臬。若以八字觀之，此造不及前造，只因前造運行西北，此造運走東南，富貴雖定於格局，窮通全在於運限，所以命好不如運好，信然也。

1、庚日主年日得祿，時支長生，身旺。「丙火雖挂角得祿，無如庚辛元神透露，非火之祿支」？七殺格通根時支，但巳申合，丙辛合，所以七殺丙火的根不旺，既然不旺，故「用財滋殺明矣」。

2、壬辰運以木之餘氣生火。癸巳運幫助七殺，故「科甲聯登」。甲午乙未運木火併旺，故「仕至藩臬」。以寅申沖又三刑寅巳申，刑沖太多。丙申運除固定雙沖月柱外，年柱伏吟，雙合時柱，三申沖寅，必有糾結。

252

二曰：殺重用印格

按：月令七殺生印，七殺四見透干，偏印雖弱，比劫四見加持，喜火土運。

七殺	日主	七殺	比肩
甲寅	戊午	甲寅	戊子
戊　丙　甲	己　丁	戊　丙　甲	癸
比　偏　七 肩　印　殺	劫　正 財　印	比　偏　七 肩　印　殺	正 財

壬戌	辛酉	庚申	己未	戊午	丁巳	丙辰	乙卯

任注：戊土生寅月寅時，土衰木盛，最喜坐下午火，生拱有情，正謂眾殺橫行，一仁可化。子水之財，生寅木不冲午火，其情協，其關通。尤羨運走南方火土，所以早登黃甲，出仕馳名。

1、戊日主生在寅月，調候最急用丙，土衰木盛，七殺格強，身弱，「最喜坐下午火，生拱有情」，有印相生。「眾殺橫行，一仁可化」，一堆七殺靠正偏印化殺。

2、日支午火是命脈，子水化寅木生午火，通關情協。「尤羨運走南方火土」，因為寅月戊土被甲木尅制，土氣濕寒，調候最急用丙，故「出仕馳名」。殺強身弱，印來中和。

253

按：月令七殺生印，七殺格逆用，寅亥合出財生殺黨；亥子壬癸財地，剋去印綬喜神。

七殺	日主	偏印	劫財
甲寅	戊子	丙寅	己亥
戊　丙　甲	癸	戊　丙　甲	甲　壬
比　偏　七 肩　印　殺	正財	比　偏　七 肩　印　殺	七　偏 殺　財
戊 午	己 未	庚 申	辛 酉	壬 戌	癸 亥	甲 子	乙 丑

任注：此造觀格局似勝前造，此則印坐長生，前則印逢財沖；不知前則坐下印綬，兩寅七殺皆來生拱，而日主堅固。此則財坐日下，反去生殺，助紂為虐，兼之運走西北，戊午年中鄉榜，己丑中進士，此兩年比劫幫身，沖去財星之妙也。壬運剋丙壞印，丁外艱，遭回祿，戊運拱印，雖稍有生色，亦是春花秋月。將來辛酉運中，木多金缺，洩土生水，合去丙火，災禍豈能免耶。

1、戊日主生在寅月，調候用神丙火最急。與前例雖然都是一堆七殺，正偏印三見，比劫或三見四見不等，但最大區別是日柱戊午與戊子的區別，前例寅午半合兩組，提供日主能量，本例因身弱，忌諱子水直接壞印生殺。

2、「戊午年中鄉榜」，因為寅午半合，午亥暗合，木生火生土，所以火土之地化掉七殺生印。「己丑中進士」，因為己丑己亥拱子生殺，但甲己合土，己丑劫財幫身，與日柱干鄰支合還是土，故「比劫幫身，沖去財星之妙」。

3、壬戌運為何「戌運拱印」？因為甲寅與壬戌同一旬，三合寅午戌就是「印」，故「稍有生色」。為何唱衰辛酉運？身弱喜印比，則忌食傷、財、官殺，故進入食傷運洩氣丙火被合。

254

按：月令七殺生印，土生金，金生水；忌火土之地，食傷制殺，財剋印。

比肩	日主	七殺	偏財
甲子	甲子	庚申	戊辰
癸	癸	戊 壬 庚	癸 乙 戊
正印	正印	偏財 偏印 七殺	正印 劫財 偏財
戊辰　丁卯	丙寅　乙丑	甲子　癸亥	壬戌　辛酉

任注：此造木凋金銳，厚土生金，原可畏也；然喜支全水局，化其肅殺之氣，生化有情。至癸亥運，科甲連登，早蒙仕路之光，丙寅丁卯，制化皆宜，仕路封疆，官途平坦，生平履險如夷。

1、甲日主生在申月坐絕，但地支三合水局化印生身，偏財在年柱生七殺，財生殺，殺生印，生化有情。

2、癸亥運連登科甲，「化其肅殺之氣」，故「科甲連登」。「丙寅丁卯，制化皆宜」，是因為木火之地比劫生食傷，有進有出。為何任鐵樵甲子乙丑運沒交代？應該是甲子運伏吟日時兩柱，水泛木漂；乙丑運子丑合土，乙木合庚金，反生七殺，官途難遂。

按：月令偏印透干，偏印格帶七殺，宜火土之地。金運在於日主偏弱，幫身托財官。

七殺	日主	七殺	偏印
丙戌	庚寅	丙辰	戊午
丁　辛　戊	戊　丙　甲	癸　乙　戊	己　丁
正官　劫財　偏印	偏印　七殺　偏財	傷官　正財　偏印	正印　正官
甲子	癸亥	壬戌	辛酉	庚申	己未	戊午	丁巳

此造干透兩殺，支全殺局，所喜戊土原神透出，是以化殺。寅木本要破印，尤喜會火，反培土之根源，巧借栽培。至己未運中，科甲連登，庚申辛酉，幫身有情，馳名宦海，裕後光前也。

1、庚日主生在辰月，地支寅午戌三合火，丙火透干兩見，官殺五見，印綬五見，殺印相生，同根透，五行缺水。

2、己未運正印格生身，故「科甲連登」。庚申運幫身，身殺兩停。辛酉運雙合月柱，比劫辰酉幫身，羊刃駕殺，故「馳名宦海」。凡七殺格喜歡殺生印、食神制殺、身殺兩停、羊刃駕殺成格。

256

按：官殺強印弱，即須生印扶身。七殺格逆用，金運生水，財剋印，生殺黨，殺無制。

七殺	日主	七殺	七殺
癸卯	丁卯	癸亥	癸亥
乙	乙	甲　壬	甲　壬
偏印	偏印	正印　正官	正印　正官

乙卯	丙辰	丁巳	戊午	己未	庚申	辛酉	壬戌

任注：此造干透三癸，支逢兩亥，乘權秉令，喜其無金，兩印拱局，生化不悖，清而純粹。辛酉庚申運中，蹭蹬功名，刑耗並見。交己未來，干制殺，支會印，功名層疊而上，接行戊午丁巳丙運，仕至觀察，名利雙輝。

1、丁火生在亥月，最急甲木暖身。官殺五見，正偏印四見，身弱格強，須木火幫生。幸好官殺無財生，大運忌財地。

2、壬戌運丁壬合木、卯戌合火，來的好不如來的巧。「辛酉庚申運中，蹭蹬功名」，指丁火衰弱，庚申辛酉財生殺，故「刑耗並見」。己未運食神成格，亥卯未三合印綬，食神制殺。戊午丁巳丙運，皆是火土之地，足以對抗財殺，故「名利雙輝」。

257

三曰：食神制殺格

按：月令財生正官，官為用，財為喜，佳局；七殺湊上一腳，七殺格逆用，財為忌神。官殺太旺無印綬，宜用食傷制殺。

食神	日主	七殺	七殺
甲辰	壬辰	戊午	戊辰
癸 乙 戊	癸 乙 戊	己 丁	癸 乙 戊
劫財 傷官 七殺	劫財 傷官 七殺	正官 正財	劫財 傷官 七殺
丙寅　乙丑	甲子　癸亥	壬戌　辛酉	庚申　己未

任注：此造四柱皆殺，喜支坐三辰，通根身庫，妙在無金。時透食神制殺，辰乃木之餘氣，正謂一將當關，群凶自伏，至癸亥運，食神逢生，日主得祿，科甲連登。甲運仕縣令，子運衰神沖旺，不祿。

1、壬水生在午月，四柱無印，無法借印化殺。官殺六見，食傷四見，日主尅洩交加，身弱格強，食傷與官殺對抗賽。

2、「喜支坐三辰」，因為壬日主尅洩交加，辰中喜有癸水劫財幫身。「癸亥運，食神逢生」，指甲木長生在亥，壬祿在亥，故「日主得祿」。其次是癸亥雙合月柱戊午，戊癸合火，七殺被合掉；地支午亥暗合，丁壬坐祿合木後是食傷，食神制殺。甲運還是食神。為何「子運衰神沖旺，不祿」？子水看似衰神，其實半合三個辰支就是水勢滔滔，提綱又是財官，旺神沖衰，衰者拔。

按：七殺與食傷對抗，殺重；七殺坐印，食傷帶財，皆是五行有情；惟甲申運三會官殺，乙酉運雙合官殺。

食神	日主	七殺	七殺
丙寅	甲戌	庚辰	庚申
戊　丙　甲	丁　辛　戊	癸　乙　戊	戊　壬　庚
偏財　食神　比肩	傷官　正官　偏財	正印　劫財　偏財	偏財　偏印　七殺
戊子	丙戌	甲申	壬午
丁亥	乙酉	癸未	辛巳

任注：此造甲木生辰，雖有餘氣，但庚金並透，通根斫伐，最喜寅時祿旺，更妙丙火獨透，制殺扶身。午運暗會火局，中鄉榜。甲申、乙酉殺逢祿旺，刑耗多端，直至丙戌運，選知縣。

1、甲日主生在辰月，年柱庚申與月柱庚辰拱子，三合印。官殺四見，食傷三見，比劫印綬兩見，格強身弱，食傷與官殺對抗賽。

2、「丙火獨透，制殺扶身」，時柱是食神格，食神制殺。「午運暗會火局」，指與日支時支三合寅午戌火局，食傷勝出，故「中鄉榜」。甲申乙酉運「殺逢祿旺」，申酉是庚辛官殺的祿旺之地，官殺反撲，故「刑耗多端」。丙戌運丙剋庚，丙戌與丙寅拱午，三合火局，食傷勝出，故「選知縣」。

按：年柱月令正官透出七殺為用，日時食神三見，食神制殺雖成，惟剋洩不免太重，一路木火剛好生扶日主。

食神	日主	七殺	七殺
戊戌	丙戌	壬子	壬子
丁 辛 戊	丁 辛 戊	癸	癸
劫財 正財 食神	劫財 正財 食神	正官	正官
華蓋 寡宿	華蓋 寡宿	月德	月德
庚申　己未	戊午　丁巳	丙辰　乙卯	甲寅　癸丑

任注：此造年月兩逢壬子，殺勢猖狂，幸而日時坐戌，通根身庫，更妙戊土透出，足以砥定汪洋。尤羨運走東南，扶身抑殺，至乙卯運中，水臨絕，火逢生，鹿鳴宴罷瓊林宴，桂花香過杏花香，仕至郡守。

1、年月壬子，官殺四見，但丙日主有丁火入戌庫。官殺四見，食神三見，食神制殺。身弱缺印。

2、癸丑運子丑合土，勉強制殺。甲寅乙卯運，洩水化殺生火，故「仕至郡守」。丙辰運辰戌沖，丙壬尅，沖尅太多，子辰半合，必然上沖下洗。丁巳運化木生火，必有佳音。

260

按：月令官印相生，殺強印弱，年柱食神格拔刀相助，格強身弱用申酉庚辛之地扶身，亥子壬癸食神制殺。

七殺	日主	七殺	食神
丙戌	庚午	丙午	壬申
丁　辛　戊	己　丁	己　丁	戊　壬　庚
正官　劫財　偏印	正印　正官	正印　正官	偏印　食神　比肩
甲寅	癸丑	壬子	辛亥	庚戌	己酉	戊申	丁未

任注：此造兩殺當權臨旺，原可畏也；幸賴年干壬水臨申，足以制殺。更妙無木，則水不洩，火無助。申運金水得助，發軔宮牆，酉運支類西方，早充觀國之光，高豫南宮之選，後運金水，體用皆宜，由署郎出為郡守。

1、「兩殺當權臨旺」，指月干七殺丙火坐午火帝旺，時干丙火七殺坐戌土火庫。年支申金生壬水，壬水制七殺；四柱無財生七殺。故「水不洩，火無助」，因為食神無財可生，七殺火就無後援相助。官殺五見，正偏印四見，食神格在年柱。食傷與官殺對抗賽。

2、戊申運金水得助，食神制殺，故「發軔宮牆」。己酉運地支三會申酉戌，己土生身，身殺兩停，故「早充觀國之光」（語見觀卦六四）。「後運金水，體用皆宜」，辛亥運合食神，壬運還是食神，子運冲兩午，申子半合食神，水火既濟，故「出為郡守」。

四曰：合官留殺格

按：月令羊刃，取外格正官？食神？七殺？合官留殺，即以七殺為
用，印來剋去食傷，化殺。

七殺	日主	食神	正官
壬辰	**丙午**	**戊午**	**癸丑**
癸　乙　戊	己　丁	己　丁	辛　癸　己
正官　正印　食神	傷官　劫財	傷官　劫財	正財　正官　傷官
庚戌　辛亥	壬子　癸丑	甲寅　乙卯	丙辰　丁巳

任注：此造火長夏天，旺之極矣。戊癸合而化火為忌，還喜壬
水通根身庫，更妙年支坐丑，足以晦火養金而蓄水，則癸水仍
得通根，雖合而不化也，不化反喜其合，則不抗乎壬水矣。是
以乙卯甲寅運，剋土衛水，雲程直上。至癸丑運，由琴堂而遷
州牧，及壬子運，由治中而履黃堂，名利裕如也。

1、「火長夏天，旺之極」，月刃日刃，兩個羊刃，極旺。戊癸本
　　應合火，然而癸水通根丑土，有根故不化。官殺四見，食傷
　　五見，食傷與官殺看似難分難解，但食傷為旺丙所生，而官
　　殺之源庚金四柱不見，顯然食傷勝出剋住官殺。

2、「乙卯甲寅運，剋土衛水」，乙卯甲寅就是印綬格，印剋食傷，
　　官殺就出頭，故「雲程直上」。癸丑運就是正官格，官殺出頭，
　　故「由琴堂而遷州牧」。壬子運，還是官殺出頭，故「名利裕如」。

乾隆三十八年四月十八日辰時

七殺	日主	食神	正官
壬辰	丙午	戊午	癸巳
癸　乙　戊	己　　丁	己　　丁	庚　戊　丙
正　正　食 官　印　神	傷　劫 官　財	傷　劫 官　財	偏　食　比 財　神　肩
寡 宿	羊　將　月 刃　星　德	羊　將 刃　星	干　亡 祿　神
庚 戌	辛 亥	壬 子	癸 丑	甲 寅	乙 卯	丙 辰	丁 巳

此鐵樵自造，亦長夏天，與前造只換一丑字，天淵之隔矣。夫
丑乃北方之溼土，能晦丙火之烈，收午火之焰，又能蓄水藏金，
巳乃南方之旺火，癸臨絕地，杯水輿薪，喜其混也，不喜其清
也，彼則戊癸合而不化，此則戊癸合而必化，不但不能助殺，
抑且化火為劫，反助陽刃猖狂。巳中庚金，無從引助，壬水雖
通根身庫，總之無金滋助，清枯之象，並之運走四十載木火，
生助劫刃之地，所以上不能繼父志以成名，下不能守田園而創
業，骨肉六親，直同畫餅，半生事業，亦似浮雲。至卯運，壬
水絕地，陽刃逢生，遭骨肉之變，以致傾家蕩產，猶憶未學命
時，請人推算，一味虛褒，以為名利自如，後竟一毫不驗，豈
不痛哉！且予賦性偏拙，喜誠實不喜虛浮，無諂態，多傲慢，
交遊往來，每落落難合；所凜凜者，吾祖若父，忠厚之訓，不
敢失墜耳。先嚴逝後，家業凋零，潛心學命，為餬口之計，夫
六尺之軀，非無遠圖之志，徒以末技見哂，自思命運不齊（濟），
無益於事，所以涸轍之鮒（參井卦），僅邀升斗之水，限於地，
困於時，嗟乎，莫非命也，順受其正云爾。

264

1、這是任鐵樵的八字，與前例只差「巳」換成「丑」而已。兩
　　者差距在丑土晦火，洩化羊刃；而巳火則旺上加旺，使戊癸
　　合化成火，幫助羊刃。

2、年干正官坐絕，四柱無金發水源；食傷五見，火炎土燥。丁
　　巳、丙辰、乙卯、甲寅等運，均走印比之地，故「半生事業，
　　亦似浮雲」。

3、「至卯運，壬水絕地」，壬水死在卯支。「羊刃逢生」，午火得
　　到卯木生發，故「遭骨肉之變」，以致傾家蕩產，兩刃一祿旺
　　極而險，乙卯運正印格干透支藏，焉能倖免！癸丑運拱金局
　　會財，亦有一時名利存焉！總之，年干正官被合掉後，官殺
　　格就糊掉了。

265

按：月令殺生印，官殺太旺，宜木火之地。

七殺	日主	正官	食神
壬辰	丙午	癸亥	戊申
癸 乙 戊	己 丁	甲 壬	戊 壬 庚
正官 正印 食神	傷官 劫財	偏印 七殺	食神 七殺 偏財
	羊刃 將星	天乙 劫煞 孤辰	文昌 驛馬
辛未　庚午	己巳　戊辰	丁卯　丙寅	乙丑　甲子

任注：此造日主雖坐旺刃，生於亥月，究竟休囚。五行無木，壬癸並透，支逢生旺，各立門戶，喜其合去癸水，不致混也。更妙運走東南木火，鄉榜出身，寵錫傳來紫閫，承宣協佐黃堂。

1、丙午日，自坐羊刃，日刃格。生於亥月，官殺五見，食傷四見，身弱格強。「五行無木」，五行缺木就沒印綬洩官殺。「喜其合去癸水」，因為七殺格旺，不喜月干的癸水正官，造成官殺混雜，故戊癸合去正官，但食神格也糊掉了。

2、丙寅、丁卯運木火印比幫身，身殺兩停，故「鄉榜出身」。戊辰運與年柱戊申拱子，三合七殺，水局冲午，又戊辰運與時柱壬辰，天尅地刑，必有一番糾纏。

按：月令七殺透干為用，殺強印弱，正官合去甚妙，食傷四見甚重。格強身弱，宜木火之地幫身。

七殺	日主	正官	食神
壬辰	丙戌	癸亥	戊午
癸　乙　戊	丁　辛　戊	甲　壬	己　丁
正官　正印　食神	劫財　正財　食神	偏印　七殺	傷官　劫財
辛未　庚午	己巳　戊辰	丁卯　丙寅	乙丑　甲子

任注：丙戌日元，生於辰時，沖去庫根，壬癸並透，喜其戊合，去官留殺，更喜年逢刃助，火虛有焰，更妙無金，稍勝前造，科甲出身，宿映台垣，重藉旬宣之職，猷分禹服，特隆鎖鑰之權。

1、丙日主生在亥月，身弱格強。食傷四見，官殺四見，但戊癸合，去官留殺，以致七殺格清新，而食神格糊掉了。

2、年月兩柱雙合，日時兩柱雙沖，格局不穩。甲子運雙沖戊午，年上羊刃破敗祖基。丑運制水，乙木洩水生火，丙火得用。丙寅運與丙戌運拱午，三合羊刃駕殺。丁卯運木火幫身。戊辰運食神與戊午年柱拱巳沖亥，與時柱壬辰天剋地刑，必有刑耗。

按：月令食神不透干，取年柱正官為用，木火土偏重，財殺需要提攜，宜金水之地。

七殺	日主	比肩	正官
癸卯	丁未	丁未	壬申
乙	乙 丁 己	乙 丁 己	戊 壬 庚
偏印	偏印 比肩 食神	偏印 比肩 食神	傷官 正官 正財
乙卯　甲寅	癸丑　壬子	辛亥　庚戌	己酉　戊申

任注：此造日月皆丁未，時殺無根，喜其壬水官星助殺，不宜合也。幸而壬水坐申，合而不化，申金為用。更妙運走西北金水，助起官殺，鄉榜出身，仕版連登，由縣令而遷司馬，位儕黃堂。

1、丁日主生在未月，正官格帶時上七殺；唯一的正官格面對食傷三見，偏印三見，比劫三見，急需財殺幫生。

2、年月丁壬合而因各自通根，故不化。戊申運雙合時柱癸卯，還是財地。己酉運雙冲癸卯，己運制殺不利，酉運「助起官殺」，故「鄉榜出身」。

268

按：月令偏印、食神不透干，取外格官殺五見為用。甲己化土，火土比劫印綬過旺，宜金水之地平衡。

正官	日主	劫財	七殺
乙卯	戊辰	己巳	甲辰
乙	癸　乙　戊	庚　戊　丙	癸　乙　戊
正官	正財　正官　比肩	食神　比肩　偏印	正財　正官　比肩
丁丑　丙子	乙亥　甲戌	癸酉　壬申	辛未　庚午

任注：戊土生於巳月，日主未嘗不旺。然地支兩辰，木之餘氣亦足，喜其合殺留官，官星坐祿。更妙運途生化不悖，所以早登雲路，掌典籍而知制誥，陪侍從而應傳宣也。

1、戊土生在巳月，建祿格，比劫四見，身強；官殺五見，官殺格也強，身殺兩停，日主帶印祿勝出。「喜其合殺留官，官星坐祿」，指年干七殺甲己合後，時干乙木正官格清新，自坐祿。

2、為何「更妙運途生化不悖」？因為進入申酉運時，天干壬癸，食傷生財，財生官，否則無財就是傷官見官，故「早登雲路」。

按：正財當令，生官？生殺？七殺被合，身強格弱，巳午丙丁官殺之地，甲乙財來生殺，大運配的好。

正官	日主	劫財	七殺
丁丑	庚申	辛卯	丙辰
辛　癸　己	戊　壬　庚	乙	癸　乙　戊
劫財　傷官　正印	偏印　食神　比肩	正財	傷官　正財　偏印
己亥　戊戌	丁酉　丙申	乙未　甲午	癸巳　壬辰

此造春金雖不當令，喜其坐祿逢印，弱中變旺，丙辛一合，丁火獨清，不但去殺，而且去劫，財無劫奪，官有生扶。尤妙運走東南木火，所以早遂青錢之選，兆人鏡之芙蓉，作春官之桃李也。

1、庚金生在卯月，自坐祿，比劫三見，印三見；財兩見，官殺分據年時無根，身強無格局；丙辛合，正官「丁火獨清」，而且劫財也糊掉了，保住了月支的正財。

2、正財保住了，故「官有生扶」。「尤妙運走東南木火」，因為身強無格局，南方火地官殺就天透地藏，甲乙財生殺，故「作春官之桃李」。

按：比肩當令，建祿納財尚可，用官殺力有未逮；丙辛合水，乙木不至過於嚴峻。宜水木火之地，格局不清，早運有調候用神。

正官	日主	七殺	傷官
庚辰	乙亥	辛卯	丙辰
癸　乙　戊	甲　壬	乙	癸　乙　戊
偏印　比肩　正財	劫財　正印	比肩	偏印　比肩　正財
己亥　戊戌	丁酉　丙申	乙未　甲午	癸巳　壬辰

任注：乙亥日元，坐下逢生，又月令建祿歸垣，足以用財，喜丙辛金弱，而去乙庚，木旺不從，鄉榜出身。至丙申、丁酉火蓋天干，未能顯秩，究竟西方金地，亦足以琴堂解慍，花院徵歌也。

1、乙亥日元，自坐長生，乙祿在卯，建祿格，比劫四見，正偏印三見，財官不見格局。丙辛合水後，辛金又坐絕，所以辛金雖然剋乙木，但「去乙庚，木旺不從」，因為辛金已經軟趴趴了。

2、癸巳運傷官通根，比劫生食傷，得用。甲午運傷官生財，好用。乙未運與月柱辛卯、日柱乙亥，三合亥卯未比劫太旺，必有波瀾。

3、「丙申丁酉火蓋天干」，因為傷官見官，故「未能顯秩」。「究竟西方金地」，其實是丙申與年柱丙辰拱子，三合水局印剋食傷，保住了官殺。

按：月令財生官，官為用神，財為喜神，劫財合七殺，正官清純，宜用木火土運；北方水地，以子護母。

正官	日主	七殺	劫財
己酉	壬午	戊午	癸亥
辛	己　丁	己　丁	甲　壬
正印	正官　正財	正官　正財	食神　比肩
	將星　大耗	將星　大耗	劫煞　天德
庚戌　辛亥	壬子　癸丑	甲寅　乙卯	丙辰　丁巳

任注：此造旺殺逢財，喜其合也；妙在癸水臨旺，合而不化，則有情戊土，不抗壬水也；合而化，則無情化火，仍生土也。由此以推，運走東方木地，早遂青雲之志。運走北方水地，去財護印，翔步天衢，置身日舍也。

1、壬水生在午月，官殺四見，又得財生官殺，官殺旺則日主衰頹。妙在戊癸合，但癸水通根抵死不合，若合化則火生土，還是剋制日主壬水，其力道加重。

2、「由此以推」，指壬水身弱，忌火土之地。「運走東方木地」，指甲寅、乙卯食傷生財，故「早遂青雲之志」。癸丑運與癸亥拱子，三合水局「去財護印」，指沖破午火，保護酉金化去官殺功能。壬子運北方水地，一子沖兩午，難言無咎。

五日：官殺混雜格

按：原局格強身弱，以丙火坐長生、臨官有元氣，宜行印綬比劫之地。月令正官透出為用，印綬為喜。

正官	日主	七殺	七殺
癸巳	丙寅	壬子	壬辰
庚　戊　丙	戊　丙　甲	癸	癸　乙　戊
偏財　食神　比肩	食神　比肩　偏印	正官	正官　正印　食神
干祿　亡神　天德　孤辰	紅豔	月德	月德
庚申　　己未	戊午　　丁巳	丙辰　　乙卯	甲寅　　癸丑

任注：此造壬癸當權，殺官重疊；最喜日坐長生，寅能納水，化殺生身，時歸祿旺，足以敵官。更妙無金，印星得用，殺勢雖強，不足畏也。至丙辰幫身，又逢己巳流年，去官之混，捷報南宮，出宰名區。

1、「壬癸當權，殺官重疊」，指丙火面對官殺五見，幾乎從殺。仔細分辨，除月柱壬子外，年時的官殺坐絕，好看而已。四柱無財，官殺缺乏後援；寅木納水，日祿歸時，足以敵官，故「殺勢雖強，不足畏也」。

2、癸丑運與時柱癸巳，三合財地生官殺，必有一番艱辛。甲寅運洩水生身，來的妙。乙卯運還是洩水護身。丙辰運與日柱丙寅拱卯，還是印綬，己巳流年「去官之混」，指己土剋掉癸水正官，不至於官殺混雜，故「捷報南宮」。

273

按：月令正財正官，正官透出為用，財為喜神。日主身弱，財生七殺多餘為忌，寅卯運有戊己土加持日主，庚辛運剋合七殺。

偏印	日主	七殺	正官
丁卯	己巳	乙亥	甲子
乙	庚 戊 丙	甲 壬	癸
七殺	傷官 劫財 正印	正官 正財	偏財

癸未	壬午	辛巳	庚辰	己卯	戊寅	丁丑	丙子

任注：此造官遇長生，煞逢祿旺，巳亥雖沖破印，喜卯木仍能生火。寅運合亥，化木生印，連登甲榜。庚辰、辛巳制官服煞，朱旛皂蓋，出守大邦，名利兩優。

1、「官遇長生」，月支正官坐亥水長生。「煞逢祿旺」，時支乙木七殺坐卯，乙祿在卯。日月兩柱雙沖，故「巳亥雖沖破印」，指壬水沖剋丙火正印。「喜卯木仍能生火」雖然丙火沒了，但乙木七殺生丁火，殺生印。己日主軟趴趴，官殺四見，格強身弱，火土都好。

2、戊寅運，「寅運合亥，化木生印」，指寅運合月支亥水，木生火，故「連登甲榜」。「庚辰辛巳制官服煞」，庚辰運庚剋甲，辰土剋財生傷官制殺；辛巳運地支解原局巳亥沖，辛金剋乙木，故「名利兩優」。

按：月令羊刃酉合辰，羊刃沒食傷就駕馭官殺。官殺四見，印綬四見，火土金旺相成格，宜水木之地流行通暢。

偏印	日主	正官	七殺
戊寅	**庚午**	**丁酉**	**丙辰**
戊　丙　甲	己　丁	辛	癸　乙　戊
偏印　七殺　偏財	正印　正官	劫財	傷官　正財　偏印
天德	將星　月德	羊刃　大耗	
乙巳　　甲辰	癸卯　　壬寅	辛丑　　庚子	己亥　　戊戌

任注：此造殺逢生，官得祿，喜其秋金秉令，更妙辰土洩火生金，不失中和之象。尤喜運走北方水地，庚子運沖去官根，鹿鳴方燕飲，鴈塔又題名。辛丑、壬寅運，橫琴而歌解慍，游刃而賦烹鮮。

1、官殺四見，「殺逢生」，丙火七殺引到時支坐長生。「官得祿」，正官丁火引到日支坐帝旺。「秋金秉令」，指庚日主酉月生，羊刃格；「更妙辰土洩火生金」，指正偏印四見，官殺四見，官殺生印。「不失中和之象」，指羊刃駕殺。

2、「喜運走北方水地」，因為殺生印，印生身，一路走來當然是食傷好。「庚子運沖去官根」，故鴈塔題名。辛丑、壬寅運，不走財與官殺都好；故琴歌悠遊，學仕皆雅。

按：原局財生官殺最旺，格強身不弱；月令財、官、傷，正官透出為用；身強用財官，身弱用印；行運金水之地剛好。

正印	日主	正官	七殺
辛亥	壬申	己未	戊午
甲　壬	戊　壬　庚	乙　丁　己	己　丁
食神　比肩	七殺　比肩　偏印	傷官　正財　正官	正官　正財

丁卯	丙寅	乙丑	甲子	癸亥	壬戌	辛酉	庚申

任注：此造官殺並旺當令，幸日坐長生，時逢祿旺，足以敵官攔殺；坐下印綬，引通財殺之氣。運走西北金水之鄉，所以少年科甲，裕經綸於笈庫，人推黻黼之功，秉撫宇於催科，世讓文章之煥。

1、「官殺並旺當令」，戊土七殺坐午帝旺，己土正官坐主氣，官殺都很凶。「幸日坐長生，時逢祿旺」，指壬水自坐長生，通根時支亥水之祿，身殺兩停。

2、格強忌火土運，「運走西北金水之鄉」，金水印比之地幫助日主，故少年科甲。

276

任氏曰：官殺混雜者，富貴甚多。總之，殺官當令者，必要坐下印綬，則其殺官之氣流通，生化有情，或氣貫生時，亦足以扶身敵殺，若不氣貫生時，又不坐下印綬，不貧亦賤，如殺官不當令者，不作此論也。

按：官殺混雜的命格，有富貴好機緣。喜官殺當令時，日主自坐正偏印主氣，則官殺有印綬可以緩衝；或時支是印綬也同論。非如此俱有日時印綬的官殺混雜者，不貧亦賤。但如果官殺不當令、不透干，不必當作主要格局看待。換言之，官殺印綬要當令，喜用有併聯關係，財不可太旺；財官旺，扶日主；財官弱，扶財官。

六日：制殺太過格

按：月令食神生財透干，格局是好；調候用神壬、甲。母衰子旺，喜印綬剋制食傷；甲運合出食傷，喜化為忌。

傷官	日主	食神	正財
己亥	丙辰	戊戌	辛卯
甲　壬	癸　乙　戊	丁　辛　戊	乙
偏印　七殺	正官　正印　食神	劫財　正財　食神	正印
庚寅　辛卯	壬辰　癸巳	甲午　乙未	丙申　丁酉

任注：時逢獨殺，四食相制；年支卯木被辛金蓋頭，況秋木本不足疏土；所賴亥中甲木衛殺。至乙未運暗會木局，捷報南宮，名高翰苑。甲午運木死於午，合己化土，丁外艱，己巳年又沖去亥水，不祿。

1、丙火調候壬水。「時逢獨殺，四食相制」，指時支七殺單操一個，食傷四見。「卯木被辛金蓋頭」，印被蓋頭就沒力量剋食傷，故「秋木本不足疏土」，戊己土一堆食傷，表面沒在怕乙木單操一個正印。「所賴亥中甲木衛殺」，卯木正印蓋頭無用，但亥中甲木仍然可以略擋食傷。

2、「乙未運暗會木局」，乙未、辛卯、己亥三合木，印剋食傷，食傷被剋，官殺就抬頭了，故「捷報南宮」。甲午運木死在午，「合己化土」，土剋制七殺，伶仃艱苦。「己巳年又沖去亥水」，指運歲甲己合土，火生土，一堆土剋水，不祿。

按：月令食神生財透干，格局是好；官殺三見也有話語權；食神喜生財，宜金水之地；木火剋去喜用；原局壞在合冲刑併見。

七 殺	日 主	食 神	正 財
壬 辰	丙 辰	戊 戌	辛 卯
癸　乙　戊	癸　乙　戊	丁　辛　戊	乙
正　正　食 官　印　神	正　正　食 官　印　神	劫　正　食 財　財　神	正 印

庚 寅	辛 卯	壬 辰	癸 巳	甲 午	乙 未	丙 申	丁 酉

任注：此亦一殺逢四制，所不及前造者，無亥卯之會也。雖早採芹香，以致蹭蹬秋闈，納捐部屬，仕路亦不能通達，喜時殺透露，行甲午運無化土之患，然猶刑耗多端，而己身無咎。

1、丙日主，卯戌合，辰戌冲，辰辰自刑，地支印比就搞壞了，身弱所以怕剋洩。「一殺逢四制，所不及前造者，無亥卯之會也」，本例與前例都是七殺一位，食傷一堆。但前例有亥卯，食傷有印剋。

2、「早採芹香」，因丁酉丙申運沒有水土。乙未運，食傷一堆，不利。「甲午運無化土之患」，甲午運面對地支一堆土，又遇到午火洩甲木，以致「刑耗多端」。日時天剋地刑，月時雙冲，原局架構不穩。

按：雙羊刃透干，丙火要用壬水，身強殺弱，宜申酉庚財生殺，戌運火土齊來，戊辰年食神制殺，沖戌刑辰。

七殺	日主	比肩	七殺
壬辰	丙午	丙午	壬辰
癸 乙 戊	己 丁	己 丁	癸 乙 戊
正官 正印 食神	傷官 劫財	傷官 劫財	正官 正印 食神
甲寅	癸丑	壬子	辛亥	庚戌	己酉	戊申	丁未

任注：此殺逢四制，柱中印雖不見，喜其殺透食藏，通根身庫。總之，夏火當權，水無金滋。至酉運，合去辰土，財星滋殺，發甲點中書。庚運，仕版連登，入參軍機。戌運，燥土沖動壬水之根，又逢戊辰年，戊土透出，緊制壬水，不祿。

1、「殺逢四制」，兩個七殺遇到地支食傷四見。「喜其殺透食藏，通根身庫」，指七殺透出年時天干，年時地支癸水正官入庫，聊勝於無。總之，羊刃生食傷與財生官殺之對抗賽。

2、「夏火當權，水無金滋」，指丙日主生在午月午日，日刃月刃又月干再透丙火，槓上開花。酉運，合去辰土化金為財，財生殺，官殺勝出，故發科甲。庚運是財運，還是財生殺，故「入參軍機」。

3、戌運半合午火兩組，辰戌沖，沖動壬水之根。戊辰年歲運地支辰戌沖，又與年時兩柱天剋地刑，一堆刑剋，故「緊制壬水，不祿」。戌運戊辰年傷官勝出，挾原局之威制過頭。

按：月令七殺、傷官透出，七殺五見為用，食傷五見為忌，夾拱強過七殺。剋洩交加，壬水有根；宜庚辛壬申、癸酉金水之地。

比肩	日主	七殺	食神
壬寅	壬辰	戊辰	甲寅
戊　丙　甲	癸　乙　戊	癸　乙　戊	戊　丙　甲
七殺　偏財　食神	劫財　傷官　七殺	劫財　傷官　七殺	七殺　偏財　食神
文昌　驛馬　月德　天德	華蓋　月德　天德	華蓋	文昌　驛馬
丙子　乙亥	甲戌　癸酉	壬申　辛未	庚午　己巳

任注：此造五殺逢五制，土雖當權，木亦雄壯，幸日主兩坐庫根，又得比肩匡扶。至壬申運，日主逢生，沖去寅木，名登桂藉，雁塔高標，接連癸酉二十年，由縣令履黃堂，名利裕如。

1、「五殺逢五制」，七殺五見，食傷亦五見。「土雖當權，木亦雄壯」，指官殺雖強，但食傷也不弱。「日主兩坐庫根，又得比肩匡扶」，指日主壬水之根在辰庫兩見；「比肩匡扶」，指時干壬水，四柱加加減減，水木比劫食傷較強過沒有財作後援的七殺。

2、壬申運日主壬水坐長生，壬申沖兩寅，食神被剋，七殺出頭得用，其次，壬申運與日柱壬辰拱子，羊刃駕殺，故「名登桂藉」。癸酉運與月柱戊辰雙合，戊癸合火是財，辰酉合金是印；天干財生殺，地支印剋食傷，恰把原局比劫食傷勝過財殺的局面平衡。

281

按：月令七殺生印，不透干；取外格，食神四見為用，既無財地，即尋官殺。土金旺相，一堆食神比劫制殺，火地印剋食傷，七殺喘口氣，登科當縣長。申運制殺太過。

食神	日主	比肩	食神
庚申	戊寅	戊寅	庚申
戊 壬 庚	戊 丙 甲	戊 丙 甲	戊 壬 庚
比肩 偏財 食神	比肩 偏印 七殺	比肩 偏印 七殺	比肩 偏財 食神
丙戌　乙酉	甲申　癸未	壬午　辛巳	庚辰　己卯

任注：此兩煞逢四制，幸春木得時乘令，剋不盡絕。至午運，補土之不足，去金之有餘，登科，擢縣令。至甲申運，又逢食至，死於軍中。

1、戊日主生在寅月失令，但比肩五見透干，兩個偏印休想制住四個坐旺的食神。「兩煞逢四制」，日月地支寅木七殺，庚金食神四見。「春木得時秉令」，甲木七殺主氣坐月令，抵死不從。因為戊日主面對一堆甲庚，又剋又洩，需要進補。

2、至壬午運，「補土之不足」，以午火半合寅生戊土，火又去庚金之多餘，故登科。癸未運合火土幫身，必佳。「甲申運，又逢食至」，申就是庚金，一堆食神制殺，故「死於軍中」。總之，原局兩組寅申冲，甲申運還是兩組寅申冲，天干庚剋甲，甲剋戊，全局撼動，焉能無事。

任氏曰：與其制殺太過，不若官殺混雜之美也。何也？蓋制殺太過，殺既傷殘，再行制殺之運，九死一生。官殺混雜，只要日主坐旺，印綬不傷，運程安頓，未有不富貴者也。如日主休囚，財星壞印，即使獨殺純清，一官不混，往往憂多樂少，屈志難伸，學者宜審焉。

1、按：寧可官殺混雜，不可讓食神制殺太過分，因為原局食神制殺又遇到食傷大運，屋漏偏逢連夜雨，焉得無事。而原局官殺混雜，只要日主坐旺，正偏印護身，財剋不到印，即富貴可期。

2、如果日主身弱，財剋印，即使七殺格純清，且正官不來相混濁，也是個憂多樂少，屈志難伸的寒儒。食神制殺太過，一印二比，難有它途。

傷官

原文：傷官見官果難辨，官有可見不可見。

原注：身弱而傷官旺者，見印而可見官。身旺而傷官旺者，見財而可見官。傷官旺，財神輕，有比劫而可見官。日主旺，傷官輕，無印綬而可見官。傷官旺而無財，一遇官而有禍。傷官旺而身弱，一見官而有禍。傷官弱而財輕，一見官而有禍。傷官弱而見印，一見官而有禍。

1、按：傷官見官，固然是個忌諱的名詞；實則傷官是否會傷到正官，還要分辨原局條件。

2、身弱傷官旺，見印綬一來生身，二來剋制食傷，口主轉弱為強而可見官。身旺而傷官旺，傷官旺有財通關，即不傷正官。傷官旺，財神輕，正官得輕財略轉強；而日主有比劫身不弱，可聯合傷官共同制衡正官。

3、日主旺，傷官輕，直接身官兩停；但增加印綬，印綬化官殺，日主撐爆。傷官旺，無財即無迴旋之地，直接剋正官出禍。傷官旺而身弱，見官即是剋洩交加而有禍。傷官弱而財輕，即旺在官印比，官印反剋傷財。傷官弱而見印，印本就剋傷官，印綬見官得到後援更猖狂。

原注：大率傷官有財，皆可見官。傷官無財。皆不可見官。又要看身強身弱，合財、官、印綬、比肩不同方可。不必分金木水火土也。又曰傷官用印。無財不宜見財。傷官用財。無印不宜見印。須詳辨之。

284

1、按：大致是以傷官有財通關，皆可見官。反之，無財不宜見官。但身強身弱，與財、官、印綬的旺衰，各有不同吉凶。「不必分金木水火土」之說與《三命通會》：「傷官火土宜傷盡，金水傷官要見官，木火見官官有旺，土金官去反成官，惟有水木傷官格，財官兩見始為歡。」略有不同，一為格局通關之論，一為調候之論。

2、至於傷官用印，無財不宜見財，以免傷官生財，財剋印。或傷官用財，無印不宜見印，既然傷官生財格局有成，就不宜印來搗蛋。

> 任氏曰：傷官者，竊命主之元神，既非善良，傷日干之貴氣，更肆縱橫。然善惡無常，但須駕馭，而英華發外，多主聰明，若見官之可否，須就原局權衡，其間作用，種種不同，不可執一而論也。

按：傷官竊取日主元氣，副作用是驕縱，傷害正官貴氣。然而善惡無定法，英華發外，多主聰明，是否能見官，須就原局權衡，其間作用，種種不同，不可執一而論也。

> 任氏曰：有傷官用印、傷官用財、傷官用劫、傷官用傷、傷官用官。若傷官用財者，日主旺，傷官亦旺，宜用財，有比劫而可見官。無比劫，有印綬，不可見官。

按：有傷官用印、傷官用財、傷官用劫、傷官用傷、傷官用官等。傷官用財，如果日主旺傷官也旺，宜用財，日主有比劫足以對抗官殺，而可見官。反之，無比劫，有印綬見官，官給印綬元氣剋制傷官，故「不可見官」。

285

> 任氏曰：日主弱，傷官旺，宜用印，可見官而不可見財。日主弱，傷官旺，無印綬，宜用比劫，喜見劫印，忌見財官。日主旺，無財官，宜用傷官，喜見財傷，忌見官印。日主旺，比劫多，財星衰，傷官輕，宜用官，喜見財官，忌見傷印。

1、按：日主弱而傷官旺，用印化官生身為用，所以可見官來生印；而不可見財，因為財會剋印。日主弱傷官旺，無印綬制住傷官，就用比劫能有足夠的元氣洩秀，喜用比劫印綬強身，忌見財官旺，日主扛不住。

2、日主旺，無財官壓制，就用傷官洩秀生財，既然傷官生財洩去日主元氣，即不宜印夾官威剋制傷官。日主旺比劫多，財星逢劫而衰，且傷官輕而生財有限，宜用正官平衡比劫，正官喜財就忌傷官印綬。

> 任氏曰：所謂傷官見官，為禍百端者，皆日主衰弱，用比劫幫身，見官則比劫受剋，所以有禍。若局中有印，見官不但無禍，而且有福也。

按：「所謂傷官見官，為禍百端者」，都是指原局日主衰弱的原因。因為用比劫幫身，見官則官殺剋比劫，所以日主遭禍。若局中有印，有印化官，故見官不但無禍，而且官生印，印生身，由衰轉強當然有福。

> 任氏曰：傷官用印，局內無財，運行印旺身旺之鄉，未有不顯貴者也。運行財旺傷旺之鄉，未有不貧賤者也。傷官用財，財星得氣，運逢財旺傷旺之鄉，未有不富厚者也，運逢印旺劫旺之地，未有不貧乏者也。

1、按：傷官用印，局內無財，印就不怕財剋；行運走到印旺身
　　旺之地，傷官逆用得以發揮，當然顯貴臨身。反之，運行財
　　星旺剋印，傷官旺無財可洩，就論貧賤臨身。

2、傷官用財，財星得氣，運逢財旺傷旺之鄉，未有不富厚者，
　　因為傷官為喜，財為用。反之，運逢印旺之地剋去傷官，劫
　　旺之地則剋去財星，不是用神就是喜神被剋去。

> 任氏曰：傷官用劫，運逢印旺，必貴。傷官用官，運
> 逢財旺，必富。傷官用傷，運遇財鄉，富而且貴。用
> 印用財者，不過官有高卑，財分厚薄耳，宜細推之。

1、按：「傷官用劫，運逢印旺，必貴」，因為印來剋傷官，劫財
　　剋去財星，傷官逆用得用。「傷官用官，運逢財旺，必富」，
　　傷官生財，財生官，一路順生必富。

2、「傷官用傷，運遇財鄉，富而且貴」。原局傷官格為主，傷官
　　要生財，行財地就是富貴命。用印用財何者較優？都不錯，
　　就是不要一起用，只不過官有高卑，財分厚薄耳，宜細推之。

一曰：傷官用印格

按：月令傷官透干，食傷六見，傷官為用；外格正財為喜，傷重財輕，可以見印綬。發在寅卯運，雜氣財不無小補。

傷官		日主		正財		傷官	
己丑		丙寅		辛未		己丑	
辛	癸 己	戊	丙 甲	乙	丁 己	辛	癸 己
正財	正官 傷官	食神	比肩 偏印	正印	劫財 傷官	正財	正官 傷官
癸亥	甲子	乙丑	丙寅	丁卯	戊辰	己巳	庚午

任注：火土傷官重疊，辛在季夏，火氣有餘，又日坐長生，寅中甲木為用。至丁卯運，剋去辛金，破其丑土，所謂有病得藥，騰身而登月殿，慶集瓊林。接連丙寅，體用皆宜，仕至黃堂。

1、丙日主生未月，己土傷官五見透干，正財三見，傷官生財。「寅中甲木為用」，因為身弱，要甲木偏印生與比劫幫扶。

2、丁卯運，丁火剋去辛金正財，卯木三合半會印生比劫，卯木「破其丑土」，故「有病得藥」，病是指傷官太多，藥是卯木。丙寅運，還是木火幫身，故「體用皆宜，仕至黃堂」。

按：原局不見財，月令傷官透干五見為用，喜外格正印，傷重印輕，以印剋傷官，逆用也成。巳運火化金，傷官無財，財運去就看衰。〈六親論〉：「從兒不管身強弱，只要吾兒又得兒。」

傷官	日主	正印	傷官
辛酉	戊午	丁酉	辛酉
辛	己 丁	辛	辛
傷官	劫財 正印	傷官	傷官

己丑	庚寅	辛卯	壬辰	癸巳	甲午	乙未	丙申

任注：此土金傷官重疊，喜其四柱無財，純清氣象。初運木火體用皆宜，所以壯歲首登龍虎榜，少年身到鳳凰池，惜中運癸巳壬辰，金生火剋，所以生平志節從何訴，半世勤勞只自憐。

1、戊土生在酉月，傷官五見，正印兩見，身弱。火金二局，印剋食傷，戊午通關。「喜其四柱無財」，無財，正印格就保住了。「初運木火體用皆宜」，乙未運，官生印，未土扶身；甲午運還是官殺生印，扶日主，故「體用皆宜，所以壯歲首登龍虎榜」。

2、癸巳運戊癸合火，五年好光景，巳午半會，巳酉半合，金多火熄。壬辰運，丁壬合而不化，丁被合正印格打折扣，傷官格就蠢蠢欲動。一辰合三酉，一堆金，傷官獨大，故「半世勤勞」。「只自憐」，經曰：「三酉獨居房」。地支全部自刑。

按：月令傷官，透出食傷四見，有財化印制，莫當「金水傷官要見官」。

正印	日主	食神	食神
己卯	庚辰	壬子	壬戌
乙	癸　乙　戊	癸	丁　辛　戊
正財	傷官　正財　偏印	傷官	正官　劫財　偏印
大耗	華蓋	將星　月德	紅豔　月德
庚申　己未	戊午　丁巳	丙辰　乙卯	甲寅　癸丑

任注：此金水傷官當令，喜支藏暖土，足以砥定中流。因時財為病，兼之初運水木，以致書香不繼。至三旬外，運逢火土，異路出身，仕至州牧。午運衰神沖旺，臺省幾時無謫宦，郊亭今日倍離愁。

1、「金水傷官當令」，庚日主生子月，水勢滔滔。食神傷官四見，正偏印三見，以印制傷。「喜支藏暖土」，指戌土。「時財為病」，卯木所以為病，是因水旺要戊己土築堤，但木疏己土壞印。

2、初運水木，水生木，木剋土，「以致書香不繼」。丙辰火土運，火生土，官生印，故「仕至州牧」。丁巳運還是官生印，戊午運「衰神沖旺」，指衰弱的午火正官去沖旺相的子水，午亥暗合，午戌合火，中箭落馬。傷官剋官，子息艱難。

290

按：乙木巳月用癸水，丙子時六乙鼠貴。《三命通會》:「年月中有午沖丑絆，則子不能遙祿……此格要月通木局，日下之神，皆是木旺之地，水印亦可，忌見金火。」

傷官	日主	偏印	傷官
丙子	乙丑	癸巳	丙辰
癸	辛　癸　己	庚　戊　丙	癸　乙　戊
偏印	七殺　偏印　偏財	正官　正財　傷官	偏印　比肩　正財

辛丑	庚子	己亥	戊戌	丁酉	丙申	乙未	甲午

任注：此木火傷官，印綬通根祿支，格局未嘗不美。雖嫌財星壞印，而丑辰皆溼土，能蓄水晦火，惜乎運途無水，以致一介寒儒。至申運火絕水生，名列泮宮，後九赴秋闈不捷。

1、乙木生在巳月，木火傷官，印綬是指月干癸水，引到時支是祿位。「格局未嘗不美」，指傷官格與偏印格清純，乙木巳月，火炎木焚，最急癸水。辰土與丑土皆含水氣，可以洩化傷官。

2、原局傷官火三見，土財三見，火土旺，故行運要見水。申運「火絕水生」，指申子辰三合水，巳申合水，丙火坐絕，故「名列泮宮」。為何「九赴秋闈不捷」？既然九赴，應該進入丁酉運，巳酉丑三合官殺，辰酉合金，日主身弱，不宜官殺運。

291

二曰：傷官用財格

按：月令傷官透干為用，喜帶財；外格偏印為忌。身強，宜辛丑食傷生財，壬運正官可用財力。

偏 印	日 主	傷 官	劫 財
乙 巳	丁 卯	戊 戌	丙 申
庚　戊　丙	乙	丁　辛　戊	戊　壬　庚
正　傷　劫 財　官　財	偏 印	比　偏　傷 肩　財　官	傷　正　正 官　官　財
驛 馬	將　大 星　耗		劫　月　天 煞　德　德
丙　　乙 午　　巳	甲　　癸 辰　　卯	壬　　辛 寅　　丑	庚　　己 子　　亥

任注：此火土傷官，劫印重疊，旺可知矣。以申金財星為用，遺業本豐。辛丑壬運，經營獲利，發財十餘萬。至寅運，金臨絕地，劫遇長生，又寅申沖破，所謂旺者沖衰衰者拔，不祿矣。

1、丁火生在戌月，火土傷官。比劫三見，偏印成格，財三見，因為劫財與偏印都是主氣，卯戌合火，日主偏強。

2、「遺業本豐」，丁不離甲，甲不離庚，庚不離丁；指用神申金在年支，坐天月德貴人，無刑沖，暗合日支時支。辛丑運食傷生財，故「經營獲利」。壬運丁壬合木生火，正官可用；寅運寅申沖，寅巳申三刑，庚金坐絕在寅，丙火劫財寅地則是長生，又寅申沖。「旺者沖衰衰者拔」，原局木火印比旺，金水財官弱，寅強申弱，故「不祿」。

292

按：月令傷官透干為用，喜時支偏財洩去有情。日主有長生、建祿、劫財而不弱，即不宜印綬比劫撐身，故不宜癸丑、壬子、辛亥、庚運等。戌運合火化財，酉運冲傷官，合去偏財。

傷官	日主	傷官	劫財
乙巳	壬申	乙卯	癸亥
庚 戊 丙	戊 壬 庚	乙	甲 壬
偏 七 偏 印 殺 財	七 比 偏 殺 肩 印	傷官	食 比 神 肩
丁 戊 未 申	己 庚 酉 戌	辛 壬 亥 子	癸 甲 丑 寅

任注：此水木傷官，日坐長生，年支祿旺，日主不弱，足以用巳火之財；嫌其中運金水，半生碌碌風霜，起倒萬狀。至戌運緊制亥水之劫，合起卯木化財，驟然發財數萬。至酉冲破傷官，生助劫印，不祿。

1、壬水生在卯月，食傷四見，水木傷官，傷官帶財壬水自坐長生，巳申合水，卯申合金，年柱癸亥幫身有力，故「日主不弱」。水多就喜歡火帶土，財生殺。

2、「中運金水」，壬子運比劫忌神，辛亥運還是水，辛剋乙，亥亥自刑，亥卯半合，亥申互害，巳亥冲，原局撼動，焉得安逸，故「碌碌風霜」。

3、「戌運緊制亥水」，官殺剋比劫，卯戌合財，故「發財數萬」。己酉運印剋傷官，酉金幫印生比劫，身不弱自然無需印比。

按：月令傷官透出為用，日主身強喜金水濕土，亥子丑論吉，丙寅運，虎馬犬鄉，甲來焚滅。

正印	日主	傷官	比肩
丁巳	戊午	辛酉	戊子
庚　戊　丙	己　丁	辛	癸
食神　比肩　偏印	劫財　正印	傷官	正財
干祿　亡神　大耗	羊刃　將星		

己巳	戊辰	丁卯	丙寅	乙丑	甲子	癸亥	壬戌

任注：此土金傷官，日主祿旺，劫印重逢，一點財星，秋水通源，子賴酉生，酉仗子護，遺業小康。甲子、乙丑二十年，制化皆宜，自創數萬。至丙寅運生助火土，剋洩金水，不祿。

1、戊土生在酉月，正偏印三見，比劫三見，日主自坐羊刃，日祿歸時，身不弱。「一點財星」，只有年支正財，「秋水通源」，指子水貼在酉金旁邊；「子賴酉生，酉仗子護」，指酉金生子水，子沖午，使午火剋不到酉金，故「遺業小康」。

2、「甲子乙丑二十年，制化皆宜」，火土比劫強，喜金水之地，故「自創數萬」。丙寅運木生火，丙生戊，寅木生午火，身強何需印比？當印運來剋傷官，火剋金；一點財星被寅木洩空。

按：傷官透干為用，傷官生財。比劫透出有傷官護財。甲寅乙卯財運即喜地。丙辰濕土化火，水木不靈，雙合日柱，少輸為贏。

劫財	日主	比肩	傷官
庚寅	**辛酉**	**辛亥**	**壬戌**
戊 丙 甲	辛	甲 壬	丁 辛 戊
正印 正官 正財	比肩	正財 傷官	七殺 比肩 正印
己未 戊午	丁巳 丙辰	乙卯 甲寅	癸丑 壬子

任注：此金水傷官，四柱比劫，雖用寅木之財，卻喜亥水，洩金生木，使比劫無爭奪之風，又得亥解申沖，若無亥水，一生起倒無寧，終成畫餅；亥水者，生財之福神也。交甲寅乙卯，白手成家致富。後行火運，戰剋不靜，財星洩氣，無甚生色。至巳運，四孟沖，劫又逢生，不祿。

1、辛金生在亥月，金白水清，調候用神先壬後丙。比劫四見，正印兩見，身強洩秀。辛金最喜亥水清洗，亥水生木，一路順生，傷官所生之財，不畏比劫，故「使比劫無爭奪之風」。「得亥解申沖」，寅木是財怕申金來沖，但月支亥水合到時支寅木，故「若無亥水，一生起倒無寧」。

2、亥水既然可以生財，甲寅乙卯運就是財，故「成家致富」。原局辛亥、辛酉拱戌，丙辰運時辰酉六合，一辰沖兩戌，含天干丙庚剋、丙壬沖，一丙合兩辛，沖合太多，故「戰剋不靜」。丁巳運「四孟沖」，指原局寅亥，大運巳，流年申，形成寅申巳亥四孟沖。「劫又逢生」，劫財是庚金，庚金長生在巳，申年三會申酉戌，沖被蓋頭之寅支，不祿。

三曰：傷官用劫格

按：月令傷官格帶財格，金水偏重，火土弱；日主以未土扶身，洩秀有本錢；火土運生扶日主，乙卯運劫財病藥化官，《三命通會》：「土金官去反成官」；反之，土金官來不成官。

劫財	日主	傷官	正財
己未	戊申	辛酉	癸亥
乙 丁 己	戊 壬 庚	辛	甲 壬
正官 正印 劫財	比肩 偏財 食神	傷官	七殺 偏財
癸丑 甲寅	乙卯 丙辰	丁巳 戊午	己未 庚申

任注：此土金傷官，財星太重，以致拂意芸窗。幸喜未時，劫財通根為用，更妙運途卻佳，捐縣佐出仕。至丁巳、丙辰運，旺印用事，仕至州牧，宦資豐厚。乙卯沖剋不靜，罷職歸田。

1、戊土生在酉月，土金傷官，調候丙癸，缺丙丁火印綬，靠比劫三見扶身。「財星太重，以致拂意芸窗」，指財剋印，不會讀書。原局印輕，傷官重，就只能用財洩傷官，或行印運剋住傷官。

2、靠時柱己未劫財扶身，比劫剋財，所以剋掉比劫，或用印都好。丁巳、丙辰運，「旺印用事，仕至州牧」。乙卯運是正官運，地支三合亥卯未也是一團官殺，卯酉沖太大，比劫傷官俱傷。

按：月令傷官，地支三會食傷透干，財星透出可用。日主衰弱，宜印綬比劫之地生扶。

食神	日主	正財	劫財
庚申	戊戌	癸酉	己未
戊　壬　庚	丁　辛　戊	辛	乙　丁　己
比　偏　食 肩　財　神	正　傷　比 印　官　肩	傷 官	正　正　劫 官　印　財
文　驛　月　孤 昌　馬　德　辰	華 蓋		天 乙

乙丑	丙寅	丁卯	戊辰	己巳	庚午	辛未	壬申

任注：此土金傷官，支類西方，金氣太重，以劫為用，喜其當頭剋癸，故書香繼志。更妙運走南方火地，拔貢出身，由縣令而遷州牧，泝洄黃堂，一生逢凶化吉，宦海無波也。

1、戊土生在酉月，「支類西方」，指申酉戌三會金又透時干，傷官生財。傷官洩氣太重，急需以元神比劫印幫身。「以劫為用，喜其當頭剋癸」，比劫剋財，印得用，故「書香繼志」。

2、巳午未南方火地，印運生身，印剋傷官，故「拔貢出身」。印怕財，若說原局喜戊土「當頭剋癸」，不如說更喜己土剋癸水。

按：月令傷官透干成格，傷官六見，〈六親論〉：「從兒不管身強弱，只要吾兒又得兒。」財不旺又不見財運，印綬庚辛，更宜申酉帶戊己土，土金生化。

傷官	日主	傷官	比肩
甲寅	癸亥	甲寅	癸亥
戊 丙 甲	甲 壬	戊 丙 甲	甲 壬
正官 正財 傷官	傷官 劫財	正官 正財 傷官	傷官 劫財
丙午 丁未	戊申 己酉	庚戌 辛亥	壬子 癸丑

任注：此水木傷官，喜其無財，故繼志書香，嫌其地支寅亥化木，傷官太重，難遂青雲。辛運入泮。亥運補廩，庚戌加捐出仕。己酉、戊申二十年，土金生化不悖，仕至別駕，宦資豐厚。

1、癸水生寅月，水木兩局，水木傷官，四柱無印。喜其無財，所以進入庚辛、申酉運，印得到發揮，故「繼志書香」。

2、「嫌其地支寅亥化木」，因為傷官遍地，所以喜歡金水印比之地。為何「傷官太重，難遂青雲」？因為從兒格喜用財，原局與大運未見財地。

3、「辛運入泮」，日主洩氣太過，身弱；辛金是印，喜用。「亥運補廩」，亥是劫財補元氣。「庚戌加捐出仕，己酉戊申二十年」，申酉戌都是土生金，生化不悖，故「宦資豐厚」。兩干不雜名利齊。

按：月令傷官透出為用神，帶財為喜；殊不知土厚欠木疏土，以缺印綬為病。假從宜助其成真，官殺最不宜。

傷官	日主	傷官	食神
己丑	**丙戌**	**己未**	**戊申**
辛　癸　己	丁　辛　戊	乙　丁　己	戊　壬　庚
正財　正官　傷官	劫財　正財　食神	正印　劫財　傷官	食神　七殺　偏財
大耗	華蓋	寡宿	文昌　驛馬
丁卯　丙寅	乙丑　甲子	癸亥　壬戌	辛酉　庚申

任注：此四柱傷官，若生丑戌月，為從兒格，名利皆遂。生於未月，火有餘氣，必以未中丁火為用。惜運走西北金水之地，以致破敗祖業。至癸亥運，貧乏無聊，削髮為僧。

1、丙日主，四柱無印，四柱食傷七見應該是從兒格。但任氏認為生在未月，未土中餘氣是劫財丁火，所以有本錢抵死不從。換言之，生於戌月入庫的丁火衰於餘氣的丁火。故火有餘氣，必以未中丁火為用；或用印尅食傷。

2、既然以丁火為用，大運行辛酉、壬戌、癸亥等西北金水之地，以致「破敗祖業」。辛酉運財生殺，壬戌運食傷官殺，非我族類。癸亥運官殺之地，無印轉化，官殺直接尅害日主，故「削髮為僧」。原局身弱，丑戌未三刑，一堆土欠甲木疏通，火土傷官，腦袋不靈光。

299

按：己土欠火身弱，月令傷官生財透出為用，宜火土挹注元氣，不宜金水之地；木雖洩水，剋日主無印綬通關。

偏財	日主	傷官	劫財
癸酉	**己酉**	**庚申**	**戊辰**
辛	辛	戊 壬 庚	癸 乙 戊
食神	食神	劫財 正財 傷官	偏財 七殺 劫財
文昌 將星 天德 大耗	文昌 將星 大耗	天乙 亡神	紅豔
戊辰 丁卯	丙寅 乙丑	甲子 癸亥	壬戌 辛酉

任注：此亦傷官用劫，嫌其辰為溼土，生金拱水，未足幫身，更嫌運走西北金水之地，以致一敗如灰，不成家室。

1、己土生在申月，土金傷官，調候丙癸，缺木火官殺與印綬，急需元神丙丁火助益。「更嫌運走西北金水之地」，喜火土幫身忌金水，行運不濟事。

2、「生金拱水」，指年柱戊辰與庚申在甲子運三合水局之類，其次辰為溼土，暗藏財殺，戊土幫身未足。「運走西北金水之地，」要火土走金水之地，故「一敗如灰」。原局年時兩柱，戊辰與癸酉雙合，應在丙寅運脫離金水之地後扭轉乾坤。

以上五造，皆是用劫，何前三造名利兩全，此兩造一事無成？
因運無幫助之故耳，由此推之，非人之無為，實運途困之耳。

按：任氏所言無非就是行運要配合原局，固然有本，然而子平八
字學問之廣泛絕非如此而已。任氏所有之注釋，都是為了證明陰
陽五行才是唯一正理，自不免有遺珠之憾。學者應有挑精汰陋之
定見。

四曰：傷官用傷官格

按：壬水得濕土生金化水，身強，宜木火；僅靠卯木洩水。庚辰運濕土生金，日主旺水不利。原局傷官為用，官殺最強，以財通關，即是美運。用神剋去就是霉運。

偏印	日主	正官	偏印
庚子	壬辰	己卯	庚辰
癸	癸 乙 戊	乙	癸 乙 戊
劫財	劫財 傷官 七殺	傷官	劫財 傷官 七殺
紅豔 羊刃 將星	華蓋	天乙	華蓋
丁亥　丙戌	乙酉　甲申	癸未　壬午	辛巳　庚辰

任注：壬水生於卯月，正水木傷官格，天干己土臨絕，地支兩辰，乃木之餘氣，一生金，一拱水，又透兩庚，不但辰土不能制水，反生金助水，必以卯木為用。所謂一神得用，此象匪輕。初運庚辰、辛巳，金之旺地，功名不遂。至壬午運，生財制金，名題雁塔。癸未生拱木神，甲申支全北方水局，木逢生助，仕版連登，由令尹而升司馬，洊至黃堂，擢觀察而履藩臬，八座封疆。一交酉，沖破卯木，罣誤落職，所謂用神不可損傷，信斯言也。

1、壬水生在卯月，水木傷官。「己土臨絕」，指卯木尅己土。地支辰土兩見，「一生金，一拱水」，指年支辰土生庚金，日支辰土生壬水。天干兩個庚金都來生水，文言文寫了一堆就是說，辰濕土七殺生金印，尅不住一堆比劫水，又半合子水，所以日主很強。忌印與比劫，喜財與官殺。

2、既然壬水強，當然以原局卯木洩水為要。「一神得用」，能洩壬水的只有卯木。初運庚辰土生金，再生日主壬水，旺上加旺。辛巳運庚辛生水，故「功名不遂」。壬午運「生財制金」，指巳午火為財，財剋印，故「名題雁塔」。

3、「癸未生拱木神」，指癸未運中未卯半合，洩水有力。「甲申支全北方水局」，指地支申子辰三合水，比劫生傷官，傷官得用，故「仕版連登」。乙酉運酉冲破卯傷官，損傷用神，故「罣誤落職」。

按：原局金水旺，用食傷生財洩水，即不宜印綬與比劫；運行水金之地，哪壺不開提哪壺。

比肩	日主	正官	食神
癸 丑	癸 酉	戊 寅	乙 酉
辛　癸　己	辛	戊　丙　甲	辛
偏印　比肩　七殺	偏印	正官　正財　傷官	偏印
華蓋	將星	劫煞　大耗	將星

庚午	辛未	壬申	癸酉	甲戌	乙亥	丙子	丁丑

任注：癸水生於寅月，正水木傷官，地支印星並旺，酉丑拱金，必以寅木為用，才能有餘。乙亥運，木逢生旺，中鄉榜。甲戌癸運，出仕縣令。酉運，支逢三酉，木嫩金多，罣誤落職。前造與此造皆因少火，有病無藥之故，若有火雖行金地，則無大患也。

1、癸水生寅月，水木傷官；比肩兩見，偏印三見，日主偏強，四柱無火。「必以寅木為用，才能有餘」，即以木洩水才能平衡。
2、乙亥運與年柱乙酉拱戌制水，身殺兩停，故「中鄉榜」。甲戌運還是身殺兩停，酉運木嫩金多，身強不需印綬，故「罣誤落職」。若行印運旺上加旺，要財星尅制；原局無火又走西北之地。

按：原局比劫食傷生財旺相，宜行火土之地，七殺既無官殺運，除去而後快，一祿兩刃交集。

傷官	日主	七殺	正財
丁卯	甲寅	庚午	己卯
乙	戊　丙　甲	己　丁	乙
劫財	偏財　食神　比肩	正財　傷官	劫財
羊刃　桃花		紅豔　將星	羊刃　桃花

壬戌	癸亥	甲子	乙丑	丙寅	丁卯	戊辰	己巳

任注：甲木生於午月，木火傷官，年月兩干，土金無根，置之不用，地支兩卯一寅，日元強旺，必以丁火為用，故人權謀異眾。丁卯運，入泮登科，仕縣令。丙寅運，剋盡庚金，宦資大豐。乙丑合庚，晦火生金，落職。

1、甲木生於午月，木火傷官，「年月兩干，土金無根」，指午火剋庚金，卯木剋己土，正財與七殺很難用。甲日主有寅卯木三見，兩刃一祿，身強，急需丁火洩身。

2、「權謀異眾」，原局傷官格有財，聰明機巧。丁卯運比劫生傷官，故「入泮登科」。丙寅運丙火剋庚金，庚絕在寅，食神有比肩來生，得用，故「宦資大豐」。乙丑運合庚，「晦火生金」，又丑土生金，弱殺翻身，不自量力，故落職。羊刃不駕殺就要食傷洩，要食傷就不要印；財要由食傷生，不然就被劫。

305

按：原局印比食傷一團旺氣，喜用財洩；怕印剋食傷，印木為忌，宜金運剋乙木，火運持平靠流年。

正 印	日 主	正 印	比 肩
乙 未	丙 辰	乙 未	丙 子
乙　丁　己	癸　乙　戊	乙　丁　己	癸
正　劫　傷 印　財　官	正　正　食 官　印　神	正　劫　傷 印　財　官	正 官
癸 卯 ｜ 壬 寅	辛 丑 ｜ 庚 子	己 亥 ｜ 戊 戌	丁 酉 ｜ 丙 申

任注：丙日未月，火土傷官，四柱無金，子水暵乾，未土為用，第嫌乙木並透根深，功名難遂。初運丁酉、丙申，制化乙木，財喜稱心。戊戌十年，熙熙攘攘，日熾日昌。己運土無根，木回剋，刑耗並見。一交亥運，木得生，火逢劫，得惡病而亡。

1、正印五見，比劫三見，官弱印強，四柱無財剋印，身強忌比劫祿刃印幫身。傷官無財主貧窮。

2、初運丙申與日主丙辰拱子，三合官殺生印。丁酉運辰酉合財，身強喜行財殺之地。戊戌運食傷洩日主，印剋食傷用神得地。

3、己亥運，己土坐下壬水土無根，印剋無根之傷官，若丑年則亥子丑三會官殺剋日主，喜無金生水。若卯年則三合亥卯未，印上加印，原局無金剋木，凶病而亡。合會透干必要反制，因此柱運歲合會出下列情況：印局無財會印者亡。財局無比刃會財者亡。官殺局無食傷會官殺者亡。食傷局無印會食傷者亡。比刃局無官殺會比刃者亡。

306

五曰：傷官用官格

按：土厚埋金，用官殺木疏土；宜水運生木，木運疏土。不宜金運剋官殺，火運剋傷官。

正官	日主	劫財	偏財
乙卯	戊戌	己酉	壬戌
乙	丁　辛　戊	辛	丁　辛　戊
正官	正印　傷官　比肩	傷官	正印　傷官　比肩
丁巳　　丙辰	乙卯　　甲寅	癸丑　　壬子	辛亥　　庚戌

任注：戊日酉月，土金傷官，地支兩戌，燥而且厚。妙在年干壬水，潤土洩金而生木，足以用官。亥運，財官皆得生扶，功名順遂。壬子，早遂仕路之志。癸丑，支拱金局，服制重重，甲寅、乙卯二十年，仕至侍郎。

1、戊日主生在酉月，土金傷官，年日地支戌土燥而且厚，幸好年干是壬水，「潤土洩金而生木」，指乙卯正官可用。原局食傷與官殺對抗賽。

2、庚戌運雙合時柱，比劫生食傷，上下和氣。亥運水生木，財生官皆得生扶，故「功名順遂」。壬子運拱亥，水生木，正官得用。癸丑運「支拱金局」，指月柱己酉與大運癸丑同旬半合金局，傷官轉強，故「服制重重」，崎嶇不遂。甲寅乙卯二十年大運，官殺轉強，故「仕至侍郎」。月時雙冲，根基一定空，若丙辰運，辰戌冲辰酉合，日主轉強官必衰。

307

按：月令傷官為用，偏印、正官外格更強；宜財運火土之地得官，申酉印運，天干食傷接地氣，安享平順。

正官	日主	正官	偏印
己酉	壬申	己卯	庚午
辛	戊　壬　庚	乙	己　丁
正印	七殺　比肩　偏印	傷官	正官　正財

丁亥	丙戌	乙酉	甲申	癸未	壬午	辛巳	庚辰

任注：壬水生於卯月，水木傷官，喜其官印通根；年支逢財，傷官有制有化；日元生旺，足以用官。巳運，官星臨旺，采泮水之芹，折蟾宮之桂。壬午、癸未運南方火地，出宰名區，鶯遷州牧。甲申、乙酉金得地，木臨絕，雖退歸，而安享琴書，其樂自如也。

1、壬水生在卯月，水木傷官；「喜其官印通根」，指日支申金藏偏印與七殺，同根透出年月天干。「傷官有制有化」，指年支丁火是正財有「化」，「制」是指偏印格尅住傷官。

2、「日元生旺，足以用官」，壬日主正偏印三見，自坐長生，身強足以託財官。巳運火土之地財生官，故「折蟾宮之桂」。壬午運與壬申日柱拱未，午未火土之地。癸未運，還是火土之地，故「鶯遷州牧」。甲申乙酉大運印綬轉強，化官殺之能量，而「安享琴書」。

3、原局偏強，官殺生印成格，五行不缺，四柱無刑沖，故「其樂自如」。

按：月令傷官無財運，外格官印相生，外格完美，正官為用，用子（印綬）護母，傷官就是忌神。

正官	日主	正印	正印
己酉	壬辰	辛卯	辛未
辛	癸　乙　戊	乙	乙　丁　己
正印	劫財　傷官　七殺	傷官	傷官　正財　正官

癸未	甲申	乙酉	丙戌	丁亥	戊子	己丑	庚寅

任注：壬水生於卯月，水木傷官。天干兩辛，支逢辰酉，益水之源，官之根固，傷之蔭洩；必以己土官星為用。己丑運，采芹食廩。戊子雖然蹭蹬秋闈，而家業日增。丁運亦無大患，至亥運，全會木局，傷官肆逞，刑耗並見而亡。

1、壬水生在卯月，水木傷官；天干兩辛生水，地支辰酉合金生水，日主偏強。「官之根固」，指時干己土正官引到年支。「傷之蔭洩」，指傷官三見洩的也不輕。「必以己土官星為用」，因為土是官殺可以生印，以庚辛剋乙木傷官。總之，要走官殺運。

2、己丑正官運，土生金，官殺生印剋住傷官，故「采芹食廩」。戊子運水生木，比劫生食傷，不利官殺，故「蹭蹬秋闈」。而戊子運「家業日增」，因為戊癸合火就是財。丁運財生官好事，但丁壬合，一丁剋兩辛，握手言和。亥運三合亥卯未，故「傷官肆逞，刑耗並見」。

按：地支巳午未三會火，比劫傷官旺相，最宜財地；沒有財運就傷官配印，故寅卯印地獲財利；癸丑、壬子運官殺得地，身強駕馭官殺。

正官	日主	傷官	正官
癸巳	丙午	己未	癸酉
庚　戊　丙	己　丁	乙　丁　己	辛
偏財　食神　比肩	傷官　劫財	正印　劫財　傷官	正財
辛亥　壬子	癸丑　甲寅	乙卯　丙辰	丁巳　戊午

任注：丙午日元，支類南方，未土秉令，己土透出，火土傷官，藏財受劫，無官則財無存，無財則官亦無根，況火焰土燥，官星並透，以官為用。運至火土，破耗刑喪。乙卯、甲寅運，雖能生火，究竟制傷衛官，大獲財利，納粟出仕。癸丑、壬子運，由佐貳而升縣令，名利兩全。

1、丙日主生在未月，「支類南方」，指巳午未三會火地；月柱傷官天透地藏，羊刃傷官。「藏財受劫，無官則財無存」，指酉金正財面對未土之中的丁火劫財,依靠年干癸水正官的保護。「無財則官亦無根」，若無酉金生癸水，正官也難自保。

2、原局火炎土燥，要用金水，故「以官為用」。「運至火土，破耗刑喪」，指丁巳、丙辰大運，遍地火土撐爆了。乙卯、甲寅運，雖能生火，但「究竟制傷衛官」，指印剋食傷，保住正官。癸丑運與癸巳、癸酉三合財局，官喜財生。壬子運與丙午水火既濟，故「名利兩全」。

310

六曰：假傷官格

按：〈六親論〉：「從兒不管身強弱，只要吾兒又得兒。」故申酉運發財；正官運不通根，傷不深；癸亥運順我則生，逆我則亡。假傷官一回事，也是屬於傷官用財格。

偏印	日主	傷官	傷官
乙巳	丁巳	戊午	戊申
庚　戊　丙	庚　戊　丙	己　丁	戊　壬　庚
正財　傷官　劫財	正財　傷官　劫財	食神　比肩	傷官　正官　正財
丙寅　　乙丑	甲子　　癸亥	壬戌　　辛酉	庚申　　己未

任注：此火土傷官，日主旺極，喜其傷官發洩菁華，更妙財星得用。庚申、辛酉運，少年創業，發財十餘萬。壬戌幸而水不通根，雖有刑耗而無大患。至癸亥運，激火之烈，洩財之氣，不祿。

1、丁火生在午月建祿格，自坐帝旺，身極強；喜見食傷六見洩日主，食傷又得正財三見洩之，喜階梯式洩身。戊申、戊午拱未，三合火。

2、庚申辛酉運，一路財星，故「發財十餘萬」。壬戌運「水不通根」，指正官無根，閑神受傷有限，故「雖有刑耗而無大患」。癸亥運，看似癸水通旺根，實則戊癸合化火，一亥沖兩巳，午亥暗合，故「激火之烈，洩財之氣，不祿」。表面傷官格，其實從兒喜財。

按：潤下格，獨象喜行化地，而化神（食傷）要昌，則其氣流行。崑崙之水，可順而不可逆。

劫財	日主	正印	比肩
癸卯	壬子	辛亥	壬子
乙	癸	甲　壬	癸
傷官	劫財	食　比 神　肩	劫財
天乙	紅　羊　將 豔　刃　星	亡神	紅　羊 豔　刃
己未　戊午	丁巳　丙辰	乙卯　甲寅	癸丑　壬子

任注：六水乘權，其勢泛濫，全賴卯木洩其精英。初交水運，仍得生助木神，平寧無咎。甲寅乙卯，正得用神之宜，采芹食廩，丁財並益。一交丙辰，羣比爭財，三子剋二，夫婦皆亡。

1、「六水乘權」，壬癸水六見。五行缺火、土，缺財與官殺。潤下格、日刃格。一般從旺格局，忌見官殺。壬子、癸丑水旺從潤下之勢無咎。甲寅、乙卯食傷承旺水，用神得宜，故「丁財並益」。丙辰運丙火財星在天干面臨金水，地支子辰合水局，表面財官併臨，實則比劫爭財。

2、五行缺食傷柱運歲入全印局者凶。五行缺印入財局者凶。五行缺官殺入食傷局者凶。五行缺比刃入官殺局者凶。

312

按：原局水旺，子辰半合，潤下格。《三命通會》:「運喜西方，不宜東南。」純粹則木化，純度不足則金生。

劫財	日主	比肩	比肩
癸卯	壬子	壬子	壬辰
乙	癸	癸	癸 乙 戊
傷官	劫財	劫財	劫財 傷官 七殺
天乙	紅豔 羊刃 將星 月德	紅豔 羊刃 將星 月德	華蓋 月德

庚申	己未	戊午	丁巳	丙辰	乙卯	甲寅	癸丑

任注：此天干皆水，支逢旺刃，喜其支全卯辰，精英吐秀，所以書香早遂。但木之元神不透，未免蹭蹬秋闈，更嫌運逢火地，尤恐壽元不永。交丙運，庚午年，水火交戰而亡。

1、壬日主生在子月，羊刃格，地支有卯辰洩水，但不透天干，沒有普通格，以傷官最大，估稱為「假傷官格」。

2、癸丑運與癸卯時柱拱寅，三會傷官洩秀，食傷洩水，子丑合土是官殺，也有一時之選，故「書香早遂」。甲寅乙卯順原局之勢，雖無大患，但格局不清純，故「蹭蹬秋闈」。丙辰運天干為財，但子辰半合兩組，故丙火陷入四面劫財。庚午年，午火雙沖子水，天干庚金又生水，流年也陷入四面劫財，故「水火交戰而亡」。

按：原局印綬格與傷官格，喜無財運；印運傷官被制不宜，比劫運身強多餘，庚申辛酉食傷運，原局無財，傷官逆用可配印。壬戌、癸亥財地，傷官之喜。

傷官	日主			偏印			比肩	
辛酉	戊辰			丙辰			戊午	
辛	癸	乙	戊	癸	乙	戊	己	丁
傷官	正財	正官	比肩	正財	正官	比肩	劫財	正印
桃花	紅豔	華蓋	寡宿	紅豔	華蓋	寡宿	羊刃	

甲子	癸亥	壬戌	辛酉	庚申	己未	戊午	丁巳

任注：此重重火土，最喜酉時，傷官透露，洩其菁華。三旬之前，運逢火土，蹭蹬芸窗。一交庚申，雲程直上。及辛酉、壬戌、癸亥四十載，體用合宜，由署郎出為牧使，從藩臬而轉封疆，宦海無波。

1、戊土生在辰月，戊己土比劫四見，正偏印兩見，俱為主氣，身強喜辛酉傷官洩氣，故「最喜酉時，傷官透露，洩其菁華」。喜金水，食傷生財。地支自刑滿佈。

2、「三旬之前，運逢火土」，丁巳、戊午、己未運皆火土印比之地，故「蹭蹬芸窗」。庚申是食神運，辛酉運與月柱丙辛合水，辰酉合金，傷官生財。壬戌運雙冲日月兩柱，雖喜用無傷，破財難免。癸亥運一堆財，戊癸合，午亥暗合，因財傷身。月時雙合，晚年尚有榮景。

314

按：月令偏印透出為用帶正印，偏印格逆用，喜財，原局無財。次用傷官，無財不靈；惟因身強喜洩，傷官洩去即平衡。

偏 印	日 主	傷 官	正 官
丙 辰	**戊 午**	**辛 巳**	**乙 酉**
癸　乙　戊	己　　丁	庚　戊　丙	辛
正　正　比 財　官　肩	劫　　正 財　　印	食　比　偏 神　肩　印	傷 官
癸 酉	甲 戌	乙 亥	丙 子	丁 丑	戊 寅	己 卯	庚 辰

任注：此火土當權，乙木無根，以辛金為用。辛丑年入泮，後因運程不合，屢困秋闈。至丑運暗拱金局，科甲連登，丙子、乙亥地支之水，本可去火，天干木火不合，所以仕途蹭蹬，未能顯秩耳。

1、戊土生在巳月，正偏印三見，比劫三見，火土當權。身強，喜歡食傷洩秀，故「以辛金為用」。正官格，傷官格，偏印格，三格鼎立，不免混濁。

2、「辛丑年入泮」，指戊寅運辛丑年與辛巳年拱酉，得喜用三合傷官。但戊寅運印比幫生，日主撐太飽，故「運程不合，屢困秋闈」。

3、「丑運暗拱金局」，指丁丑運與原局乙酉、辛巳三合傷官局，故科甲連登。丙子、乙亥地支之水，本可去火，「天干木火不合」，指丙子運水沖旺午，沖不動；乙亥運亥水生木，乙亥與年柱乙酉拱出戌土沖辰，亥沖巳，半合午火，牽扯一堆比劫，故仕途蹭蹬。

按：原局官輕印重，以財制印生官，宜亥子丑水地。傷官洩秀，忌印綬，以子護母。

偏 印	日 主	正 官	正 印
丙 辰	**戊 午**	**乙 巳**	**丁 酉**
癸　乙　戊	己　丁	庚　戊　丙	辛
正　正　比 財　官　肩	劫　正 財　印	食　比　偏 神　肩　印	傷 官
紅　大 豔　耗	羊　將 刃　星	干　亡 祿　神	
丁 酉　戊 戌	己 亥　庚 子	辛 丑　壬 寅	癸 卯　甲 辰

任注：此造與前造只換一辛字，據八字不及前造，而運途卻勝於前，亦以辛金為用，非官印論也。丁丑年溼土生金晦火，又全會金局，發甲入詞林，蓋運在辛丑，正歲運皆宜也。

1、本例與前例只差月干「辛」一字，但卻拿掉傷官格，正官格仍在；正偏印四見，偏印格成立；故正官配印，格局清純。日主身強，喜洩氣。天干乙、丙、丁三奇，癸卯運三奇成真，必有發顯。

2、「丁丑年溼土生金晦火」，丑年與原局年月地支三合傷官，故「發甲入詞林」。「運在辛丑，正歲運皆宜」，指辛丑運干支洩秀。

316

按：原局偏印格，日主不弱無官殺，見食神，閑神變忌神。食神三見，外格食神，印剋食神如何調停？寅卯生印，食神不靈；金水運，食神生財，以子護母，財剋印，去忌神之病。

食神	日主	正印	偏印
辛未	己酉	丙午	丁丑
乙　丁　己	辛	己　丁	辛　癸　己
七殺　偏印　比肩	食神	比肩　偏印	食神　偏財　比肩
	文昌　將星	干祿　桃花　月德　大耗	華蓋

戊戌	己亥	庚子	辛丑	壬寅	癸卯	甲辰	乙巳

任注：此造土榮夏令，金絕火生，四柱水木全無，最喜金透通根，惜乎運走東方，生火剋金，不但功名蹭蹬，而且財源鮮聚。交辛丑運，逢戊辰，晦火生金，食神喜劫地，秋闈得意，名利裕如。

1、正偏印四見，「土榮夏令，金絕火生」，指己土生在午月，火炎土燥，印剋食傷。「最喜金透通根」，指辛金的食神格成立，可以洩火土旺氣。

2、「惜乎運走東方」，指甲辰、癸卯、壬寅，水生木，木生火，火剋金，食神幾無容身之地，故「功名蹭蹬」。辛丑運逢戊辰年，辰丑濕土生金，食神喜比劫之地相生，故「秋闈得意」。月時雙合，晚年尚有榮景。

317

清氣

原文：一清到底有精神，管取平生富貴真，澄濁求清清得去，時來寒谷也回春。

原注：清者，不徒一氣成局之謂也。如正官格，身旺有財，身弱有印，並無傷官、七殺雜之，縱有比肩、食神、財、煞、印綬雜之，皆循序得所，有安頓，或作閒神。不來破局，乃為清奇。又要有精神，不為枯弱者佳，濁非五行並出之謂。

1、按：原局五行要純清，生育流通，即是富貴可許；八字混濁就是不如純清，總要清氣一路流行，縱然原局混濁，只要行運轉清，寒谷回春，鹹魚翻身。

2、「清」，不僅是五行乾淨亮麗而已。例如正官格，身旺用財，身弱用印之外，縱然有比肩、食神、財、煞、印綬等夾雜，然皆循序得所，有安頓，或作閒神；不來破局，乃為清奇。又要神清氣爽不枯弱。這裡的「濁」並非五行繽紛，百花齊放；而要柱運歲搭配巧妙才是重點。

原注：如正官格，身弱混之以煞（變成官殺混雜），混之以財，以食神雜之，不能傷我之官，反與官星不和。以印綬雜之，不能扶我之身，反與財星相戕，俱為濁。或得一神有力，或行運得所，以掃其濁氣，沖其滯氣，皆為澄濁以求清。皆富貴命矣。

1、按：例如正官格身弱，七殺又來相混，財又來生殺，日主扛不住財生殺黨的格局，若有食神夾雜其間，食神不但沒有幫日主剋制官殺，反而生財助官殺，與官星不和。

2、若夾雜印綬，混財剋印，印不生身，反而財印相戰，一盤濁局。或是格局有力，行運剋合忌神（掃濁氣、沖滯氣）就是前述「澄濁求清」，富貴有許。

> 任氏曰：命之最難辨者，清濁兩字也。此章所重者，澄濁求清
> 四字也。清而有氣，則精神貫足，清而無氣，則精神枯槁，精
> 神枯則邪氣入，邪氣入則清氣散，清氣散則不貧即賤矣。

按：看八字最難辨識「清濁」兩字，〈通神論・清氣〉主要是討
論「澄濁求清」的意義，例如清而不濁，濁而轉清，清轉而濁，
一濁到底、邪氣清氣相混等。

> 任氏曰：夫清濁者，八字皆有也，非正官一端而論也。如正官
> 格，身弱有印，忌財，財星不現，清可知矣。即使有財，不可
> 便作濁論，須要看其情勢，如財與官貼，官與印貼，印與日主
> 貼，則財生官，官生印，印生身，印之源頭更長矣，至行運再
> 助其印綬，自然富貴矣。即使無財，不可便作清論，亦要看其
> 情勢，或印星無氣，與官星不通，或印星太旺，日主枯弱，不
> 受印星之生，或官星貼日，印星遠隔，日主先受官剋，印星不
> 能生化，至行運再逢財官，不貧亦夭矣。

1、按：清濁是八格皆有，任氏舉正官為例，其餘仿此。例如正
   官格剋日主，身弱有印護身可解；但忌財剋印；財星不現，
   就是清而不濁。其次，即使財星出現，不可當下便作濁論，
   高階以柱運歲共同判斷。例如財與官貼，則財生官；官與印
   貼，則官生印；印與日主貼，則印生身。財官印五行相生，
   自然富貴矣。
2、即使無財，不可便作清論，亦要看其情勢，或印星無氣，坐
   絕不通根；或與官星不連通，接不到官氣。或印星太旺，日
   主枯弱，不受印星之生。或官星貼日主，印星遠隔，日主先
   受官剋，印星不能生化，至行運再逢財官，不貧亦夭。

任氏曰：如正官格，身旺喜財，所忌者印綬，傷官其次也。亦看情勢，如傷官與財貼，財與官貼，官與比肩貼，不特官星無礙，亦且傷官化劫生財，財生官旺，官之源頭更長，至行運再遇財官之地，名利兩全矣。

按：如正官格，身旺喜財，所忌者印綬又來撐爆日主，也不喜歡傷官剋官。其次，亦看情勢，如傷官與財貼，則傷官生財。財與官貼，則財生官。官與比肩貼，官剋比劫（指日主強，日主弱就不同），不但官星無礙，而且傷官化劫生財，財生官旺，官之源頭更長，等於五行生育順暢，至行運再遇財官之地，名利兩全矣。

任氏曰：如傷官與財星遠隔，反與官星緊貼，財不能為力，至行運再遇傷官之地，不貧亦賤矣。如傷官在天干，財星在地支，必須天干財運以解之，傷官在地支，財星在天干，必須地支財運以通之，或財官相貼，而財神被合神絆住，或被閒神劫占，亦須歲運沖其合神，制其閒神，皆為澄濁求清，雖舉正官而論，八格皆同此論。

按：如傷官與財星遠隔，傷官生不到財，反與官星緊貼，財不能為力，至行運再遇傷官合會之地，不貧亦賤。如傷官在天干，財星在地支，必須用天干財運以接地氣。傷官在地支，財星在天干，必須以地支財運接天氣。或財官相貼，而財神被合神絆住，或被閒神劫占，亦須歲運沖其合神，制其閒神。皆為澄濁求清，雖然舉正官而論，其餘八格皆同論。

任氏曰：總之，喜神宜得地逢生，與日主緊貼者佳，忌神移失勢臨絕，與日主遠隔者美。日主喜印，印星貼身，或坐下印綬，此即日主之精神也。官星貼印，或坐下官星，此即印綬之精神，餘可例推。

按：總之，喜神應該得地逢生，與日主緊貼者佳；忌神宜失勢臨絕，與日主遠隔者美。《易·泰》：「內陽而外陰，內健而外順，內君子而外小人，君子道長，小人道消」。日主喜印，印星貼身，或坐下印綬，此即日主之精神也。官星貼印，或坐下官星，此即印綬轉化官殺之精神，餘可例推。

按：月令正官透出為用，酉財生官，官生印，印生日主，流氣清新。水木火一團和氣，壬運、辛酉、庚申運，前言「官之源頭更長，至行運再遇財官之地，名利兩全矣。」身強不須比劫，印旺切忌食傷。

正印	日主	偏印	正官
乙未	丙寅	甲子	癸酉
乙　丁　己	戊　丙　甲	癸	辛
正　劫　傷 印　財　官	食　比　偏 神　肩　印	正 官	正 財
丙辰	丁巳	戊午	己未	庚申	辛酉	壬戌	癸亥

任注：丙生子月，坐下長生，印透根深，弱中之旺，喜其官星當令，透而生印，所謂一清到底有精神也。更妙源流不悖，純粹可觀，金水運，登科發甲，名高翰苑。惜中運火土，以致終老詞林。

1、丙火生在子月，丙火太猛還是急需壬水，正偏印四見，比劫兩見，坐下長生，身不弱，官生印。「官星當令」，得月令又透出年干，年支酉金正財，財生官；殺輕印重，喜用財生殺。

2、「一清到底」，指經由財生官，官生印，印生日主帶食傷，四柱無刑冲。「金水運，登科發甲」，壬運丙火所喜，殺印相生，戌運水被阻截，食神生財。辛酉庚申運財生殺。「惜中運火土」，己未、戊午運，火土之地，弱中之旺，幫不上也壞不了，故「終老詞林」。

322

按：水木多即財殺旺，水木火土金順生，連珠生化。月令正官正印透出，官印雙清。

食神	日主	正印	正官
辛未	己亥	丙寅	甲子
乙　丁　己	甲　壬	戊　丙　甲	癸
七殺　偏印　比肩	正官　正財	劫財　正印　正官	偏財
甲戌　癸酉	壬申　辛未	庚午　己巳	戊辰　丁卯

任注：春土坐亥，財官太旺，最喜獨印逢生，財藏生官，則印綬之元神愈旺，氣貫生時，而日主之氣不薄，更妙連珠生化，尤羨運途不悖，所以恩分雕錦，寵錫金蓮，地近清禁，職居津要。

1、己土生在寅月，田園氣寒，先用丙火，調候就是格局。「春土坐亥，財官太旺」，指己土生在寅月，甲木生丙火，丙火生己土，又子水生甲木，子水生寅木，故丙火「獨印逢生」。「財藏生官」，指財要藏好，財無根孤懸在天干最糟，雖然容易被劫，但也尅不動印，而原局子水之財尅不到印。

2、「日主之氣不薄」，指日主有印比幫身，「更妙連珠生化」，子水生甲木，甲木生丙火，丙火生己土，己土生辛金，財官印比食，運途不悖。更妙日柱外，都是地支生天干。官殺重印輕，行運比劫、印綬剛剛好。

323

按：月令正官透出年干，偏印格隨伺在側，癸水正官坐未土傷官，就是不對盤；初運申酉通關，解除年柱傷官見官。戊午、己未運食傷太旺，財為喜神被厚土埋去。

劫財	日主	偏印	正官
丁酉	丙寅	甲子	癸未
辛	戊　丙　甲	癸	乙　丁　己
正財	食神　比肩　偏印	正官	正印　劫財　傷官
丙辰　丁巳	戊午　己未	庚申　辛酉	壬戌　癸亥

任注：此與前癸酉者，大同小異，前則官坐財地，此則官坐傷地，兼之子未相貼，不但天干之官受剋，即地支之官亦傷。更嫌劫入財鄉，所謂財劫官傷，縱使芹香早采，仍蹭蹬秋闈。辛酉、庚申運，干支皆財，財如放梢春竹，利如蔓草生枝，家業豐裕。一交己未，傷妻剋子，遭回祿，家業大破，可知窮通在運矣。

1、前例是官坐財地，年支生天干；此例是官坐傷官，年支剋天干。「地支之官亦傷」，子水正官與未土相害。「更嫌劫入財鄉」，時柱丁火蓋頭唯一財星。財遇劫，官遇傷，喜財官之地。

2、「辛酉庚申運」，干支皆財，財生官，故「家業豐裕」。己未運財被蓋頭，無通關之能，傷官直接見官。除了差在連珠生化外，原局若無財或不堪用，則食傷就是食傷，故「家業大破」。

324

濁氣

原文：滿盤濁氣令人苦，一局清枯也苦人；半濁半清猶是可，多成多敗度晨昏。

原注：柱中要尋他清氣不出，行運又不能去其濁氣，必是貧賤。若清又要有精神為妙，如枯弱無氣，行運又不遇發生之地，亦清苦之人。濁氣又難去，清氣又不真；行運又不遇清氣，又不脫濁氣者；雖然成敗不一，亦了此生平矣。

1、按：濁氣就是原局刑冲破害之類，過猶不及，滿局清枯，水至清而無魚，最多也是避凶不趨吉。清濁相混雖不差，關鍵在行運，行運無法得地氣，成敗起伏平庸一生。

2、原局缺乏清氣現象，行運又無法剋合忌神，拉攏喜用神，必是貧賤。清歸清，還是要有精神，不能偏枯無氣；若行運也不遇格局調候成全，清苦鬱抑。濁氣之類的刑冲破害不離行運，行運中也不現格局相輔相成之妙，平生以流年論斷成敗。

任氏曰：濁者，四柱混雜之謂也，或正神失勢，邪氣乘權，此氣之濁也。或提綱破損，亦求別用，此格之濁也。或官旺喜印，財星壞印，此財之濁也。

按：八字柱運歲就是要「清」。何謂「濁」？即四柱混雜，湊不上好格局。例如「正神失勢」，格局有成，大運不濟。「邪氣乘權」，此氣之濁也，指正官遇無財的傷官，傷官遇偏印等。或「提綱破損」，指月支被刑冲。或官旺喜印洩將元氣傳給日主，但財星剋印，半途攪局。

> 任氏曰：或官衰喜財，比劫爭財，此比劫之濁也。或財旺喜劫，官星制劫，此官之濁也。或財輕喜食傷，印綬當權，此印之濁也。或身強殺淺，食傷得勢，此食傷之濁也。分其所用，斷其名利之得失，六親之宜忌，無不驗也。

按：原局正官衰弱，喜財來生；結果比劫爭財，比劫是忌（濁）神。或財旺喜劫，不需官星來制劫，官星變成忌神。或財輕喜食傷相生，印綬當權尅住食傷，導致食傷不生財，印綬是忌（濁）神。或身強殺淺，殺不得財生，食傷得勢會尅官殺，食傷是忌（濁）神。分別喜、用、忌、閑等諸神得失，名利富貴，六親宜忌，無不驗也。

> 任氏曰：然濁與清枯二字酌之，寧使清中濁，不可清中枯。夫濁者，雖成敗不一，多有險阻，倘遇行運得所，掃除濁氣，亦有起發之機；如行運又無安頓之地，乃困苦矣。

按：清濁的斟酌原則：寧使清中濁，不可清中枯。「清中枯」，比喻朽木不可雕。因為濁氣遇到行運得所，掃除濁氣，亦有生發之機會。若行運無安頓之地，困苦一生。

任氏曰：清枯者，不特日主無根之謂也，即日主有氣，而用神無氣者，亦是也，枯又非弱比也。枯者，無根而朽也，即遇滋助之鄉，亦不能發生也。弱者，有根而嫩也，所以扶之即發，助之即旺，根在苗先之意也。凡命之日主枯者，非貧即夭，用神枯者，非貧即孤，所以清有精神終必發，偏枯無氣斷孤貧，滿盤濁氣須看運，抑濁扶清也可亨，試之驗也。

按：「清枯者」，可能是日主無根，或者雖然日主有氣，而用神無氣者，也是清枯；「枯」並非身弱而已，而是無根又無接收元氣的條件。故即遇滋生日主之地，也不能發生幫扶日主。身弱者，有根而嫩也，所以進入生扶之地即發，根在苗先之。因此，偏枯無氣，爛泥巴糊不上牆，斷為孤貧。而滿盤濁氣，行運得到通關、病藥、扶抑、調候等喜用神，剋去濁氣（忌），清氣浮顯即亨通。

按：《三命通會》：「魁罡有四日：庚辰、壬辰、戊戌、庚戌……此格須疊位重逢……主為人性格聰明，文章振發，臨事果斷，秉權好殺……戊戌日無財不貴。」地支辰戌冲，巳亥冲。月令正官透出，乙庚合，正官食神不耐用，身強不用正印。

正 印	日 主	食 神	正 官
丁 巳	戊 戌	庚 辰	乙 亥
庚　戊　丙	丁　辛　戊	癸　乙　戊	甲　壬
食　比　偏 神　肩　印	正　傷　比 印　官　肩	正　正　比 財　官　肩	七　偏 殺　財
干　亡 祿　神	華　寡 蓋　宿	紅　大 豔　耗	劫 煞
壬 申	癸 酉	甲 戌	乙 亥	丙 子	丁 丑	戊 寅	己 卯

任注：戊戌日元，生於辰月巳時，木退氣，土乘權，印綬重逢，用官則被庚金合壞，用食則官又不從化，而火又剋金，無可奈何而用財。又有巳時遙冲，又不當令，若邀庚金生助，貪合忘生，且遙隔無情，所以起倒不一，幸而財官尚有餘氣。至乙亥運，補起財官，遂成小康。

328

1、戊日主，生於辰月巳時，「木退氣」，指甲木七殺被偏印丙火
　　洩化。「土乘權」，辰月土旺。「印綬重逢」，指正偏印三見。
　　「用官則被庚金合壞，用食則官又不從化」，年干乙木合月干
　　庚金，正官就沒得用。而食傷三見，乙庚合，致使食神無殺
　　可制又合官，食神與正官格局泡湯。又正偏印三見印尅食傷。
2、「無可奈何而用財，又有巳時遙冲」，指亥水偏財與時支巳火
　　遙冲，壬水生乙木就不靈光。「若邀庚金生助，貪合忘生」，
　　指邀請庚金來生亥水，庚金貪合乙木，輪不到亥水。「起倒不
　　一」，指巳亥冲，辰戌冲，格局糊掉。「財官尚有餘氣」，指月
　　支正財與正官。乙亥運乙是正官，壬是偏財，補起財官，遂
　　成小康。

按：原局無財，月令傷官為用，傷官五見，子旺母衰；傷官喜生財，無財運即以傷官逆用，取乙卯、甲寅運，傷官配印也成。

傷官	日主	傷官	正官
己丑	丙午	己未	癸亥
辛　癸　己	己　丁	乙　丁　己	甲　壬
正財　正官　傷官	傷官　劫財	正印　劫財　傷官	偏印　七殺

辛亥	壬子	癸丑	甲寅	乙卯	丙辰	丁巳	戊午

任注：火長夏令，原屬旺論，然時在季夏，火氣稍退，兼之重疊傷官洩氣，丑乃溼土，能晦丙火之光，以旺變弱，濁氣當權，清氣失勢，兼之先行三十年火土運，半生起倒多端。至乙卯、甲寅，木疏厚土，掃除濁氣，生扶日元，護衛官星，左圖右史，財茂業成。

1、丙火生在未月，應該是很旺的，但月柱傷官天透地藏洩氣，時柱還是傷官洩秀，又官殺三見，水土尅洩，故「濁氣當權，清氣失勢」。身弱沒本錢再被食傷洩。

2、戊午、丁巳、丙辰三十年火土運，原局火土太多，自然不宜火土運。乙卯、甲寅運，以木疏土，印尅食傷，生日主又尅忌神，故「財茂業成」。

安：月令正印、正官，均透出成格，整體財官印一團和氣，缺乏金、水，偏枯之命，一局清枯也苦人。

正印	日主	正官	正官
己卯	庚午	丁未	丁卯
乙	己　丁	乙　丁　己	乙
正財	正印　正官	正財　正官　正印	正財

己亥	庚子	辛丑	壬寅	癸卯	甲辰	乙巳	丙午

任注：此造大略觀之，財生官，官生印，印生身，似乎清美。無如午未南方，火烈土焦，能脆金不能生金。且木從火勢，又壞印綬，無生化之情，非清枯而何。更嫌運走東南，一生未遂，所謂明月清風誰與共，高山流水少知音也。

1、滿盤正官、正印、正財，四柱不見刑冲，官印雙清，感覺門面漂亮，實則水清無魚，自掃門前雪；故云「高山流水少知音」，無比劫，清枯之命。庚金在木火之局，復行木火之地，偏枯。

2、日主無根，五行缺水，原局財官印東南之地，大運又逆行火木之地，原局財官印一路順風，就宜申酉運洩印幫身，可以補足比劫的缺陷，宜辛丑運濕土生金帶水。正官四見無七殺混濁，小人君子相。

真神

> 原文：令上尋真聚得真，假神休要亂真神，真神得用生平
> 貴，用假終為碌碌人。

> 原注：如木火透者，生寅月，聚得真，不要金水亂之。真
> 神得用，不為忌神所害，則貴。如參以金水猖狂，而用金
> 水；是金水又不得令，徒與木火不和，乃為碌碌庸人矣。

1、按：日主用神在月支透天干，最真。但不要被假神破損，就
　　是隔局不要被刑冲破合，或格局間缺乏相輔相成。例如財格
　　喜官，卻來七殺；或傷官無財可生，逢重印疊疊。有真神則
　　富貴。以假亂真則平庸碌碌。

2、如木火透出生在寅月，木火就不為忌神所害，而夾雜金水。
　　金水不得令，與木火不匹配，原局不破也低下。

> 任氏曰：真者，得時秉令之神也。假者，失時退氣之神
> 也。言日主所用之神，在提綱司令，又透出天干，謂聚
> 得真；不為假神破損，生平富貴矣。縱有假神，安頓得
> 好，不與真神緊貼，或被閒神合住，或遙隔無力，亦無
> 害也。倘與真神緊貼，或相剋相沖，或合真神，暗化於
> 忌神，終為碌碌庸人矣。如行運得助，抑假扶真，亦可
> 功名小遂，而身獲康寧，故喜神宜四生，忌神宜四絕。

1、按：「真神」，呼應「八字用神，專求月令」，以月令提綱透出
　　的格局為真，不可遇上冲刑的「假神」格局。若有則不可緊
　　貼，或遙隔無力，或閒神剋合的絕妙，就是安頓得好。如果
　　以上無解而真神受損，或被忌神合去，命格就是平庸而已。

2、如行運來的巧，假神被抑制剋合，真神洩去羈絆，也能功名
　　平遂，小有攸利。故喜神宜四生、四旺，生旺之地，而忌神
　　坐於衰絕死墓之地。例如喜木火就走東南，喜金水就走西北。

> 任氏曰：局內看真神，行運看解神；是先天而為地紀，所以測地。先看提綱以定格局，中天而為人紀，所以範人，次看人元司令而為用神，後天而為天紀，所以觀天，後看天元發露，而輔格助用，是天地人之三式，合而用之，則造化之功成矣。

1、按：「局內看真神，行運看解神」，先從原局月令提綱看起，「先天而為地紀」，老天爺給的命運，隱喻在地支月令，所以先看提綱，找出毛病症候，再從行運找用神、幫神、解神，找不到就是低命。先天是地支、中天是藏干、後天是天干，所以人生密碼在地支，從藏干中找用神格局，人生實踐在天干。

2、「天元發露」，天透地藏就是格局，格局有成還要外格輔助更妙，所以天干、地支、藏干是綜合運用而成。以上都是抽象的老生常談，不如多練八字。

> 任氏曰：造化功成，則富貴之機定矣，然後再定運程之宜忌，則窮通了然矣。後學者須究三元之正理，審其真假，察其喜忌，究沖合之愛憎，論歲運之宜否，斯為的當，故規矩雖可言傳，妙用由人心悟也。

按：「造化功成」，指原局氣象如何，富貴自有斷定。其次行運宜忌搭配如何，窮通了然。八字規矩可傳，神通妙用由人，不贅述。

按：月令正官正印透出成格為用，正官得偏財，不遇食傷，就是「令上尋真聚得真，假神休要亂真神」。

正官	日主	正印	正官
甲子	己丑	丙寅	甲子
癸	辛　癸　己	戊　丙　甲	癸
偏財	食神　偏財　比肩	劫財　正印　正官	偏財
甲戌　癸酉	壬申　辛未	庚午　己巳	戊辰　丁卯

任注：山東劉中堂造，己土卑薄，生於春初，寒溼之體，其氣虛弱，得甲丙並透，印正官清，聚得真也。柱中金不現而水得化，假神不亂。更喜運走東南印旺之地，仕至尚書，有尊君芘民之德，負經邦論道之才也。

1、「己土卑薄，生於春初」，指原局日主身弱。「甲丙並透，印正官清」，子水生甲木，甲木生丙火，丙火生己土，己土雖是寒溼，但聚集生身之真氣；即財生官，官生印。

2、柱中缺金，日主身弱恰巧免於食傷洩氣。「水得化」，指時支子財合丑土，年支子水生甲木，日主不必負擔元氣尅制。運走東南之地，木火生身，故「仕至尚書」。年日雙合，日時雙合，正官兩頭掛，有子難留。

3、原局以比劫印在日月兩柱護身，以財官分居年時兩柱，《文言·坤》云：「君子黃中通理，正位居體，美在其中，而暢於四支，發於事業。」四柱無刑冲，大象至明。

按：月令偏印透干成格，不生身就化殺，正有外格七殺得用。印綬怕財，殺得財也亂性，故申金就是假（忌）神，火地去之而後快。

正印	日主	七殺	七殺
乙未	丙子	壬寅	壬申
乙 丁 己	癸	戊 丙 甲	戊 壬 庚
正印 劫財 傷官	正官	食神 比肩 偏印	食神 七殺 偏財
寡宿	將星 月德	紅豔 驛馬	文昌
庚戌　　己酉	戊申　　丁未	丙午　　乙巳	甲辰　　癸卯

任注：鐵制軍造，殺逞財勢，嫩木逢金，最喜寅木真神當令，時干透出乙木元神，寅申之沖，謂之有病，運至南方火地，去申金之病，仕至封疆，聲名赫奕，有潤澤生民之德，懷任重道遠之才也。

1、「殺逞財勢」，七殺壬水得庚金偏財生助。「嫩木逢金」，月支寅木被申金沖尅。「寅木真神當令」，指木火透而生在寅月，表示有印比而身不弱。「時干透出乙木元神」，指時柱正印格。寅申相沖是原局的毛病，日主身弱要印比。

2、「運至南方火地，去申金之病」，指南方火地尅去申金，寅木偏印就得用，故「仕至封疆」。乙巳運拱午，羊刃駕殺，以火尅金；丙午運直接幫身，丁未運合木繼續幫身，地支兩未破水，壓制忌神。故仕至封疆。

按：月令食神透出時干是「真神」，七殺四見透干，正是食神制煞。而年月七殺生印，印剋食神，形成食神與七殺各自以子護母的矛盾。寅申冲最壞事，冲真神就是假神來亂。

食神	日主	七殺	偏印
甲辰	**壬子**	**戊寅**	**庚申**
癸 乙 戊	癸	戊 丙 甲	戊 壬 庚
劫財 傷官 七殺	劫財	七殺 偏財 食神	七殺 比肩 偏印
丙戌　乙酉	甲申　癸未	壬午　辛巳	庚辰　己卯

任注：此造日臨旺地，會局幫身，不當弱論。喜其時干甲木，真神發露；所嫌者，年遇庚申，剋甲冲寅，又逢戊土之助，謂假亂真。雖然早采芹香，屢困秋闈。至壬午運，制化庚金，秋桂高攀，加捐縣令，申運冲寅，假神得助，不祿。

1、「日臨旺地」，壬日主自坐帝旺，日刃格，偏印兩見，比劫三見，身強，喜食傷洩氣。「會局幫身」，申子辰合水局。「喜其時干甲木，真神發露」，指食傷三見，食神格成立，羊刃駕殺。

2、年干庚金剋甲木，年支申冲寅，食神格破耗。「逢戊土之助，謂假亂真」，指偏印已經作亂在先，七殺生印又來推波助瀾。總之，喜食傷與財，忌官殺與印綬。所以庚辰、辛巳運，「屢困秋闈」。壬午運火剋庚金，食傷出頭，故「秋桂高攀」。申運冲寅，真神食神被冲，假神偏印庚金得助，不祿。寅申冲，故偏印格與七殺格不好用，以食神為真。

336

假神

原注：真神得令，假神得局而黨多；假神得令，真神得局而黨多，不見真假之迹，或真假皆得令得助，不能辨其勝負而參差者，其人雖無大禍，一生迍否而少安樂。

1、按：真神假神很難辨認，明暗迍邅也有頭緒可言，先從月令剝絲抽繭，如果真神不在月令，外格、變格都是暗處尋真的線索。

2、如果真神得令，假神得局而黨多；反之，假神得令，真神得局而黨多，很容易真假莫辨，或者真假神各有生助，難分難解，若無冲刑，其人雖無大禍，一生也是顛簸艱辛。

原注：寅月生人，不透木火，而透金為用神，是為提綱不照也。得己土暗邀，戊土轉生，地支卯多酉冲，乙庚暗化，運轉西方，亦為有真，亦或發福。以上特舉真假一端言耳。其會局合神，從化用神衰旺，情勢象格，心迹才德，邪正緩急生死，進退之例；莫不有真假，最宜詳辨之。

1、按：寅月木火透出就是格局，透出庚辛金，干支就是剋出剋入的關係，稱「提綱不照」，即是月支藏干沒有天干相呼應成格，還被蓋頭。換言之，月柱干支相生比合就是好。否則木火一團，有戊己土暗邀轉生，也是生育順行的好事。至於木多火旺，剋去透金，再轉入西方金地扶起用神，就是行運得地，來的巧。總之，原局金剋木的局面清晰可辨，用神即應轉化成金。

2、以上所述在會合、衰旺、緩急、情勢、進退等，攪和後雌雄難分，宜詳辨真假。

任氏曰：氣有真假，真神失勢，假神得局，法當以真為假，以假為真。氣有先後，真氣未到，假氣先到，法當以真作假，以假作真。如寅月生人，不透甲木而透戊土，而年月日時支，有辰戌丑未之類，亦可作用。如不透戊土，透之以金，即使木火司令，而年日時支，或得申字沖寅，或得酉丑拱金，或天干又有戊己生金，此謂真神失勢，假神得局，亦可取用。

1、按：假神得局，應以真為假，以假為真。反之，真氣未到，假氣先到，應當以真作假，以假作真，即以明顯的氣象為主。

2、寅月生人，寅中戊土雖衰，結合辰戌丑未即是一番用神氣象；地支有土，天干是金，雖然木火當令又逢沖，酉丑拱金，天干有土生金，就是假神翻身變真神，外格、變格有力當家。

任氏曰：若四柱真神不足，假氣亦虛，而日主愛假憎真，必須歲運扶假抑真，亦可發福。若歲運助真損假，凶禍立至，此謂以實投虛，以虛乘實，是猶醫者知參芪之能生人，而不知參芪之能害人也，知砒砒之能殺人，而不知砒砒之能救人也，有是病而服是藥則生，無是病而服是藥則死，且命之貴賤不一，邪正無常，動靜之間，莫不有真假之迹，格局尚有真假，用神豈無真假乎？

按：這節講真神與假神的辨證，真假誤置，猶如「有是病而服是藥則生，無是病而服是藥則死」，格局尚有真假，用神豈無真假乎

任氏曰：大凡安享蔭庇現成之福者，真神得用居多。創業興家勞碌而少安逸者，假神得局者居多，或真神受傷者有之。薄承厚祧，多駁雜者，真神不足居多。一生起倒，世事崎嶇者，假神不足居多，細究之，無不驗也。

按：命格分成真神得用，假神得局，真神不足，真假俱無等四個階段：

1、真神得用而居多，可許安享蔭庇現成之福報。

2、創業興家勞碌而少安逸者，假神得局者居多，或真神受傷者。

3、薄承厚祧，祖業凋零，創業維艱者，多駁雜而真神不足居多。

4、一生起倒，世事崎嶇者，假神不足居多，連假神都快沒有。

講了半天用醫病比喻，有病沒藥醫，與沒病亂服藥，都是下格。

怎麼判斷真假？請繼續往下讀。

按：月令食神不透干，年干傷官坐絕，寅午戌三會火局，變格論財。其次，庚金通根酉、戌，印綬不弱；財真？印綬真？七殺真？至少月令食神失真。取天透地藏之外格七殺生印為喜用，財局是忌神。日主無根，喜金水生扶。

偏印	日主	七殺	傷官
庚戌	壬午	戊寅	乙酉
丁 辛 戊	己 丁	戊 丙 甲	辛
正財 正印 七殺	正官 正財	七殺 偏財 食神	正印
庚午	辛未	壬申	癸酉	甲戌	乙亥	丙子	丁丑

任注：壬水生於立春二十二日，正當甲木真神司令，而天干土金並透，地支通根戌酉，此謂真神失勢，假神得局。用以庚金化煞，法當以假作真，純粹可觀。雖嫌支全火局，剋金灼水，喜其火不透干，又得戊土生化。更妙運走西北，所以早登雲路，甲第蜚聲，仕至封疆，有利民濟物之志，稟秀德真儒之器。總嫌火局為病，仕路未免起倒耳。

1、「真神失勢，假神得局」，指壬水生在寅月，本來希望甲木食神透干，原局反其道而行，偏印七殺在天干，其中偏印有地支酉、戌得地，形成印剋食神。支成三合財局，官殺四見，日主無根，依靠印綬三見生身；身弱，更喜壬癸幫身。所以食傷是占著月令的假神。

2、「戊土生化，更妙運走西北」，偏印在原局，為何可以假神當真神？因為原局官殺四見比例最重，又得財局來生，因此印綬化殺最管用（財不能跳過官殺剋印），所以丙子運水火既濟，乙亥運幫身，申酉運化殺生水。總之，身弱喜生扶之地，食神洩氣自非真神。

341

按：月令傷官不透干，正官七殺透出最旺，以外格取假為真，印綬為喜神，火地剋喜神，金地官職飛昇。

比肩	日主	正官	正印
癸丑	**癸未**	**戊寅**	**庚戌**
辛　癸　己	乙　丁　己	戊　丙　甲	丁　辛　戊
偏印　比肩　七殺	食神　偏財　七殺	正官　正財　傷官	偏財　偏印　正官
丙戌　　乙酉	甲申　　癸未	壬午　　辛巳	庚辰　　己卯

任注：癸水生於立春二十六日，正當甲木真神司令，而天干土金並透，地支丑、戌通根，傷官雖當令，而官殺之勢縱橫，即使傷敵殺，而日主反洩，況未能敵乎？庚金雖是假神，無如日主愛假憎真，用以庚金，有兩歧之妙；一則化殺官之強暴，二則生我之日元，時干比肩幫身，又能潤土養金。第中運南方，生殺壞印，奔馳不遇。至甲申，運轉西方，用神得地，得軍功飛升知縣。乙酉更佳，仕至州牧，一交丙，壞庚，不祿。

1、癸水生在寅月，甲木傷官得令，但天干是正官正印且通根，官殺五見，正偏印三見，故傷官不透干真神變假。丑未冲，日主身弱。原局殺重印輕，走印綬剛剛好。

2、「官殺之勢縱橫，即使傷敵殺，而日主反洩，況未能敵乎？」，指官殺五見，以傷官剋制七殺，但日主弱不用洩身之法，遑論官殺強，食傷弱。「兩歧之妙」，指印綬化殺生身兩相宜。「中運南方，生殺壞印」，故「奔馳不遇」。申運印化殺得用，乙酉運合印得用，丙戌運火土交馳，丙壞庚，戌制癸水，不祿。

342

按：月令傷官生財不透干，偏印坐傷官，正官坐食神，干支相剋，亦無比合相生，真神不顯，假神無根，破蕩祖業，刑妻剋子。

偏印	日主	偏印	正官
己亥	辛酉	己亥	丙子
甲　壬	辛	甲　壬	癸
正財　傷官	比肩	正財　傷官	食神

丁未	丙午	乙巳	甲辰	癸卯	壬寅	辛丑	庚子

任注：此造以俗論之，寒金喜火，金水傷官喜見官，且日主專祿，必用丙火無疑；不知水勢猖狂，病竊去命主元神；不但不能用官，即或用官，而丙火全無根氣，必須用己土之印，使其止水，生金衛火，己入亥宮臨絕，欲使丙火生土，而丙火先受水剋，焉能生土？所以己土反被水傷，真神無情，假神虛脫。初運庚子、辛丑比劫幫身，叨蔭之福，衣食頗豐。壬運丁艱。一交寅運，東方木地，虛土受傷，破蕩祖業，刑妻剋子，出外不知所終。

1、辛金生在亥月，寒金喜火，調候用神壬、丙，所以「金水傷官喜見官」。「日主專祿」，指辛祿在酉，自坐祿位。

2、「水勢猖狂」，指日主需要丙火，結果一堆土金水，丙火沒得用。「生金衛火」，土可以生金制水，制水就保住丙火。但原局己土坐亥支坐絕，己土又得不到自身難保的丙火生土，己土被亥水沖潰。初運比劫幫身，辛金喜壬水淘洗，故「衣食頗豐」。壬運一堆水生木，己土用神在東方被剋，故刑妻剋子。

剛柔

> 原文：剛柔不一也，不可制者，引其性情而已矣。

> 原注：剛柔相濟，不必言也。太剛者濟之以柔，而不得其情，而反助其剛矣。譬之武士而得士卒，則成殺伐。如庚金生於七月，遇丁火而激其威；遇乙木而助其暴。遇己土而成其志。遇癸水而益其銳。

1、按：剛柔相濟是常理，眾所皆知。若剛柔不一而無法調停，必然是應柔用剛，應剛用柔，反而遭致性情不馴而反撲。例如武士而得士卒，庚金生於酉月，如虎添翼。

2、庚金生於七月臨官，遇丁火正官淬鍊其鋒利，愈顯其威。遇乙木收納元氣，反激其暴。遇己土相生，得官殺之力成其志。遇癸水鋒芒更銳利。

> 原注：不如柔之剛者，濟之可也；壬水是也。蓋壬水有正性，而能引通庚之情故也。若以剛之剛者激之，其禍曷勝言哉。太柔者濟之以剛，而不馭其情，而反益其柔也。譬之烈婦而遇恩威，則成淫賤。如乙木生於八月，遇甲丙壬而喜，則輸情。遇戊庚盛而畏，則失身。不如剛之柔者，濟之可也；丁火是也。蓋丁火有正情，則能引動乙木之情故也。若以柔之柔者合之，其弊將何如哉，餘皆例推。

1、按：庚金耿直，不宜硬碰硬，喜用壬水化去暴戾，局中壬水能引通庚金性情，若以剛制剛，反激其禍。

2、太柔者以剛性輔佐，而不合乎其情，反而翻轉其性，由剛生柔。例如乙木生在酉月，甲木扶身，丙火剋合酉金，壬水洩金生木等論有情。若乙木遇戊土或庚金剋合則無情。因此以庚金之剛銳，不宜丙火僅能用丁火，全在剛柔相宜。

任氏曰：剛柔之道，陰陽健順而已矣。然剛之中未嘗無柔，所以陽喻乾，乾生三女，是柔取乎剛。柔之中未嘗無剛，所以陰喻坤，坤生三男，是剛取乎柔。夫春木、夏火、秋金、冬水、季土，得時當令，原局無剋制之神，其勢雄壯，其性剛健，不洩則不清，不清則不秀，不秀則為頑物矣。

按：本節先申論剛柔之道，陰陽健順等陰陽學宇宙觀，不贅述。春木、夏火、秋金、冬水、季土，得時當令，先尋官殺，身殺兩停；若無則食傷洩去，得而清秀。

任氏曰：若以剛斲其柔，謂寡不敵眾，反激其怒而更剛矣。春金、夏水、秋木、冬火、仲土，失時無氣，原局無生助之神，其勢柔軟，其性至弱；不劫則不闢，不闢則不化，不化則為朽物矣。略以柔引其剛，謂虛不受補，反益其弱，而更柔矣。是以洩者，有生生之妙，剋者有成就之功，引者有和悅之情，從者有變化之妙，剋洩引從四字，宜詳審之不可概定。必須以無入有，向實尋虛，斯為元妙之旨。

按：如果以剛制柔而寡不敵眾，反激其怒。例如春金、夏水、秋木、冬火、仲土，失時無氣，原局無生助之神，反而劫而化之更有益。凡原局洩之生生不息，剋之成就立世，不可一概而定。

任氏曰：若庚金生於七月，必要壬水；乙木生於八月，必要丁火，雖得制化之義，亦死法也。設使庚金生於七月，原局先有木火，而壬水不見，又當如何？莫非棄明現之木火，反用暗藏之壬水乎？乙木生於八月，四柱先有刧印，而丁火不現，莫非棄現在之刧印，反求無形之丁火乎？大凡得時當令，四柱無剋制之神，用食神順其氣勢，洩其菁英，暗處生財，為以無入有，有失時休囚，原局無刧印幫身，用食神制殺，殺得制則生印，為向實尋虛，宜活用，切勿執一而論也。

1、按：原局四柱八字，僅以庚金生在申月用壬水；或乙木生在八月，用丁火食神，認定制化有情，未免太死板。假設庚金申月，原局先有木火，財生殺黨，而缺乏壬水食神制殺，如何是好？又例如乙木生在酉月，四柱配有刧印身強，而缺乏丁火食神，如何是好？

2、前述先查剋制如何，次查食神洩去，若原局無刧印幫身，用食神制殺，殺得制則生印，為向實尋虛；理論如此而已。

346

按：庚金申月建祿三見，極旺，以透出食神為用，偏印五見正是忌神，閑神是火，前述「庚金生於七月，遇丁火而激其威；遇乙木而助其暴。遇己土而成其志。遇癸水而益其銳。」

偏財	日主	偏印	食神
甲申	庚辰	戊申	壬申
戊　壬　庚	癸　乙　戊	戊　壬　庚	戊　壬　庚
偏印　食神　比肩	傷官　正財　偏印	偏印　食神　比肩	偏印　食神　比肩
丙辰　　乙卯	甲寅　　癸丑	壬子　　辛亥	庚戌　　己酉

任注：庚金生於七月，地支三申，旺之極矣。時干甲木無根，用年干壬水，洩其剛殺之氣，所嫌者月干梟神奪食。初年運走土金，刑喪早見，祖業無恆。一交辛亥，運轉北方，經營得意。及壬子、癸丑三十年，財發十餘萬，其幼年未嘗讀書，後竟知文墨，此亦運行水地，發洩菁華之意也。

1、庚金生申月，申金建祿三見，戊土偏印五見透干，身極強。食傷五見，正欲借用洩氣，不巧偏印緊貼。食傷與偏印對抗賽，解套就是佳運。

2、「初年運走土金，刑喪早見」，因為身強不需土印酉金幫生。辛亥運辛洩戊土，生壬癸水，食傷翻身解套，故「經營得意」。

3、壬子癸丑運都是食傷，申子辰一堆三合水局洩秀。「後竟知文墨」，庚金文昌在亥，故「運行水地，發洩菁華」。

347

按：月令建祿，偏印透干，身強；身強而食神成格為用，但偏印剋制食傷，以至洩不盡土金旺相，既無官殺運，食傷又被忌神偏印剋制，喜神財運剋印，財發巨萬。

七殺	日主	偏印	食神
丙戌	庚寅	戊申	壬戌
丁　辛　戊	戊　丙　甲	戊　壬　庚	丁　辛　戊
正官　劫財　偏印	偏印　七殺　偏財	偏印　食神　比肩	正官　劫財　偏印
丙辰　乙卯	甲寅　癸丑	壬子　辛亥	庚戌　己酉

任注：庚金生於七月，支類土金，旺之極矣。壬水坐戌逢戊，梟神奪盡，時透丙火，支拱寅、戌，必以丙火為用，惜運走四十載土金水地，所以五旬之前，一事無成。至甲寅運剋制梟神，生起丙火，及乙卯二十年，財發巨萬。所謂蒲柳望秋而凋，松柏經冬而茂也。

1、庚金生戌月，建祿格帶兩個劫財，偏印五見透干，旺旺旺，最喜食傷洩秀。「梟神奪盡」，指囂張的偏印，剋盡相對衰弱的食神，原局之病。

2、「時透丙火，支拱寅戌」，因為庚金太強，食神與偏印又搞不好，所以依賴官殺四見來剋制庚金，故「必以丙火為用」。庚戌、辛亥、壬子、癸丑運，土金水之地一事無成。甲寅、乙卯運剋制偏印，食神解套發揮生財能力，故「財發巨萬」。

348

按：月令七殺透干為用，外格食神三見為喜，看似食神制殺剛好，實則剋洩交加，唯一弱根丑未冲；以印綬運化殺剋去食神。

食神	日主	食神	七殺
丁	**乙**	**丁**	**辛**
丑	**未**	**酉**	**酉**
辛　癸　己	乙　丁　己	辛	辛
七殺　偏印　偏財	比肩　食神　偏財	七殺	七殺

己丑	庚寅	辛卯	壬辰	癸巳	甲午	乙未	丙申

任注：乙木生於八月，木凋金銳，幸日主坐下庫根，干透兩丁，足以盤根制殺，祖業豐盈，芹香早采。但此造之病不在殺旺，實在丑土，丑土之害，不特生金晦火，其害在丑未之冲也；天干木火，全賴未中一點微根，冲則被丑中金水暗傷，以致秋闈難捷。至癸巳運全會金局，癸水剋丁，遭水厄而亡。

1、乙木生在酉月，「木凋金銳」，四柱全陰，七殺格當令、食神格，格強身弱，勉強以食神制殺，忌諱財生殺黨。日主乙木僅坐下比肩入庫，丑中癸水相生，然而丑未冲，七殺與食神根其不穩；又酉酉自刑，其情不向日主。

2、原局癸巳運三會巳酉丑，癸水制丁，食神制殺破局。原局丁剋辛、酉酉自刑、丑未冲，六個字擾動，身弱沒本錢對抗官殺。

按：月令七殺透財，身弱格強，財殺為忌，印比為喜用。庚戌運財生殺，亥運、壬子運印綬生身，丑運濕土生金，忌財殺。

劫財	日主	偏財	正財
甲申	乙亥	己酉	戊辰
戊 壬 庚	甲 壬	辛	癸 乙 戊
正財 正印 正官	劫財 正印	七殺	偏印 比肩 正財
丁巳 丙辰	乙卯 甲寅	癸丑 壬子	辛亥 庚戌

任注：乙木生於八月，財生官殺，弱之極矣；所喜者坐下印綬，引通官殺之氣，更妙甲木透時，謂藤蘿繫甲，出身雖寒微。至亥運入泮。壬子聯登甲第，早遂仕路之光。丑運丁艱。甲寅剋土扶身，不次升遷，乙卯仕至侍郎。此造之所喜者，亥水也，若無亥水，不過庸人耳；然亥水必要坐下，如在別支，不得生化之情，功名不過小就耳。

1、乙木生在酉月，財四見，地支申酉官殺，身弱。日支有正印劫財，劫財甲木透出時干，「謂藤蘿繫甲」。總之，身弱喜印比之地。亥運、壬子運，印地，故「聯登甲第」。

2、丑運財生官殺，故「丁艱」。甲寅運剋土扶身，乙卯運還是剋土扶身，故「仕至侍郎」。總之，日主衰弱財旺，用印還要帶比劫，否則印被財剋，所以需要破財請比劫當保全。

順逆

原注：剛柔之道，可順而不可逆。崑崙之水，可順而不可逆也。其勢已成，可順而不可逆也。權在一人，可順而不可逆也。二人同心，可順而不可逆也。

1、按：原局五行氣勢可能順逆不齊，一旦氣勢完整，大運必須順其勢而行。剛柔之道在於五行流通，可順不可逆；例如崑崙之水浩蕩而下，順勢就是佳局。

2、可順不可逆的原則有：(1)、五行明顯者，例如比劫、食傷旺，要財運。(2)、五行集中在一行，例如專旺格之類。(3)、「兩人同心」，例如火土兩行，宜金運。

任氏曰：順逆之機，進退不悖而已矣；不可逆者，當令得勢之神，宜從其意向也。故四柱有順逆，其氣自當有辨；五行有顛倒，作用各自有法，是故氣有乘本勢而不顧他雜者。氣有借他神而可以成局者。無有從旺神而不可剋制者。無有依弱資扶者。所以制殺莫如乘旺，化殺正以扶身，從殺乃依權勢，留殺正爾迎官；其氣有陰有陽，陽含陰生之兆，陰含陽化之妙。其勢有清有濁，濁中清貴之機，清中濁賤之根；逆來順去富之基，順來逆去貧之意，此即順逆之微妙，學者當深思之。

1、按：順逆的原則只在於當進則進、當退則退。但八字並非全部可以輕易分辨剛柔進退。例如當令得勢易於揣度意向；四柱順逆，五行顛倒，各有其形勢，其氣自當有本體，而不宜夾雜其他忌神五行。

2、「氣有借他神而可以成局者」，指合會變格。「無有從旺神而不可剋制者」，五行各有生剋制化，旺神自有絕地相剋。「無有依弱資扶者」，身弱也有旺相之地。因此官殺旺可以比劫駕馭；其次印綬化殺可以扶身，而從殺依附權勢，留殺即是官清，其氣有陰有陽，陽含陰生之兆，陰含陽化之妙，子平之理只是順從宇宙自然觀，總之在清濁、貧富根基、順逆等辨證中。

任氏曰：書云：去其有餘，補其不足，雖是正理，然亦不究深淺之機，只是泛論耳。不知四柱之神，不拘財、官、殺、印、食傷之類，乘權得勢，局中之神，又去助其強暴，謂二人同心。或日主得時秉令，四柱皆拱合之神，謂權在一人，只可順其氣勢以引通之，則其流行而為福矣。若勉強得制，激怒其性，必罹凶咎，須詳察之。

1、按：「去其有餘，補其不足」，雖是老生常談的正理，但無法分辨五行根深根淺，刑冲合會後之強弱，就無法判斷何者有餘或不足。

2、不知分辨財、官、殺、印、食傷之類格局的喜忌，挹注暴神，誤當「二人同心」。或者日主得時又有拱合，權在一人，順其氣勢引通而流行即為福。不知順逆而強制反剋，愛之適以害之也。

按：「權在一人」，指庚金獨大，不宜官殺運，初運火地「寡不敵眾，反激其怒而更剛」，幸虧有壬、癸水蓋頭，有驚無險。申酉運不逆其性，丙運激怒庚金。

比肩	日主	比肩	比肩
庚辰	庚申	庚辰	庚辰
癸　乙　戊	戊　壬　庚	癸　乙　戊	癸　乙　戊
傷官　正財　偏印	偏印　食神　比肩	傷官　正財　偏印	傷官　正財　偏印
戊子　丁亥	丙戌　乙酉	甲申　癸未	壬午　辛巳

任注：天干皆庚，又坐祿旺，印星當令，剛之極矣；謂權在一人，行伍出身。壬午、癸未運，水蓋天干地支之火，難以剋金，故無害。一交甲申，西方金地，及乙酉合化皆金，仕至總兵，丙運犯旺神，死於軍中。

1、天干一字，庚申、庚辰拱三水局，金水傷官，傷官傷盡，精明能幹，貴命。非土金二局。地支申子辰拱水局，井欄叉格局中無火方為貴，出世超羣，《三命通會》：「丙丁寅午全無露，定是清朝富貴人。」指出井欄叉格忌官殺運。原局比肩偏印一堆，實則地支是傷官洩秀。

2、甲申、乙酉西方金地，乙酉合庚辰皆金，一路順風。丙戌運，火庫透干，丙剋庚，一戌冲三辰，辰戌流年必凶。

353

按：月令傷官為用，三合水局喜財運，木為閑神，火土剋去金水為忌神，庚申運化出井欄叉。

偏財	日主	偏財	傷官
甲申	庚辰	甲子	癸酉
戊　壬　庚	癸　乙　戊	癸	辛
偏印　食神　比肩	傷官　正財　偏印	傷官	劫財

丙辰	丁巳	戊午	己未	庚申	辛酉	壬戌	癸亥

任注：庚辰日元，支逢祿旺，水本當權，又會水局，天干枯木無根，置之不論；謂金水二人同心，必須順其金水之性。故癸亥、壬運，蔭庇有餘。戌運制水，還喜申酉戌全，雖見刑喪而無大患。辛運入泮。酉運補廩。庚運登科。申運大旺財源。一交己未，運轉南方，刑妻剋子，家業漸消。戊午觸水之性，家業破盡而亡。

1、日主庚辰，地支三合申子辰透癸水，金水傷官，五行缺火官殺恰是調候，傷官傷盡。「金水二人同心」，原局金水兩行最旺，金生水，順勢而行。所以癸亥運順水性無妨。壬戌運壬水順勢。戌運三會申酉戌生水無大患。辛酉、庚申運，傷官用比劫吉祥如意，故「大旺財源」。

2、己未運土滯水流，印剋食傷，用神受制。戊午運雙冲月柱甲子，是以五行所缺之官殺冲三合大水，故「戊午觸水之性」，而不同於一般之第六大運雙冲。若流年逢卯，子酉午卯會齊。

354

按：乙木正印當令，水泛木漂，七殺傷官無根；水地順母旺之勢，甲寅、乙卯運，母旺宜助其子；不宜火土犯旺。

傷官	日主	七殺	正印
丙子	乙亥	辛亥	壬子
癸	甲　壬	甲　壬	癸
偏印	劫財　正印	劫財　正印	偏印

己未	戊午	丁巳	丙辰	乙卯	甲寅	癸丑	壬子

任注：壬水乘權坐亥子，所謂崑崙之水，沖奔無情，丙火剋絕，置之不論，遺業頗豐。乙卯、甲寅，順其流，納其氣，入學補廩，丁財並益，家道日隆。一交丙運，水火交戰，刑妻剋子，破耗異常。辰運蓄水無咎。丁巳運，連遭回祿兩次，家破身亡。

1、正偏印五見，偏印格，水泛木漂。乙木坐在亥月，調候先丙後戊，然而五行缺土，丙火孤懸時干坐絕，反成贅瘤。壬子、癸丑運，順水流清新之勢享受遺業。甲寅、乙卯順流納氣。

2、丙辰運丙辛化水，子辰拱水，清流轉濁流，家業動盪。丁巳運以原局無土，巳亥沖，丁辛剋，丁壬合，觸犯崑崙之水。旺水以火土反制，反激其怒。

寒暖

> 原文：天道有寒暖，發育萬物，人道得之不可過也。

> 原注：陰支為寒，陽支為暖。西北為寒，東南為暖。金水為寒，木火為暖。得氣之寒，遇暖而發。得氣之暖，逢寒而成。寒之甚，暖之至，內有一二成象，必無好處。若五陽（甲丙戊庚壬）逢子月，則一陽之候，萬物懷胎。陽乘陽位，可東可西。五陰（乙丁己辛癸）逢午月，則一陰之候，萬物收藏。陰乘陰位，可南可北。

1、按：四時運作寒暖交替，始有萬物生育；在八字而言寒暖偏枯都是過猶不及。「陽主生物，非陰無以成」，指原局要陰陽和諧，形質才能互相依據。若有「一二成象」，往往藉此得意一時而已。

2、「陽乘陽位，可東可西」，陽日主有根即可受生受剋。「陰乘陰位，可南可北」，陰日主有根即可水火交融；總之，萬物懷胎與萬物收藏都是在物極必反的循環中，生機不止。

> 任氏曰：寒暖者，生成萬物之理也，不可專執西北金水為寒，東南木火為暖，考機之所由變，上升必變下降，收閣必變開闢。然質之成，由於形之機。陽之生，必有陰之位。陽主生物，非陰無以成。形不成，亦虛生。陰主成物，非陽無以生。

按：寒暖陰陽交替運行，化生萬物。西北金水為寒，東南木火為暖固然是原則，但〈繫辭傳〉：「以動者尚其變」，故上升下降，收閣開闢都是變化的本質。由形而質，陽主生，陰成之；無形即無質。〈象傳〉：「大哉乾元，萬物資始……至哉坤元，萬物資生。」《道德經》云：「萬物負陰而抱陽」，故「陰主成物，非陽無以生」。

任氏曰：質不生，何由成？惟陰陽中和變化，乃能發育萬物，若有一陽而無陰以成之，有一陰而無陽以生之，是謂鰥寡，無生成之意也。如此推詳，不但陰陽配合，而寒暖亦不過矣。況四時之序，相生而成，豈可執定子月陽生，午月陰生而論哉。

按：萬物生育惟陰陽中和變化，乾坤為至陽至陰，一陽而無陰是鰥夫，一陰而無陽是寡婦，偏枯即無生成之意。因此原局需要陰陽配合，寒暖也就不至於過度。而且四季循環，只要生機活潑，不一定要子月陽生，午月陰生，專執死板的論述。

任氏曰：本文句末，不可過也，適中而已矣。寒雖甚，要暖有氣，暖雖至，要寒有根，則能生成萬物。若寒甚而暖無氣，暖至而寒無根，必無生成之妙也。是以過於寒者，反以無暖為美；過於暖者，反以無寒為宜也。蓋寒極暖之機，暖極寒之兆也，所謂陰極則陽生，陽極則陰生，此天地自然之理也。

按：「不可過」，指寒暖適中。「過於寒者，反以無暖為美；過於暖者，反以無寒為宜」，指專旺格。總之，和諧則美，否則依據物極必反的道理，是過於寒者，反以無暖為美；過於暖者，反以無寒為宜；因為寒極則回暖，暖極則回寒，所謂陰極則陽生，陽極則陰生，以上老生常談，請繼續往下練八字。

按：月令傷官，申子辰三合水局為用，偏財格為喜。火地七殺格，化成偏印生身。原局金水與木火土平衡。前言「惟陰陽中和變化，乃能發育萬物」。

偏印	日主	七殺	偏財
戊寅	庚辰	丙子	甲申
戊　丙　甲	癸　乙　戊	癸	戊　壬　庚
偏印　七殺　偏財	傷官　正財　偏印	傷官	偏印　食神　比肩
甲申　癸未	壬午　辛巳	庚辰　己卯	戊寅　丁丑

任注：此寒金冷水，木凋土寒，若非寅時，則年月木火無根，不能作用矣。所謂寒雖甚，要暖有氣也，由此論之，所重者寅也，地氣上升，木火絕處逢生，一陽解凍，然不動丙火亦不發，妙在寅申遙沖，謂之動，動則生火矣。大凡四柱緊沖為剋，遙沖為動，更喜運走東南，科甲出身，仕至黃堂，所謂得氣之寒，遇暖而發，此之謂也。

1、庚金生在子月，地支三合水局，金冷水寒，偏財與七殺通根時支成格，偏印四見，偏印格生日主，比劫生食傷，食傷生財，以木火暖身，所以寅木最重要。

2、「然不動丙火亦不發，妙在寅申遙沖，謂之動，動則生火矣」，緊貼是相剋，丙火經由寅申遙沖而發動，原局寒中有暖，「更喜運走東南」，遇暖而發。壬午運與月柱丙子水火既濟。

按：地支申子辰三合水局，金水重於木火土。前言「暖雖至，要寒有根，則能生成萬物……是以過於寒者，反以無暖為美；過於暖者，反以無寒為宜也。蓋寒極暖之機，暖極寒之兆」。此造木火弱，未必極寒，但木火無根坐絕，爛泥巴糊不上牆，庚日主只靠年柱扶身，午未火土之地，爛泥巴變混凝土。

偏財	日主	七殺	正印
甲申	庚辰	丙子	己酉
戊　壬　庚	癸　乙　戊	癸	辛
偏印　食神　比肩	傷官　正財　偏印	傷官	劫財
戊辰　己巳	庚午　辛未	壬申　癸酉	甲戌　乙亥

任注：此亦寒金冷水，土凍木凋，與前大同小異，前則有寅木，火有根，此則無寅木，火臨絕，所謂寒甚而暖無氣，反以無暖為美。所以初運乙亥，北方水地，有喜無憂。甲戌暗藏丁火，為丙火之根，刑喪破耗。癸酉運剋去丙火。入申運食廩財業日增。辛未運轉南方，丙火得地生根，破耗多端。庚午運逢寅年，木火齊來，不祿。

1、日主庚辰地支申酉祿旺，印綬透出，申子辰三合水局。傷官為用，忌印逢官。庚金難用坐絕之丙子，不如順水勢。初運乙亥順勢無咎。甲戌運三會西方金地，癸酉、壬申運助長水勢財業日增，辛未運未土忤逆傷官，破耗多端。庚午運雙冲丙子，拱巳。

2、庚午運與日柱拱巳，雙冲月柱丙子除外，庚午運逢寅年，寅申冲，帶寅巳申三刑，木火齊來，不祿。

按：《三命通會》:「時逢七煞，見之未必為凶；月制干強，其煞反為權印。經云：時上偏官身要強，羊刃冲刑煞敢當，制多要行殺旺運，煞多制少必為殃。」刃重殺輕要金水。

七殺	日主	比肩	劫財
壬辰	丙午	丙午	丁丑
癸　乙　戊	己　丁	己　丁	辛　癸　己
正官　正印　食神	傷官　劫財	傷官　劫財	正財　正官　傷官
	羊刃　將星　月德　大耗	羊刃　將星　月德　大耗	
戊戌　　己亥	庚子　　辛丑	壬寅　　癸卯	甲辰　　乙巳

任注：此火焰南離，重逢劫刃，暖之至矣。一點壬水，本不足以制猛烈之火，喜其坐辰，通根身庫。更可愛者，年支丑土，丑乃北方溼土，能生金晦火而蓄水，所謂暖雖至而寒有根也。科甲出身，仕至封疆，微嫌運途欠醇，多於起伏也。

1、「重逢劫刃」，指丙丁火四見，丙火午月，兩支羊刃，唯一壬水本不足以剋火，然而辰、丑濕土為根，晦火生金蓄水，故「暖雖至而寒有根」。

2、「微嫌運途欠醇」，日月兩柱羊刃，調候用神壬、庚之力道不足，故在金水運財殺之地順遂，寅卯運則多起伏。經曰：「身殺兩停，貴而不久」。

360

按：假炎上格，《子平粹言》：「炎上格必須用印，若見食傷，富而不貴，蓋土能晦火之光，不以貴取；土能生金，為食傷生財，故轉為富格。……從有真假，假從者，具備從之條件，不能不從，而旺神失時或見為疵，不能不藉運助以補其缺點。……假從格局全恃運助以成其格，運程不助，即不能保有其地位。」

正官	日主	劫財	正官
癸巳	丙午	丁巳	癸未
庚　戊　丙	己　　丁	庚　戊　丙	乙　丁　己
偏財　食神　比肩	傷官　　劫財	偏財　食神　比肩	正印　劫財　傷官
己酉	庚戌	辛亥	壬子	癸丑	甲寅	乙卯	丙辰

任注：此支類南方，又生巳時，暖之至矣，天干兩癸，地支全無根氣，所謂暖之至，寒無根，反以無寒為美。所以初運丙辰，叨蔭庇之福。乙卯甲寅，洩水生火，家業增新。癸丑寒氣通根，嘆椿萱之並逝，嗟蘭桂之摧殘。壬子運，祝融之變，家破而亡。

1、 日柱丙午，丙丁巳午未六見，三會羊刃格，「反以無寒為美」，指炎上格順火木之性。初運丙辰與日主丙午拱出巳火，「叨蔭庇之福」。乙卯、甲寅運助成火勢無寒為美。癸丑運與時柱癸巳拱酉，三合財會出羣劫爭財，人事摧殘。壬子運與丙午日柱雙冲，家破而亡。

2、 羊刃最忌一合一冲，子午冲，丙壬冲，丁壬合。《淵海子平》：「炎上格忌水鄉金地，怕冲，要身旺，歲運同。」壬子運與丙午，水火既濟不適用特別格。

燥溼

1、按：《道德經》：「人法地，地法天」，八字有金水與木火藏於土中，自然有乾燥與潮溼的區別；就八字學理而言，燥溼不可偏廢。過於潮濕，呆滯無成。過於乾燥，烈而有禍。水有金生遇寒土（辰丑滋生金水）；火有木生遇暖土（未戌藏丁火助燃），偏枯就是險象。

2、例如火得木生遇暖土，即木火土一團，不宜辰、丑濕土。木火傷官要有水，以免木火土一團而火炎土燥。又例如「土水而成其溼者吉」，宜用金與辰、丑濕土。「金水傷官要燥」，是基於調候要火土。或有濕土宜乾燥者，先用土制水，再以火氣補土。金要滋潤者，先用金氣補充，再用水。

362

任氏曰：燥溼者，水火相成之謂也。故主有主氣，內不秘乎五行；局有局氣，外必貫乎四柱。溼為陰氣，當逢燥而成，燥為陽氣，當遇溼而生，是以木生夏令，精華發洩，外有餘而內實虛脫，必藉壬癸以生之，丑辰溼土以培之，則火不烈，木不枯，土不燥，水不涸，而有生成之義矣。若見未戌暖土，反助火而不能晦火，縱有水，亦不能為力也。

按：燥溼者，水火相盪而成。日主有五行，格局有氣勢，於是燥溼形象貫通於四柱。溼氣生於燥，燥氣生於溼；所以木在夏天火旺木休，外表風華，內氣衰絕，必須用壬癸水補充元氣，辰丑溼土栽培，如此火不烈，木不枯，土不燥，水不涸，而有生成之義。反之，未戌藏丁火，增高火溫而助火，水來遇火土，無力回天。

任氏曰：惟金百鍊不易其色，故金生冬令，雖然洩氣休囚，竟可用丙丁以敵寒，未、戌燥土以除溼，則火不晦，水不狂，金不寒，土不凍，而有生發之氣機矣；若見丑辰溼土，反助水而不能制水，縱有火，亦不能為力也，此地道生成之妙理也。

1、按：金百鍊不易其色，故金生在冬天，雖然洩氣休囚，竟可用丙、丁火以敵寒，未、戌燥土以除溼；則火不晦，水不狂，金不寒，土不凍，而有生發之氣機；若見丑、辰溼土，很容易柱運歲三合水而水旺，縱有火，亦不能為力。

2、這篇短文是在說明調候用神的觀念，生在夏天要有水，生在冬天要有火，地支土多或辰戌月要有甲木疏土，次用癸水。

按：原局金水旺，五行順勢就要財運寅卯之地，食傷生財。宜金水，忌木火；辰運濕土挺金水論吉，未運燥土挺木火論凶。

七殺	日主	劫財	七殺
丙子	**庚辰**	**辛丑**	**丙辰**
癸	癸 乙 戊	辛 癸 己	癸 乙 戊
傷官	傷官 正財 偏印	劫財 傷官 正印	傷官 正財 偏印

己酉	戊申	丁未	丙午	乙巳	甲辰	癸卯	壬寅

任注：此造以俗論之，以為寒金喜火，干透兩丙，獨殺留清，推其木火運中，名利雙全，不知支中重重溼土，年干丙火，合辛化水，時干丙火無根，只有寒溼之氣，並無生發之意，只得用水，不能用火矣。所以初運壬寅、癸卯，制土衛水，衣食頗豐，至丙午、丁未二十年，妻子皆傷，家業破盡，削髮為僧。

1、年日天剋地刑，主本不和，家業難濟。月時干支雙合，晚年平淡。日主庚辰生在丑月，先用丙丁暖身。年月丙辛合，時柱丙火孤懸，缺調候丁甲。本例傷官七殺對抗賽，用傷官生財，木制土衛水，不喜官殺轉強。任氏認為，原局架構不穩的五行，行運來救反而遭咎。

2、庚金得辰丑濕土相生，辛干黨同，七殺無根，可謂不弱。初運壬寅癸卯傷官生財。甲辰濕土滋木得財，乙巳運先得正財後七殺得地，必有糾結。丙午丙辰拱巳，官殺轉強，子午冲。丁未運未土制水，丑未冲，原局不宜用不穩定七殺，故「家業破盡」。

3、地支傷官四見，七殺不成格，年干丙火被合，時干丙火坐絕，沒格局與調候就與富貴無緣。

按：月令傷官，透出食神無財，丁壬合廢格；取外格官殺五見，論七殺格。火土官殺印綬比例最重，忌金水與濕土。

七殺	日主	食神	正官
丙戌	庚戌	壬子	丁未
丁 辛 戊	丁 辛 戊	癸	乙 丁 己
正官 劫財 偏印	正官 劫財 偏印	傷官	正財 正官 正印
甲辰　乙巳	丙午　丁未	戊申　己酉	庚戌　辛亥

任注：此造如以水勢論之，此則仲冬水旺，所喜者支中重重燥土，足以去其溼氣，子未相剋，使子不能助壬，丁壬一合，使壬不能剋丙，中運土金，入部辦事，運籌挫折，境遇違心。丁未南方火旺，議敘出仕，至丙午二十年，得奇遇，仕至州牧。

1、庚日主生在子月，傷官格。官殺五見，傷官當令，但天干丁壬合木，庚金愛甲木，子水轉弱，而地支有正偏印與劫財生扶，身不弱。

2、戊申是土金運，生扶日主，故「境遇違心」。丁未運生金化財，正官得用，故「議敘出仕」。丙午運水火既濟，午未合，午戌半合兩組，故「仕至州牧」。官殺齊透帶印，食神就是多餘的，故合官留殺去食神，來的巧。

按：日主無根，食傷五見，財星四見，七殺成格，正印一枚孤懸，食傷太重宜洩之，從勢宜財運用燥土。

七殺	日主	傷官	正印
庚午	甲午	丁巳	癸未
己 丁	己 丁	庚 戊 丙	乙 丁 己
正財 傷官	正財 傷官	七殺 偏財 食神	劫財 傷官 正財

己酉	庚戌	辛亥	壬子	癸丑	甲寅	乙卯	丙辰

任注：甲午日元，支全巳午未，燥烈極矣，天干金水無根，反激火之烈，只可順火之氣也。初運木火，順其氣勢，財喜頻增。至癸丑，嘆刑喪，遭挫折，破耗多端。壬子沖激更甚，犯人命，遭回祿，破家而亡。

1、甲日主生在巳月，地支三會火局透干，火勢太強則水將激起烈焰，因此要順勢而行。食傷五見，七殺成格。

2、乙卯、甲寅運，木來生火，順勢而行，故「財喜頻增」。《子平粹言》：「凡從格皆忌比劫，忌通根；見之為破格，獨有從兒格不忌」。癸丑運，印尅食傷，用神受損，故「破耗多端」。壬子運丁壬合木生火，子未相害，子午沖兩組，故「破家而亡」。

按：月令食神偏財七殺，日主剋洩交加，身弱；以七殺透出為用；外格正印三見，七殺帶印金生水，不宜火與燥土。

七殺	日主	傷官	正印
庚午	甲辰	丁巳	癸丑
己　丁	癸　乙　戊	庚　戊　丙	辛　癸　己
正財　傷官	正印　劫財　偏財	七殺　偏財　食神	正官　正印　正財
己酉	辛亥	癸丑	乙卯
庚戌	壬子	甲寅	丙辰

任注：此與前造只換辰丑二字，丑乃北方溼土，晦火蓄水，癸水通根而載丑，辰亦溼土，又是木之餘氣，日元足以盤根，庚金雖不能生水輔用，而癸水坐下餘氣，竟可作用。初運木旺，幫身護用，和平迪吉。至癸丑，北方水地，及壬子、辛亥三十年，經營得意，事業稱心。

1、原局與前例差異在日柱「甲午改甲辰」與年柱「癸未改癸丑」，因為辰、丑土中都含癸水，由此而改變了原局燥濕的比例。原局正印三見，食傷三見，官殺三見，所以有正印、傷官、七殺三個格局，格強身弱。

2、「庚金雖不能生水輔用」，指庚金地支午火是截腳。「癸水坐下餘氣，竟可作用」，指身弱在年柱是正印格相生。乙卯運與甲寅運三會羊刃幫身，故「和平迪吉」。癸丑、壬子、辛亥都是水地，故「事業稱心」。凡三個格局，喜見行運得到其中兩個格局相輔相成，原局行印運剋制傷官化殺。

隱顯

> 原文：吉神太露，起爭奪之風，凶物深藏，成養虎之患。

> 原注：局中所喜之神，透於天干，歲運不能不遇忌神，必至爭奪。所以有暗用吉神為妙。局中所忌之神，伏藏於地支者，歲運扶之沖之，則其為患不小。所以忌神明透，制化得宜者吉。

1、按：「吉神太露」，指財星浮在天干，比劫年運劫財，除非財星有食傷、官殺護衛。而「凶物」，指傷官生財所忌諱的印綬與比劫，隨柱運歲暗沖暗會，隨時噬去吉神。

2、財要深藏，若透出天干，易曰：「負且乘，致寇至。」流年大運比劫就奪財，所以吉神適合藏在地支。反之，局中忌神在地支有刑沖合會，柱運歲隨時變化，不如天干單純，所以凶神難以制化。總之，吉神要藏避劫，凶物要透易躲。

> 任氏曰：吉神太露，起爭奪之風者，天干氣專，易於劫奪故也，如財物無關鎖，人人得而用。假如天干以甲乙為財，歲運遇庚辛，則起爭奪之風，必須天干先有丙丁官星回剋，方無害。如無丙丁之官，或得壬癸之食傷合化亦可。故吉神宜深藏地支者吉。

按：吉神太露，人人想沾一手，剋去就是一翻兩瞪眼，局勢底定。「財物無關鎖」，指食傷護財，官殺制比劫。因此甲乙是財，日主就是庚辛，歲運遇庚辛，就是財起爭奪，可以用丙丁官殺剋去庚辛；如果沒有官殺，用壬癸化去庚辛。

任氏曰：凶物深藏，成養虎之患者，地支氣雜，難於制化故也；如家賊之難防，養成禍患。假如地支以寅中丙火為劫財，歲運逢申，沖申中庚金，雖能剋木，終不能去其丙火，歲運遇亥子，仍生合寅木，反滋火之根苗，故凶物明透天干，易於制化。所以吉神深藏，終身之福，凶物深藏，始終為禍。

按：凶物在地支很難制化，因為十二地支的三刑三會三合很複雜，配上暗沖暗合，防不勝防。例如寅申沖，雖然是金剋木，但寅中藏丙火，遇到亥子歲運，水不但洩金，還會生木旺火，隨時可以反噬庚金。簡單說，原局申金沖剋寅木，寅木歲運也可以會合午、戌火局剋去庚金。或會合卯、辰，形成木多金缺。

任氏曰：總之吉神顯露，通根當令者，露亦無害。凶物深藏，失時休囚者，藏亦無妨。鬼谷子曰：陰陽之道，與日月合其明，與天地合其德，與四時合其序，三命之理，誠本於此，若不慎思明辨，孰能得其要領乎。

按：總之，吉神露出而通根當令，不怕沖剋，透出也不怕摧殘。而凶物深藏，失時休囚者，藏亦無妨，因為周邊無合會連結，無法引出氣勢傷人。鬼谷子曰：「陰陽之道，與日月合其明，與天地合其德，與四時合其序」，這句話出自〈文言傳〉。三命之理，慎思明辨之言，老生常談，不贅述。

按：月令傷官、劫財、正印，傷官透干為用；傷官（土）宜生財（金）。
初運火土，傷官用比劫論吉；中運木火，容不下土金喜用神。

正財	日主	正財	傷官
辛卯	丙子	辛未	己卯
乙	癸	乙　丁　己	乙
正印	正官	正印　劫財　傷官	正印

癸亥	甲子	乙丑	丙寅	丁卯	戊辰	己巳	庚午

任注：丙火生於未月，火氣正盛，坐下官星，被未土傷盡，只
得用天干辛金，所嫌者，未為燥土，不能生金，又暗藏劫刃。
年干己土本可生金，又坐下印地，所謂吉神顯露，凶物深藏者
也。初運己巳、戊辰，土旺之地，財喜輻輳，事事稱心。一交
丁卯，土金兩傷，連遭回祿三次，又傷丁七人。丙寅妻子皆剋，
出外不知所終。

1、先決定正官、正財、傷官、正印，何者為用神？日支子水正
官，子卯刑，未土穿剋子水，正官難用。唯一格局傷官，有
正印三見，故由印剋食傷，比劫生食傷，傷官可用。正財辛
金，地支無根又合日主，喜行地支財運。由原局中份量最重
的印與傷官斟酌，傷官要生財，不喜印剋制。吉神太露，指
浮財丙丁剋合。

2、初運己巳夾辰濕土，戊辰運，土旺之地，傷官生財，故「事
事稱心」。丁卯運丁火剋辛財兩見，卯木印剋傷官，故「連遭
回祿三次」。丙寅運與丙子日柱拱丑冲未，丙合掉正財，寅木
偏印剋傷官，傷官與財泡湯，故「出外不知所終」。

按：月令傷官生財為用，不透干。年干正官，月干偏印，不通根，取提綱為喜用。官印是水木，大運無水木之地。戊申、己酉、庚戌運土金正是傷官生財。

劫財	日主	偏印	正官
丙午	丁丑	乙巳	壬午
己　丁	辛　癸　己	庚　戊　丙	己　丁
食神　比肩	偏財　七殺　食神	正財　傷官　劫財	食神　比肩

癸丑	壬子	辛亥	庚戌	己酉	戊申	丁未	丙午

任注：丁火生於孟夏，柱中劫旺逢梟，天干壬水無根，置之不用，最喜丑中一點財星，深藏歸庫，丑為溼土，能洩火氣，不但無爭奪之風，反有生生之誼。因初交丙午、丁未，所以身出寒門，書香不繼。喜中運三十載西方土金之地，化劫生財，發財十餘萬，所謂吉神深藏，終身之福也。

1、丁火生在巳月，「柱中劫旺逢梟」，指午火兩見，丙火透出時干，偏印生日主。「壬水無根」，指地支沒有壬癸水，坐絕難用。「財星深藏歸庫」，指辛金歸丑庫，濕土可用於洩火氣。日主太強，印、比不用，原局官殺不成格，難用。

2、丙午丁未運，一堆火土太旺，故「身出寒門」。「中運三十載西方土金之地」，指戊申、己酉、庚戌之地，食傷化比劫，食傷生財，故「發財十餘萬」。總之，財在地支比較能避開比劫奪財，遇到合會財局就是福氣。

371

眾寡

> 原文：強眾而敵寡者，勢在去其寡，強寡而敵眾者，勢在成乎眾。
>
> 原注：強寡而敵眾者，喜強而助強者吉。強眾而敵寡者，惡敵而敵眾者滯。

按：「強眾而敵寡」，指日主強，官殺弱；則不宜官殺運，宜去其不成器。「強寡而敵眾者」，日主雖然不強，但有根（無根可能從強從勢，特別格不在此論）；而官殺雖不強，但有財星為後援，行財殺之地就是「勢在成乎眾」。

> 任氏曰：眾寡之說，強弱之意也，須分日主四柱兩端而論也。如以日主分眾寡，如日主是火，生於寅卯巳午月，官星是水，四柱無財，反有土之食傷，即使有財，財無根氣，不能生官；此日主之黨眾，敵官星之寡，勢在盡去其官，歲運宜扶眾抑寡則吉。

按：「眾寡」，指強弱而言，將日主與格局分成兩端比較。例如日主是火，生於寅卯巳午月，就是比劫印綬一堆，官殺是水，四柱無財生官殺，官殺無後援，反而遇上戊己食傷相剋，或者有財而財無根，生官殺無力。此種情勢即是日主強而官殺薄弱，大運宜木火之地。換言之，身強容不得異類，錦上添花者眾，雪中送炭者寡，八字說到底還是要符合人生現實。其次，水是官星，休囚無氣；土是傷官，當令得時，其勢足以土剋去其官星水，歲運亦宜制官為美，意思在寡不成器者就是累贅。

任氏曰：如以四柱分眾寡，則分四柱之強弱，然又要與日主符合，弗反背為妙。假使水是官星，休囚無氣，土是傷官，當令得時，其勢足以去其官星，歲運亦宜制官為美。

按：「如以四柱分眾寡」，指在日主以外，以天透地藏的格局分強弱，然而必須參酌日主關係，不可反背為妙；簡單說，日主強弱變化出三角、四角關係。例如水是官星，日主就是丙丁火，火勢旺盛，且戊己土食傷氣勢很旺，原局官星受制為寡，歲運也是對日主錦上添花，以剋制官殺為美。

任氏曰：日主是火，亦要通根得氣，則能生土，或有木而剋土，則日主自能化木，轉轉相生，所謂日主符合者也。

按：前述食傷剋官殺，日主的火要通根，因為無根之火難以生出食傷；或者有木印剋食傷也不行，但日主通根卻能輾轉化去印剋食傷的窘境。

任氏曰：強眾而敵寡者，如日主是火，雖不當令，卻有根坐旺；官星是水，雖不及時，卻有財生助，或財星當令，或成財局，此官星雖寡，得財星扶則強，歲運宜扶寡而抑眾者吉，雖舉財官而論，其餘皆同此論。

按：「強眾而敵寡」？日主不當令，但卻有根坐旺；而官殺是水。相對雖不居旺地而寡，但有強力的財星做為後援，但此時「官星雖寡，得財星扶則強，歲運宜扶寡而抑眾者吉」，因為投資總是押在明日之星，而不成材的阿斗就放棄。

按：日主旺盛，正官成格無財星為後援；即前述「強眾而敵寡」。而傷官四見，即「勢在去其寡」。月令傷官透干為用，大運丙寅、丁卯，印剋食傷，官星蠢動論刑耗。戊辰、己巳傷官用神得地。庚運合官吉，午運不利。

傷官	日主	正官	比肩
辛酉	戊戌	乙丑	戊辰
辛	丁　辛　戊	辛　癸　己	癸　乙　戊
傷官	正印　傷官　比肩	傷官　正財　劫財	正財　正官　比肩

癸酉	壬申	辛未	庚午	己巳	戊辰	丁卯	丙寅

任注：此造重重厚土，乙木無根，傷官又旺，其勢足以敵官星之寡。初交丙寅、丁卯，官星得地，刑耗多端。戊辰得際遇，納捐出仕，及己巳二十年，土生金旺，從佐貳而履琴堂。至未運破金，不祿。

1、日主重重厚土，需以木疏土；比劫四見，傷官四見，但乙木微根，正官相對傷官就是無氣，是用？是棄？

2、初交丙寅、丁卯運就是官殺之地，「勢在去其寡」。故「刑耗多端」。戊辰、己巳運，土金生，榮華富貴。「至未運破金」，指丑戌未三刑，而且辛未辛酉拱申，三會申酉戌食傷局，傷官討厭三刑。總之，日主強旺，觀察原局選擇剋或洩，看那個成材得用，盡信書不如無書，應以財地最佳。

374

按：日主極旺，月令傷官透出為用，其勢偏強；殺輕印重不帶財，前言「勢在去其寡」。初運水地七殺扶不起；木火土之地，官殺無地自容。

七殺	日主	正官	傷官
癸卯	丁卯	壬戌	戊午
乙	乙	丁 辛 戊	己 丁
偏印	偏印	比 偏 傷 肩 財 官	食 比 神 肩

庚午	己巳	戊辰	丁卯	丙寅	乙丑	甲子	癸亥

任注：此傷官當令，印星並見，官煞雖透無根，勢在去官，初年運走北方，官星得勢，一事無成。丙寅丁卯，生助火土，經營發財巨萬。戊辰己巳，去盡官煞，一子登科，晚景崢嶸。此造戊午拱火，日時逢印，日主旺極，莫作用印而推，亦不可作去官留殺論也。

1、先決定用食傷、官殺、偏印、偏財等。丁火生在戌月，比肩兩見，偏印兩見，日主卯戌合更旺。唯一格局傷官當令。「官煞雖透無根」，不成材就是累贅，勢必去掉官殺。

2、初運走北方甲子、乙丑運，官星得勢，一事無成。丙寅、丁卯運，木生火助土，經營發財巨萬。戊辰、己巳運「去盡官煞」，指火土之地，官殺無地容身，拋下包袱，故「晚景崢嶸」。「戊午拱火，日時逢印」，日主偏強，不可推論為用印綬生身。也不可將丁壬合官，做為去官留殺而論。

按：三合火局日主旺，謂「強寡而敵眾」。壬水七殺則是調候，原局金水與火土勢均力敵，但財殺均有微根，謂「勢在成乎眾」。因此宜金水之地，忌火土撐爆。

偏財	日主	七殺	正官
庚寅	**丙午**	**壬戌**	**癸丑**
戊　丙　甲	己　丁	丁　辛　戊	辛　癸　己
食神　比肩　偏印	傷官　劫財	劫財　正財　食神	正財　正官　傷官
甲寅　　乙卯	丙辰　　丁巳	戊午　　己未	庚申　　辛酉

任注：丙火生於九月，日主本不及時，第坐陽刃會火局，謂之強寡。年月壬、癸進氣，癸水通根，餘氣丑土，洩其火局，庚金生助，壬癸為眾也，勢在成乎眾。故交辛酉庚申，金水生旺，遺業豐盈，其樂自如。一交己未，火土並旺，父母雙亡。及戊午二十年，破敗家業，妻子皆傷，至丙辰流落外方而亡。

1、日主丙午坐下寅午戌三合，羊刃駕殺，以官殺為用，財輔佐，羊刃與官殺對抗賽。初運辛酉、庚申，財生官殺，故「遺業豐盈」。己未運雙沖癸丑，午未合日主轉強，原局食傷四見，傷官見官，故「父母雙亡」。戊午運比劫生傷官，戊癸合火，官殺幾無容身之地，故「破家敗業」。丁巳運依舊火炎土燥。丙辰運與日柱丙午拱巳，延續火土生旺，故「流落外方而亡」。

2、總之，原局如果相同五行有三合三會，而柱運歲也會出相同之五行，必凶，如果原局或柱運歲又透干更甚。神煞孤辰、寡宿會齊，孤寡之命。天月德貴人耗錢請來。

震兌

原文：震兌主仁義之真機，勢不兩立，而有相成者存。

原注：震在內，兌在外；月卯日亥或未，年丑或巳時酉是也。主之所喜者在震，以兌為敵國，必用火攻（因為金剋木，以木生火剋金）。主之所喜者在兌，以震為奸宄（音：鬼，內賊），備禦之而已，不必盡去，不必興兵也。

1、按：震屬木，兌屬金，這節討論金與木的八字技巧；兩者沖剋而勢不兩立，但又能相輔相成。

2、震木在日月屬內，兌金在年時屬外，各自相聚一團。如果日主喜木，以金官殺為敵國，以子護母用火攻。主之所喜者是金，如果木是忌神，則防範而已，不必去之而後快。

原注：兌在內，震在外，月酉日丑或巳，年未或亥時卯者是也。主之所喜者在兌，以震為游兵，易於滅而不可黨震也。主之所喜者在震，以兌為內寇，難於滅而不可助兌也。

按：兌在內，指日月以巳、酉、丑、申之類。震在外，指年時亥、卯、未、寅之類。日主喜兌金，則震木之屬是外圍散兵游勇，容易剷除故行運不可附合「黨震」。反之，日主所喜在震木，以兌金為內賊，即使難以剿滅也不可助兌。

原注：以水為說客（通關之意），相間於上下。或年酉月卯日丑時亥，年甲月庚日甲時辛之例；亦論主之所喜所忌者何如，而論攻備之法。

按：震木與兌金用水通關，且不使金木各自團聚。通關之法如：年酉月卯日丑時亥，年甲月庚日甲時辛，即打散金木，使之均衡，其次日主喜忌也要顧及，才能討論「游兵」與「內寇」攻防戰。

1、按：如果金忌木，在木不帶火（怕剋金），且木不傷土（怕土不生金）的情況下，不必剋合木。反之，木忌金，金先天在五行佔優勢，金神旺盛不可挑戰。

2、惟因秋金申酉旺相，木終究是反剋無力，反而以木之仁成全金之義；寅卯月春木而兌金旺盛，兌金足以雕琢棟樑木而成器皿，反而以金義成全木仁。

按：月令是木，其餘年日時皆金，不必問日主喜忌，以月令五行木為要。反之，月令是金，年日時皆是木，不必問日主喜忌，以月令五行金為要；即以成全月令為要。

按：震卦屬陽，先天卦位置在東北，因為八屬陰，而後天卦三震亦屬陽。兌卦屬陰，先天卦位在東南，四屬陰，而後天卦七兌屬陽，故陰亦陽。《繫辭傳》：「陰陽不測之謂神」。

378

> 任氏曰：震為長男，雷從地起，一陽生於坤之初。兌為少女，山澤通氣，故三陰生於乾之終，長男配少女，天地生成之妙用。若長女配少男，陽雖生而陰不能成矣，是故兌為萬物之所悅，至哉言乎。是以震兌雖不兩立，亦有相成之義也。

1、按：震是長男，「雷從地起」，指坤卦一爻發動，生於坤之初。兌為少女，與少男艮卦相通，「三陰生於乾之終」，指乾卦上爻發動變成兌卦，這種對反的動爻就是「長男配少女」的理由，《易·大過·九二》：「枯楊生稊，老夫得其女妻，无不利」，仿天地生成之妙用。

2、反之，長女配少男，陽雖生而陰不能成矣，何指？《易·大過·小象·九二》：「枯楊生華，何可久也?老婦士夫，亦可醜也。」，巽不為「萬物之所悅」。總之，金木不兩立，仍有相生相成之道。

> 任氏曰：余細究之，震兌之理有五，攻成潤從暖也，春初之木，木嫩金堅，火以攻之。仲春之木，木旺金衰，土以成之。夏令之木，木洩金燥，水以潤之。秋令之木，木凋金銳，土以從之。冬令之木，木衰金寒，火以暖之，則無兩立之勢，而有相成仁義之勢矣。若內外之說，不過衰旺相敵之意也，當洩則洩，當制則制，須觀其金木之意向，不必拘執而分內外也。

按：金木兩局互動之理有：春木寅卯月木嫩，宜用火剋金。夏月之木帶火，足以剋金，喜用金生水滋潤木。秋木官殺旺，用土生金。冬木，冬水結冰不生木金衰，火以暖之，金生水則無兩立之勢，而能相成仁義。總之，內外之說就是金木二分法後的互動局面，當洩則洩，當制則制，觀其金木意向，不必拘執。

按：月令比肩、食神、偏財，以食神透干為用，七殺為「內寇」，食神制殺，宜制殺抗殺木火運，忌財殺運。

劫財	日主	七殺	食神
乙丑	甲申	庚寅	丙寅
辛　癸　己	戊　壬　庚	戊　丙　甲	戊　丙　甲
正官　正印　正財	偏財　偏印　七殺	偏財　食神　比肩	偏財　食神　比肩
天乙　寡宿		干祿　驛馬	干祿　驛馬　月德
戊戌　丁酉	丙申　乙未	甲午　癸巳	壬辰　辛卯

任注：甲木生於立春後四日，春初木嫩，天氣寒凝，日主坐申，月透庚金，丑土貼生申金，木嫩金堅，用火以攻之，喜得年干透丙，三陽開泰，萬象回春，何其妙也。初運辛卯、壬辰，有傷丙火，蹭蹬芸牕。癸巳運轉南方，丙火祿旺，納粟入監，連捷南宮。甲午、乙未，宦海無波，申運不祿。

1、甲木生於立春後，因嚴寒而需用火暖身。日主坐絕，七殺透月干成格。食神三見，食神格緊剋七殺。

2、前言「春初之木，木嫩金堅，火以攻之」，然而初運辛卯、壬辰運，水是印，印剋用神食傷，有傷丙火，故「蹭蹬芸牕」。癸巳運轉南方，剋制七殺，故「連捷南宮」。甲午、乙未運火土制殺，宦海無波。申運寅申沖，七殺格與食神格泡湯。日月雙沖，食傷生財火土同位，財坐驛馬，越沖越發。

380

按：月令羊刃格，用駕殺，喜財生；外格傷官，七殺更弱，宜土金運生扶七殺，忌火地傷去七殺。

傷官	日主	正財	七殺
丁卯	甲寅	己卯	庚戌
乙	戊　丙　甲	乙	丁　辛　戊
劫財	偏財　食神　比肩	劫財	傷官　正官　偏財
羊刃　桃花　大耗	干祿　月德	羊刃　桃花　大耗	華蓋
丁亥　丙戌	乙酉　甲申	癸未　壬午	辛巳　庚辰

任注：甲木生於仲春，坐祿逢刃，木旺金衰，用土以成之，方能化火生金，斲削以成真。初游幕，獲利納捐，至癸未運出仕。甲申、乙酉，木無根，金得地，從佐貳升知縣而遷州牧。

1、甲木生在卯月，羊刃格，「坐祿逢刃」，兩個建祿，身強，調候甲不離庚，庚不離丁，丁火與庚金分據年時天干，四柱無刑冲，缺水閑神，身強不用印，還是好命。金衰弱但得到己土、戌土相生，化火生金。

2、辛巳、壬午運南方火土之地，不悖食傷生財，也有一番景象。癸未運「獲利納捐」而出仕，未土化火生金，官殺轉強得用。甲申、乙酉運，甲乙木無根，金得地，官殺出頭，故「升知縣而遷州牧」。

按：月令傷官透干為用，傷官喜生財，滋弱殺而不制殺，火土與金水一氣相生。前言：「主之所喜者在兌，以震為奸宄，備禦之而已，不必盡去，不必興兵也。」奸宄在火土，怕傷去金水。殺輕宜殺地，傷重帶財不忌印。

傷官	日主	偏印	七殺
丁卯	甲辰	壬午	庚辰
乙	癸　乙　戊	己　丁	癸　乙　戊
劫財	正印　劫財　偏財	正財　傷官	正印　劫財　偏財
庚寅　　己丑	戊子　　丁亥	丙戌　　乙酉	甲申　　癸未

任注：甲木生於仲夏，時干丁火透出，用水以潤之，然水亦賴金生，金亦賴水養，更妙支逢兩辰，洩火生金蓄水，一氣相生，五行俱足。是以早游泮水，科甲聯登，仕至觀察。一生惟丙戌運金水兩傷不利，其餘皆順境。

1、甲木生在午月，急需癸水，日支恰好濕土。「一氣相生」，指年干庚金生壬水，壬水生甲木，甲木生丁火。調候用神庚、丁俱全。

2、原局劫財三見，傷官兩見，正偏財三見，官金印水各一，氣勢尚屬均衡，以金水之地為佳。甲申西方金地與日柱拱水局，正是金水之地。乙酉與庚辰雙合還是金地。「一生惟丙戌運金水兩傷不利」，丙戌運一戌冲兩辰，卯戌合火，戌午半合火，天干丙壬、丙庚冲剋，行運冲合太雜，火剋金，土剋水。

按：從旺則宜助旺；前言「主之所喜者在兌，以震為游兵，易於滅而不可黨震也。主之所喜者在震，以兌為內寇，難於滅而不可助兌也。」

劫財	日主	比肩	七殺
乙丑	甲戌	甲申	庚戌
辛 癸 己	丁 辛 戊	戊 壬 庚	丁 辛 戊
正官 正印 正財	傷官 正官 偏財	偏財 偏印 七殺	傷官 正官 偏財
天乙	華蓋	驛馬	華蓋
壬辰　　辛卯	庚寅　　己丑	戊子　　丁亥	丙戌　　乙酉

任注：甲木生於孟秋，財生殺旺，雖天干三透甲乙，而地支不載，木凋金銳，用土以從之也，格成從殺。戊運武甲出身。丁亥運生木剋金，刑耗多端。戊子、己丑，財生殺旺，仕至副將。

1、甲木生於申月，坐絕，「財生殺旺」，指地支四見財，官殺五見。「地支不載」，指地支沒有比肩劫財，甲、乙木無根。「格成從殺」，因為官殺旺，一堆財生官殺，主要是日月兩柱甲申、甲戌拱酉，三會成官殺，以致傷官倒戈。

2、丙戌運財生殺，武甲出身。丁亥運剋洩庚金又生木，逆其旺神，刑耗多端。戊子運子丑合土，財生殺；己丑運還是財生殺旺，故「仕至副將」。「用土以從之也，格成從殺」，當官殺比例將從未從之時，財源足夠，即可論殺。

383

按：官殺生印帶食神；以調候言，甲木寒顫於金水中，以丙寅升溫暖身。以格局言，官殺由印而化，食神制殺不貼身，剋洩交加，喜神就是印綬比劫，用神正官。

食神	日主	七殺	正官
丙寅	甲子	庚子	辛酉
戊 丙 甲	癸	癸	辛
偏財 食神 比肩	正印	正印	正官
干祿 驛馬 大耗	將星	將星	桃花
壬辰 癸巳	甲午 乙未	丙申 丁酉	戊戌 己亥

任注：甲木生於仲冬，木衰金微，用火以暖之，金亦得其制矣。況乎時逢祿旺，一陽解凍，所謂得氣之寒，遇暖而發，故寒木必得火以生之也，所以科甲聯登，仕至侍郎。

1、甲木生在子月，依賴時柱丙寅生火暖身。「金亦得其制」，指時干丙火制庚辛金，主要在中運有丙丁，日祿歸時，食神生財坐驛馬。戊戌運剋去印綬，論衰。申酉運助長官威，乙未、甲運尚可一搏，午運破去用神。

2、由年柱往時柱推看，金水木火順生，中運官殺得地，四柱無刑沖，甲不離庚帶丙火，所以「科甲聯登」。

> 右五造舉甲木為例，乙木亦同此論。

這一節都是提到金木比例較重的關係。

坎離

> 原文：坎離宰天地之中氣，成不獨成，而有相持者在。
>
> 原注：天干透壬癸，地支屬離者，乃為既濟；要天氣下降。天干透丙丁，地支屬坎者，乃為未濟；要地氣上升。天干皆水，地支皆火，為交媾；交媾身強則富貴。天干皆火，地支皆水，為交戰；交戰身弱，豈能富貴。

1、按：坎卦與離卦位於正南正北，水火既濟，所以必須兩者相輔相成，升、降、和、解、制，各有條件。

2、天干透壬癸水，而地支火氣重，水往下，火往上，對流就是協調相合，稱「既濟」，水生木，往下生火則「天氣下降」。反之，天干透丙丁，地支水氣重，稱火水「未濟」，地支水生木，木往上生火則「地氣上升」。天干皆水，地支皆火，稱「交媾」，身強擔得起財官則富貴。天干皆火，地支皆水，為「交戰」，身弱奪不到富貴。《易‧象》：「泰，小往大來，吉亨，則是天地交而萬物通也，上下交而其志同也。」總之，有木通關都好。

原注：坎外離內，謂之未濟。主之所喜在離，要水竭。主之所喜在坎，則不祥。離外坎內，謂之既濟。主之所喜在坎；要離降。主之所喜在離；要木和。水火相間於天，以火為主，而水盛者存。坎離相見於地支，喜坎而坎旺者昌。夫子午卯酉專氣也，其相制相持之勢，宜悉辨之。若四生四庫之神，皆所以黨助子午卯酉者。其理亦可推詳。

1、按：水在上，火在下，日主喜火就以木洩水，水竭則木火相生。反之，日主喜水，要金來，否則木來洩水則不祥。火在上，水在下，謂之既濟；日主之所喜在水，則用土金降下離火生水。反之，日主要火，用木通關。

2、天干水火相間，日主為火，宜水勢盛者存。地支水火相間，喜水則水運旺昌。子午卯酉是專氣，五行明顯，或制或扶，宜詳細分辨。若是寅申巳亥（四生），辰戌丑未（四庫），水火各有助神；例如申金生水，辰丑助金水；寅木生火，未戌助火土。

任氏曰：坎陽也，先天位右七之數，故為陽也。離陰也，先天位左三之數，故為陰也。坎為中男，天道下濟，故一陽生於北；離為中女，地道上行，故二陰生於南；離為日體，坎為月體，一潤一暄，水火相濟，男女媾精，萬物化生矣。夫坎離為日月之正體，無消無滅，而宰天地之中氣，是以不可獨成，必要相持為妙也，相持之理有五，升、降、和、解、制也。

升者，天干離衰，地支坎旺，必得地支有木，則地氣上升。

降者，天干坎衰，地支離旺，必得天干有金，則天氣下降。

和者，天干皆火，地支皆水，必須有木運以和之。

解者，天干皆水，地支皆火，必須有金運以解之。

制者，水火交戰於干支，必須歲運視其強者而制之。

此五者，坎離之作用如此，則無獨成之勢，而有相持禮智之性矣。

1、按：坎卦中男，陽爻居中，故為陽。離卦中女，陰爻居中，故為陰。男女、南北、陰陽、日月等，一陰一陽之謂道，故萬物化生。又因為日月恆常，無消無滅，而宰天地之中氣，所以水火要互動。

2、上述升、降、和、解、制等，五種情況各有適用條件，不外乎通關、扶抑之理。

按：月令七殺生印，雖不透干，官殺三見可為用；外格食神也成格。離坎兩局用木通關，殊不知食神制殺，不宜財地都算高命。

食神	日主	傷官	比肩
戊子	丙寅	己亥	丙子
癸	戊　丙　甲	甲　壬	癸
正官	食神　比肩　偏印	偏印　七殺	正官
丁未　丙午	乙巳　甲辰	癸卯　壬寅	辛丑　庚子

任注：丙火生於孟冬，又逢兩子，天干雖衰，地支坎旺，用寅木以升之也。至壬寅東方木地，采芹折桂。卯運出仕。一路運走東南，仕至觀察。

1、前言「升者，天干離衰，地支坎旺，必得地支有木，則地氣上升」，丙火兩見於天干，為戊己土所晦。地支亥子水三見，妙在寅亥合木，而水火通關，既濟相成。

2、壬寅運水生木，故「采芹折桂」。卯運出仕，為何「一路運走東南，仕至觀察」？前言「坎外離內，謂之未濟。主之所喜在離，要水竭。主之所喜在坎，則不祥。」故喜木火水竭之地。

3、丙日主生在亥月，有戊土食神止水，寅木生火，亥水相濟，四柱無刑冲就是好命，缺金缺財，胎元補齊。以格局論，食神制煞，忌土金，喜用東南。

388

按：月令食神生財，地支三合火局帶土；天干壬水無根殘弱，靠庚辛印綬滋生日主。宜金水之地，忌木火洩水。前言：「降者，天干坎衰，地支離旺，必得天干有金，則天氣下降」。

偏 印	日 主	比 肩	比 肩
庚 戌	壬 戌	壬 寅	壬 午
丁　辛　戊	丁　辛　戊	戊　丙　甲	己　丁
正　正　七 財　印　殺	正　正　七 財　印　殺	七　偏　食 殺　財　神	正　正 官　財
庚　　己 戌　　酉	戊　　丁 申　　未	丙　　乙 午　　巳	甲　　癸 辰　　卯

任注：壬水生於孟春，支全火局；雖年月兩透比肩，皆屬無根，天干坎衰，地支離旺，用庚金以降之也。惜乎運途東南，在外奔馳四十年，一無成就。至五旬外，交戊申，庚逢生旺，得際遇，發財巨萬，娶妻三，年已六旬矣，連生三子，至戌運而終。

1、天干壬水三見，地支寅午戌火局，擺明水火既濟。前言「降者，天干坎衰，地支離旺，必得天干有金，則天氣下降」，原局時干庚金生水，但「運途東南，在外奔馳四十年，一無成就」。

2、戊申運「庚逢生旺」，戊土生庚金，故「發財巨萬」。「連生三子」，官殺引到時支坐旺。「戌運而終」，三戌制水，火土齊來。寅午戌火局生戌土，戌土生庚金，庚金生壬水，順時鐘繞一圈，高命。

按：月令偏財、七殺、食神，均不透干；以地支申子財生殺為重，殺重用印，宜木火與燥土之地。

比肩	日主	比肩	比肩
丙申	丙子	丙申	丙子
戊　壬　庚	癸	戊　壬　庚	癸
食神　七殺　偏財	正官	食神　七殺　偏財	正官
文昌	將星	文昌	將星
甲辰　　癸卯	壬寅　　辛丑	庚子　　己亥	戊戌　　丁酉

任注：此造地支，兩申兩子，水逢生旺，金作水論。天干四丙，地支無根，離衰坎旺，須以木運和之也，惜乎五行不順，五十年西北金水之地，故艱難險阻，刑傷顛沛。五旬外運走壬寅，東方木地，財進業興，及癸卯、甲辰，發財數萬。

1、 天干丙火一氣，地支申子半合兩組，故「金作水論」。前言「和者，天干皆火，地支皆水，必須有木運以和之」，可惜行運在西北金水之地。

2、 壬寅運東方木地，水生木，木生火，故「財進業興」，癸卯甲辰，還是東方木地，故「發財數萬」。任氏經常使用半合機制論命。

按：月令七殺生印，地支三合火土局，財生殺黨為忌，用印綬為宜。前言「降者，天干坎衰，地支離旺，必得天干有金，則天氣下降」，僅辛酉、庚申運成為既濟，解去日主身弱之虞；不宜火土之地。

比肩	日主	比肩	劫財
壬寅	壬午	壬戌	癸巳
戊　丙　甲	己　丁	丁　辛　戊	庚　戊　丙
七殺　偏財　食神	正官　正財	正財　正印　七殺	偏印　七殺　偏財
甲寅　乙卯	丙辰　丁巳	戊午　己未	庚申　辛酉

任注：壬午日元，生於戌月，支會火局，年支坐巳，天干皆坎，地支皆離，必須金運以解之也。初交辛酉、庚申，正得成其既濟，解其財殺之勢，叨化日之光，豐衣足食。一交己未，刑耗異常，戊午財殺並旺，出外遇盜喪身。

1、壬水生於戌月，天干都是壬癸水，地支則是三合火局，前言「降者，天干坎衰，地支離旺，必得天干有金，則天氣下降」。

2、初運辛酉、庚申西方金地，金生水，水氣下降成既濟，地支一片財殺得到緩解，故「豐衣足食」。己未運結合地支巳午火勢制水，故「刑耗異常」。戊午運財殺並旺，結合地支寅戌火局制水，連帶戊癸合火，午午自刑，故「遇盜喪身」。

391

按：月令財生官，財官為用，印綬為喜；壬水帶刃透干，水火交戰，何來魯仲連？前言「制者，水火交戰於干支，必須歲運視其強者而制之」，金運化土，生水制火。

偏財	日主	偏財	比肩
丙午	壬子	丙午	壬子
己 丁	癸	己 丁	癸
正官 正財	劫財	正官 正財	劫財

甲寅	癸丑	壬子	辛亥	庚戌	己酉	戊申	丁未

任注：此造水火交戰於干支，火當令，水休囚，喜其無土，日主不剋。初交丁未，年逢戊午，天剋地沖，財殺兩旺，父母雙亡，流為乞丐。交申運，逢際遇。己酉運發財數萬，娶妻生子成家。

1、年月與日時，水火捉對交戰，火當令，水休囚。偏財格，五行缺金木，八字全沖，反而好命。年月雙沖，少小離家。年時雙沖，日月雙沖，日時雙沖。

2、丁未運戊午年，午未合，戊午雙沖年日壬子，柱運歲丙丁戊，火土焦燥，故財剋印「父母雙亡」。戊申運所謂之際遇，指辰年柱運申子半合，越沖越發，「視其強者而制之」。己酉大運官生印帶桃花，無刑沖，娶妻生子。《三命通會》：「人命或兩子兩午，或兩午包一子，或兩子包一午，有水火相濟之道，陽生陰生之機，遇者主貴。」

六親論　卷三

夫妻

原文：夫妻因緣宿世來，喜神有意傍天財。

原注：妻與子一也，局中有喜神，一生富貴在于是，妻子在于是，大率依財看妻。如喜神即是財神，其妻美而且富貴；喜神與財神不相妒忌亦好。否則剋妻，亦或不美，或欠和。

1、按：夫妻姻緣前世修來，妻財如果是喜神就是天意成全妻、財，婚姻與財富皆美。

2、妻財與子息都有同一因果關係，原局財為喜神，富貴大致底定；至於夫妻婚姻就依照財星性質解釋。財星是喜神，有顏如玉、賢內助之類，財生官，富且貴氣。次等者，喜神與財星不相妒忌，例如喜印星逢財，否則剋妻、妻醜、欠和諧之類。

原注：然看財神，又須活法；如財神薄，須用助財。財旺身弱，又喜比劫。財神傷印者，要官星。財薄官多者，要傷官。財氣未行，要沖者沖，泄者泄。財氣流通，要合者合，庫者庫。若財神泄氣太重，比劫透露，及身旺無財者，必非夫婦全美者也。至於財旺身強者，必富貴而多妻妾。看者當審辨輕重何如。

1、按：八字極其靈活，財星弱，直接走財運最快。如果財旺身弱，則喜比劫扶身，剋財小事。財剋印，用官星通關。財薄官多，用傷官生財，順便剋正官。財氣阻滯，沖與洩皆可。財氣流通，有合者合，以合會放大力量，或入庫謹防被劫。

2、如果財神洩氣生官殺太重（近乎無財），天干有比劫剋財，及身旺無財者，在婚姻生活必有缺憾。至於財旺身強可以托財官，富貴而多妻妾，還宜審辨輕重何如。

任氏曰：子平之法以財為妻，財是我剋，人以財來侍我，此理出於正論，又以財為父者乃後人之謬也，若據此為確論，則翁婦同宗，豈不失倫常乎？雖分偏正之說，究竟勉強。財之偏正，無非陰陽之別，並不換他氣，且世無犯上之理，宜辨而闢之；如果財為父，官為子，則人倫滅矣，不特翁婦同宗，而顯然祖去生孫，有是理乎。

1、按：子平法我剋為妻財，妻財是為日主所驅喚使用，此為正理。任氏認為以財星為父是謬論，否則我妻我父同宗，不合倫常。雖分為正財為妻，偏財為父，還是不免強詞奪理。

2、任氏認為，偏財與正財都是財，父與妻同論應該辨而闢之；另外偏財為父，官殺為子，則人倫滅矣。不但是家翁與家婦同宗，顯然祖父生孫一般的謬論。

任氏曰：是以六親之法，今當更定，生我者為父母，偏正印綬是也。我生者為子女，食神傷官是也。我剋者為婦妾，偏正財星是也。剋我者為官鬼，祖父是也。同我者為兄弟，比肩劫財是也。此理正名順，乃不易之法。

按：任氏認為，六親還是以五行生剋關係同論，所以正印偏印是父母，食神傷官是子女，正偏財是妻妾，官鬼是祖父，比劫是兄弟。正理不容質疑。

任氏曰：夫財以妻論，財神清，則中饋賢能。財神濁，則河東獅吼。清者，喜神即是財星，不爭不妒是也。濁者，生煞壞印，爭妒無情是也。舊說不問日主之衰旺，總以陽刃劫財主剋妻，究其理則實非，須分日主衰旺喜忌之別，四柱配合活看為是。

按：「財神清」，指不多、不少、不受剋，與食傷、正官有輔佐關係，具有喜神的條件，則中饋賢能。反之，「財神濁」，妻子磨練丈夫。「濁者」，財生殺，財剋印之類，格局爭妒無情。過去認為羊刃劫財主剋妻，但不盡然，還須分日主衰旺喜忌之分別，否則單單一支羊刃，而食傷眾多，如何剋妻財？

任氏曰：如財神輕而無官，比劫多，主剋妻。財神重而身弱，無比劫，主剋妻。官殺旺而用印，見財星，主妻陋而剋。官殺輕而身旺，見財星，遇比劫，主妻美而剋。劫刃重，財星輕，有食傷，逢梟印，主妻遭凶死。財星微，官殺旺，無食傷，有印綬，主妻弱有病。劫刃旺而無財，有食傷，妻賢必剋，妻陋不傷。劫刃旺而財輕，有食傷，妻賢不剋，妻陋必亡。官星弱，遇食傷，有財星，妻賢不剋。官星輕，食傷重，有印綬，遇財星，妻陋不剋。

1、按：財神輕而無官，因無官殺剋比劫，比劫多即主剋妻。

2、財神重而身弱，身若托不助財，又無比劫相扶，主剋妻。

3、官殺旺而用印，見財星，印綬被剋，斯文掃地，主妻陋而剋。

4、官殺輕而身旺，見財星生官殺，遇比劫奪財，主妻美而剋。

5、劫刃重，財星輕，財星不保，雖有食傷通關，不幸慘逢梟印剋去食傷，主妻遭凶死。

6、財星微，官殺旺，無食傷，有印綬，即妻星四面楚歌，主妻弱有病。

7、劫刃旺而無財，有食傷，「妻賢必剋」，指妻子漂亮卻被剋，「妻陋不傷」，指妻子醜陋沒事。

8、劫刃旺而財輕，有食傷洩去比劫，「妻賢不剋」因為是喜神，反之「妻陋必亡」。

9、官星弱，遇食傷，官星被剋有財星加持，財星是喜神，故「妻賢不剋（夫）」。

10、官星輕，食傷重，官星被剋，但有印綬反制食傷，遇財星，印綬又被剋，「妻陋不剋」，因為正官保住了故「不剋」，但財剋印「妻陋」。

> 任氏曰：身強煞淺，財星滋殺。官輕傷重，財星化傷。印綬重疊，財星得氣者，主妻賢而美，或得妻財致富。殺重身輕，財星黨殺。官多用印，財星壞印。傷官佩印，財星得局者，主妻不賢而陋，或因妻招禍傷身。

1、按：（1）、身強殺淺，財星滋殺，扶起夫星。（2）、官輕傷重，財星化傷，保護正官。（3）、印綬重疊，財星得氣，偏財剋偏印。以上三種情況「主妻賢而美，或得妻財致富」。

2、反之，（1）、殺重身輕，財星黨殺，即財星生殺亂性。（2）、官多用印，財星壞印，斯文掃地。（3）、傷官配印，財星得局者，喜神印綬被忌神財星剋去。以上三種情況「主妻不賢而陋，或因妻招禍傷身」。

任氏曰：日主坐財，財為喜用者，必得妻財。日主喜財，財合閑神而化財者，必得妻力。日主喜財，財合閑神而化忌神者，主妻有外情。日主忌財，財合閑神而化財者，主琴瑟不和。皆以四柱情勢，日主喜忌而論，若財星浮泛，宜財庫以收藏；財星深伏，宜沖動而引助，須細究之。

1、按：日主坐財，日支的財星為喜用者，必得妻財，帶貴人更妙。
2、日主喜財，財合閑神而化財者，三六合財力加倍，必得妻力。
3、日主喜財，財合閑神而化忌神者，財氣外流，主妻有外情。
4、日主忌財，財合閑神而化財者，財氣雜然不馴，主琴瑟不和。

總之，日主財星喜則論吉，忌則論凶。財星浮露要有財庫收藏，財星深藏宜沖動引助，但必須日主夠強，財透干。

按：月令正印、傷官、劫財，食傷四見透干，緊臨正印有財剋印，傷官喜生財，喜外格正財天透地藏。前言「官星弱，遇食傷，有財星，妻賢不剋。官星輕，食傷重，有印綬，遇財星，妻陋不剋」。

正官	日主	正財	傷官
丁 丑	庚 申	乙 丑	癸 卯
辛 癸 己	戊 壬 庚	辛 癸 己	乙
劫 傷 正 財 官 印	偏 食 比 印 神 肩	劫 傷 正 財 官 印	正 財
天 寡 乙 宿	干 月 天 大 祿 德 德 耗	天 寡 乙 宿	
丁 巳	戊 午	己 未	庚 申	辛 酉	壬 戌	癸 亥	甲 子

任注：此造寒金坐祿，印綬當權，足以用火敵寒。所忌者，年干癸水剋丁為病，全賴月干乙木通根，洩水生火，此喜神即是財星也，更喜財星逢合，謂財來就我，其妻賢淑勤能，生三子，皆就書香。

1、庚祿在申，生在丑月，故「寒金坐祿，印綬當權」，需用丙丁火暖身。「年干癸水剋丁為病」，指癸水食傷四見剋制正官。「財星逢合」，指乙木合日主庚金。「洩水生火」，指傷官怕見官有乙木通關。「財來就我」，指合日主的正財乙就是喜神。

2、庚日主正偏印三見，比劫三見，偏強；傷官洩秀生財的格局，且中運行印比之地，故「妻賢淑勤能」。

按：月令劫財、傷官、正財，俱無透干，取外格偏印為用，《子平真詮》：「有印多而用財者，印重身強，透財以抑太過，權而用之，只要根深，無妨財破。」妻宮得天乙貴人。

七殺	日主	偏印	比肩
癸卯	丁酉	乙巳	丁未
乙	辛	庚　戊　丙	乙　丁　己
偏印	偏財	正財　傷官　劫財	偏印　比肩　食神

丁酉	戊戌	己亥	庚子	辛丑	壬寅	癸卯	甲辰

任注：丁火生於孟夏，柱中梟劫當權，一點癸水，不足相制。最喜坐下酉金，沖去卯木，生起癸水，出身貧寒。癸運入學，又得妻財萬仞。壬運登科，辛丑選知縣，仕至郡守。此造若無酉金，不但無妻財，而且名亦不成矣。

1、「梟劫當權」，意指原局偏印最旺，比劫三見，故一點癸水被洩，不足以對抗比劫丙丁火。但卯酉沖，沖剋癸水之下的卯木，使其洩化癸水的作用降低，而後七殺可用，偏印也不至於太強，喜偏財生七殺。

2、癸卯運入學，卯酉沖，癸水七殺得用，故「得妻財萬仞」。壬寅運正官加持，故「登科」。辛丑運土金水相生都是喜用，故由「知縣仕至郡守」。「此造若無酉金，不但無妻財，而且名亦不成」，因為原局的名利在七殺，而妻財是酉金偏財，無酉即無財，且癸水無從生。原局日時雙沖就吃虧，好在偏印要有偏財剋，中運又行正偏財運。

399

按：月令食神、正印、正官，先以正印透干為用，偏財通根成格，官殺五見七殺格，乙庚合，日主身弱，前言「殺重身輕，財星黨殺。官多用印，財星壞印。傷官配印，財星得局者，主妻不賢而陋，或因妻招禍傷身」。

七殺	日主	偏財	正印
壬辰	丙申	庚辰	乙亥
癸　乙　戊	戊　壬　庚	癸　乙　戊	甲　壬
正官　正印　食神	食神　七殺　偏財	正官　正印　食神	偏印　七殺
華蓋　月德　天德　大耗	文昌	華蓋　大耗	天乙　亡神
壬申	癸酉	甲戌	乙亥	丙子	丁丑	戊寅	己卯

任注：丙火生於季春，印綬通根生旺，日主坐財，時干又透壬水，必以乙木為用。可嫌者，乙庚化金，生殺壞印，其妻不賢，妒悍異常，無子而絕，財之為害可畏哉。

1、丙火生在辰月，「印綬通根生旺」，指正偏印四見。日主坐下偏財與七殺，同根透出月時天干，貼身太緊。乙合庚之後，印格糊掉，偏財（這個偏財很能掰道理）生七殺，女人鬧是非，故「其妻不賢」。

2、原局官殺五見太強，無需金印生水，中運走水地，凡子、丑、寅、辰、巳、午、申、酉、戌等年，都是一團冲合水局；注意乙庚合「生殺壞印」之奧秘。

400

子女

原文：子女根枝一世傳，喜神看與殺相連。

原注：大率依官看子（男命依據官殺辨別子息優劣）。如喜神即是官星，其子賢俊；喜神與官星不相妒亦好，否則無子，或不肖，或有剋。然看官星，又要活法，如官輕須要助官；殺重身輕，只要印比。無官星，只論財；若官星阻滯，要生扶沖發。官星洩氣太重，須合助遙會，若殺重身輕而無制者多女。

1、按：子息相傳，子平法看喜神與官殺作為判斷。

2、子平法男命以官殺為子息，女命以食傷為子息，任氏融會貫通後認為喜神是官星，其子冠冕堂皇而賢俊；退而其次，喜神與官星互相挺立不矛盾即可，否則無子、不肖、剋犯。

3、看官星要靈活，正官輕用財助官或行官運。殺重身輕，只要有印比化殺抗殺。如果無官星，只論生官殺之財星如何。如果官星一堆阻滯又無印綬洩去，要生扶沖發。官星洩氣太重，須合助遙會，若殺重身輕而無食傷印綬制化者多女。

任氏曰：以官為子之說，細究之，終有犯上之嫌。夫官者，管也，朝廷設官，管治萬民，則不敢妄為，循守規矩，家庭必以尊長為管，出入動作，皆遵祖父之訓是也，不服官府之治者，則為賊寇；不遵祖父之訓者，則為逆子。夫命者理也，豈可以官為子而犯上乎？莫非論命竟可無君無父乎？諺云：父在子不得自專。若以官為子，父反以子為管治，顯見父不得自專矣。故俗以剋父剋母為是，有是理乎，今更定以食傷為子女。

按：任鐵樵認為：官殺是管日主，在朝廷是君王，在州縣是衙官，在家庭是尊長，今作為子息論命有犯上之嫌。諺云：父在子不得自專，任氏定調以食傷為子女。

任氏曰：書云：「食神有壽妻多子，時逢七煞本無兒，食神有制定多兒」，此兩說，可謂碻據矣。然此亦死法，倘局中無食傷無官殺者，又作何論？故命理不可執一，總要變通為是。先將食傷認定，然後再看日主之衰旺，四柱之喜忌而用之，故喜神看與殺相連者，乃通變之至論也。

1、按：食神旺相是壽星，身體健康基因健全，適合傳衍後代；時柱七殺雖然舊法當子息看，還需食神制殺，食神是喜神。「此兩說，可謂碻據矣」。

2、八字不可死看，若局中無食傷、無官殺，怎麼判斷？先找出食傷與四柱的關係？身強身弱？喜用與忌神？由七殺看喜神相助或相害。

任氏曰：如日主旺，無印綬，有食傷，子必多。

日主旺，印綬重，食傷輕，子必少。

日主旺，印綬重，食傷輕，有財星，子多而賢。

日主旺，印綬多，無食傷，有財星，子多而能。

日主弱，有印綬，無食傷，子必多。

日主弱，印綬輕，食傷重，子必少。

日主弱，印綬輕，有財星，子必無。

日主弱，食傷重，印綬無，亦無子。

日主弱，食傷輕，無比劫，有官星，子必無。

日主弱，官煞重，印綬輕，微伏財，必多女。

日主弱，七殺重，食傷輕，有比劫，女多子少。

日主弱，官殺重，無印比，子必無。

日主旺，食傷輕，逢印綬，遇財星，子少孫多。

日主旺，印綬重，官殺輕，有財星，子雖剋而有孫。

日主弱，食傷旺，有印綬，遇財星，雖有若無。

日主弱，官殺旺，有印綬，遇財星，有子必逆。

又有日主旺，無印綬，食傷伏，有官殺，子必多者。

又有日主旺，比劫多，無印綬，食傷伏，子必多者。

按：任鐵樵依照身強、身弱、五行旺衰，六親特性，歸納出各種子息狀態，不贅述。

任氏曰：蓋母多滅子之意也，故木多火熄，金剋木則生火。火多土焦，水剋火則生土。土重金埋，木剋土則生金。金多水滲，火剋金則生水。水多木浮，土剋水則生木。以官殺為子者，此之謂也。明雖以官殺為子，暗仍以食傷為子，此逆局反剋相生之法，非竟以官殺為子也。大率身旺財為子，身衰印作兒，此皆余之試驗者，故敢更定，仔細推之，無不應也。

按：子平五行意旨，木多火熄，用金剋木則生火。火多土焦，用水剋火則生土。土重金埋，用木疏土則生金。因為印為母，母多滅子，就是印剋食傷，用官殺化印，所以逕將官殺為子，其實真意在反剋的食傷。大致身強喜財生官，財喜當子息；身衰喜用印，印作子息。「故敢更定，仔細推之，無不應」，任鐵樵拍胸保證。

按：傷官六見，傷官格，土金傷官是否從兒？此例連生十六子，反證論子息還是以食傷為準。前言「日主旺，無印綬，有食傷，子必多」。

正 財	日 主	傷 官	傷 官
癸 丑	**戊 戌**	**辛 丑**	**辛 丑**
辛　癸　己	丁　辛　戊	辛　癸　己	辛　癸　己
傷　正　劫 官　財　財	正　傷　比 印　官　肩	傷　正　劫 官　財　財	傷　正　劫 官　財　財
天 乙	華　寡 蓋　宿	天 乙	天 乙
癸 巳　　甲 　　午	乙 未　　丙 　　申	丁 酉　　戊 　　戌	己 亥　　庚 　　子

任注：此造日主旺，比劫多，年月傷官並透通根；丑為溼土，能生金蓄水，戌為火庫；日主臨之，不致寒凍也。是以家業富厚，更喜運走西方不悖，余雖斷其多子，實不敢定其數目，詢之云，自十六歲生子，每年得一子，連生十六子，並無損傷，此因命之美，印星不現，辛金明潤，不雜木火之妙也。

1、戊日主地支全是土，就是一堆比劫，傷官六見，正財四見；無官殺木與木印。丑土能生金蓄水，戊土丑月，日主坐下是火庫足以暖身。

2、「連生十六子，並無損傷，此因命之美，印星不現，辛金明潤，不雜木火之妙」，因為沒有印星就沒有印剋食傷，而傷官六見，天透地藏無刑冲，不雜木火官印之妙。

404

按：月令七殺，殺重印輕，透殺為用，印為喜；行運被財所剋，辛酉、庚申運，財星壞印。

七殺	日主	正印	七殺
癸卯	丁酉	甲子	癸亥
乙	辛	癸	甲　壬
偏印	偏財	七殺	正印　正官

丙辰	丁巳	戊午	己未	庚申	辛酉	壬戌	癸亥

任注：此造殺官當令，嫌其甲木透干，不能棄命從殺，只得殺重用印，則忌卯酉逢冲，去甲木之旺地。雖天干有情，家業頗豐，而地支不協，所以妻生八女，妾生八女，竟無子，所謂身衰印作兒，此財星壞印之故也。

1、「殺官當令」，指月支七殺，官殺四見；但因甲木正印透出月干，洩了官氣，否則棄命從殺；殺重就是用印綬洩化。以身衰論。

2、卯酉冲，印綬根基受損。「天干有情」，指年月殺生印成象，故「家業頗豐」。前言「日主弱，官煞重，印綬輕，微伏財，必多女」，因為地支不協調，所以女兒一堆而無子。所謂「身衰印作兒」，此財星酉金剋壞卯印之故。原局日時雙冲就吃虧。

405

按：原局月令印綬五見透干為用，傷官格也強，正官微根無財，前言：「喜神與官星不相妒亦好，否則無子，或不肖，或有剋」，反之，印綬是用神，日主旺，全靠食傷洩秀為喜，喜神與官星相妒則差矣。

正 印	日 主	傷 官	正 官
丁 巳	戊 戌	辛 巳	乙 未
庚　戊　丙	丁　辛　戊	庚　戊　丙	乙　丁　己
食　比　偏 神　肩　印	正　傷　比 印　官　肩	食　比　偏 神　肩　印	正　正　劫 官　印　財
干　亡 祿　神	華 蓋	干　亡　天 祿　神　德	天 乙
癸　　甲 酉　　戌	乙　　丙 亥　　子	丁　　戊 丑　　寅	己　　庚 卯　　辰

任注：戊土生於巳月，柱中火土本旺，辛金露而無根，兼之巳時，丁火獨透剋辛，局中全無溼氣，更嫌年干乙木，助火之烈，所以剋兩妻，生十二子，刑過十子，後存二子。

1、戊土生在巳月，建祿兩現，地支比劫四見，正偏印五見，食傷四見，身強無庸置疑。原局日主旺，在印綬與食傷的相對比較下，印綬重，食傷輕。雖然正偏印五見，食傷也四見，但因為印火占主氣，食傷是餘氣。

2、「日主旺，印綬重，食傷輕，子必少」，其實就是印剋食傷，而剋不盡，故「後存二子」。

406

按：月令食神透出為用，喜有七殺駕馭；「無財之妙」，指七殺不宜得財亂性，前言「喜神與官星不相妒亦好」，喜神與官殺合一就是子息佳。

食神	日主	劫財	七殺
甲辰	壬戌	癸亥	戊子
癸　乙　戊	丁　辛　戊	甲　壬	癸
劫財　傷官　七殺	正財　正印　七殺	食神　比肩	劫財
月德	華蓋　寡宿	干祿　劫煞	紅豔　羊刃
辛未	庚午	己巳	戊辰	丁卯	丙寅	乙丑	甲子

任注：壬水生於孟冬，喜其無金，食神獨透，所以書香小就。丙寅入泮，有十子皆育，其不刑妻者，無財之妙也。秋闈不利者，支無寅卯也。此造如戊土換之以木，青雲得路矣。

1、壬水生在亥月，水勢滂沱，比劫又是一堆。「喜其無金」，指日主旺，何須印生身？喜無金。「食神獨透」，食神成格可以洩旺水，而七殺有食神制得用。

2、前言「日主旺，無印綬，食傷伏，有官殺，子必多者。」因為食傷無印綬剋制，所以「十子皆育」。「無財之妙」，缺火無財，比劫一堆剋不到財，故「不刑妻」。「秋闈不利者」，指地支沒有寅卯食傷木洩秀。故任氏認為「此造如戊土換之以木，青雲得路矣」，因為壬寅日柱自坐食傷，寅亥又合木，水木傷官格旺相，引到時支還是旺，故可青雲得路。

按：「家業豐隆」，指日支傷官生財，行食傷與財運。日主偏弱，喜印不喜官，喜神與官星不可相妒。水地剋官，木運剋印，生子女多剋，應是基因遺傳問題。

比肩	日主	正官	劫財
辛卯	辛亥	丙戌	庚寅
乙	甲　壬	丁　辛　戊	戊　丙　甲
偏財	正財　傷官	七殺　比肩　正印	正印　正官　正財
甲午　癸巳	壬辰　辛卯	庚寅　己丑	戊子　丁亥

任注：辛金生於戌月，印星當令，又寅拱丙生天干，比劫不能下生亥水。又亥卯拱木，四柱皆成財官，二妻四妾，生三子皆剋，生十二女又剋其九。還喜秋金有氣，家業豐隆。

1、辛金生在秋月，印星當令，指戌月戊土正印是主氣。「寅拱丙生天干」，指年柱庚寅、月柱丙戌都是甲申旬，所以拱出三合火局官殺透出月干。「比劫不能下生亥水」，年時庚辛與亥水格位，遠親救不到近鄰。又「亥卯拱木」，指亥卯半合財局，因此「四柱皆成財官」，指地支財官有氣。

2、「二妻四妾」，因為地支正偏財三見，寅亥合木，亥卯半合木，丁壬合木。前言「日主弱，印綬輕，有財星，子必無」。正印雖然兩見，合出火局不論，唯一傷官寅亥合財。「家業豐隆」，行運水木之地，傷官生財。辛金戌月，調候壬、甲，原局行運兼得，好命。

408

按：原局正偏印六見，火旺土焦，以食傷流通為用，任氏主張食傷為子息，喜濕土化金，丑土合出三合食傷局，得子。《三命通會》：「火虛土聚成何用？定是塵埃碌碌人。」《子平真詮》：「有印而用傷食者，身強印旺，恐其太過，洩身以為秀氣。……若印淺身輕，而用層層傷食則貧寒之局。」

正印	日主	正印	正印
丁巳	戊戌	丁未	丁酉
庚 戊 丙	丁 辛 戊	乙 丁 己	辛
食 比 偏 神 肩 印	正 傷 比 印 官 肩	正 正 劫 官 印 財	傷 官
己 庚 亥 子	辛 壬 丑 寅	癸 甲 卯 辰	乙 丙 巳 午

任注：土生夏令，重疊印綬，四柱全無水氣，燥土不能洩火生金；剋三妻五子。至丑運，溼土晦火生金，又會金局，得一子方育。由此數造觀之，食神傷官為子明矣。凡子息之有無，命中有一定之理，命中只有五數，水一火二木三金四土五也，當令者倍之，休囚者減半，除加減之外而多者，此秉賦之故也。

1、戊土生在未月，又見印綬六見，故「重疊印綬」。全無水氣，就是無財星，既然無水，地支三見比劫，當然是燥土，故「不能洩火生金」。「剋三妻五子」，指印剋食傷。

2、至辛丑運，丑土生金晦火，巳酉丑三合食傷局，得一子。前言「日主旺，印綬重，食傷輕，子必少」，原局印綬六見，食傷輕。「由此數造觀之，食神傷官為子明矣」，此說與官殺為子不相容，又查官殺僅入庫之乙木，盡信書，不如自己驗證。

按：月令羊刃太強，喜用官殺對抗，正官無根，以偏財通關化傷官之元氣以助正官，故忌神為印綬，印綬是水，丙戌運完封。

傷官	日主	正官	正官
丁卯	甲辰	辛卯	辛卯
乙	癸 乙 戊	乙	乙
劫財	正印 劫財 偏財	劫財	劫財

癸未	甲申	乙酉	丙戌	丁亥	戊子	己丑	庚寅

任注：此造春木雄壯，金透無根，喜其丁火透露傷其辛金，所以己丑、戊子運中，不但得子不育，而且財多破耗。丁亥支拱木而干透火，丁財並益。丙戌愈美，生五子，家業增新。由此觀之，凡八字之用神即是子星，如用神是火，其子必在木火運得，或木火流年得；如不是木火運年得，必子息命中多木火，或木火日主，否則難招，或不肖，試之屢驗。然命內用神，不特妻子財祿，而窮通壽夭，皆在用神一字定之，其可忽諸。

1、甲木生在卯月，年月時皆羊刃，故「春木雄壯」。天干辛金兩見，但地支無根。喜「丁火透露傷其辛金」，丁火在天干剋辛金，日主太旺，喜歡剋盡辛金，故己丑、戊運財地生官，官運剋不盡，財地又相生，財多破耗。

2、丁亥運地支亥卯半合，拱比劫三組，又干透丁火傷官子息，故「丁財並益」。丙戌運食神通根愈美，丙辛合，卯戌合火，水火既濟，生五子，故「家業增新」。任氏認為用神是火，子息應該在木火運歲之間得到；如果不是在木火運歲之年得到，其子息四柱應多木火，或日主為木火，否則難養或不肖。

410

父母

原注：子平之法，以財為父，以印為母，以斷其吉凶，十有九驗。然看歲月為緊，歲氣有益于月令者，及歲月不傷夫喜神者，父母必昌。歲月財氣斷喪于時干者，先剋父。歲月印氣斷喪於時支者，先剋母。又須活看其局中之大勢，不可專論財印。中間有隱露其興亡之機，而不必在於財印者，與財生印生之神，而損益舒配得所，及陰陽多寡之論。無有不驗。

1、按：父母的興隆或衰替，大致看年柱與月柱。

2、子平法以偏財為父，印綬為母，看歲月為緊要，年柱有益於月令，及年月兩柱不傷喜神者，父母必昌。年月柱雖有財氣，但時干是比劫，先剋父；歲月印綬元氣斷斷於時支者，先剋母。然須活看，不可專論財印。

任氏曰：父母者，生身之根本。是以歲月所關，知其興替之不一，可謂正理不易之法也。原注竟以財印分屬父母，又論剋父剋母之說，茫無把握，仍惑於俗書之謬也。夫父母豈可以剋字加之，當更定喪親刑妻剋子為至理。

按：任氏認為父母看年月，不必硬性專執財印，因為父母不是剋洩之類混亂倫理所能規範的，應改變喪親、刑妻、剋子之類的俗書謬論。

任氏曰：如年月官印相生，日時財傷不犯，則上叨蔭庇，下受兒榮。年月官印相生，日時刑傷沖犯，則破蕩祖業，敗壞門風。年官月印，月官年印，祖上清高。

按：年柱正官生印綬，日時兩柱傷官與財星不剋正官與印綬，則祖上清高有遺蔭，子息榮華。年月官印相生，日時傷官剋官，財剋印，則祖業破蕩，門風敗壞。年柱正官月柱印綬，或月柱正官，年柱印綬，祖上清高，財源有限。

任氏曰：

日主喜官，時日逢財；日主喜印，時日逢官，必勝祖強宗。

日主喜官，時日逢傷；日主喜印，時日逢財，必敗祖辱宗。

年財月印，日主喜印，時日逢官印者，知其幫父興家。

年傷月印，日主喜印，時日逢官者，知其父母創業。

年印月財，日主喜印，時上遇官者，知其父母破敗；時日逢印者，知其自創成家。

年官月印，日主喜官，時日逢財，出身富貴，守成之造。

年傷月劫，年印月劫，日主喜財，時日逢財或傷者，出身寒窘，創業之命。

年劫月財，日主喜財，遺緒豐盈；日主喜劫，清高貧寒。

年官月傷，日主喜官，時日逢官，必跨竈；時日遇劫，必破敗。

總之，財官印綬，在於年月，為日主之喜，父母不貴亦富；為日主之忌，不貧亦賤，宜詳察之。

412

1、按：喜官者，日時逢財；喜印者，日時逢官；所喜既然在後，即是「花果」勝「根苗」，晚輩青出於藍。

2、喜官者，日時逢傷官，傷官見官；喜印者，日時逢財星，財剋印，「花果」被摧殘，下半生混不開，敗祖辱宗未必，看大運。

3、年財月印，日主喜印，表示長輩不給力；日時逢官印，財在年，官得財生不亦樂乎；喜印得印，行有餘力，則以幫父興家。

4、年傷月印，父母受剋，以日時正官生印綬，剋去傷官，日主之喜印綬得用，父母創業。

5、年印月財，財剋印，日主喜印，印綬是父母，時上有官生印，日主未必差，印還是被財剋，故父母破敗。喜印，時日逢之，自有機緣自創成家。

6、年官月印，官生印，日主喜官得日時財星來生，富貴守成。

7、年傷月劫，年印月劫，都是財星不宜之地，故年月早時，出身寒窘；靠日時財傷創業翻身。

8、年劫月財，日主喜財先得財，故遺緒豐盈。反之，喜劫身弱，剋財而清高貧寒。 ；

9、年官月傷，日主早期喜官逢傷，遲至日時逢官，必外出創業有成。反之，喜官遇劫，劫生傷，官難用。

10、總之，財官印綬順用，又為日主喜用，年月得之，父母不貴亦富。反之，為忌神，出身貧賤。

按：月令傷官透干為用，正官透出，用外格正印喜神制住傷官，辛酉財運破印。前言「年月官印相生，日時刑傷沖犯，則破蕩祖業，敗壞門風」。

傷官	日主	正印	正官
己丑	丙子	乙丑	癸卯
辛　癸　己	癸	辛　癸　己	乙
正　正　傷 財　官　官	正官	正　正　傷 財　官　官	正印
丁巳	戊午	己未	庚申	辛酉	壬戌	癸亥	甲子

任注：此造官印透而得祿，財星藏而歸庫，格局未嘗不美。所嫌者，丑時傷官肆逞，官星退氣，日主衰弱，全賴乙木生火而衛官，年月官印相生，亦出身官家。至亥運入泮，壬戌水不通根，破耗異常，加捐出仕，不守清規。至酉運，財星壞印，竟伏國刑。

1、「官印透而得祿」，正官四見，正官格透出年干；正印兩見，正印格透出月干，無蓋頭截腳，正印通日支癸祿，正官通年支卯祿，就是好命。「財星藏而歸庫」，正財辛金入丑庫，無畏劫奪。吉神太露起爭奪之風，凶物深藏成養虎之患。

2、「所嫌者，丑時傷官肆逞」，指傷官三見，透出在時干，時柱己土傷官格剋制正官癸水，故「官星退氣」。因此「全賴乙木生火而衛官」，指乙木正印剋己土傷官，癸水正官得以保存。

3、癸亥運丙火得官殺加身，入泮。壬戌運壬水七殺受制，故「破耗異常」。辛酉運合地支丑土兩組，財運太旺，財生官，卯印又被酉金剋制，以致印不能化官，故「財星壞印，竟伏國刑」。

414

按：月令財生殺不透干，以外格正官正印，論官印雙清。申酉食傷運，有印制食傷，財生官，平遂。

偏 印	日 主	正 印	正 官
丙 辰	戊 午	丁 亥	乙 卯
癸　乙　戊	己　丁	甲　壬	乙
正　正　比 財　官　肩	劫　正 財　印	七　偏 殺　財	正 官
紅 豔	羊　將 刃　星	劫 煞	桃　天 花　德

己 卯	庚 辰	辛 巳	壬 午	癸 未	甲 申	乙 酉	丙 戌

任注：戊土生於孟冬，財星臨旺，官印雙清坐祿。日元臨旺逢生，四柱純粹可觀，五行生化有情，喜用皆有精神。所以行運不能破局，身出官家，連登科甲，生五子皆登仕籍，富貴福壽之造也。

1、戊午自坐帝旺，生在亥月，壬水就是大偏財，故稱「財星臨旺」。正官、正印通根祿位，無刑沖，故稱「官印雙清坐祿」。

2、自坐羊刃帶比肩與正偏印，官殺四見，身強，喜一路順行，殺生印，印生身，日主喜歡進入申酉食傷之地。「生五子皆登仕籍」，前言「日主旺，印綬多，無食傷，有財星，子多而能。」原局符合此說，但需行食傷之地。

415

按：月令財生殺剋日主，亥水冲去巳火，子水冲去午火，日主偏弱，不宜財星助殺。年月天干印剋食傷，父不繼祖；申酉運食傷生財壞印；丁未、丙午運，火土扶身而發財。前言「財官印綬，在於年月，為日主之喜，父母不貴亦富，為日主之忌，不貧亦賤」。

比肩	日主	傷官	正印
戊午	戊子	辛亥	丁巳
己　丁	癸	甲　壬	庚　戊　丙
劫財　正印	正財	七殺　偏財	食神　比肩　偏印

癸卯	甲辰	乙巳	丙午	丁未	戊申	己酉	庚戌

任注：此造柱中三火二土，似乎旺相，不知亥子當權，冲壞印綬，天干火土虛脫。其祖上大富，至父輩破敗。兼之初運西方金地，生助旺水，半生顛連不遇。及交丁未，運轉南方，接連丙火二十年，大遂經營之願，發財十餘萬。

1、「三火二土，似乎旺相」，指兩個戊土，丁巳午，火三見，乍看火土旺相，其實子水破午火，亥水破巳火，正印格破損，故「祖上大富，至父輩破敗」。大凡地支冲動，天干就不穩，天干冲剋更驗。年月雙冲，背景沒得靠。

2、戊土生在亥月，用甲洩水，用丙生戊土；勿以原局火土已多而論，故調候用神甲、丙。「初運西方金地，生助旺水」，指申酉金食傷生財，剋制正印格，故「半生顛連不遇」。丁未運與丁巳、戊午三合印局，丙午雙合辛亥月柱，有力的正印格，故「大遂經營之願」。

416

按：年月財剋印，月令食神生財，孤官無輔，無財運。

正官	日主	正財	正印
癸巳	丙辰	辛巳	乙亥
庚 戊 丙	癸 乙 戊	庚 戊 丙	甲 壬
偏財 食神 比肩	正官 正印 食神	偏財 食神 比肩	偏印 七殺
癸酉 甲戌	乙亥 丙子	丁丑 戊寅	己卯 庚辰

任注：此造支逢兩祿乘權，年干印透通根。凡推命者，作旺論用，以財星斷其名利雙收。然丙火生於孟夏，火氣方進，年干印綬，被月干財星所壞，巳亥逢冲，破祿去火，則金水反得生扶，木火失勢矣。又坐下辰土，竊去命主元神，時干癸水蓋頭，巳火亦傷，必作弱推，用以巳火。初運東方木土，出身遺業豐盈。丙子火不通根，官星得地，定多破耗。丑運生金洩火，刑剋異常，家業十去八九，夫婦皆亡。

1、「支逢兩祿乘權」，指丙火臨官兩現。以辛金阻隔乙木，巳亥冲，癸水覆蓋巳火，原局展現財生殺的優勢，故任鐵樵作身弱推論。惟正印護身，比肩兩見，以身弱推論，當然喜用年上正印，則進而推論寅卯運較佳。

2、年月雙冲，辰巳地網兩現，自坐大耗、華蓋，最衰一路反剋，水剋火，火剋金，金剋木，八字架構險象環生。初運庚辰，傷官生財。天乙、天德加持，柱運無刑冲，遺業豐盈。丙子運丙辛合水天寒地凍，身弱怕官星得地，丑運濕土洩火生金，火衰水旺危及日主，故「刑剋異常」。

兄弟

原文：弟兄誰廢與誰興，提用財神看重輕。

原注：敗（劫）財、比肩、羊刃，皆兄弟也。要在提綱之神與財神喜神較其重輕。財官弱，三者（指劫財、比肩、羊刃）顯其攘奪之迹，兄弟必強。財官旺，三者出其助主之功兄弟必美。身與財官兩平，而三者伏而不出，兄弟必貴。比肩重而傷官財殺亦旺者，兄弟必富。身弱而三者不顯，有印，而兄弟必多。身旺而三者又顯，無官，而兄弟必衰。

1、按：看兄弟之間興旺關係如何，以提綱、用神、財官印食傷等特性分別。劫財、羊刃、比肩都是兄弟關係的線索；取提綱、財神、喜神等比較互動如何。財官弱，比劫羊刃旺相，兄弟容易侵凌僭越。

2、財官旺，比劫羊刃幫助日主扛下財官，即兄弟來相助。日主與財官勢均力敵，比劫羊刃在地支暗扛，伏而不出，兄弟必貴，指日主與財官勢均力敵，就不需要比劫羊刃出頭搞破壞。

3、比肩重而傷官財殺也旺，比肩擔重任，可以托財官，兄弟必富。身弱而缺少比劫羊刃扶身，有印綬，兄弟必多。身強且比劫羊刃多，無官殺制衡，兄弟幫不上忙。

任氏曰：比肩為兄，敗財為弟，祿刃亦同此論。

如殺旺無食，殺重無印，得敗財合殺，必得弟力。

殺旺食輕，印弱逢財，得比肩敵殺，必得兄力。

官輕傷重，比劫生傷，制殺太過，比劫助食，必遭兄弟之累。

財輕劫重，印綬制傷，不免司馬之憂。

財官失勢，劫刃肆逞，恐有周公之慮。

財生殺黨，比劫幫身，大被可以同眠。

殺重無印，主衰傷伏，鴒原能無興歎。

殺旺印伏，比肩無氣，弟雖敬而兄必衰。

官旺印輕，財星得氣，兄雖愛而弟無成。

日主雖衰，印旺月提，兄弟成羣。

身旺逢梟，劫無重官，獨自主持。

財輕劫重，食傷化劫，可無斗粟尺布之謠。

財輕遇劫，官星明顯，不作煮豆燃箕之詠。

梟比重逢，財輕殺伏，未免折翎之悲啼。

主衰有印，財星逢劫，反許棠棣之競秀。

不論提綱之喜忌，全憑日主之愛憎，審察宜精，斷無不驗。

1、按：比肩、建祿是兄長，劫財、羊刃是弟弟。

2、如七殺旺相無食神制煞，或殺重無印，得劫財合去剋我之七殺，弟弟來相助。

3、七殺旺食神輕，印綬弱又逢財剋，格局雖不高，有比肩扶身，兄長來相助。

4、正官輕傷官重，比劫又生傷官，也助食神，官殺更吃緊，必遭兄弟拖累。

5、財輕比劫重，印綬剋食傷，比劫洩不出，兄弟折翼。

419

6、財官弱勢，劫刃旺，身強格弱，為家族盡力。

7、財生殺黨，比劫幫身，身殺兩停，兄弟齊力。

8、殺重無印，日主衰弱傷官潛伏不制殺，七殺無制，兄弟無情誼。

9、殺旺印衰，剋重洩不去，無比肩日主衰弱，弟雖敬兄，兄長仍衰。

10、官旺印輕，財星得氣，印綬扛不住，兄恨弟鐵不成鋼。

11、日主衰弱，印綬旺在提綱，兄弟成羣。

12、身旺又有印綬一堆，劫財羊刃也無對等官殺制衡，兄弟孤單。

13、財輕劫重破財，有食傷通關化去比劫，小康之家。

14、財輕遇劫財，官星明顯，有官星制劫財，兄弟不至於禍起蕭牆。

15、印綬、比肩重逢身強，財輕殺伏格弱，兄弟有損。

16、日主衰，有印綬相生，財星逢劫不剋印，兄弟有風采。

以上與月令喜忌無關，全部是日主與原局關係為考量。

按：月令偏印，帶七殺格，丁壬合，寅亥合，印綬多喜用財，忌印比之地。

劫財	日主	七殺	劫財
丁 酉	丙 子	壬 寅	丁 亥
辛	癸	戊 丙 甲	甲 壬
正財	正官	食神 比肩 偏印	偏印 七殺
天乙 桃花 天德	將星 月德	紅豔 驛馬 孤辰	天乙 亡神 天德
甲午 　 乙未	丙申 　 丁酉	戊戌 　 己亥	庚子 　 辛丑

任注：丙火生於春初，謂相火有焰，不作旺論。月干壬水通根，亥子殺旺無制，喜其丁壬、寅亥合而化印，以難為恩。時支財星，生官壞印，又得丁火蓋頭，使其不能剋木，所以同胞七人，皆就書香，而且兄友弟敬。

1、「相火有焰」，指丙火長生在寅，是「相」不是旺。調候用神月干壬水七殺，通根癸水正官，故「殺旺無制」。「喜其丁壬、寅亥合而化印」，指年月兩柱干支雙合。「以難為恩」，因為丙火生在寅月，調候用神壬、庚，丁壬寅亥之合為木，壬水七殺變印，恩客變忌神；兄弟歸兄弟，行食傷與財地，有事功。

2、時支酉是財星，財生殺，金剋木壞印，原本是好事，但丁火蓋頭，使其不能剋木。前言「日主雖衰，印旺月提，兄弟成羣。所以「同胞七人」。

421

按：月令劫財羊刃，傷官透出食傷五見，喜財地，戊癸化比劫，無官殺制比劫，比劫不助日主，遭兄弟拖累。

偏財	日主	食神	正官
庚寅	丙午	戊午	癸巳
戊 丙 甲	己 丁	己 丁	庚 戊 丙
食神 比肩 偏印	傷官 劫財	傷官 劫財	偏財 食神 比肩
庚戌 辛亥	壬子 癸丑	甲寅 乙卯	丙辰 丁巳

任注：此造羊刃當權，又逢生旺，更可嫌者，戊癸合而化火，財為眾劫所奪，兄弟六人，皆不成器，遭累不堪。余造年月日皆同，換一壬辰時，弱殺不能相制，亦有六弟，得力者早亡，其餘皆不肖，以致拖累破家。總之劫刃太旺，財官無氣，兄弟反少，縱有，不如無也。然官殺太旺亦傷殘，必須身財並旺，官印通根，方可敦友愛之情。

1、丙火在地支有長生、祿、羊刃兩見，身太旺；又來戊癸合火，炎上格，原局群劫爭財。前言「財輕劫重，印綬制傷，不免司馬之憂。財官失勢，劫刃肆逞，恐有周公之慮。」故「兄弟六人，皆不成器，遭累不堪」。

2、再將時柱換成壬辰，官殺三見還是鬥不過比劫食神，兄弟六人得力者早亡，其餘皆不肖。比劫旺而財官無氣，不如無也，然官殺太旺亦傷殘，必須身財並旺，官印通根，兄弟方可圓融相處。

何知章

原文：何知其人富，財氣通門戶。

原注：財旺身強，官星衛財。忌印而財能壞印。喜印而財能生官。傷官重而財神流通。財神重而傷官有限，無財而暗成財局。財露而傷亦露者（傷官與財星成格局）。此皆財氣通門戶，所以富也。夫論財與論妻之法，可相通也。然有妻賢而財薄者；亦有財富而妻傷者，看刑沖會合。但財神清而身旺者，妻美。財神濁而身旺者，家富。

按：看命格財富，先以月令提綱財氣與相關喜用搭配如何判斷。

1、財旺身強，有官星剋比劫，以免奪財。

2、忌神印綬，印會化殺，殺無力制比劫，而宜財星剋去印綬。

3、喜用印綬而財能生官，有官則財生官不剋印。

4、傷官重而財神流通，傷官帶財。

5、財神重而傷官有限，喜財逢食傷；無財而柱運歲拱合財局。

6、財露而食傷也透出，食傷洩比劫生財。以上皆財氣通門戶，所以富也。

7、妻財同論，但仍有妻與財各自偏重的情況。或者妻賢慧而財薄，或者財富雖厚而河東獅吼，看刑沖會合判斷。

8、財神清而身旺，妻美貌；財神濁而身旺，富有。身衰財多，雖有不受福。

任氏曰：

1、財旺身弱無官者，必要有食傷（以比劫被食傷所洩，財可以保住）。

2、身旺財旺無食傷者，必須有官有殺（以官殺制住比劫）。

3、身旺印旺食傷輕者，財星得局（以財星剋住印綬，印綬就不剋食傷）。

3、身旺官衰印綬重者，財星當令（財星就是喜神）。

4、身旺劫旺，無財印而有食傷者（等待財星運歲）。

5、身弱財重，無官印而有比劫者（破些財用比劫扶身）。

以上皆財氣通門戶也。

按：上理至明，不贅述。

任氏曰：財即是妻，可以通論也，若清則妻美，濁則家富，其理雖正，尚未深論之也。如身旺有印，官星洩氣，四柱不見食傷，得財星生官，無食傷，則財星亦淺，主妻美而財薄也。身旺無印，官弱逢傷，得財星化傷生官，則亦通根，官亦得助，不特妻美，而且富厚。身旺官弱，食傷重見，財星不與官通，家雖富而妻必陋也。身旺無官，食傷有氣，財星不與劫連，無印而妻財並美，有印則財旺妻傷，四者宜細究之。

按：前述所謂「財神清而身旺者，妻美。財神濁而身旺者，家富。」可以往下深論。

1、身旺有印，官氣洩於印綬，而四柱沒有食傷，但又財星生官，因為財無食傷為後援，財氣不旺，主妻美而財薄，因為財源不濟，有理。

2、日主旺，無印綬剋官。故官弱逢食傷，食傷得以生財，財星足以生官，官得助，有官護財，妻美而且富厚。

424

3、身旺官弱，食傷重見，財星不與官通，則財剋印，斯文掃地，
　　妻必陋。身旺無官，食傷有氣，財星不可緊鄰比劫，以免被
　　劫，無印財不壞局，則妻財並美，有印則財旺，而妻則因印
　　綬生旺身，遭劫奪而傷損。

按：月令羊刃，申金生水，身旺。食神生財，格局兩清；行木火運，正是喜用之地。

正印	日主	偏財	食神
辛亥	壬寅	丙子	甲申
甲　壬	戊　丙　甲	癸	戊　壬　庚
食神　比肩	七殺　偏財　食神	劫財	七殺　比肩　偏印
甲申　癸未	壬午　辛巳	庚辰　己卯	戊寅　丁丑

任注：壬水生於仲冬，羊刃當權，年月木火無根，日支食神沖破，似乎平常。然喜日寅時亥，乃木火生地，寅亥合，則木火之氣愈貫。子申會，則食神反得生扶。所謂財氣通門戶也，富有百餘萬，凡巨富之命，財星不多，只要生化有情，即是財氣通門戶，若財臨旺地，不宜見官。日主失令，必要比劫助之，斯為美矣。

1、「羊刃當權」，指壬水生在子月，羊刃格。「年月木火無根」，指年干甲坐絕在申截腳；月干丙火坐絕在子。「日支食神沖破」日支坐寅，年支申來沖破。「喜日寅時亥」，指寅亥合木，水生木，木生火。「子申會」，子申半合水局，時干甲木食神得到元氣。「財氣通門戶」，甲木是生財的門戶，原局偏財格成立，食神格也成立，皆無刑沖就是漂亮的格局。

2、任氏補述「財臨旺地，不宜見官，日主失令，必要比劫助之」，財旺不要生官會亂紀，日主失令付錢找比劫當幫手。

按：月令偏財透干，財格，原局財生殺黨，火土勝金水；喜缺木，
否則木洩水，火土食傷財殺，凌駕金水，宜金水運。

正官	日主	正財	劫財
戊午	癸亥	丙午	壬申
己 丁	甲 壬	己 丁	戊 壬 庚
七殺 偏財	傷官 劫財	七殺 偏財	正官 劫財 正印
甲寅 癸丑	壬子 辛亥	庚戌 己酉	戊申 丁未

任注：癸水生於仲夏，又逢午時，財官太旺，喜其日元得地，
更妙年干劫坐長生，財星有氣。尤羨五行無木，則水不洩而火
無助，壬水可用。且運走西北，金水得地，遺緒不豐，自創四
五十萬，一妻四妾八子。

1、癸水生在午月，火土之地，財官並旺，調候用神庚、壬、癸，
   「喜日元得地，更妙年干劫坐長生」，指癸水自坐亥支，透出
   年干，地支又有申金生水。「財星有氣」，指月干丙火通根午
   月午時。

2、「尤羨五行無木」，木是印綬，故水不生木，木不生火，前言
   「身旺財旺無食傷者，必須有官有殺（以官殺制住比劫）。」
   原局印比劫四見，日主自坐帝旺，身不弱，財星有氣，官殺
   制住比劫不奪財，合乎條件。「遺緒不豐」，指丁未火土之地，
   財生殺。原局官殺最重，不走食傷就用印洩。

427

原文：何知其人貴，官星有理會。

原注：

1、官旺身旺，印綬衛官，忌劫而官能去劫。

2、喜印而官能生印，財神旺而官星通達，官星旺而財神有氣。

3、無官而暗成官局，官星藏而財神亦藏者。

此皆官星有理會，所以貴也。

夫論官與論子之法，可相通也。然有子多而無官者，身顯而無子者，亦看刑沖會合。但官星清而身旺者必貴。官星濁而身旺者必多子。至於得象、得氣、得局、得格者，妻子富貴兩全。

按：官貴就以官殺判斷。

1、官旺且日主旺，還須帶有印綬抵抗傷官，官星須制得住比劫。

2、喜用印綬而官能生印，財星也旺而生官，即財、官、印一路順生流通。

3、無官星而逢柱運歲合出官殺局，但須原局官星財星暗藏，否則柱運歲過猶不及。

以上稱「官星有理會」。但因為官星牽連子息，會因為原局刑沖會合，造成子息多而無官貴，或官貴而無子息不同情況。但官星清而身旺者貴，官星濁而身旺者多子。更能得象、得氣、得局、得格者，妻子富貴兩全。

任氏曰：

1、身旺官弱，財能生官。（按：身旺用財生官）

2、官旺身弱，官能生印。（身弱用印護身）

3、印旺官衰，財能壞印。（印旺洩衰官，以財剋印）

4、印衰官旺，財星不現。（印衰扛不住官，財來生官剋印更糟）

5、劫重財輕，官能去劫。（財怕比劫，官能制劫）

428

6、財星壞印，官能生印。（財剋印，有官就通關）
7、用官，官藏財亦藏。（財官皆藏何以發顯？條件是喜用神）
8、用印，印露官亦露者。（官要印，否則無權制傷官）
皆官星有理會，所以貴顯也。

按：精義補述於句末，不贅述

任氏曰：如身旺、官旺、印亦旺，格局最清；而四柱
食傷，一點不混。（若）財星又不出現，官星之情依
乎印，印之情依乎日主，只生得一箇本身，所以有官
無子也；縱使稍雜食傷，亦被印星所剋，子亦艱難。

按：身旺官旺印亦旺，格局最清，且食傷不來混雜，貴命。若財
星不現，官無後援，元氣洩於印綬，印綬生身，日主旺到孤高，
有官無子；想用食傷洩日主，卻是印剋食傷，食傷管子息而艱難。

任氏曰：如身旺官旺印弱，食傷暗藏，不傷官星，不
受印星所剋，自然貴而有子。必身旺官衰，食傷有氣，
有印而財能壞印，無財而暗成財局，不貴而子多必富。

按：如身旺官旺，身官兩停即貴；且印綬弱不洩官氣，而食傷暗
藏，則印剋不到食傷，自然貴而有子。反之，身旺官衰，食傷有
氣，即官貴無而子息旺，原局帶印，印剋食傷，恰被財剋，且財
局暗結，則食傷生財，不貴而子多必富。

任氏曰：如身旺官衰，食傷旺而無財，有子必貧。如身弱
官旺，食傷旺而無印，貧而無子，或有印逢財，亦同此論。

按：如身旺官衰，食傷旺而無財，無財就是貧困，食傷只是一堆
子息，有子必貧。如身弱官旺，食傷旺而無印，食傷剋官，官殺
也是子息，剋洩交加，貧而無子；或雖剋洩交加有印生機乍現，
卻又逢財剋印，最後一絲希望破滅，回歸貧而無子。

429

按：月令正官為用，官殺重帶印，日主無根，印為喜。前言「官旺身弱，官能生印」，食傷是閑神，偏財是忌神。

偏財	日主	七殺	七殺
辛亥	丁卯	癸亥	癸卯
甲　壬	乙	甲　壬	乙
正印　正官	偏印	正印　正官	偏印

乙卯	丙辰	丁巳	戊午	己未	庚申	辛酉	壬戌

任注：此造官殺乘權，原可畏也，然喜支拱印局，巧借栽培，流通水勢，官星有理會也。第嫌初運庚申、辛酉，生殺壞印，偃蹇功名。己未支全印局，干透食神，雲程直上，仕至尚書。然有其命，必有其運，倘不得其運，一介寒儒矣。

1、丁日主生在亥月，日主無根，偏弱用印。「官殺乘權」，指官殺四見皆主氣，怕剋身太重。喜「支拱印局」，亥卯半合木局兩組，「巧借栽培，流通水勢」，以木局印綬洩壬癸官殺，生扶日主，故稱「官星有理會」。

2、初運庚申、辛酉，財生殺，財剋印，故「生殺壞印，偃蹇功名」，己未運地支亥卯未三合印局翻身，己未運同時是食神格，食神制殺來的妙，故「雲程直上」。「一介寒儒」，指時上偏財身弱，若無戊己食傷運，好看而已。

按：前言「身旺官弱，財能生官」。月令建祿，尋外格僅官殺透干，無印通關，恰是身殺兩停，身強官弱。故甲寅、乙卯洩官氣，須三旬外官殺水地發跡。

七殺	日主	劫財	正官
壬辰	**丙午**	**丁巳**	**癸酉**
癸 乙 戊	己 丁	庚 戊 丙	辛
正官 正印 食神	傷官 劫財	偏財 食神 比肩	正財
大耗	羊刃 將星	干祿 亡神	天乙
己酉　庚戌	辛亥　壬子	癸丑　甲寅	乙卯　丙辰

任注：丙火生於孟夏，坐祿臨旺，喜其巳酉拱金，財生官，官制劫。更妙時透壬水，助起官星，以成既濟。三旬外運走北方水地，登科發甲，名利雙輝，勿以官殺混雜為嫌也；身旺者，必要官殺混雜而發也。

1、丙日主生在巳月午日，祿刃交集，月干丁火，火勢加倍。「喜其巳酉拱金」，指日主忙著剋財，火氣降低，金生水，財官有後援。「更妙時透壬水，助起官星」，壬水既是調候也是時上七殺。

2、「三旬外運走北方水地」，指癸丑運三合財局，財生殺，助起官星，故「登科發甲」。壬子運與日柱，水火相濟。任氏認為「身旺者，必要官殺混雜而發」，其實就是身殺兩停的意思；因為身旺須要對等官殺平衡，沒七殺正官也行。

431

按：月令財官印均透干，前言「身旺、官旺、印亦旺，格局最清；而四柱食傷，一點不混」。

偏印	日主	正官	正財
己丑	辛酉	丙寅	甲午
辛　癸　己	辛	戊　丙　甲	己　丁
比　食　偏 肩　神　印	比 肩	正　正　正 印　官　財	偏　七 印　殺
甲　　　癸 戌　　　酉	壬　　　辛 申　　　未	庚　　　己 午　　　巳	戊　　　丁 辰　　　卯

任注：此造財臨旺地，官遇長生，日主坐祿，印綬通根，天干四字，地支皆臨祿旺。五行無水，清而純粹。春金雖弱，喜其時印通根得用。庚運幫身，癸酉年登科。午運殺旺，病晦刑喪。辛運己卯年，發甲入詞林，後運金水幫身，仕路未可限量也。

1、「財臨旺地」，指年干的甲木正財通根寅月支。「官遇長生」，指丙火正官通根月支，正財格與正官格同根生，入眼即是好命相。「日主坐祿，印綬通根」，辛祿在酉，偏印己土通根到年時兩支。「地支皆臨祿旺」，甲祿有寅，丙旺在午，辛祿在酉，己旺在午。「五行無水」，指四柱無水，十神定位以丑土藏干帶癸水有食神。調候己、壬、庚，原局戊己土四見。

2、辛金生在寅月坐絕，有印綬四見生身，庚寅運比劫幫身，地支財官印加持，故「癸酉年登科」。進入下半運午火殺旺，故「病晦刑喪」。辛未運己卯年，卯未拱財生官，故「發甲入詞林」。「後運金水幫身」，辛金喜壬水淘洗，申金幫身。

432

按：前言「無官而暗成官局，官星藏而財神亦藏者；此皆官星有理會，所以貴也」。月令七殺生印不透干，財雖生殺，月干劫財剋財，有亦無。丙丁運官殺透出，剋比劫不劫財。

偏財	日主	劫財	正財
甲申	庚辰	辛巳	乙巳
戊　壬　庚	癸　乙　戊	庚　戊　丙	庚　戊　丙
偏印　食神　比肩	傷官　正財　偏印	比肩　偏印　七殺	比肩　偏印　七殺
干祿　孤辰	華蓋　月德　寡宿	劫煞　天德	劫煞
癸酉 ／ 甲戌	乙亥 ／ 丙子	丁丑 ／ 戊寅	己卯 ／ 庚辰

任注：庚金生於立夏前五日，土當令，火未司權，庚金之生坐實，且辰支申時，生扶並旺，身強殺淺，嫌其財露無根逢劫，所以出身貧寒。一交丁運，官星元神發露，戊寅、己卯兩年，財星得地，喜用齊來，科甲聯登，又入詞林。書云：以殺化權，定顯寒門貴客，此之謂也。

1、「庚金之生坐實」，指庚金坐下辰土。「辰支申時，生扶並旺」，生指辰土，扶指申金，日祿歸時。「嫌其財露無根逢劫」，年干正財，被月干比劫剋奪，故「出身貧寒」。

2、丁丑運，丁火正官鍛鍊庚金，丑土生金，故稱「官星元神發露」。戊寅、己卯年，東方木地就是財地，財與印齊來，故「科甲聯登」。「以殺化權，定顯寒門貴客」，原局官印不透干，靠大運透出殺印相生。

> 原文：何知其人貧，財神反不真。

> 原注：財神不真者：不但洩氣被劫也。傷輕財重氣淺。財輕官重財氣洩。傷重印輕身弱。財重劫輕身弱。皆為財神不真也，中有一味清氣。則不賤。

按：論財富，看財星真假，大抵財弱又逢比劫。1、財星衰弱，逢比劫奪財。

2、傷官輕財星重，日主衰弱無秀可洩。

3、財輕官重，財化官。

4、傷官重，印綬輕，身弱，傷官無後援。

5、財星重，劫財輕即身弱。

以上皆為財神不真，並非有財就是富有。氣濁，有財而一身銅臭味。

> 任氏曰：財神不真者有九，如：
> 1、財重而食傷多者，一不真也。（五行平和，過猶不及）
> 2、財輕喜食傷而印旺者，二不真也。（食傷被剋不生財）
> 3、財輕劫重，食傷不現，三不真也。（比劫剋財，食傷不通關）
> 4、財多喜劫，官星制劫，四不真也。（官星制劫，身弱）
> 5、喜印而財星壞印，五不真也。（財星是忌神不用）
> 6、忌印而財星生官，六不真也。（輾轉生忌神）
> 7、喜財而財合閑神而化者，七不真也。（喜用被合等同無有）
> 8、忌財而財合閑神化財者，八不真也。（忌神合出忌神狗咬狗）
> 9、官殺旺而喜印，財星得局者，九不真也。（剋喜神就是忌神）

按：以上財神不真有九種，扼要勾勒，不贅述。

此九者，財神不真之正理也，然貧者多而富者少，故貧有幾等之貧，富有幾等之富，不可概定。有貧而貴者、有貧而正者、有貧而賤者，宜分辨之。

1、如財輕官衰，逢食傷而見印綬者。或喜印，財星壞印，得官星解者，此貴而貧也。

2、官殺旺而身弱，財星生助官殺，有印則一衿易得，無印則老於儒冠，此清貧之格，所為皆正也。

3、財多而心志必欲貪之，官旺而心事必欲求之，非合而合，不從而從，合之不化，從之不真，此等之命，見富貴而生諂容，遇財利而忘恩義，謂貧而賤也；即僥倖致富，亦不足貴也。

4、凡敗業破家之命，初看似乎佳美，非財官雙美，即干支雙清，非殺印相生，即財臨旺地，不知財官雖可養命榮身，必先要日主旺相，方能任其財官。若太過不及，皆為不真，能散能耗則有之，終不能致富貴也。此等格局最多，難以枚舉，宜細究之。

按：貧富有等級：貧而貴、貧而正、貧而賤等。

1、財輕官衰，財衰又無官護，食傷又被印綬剋去。或喜印綬，財星壞印，得官星通關生印；貴而貧。

2、官殺旺而身弱，財星又生助官殺身更衰，但有印護身，即有溫飽，反之，無印則寒儒至老，各有天性。

3、財多則心志向財，官旺則欲掌權勢，格局不清，合非合，不從又從，合又不化，從又不真，此種迤邐之局見富貴而諂媚，見利忘義，失勢貧賤，得勢亦不貴。

4、家業破敗，或許初看佳美，夠得上財官雙美，干支雙清，殺印相生，財臨旺地之類，不知財官要身旺，始能託付。若太過或不及，容易有財聚財散現象，終不能致富貴。

按：地支三會食傷局，比肩被化去，日主等同無根，財星透干遇
劫財。土金水一路，原局大運不見木火。前言「財重而食傷多者，
一不真也。」

傷官	日主	比肩	偏財
辛酉	戊戌	戊申	壬子
辛	丁　辛　戊	戊　壬　庚	癸
傷官	正印　傷官　比肩	比肩　偏財　食神	正財

丙辰	乙卯	甲寅	癸丑	壬子	辛亥	庚戌	己酉

任注：戊土生於孟秋，支類西方，秀氣流行，格局本佳，出身
大富。所嫌者，年干壬水通根會局，則財星反不真矣。兼之運
走西北金水之地，所以輕財重義，耗散異常。惟戌運入泮，得
子，辛亥、壬子，貧乏不堪。

1、 戊土生在申月，「支類西方」，地支申酉戌三會；「秀氣流行」，
日主戊土生金有力。「格局本佳」，指傷官格、偏財格成立無
刑冲，實際是印衰弱。「出身大富」，年柱財格通根帶月德。
戊土生在申月，戊土四見須甲木疏土，調候丙癸甲，甲丙俱
缺，大運無木火之地。又申酉戌三會金，壬水反成無根，偏
財格被暗損。

2、 傷官格三會又透干生財，日主偏弱，喜行火土之地。前言「傷
重印輕身弱」為財神不真，庚戌運幫身，入泮得子。辛亥運
金水轉旺，食傷生財耗散異常。壬子運財多身弱，貧乏不堪。

按：「相火（寅木）逢生，則巳酉不會」，前言：「財輕喜食傷而印旺者，二不真也」，以月令正印透干為用，制食傷有力。

食神	日主	正印	七殺
己酉	丁巳	甲寅	癸卯
辛	庚　戊　丙	戊　丙　甲	乙
偏財	正財　傷官　劫財	傷官　劫財　正印	偏印
丙午	丁未	戊申	己酉	庚戌	辛亥	壬子	癸丑

任注：此造財藏殺露，殺印相生，又聯珠相生，似乎貴格，所以祖業二十餘萬。不知年干之殺無根，其菁華盡被印綬竊去，不用癸水明矣，必用酉金之財，蓋頭覆之以土，似乎有情，但木旺土虛，相火逢生，則巳酉不會，財不真矣。一交壬子，洩金生木，一敗如灰。至亥運，印遇長生，竟遭餓死。

1、丁火生在寅月，正印生身。「財藏」，正偏財在日時地支不透天干。「殺露」，指七殺孤懸年干。「殺印相生」，天干是癸水生甲木，無根的殺印相生。「聯珠相生」，癸水生甲木，甲木生丁火，丁火生己土，己土生酉金。「年干之殺無根，其菁華盡被印綬竊去」，指七殺一個，印綬三見，粥少僧多。

2、「木旺土虛」，指印綬三見剋住食傷，使己土食神不生酉金偏財。「相火逢生」，丁火長生在寅，木生火為「相」，指巳火貪寅來生，情不在酉，故「巳酉不會」。壬子運殺生印，「不用癸水明矣」。辛亥運寅亥合木，亥卯半合木，巳亥冲，「竟遭餓死」。原局年時雙冲，寅刑巳。

437

按：羊刃格太強，丙火調候壬、庚俱全，不通根。喜金水，忌木火。宜申酉運與官殺水地；忌丙戌運，丁亥運壞在合會出忌神。

偏財	日主	七殺	偏財
庚寅	丙寅	壬午	庚午
戊　丙　甲	戊　丙　甲	己　丁	己　丁
食神　比肩　偏印	食神　比肩　偏印	傷官　劫財	傷官　劫財
庚寅　　己丑	戊子　　丁亥	丙戌　　乙酉	甲申　　癸未

任注：此夏火逢金，財滋弱殺，兩支不雜，殺刃神清，定然名利兼全。不知地支木火，不載金水，杯水車薪，不但不能制火，反洩財星之氣。夏月庚金敗絕，財之不真可知矣。早運癸未、甲申、乙酉土金之地，豐衣足食。一交丙戌，支全火局，刑妻剋子，破耗異常，數萬家業盡付東流。丁亥合壬寅而化木，孤苦不堪而死。

1、 丙火生午月，年月羊刃格。「財滋弱殺」，年時天干偏財，壬水七殺無根。「兩支不雜」，指地支兩午兩寅。「殺刃神清」，七殺與羊刃涇渭分明。「不知地支木火，不載金水」，兩寅木兩午火，與天干庚金壬水是蓋頭截腳兩不相容。「杯水車薪，不但不能制火，反洩財星之氣」，數落壬水七殺無用，反而洩掉庚金偏財之氣，而夏天的庚金本來就很虛，故「財之不真可知」。

2、 甲申、乙酉運，身旺喜行財地。前言「財輕劫重，食傷不現，三不真也」。原局兩個羊刃，喜食傷洩身，進入丙戌運與丙寅拱午，三合羊刃太旺，故「破耗異常」。丁亥運合壬寅一堆木，火旺何須木？故「孤苦不堪而死」。丙火調候壬、庚俱全。

438

按：前言「財重劫輕身弱。皆為財神不真」，原局僅羊刃外，食神、財、官殺一堆，日主剋洩，行運火地剋金，寅卯運還是不行。

食神	日主	正財	正財
壬	**庚**	**乙**	**乙**
午	**寅**	**酉**	**卯**
己　丁	戊　丙　甲	辛	乙
正印　正官	偏印　七殺　偏財	劫財	正財
將星	月德　天德	羊刃	桃花

丁丑	戊寅	己卯	庚辰	辛巳	壬午	癸未	甲申

任注：秋金乘令，財官並旺，食神吐秀，大象觀之，富貴之命。第財星太重，官星拱局，日主反弱，不任其財官，全賴劫刃扶身，被卯沖午剋，時干壬水，不能剋火，反洩日元之氣，則財星不真矣。初運甲申，祿旺，早年入泮。其後運走南方，貧乏不堪。

1、「秋金乘令」，庚金生在酉月，羊刃格。「財官並旺」，指正財在天干，官殺在地支。「食神吐秀」，庚金生壬水。「大象觀之，富貴之命」，指財官印食神一堆，門面好看。財最旺。

2、「日主反弱」，指單單羊刃而已，其餘全部剋洩，羊刃與日主四面受敵，故卯沖午剋身弱「不任其財官」。時干壬水無根，午火半合寅木，故「壬水不能剋火」。年柱正財卯酉沖，食神壬水遠水救不到近火，則「財星不真」。初運甲申庚祿在申，故「入泮」。進入南方火地，身弱逢殺，財旺生殺攻身。

439

按：原局金水旺，不容火土；正財通根，干支皆被合去化成劫財，「喜財而財合閑神而化者，七不真」，合去等於無財，食傷運可通關，稍緩頹勢。

正印	日主	正財	偏印
庚申	癸巳	丙申	辛丑
戊　壬　庚	庚　戊　丙	戊　壬　庚	辛　癸　己
正官　劫財　正印	正印　正官　正財	正官　劫財　正印	偏印　比肩　七殺
戊子 己丑	庚寅 辛卯	壬辰 癸巳	甲午 乙未

任注：此財星坐祿，一殺獨清，似乎佳美，所嫌者，印星太重，丑土生金洩火，丙辛合而化水，以財為劫，申又合巳，則財更不真。初運，乙未甲午，木火並旺，祖業頗豐。一交癸巳，皆從申合，一敗如灰，竟如乞丐。

1、「財星坐祿」，指月干正財通根日支巳火。「一殺獨清」，指丑土主氣是己土七殺。「印星太重」，指正偏印六見。「丙辛合而化水，以財為劫」，丙申合水是劫財，正財與偏印格局糊掉。巳申合兩組還是水，所以干支的正財格不如想像的「佳美」。

2、初運乙未、甲午木火併旺，一堆水生木再生火財，故「祖業頗豐」。癸巳運，巳申合，干支都是水，故「一敗如灰」。前言「財輕，喜食傷而印旺者，二不真」，正財格糊掉，缺食傷洩秀，重印剋去食傷甲乙寅卯。

按：丁火看似根深，乙庚合、巳酉丑三合、辰酉合，前言「財多喜劫，官星制劫，四不真」，喜初運丙戌、丁火幫身，戊子、己丑運水地官殺旺，制劫。

偏印	日主	偏印	正財
乙巳	丁丑	乙酉	庚辰
庚　戊　丙	辛　癸　己	辛	癸　乙　戊
正財　傷官　劫財	偏財　七殺　食神	偏財	七殺　偏印　傷官
癸巳	壬辰	辛卯	庚寅	己丑	戊子	丁亥	丙戌

任注：丁火日元，時逢旺地，兩印生身，火焰金疊，似乎富格。不知月干乙木，從庚而化，支會金局，四柱皆財，反不真矣，祖業亦豐。初運丙戌、丁亥，比劫幫身，財喜如心，戊子、己丑，生金晦火，財散人離，竟凍餓而死。

1、丁火生在巳時，「兩印生身」，指月干時干乙木偏印。「火焰金疊」，指巳酉丑透庚金，財已經是偏多，又乙庚合，故「四柱皆財反不真」。辰酉合金透財，乙庚又合，日主無根從財格，丁日主財多身弱需比劫印幫扶。初運丙戌運，年柱正財坐月德，合其喜用，年月雙合祖業亦豐。丁亥運拱子三會官殺，由火入水逐漸轉衰。

2、戊子運，合會辰丑濕土，七殺攻身。己丑運濕土洩火，竟凍餓而死。己丑大運在巳、酉流年，柱運歲亦合財，從財喜財運，以三合財過甚，合出孤辰、寡宿而日主無根為忌。三合財在柱運歲合財，日主無根又無比劫反剋，大凶。

> 原文：何知其人賤，官星還不見。
>
> 原注：官星不見者，不但失令被傷也。身輕官重；官輕印重；財重無官；官重無印者；皆是官星不見也。
> 中有一味濁財，則不貧。至于用神無力而忌神太過；敵而不受降；助旺欺弱；主從失宜；歲運不輔者；既貧且賤。

按：貴賤之論，在於原局官殺的條件與大運是否配合得宜。如果沒有官殺，且失令逢食傷之地。凡是：

1、日主衰弱，官殺重，日主扛不住。

2、官殺輕，印綬重，官氣盡洩於印綬。

3、財重無官，無官就是無官氣。

4、官重無印，無印可能身衰，忌傷官剋官。

以上屬於「官星不見」的現象；如果有微薄財星，由官制劫，則不貧。至於用神無力，忌神太過，忌神抵死不受降；或官殺生印太過，剋去食傷等；官要原局財印輔佐，運歲輔助，否則貧賤。

> 任氏曰：此段原注太略。然富貴之中，未嘗無賤；貧賤之中，未嘗無貴。所以賤之一字，不易知也。
> 1、如身弱官旺，不用印綬化之，反以傷官強制。
> 2、如身弱印輕，不以官星生印，反以財星壞印。
> 3、如財重身輕，不以比劫幫身，反忌比劫奪財。
> 合此格者，忘卻聖賢明訓，不思祖父積德，以致災生不測，殃及子孫。

按：任鐵樵認為原注太簡略，因為富貴之人也可能心術下賤；反之，貧賤之庶民也可能有高貴的節操。所以原文之「其人賤」，還需再加說明。賤者如下：

1、身弱官旺，熱衷權勢，無印綬學養，反遭傷官，即傷官見官。

2、身弱消極，印綬學養輕，無官生印，反因貪財不循正印。

3、財重身弱，應以比劫幫身為用，比劫反而變成忌神。

以上格局在品德上容易數典忘祖，忽略聖賢明訓，學者自行析辨。

任氏曰：如身弱印輕，官旺無財，或身旺官弱，財星不現，合此格者，處貧困不改其節，遇富貴不易其志，非禮不行，非義不取，故知貪富貴而戀金谷者，竟遭一時之顯戮，樂單瓢而甘敝縕者，終受千載之令名，是以有三等官星不見之理：

1、如官輕印重而身旺。

2、或官重印輕而身弱。

3、或官印兩平而日主休囚者。

此上等官星不見也。

1、如官輕劫重無財。

2、或官殺重無印。

3、或財輕劫重官伏者。

此中等官星不見也。

1、如官旺喜印，財星壞印。

2、或官殺重無印，食傷強制。

3、或官多忌財，財星得局。

4、或喜官星，而官星合他神化傷者。

5、或忌官星，他神合官星又化官者。

此下等官星不見也。

細究之，不但貴賤分明，而賢不肖亦了然矣。

按：任氏先闡明貧困不改其節，富貴不易其志的格局特性，有「身弱印輕，官旺無財；或身旺官弱，財星不現」。其次，將階下庶民分為三種，以三種等級美其「官星」之名，不如直說平民、草民、刁民。由此仔細分辨貴賤，賢不肖，亦不遠矣。

443

按：月令七殺透官，官殺五見七殺格；外格正偏印三見；全局官重印輕，大運金地財剋印，前言「官重印輕而身弱」，上等官星不見，丁未丙午扶身有氣轉運。

正印	日主	正官	比肩
甲辰	丁亥	壬子	丁丑
癸　乙　戊	甲　壬	癸	辛　癸　己
七殺　偏印　傷官	正印　正官	七殺	偏財　七殺　食神
甲辰　乙巳	丙午　丁未	戊申　己酉	庚戌　辛亥

任注：丁火生於仲冬，干透壬水，支全亥子丑北方，官星旺格，辰乃溼土，不能制水，反能晦火。日主虛弱，甲木凋枯，自顧不瑕，且溼木不能生無焰之火，謂清枯之象，官星反不真也。喜其無金，氣勢純清，其為人學問真醇，處世無苟，訓蒙度日，苦守清貧，上等官星不見也。

1、丁火生在子月，「干透壬水」，正官通日支成格，地支三會水局，官殺很旺。「辰乃溼土，不能制水，反能晦火」，官殺要食傷制，辰丑都是濕土又不透干，一般而言，官殺強日主就弱，日主弱食傷元氣就差，而原局印綬木也不強。

2、「喜其無金，氣勢純清，其為人學問真醇，處世無苟」，原局地支三會，天干五合，正官帶印，四柱無刑沖。簡單說，官殺旺必須就食神制殺、殺印相生、身殺兩停、羊刃駕殺等，擇一而成局，否則官殺難用。前言「官重印輕而身弱」屬於上等官星不見，亦非濫命。

444

按：前言「官輕劫重無財」，中等官星不見。火地官絕財星剋盡。
月柱空亡午未在日柱，日柱空亡寅卯在月柱，時柱空亡在日柱。

七殺	日主	偏財	比肩
壬辰	丙午	庚寅	丙辰
癸　乙　戊	己　丁	戊　丙　甲	癸　乙　戊
正官　正印　食神	傷官　劫財	食神　比肩　偏印	正官　正印　食神
戊戌　丁酉	丙申　乙未	甲午　癸巳	壬辰　辛卯

任注：此造財絕無根，官又無氣，兼之運走東南之地，幼年喪
父，依母轉嫁他姓，牧牛度日，少長則苦力傭工，後雙目失明，
不能傭作，求乞自活。

1、日主自坐羊刃，「財絕無根」，指偏財庚金地支無根。「官又無
　氣」，指壬水孤懸時干，庚金弱且隔位，癸水入庫。四柱全陽，
　日刃格，地支食傷四見，年上比肩剋偏財，時上七殺剋日主，
　年時天剋地刑。生於寅月拱合火局透在年干，兩丙共用一刃，
　犀利加倍，不利再行火地。

2、幼年喪父，以原局比劫四見，羣劫奪財，初運辛卯，辛絕在
　卯，寅卯辰三會生火，比劫得元神更不容偏財而喪父。壬辰
　運水火激戰，時柱伏吟與年柱天剋地刑，命運乖蹇。癸巳運
　進入火地，若逢巳、午、未、申（柱運歲三刑）、戌、亥，均
　為冲刑之地。

3、「雙目失明」，行運甲午、乙未，木生火，印比食傷，火旺土
　燥，目瞽之象。金水財官輕，勿行木火之地。

445

按：月令與日支財星透干為用，食神透出時干，食傷生財為喜；
前言「身弱印輕，不以官星生印，反以財星壞印。」

食神	日主	正財	七殺
癸巳	辛亥	甲辰	丁卯
庚　戊　丙	甲　壬	癸　乙　戊	乙
劫財　正印　正官	正財　傷官	食神　偏財　正印	偏財
丙申	丁酉	戊戌	己亥	庚子	辛丑	壬寅	癸卯

任注：此春金逢火，理宜用印化殺，財星壞印，癸水剋丁，亥
水沖巳，似乎制殺有情。不知春水休囚，木火並旺，不但不能
剋火，反去生木洩金，財官本可榮身，而日主不能勝任，雖心
志必欲求之，亦何益哉。出身本屬微賤，初習梨園，後因失音
隨官，人極伶俐，且極會趨逢，隨任數年，發財背主，竟捐納
從九品出仕，作威作福，無所不為，後因犯事革職，依然落魄。

1、辛金生在辰月，日主無根，身弱不托財官。食神格與正財格。
「不知春水休囚」，指癸水食神格無力，原本指望食神制殺，
反而生財後更無力。而「木火並旺」，指正財甲木通根卯辰亥，
財來生官殺轉強。

2、身弱要走印比土金之地，原局行運先木後水，先財後食傷，
俱非得地。「犯事革職，依然落魄」，年日互換空亡，日時巳
亥沖。「雖心志必欲求之，亦何益哉」，財生殺，身弱就是吃
虧，想要而吃不到。

原文：何知其人吉，喜神為輔弼。

原注：柱中所喜之神，左右終始，皆得其力者必吉。然大勢平順，內體堅厚，主從得宜，縱有一二忌神，適來攻擊，亦不為凶。譬之國內安和，不愁外寇。

按：原局總有用神，僅有用神是主角，獨挑大樑就是低命，如同舞台主角之外配角不可缺；所以有喜神生助方可論吉。原局除了有喜神之外，大運也少不得跟班加持。雖然運歲不免忌神攻擊，但喜用團結，不愁外寇。

任氏曰：喜神者，輔用助主之神也。凡八字先要有喜神，則用神有勢，一生有吉無凶；故喜神乃吉神也。若柱中有用神而無喜神，歲運不逢忌神無害，一遇忌神必凶。

按：輔助用神或日主的就是喜神。原局僅有用神，氣勢不足，必須帶上喜神輔助，則吉多凶無。例如單純的正官格，孤官無輔，喜神非財即印。如果柱中有用神而無喜神，不逢忌神就無害，遇到忌神就衰；因為喜神往往就是忌神的剋神，例如官以印為喜，傷官來時用印剋去傷官。例如食神為用財為喜，印來剋食神，以財喜剋去印忌。

任氏曰：如戊土生於寅月，以寅中甲木為用神，忌神必是庚辛申酉之金。日主元神厚者，以壬癸亥子為喜神，則金見水而貪生，不來剋木矣。日主元神薄者，以丙丁巳午為喜神，則金見火而畏，亦不來剋木矣。

按：戊土寅月，甲木七殺為用神，忌神就是庚辛食傷。戊土元神火旺，要用壬癸水為喜神，則金見水食傷生財，貪生忘剋，五行流通。反之，日主戊土元氣差，以丙丁為喜神，即是印剋食傷，官殺得以留存。換言之，官殺為用忌見食傷，或以財通關，或以印剋食傷，故官殺以財印輔弼。

447

> 任氏曰：如身弱以寅中丙火為用神，喜天干透出，以水為忌神，以比劫為喜神，所以用官用印有別。用官者，身旺可以財為喜神；用印身弱有劫而後用官為喜神，使其劫去財星，則印綬不傷，官星無助之意也。

1、按：若戊土身弱，寅中丙火印綬為用神，喜丙火透出偏印格，則壬癸水是財剋印，財是忌神，能剋去忌神的比劫就是喜神，即印綬為用神，比劫為喜神。身弱不愛官殺，以劫財幫身後，可以剋去官殺的後援財星，一舉兩用。

2、用官者有剋日主之虞，故本身要旺，旺則財官可以連用。反之，日主弱，官來帶財日主扛不住，要用印綬生身化殺，且日主要不弱，以剋去官殺之後的財星，達到「印綬不傷，官星無助」的雙重需求。

> 任氏曰：如原局有用神，無喜神，而用神得時秉令，氣象雄壯，大勢堅固，四柱安和，用神緊貼，不爭不妒者，即遇忌神，亦不為凶。如原局無喜神，有忌神，或暗伏或出現，或與用神緊貼，或爭或妒，或用神不當令，或歲運引出忌神，助起忌神，譬之國家有奸臣，私通外寇，兩來夾攻，其凶立見，論土如此，餘皆例推。

按：如原局有用神，無喜神，用神秉令氣壯且緊貼日主，若遇上忌神，亦不為凶。雖有用神卻無喜神，而忌神明現隱藏，或與用神緊貼，爭忌如影隨形，在用神不利時忌神翻身，則內外夾攻。

按：月令七殺偏印透出，官殺四見，七殺生印。食傷不見，庚辛用丙火反剋護官殺，南方火地宜喜神相輔。

劫 財	日 主	偏 印	七 殺
己 未	戊 寅	丙 寅	甲 子
乙　丁　己	戊　丙　甲	戊　丙　甲	癸
正　正　劫 官　印　財	比　偏　七 肩　印　殺	比　偏　七 肩　印　殺	正 財
甲　　　癸 戌　　　酉	壬　　　辛 申　　　未	庚　　　己 午　　　巳	戊　　　丁 辰　　　卯

任注：春初土虛，殺旺逢財，以丙火為用，喜其財印相隔，生生不悖，更妙未時幫身為喜，四柱純粹，主從得宜。所以早登甲第，一生有吉無凶，仕至觀察，後退歸優游林下，生六子皆登科第，夫婦齊眉，壽越八旬。

1、「春初土虛」，戊土生在寅月木最旺就剋土。「殺旺逢財」，官殺四見透出年干，子水生甲木的七殺格；正偏印四見偏印格，七殺生印透在年月，四柱無刑冲，調候用神丙甲癸來的早，好命。「喜其財印相隔」，指偏印在月干，正財在年支，財生殺，剋不到印。

2、「未時幫身為喜」，己土幫助戊土。「四柱純粹，主從得宜」，年柱甲子水生木，木生火，火生己未土。「生六子皆登科第」，前言「食神有壽妻多子，時逢七煞本無兒，食神有制定多兒」，原局既無食傷，為何生六子？可見還是要官殺與用神並參。

按：月令食神生財不透干，尋外格「三印貼身」，七殺成格；壬寅、癸卯運，日主偏強帶火土官殺，不怕等量食傷財。

偏印	日主	正印	七殺
戊寅	庚辰	己亥	丙申
戊 丙 甲	癸 乙 戊	甲 壬	戊 壬 庚
偏印 七殺 偏財	傷官 正財 偏印	偏財 食神	偏印 食神 比肩
丁未　丙午	乙巳　甲辰	癸卯　壬寅	辛丑　庚子

任注：此寒金喜火，得時支寅木之生，則火有焰，然用財殺，必先身旺，妙在年支坐祿，三印貼身，更妙亥水當權，申金貪生忘沖，無火則土凍金寒，無木則水旺火虛，以火為用，以木為喜，木火兩字，缺一不可，所以生平無凶無險，登科發甲，宦海無波，後裔濟美，壽至八旬之外。

1、「寒金喜火」，庚金生在亥月，先要有火，年干丙火時支寅木可用，七殺格。「然用財殺，必先身旺」，日主庚金坐祿在年支，又有日支辰土生。「三印貼身」，戊己土生在月時天干，正偏印五見，偏印格。身強，殺輕印重。

2、亥水當令得到申金來生，申金貪生亥水就不沖寅木，原局有七殺火則土不寒，有寅木則亥水暢通，七殺火有源。身強就要財官木火，中運後木火之地。「登科發甲」，殺生印，木火通氣，文昌加持。「壽至八旬」，五行通順，三印貼身，四柱無刑沖。

450

原文：何知其人凶，忌神輾轉攻。

原注：財官無氣，用神無力，不過無所發達而已，亦無刑凶也。至於忌神太多，或刑或沖，歲運助之，輾轉攻擊局內無備禦之神；又無主從，不免刑傷破敗，犯罪受難，到老不吉。

按：凶格即衰命，喜用神幫不上日主，而忌神又接二連三，暗會暗沖而來。財官無氣，用神無力，喜神跟不上，只是無緣發達，刑沖可免而已。至於忌神太多，潛伏在原局中，歲運合會輾轉攻擊，犯罪受難，到老不吉。

任氏曰：忌神者，損害體用之神也，故八字先要有喜神；則忌神無勢，以忌神為病，以喜神為藥，有病有藥，則吉，有病無藥，則凶。一生吉少凶多者，皆忌神得勢之故耳。

按：忌神剋制喜用神，所以喜用神存在，才有對立的忌神，喜神負責剋去忌神，有病有藥則吉；有病無藥則凶。忌神旺於喜用神，一生吉少凶多者。

任氏曰：如寅月生人，不用甲木，而用戊土，則甲木為當令之忌神。看日主之意向，或喜火以化之，或用金以制之，安頓得好，又逢歲運扶喜抑忌，亦可轉凶為吉。歲運又不來扶喜抑忌，又不與忌神結黨者，不過終身碌碌，無所發達而已。若無火之化，金之制，又遇水之生，歲運又黨助忌神，傷我喜神，輾轉相攻，凶禍多端，到老不吉，論木如此，餘可類推。

1、按：甲木寅月，甲木是建祿，羊刃比劫不用，以戊土偏財為用。則剋財之甲木建祿就是忌神。日主喜火食傷，或庚辛官殺剋日主，若排序安頓得宜，又逢歲運扶助喜神，剋制忌神，也能化凶為吉。

2、反之，歲運不來扶助喜神抑制忌神，但也不與忌神團結合作，碌碌之輩，高不成低不就。若無食傷化木，官殺剋比劫，當水生木，印生比劫，印剋食傷喜神，輾轉相攻，凶禍不吉。

按：月令偏印食神俱透干，水木火一團旺，印旺為忌，食傷為喜，宜用濕土洩去火氣。子運官殺生旺印，乙亥伏吟年柱，增生比劫。前言「財官無氣，用神無力，不過無所發達」，水地輾轉生忌神。

偏印	日主	食神	正印
甲午	丙子	戊寅	乙亥
己 丁	癸	戊 丙 甲	甲 壬
傷官 劫財	正官	食神 比肩 偏印	偏印 七殺
庚午 辛未	壬申 癸酉	甲戌 乙亥	丙子 丁丑

任注：丙火生於寅月，印星當令，時逢刃旺，甲乙並旺透，四柱無金，寅亥化木，子水沖破，官星無用，必以月干戊土為用。忌神即是甲木，亥子之水，反生旺木，所謂忌神輾轉攻也。初交丁丑，生助用神，祖業十餘萬，其樂自如。一交丙子，火不通根，父母雙亡，連遭回祿。乙亥水木並旺，又遭回祿，剋三妻四子，赴水而亡。

1、「印星當令」，正偏印四見，偏印格。月柱食神干透支藏，食神格。食神格與偏印格對抗賽。四柱無財，丙日主時上羊刃，寅亥合木，比劫刃印一氣，元神強旺，最忌羊刃被沖。「忌神輾轉攻」，指亥子水合出寅亥木，寅亥木合出寅午火焚身。

2、初運丁丑，合去沖羊刃子水，濕土洩火，生助用神，故「祖業十餘萬」。丙子運伏吟日柱沖午，雙沖羊刃。乙亥運伏吟年柱，亥水乙木並旺，導致印轉強剋食神格；講半天梟印奪食而已，又四柱無財剋印。若丑年，亥子丑三合沖午火羊刃，己丑年一合一沖更甚。

452

按：日主身弱，以月令偏印為用，比劫為喜。唯因食神傷官五見，帶財生殺剋身衰，故財為忌神，輾轉生殺；宜用印比對抗食傷生財。

傷官	日主	偏財	正財
己丑	丙辰	庚寅	辛巳
辛　癸　己	癸　乙　戊	戊　丙　甲	庚　戊　丙
正財　正官　傷官	正官　正印　食神	食神　比肩　偏印	偏財　食神　比肩
壬午　　癸未	甲申　　乙酉	丙戌　　丁亥	戊子　　己丑

任注：丙火生寅，木嫩火相，未為旺也。生丑時，竊去命主元神，以寅木為用。所嫌庚金當頭之忌，木嫩逢金，火虛而洩。初交己丑、戊子，生金洩火，幼喪父母，孤苦不堪。丁亥、丙戌，火在西北，不能去盡忌神；所以歷盡風霜，稍成家業。一交乙酉，干支皆化忌神，刑妻剋子，遭水厄而亡。

1、「丙火生寅，木嫩火相，未為旺」，丙火長生在寅是唯一火源。「丑時，竊去命主元神」，丑為濕土晦火，故以寅木生火為用。「庚金當頭之忌」，庚金蓋頭，寅木就衰弱，別指望護身功效。食傷土五見，財星金四見，正偏印兩見不透干，身弱故不喜金水。

2、初運己丑戊子，濕土帶水，故「生金洩火」，丙火不堪官殺凌遲。丁亥丙戌運，因為火在西方之地無力，幫身剋金力有不逮，加持有限，所以「歷盡風霜，稍成家業」。乙酉運「干支皆化忌神」，乙庚合金，辰酉合金，巳酉丑三合金局，故「刑妻剋子」。丙祿在巳，盡信書不如無書。

> 原文：何知其人壽，性定元氣厚。

> 原注：靜者壽。柱中無沖無合，無缺無貪，則性定矣。元神厚者，不特精氣神氣皆全之謂也。官星不絕，財神不滅，傷官有氣，身弱印旺，提綱輔主，用神有力，時上生根，運無絕地。皆是元神厚處。

按：看壽命，宜元氣充沛，五行流通，不喜刑沖一堆。八字要無沖無合，無缺無貪，即性質穩定。元神精氣神飽滿是抽象所述，具體所論「官星不絕，財神不滅，傷官有氣，身弱印旺，提綱輔主，用神有力，時上生根，運無絕地」。

> 原注：細究之，大率甲乙寅卯之氣，不遇沖戰洩傷，偏旺浮泛，而安頓得所者必壽。木屬仁，仁者壽，每每有驗，故敢施之於筆。若貧賤之人而亦壽者，以其稟得一個身旺，或身弱而運行生地，小小與他食祿不缺故耳。

按：仔細說，甲乙寅卯不遇沖剋、浮濫，而安頓得所。木旺而仁者樂山，仁者氣和，故能得壽，有驗。反之，貧賤之人也長壽，或者是身旺無依，或身弱而運行長生、臨官、帝旺等大運，原局小有食神與財星，不可刑沖。

任氏曰：仁靜寬德厚，此五者，皆壽徵也。四柱得地，五行停勻，所合者皆閒神，所化者皆用神，沖去者皆忌神，留存者皆喜神，無缺無陷，不偏不枯，則性定矣。性定不生貪戀之私，不作苟且之事，為人寬厚和平，仁德兼資，未有不富貴福壽者也。

按：仁慈、心靜、寬厚、德性、厚道，使心理舒坦，氣血平順，自然象徵長壽。閒神、用神、忌神、喜神等去合生化，一概安頓的好，就是「性定」。性定者，止於至善，知止而後有定，定而後能靜，靜而後能安，安而後能慮，慮而後能得。

任氏曰：元神厚者，官弱逢財，財輕遇食，身旺而食傷發秀，身弱而印綬當權，所喜者皆提綱之神，所忌者皆失令之物。提綱與時支有情，行運與喜用不悖，是皆元神厚處，宜細究之。清而純粹者，必富貴而壽，濁而混雜者，必貧賤而壽。

按：「元氣厚」，指衰則逢生，旺則剋抑，喜神在提綱，忌神失令無氣，「提綱與時支有情」，直接透干有力；大運要彌補喜用，剋去忌神，以上就是「元氣厚」。總之，清而純粹，富貴而壽。濁而混雜，但元氣厚者，貧賤而壽。

按：日主強弱適中，月令食神生財，年月官印雙清，金運有食神抗殺，木運有食神化去，土運財生官平順，水運生木合出濕土，甲木生機勃勃，丙火和煦。

食神	日主	正印	正官
丙寅	甲子	癸巳	辛丑
戊　丙　甲	癸	庚　戊　丙	辛　癸　己
偏　食　比 財　神　肩	正印	七　偏　食 殺　財　神	正　正　正 官　印　財
干　驛　孤 祿　馬　辰	將星	文　劫 昌　煞	天　天 乙　德
乙酉	丙戌	丁亥	戊子	己丑	庚寅	辛卯	壬辰

任注：此從巳火起源頭，生丑土，丑土生辛金，辛生癸，癸生甲，甲生丙火，甲祿居寅，癸祿居子，丙祿居巳，官坐財地，財逢食生，五行元神皆厚，四柱通根生旺，左右上下有情，為人剛柔相濟，仁德兼資，貴至三品，富有百萬，子十三人，壽至百歲，無疾而終。

1、甲木生在巳月，火炎土燥用坐下癸水。巳火生丑土，丑土生辛金，辛金生癸水，癸水生甲木，甲木生丙火。甲祿在寅，癸祿在子，丙祿在巳，辛祿不在地支，酉運尚有榮景。

2、「官坐財地，財逢食生」，指從月支巳火、丑土、辛金、癸水順生。「四柱通根生旺」，正官正印食神都是天透地藏，而且左右順生，四柱無刑沖。原局天干正官、正印、食神，門面漂亮。

按：前言「無冲無合，無缺無貪，則性定矣。元神厚者，不特精氣神氣皆全之謂也。官星不絕，財神不滅，傷官有氣，身弱印旺，提綱輔主，用神有力，時上生根，運無絕地。皆是元神厚處。」月令七殺生印帶財，「官星不絕」。己土生酉金，「財神不滅，傷官有氣」。印綬三見，「提綱輔主」。火地進入木地，「運無絕地」。

食神	日主	正印	傷官
戊子	丙寅	乙亥	己酉
癸	戊　丙　甲	甲　壬	辛
正官	食神　比肩　偏印	偏印　七殺	正財
丁卯　戊辰	己巳　庚午	辛未　壬申	癸酉　甲戌

任注：此以酉金為源頭，生亥水，亥水合寅而生丙，丙火生戊土，元神皆厚，鄉榜出身，仕至觀察，為人寬厚端方，九子二十四孫，富有百餘萬，壽至百二十歲，無疾而終。

1、酉金為源頭，酉金生亥水，亥水生寅木，寅木生丙火，丙火生戊土。「元神皆厚」，指連環相生，能連環相生就是五行全，排序順，故「仕至觀察」。

2、「富有百餘萬」，財辛金沒有比劫剋，生壬水，也剋不到甲木財，食傷生財，行財運申酉庚辛。「壽至百二十歲，無疾而終」，寫書歸寫書，我是不信了。

按：日主偏弱，原局財官印，一氣流行。前言「柱中無冲無合，無缺無貪，則性定。元神厚者……身弱而印綬當權」，最妙上下相生，左右土金水木。

比肩	日主	正印	正官
壬寅	壬寅	辛未	己酉
戊 丙 甲	戊 丙 甲	乙 丁 己	辛
七殺 偏財 食神	七殺 偏財 食神	傷官 正財 正官	正印
文昌 大耗	文昌 大耗	寡宿	
癸亥 甲子	乙丑 丙寅	丁卯 戊辰	己巳 庚午

任注：此以未土為源頭，生辛金，辛金生壬水，壬水生寅木，四柱生化有情，元神厚而純粹。所喜者火，喜其包藏不露，早登科甲，仕至三品，為人品行端方，謙和仁厚，八子十九孫，壽至九旬有六。

1、月支未土為源頭，生辛金，生壬水，生寅木，生化有情。壬水生在未月，地支無根，怎麼算都是偏弱，身弱怕財生殺，幸好財殺都不是主氣，故「所喜者火，喜其包藏不露」。

2、天干地支竟無相剋，全部是上下相生的關係，年月兩柱則是己土生辛金，未土生酉金，左右也是相生。捧為「為人品行端方，謙和仁厚」。

按：月令偏印為用，地支印綬三見，喜官殺四見，丁不離甲，故元神不夠厚。雙魁罡破格。

七殺	日主	比肩	正官
丙子	庚辰	庚戌	丁未
癸	癸 乙 戊	丁 辛 戊	乙 丁 己
傷官	傷官 正財 偏印	正官 劫財 偏印	正財 正官 正印
將星 月德 天德 大耗	華蓋 寡宿	紅豔	天乙
壬寅　癸卯	甲辰　乙巳	丙午　丁未	戊申　己酉

任注：此以丁火為源頭，生土，土生金，兩藏財庫，身旺用官，中年行運不背，所以早登鄉榜，名利雙輝，為人有剛明決斷之本，無刻薄欺瞞之意。惜乎無木，火之元神不足，孫枝雖旺，子息未免多損之憂。

1、以丁火為源頭，生未土戌土，再生庚金，拐彎抹角；土金多，身強。「兩藏財庫」，指財官人人喜愛，乙木正財入庫未土與辰土，丁火正官入庫戌土，喜官殺來有印化。

2、「中年行運不背」，丁未丙午就是官殺，故「名利雙輝」。「為人有剛明決斷之本」，其實庚辰、庚戌就是雙魁罡。《三命通會》：「為人性格聰明，文章振發，臨事果斷，秉權好殺」。辰戌沖，雜氣官殺透干，任鐵樵不甩這套。「無木，火之元神不足」，財不足則官殺不足；中年運行南方火地。

按：曲直格，凡特別格氣偏一方，既要成真，又要五行不缺，拉扯之間未必高命。原局無印，怕逢官殺，申酉之地帶水化去。曲直格不純，就是比劫多，故「資囊未滿先傾」，苦守清貧。

正官	日主	正財	比肩
庚辰	乙卯	戊寅	乙未
癸　乙　戊	乙	戊　丙　甲	乙　丁　己
偏印　比肩　正財	比肩	正財　傷官　劫財	比肩　食神　偏財
庚午　辛未	壬申　癸酉	甲戌　乙亥	丙子　丁丑

任注：此支類東方，正曲直仁壽格，大勢觀之，財官有氣，名利裕如，第五行火不出現，財之元神虛脫，寅卯辰東方木旺，官星之根亦薄，所以一生操勞剝削，資囊未滿先傾，且平生仗義疏財，為人無驕諂，存古道，苦守清貧，生四子皆得力，壽至九十四歲。

1、 乙日主生寅月，地支三合寅卯辰木局，曲直格。「財官有氣」，指財星四見，生正官有力。「財之元神虛脫」，財要火食傷為元氣，原局只有一個小丁火。木旺就是比劫強，正官無根，身強官弱。

2、《星平會海》：「木從木位正為奇，秋令逢之事不宜；得此清高仁且壽，水落機會福元齊」。《三命通會》：「甲乙生人寅卯辰，又名仁壽兩堪評；亥卯未全嫌白帝，若逢坎位必身榮」。中年運走西方官殺之地，嫌白帝。

按：比劫有氣，利於傷官生財，水地順勢，金地土生不傷元氣。

食神	日主	七殺	正財
庚申	**戊戌**	**甲寅**	**癸丑**
戊 壬 庚	丁 辛 戊	戊 丙 甲	辛 癸 己
比 偏 食 肩 財 神	正 傷 比 印 官 肩	比 偏 七 肩 印 殺	傷 正 劫 官 財 財
丙 　 丁 午 　 未	戊 　 己 申 　 酉	庚 　 辛 戌 　 亥	壬 　 癸 子 　 丑

任注：戊戌日，逢庚申時，食神有力，殺旺無印，足以強制，生八九子，有三四子貴顯而授一品之誥封者，土金有情之妙也。其為人貪惡兩備者，不能化殺之故也。淫靡無禮者，火不現，水得地之故也。蓋寅申沖，則丙火必壞；丑戌刑則丁火亦傷。兼之癸水透，則日主之心志必欲合，而求之不顧，寅、戌支藏之火，暗中剋盡。夫火司禮，為人豈可無禮，無禮則無所不為矣。設使年干癸水，換於丁火，未有不仁德者也，其富貴福壽，皆申時之力，亦祖德宗功所致也。後生落頭疽而亡，由己積惡多端，而天誅之矣。

1、戊戌日生在寅月，正偏財三見，正財格在年柱。七殺格在月柱。食傷四見，傷官格。地支比劫四見，印綬兩見。格重身輕，喜火土之地。「食神有力，殺旺無印，足以強制」，指食神制殺。「土金有情之妙」，食神可制殺，而食神是日主所生之福星貴人。

2、此人為何既貪又惡？因為沒有印化殺，印去哪裡了？原局寅申沖，唯一丙火泡湯。丑戌刑，丁火也折損；地支兩個印擺著好看，化殺不管用，故「寅戌支藏之火，暗中剋盡」。原局月時雙沖，年月互換空亡。

461

按：「財星過於藏蓄」，身旺而傷官發秀，因正財由傷官所生劫不去，偏財入庫惜財如命，故財難生殺，無印化殺，故「財不流行，秋金逢土而愈堅，生意遂絕」。

劫財	日主	傷官	劫財
戊辰	己卯	庚申	戊辰
癸 乙 戊	乙	戊 壬 庚	癸 乙 戊
偏財 七殺 劫財	七殺	劫財 正財 傷官	偏財 七殺 劫財

戊辰	丁卯	丙寅	乙丑	甲子	癸亥	壬戌	辛酉

任注：此土金傷官，辰中癸水，正財歸庫，申中壬水，正財逢生，劫雖旺，而不能奪；且土氣盡歸於金，傷官化劫，暗處生財，兼之獨殺為權，故為人權謀異眾。地支皆陰溼之氣，作事詭譎多端，一生所重者財，而少仁義。至四旬無子，娶兩妾又無子，壽至九旬外，惜財如命。卒後家業四十餘萬，分奪而盡。細究之，皆因財星過於藏蓄，不得流通之故也。財不流行，秋金逢土而愈堅，生意遂絕耳。

大凡財厚無子者，皆類此格，故無子之人，其性情必多鄙吝，不知財散則民聚，倘使富人無子，能輕其財於親族之中，分多潤寡，何患無子哉？即如此造，金氣太堅，水不露頭，未得生生之妙，能散其財，則金自流行，子必招矣。然散財亦有功過，散財於僧道，有過無功；散財於親族，有功無過；修德獲報，人事原可挽回，作善降祥，天心詎難感召，壽本五福之首，壽而無子，終於無益，與其富壽而無子，不若貧壽而有子也。

462

1、己土生在庚申月，土金傷官。「劫雖旺，而不能奪」，劫財五見太旺，無印；月柱傷官格洩秀，故所生之財比劫奪不到；而傷官所生之財癸水入庫在辰支，入庫就守住了，故「財星過於藏蓄，不得流通」。「金氣太堅，水不露頭，未得生生之妙」，指月柱庚金自坐祿，壬癸水不透干，其實是庫中之財要冲。

2、妻財子祿壽，人人喜愛，然而不如意十之八九，原局己土生在申月，調候最急丙火，而年時兩柱伏吟，劫財由年到時，錢財出於家門。

原文：何知其人夭，氣濁神枯了。

原注：氣濁神枯之命，極易看。印綬太旺，日主無著落。財殺太旺，日主無依倚。忌神與喜神雜而戰，四柱與用神反而絕。沖而不和，旺而無制。濕而滯；燥而鬱。精流氣洩，月悖時脫；此皆無壽之人也。

按：「氣濁神枯」，指印綬太旺，日主撐爆。財生殺黨，日主扛不住。喜忌交戰，用神不現，刑沖而不和諧，旺而無制，濕而滯；燥而鬱，精氣不守，月令與時柱脫序不生日主，無壽之人。

任氏曰：氣濁神枯之命，易中之難看者，氣、濁、神、枯四字，可分言之。濁字作一弱字論；「氣濁」者，日主失令，用神淺薄，忌神深重，提綱與時支不照，年支與日支不和，喜沖而不沖，忌合而反合，行運與喜用無情，反與忌神結黨，雖不壽而有子。神枯者，身弱而印綬太重，身旺而剋洩全無，然重用印，而財星壞印。身弱無印，而重疊食傷，或金寒水冷而土溼，或火焰土燥而木枯者，皆夭而無子也。

1、按：氣濁神枯之命，雖說極易看，也是有難處。「濁」作「弱」；「氣濁」如上述；舉凡日主失令而衍生的現象；例如用神淺薄，忌神深重，提綱與時支不照，年支與日支不和，喜沖而不沖，忌合而反合，行運與喜用無情，反與忌神結黨，雖不壽而有子。

2、「神枯」，身弱而印綬太重，身旺而剋洩全無，忌神沖著喜用神，或五行偏枯之類，皆夭而無子。

按：月令正財，天干財印雙清，先印後財；地支先財後印，即財印交戰。前言「提綱與時支不照」。辰酉合財，「忌合而反合」。「用印，而財星壞印」等，皆屬「神枯」。又說「天地乖悖而混亂者亡」，四柱天不覆地不載。

正財	日主	正印	正印
辛卯	**丙辰**	**乙酉**	**乙丑**
乙	癸 乙 戊	辛	辛 癸 己
正印	正官 正印 食神	正財	正財 正官 傷官
丁丑	戊寅	己卯	庚辰	辛巳	壬午	癸未	甲申

任注：此造三印扶身，辰酉合而不沖，四柱無水，似乎中格。地支皆溼土，晦火生金，辰乃木之餘氣，與酉合財，木不能托根，與酉化金，則木反被其損。天干兩乙，地支不載，凋可知矣。由此推之，日元虛弱。至午運，破酉衛卯，得一子。辛巳全會金局壞印，則元氣大傷，會財則財極必反，夫婦雙亡。

1、原局正印、正官、正財、食神一堆，似乎門面清新。正印四見扶身，辰酉合金，斬斷辰中乙木之根。財透干，正印格與正財格，五行缺水，正官入庫，無比劫，身弱要印，財為忌神。

2、壬午運火剋金，破金，財不剋印，身弱得印，故「破酉衛卯，得一子」。辛巳運「全會金局壞印」，指巳酉丑三合財，辛巳辛卯拱辰，辰土生金，金局更凶壞印，故「夫婦雙亡」。月時雙沖，根基一定空。

按：厚土埋金，自坐亥水；賴旺木疏土；母旺子衰，《子平粹言》：「旺者喜洩，印太旺宜行比劫之地，以洩印之旺氣，以全局氣勢為主，其理故一貫。」大運無申酉、庚辛。

正印	日主	正印	偏印
戊戌	辛亥	戊辰	己丑
丁　辛　戊	甲　壬	癸　乙　戊	辛　癸　己
七殺　比肩　正印	正財　傷官	食神　偏財　正印	比肩　食神　偏印
庚申　辛酉	壬戌　癸亥	甲子　乙丑	丙寅　丁卯

任注：此重重厚土，埋藏脆嫩之金，五行無木，未得疏揚之利。一點亥水剋絕，支藏甲乙，無從引助，然春土氣虛，藏財可用。初運東方木地，庇蔭有餘，寅運得一子。乙丑運，土又通根而夭。

1、「重重厚土」，除辛亥日柱外，全是戊己土。辛金柔軟，土厚金埋。五行無木疏土，故「未得疏揚之利」。土沒鬆開就是一堆硬土圍困唯一亥水，故「一點亥水剋絕」，亥水調候非閑神，忌一堆戊己土印綬。《星平會海》：「土旺得木，方能疏通」。

2、亥水藏甲，辰土藏乙，水不生木還是可以藏財。初運丙寅財地，財剋印，丙寅、辛亥雙合，傷官生財，故「庇蔭有餘」。乙丑運印運，故「土又通根而夭」。《星平會海》云：「木能剋土，土重木折」。

466

按：甲不離庚，申金剋洩無用；水木印比兩局，何以忌火？

偏印	日主	偏印	偏印
壬申	**甲寅**	**壬寅**	**壬寅**
戊　壬　庚	戊　丙　甲	戊　丙　甲	戊　丙　甲
偏財　偏印　七殺	偏財　食神　比肩	偏財　食神　比肩	偏財　食神　比肩
庚戌　　己酉	戊申　　丁未	丙午　　乙巳	甲辰　　癸卯

任注：春木重逢祿支，得申時，似乎時殺留清，不知木旺金缺，必要有火為佳。天干三壬，寅中丙火受剋，神枯可知。至丙運，逢三壬回剋，家業敗盡，夭而無子。凡水木並旺無土者，最忌火運，即不傷身，刑耗異常。若俗論必用申金，丙火剋金之故也，如丙火剋金為害，則前之乙巳運，緊剋申金，而且三刑，何反美乎？

1、「春木重逢祿支」，指甲木在年、月、日都是祿位，天干偏印三見通根時支，身強，故「木旺金缺」。身強就是要食傷洩秀。查僅有寅中丙火，天干三壬水剋地支三丙火，丙午運，寅午半合，甲木生丙火，火多水熄，故「夭而無子」。

2、「凡水木並旺無土者，最忌火運」，因為水木並旺就是印比一堆，印比一堆火運無土，食傷洩不出財，印綬鬥食傷，故「即不傷身，刑耗異常」。任氏評俗師「必用申金」，又以乙巳運論證寅巳申三刑，為何「反美乎」？意思說，丙午運不好是因水火鬥爭，而非火剋申金。否則乙巳運即丙火剋申金。然而乙巳運巳申合有降火功能，而丙午運則是寅午半合三組立即加溫，讀者應有定見。

按：前言：「神枯者……或金寒水冷而土溼，或火焰土燥而木枯者，皆夭而無子」。四柱全陰，土金水相混；陰乘陰位陰氣盛，還需道路光亨；無奈大運金水。

比肩	日主	偏印	偏印
癸丑	**癸酉**	**辛丑**	**辛丑**
辛 癸 己	辛	辛 癸 己	辛 癸 己
偏印 比肩 七殺	偏印	偏印 比肩 七殺	偏印 比肩 七殺

癸巳	甲午	乙未	丙申	丁酉	戊戌	己亥	庚子

任注：此重重溼土，疊疊寒金，癸水濁而且凍，所謂陰之甚，寒之至者也。毫無生發，氣濁神枯，故其人愚昧不堪，一事無成。至戊戌運，生金剋水而夭。以俗論之，兩干不雜，金水雙清，地支三朋，殺印相生之美，定為貴格。前則春木帶嫩金，斲削成大器，皆作名利兩全之格也，不知天命，皆類此格，學者宜深究之。

1、「氣濁神枯」，指癸水生在丑月，比肩四見，偏印六見，溼土三見生辛金，辛金生癸水，丑土就成一堆爛泥巴，故其人「愚昧不堪」，欠食傷生財。至戊戌運，土生金是印，土剋水是比劫，一生一剋，光撐不洩，夭亡。

2、任氏認為俗師會將原局認為是「兩干不雜，金水雙清，地支三朋」殺印相生的貴格，而兩干不雜尚無高命的論述。丑土就是溼土，雖然含有金水也還是土。地支三朋指比肩三見。七殺不透干又缺財，任氏認為俗師以殺印相生，定為貴格，潤筆添字之舉。

女命章

原文：論夫論子要安詳，氣靜平和婦道章，三奇二德虛好語，咸池驛馬半推詳。

原注：局中官星明順，夫貴而吉，理自然矣。

1、若官星太旺，以傷官為夫。（剋我用者為夫）

2、官星太微，以財為夫。（妻為財，扶我微者為夫）

3、比肩旺而無官，以傷官為夫。（洩去旺我為夫）

4、傷官旺而無財官，以印為夫。（傷官無洩，以剋者為夫）

5、滿局官星欺日主者，喜印綬而夫不剋身也。（官重以印化去）

6、滿局印綬洩官星之氣者，喜財星而身不剋夫也。（財剋印）
（以上論夫）

大體與男命論子論貴之理相似。

1、局中傷官清顯，子貴而親，不必言也。（傷官為子息宜清顯）

2、若傷官太旺，以印為子。（傷官宜配印）

3、傷官太微，以比肩為子。（比劫生食傷）

4、印綬旺而無傷官者，以財為子也。（偏財喜偏印剋）

5、財神旺而洩食傷者，以比肩為子也。（財旺用比肩剋）
（以上論子）

不必專執官星而論夫，專執傷食而論子；但以安祥順靜為貴。

二德三奇不必論（天、月德、三奇等貴人無關夫星子息盛衰）。

咸池驛馬縱有驗，總之于理不長（咸池、驛馬縱然有準，也是偶爾矇到的）。其中究論。不可不詳。

1、按：論女命，洋洋灑灑。食傷子息與官殺夫星不要刑冲，女命喜八字平靜，還是看五行喜用，三奇貴人、天德、月德只是捕風捉影；桃花、驛馬等神煞，還是斟酌而不可盡信。

2、官星貴在明顯旺相無刑冲，自然有貴夫。大致是喜用神為夫，即在生剋制扶中喜逢者為夫。簡釋於上述原文之後，不贅述。

任氏曰：女命者，先觀夫星之盛衰，則知其貴賤也。次察格局之清濁，則知其賢愚也。淫邪嫉妒，不離四柱之情，貞靜端莊，總在五行之理，是以審察宜精，貞婦不遭謬妄；詳究宜碻，淫穢難逃正論。

二德三奇，乃好事之妄。

咸池驛馬，是後人之謬言。

不言翁姑，只為財輕劫重。（無理自我，出言不遜）

不敬丈夫，皆因官弱身強。（比劫旺欺官星）

官星明顯，夫主崢嶸。（官星坐祿旺，不可刑冲）

氣靜和平，婦道柔順。（五行平衡流通，不可刑冲）

若乃官星太旺，無比劫，以印為夫。（以印化煞為喜）

有比劫而無印綬者，以傷食為夫。（生財制官為喜）

官星太弱，有傷官，以財為夫。（喜見傷官生財通關）

無財星而比劫旺者，以傷食為夫。（食傷為喜當官用）

滿盤比劫而無印無官者，又以傷食為夫。（食傷為喜當官用）

滿局印綬而無官無傷者，以財為夫。（偏印見財為喜）

傷官旺，日主衰，以印為夫。（印扶身剋傷官為喜）

日主旺，食傷多，以財為夫。（比劫食傷旺，喜財洩去）

官星輕，印綬重，亦以財為夫。（喜財剋印生官）

財乃夫之恩星，女命身旺無官，財星得令得局者，上格也。

若論刑傷，又有生剋之理存焉。

1、官星微，無財星，日主強，傷官重，必剋夫。（財官無存，
　　傷官剋官）

2、官星微，無財星，比劫旺，必欺夫。（比劫反剋官星）

3、官星微，無財星，日主旺，印綬重，必欺夫剋夫。（比劫印
　　綬旺，印綬剋去食傷）

4、官星弱，印綬多，無財星，必尅夫。（印無財剋，官不勝印）

5、比劫旺而無官，印旺無財，必尅夫。（旺而無剋缺喜神）

6、官星旺，印綬輕，必尅夫。（官旺以官犯官）

7、比劫旺無官星，有傷官，印綬重，必尅夫。（官氣全無生機）

8、食神多官星微，有印綬遇財星，必尅夫。（食重傷官剋印）

凡女命之夫星，即是用神，女命之子星，即是喜神，不可專論官星為夫，傷食為子。

1、日主旺，傷官旺，無印綬，有財星，子多而貴。（傷官生財）

2、日主旺，傷官旺，無財印，子多而強。（傷官為用）

3、日主旺，傷官輕，有印綬，財得局，子多而富。（身強用財）

4、日主旺，無食傷，官得局，子多而賢。（以官為用）

5、日主旺，無食傷，有財星，無官殺，子多而能。（財能生官）

6、日主弱，食傷重，有印綬，無財星，必有子。（印綬生身無剋）

7、日主弱，食傷輕，無財星，必有子。（只剩官與印）

8、日主弱，財星輕，官印旺，必有子。（官印相生論有子）

9、日主弱，官星旺，無財星，有印綬，必有子。（同上）

10、日主弱，無官星，有傷劫，必有子。（劫有傷，傷為子息）

11、日主旺，有印綬，無財星，子必少。（旺印無財，食傷受剋）

12、日主旺，比肩多，無官星，有印綬，子必少。（官星無地自容）

13、日主旺，印綬重，無財星，必無子。（印剋食傷）

14、日主弱，傷官重，印綬輕，必無子。（無制，過猶不及）

15、日主弱，財星重，逢印綬，必無子。（喜神被制）

16、日主弱，官殺旺，必無子。（食傷無氣）

17、日主弱，食傷旺，無印綬，必無子。（食傷無制，過猶不及）

18、火炎土燥無子。（偏枯）

19、土金濕滯無子。（偏枯）

20、水泛木浮無子。（偏枯）

21、金寒水冷無子。（偏枯）

22、重疊印綬無子。（偏枯）

23、財官太旺無子。（偏枯）

24、滿局食傷無子。（偏枯）

以上無子者，有子必剋夫，不剋夫亦夭。至於淫邪之說，亦究四柱之神。（偏枯即不圓滿，故子息、剋夫、壽夭等必有缺陷，淫蕩邪侈，參酌四柱之神）

1、日主旺，官星微，無財星，日主足以敵之者。（身強而財官微薄）

2、日主旺，官星微，傷食重，無財星，日主足以欺之者。（官無財，食傷欺官星）

3、日主旺，官星弱，日主之氣，生助他神而去之者。（欺官而無情生官）

4、日主旺，官星弱，官星之氣，合日主而化者。（官氣化入日主，黑寡婦）

5、日主旺，官星弱，官星之氣，依日主之勢者。（官從財而化）

6、日主弱無財星，有食傷，逢印綬，日主自專其主者。（財不生官）

7、日主旺，無財星，官星輕，食傷重，官星無依倚者。（傷官剋官）

8、日主旺，官無根，日主不顧官星，合財星而去者。（陽干合財）

9、日主弱，傷食重，印綬輕者。（弱不堪扶）

10、日主弱，食傷重，無印綬，有財星者。（弱不堪扶）

11、食傷當令，財官失勢者。（無管束）

12、官無財滋，比劫生食傷者。（官無財就衰，食傷受生剋官）

13、滿局傷官無財者。（傷官沒得洩，正官就倒楣）

14、滿局官星無印者。（官星沒得洩）

15、滿局比劫無食傷者。（比劫沒得洩）

16、滿局印綬無財者。（印綬無反剋）

以上皆淫賤之命也，總之傷官不宜重，重必輕佻美貌而多淫也。傷官身弱有印（傷官有節制），身旺有財者（財通關生官），必聰明美貌而貞潔也。

按：以上論述，築基於五行通暢，神枯氣亂就是不行。

任氏曰：凡觀女命，關係匪小，不可輕斷淫邪，以瀆神怒，然亦不可一例言命：1、或由祖宗遺孽。2、或由家門氣數。3、或由丈夫不肖。4、或由母姑不良，幼失閨訓。5、或由氣習不善，無謹飭閨門，任其恣性越禮，入寺燒香，遊玩看戲聽詞，男女混雜，初則階下敷陳，久則內堂演說。始言賢孝節義之故事，繼而漸及淫邪苟合之穢詞，保無觸念動心乎？所以居家第一件事，在嚴肅閨門，閨帷之內，不出戲言，則刑于之化行矣。房帷之中，不聞戲笑之聲，則相敬之風著矣，主家者不可不慎之。

按：斷女命，不可隨口濫言淫邪，以免人神共憤，還須觀察先後天環境，或遺傳、家風、夫不賢、家教、生活習性不良，玩物喪性，龍蛇混雜，以上均容易招來入室之賓。其餘無關八字核心技術，不贅述。

按：月令食神透干為用，財格為喜，官殺五見，木火土一團，壬水衰弱。前言「日主弱，食傷重，無印綬，有財星者」，淫賤之命。總之，傷官不宜重，重必輕佻美貌而多淫。

正財	日主	食神	七殺
丁未	壬寅	甲寅	戊申
乙 丁 己	戊 丙 甲	戊 丙 甲	戊 壬 庚
傷官 正財 正官	七殺 偏財 食神	七殺 偏財 食神	七殺 比肩 偏印
天德 寡宿	文昌	文昌	驛馬
丙午	丁未	戊申	己酉	庚戌	辛亥	壬子	癸丑

任注：壬水生於孟春，土虛木盛，制殺太過，寅申逢冲，本是剋木，不知木旺金缺，金反被傷，則戊土無根依託，而日主之壬水，可任性而行，見其財星有勢，自然從財而去，以致傷夫敗業，棄子從人也。

1、壬水生在寅月，食傷四見，官殺五見，但食傷主氣多，故「制殺太過」。寅申冲，木旺金缺，申金動搖，年干戊土失勢，則壬水不受制。年月雙冲，年日雙冲。

2、丁壬合，淫暱之合，日主合正財，甲己合土，故「傷夫敗業，棄子從人」。前言「日主旺，官無根，日主不顧官星，合財星而去者……日主弱，傷食重，印綬輕者」，淫賤之命。壞在化而不化，初運水地還有一番風光。

474

按：前言「食傷當令，財官失勢者」，又無印綬平衡食傷，無管束，淫賤之命；木火旺運不行水地。

傷官	日主	劫財	傷官
丁卯	甲午	乙巳	丁未
乙	己　丁	庚　戊　丙	乙　丁　己
劫財	正財　傷官	七殺　偏財　食神	劫財　傷官　正財
羊刃　桃花	紅豔　將星	文昌　亡神	天乙

癸丑	壬子	辛亥	庚戌	己酉	戊申	丁未	丙午

任注：甲午日元，生於巳月，支類南方，干透兩丁，火勢猛烈，洩氣太過，局中無水，只可用劫。初運又走火地，是以早刑夫主，人極聰明美貌，而輕佻異常，不能守節。至戊申運，與木火爭戰，不堪言矣。

1、甲木生在巳月，地支三會巳午未，干透兩個丁火，食傷五見，局中無水，無印剋食傷；食傷五見，傷官格。乙庚暗合七殺，「人極聰明美貌」，指月上劫財美人。原局木火兩局，忌金水齊來。

2、時柱丁卯傷官、羊刃、桃花會齊。戊申運，「木火爭戰」，指原局木火兩行，申運卯申合七殺金，巳申合水；金剋木，水剋火，全局撼動。前言「日主旺，官星微，傷食重，無財星，日主足以欺之者。」原局雖有財星，化火而去，眾多比劫剋去唯一七殺，故「日主足以欺之」。

475

按：從兒不管強弱，只要吾兒又得兒；財星不顯，唯一官星逢沖，前言：「日主旺，官星弱，官星之氣，依日主之勢者」。

食神	日主	傷官	食神
戊戌	**丙辰**	**己未**	**戊戌**
丁　辛　戊	癸　乙　戊	乙　丁　己	丁　辛　戊
劫財　正財　食神	正官　正印　食神	正印　劫財　傷官	劫財　正財　食神
辛亥　壬子	癸丑　甲寅	乙卯　丙辰	丁巳　戊午

任注：滿局傷官，五行無木，印星不現，格成順局，故其人聰明美貌。第四柱無金，土過燥厚，辛金夫星投墓於戌，是以淫亂不堪，夫遭凶死，又隨人走，不二三年又剋。至乙卯運，犯土之旺，自縊而死。

1、「滿局傷官」，幾乎全是戊己土，五行無木就是沒有印綬，「格成順局」，從兒格，原局財衰，行運無財地。「四柱無金」，無金即無財，官殺無後援；唯一官星入庫在辰。前言「日主弱，傷食重，印綬輕者」，女命淫賤。

2、原局夫星入辰庫，辰戌沖，夫星難保。「夫遭凶死」，傷官太重無印，直接衝著老公。乙卯運，乙木犯戊土，以卵擊石；卯戌合火附會土局，故「犯土之旺」。

476

按：前言「日主旺，無財星，官星輕，食傷重，官星無依倚者」。火土一團，官星無所依。女命總斷歌：「有辰休見戌，有戌休見辰，辰戌若相見，多是淫賤人。」

偏 印	日 主	正 官	比 肩
丙 **辰**	**戊** **戌**	**乙** **丑**	**戊** **午**
癸　乙　戊	丁　辛　戊	辛　癸　己	己　丁
正　正　比 財　官　肩	正　傷　比 印　官　肩	傷　正　劫 官　財　財	劫　正 財　印
紅　寡 豔　宿	華 蓋	天　大 乙　耗	羊　將 刃　星
丁 巳	戊 午	己 未	庚 申	辛 酉	壬 戌	癸 亥	甲 子

任注：戊土生於丑月，土王用事，木正凋枯，且丑乃金庫，辛金伏藏，不能托根。更兼辰戌沖去藏官，又逢印綬生身，日主足以欺官，置夫主於度外，且中運西方金地，淫賤不堪。

1、戊土生在丑月，調候丙、甲，原局一眼望去火土成群，印比一堆，印綬三見生身，日主身強。財弱，正官雖成格，辰戌沖，時支官星不穩，天干乙木正官自坐丑月，藏干辛金傷官入丑庫，不時搓動而使正官坐不穩，故乙木「不能托根」，講半天就是先唱衰夫星，然後給個結論「日主足以欺官」。

2、前言「日主旺，官星微，傷食重，無財星，日主足以欺之者」；原局符合「日主足以欺之」要件，中運辛酉、庚申還是干支食傷之地，傷官見官，更甚。比劫透干，便見爭夫。唯一正官坐寡宿，夫妻感情好要常睡在一起。

477

按：合多貴眾，前言「日主旺，官星弱，官星之氣，合日主而化者」，女命總斷歌：「合神若是多，非妓亦謳歌」。

正財	日主	劫財	食神
庚戌	丁亥	丙寅	己亥
丁 辛 戊	甲 壬	戊 丙 甲	甲 壬
比 偏 傷 肩 財 官	正 正 印 官	傷 劫 正 官 財 印	正 正 印 官
寡 宿	天 天 乙 德	亡 月 孤 神 德 辰	天 乙
甲戌	癸酉	壬申	辛未	庚午	己巳	戊辰	丁卯

任注：丁火生於寅月，木正當權，火逢相旺，必以亥水官星為夫，明矣。年支亥水合寅化木，而日支亥水，必要生扶為是，時干庚金隔絕，無生扶之意，又逢戌土緊剋之，則日主之情，必向庚金矣，所以淫賤之至也。

1、丁火生在寅月，木旺火種就源源不絕，癸水無力必以壬水為官星，原局也僅有壬水。年支月支日支寅亥合木兩組，正官糊掉。「庚金隔絕」，庚金生不到亥水，戌土傷官剋官。

2、「日主旺，官無根，日主不顧官星，合財星而去者。」官被合掉，日主向庚金有點牽強。原局「淫賤之至」的跡象是日柱丁亥，干支丁壬合木，年月日地支寅亥合兩組，老是合來合去，春園無處不飛花。天乙兩個，貴人太多。

按：月令傷官透干為用，傷官剋去正官，取傷官格為用，財星為喜，五行無木，未得生化之情。丑未冲，印綬制不住傷官。

正官	日主	傷官	正官
丁亥	庚子	癸丑	丁未
甲　壬	癸	辛　癸　己	乙　丁　己
偏　食 財　神	傷 官	劫　傷　正 財　官　印	正　正　正 財　官　印
文　亡 昌　神	將　月　天　大 星　德　德　耗	天 乙	天 乙
辛 酉	庚 申	己 未	戊 午	丁 巳	丙 辰	乙 卯	甲 寅

任注：寒金喜火，嫌其支全亥子丑，北方水旺，又月干癸剋丁，丑未冲去丁火餘氣，五行無木，未得生化之情；時干之丁，虛脫無根，焉能管伏庚金？而日主之情，不顧丁火可知，所以水性楊花也。

1、庚金生在丑月，地支亥子丑三會水局，「月干癸剋丁」，正官不保，「丑未冲去丁火餘氣」，正官格被撼動。反觀三會水透干，食傷四見有力。「五行無木」，傷官化不掉就衝著正官。「時干之丁，虛脫無根」，時干正官丁火，陷入重圍，無力剋制日主。

2、前言「日主弱，傷食重，印綬輕者」，淫賤之命。原局食傷太重，日主與印綬輕。然而「水性楊花」是很重的口業，僅此徵候不可驟然判斷，天乙兩見，貴人一堆；年月雙冲官星地支；正官年時兩見，左右逢源。

按：前言「日主旺，官星弱，官星之氣，合日主而化者。」丁火正官陷於金水之中，日主用傷官合於財氣之中。

正財	日主	傷官	正官
乙酉	**庚子**	**癸丑**	**丁丑**
辛	癸	辛　癸　己	辛　癸　己
劫財	傷官	劫財　傷官　正印	劫財　傷官　正印
羊刃　桃花	將星　月德　天德	天乙	天乙
辛酉　庚申	己未　戊午	丁巳　丙辰	乙卯　甲寅

任注：庚金生於季冬，不但寒金喜火，且時逢陽刃，印綬當權，足以用火敵寒，月干癸水，通根祿支，剋絕丁火，其意足以欺官，時逢乙木，喜而合之，其情必向財矣，所以背夫而去，淫穢不堪也。

1、庚金生在丑月，金水傷官喜見官，調候急用丙、丁。丁火孤懸年干，官星不妙；日祿歸時，桃花羊刃，豈能安祥？天乙兩見，貴人一堆。癸水傷官剋掉丁火，傷官四見。

2、前言「日主旺，官無根，日主不顧官星，合財星而去者」，「日主旺」有羊刃有印，官無根，庚合乙財，財生殺。大運丙辰，丙是七殺，辰酉合，桃花比劫幫日主。丁巳運，丁是正官，巳酉丑會局，還是桃花比劫幫日主。

480

按:《三命通會》:「合貴重者，嬌媚而多賤多情」，丁壬合，丙辛合，子丑合，巳申合。前言「日主旺，官星弱，官星之氣，合日主而化者」。

正官	日主	傷官	七殺
丙申	**辛巳**	**壬子**	**丁丑**
戊　壬　庚	庚　戊　丙	癸	辛　癸　己
正　傷　劫 印　官　財	劫　正　正 財　印　官	食 神	比　食　偏 肩　神　印
亡　大 神　耗	天 德	文　月 昌　德	華 蓋
庚　　　己 申　　　未	戊　　　丁 午　　　巳	丙　　　乙 辰　　　卯	甲　　　癸 寅　　　丑

任注：壬水合去丁火之殺，丙火官星得祿於日支，似乎佳美，所以出身舊家。因其貌美而菁媚，羣以賽楊妃稱之。四五歲時，眉目秀麗，及十三四益嬌冶，成為畫中人。年十八，歸士人妻，士素醇謹好學，惑而暱愛之，逾年而學廢，竟以癆瘵而死，從此淫穢不堪，後身敗名裂，無所依托，自縊而死，此造因多合之故耳。

夫十干之合，惟丙辛合，以官化傷官，謂貪合忘官，且巳申合亦化傷官，丁壬合則暗化財星，其意中將丙火置之度外明矣，其情必向丁壬一邊，況乎干支皆合，無往不是意中人也。

1、「無往不是意中人」，指天干丁壬合，丙辛合，地支子丑合，
巳申合。女命合多貴眾（天德、月德、文昌），戊癸合出暗夫，
日柱辛巳，丙辛合自家正官泡湯，不免風聲。

2、原局傷官最重，四柱缺木無財，傷官無財剋正官。「貪合忘官」
，指正官丙辛合水，正官化為傷官，巳申合水也是正官化傷
官，合計食傷六見，又生於子月得地，女命大忌。丙辰運拱
子，干支再度三合傷官必有災。

3、前言「日主旺，官無根，日主不顧官星，合財星而去」，丙辛
巳申合傷官，子丑合印，丁壬合財，故「其意中將丙火置之
度外明矣，其情必向丁壬一邊」。女命官殺兩頭掛，官殺難留。
男命官殺兩頭掛，有子難留。

按：月令財生殺，官殺五見，從殺格，子午沖破格。乙卯運，訣曰：「寅申巳亥全，孤淫口便便；子午逢卯酉，定是隨人走。」

正官	日主	正官	正官
戊午	癸酉	戊午	戊子
己 丁	辛	己 丁	癸
七 偏 殺 財	偏印	七 偏 殺 財	比肩
桃花	將星	桃花	干祿

庚戌	辛亥	壬子	癸丑	甲寅	乙卯	丙辰	丁巳

任注：癸水生於午月，財官並旺，坐下印綬，年支坐祿，未嘗不中和，天干三透戊土，爭合癸水，則日主之情，竟無定見；地支兩午壞酉，而財官之勢，不分強弱；日主之情，自然依財勢而去，只有年干正官無財勢，其力量不敵月時兩干之官，故將正夫置之不顧矣。運至乙卯，木生火旺，月時兩土，仍得生扶，年干之土，無化而受剋，所以夫得疾而死，後淫穢異常，尤物禍人，信哉。

484

1、癸水生在午月，偏財生七殺，故「財官並旺」；因為癸水自坐
酉金生身，通到年支坐祿，所以「未嘗不中和」，表示日主強
弱中和。日主癸水有三個戊土來合，不知與誰配對？

2、「地支兩午壞酉」，偏印扶身難用；因為「財官之勢，不分強
弱」，指月時兩支午火，日主都愛；而年干第一個正官自坐比
肩，搶不過自坐午火有財有殺的月時正官，故「將正夫置之
不顧」。

3、乙卯運，木生火，火生戊土，月時戊土都很旺，表示左右逢
源很忙。年干戊土坐下子卯刑，故「夫得疾而死」。原局午火
桃花兩見帶日支酉，乙卯運一堆桃花疊在一起，更妙癸日主
天乙貴人在卯，還透乙干，再帶文昌。前言「日主旺，官星
弱，官星之氣，合日主而化者」淫賤之命；即便日主不旺，
只要不從殺，而合官、桃花、貴人就足夠。

按：乙亥夫星自坐空亡，前言：「日主弱，食傷重，無印綬，有財星者」。女命驛馬逢冲，語多變卦。《三命通會》：「寅申互見性荒唐，巳亥相逢心不已。或有傷官之位，不遠嫁定見剋夫」。

傷官	日主	七殺	比肩
丙戌	乙亥	辛巳	乙未
丁 辛 戊	甲 壬	庚 戊 丙	乙 丁 己
食神 七殺 正財	劫財 正印	正官 正財 傷官	比肩 食神 偏財
己丑 戊子	丁亥 丙戌	乙酉 甲申	癸未 壬午

任注：年月日六字觀之，乙木生於巳月，傷官當令，最喜坐下亥印，冲巳制傷。不特日主喜其滋扶，亦且辛金得其衛養，正所謂傷官佩印，獨殺留清。不但貌美而且才高，書畫皆精，所嫌戌時緊剋亥水，暴陽一透，辛金受傷，既不利於夫子之宮，兼損壞乎生平之性矣。

1、乙木生於巳月，「年月日六字觀之」，指未土、巳火、戌土、丙火，傷官最有力。傷官無財要用印，壬水剋丙火，「冲巳制傷」，而且「辛金得其衛養」，指丙火被壬水剋制後，戊土生辛金，丙火也傷不到辛金。又指丙辛合水，生乙木日主，正所謂「傷官配印」。身弱用比劫、印亥水。

2、「嫌戌時緊剋亥水」，最怕唯一用神亥水被戌土剋制，在丙戌運「暴陽一透」，丙火合掉辛金七殺，「既不利於夫子之宮」，指月柱原本干支的丙辛合印，冲開後的傷官無制。原局日月雙冲，中年不免波折。

486

按：月令正印帶官，財生官，庚辛運正印透干成格。《三命通會》：「食神一位逢生旺，招子須當拜聖明；官殺不雜遇印扶，嫁夫定知登雲路」。

食神	日主	正官	偏財
乙卯	癸丑	戊申	丁巳
乙	辛 癸 己	戊 壬 庚	庚 戊 丙
食神	偏印 比肩 七殺	正官 劫財 正印	正印 正官 正財
丙辰 乙卯	甲寅	癸丑	壬子 辛亥	庚戌	己酉

任注：此造官星食神坐祿，官星食神坐祿；財生官旺，不傷印綬；印綬當令，足以扶身；食神得地，一氣相生，五行停勻，安祥純粹，夫榮子貴，受兩代一品之封。

1、「官星食神坐祿」，正官戊土祿在巳，偏財丁火祿在巳，食神乙木自坐卯祿。「印綬當令」，印綬庚金祿在申，「財生官旺」，年干丁火生戊土正官。天干偏財、正官、食神，門面清新。

2、「一氣相生」，年柱丁巳火生戊土，生申金，生日主癸水。「夫榮」，正官得到偏財加持，日主合正官。「子貴」，食神在時柱坐旺；四柱無刑冲。

按：《三命通會》：「凡女命合多，更帶貴人，是上游官妓，不然貴人左右。」月令正官，月干正印被正財剋去，財喜官用。印運用財，食傷運有財，財運有官，故以財星為喜。

食神	日主	正印	正財
丙寅	甲辰	癸酉	己亥
戊 丙 甲	癸 乙 戊	辛	甲 壬
偏財 食神 比肩	正印 劫財 偏財	正官	比肩 偏印
干祿 驛馬 天德 孤辰	華蓋 大耗	桃花	亡神
辛巳 庚辰	己卯 戊寅	丁丑 丙子	乙亥 甲戌

任注：八月官星財星助金，生於寅時，年時兩支逢生得祿，火水干透，無相剋之勢，有生化之情。財星得地，四柱通根，五行不悖，氣靜和平，純粹生化有情，夫榮子貴，受一品之封。

1、甲木生在酉月，正官格帶桃花，〈四言獨步〉：「官星桃花，福德堪誇。煞星桃花，朝劫暮巴。」天干正財、正印、食神，門面清亮。

2、年時地支長生與祿，正印癸水與食神丙火分別在月干與時干，而無相剋之形勢。唯一正官有財星三見，辰酉合，做為後援，四柱無刑冲。隔位合，甲己合，辰酉合，寅亥合，時柱食神生財，驛馬帶財，天德化凶，好命。

按：月令傷官、偏印、七殺，傷官三見，財星三見，印綬三見，官殺三見，日主丁火坐祿，帶貴人。完美的「木不枯，火不烈，水不涸，土不燥，金不脆」。

正印	日主	正官	偏財
甲辰	丁巳	壬辰	辛酉
癸　乙　戊	庚　戊　丙	癸　乙　戊	辛
七　偏　傷 殺　印　官	正　傷　劫 財　官　財	七　偏　傷 殺　印　官	偏財
大耗		月　天　大 德　德　耗	文　天　將 昌　乙　星
庚子	己亥	戊戌	丁酉	丙申	乙未	甲午	癸巳

任注：傷官雖旺，合酉化金，則官星之元神愈厚矣。巳火拱金，辰土引之，則財之元神更固矣。時透印綬，助日主之光輝，制辰土之傷官。所謂木不枯，火不烈，水不涸，土不燥，金不脆，氣靜和平之象，夫榮子貴，受一品封。

1、「傷官雖旺」，指辰巳地支三見傷官。「官星之元神愈厚」，指辰酉合化金，金生水，故「財之元神更固」。總之，巳火生辰土，辰土生酉金，辛金生壬水，辰酉合金還是生壬水。正偏印三見，印生身，故「助日主之光輝，制辰土之傷官」。四柱無刑沖，天干財、官、印，門面亮麗。

2、日主偏弱，以印綬劫財幫生，行運甲午、乙未木火相助，必有佳景。丙申、丁酉運不免顛簸。丁壬合官，其中辰巳地網兩見，以辰酉合財解一。

按：月令正印，取外格官殺四見為用，印綬為喜，食神備位。身弱宜行印比之地，訣曰：「大抵夫星要值建旺，己身須稟中和。食神不可刑傷，子星要臨生地。印綬生身，一位則可。財神發福，多見無傷。財強身弱，不能發福。身強財弱，安得為良。傷官疊遇，剋夫星而再嫁之人。印綬重逢，不死別即生離之婦。」

食神	日主	劫財	正官
甲辰	壬辰	癸酉	己巳
癸　乙　戊	癸　乙　戊	辛	庚　戊　丙
劫財　傷官　七殺	劫財　傷官　七殺	正印	偏印　七殺　偏財
辛巳　庚辰	己卯　戊寅	丁丑　丙子	乙亥　甲戌

任注：秋水通源，印星秉令，官殺雖旺，制化合宜。更妙時透甲木，制殺吐秀，一派純粹之氣。所以人品端莊，精於詩書，喜運途無火，官不助印，印不傷，夫星貴顯，子嗣秀美，誥封二品之榮。

1、「秋水通源」，壬水生在酉月，「印星秉令」，月支正印當令。「官殺雖旺」，指官殺四見，透出年干。己土剋癸水，保住唯一偏財。辰酉合，免去辰辰自刑。

2、「時透甲木，制殺吐秀」，食傷三見制殺不足；但辰酉六合，巳酉半合，化殺剛好。原局七殺與食傷互不侵犯，日主偏弱。「喜運途無火」，若行運遇火，化食傷，財生殺攻身；原局行運北方水地，幫身剛好。

490

按：月令食神生財不透干，女命相夫教子，外象財官印，四柱平和，必然蔭夫。

偏印	日主	正印	正官
癸未	乙亥	壬午	庚辰
乙 丁 己	甲 壬	己 丁	癸 乙 戊
比肩 食神 偏財	劫財 正印	偏財 食神	偏印 比肩 正財
華蓋	天德 大耗	紅豔 文昌	

甲戌	乙亥	丙子	丁丑	戊寅	己卯	庚辰	辛巳

任注：木生午月，火勢猛而金柔脆之時，喜壬癸通根制火，辰土洩火生金，則火土不烈燥，水木不枯涸。接續相生，清而純粹，為女中才子，生三子，夫任京官，家道清寒，在家教子讀書，二子登科，一子發甲，夫官郎中，子官御史，受兩代之封。

1、乙木生在午月，火猛烈，土焦燥，唯一庚金柔脆。正印格通到日支，比劫三見，正偏印四見，制傷化殺。妙在午火生辰土，辰土生庚金，庚金生壬水，壬水生乙木，故「接續相生」。

2、「女中才子」，文昌在午，午亥暗合。「夫任京官」，唯一正官隔合。「家道清寒」，指月柱壬午，丁壬合劫財，剋掉偏財。乙庚、午未隔位合，則無合多貴眾之弊。「夫官郎中」，辰土正財生庚金正官。

按：月令傷官生財不透干，但天干財、官、印清新，比劫兩見，食傷兩見，財星四見，官殺兩見，印綬兩見，五行純粹安和。

正 印	日 主	正 財	正 官
壬 午	乙 酉	戊 寅	庚 辰
己　丁	辛	戊　丙　甲	癸　乙　戊
偏　食 財　神	七 殺	正　傷　劫 財　官　財	偏　比　正 印　肩　財
庚　　辛 午　　未	壬　　癸 申　　酉	甲　　乙 戌　　亥	丙　　丁 子　　丑

任注：乙木生於春初，木嫩金堅，最喜午時制殺衛身，寒木向陽，官印雙清，財星生官，不壞印綬，純粹安和。夫官二品，五子二十三孫，一生無疾，夫婦齊眉，壽至八旬外，無疾而終，後裔皆顯貴。

1、 乙木生在寅月，猶有餘寒，木嫩。「金堅」，指日主自坐七殺，乙庚合金，辰酉合金。所以喜「午時制殺衛身」，指食神制殺。偏弱，喜時柱丁壬合幫身。

2、「官印雙清」，指年時天干正官、正印，「財星生官」，指正財生正官，隔位剋不到正印；先財後印，先講現實再提學術道德，故「不壞印綬」。年日雙合，有祖蔭庇佑。

按：前言「官星旺，印綬輕，必剋夫……日主旺，傷官輕，有印綬，財得局，子多而富」。

正印	日主	七殺	劫財
甲辰	丁丑	癸巳	丙辰
癸 乙 戊	辛 癸 己	庚 戊 丙	癸 乙 戊
七殺 偏印 傷官	偏財 七殺 食神	正財 傷官 劫財	七殺 偏印 傷官

乙酉	丙戌	丁亥	戊子	己丑	庚寅	辛卯	壬辰

任注：丁火生於巳月，癸水夫星清透，時干甲木，印綬獨清，是以品格端莊，持身貞潔。惜丙火太旺，生助傷官，以致鏡破釵分。然喜己丑拱金，財星得用。身旺以財為子，教子成名，兩子皆貴，受三品之封。

1、丁火生於巳月，建祿格，喜財官透出天干。財星兩見，七殺四見；食傷四見，正偏印三見，身殺兩停。身殺兩停往往在身殺失衡時凶咎。

2、原局「丙火太旺，生助傷官」，日主火旺，生土旺食傷重，忌食傷剋官殺，所以喜用財洩食傷。前言「凡女命之夫星，即是用神，女命之子星，即是喜神，不可專論官星為夫，傷食為子」。故「身旺以財為子」，每逢酉年三合六合都是財，傷財殺同根，官星最怕落入一堆合會，故「鏡破釵分」。

按：天干財、官、印，看似俱有根，惟丙辛合，卯酉冲，偏印格好看而已。日主合官，有財生官，丁亥運木火太旺。

正官	日主	偏印	正財
戊午	癸酉	辛卯	丙寅
己　丁	辛	乙	戊　丙　甲
七殺　偏財	偏印	食神	正官　正財　傷官
桃花	將星　大耗	文昌　天乙	劫煞

癸酉	甲申	乙酉	丙戌	丁亥	戊子	己丑	庚寅

任注：癸水生於仲春，洩氣之地，兼之財官並旺，日元柔弱，以印為夫，清而得用，是以秉性端莊，勤儉紡織。至丑運，洩火拱金，連生二子。戊子運，沖去午火，不傷酉金，夫主登科發甲。一交丁亥，西歸矣，此造之病，實在財旺耳。天干之辛，丙火合之，地支之酉，午火破之，更兼寅卯當權生火。丁亥運，合寅化木，助起旺神，又丁火緊剋辛金，不祿宜矣。

1、原局丙辛合，戊癸合，卯酉冲，地支午火剋酉金，酉金剋卯木，不妙；丙辛水生寅卯木，寅卯木生戊癸火。癸水生在卯月，身弱，喜印，以印為夫。原局食神當令，財星也重，但以沒有冲剋的財格為用。

2、己丑運，洩火生金，印綬有力連生二子。戊子運，子午卯酉，子午冲，午火被剋傷不到酉金偏印，故「夫主登科」。丁亥運，寅亥、亥卯合木，木生丁火，丁火剋去辛金偏印，引丙火覆燃，故「不祿」。

按:《三命通會》:「用官為夫,不要見煞,用煞為夫,不要見官,一位為好。有兩位官星,無煞以雜之,四柱純煞,無官以混之,俱為良婦。更得本身自旺尤佳,但旺不可太過」。月令正印為用。

正官	日主	正財	正財
癸巳	**丙子**	**辛卯**	**辛丑**
庚　戊　丙	癸	乙	辛　癸　己
偏　食　比 財　神　肩	正官	正印	正　正　傷 財　官　官
己 亥	戊 戌	丁 酉	丙 申	乙 未	甲 午	癸 巳	壬 辰

任注:丙火生於仲春,火旺木相之時,正得中和之象,年月兩透財星,地支巳丑拱金,財旺生官,官星得祿,以印為夫,謂真神得用。秉性勤儉,紡織佐讀,奉甘旨得舅姑之歡心。至甲午運,幫身衛印,夫主連登甲榜,受誥封宜人,壽至酉運,會金沖卯,不祿。

1、丙火生在卯月,日祿歸時,故「火旺木相」;又得財官食傷,故「得中和之象」。年干月干皆正財,通根丑巳,金生水,故財旺生官。而官星癸水通根日支子水,故「官星得祿」。「以印為夫」,因為巳丑食傷生財,財生官,一路順行,日主要接地氣,依賴唯一的印,身弱,故「以印為夫,謂真神得用」。

2、甲午運「幫身衛印」,甲木為相,午火幫身,故「夫主連登甲榜」。丁酉運三合金局財運,酉冲卯用神,癸剋丁,故「不祿」。

495

按：月令正印，申辰拱水，身弱用印，酉金冲去卯印，最怕再冲一次；戊申運雙合月柱，戊運合官幫身，申運生殺。

比肩	日主	正官	劫財
丙申	丙辰	癸卯	丁酉
戊　壬　庚	癸　乙　戊	乙	辛
食　七　偏 神　殺　財	正　正　食 官　印　神	正 印	正 財
辛　　　庚 亥　　　戌	己　　　戊 酉　　　申	丁　　　丙 未　　　午	乙　　　甲 巳　　　辰

任注：丙火生於仲春，官透財藏，印星秉令，比劫幫身，似乎旺相。第嫌卯酉逢冲，癸丁相剋，木火損而金水存，雖賴時干丙火之助，但丙臨申位，亦自顧不暇，幸辰中蓄藏餘氣，一點微苗，尚存春令，猶能輔用；較之前造更弱，亦以印星為夫，為人端莊幽嫻，知書達禮。丙午運，破其酉金，夫主登科，生二子，誥封四品。至四旬外，運走戊申，洩火生金，不祿。

1、丙火生在卯月，木相，印星秉令。「官透財藏」，指正官透出月干，正偏財藏在申酉，年時比劫剋不到。「卯酉逢冲，癸丁相剋，木火損而金水存」，指年月雙冲，劫財與正印泡湯。既然「比劫幫身，似乎旺相」，為何「以印星為夫」，因為丙辰與丙申拱三合水官殺局又透干，所以「似乎旺相」是假，身弱要用印。

2、用印忌財，丙午運剋正財，拱合巳午未羊刃駕殺帶水火既濟，故「夫主登科」。戊申運合出一堆金水，食傷生財，財生殺攻身，故「不祿」。

按：原局乙木入未庫，前言「官星太微，以財為夫」，月令食神生財透干，食神子息為喜，偏財為用，丙寅運皆冲破。

劫財	日主	食神	正財
己未	**戊午**	**庚申**	**癸丑**
乙　丁　己	己　　丁	戊　壬　庚	辛　癸　己
正官　正印　劫財	劫財　　正印	比肩　偏財　食神	傷官　正財　劫財
天乙	羊刃　將星　大耗	文昌　驛馬　大耗	天乙　天德
戊辰	丁卯	丙寅	乙丑	甲子	癸亥	壬戌	辛酉

任注：戊土生於孟秋，柱中劫印重重，得食神秉令為夫，泄其菁英，更喜癸水潤土養金，秀氣流行，是以人品端正，知大義。雖出農家，安貧紡織佐夫，孝事舅姑。至癸亥，夫舉於鄉，旋登甲榜，仕至黃堂，雖夫貴，未嘗以貴婦自衿，在家鄉仍布衣操作，生四子，皆美秀，壽至丙運，奪食不祿。

1、戊土生在申月，食神當令。比劫五見，食傷洩秀，用食神。「喜癸水潤土養金」，因為戊土要有癸水滋潤，濕土有利生金。「秀氣流行」，指身強又食傷生財。「人品端正」，先財後印，正偏財坐貴人、驛馬。

2、癸亥運，癸亥與癸丑拱子冲午，戊午與癸亥暗合木火土，官殺生印，印生日主，故「夫舉於鄉」。丙寅運木火之地，印剋食傷，殺印與食傷對抗賽，故「奪食不祿」。年時雙冲，晚年應急流勇退。

497

按：前言：「官星太微，以財為夫」，官弱喜印綬微弱，忌印綬運，忌印剋喜神。食神子息為喜，財為用，喜壬癸、亥子運。

劫財	日主	食神	正財
己未	**戊戌**	**庚申**	**癸未**
乙　丁　己	丁　辛　戊	戊　壬　庚	乙　丁　己
正官　正印　劫財	正印　傷官　比肩	比肩　偏財　食神	正官　正印　劫財
天乙	華蓋	文昌　驛馬　孤辰	天乙　天德
戊辰　丁卯	丙寅　乙丑	甲子　癸亥	壬戌　辛酉

任注：此與前造，只換未戌二支，其餘皆同，未丑皆土，午換以戌，用金去火為宜，大勢觀之，勝於前造，今反不及者，何也？夫丑乃北方溼土，能生金晦火，又能蓄水，未乃南方燥土，能脆金助火，又能暵水。午雖火，遇丑土而貪生；戌雖土，藏火而愈燥；幸秋金用事，所以貴也，雖出身貧寒，而人品端謹，持家勤儉，夫中鄉榜，仕縣令，生二子。

1、戊土生在申月，比劫五見，正印三見，月柱食神當令透月干；身旺用食神生財坐驛馬，莫當稼穡格。

2、「夫丑乃北方溼土」，指前例年支丑土能生金晦火蓄水，本例換成未土則否，而「未乃南方燥土，能脆金助火」，以日主之旺，未土即是累贅。「午雖火，遇丑土而貪生」，指前例的日支與年支，午火喜丑土。「戌雖土，藏火而愈燥」，指本例年日地支戌土未土相逢「而愈燥」。「秋金用事」，食神格走金水不走火印運，印綬剋不到食傷。乙庚合老公混的不錯。

498

按：月令正印正官不透干，取外格傷官生財為用，身強忌印喜食傷，前言「日主旺，傷官旺，無印綬，有財星，子多而貴」。

偏財	日主	傷官	劫財
壬戌	戊辰	辛未	己酉
丁　辛　戊	癸　乙　戊	乙　丁　己	辛
正印　傷官　比肩	正財　正官　比肩	正官　正印　劫財	傷官
	紅豔　華蓋　大耗	天乙　寡宿	桃花
己卯　戊寅	丁丑　丙子	乙亥　甲戌	癸酉　壬申

任注：土榮夏令，逢金吐秀，更喜無木，富貴之造也。所以身出官家，通詩書，達禮教。至酉運，夫星祿旺，生一子，夫主登科。甲戌運，刑冲出丁火，閨中雪舞，而家道日落，青年守節，苦志教子成名。至子運，子登科，仕至郡守，受紫誥之封，壽至寅運金絕之地。

1、「土榮夏令」身強，指戊土生在未月，比劫四見。「逢金吐秀」，指傷官三見成格，傷官洩秀。「更喜無木」，無官殺（乙木正官餘氣入庫）。比劫一堆喜食傷生正財成格。

2、癸酉運雙合日柱，辰酉合金傷官，故「生一子，夫主登科」。甲戌運「刑冲出丁火」，指甲戌與日柱戊辰雙冲，因為原局日時雙冲等著，再來個雙冲肯定倒大霉。丙子運丙辛合水，子運就是財，故「子登科仕至郡守」。戊寅運與日柱戊辰拱卯冲酉傷官折損，戊土剋壬財，財傷俱損，金絕在寅。原局雜氣財冲透干。

按：前言：「日主旺，傷官旺，無印綬，有財星，子多而貴」，癸日主三合水局透出，身強，用強木洩水；果然大運由木入火。

傷官	日主	劫財	偏財
甲寅	癸丑	壬子	丁亥
戊 丙 甲	辛 癸 己	癸	甲 壬
正官 正財 傷官	偏印 比肩 七殺	比肩	傷官 劫財
劫煞 孤辰	華蓋	干祿 月德	驛馬

庚申	己未	戊午	丁巳	丙辰	乙卯	甲寅	癸丑

任注：癸水生於仲冬，支全亥子丑，北方一氣，其勢氾濫，一點丁火無根，最喜寅時，納水而洩其菁華。甲木夫星坐祿，故為人聰明貌美，端莊幽閒，更喜運走東南木火之地，夫榮子秀，福澤有餘。

1、癸水生在子月，地支亥子丑三會水局。「一點丁火無根」，水勢氾濫不是戊土擋水，就是甲乙木洩水。故「喜寅時納水」而以傷官格洩其菁華。

2、「甲木夫星坐祿」，前言任氏以用神為夫星，故甲木傷官「夫星坐祿」。運走東南木火之地，食傷生財之地。傷官生財坐驛馬，丁壬合木，寅亥合木，三合水局，水木傷官《三命通會》：「傷官火土宜傷盡。金水傷官要見官。木火見官官有旺。土金官去反成官。唯有水木傷官格，財官兩見始為歡。」原局火土之地即財官。

按：月令前言：「官星太微，以財為夫」，日主旺，食傷旺，喜財。水運木火反剋，木運火土同位生財，忌金水會齊。

食神	日主	傷官	比肩
丁 亥	乙 卯	丙 戌	乙 卯
甲　壬	乙	丁　辛　戊	乙
劫　正 財　印	比 肩	食　七　正 神　殺　財	比 肩
	干　將 祿　星	月　天　大 德　德　耗	干　將 祿　星

甲 午	癸 巳	壬 辰	辛 卯	庚 寅	己 丑	戊 子	丁 亥

任注：乙木生於季秋，柱中兩坐祿旺，亥卯又拱木局，四柱無金，日元旺矣。喜其丙丁並透，洩木生土，財星為夫，為人端莊和順，夫中鄉榜，出仕琴堂，生三子，壽至壬運。

1、乙木生在戌月，剋不動。年日兩柱皆乙卯，故「兩坐祿旺」，亥卯半合比劫木，身強。「四柱無金」，七殺在月支，卯戌合火變傷官兩組。

2、「喜其丙丁並透」，指身強配對喜歡食傷旺。「洩木生土」，洩秀又有財接手，故以「財星為夫」。「端莊和順」，因為卯戌合，丁壬合，天干三奇乙丙丁，庚寅運光鮮亮麗。壬辰運，辰戌沖，一次破掉兩組卯戌合的傷官，壬水合去透干的食神，滅掉傷官丙火，喜用全盤皆墨。任鐵樵不講，本書揭露。

按：月令正印、傷官透干，以官星弱，印無後援；日主比劫印綬旺相，傷官偏重；印為忌神，傷官為用神，財為喜。宜庚辛、申酉運，剋去印綬。

偏財	日主	正印	傷官
辛丑	丁未	甲寅	戊寅
辛　癸　己	乙　丁　己	戊　丙　甲	戊　丙　甲
偏財　七殺　食神	偏印　比肩　食神	傷官　劫財　正印	傷官　劫財　正印
丙午 ｜ 丁未	戊申 ｜ 己酉	庚戌 ｜ 辛亥	壬子 ｜ 癸丑

任注：丁火生於春令，印綬太重；最喜丑時，坐下財庫，沖去未中比印，生起財星，必以辛金為夫，丑土為子也。初運北方水地，洩金生木，出身寒微。至庚戌己酉戊申，三十載土金之地，裕夫發財，生三子皆貴，誥封恭人，所謂棄印就財，且夫得子助，故後嗣榮發也。

1、丁火生在寅月，「印綬太重」，指正偏印四見。「最喜丑時」，時柱偏財成格，印旺用財剋剛剛好。「坐下財庫，沖去未中比印」，指日時地支丑未沖，辛金偏財沖剋乙木，癸水七殺沖剋比肩。「生起財星」，入庫雜氣財不沖不發，故以「辛金為夫，丑土為子」。原局食傷五見，正偏印四見，比劫三見，食傷有本錢生財。原局雜氣財沖透干。

2、初運北方水地，干支一氣，官殺生印，洩財剋食傷，故「出身寒微」。庚戌、己酉、戊申運，土金之地食傷生財，「棄印就財」，指印在東方，運走西方財地。

按：身強，官星化劫而微弱，靠食傷洩秀生財，用食傷，財為喜；
惟食神不弱，財星太薄，怕火土齊來，會印剋去食傷。

食神	日主	偏印	傷官
癸巳	辛丑	己酉	壬辰
庚 戊 丙	辛 癸 己	辛	癸 乙 戊
劫財 正印 正官	比肩 食神 偏印	比肩	食神 偏財 正印
孤辰	華蓋 寡宿	紅豔 干祿 將星 大耗	
辛丑	壬寅	癸卯	甲辰	乙巳	丙午	丁未	戊申

任注：辛金生於仲秋，支全金局，五行無木，火已成金，必無
用官之理。喜其壬癸並透，洩其菁英，為人聰明端謹，頗知詩
禮。所惜者，十九歲運走丁未，南方火旺，生土逼水，流年庚
戌，支全剋水，無子而夭。

1、辛金生於仲秋，「支全金局」三合巳酉丑陰刃，身強。「五行
   無木，必無用官之理」，辛金以丙丁為官殺，唯一丙火正官化
   三合，無財星後援，因為原局無木生火，巳火合出比劫，正官
   只是擺著好看。「喜其壬癸並透」，日主辛金身強喜食傷洩秀。
2、丁未運庚戌年，「生土逼水，流年庚戌，支全剋水」，土金印
   生比劫，與原局形成丑戌未三刑，土生金，戌沖辰，丁未運
   與日柱雙沖，柱運歲辰丑未戌，四庫齊全，大凶。若午年，
   合出官殺，自性合會，大凶。

503

按：原局比劫太重，以食傷為用，財為喜，前言「比肩旺而無官，以傷官為夫」，壬水正印剋去食傷生日主，戌土合卯會寅午火局；虎馬犬鄉，甲木若來，必當焚滅。

偏財	日主	傷官	劫財
己卯	乙卯	丙寅	甲午
乙	乙	戊　丙　甲	己　丁
比肩	比肩	正財　傷官　劫財	偏財　食神
干祿　將星	干祿　將星	亡神　月德	紅豔　文昌
戊午　己未	庚申　辛酉	壬戌　癸亥	甲子　乙丑

任注：旺木逢火，通明之象，妙在金水全無，純清不雜，為人端莊，以丙火為夫。惜運走北方水地，壽亦不永，生三子留一。至壬運，剋丙火而阻矣，設使兩造運皆順行，不特壽長，若男造名利皆全，女造則夫榮子貴也。

1、乙木生在寅月，一堆比劫，身旺無官無印，就看傷官生財，木火兩局要點土。「丙火為夫」，傷官是用神。「壽亦不永」，運走亥子丑水地，印剋食傷。

2、壬戌運壬水剋丙火，地支三合寅午戌，卯戌合兩組，地支全是火，水能剋火，火多水濁。「設使兩造運皆順行」，水金之地改行木火之地，則「男造名利皆全，女造則夫榮子貴」。《三命通會》：「木火光輝清貴之造」，五行不全，生氣即不均勻。

504

按：前言「比肩旺而無官，以傷官為夫」，丁壬合木，曲直格若不中，亦不遠矣。《三命通會》:「甲乙生人寅卯辰，又名仁壽兩堪評；亥卯未全嫌白帝（申酉），若逢坎位必身榮。」

偏財	日主	正印	食神
己卯	乙卯	壬寅	丁未
乙	乙	戊 丙 甲	乙 丁 己
比肩	比肩	正財 傷官 劫財	比肩 食神 偏財

庚戌	己酉	戊申	丁未	丙午	乙巳	甲辰	癸卯

任注：春木森森，旺之極矣，時干己土無根，以丁火為夫。丁壬之合，去水卻妙，化木不宜，所以出身貧寒。喜其運走南方火地，不但幫夫興家，而且子息亦多。壽至申運，壬水逢生而阻，此與前造論之，不及前造，此造則行運不背，故勝之，然則命好不如運好，男女皆然也。

1、「春木森森」，指乙木生在寅月，比劫四見。「己土無根」指時干己土偏財無根（年支己土有偏財），「以丁火為夫」，指日主旺應該食傷生財，階梯式洩身，但時干之偏財坐比肩，還是選食神格為用，但丁壬合木幫身，不宜旺上加旺，丁火食神泡湯，故「出身貧寒」。

2、「喜其運走南方火地」，乙巳丙午丁未皆為火土之地，食傷生財，故「幫夫興家」。「壽至申運壬水逢生而阻」，指戊申運時壬水長生在申，壬水被剋正印不靈光，恰巧申卯合殺兩組，得戊土生，即財生殺，跨過不靈光的正印直接剋日主。

505

小兒

> 原文：論財論殺論精神，四柱和平易養成；氣勢攸長無虧喪，殺關雖有不傷身。

> 原注：財神不黨七殺，主旺精神貫足，干支安頓和平。又要看氣勢，如氣勢在日主，而日主雄壯者；氣勢在財官，而財官不叛日主。氣勢在東南，而五七歲之前，不行西北。氣勢在西北，而五七歲之前，不行東南。行運不逢虧喪，此為氣勢攸長；雖有關殺，亦不傷身。

1、按：小兒運勢看財、殺、氣勢等，須四柱平順，五行氣足；財殺無慮，但須生化不息。幼時雖日主旺盛，仍不宜財生殺黨，剋身太過。如果氣勢在日主，日主須身強；氣勢在財官，財官不剋身太過。

2、木火旺，五七歲之前，不行金水。金水旺，五七歲之前，不行木火。行運不逢虧喪反剋，此為氣勢攸長；氣勢長，五行流通不斷氣，代表仍有後運，雖有關殺臨頭，則此關可過。

> 任氏曰：小兒之命，每見清奇可愛者難養，混濁可憎者易成，雖關家門之氣數亦看根源之淺深。且小兒之命，是猶果苗之初出，宜乎培植得好，固不待言。然未生之前，父母不禁房事，毒受胎中；既生之後，過於愛惜，或飲食無忌，或寒暖不調，因之疾病多端，每至無成。

按：看小兒八字不以清奇可愛為喜，混濁可憎者為惡；而與家庭生活條件有關，並牽連八字命局。小兒之命是根苗，初生宜培植的好；然而受胎之時與父母基因，胎兒飲食寒暖，風疾病疫等都是關鍵。

任氏曰：尚有積惡之家，而無餘慶，雖小兒之命，清奇純粹者，所以難養也。有等關於墳墓陰陽之忌，遷改損壞，以致夭亡，故小兒之命，不易看也。除此數端之外，然後論命，必須四柱和平，不偏不枯，無沖無剋，根通月支，氣貫生時，殺旺有印，印弱有官，官衰有財，財輕有食傷，生化有情，流通不悖。或一神得用，始終相託，或兩意情通，互相庇護，未交運而流年平順，既交運而運途安祥。此謂氣勢攸長，自然易養成人，反此則難養矣，其餘關殺多端，盡皆謬妄，欲以何等惑人，則造何等神殺，必宜一切掃除，以絕將來之謬。

1、按：《易・坤》：「積善之家，必有餘慶；積不善之家，必有餘殃」，或因果報應由子息承擔。或「墳墓陰陽之忌」，指陰陽宅，種種因素而使小兒命運難斷

2、四柱平和，無沖剋偏枯，喜用明顯，殺旺有印，印弱有官，官衰有財，財輕有食傷，流通不悖。即用神清楚，一路陪伴；喜有用生，用有喜護，相輔相成。未上大運，流年須平順，交大運還是順遂。任氏認為：其餘百日關、雷公關、閻王關、斷橋關、夜啼關等，盡皆謬妄。

按：月令建祿，以財官為用；巳酉丑隔位透干，財星多見，正官三見，財生殺黨，金水氾濫。前言：「氣勢在東南，而五七歲之前，不行西北。」。

劫財	日主	正官	正財
丁酉	丙子	癸巳	辛丑
辛	癸	庚　戊　丙	辛　癸　己
正財	正官	偏財　食神　比肩	正財　正官　傷官
乙酉　丙戌	丁亥　戊子	己丑　庚寅	辛卯　壬辰

任注：丙火生於巳月，雖云建祿，五行無木生助，天干既透財官，地支不宜再見酉子，更不宜再會金局，則巳火之祿，非日干有也，雖丁火可以幫身，癸水傷之，謂財多身弱。兼之官星又旺，日主虛弱極矣。且初交壬運逢殺，辛亥年，天干逢壬癸剋丙丁，地支亥沖巳火破祿，連根拔盡，得疳疾而亡。

1、「雖云建祿」，丙火生在巳月，建祿格；正財正官三見，透干成格，一看好命。然「巳火之祿非日干有也」，巳酉丑三合財局透干，癸水傷丁火，四柱缺印，財多身弱官星旺，謂「財多身弱」。

2、初運壬辰七殺與時柱丁酉雙合，壬水合住幫身的丁火，辰酉合出財生殺；辛亥年十一歲，丙辛合水；辛亥、辛丑拱子三合水官殺局，巳亥沖丙火根基動搖，日主無地自容，故「得疳疾而亡」。格強身弱最常見是官殺一再增強，或日主一點根基被剋合，如果兩者齊全，大凶。

508

按：月令傷官透干為用，年月雙冲；傷官剋去正官，時干財坐絕，格局盡墨，丙火不帶壬水庚金，木火土一團無調候，無金水運。

正財	日主	傷官	正官
辛卯	丙寅	己未	癸丑
乙	戊　丙　甲	乙　丁　己	辛　癸　己
正印	食神　比肩　偏印	正印　劫財　傷官	正財　正官　傷官

辛亥	壬子	癸丑	甲寅	乙卯	丙辰	丁巳	戊午

任注：前造因財官太旺，以致夭亡，此則日坐長生，又生夏令，財官為用，傷官為喜，傷生財，財又生官，似乎生化有情。殊不知前者財多身弱，以官作殺；此則財絕官休，恐難厚享。癸水官星生未月，火土燥乾，餘氣在丑，蓄水藏金。然己土當頭傷癸，丑未冲去金水根源，時上辛又臨絕，雖有若無，焉能生遠隔之水？則己土亦不能生隔絕之金，且運走東南木火之地，非守業之人也。

1、前例財多身弱歿於拱合官殺之地。本例丙火自坐長生，生在未月，時支正印看來身不弱，但也不強。正官格、傷官格、正財格如何取用神？「財官為用，傷官為喜，傷生財，財又生官，似乎生化有情」，這段是反話。

2、應該是年月雙冲，正官與傷官格局破損，時干正財坐絕，格局有成，但狀況連連，癸水天高皇帝遠先扣掉。總之，「己土當頭傷癸，丑未冲去金水根源，時上辛又臨絕」。「運走東南木火」，火是比劫剋財，木是印剋食傷。

按：丙火調候壬、庚，年月偏財、七殺定是優良家庭；惟財殺坐於火地之上，逢絕受剋，未運丁巳年，歲運木火剋盡財殺。

傷官	日主	七殺	偏財
己亥	丙寅	壬午	庚戌
甲　壬	戊　丙　甲	己　丁	丁　辛　戊
偏印　七殺	食神　比肩　偏印	傷官　劫財	劫財　正財　食神
天乙　劫煞　天德　孤辰	紅豔　月德	羊刃　將星	華蓋
庚寅　　己丑	戊子　　丁亥	丙戌　　乙酉	甲申　　癸未

任注：丙用壬殺，身強殺淺，以殺化權，更喜財滋弱殺，定然名利雙全。惜支全火局，寅亥又化木而生火，年月之庚壬無根，而少生扶。至丁巳年，巳亥沖去壬水之祿，丁火合去壬水之用，死於瘖症。

1、丙火猛烈急用壬水，通根時支。丙日主地支合寅午戌，乍看身殺兩停，一旦寅亥合木生火，七殺格泡湯轉生日主。財滋弱殺，可惜丙火太強，食傷四見，以身強殺淺論，最忌木火猖狂。

2、丁巳年是八歲，丁合住壬水化為木，巳亥沖，七殺壬水破祿，羊刃駕殺破格。初運癸未，三會巳午未更甚，羊刃沖破七殺，故「死於瘖症」。年月財生殺，其實是在火地之上無根，而日時地支寅亥合也是隨時倒戈，食傷虎視眈眈在旁。

510

按：壬水申月身不弱，月令七殺透出為用，偏印為喜；甲戌年與壬申拱酉，三會金局洩盡七殺元氣，灌爆日主；身殺兩停，日主七殺同根透出，打破就翻臉。

七殺	日主	七殺	比肩
戊申	壬申	戊申	壬申
戊　壬　庚	戊　壬　庚	戊　壬　庚	戊　壬　庚
七殺　比肩　偏印	七殺　比肩　偏印	七殺　比肩　偏印	七殺　比肩　偏印
丙辰　乙卯	甲寅　癸丑	壬子　辛亥	庚戌　己酉

任注：壬水生於秋令，地支皆坐長生，天干兩戊兩壬，大勢觀之，支全一氣，兩干不雜，且殺印相生，為大貴之格。不知金多水濁，母多子病，四柱無火剋金，金反不能生水，戊土之精華，盡洩於金，謂偏枯之象，必然難養，名利皆虛，果死於三歲甲戌年。

1、四柱全陽，地支一氣，七殺六見，四柱缺木、火，即傷官與財，原局偏枯。壬水申月，母旺子相，戊土七殺為用透干，殺印相生印化殺，又得身殺兩停同根透，故七殺偏弱，當原局糾纏不清，七殺不宜再被剋洩。

2、甲戌年三歲歿，甲木得壬水制住戊土七殺，申金偏印得戊土七殺，雖刑耗終無大礙。若已經是己酉運，則是申酉戌三會金，化盡七殺，七殺剋洩交加，大凶。

按：「母多子病」，要行食傷運。月令七殺透干，日主帶上食傷，身殺兩停；火地財生殺黨，洩盡食傷，傷官倒戈生財殺。

七殺	日主	食神	比肩
戊申	壬申	甲辰	壬申
戊　壬　庚	戊　壬　庚	癸　乙　戊	戊　壬　庚
七　比　偏 殺　肩　印	七　比　偏 殺　肩　印	劫　傷　七 財　官　殺	七　比　偏 殺　肩　印
	月　天 德　德	華 蓋	月　天 德　德
壬子　　辛亥	庚戌　　己酉	戊申　　丁未	丙午　　乙巳

任注：壬水生於季春，似乎殺印相生，地支三遇長生，食神制殺為權，定為貴格。不知春土氣虛，月透甲木，不但辰土受制，而時干之戊，亦受其剋，五行無火，未得生生之妙，亦母多子病，偏枯之象，必然難養也，後死於痘症。

1、比劫五見，食傷兩現，「似乎殺印相生」，七殺五見，偏印三見，殺強印衰；雖然一堆五行，但缺火財星，這意味七殺沒有後援。食神制殺是原局關鍵，火運食傷洩去，反生七殺。

2、「月透甲木，不但辰土受制」，指月支辰土被甲木剋，食神制殺無異論，但「時干之戊，亦受其剋」，似乎難以成理（任鐵樵偶爾會將同一旬作為飛象過河之跳板）。「五行無火，未得生生之妙」，指七殺受制無財支援。「母多子病」，指比劫五見，食傷兩現。「偏枯之象」，偏印三見都是主氣，缺財剋印，以致制殺的食神被「梟印奪食」。

512

按：原局官殺壬癸水雖重，丁壬合，壬水之情在木，木火土也不弱，「更好無金」生水。初運辛酉、庚申生水，說曹操，曹操到，不免刑耗。

正官	日主	正官	七殺
壬寅	丁亥	壬戌	癸丑
戊　丙　甲	甲　　壬	丁　辛　戊	辛　癸　己
傷官　劫財　正印	正印　　正官	比肩　偏財　傷官	偏財　七殺　食神
甲寅	乙卯	丙辰	丁巳	戊午	己未	庚申	辛酉

任注：此造以丁火陰柔，生於深秋，殺官重疊，必不能養。殊不知官殺雖旺，妙在戌月，通根身庫，足以制水。更好無金，時支寅木不傷，氣貫生時，足以納水。不但易養成人，可遂書香之志。然官殺一類，勿以官為喜，殺為憎。身弱者，官皆是殺；身旺者，殺皆是官；只要無財有印，便為佳造。如云丁火死寅，謬之極矣。寅中甲木，乃丁之嫡母，何以為死？凡陰干以生地為死，死地為生，非正論也。果幼年無疾，聰慧過人，甲戌年入泮，後運走南方火土，制殺扶身，未可限量也。

1、丁火生在戌月，用甲木正印。「殺官重疊」，指官殺五見。官殺重就檢視印比食傷等力道，官殺為水，亥水合寅木，丁壬合木兩組，日柱丁壬合，管他化不化都是對日主有情。所以殺官重疊的凶險不如想像。

2、「甲戌年入泮」二十一歲，指甲木正印生身，戌土制殺，官殺得用。「運走南方火土，制殺扶身」，火扶身，土制殺。

513

按：前言「四柱和平，不偏不枯，無冲無剋，根通月支，氣貫生時，殺旺有印，印弱有官，官衰有財，財輕有食傷，生化有情，流通不悖」。原局丁火微根，辰戌冲，辛剋乙，癸剋丁。月令傷官透食神，偏印透正印，七殺透正官，用神混淆，財剋印。

食神	日主	正印	正官
己酉	丁酉	甲辰	壬戌
辛	辛	癸　乙　戊	丁　辛　戊
偏財	偏財	七殺　偏印　傷官	比肩　偏財　傷官
壬子　辛亥	庚戌　己酉	戊申　丁未	丙午　乙巳

任注：此造概云，木透月干，春木足以生火，年干壬水生木，日時兩坐長生，皆作旺論。惜地支土金太重，天干水木之根必淺，水木無氣，則丁火之蔭不固。

夫甲木生於季春，退氣之神也，辰酉合而化金，則甲木之餘氣已絕，戊土隔之，使金不能生水，戊土足以制之，壬水受剋，不能生木，辰酉化金，必能剋木，日主根源不固可知。如謂酉是丁火長生，五行顛倒矣。酉中純辛無他氣所雜，金生水，無生火之理，火到酉位，死絕之地；更嫌時干己土，竊去命主元神，生金洩火，而水木火三字皆虛矣。後果夭於癸酉年（十二歲），由此論之，小兒之命，不易看也。

1、為何「日主根源不固」？丁火需要甲木，而甲木正印干支有官殺各一位相生，辰中癸水七殺沖戌，辰酉合金不生甲木，干水被戌土剋，酉酉自刑，辰戌沖，酉金難以越位生壬水。時干己土生酉金，竊取元神。

2、五行顛倒？任鐵樵不認同十二生旺庫，陽死陰生，陰死陽生之說，呼應正五行，陰陽共長生。

3、原局天干甲己合，丁壬合，甲辰己酉月時雙合，天干水生木，木生火，火生土；然而地支辰戌沖，酉酉自刑，難言四柱平和。癸酉年十二歲夭亡，癸酉與日柱、時柱同時天剋地刑兩柱，又合住辰，牽扯太多，大凶。

才德

> 原文：德勝才者，局合君子之風。才勝德者，用顯多能之象。

> 原注：清和平順，主輔得宜，所合者皆正神，所用者皆正氣。不必節外生枝，不必弄假成真。財官喜神，皆足以了其生平，不生貪戀之私，度量寬宏，施為必正，皆君子之風也。

按：德勝才，陽盛陰衰，君子之風。才勝德，機巧能幹，見風轉舵。八字原局五行平順不合忌神，或不合出忌神。喜神用神互相輔佐，就是合出正神正氣，除此外不必節外生枝，弄假成真。原局有財官或其喜神，平生就可順遂無求；不貪花戀酒，貪贓枉法，溫良恭儉讓，皆君子之風。

> 原注：財薄而力量足以貪之，官輕而心志必欲求之。混濁被害，主弱輔強，爭合邪神，三四用神，皆心事奸貪，作事僥倖，皆為多能之象。大率陽在內，陰在外，不激不亢者為德勝才。如丙寅、戊辰月日，己卯、癸卯年時者是。陽在外，陰在內，畏勢趨利者，為才勝德。如己卯、己巳月日。丙寅、戊寅年時者是。

按：財薄而比劫強，不貪沒事；官輕不爭權，禍患不及身。財殺混濁，日主弱，格局強，邪神忌神橫行，用神太多，都是連環算計，險中求富貴，以上即是「多能之象」。陽為道德，陰為才能，不激不亢者為德勝才；例如丙寅、戊辰在內；己卯、癸卯在外，即道德在內。反之，才勝德。

任氏曰：善惡邪正，不外五行之理，君子小人，不離四柱之情。陽氣動闢，光亨之義可觀；陰氣靜翕，包含之理斯奧。和平純粹，格正局清，不爭不妒，合去者皆偏氣，化出者皆正神，喜官而財能生官，喜財而官能制劫，忌印而財能壞印，喜印而官能生印。

按：關於品德就由四柱五行觀察，陽氣流通，道路光亨即好；陰柔氣滯則幽微奧秘，未可率斷。總之，和平清純，格正局清，不爭妒，合去偏氣，化出正神，喜官有財，喜財有官制劫，忌印有財，喜印有官。

任氏曰：陽盛陰衰，陽氣當權，所用者皆陽氣，所喜者皆陽類，無驕諂於上下，皆君子之風也。偏氣雜亂，舍弱用強。多爭多合，合去者皆正氣，化出者皆邪神。喜官而臨劫地。喜財而居印位。忌印而官星生印。喜印而財星壞印。陰盛陽衰，陰氣當權，所用者皆陰氣，所喜者皆陰類，趨勢財於左右，皆多能之象也。然得氣勢和平，用神分明，施為亦必正矣。

1、按：陽盛陰衰，喜陽類，歲運物以類聚，君子之風。氣偏而亂，舍弱用強。不宜者：正氣被合，化出邪氣。喜官星制衡，卻逢比劫。喜財忌印，印當權。忌印而官星生印。喜印而財星壞印。

2、反之，陰盛陽衰，喜陰類，善於察言觀色，多能靈巧，但須氣勢平和，喜用神與忌神分明，仍是正派人物。

按：月令正官、正印透干為用，傷官格帶財，財地生官不剋印，丑運降火氣生日主，水地生財不剋官。

正官	日主	偏印	傷官
丁丑	庚寅	戊午	癸酉
辛 癸 己	戊 丙 甲	己 丁	辛
劫財 傷官 正印	偏印 七殺 偏財	正印 正官	劫財
庚戌 辛亥	壬子 癸丑	甲寅 乙卯	丙辰 丁巳

任注：庚金生於仲夏，正官得祿，年時酉丑通根，正得中和之氣。寅午財官拱合，財不壞印，官能生印，財官印三字，生化不悖，癸從戊合，去其陰濁之氣，所以品行端方，恆存古道。早游泮水，訓蒙自守。丁酉登科，後挑知縣不赴，情願就教，安貧樂道。人有言其小就者，彼曰功名者，非掇為巍科登高位而為功名也，功成名自著，況吾無經濟材（謙稱沒有經世治民之才能），就教職不愁衣食不敷，吾行吾志，不負君父之恩足矣。

1、前言「陽在內，陰在外，不激不亢者為德勝才」。本例庚寅戊午在內，癸酉丁丑在外。「正官得祿」，丁火坐在午月透出時干。「年時酉丑通根」，指日主庚金的劫財在年時地支。

2、「寅午財官拱合」，指正官有寅木生火，半合則寅中甲木不剋午中己土，故「財不壞印」。「財官印三字，生化不悖」，指寅木生午火，午火生戊土，戊土生庚金。戊癸合火化出官殺，偏弱。「丁酉登科」，官來羊刃幫身，故「登科」。

按：月令偏財，傷官透干，財逢傷官，正官生印。以正印剋去傷官，財生官，小有功名。

正官	日主	傷官	正印
甲戌	己亥	庚子	丙寅
丁 辛 戊	甲 壬	癸	戊 丙 甲
偏印 食神 劫財	正官 正財	偏財	劫財 正印 正官

戊申	丁未	丙午	乙巳	甲辰	癸卯	壬寅	辛丑

任注：己土生於仲冬，寒溼之體，水冷木凋，庚金又剋木生水，似乎混濁。妙在年干透丙，一陽解凍，冬日可愛，去庚金之濁，不特己土喜其和暖，而甲木亦喜其發榮。更妙戌時燥土，砥定泛濁之水，培其凋枯之木，而日主根元亦固，況甲己為中和之合，故處世端方，恆存古道，謙恭和厚，有古君子之風，微嫌水勢太旺，功名不過廩貢。

1、己土生在子月，水冷木凋，急需丙火。「庚金又剋木生水」，月干庚金生子水，更冷。「一陽解凍」，指年干丙火，有寅木生，剋去庚金之濁，勢均力敵，故「冬日可愛」，指丙火就是用神。正印格，正官格有財生，四柱無刑冲好命。

2、「不特己土喜其和暖，而甲木亦喜其發榮」，甲己合土喜歡丙火相生。「戌時燥土」，可以制水，行運木火，洩水生身。

按：己土建祿格，月令食神透干為用，喜財無財運，調候丙甲戊，散碎不成格，木火之地隨機成局，天干皆合，地支皆刑。

正官	日主	食神	正印
甲子	己卯	辛丑	丙戌
癸	乙	辛　癸　己	丁　辛　戊
偏財	七殺	食神　偏財　比肩	偏印　食神　劫財
己酉 ｜ 戊申	丁未 ｜ 丙午	乙巳 ｜ 甲辰	癸卯 ｜ 壬寅

任注：此造水冷金寒，土凍木凋，得年干透丙，一陽解凍，似乎佳美。第丙辛合而化水，以陽變陰，反增寒溼之氣；陽正之象，反為陰邪之類。故其為人貪婪無厭，奸謀百出，趨財奉勢，見富貴而生諂容，勢利驕矜，所謂多能象是也。

1、己土生在丑月，先找丙火。年干丙火好事，丙辛合，不妙，故「以陽變陰，反增寒溼之氣」。「陽正之象，反為陰邪之類」，前言「陽在外，陰在內，畏勢趨利者，為才勝德」。指辛丑、己卯為陰。丙戌甲子為陽。

2、天干甲己合，丙辛合，調候丙火泡湯，表面一團和氣；地支丑刑戌，子刑卯，否卦「否之匪人，不利君子貞；大往小來」，故「貪婪無厭，奸謀百出，趨財奉勢」。陰日主食神生財，身段柔軟，適合折衝斡旋。

520

奮鬱

1、按：奮發之機即是原局具有用神、喜神、調候、扶抑、通關之統稱，且生化不息。例如下例戊辰、甲子、壬辰、辛亥，以甲木為用，洩其泛濫之水，此即「局中顯奮發之機」。又有癸丑、乙丑、癸丑、癸丑命造，水土冰凍，陰晦溼滯，無生發之氣，即「心鬱志灰」。

2、陽氣旺相，要身旺、財官旺，才具備奮發之機運。反之，純陰之局，身弱而官殺多者，困蹇。總之，身強勝於身弱，不可太旺偏枯即好。

按：所謂：無「抑鬱」而「舒暢」，指偏枯、過旺、過衰、缺五行等不存在，用神得氣，喜神有力，忌神失時失勢，閑神不生合忌神，反而幫助喜神用神。怕合成忌神卻被沖去，怕被沖去恰有合神，體陰用陽，陰為體，陽為用，體用如一。例如亥中甲木，洩水用木，沉埋之氣反成奮發之機。

> 任氏曰：歲運又要輔格助用，必多奮發。少舒暢而多抑鬱者，局中或太過，或缺陷，所用者皆失令，所喜者皆無力，所忌者皆得時得勢，閑神劫占，喜神反黨助忌神，喜其合而遇沖，忌其合而遇合，體陽用陰，故二陰生於南，陽生則陰成，如午中之己土是也。

按：本節敘述歲運要輔助格局，反之，喜用神失令無力，忌神卻得時得勢，閑神為虎作倀，喜合遇沖，忌合遇合等，作出敗格反論。不贅述。

> 任氏曰：歲運又不能補喜去忌，必多鬱困。然局雖陰晦，而運途配合陽明，亦能舒暢，象雖陽明，而運途配其陰晦，亦主困鬱；故運途更宜審察。

按：如果心鬱志灰不能補喜去忌，就指望運途配合。反之，原局神舒意暢，但運途配其陰晦，還是困鬱；所以檢視運途宜詳審。

任氏曰：

1、如用亥中甲木，天干有壬癸，則運宜戊寅己卯。（用甲木，水多則木洩土擋）

2、天干有庚辛，則運宜丙寅丁卯。（甲木逢剋，用比劫扶身，食傷反制）

3、天干有丙丁，則運宜壬寅、癸卯。（甲木被洩，水生比劫扶）

4、天干有戊己，則運宜甲寅乙卯。（甲木逢財多，比劫幫助）

5、午中己土，天干有壬癸，則運宜戊午己未。（己土弱，以火土運扶身）

6、天干有庚辛，則運宜丙午丁未。（庚辛剋甲木，以子護母）

7、天干有甲乙，則運宜庚午辛未。（甲木身強，甲不離庚）

此從藏神而論，明支亦同此論。

1、如用天干之木，地支水旺，則運宜丙寅丁卯。（水生木，用火順生）

2、天干有水，則運宜戊寅己卯。（木得水旺，剋財為用）

3、地支多金，則運宜甲戌乙亥。（金多木缺，剋則比劫扶身）

4、天干有金，則運宜壬寅癸卯。（金剋木，通關或比劫扶身）

5、地支土多，則運宜甲寅乙卯。（土重木折，比劫扶身）

6、天干有土，則運宜甲子乙亥。（甲乙是官，亥子是財）

7、地支火多，則運宜甲辰乙巳。（木火爭輝）

8、天干有火，則運宜壬子癸丑。（水火既濟）

如此配合，庶無爭戰之患，而有制化之情，反此則不美矣，細究之，自有深機也。

按：月令羊刃格，用七殺、食傷平衡，原局羊刃駕殺，殺弱。丙寅、丁卯運補足缺火遺憾，食傷生財，財生官殺，木火土團聚制衡金水，故早登甲第。

正印	日主	食神	七殺
辛亥	壬子	甲子	戊辰
甲　壬	癸	癸	癸　乙　戊
食神　比肩	劫財	劫財	劫財　傷官　七殺
壬申　辛未	庚午　己巳	戊辰　丁卯	丙寅　乙丑

任注：壬水生於仲冬，三逢祿旺，所謂崑崙之水，可順而不可逆也。喜其子辰拱水，則戊土之根不固，月干甲木為用，洩其泛濫之水，此即局中顯奮發之機也。運至丙寅、丁卯，寒木得火以發榮，去陰寒之金土，是以早登甲第，翰苑名高。至戊辰運，逆水以情，以至阻壽。

1、「三逢祿旺」，壬水臨官帝旺一堆，羊刃格。「崑崙之水，可順而不可逆」，水性向下，所以水勢太旺要洩。「戊土之根不固」，辰土是濕土又與月支半合。「甲木為用」，甲木洩水，中流砥柱為用神，羊刃喜食傷洩秀，故「局中顯奮發之機」。

2、丙寅丁卯運，水生木，木生火，故「寒木得火以發榮，去陰寒之金土」，故「早登甲第」。戊辰運辰辰自刑，子辰半合兩組，非「逆水以情」，而是水多木漂土崩，故「阻壽」。

按：月令比肩建祿格，比劫五見，申子化水，強似羊刃，取外格；官微薄不用，傷官生財，略遜一籌，寅卯有功，庚辛顛簸。

比肩	日主	正財	傷官
癸亥	癸亥	丙子	甲申
甲　壬	甲　壬	癸	戊　壬　庚
傷官　劫財	傷官　劫財	比肩	正官　劫財　正印

甲申	癸未	壬午	辛巳	庚辰	己卯	戊寅	丁丑

任注：癸水生於仲冬，三逢旺支，其勢汪洋，喜其甲丙並透，支中絕處逢生，木土互相護衛，金得流行，水得溫和，木得發榮，火得生扶，用神必是甲木，為奮發之機。一交戊寅，雲程直上，己卯早遂仕路之光，庚辰、辛巳，雖有制化之情，卻無生扶之意，以致蹭蹬仕途，未能顯秩也。

1、癸水生在子月，「三逢旺支」，指月日時支亥子，木火急用。「絕處逢生」，指丙火絕在亥，但亥是甲木長生，而甲是丙火的元氣。「木土互相護衛」，指年月兩柱甲木生丙火，地支戊癸合火，庚金暖身流行，水有溫，木發榮，火得生扶，故「用神必是甲木」。

2、戊寅運，戊癸合火，寅亥合木，故「雲程直上」。己卯運還是土剋水，木洩水，故「早遂仕路」。庚辰辛巳運，火土之地，故「有制化之情」，但缺木，故「無生扶之意」。庚辰運庚金生水，地支辰合申子化水。辛巳運辛金生水，丙辛化水，巳申合，巳亥沖，忌神帶一堆沖合，故「蹭蹬仕途」。

525

按：建祿格，前言「陽明用事，用神得力，天地交泰，神顯精通，必多奮發」，傷官、偏印、羊刃、七殺伏藏，而正面能量多。身格平衡，無刑冲。

正官	日主	正財	正印
壬寅	**丁亥**	**庚午**	**甲申**
戊 丙 甲	甲 壬	己 丁	戊 壬 庚
傷 劫 正 官 財 印	正 正 印 官	食 比 神 肩	傷 正 正 官 官 財
戊寅　丁丑	丙子　乙亥	甲戌　癸酉	壬申　辛未

任注：此造天干四字，地支皆坐祿旺，惟日主坐當令之祿，足以任其財官，清而且厚，精足神旺。所以東西南北之運，皆無咎也，出身遺業百餘萬，早登科甲，仕至方伯，六旬外退歸林下，一妻四妾，十三子，優游晚景，壽越九旬。

1、「天干四字，地支皆坐祿旺」，指甲祿在時支寅，庚祿在年支申，丁祿在月支午，壬祿在日支亥，四柱換祿。「惟日主坐當令之祿，足以任其財官」，丁祿恰好在午是身強，因為四柱換祿不一定身強。

2、行運走金水之地，即財官之地。原局丁壬合，午亥暗合，寅亥合，壬水剋丁火，丁火剋庚金，庚金剋甲木；地支亥水剋午火，午火剋申金，申金剋甲木，皆逆剋。天干正印、正財、正官，皆地支通根成格，好命。

526

按：原局食神不通根，無普通格，也不成潤下格，即用木火土制衡，亥子、壬癸至辛酉、庚申，一路金水，正是前述「象內多沉埋之氣者，心鬱志灰。」

比肩	日主	食神	比肩
癸丑	癸丑	乙丑	癸丑
辛 癸 己	辛 癸 己	辛 癸 己	辛 癸 己
偏印 比肩 七殺	偏印 比肩 七殺	偏印 比肩 七殺	偏印 比肩 七殺
丁巳 戊午	己未 庚申	辛酉 壬戌	癸亥 甲子

任注：此天干三癸，地支一氣，食神清透，殺印相生，皆云名利兩全之格。予云癸水至陰，又生季冬，支皆溼土，土溼水弱，溝渠之謂也。且水土冰凍，陰晦溼滯，無生發之氣，名利皆虛。凡富貴之造，寒暖適中，精神奮發，未有陰寒溼滯，偏枯之象，而能富貴者也。至壬申年，父母皆亡，讀書又不能通，又無恆業可守，人又陰弱，一無作為，竟為乞丐。

1、無「生發之氣」？指癸水丑月，調候丙丁火四柱不見，滿地濕土，既不從又不專旺，七殺地支四見，食神不成格，四柱全陰。生於丑月，地支七殺四見，不作潤下格。比肩六見，印化七殺，用甲乙寅卯突顯奮發之機。

2、壬申年二十歲父母皆亡，丑土生申金，申金生壬水，日主水勢滔滔沖破被洩的己土七殺，大凶。二十歲若是癸亥運，癸亥、癸丑拱子，三會水沖破己土。若壬戌運，逢壬申年拱酉，三會印局生日主癸水，還是一堆旺水沖己土。寒濕又走金水運，沒救。

恩怨

> 原文：兩意情通中有媒，雖然遙立意尋追，有情卻被人離間，怨起恩中死不灰。

> 原注：喜神合神，兩情相通，又有人引用生化，如有媒矣。雖是隔遠分立，其情自相和好，則有恩而無怨。合神喜神雖有情，而忌神離間，求合不得。終身多怨。至于可憎之（忌）神，遠之為妙。可愛之神，近之尤妙。又有一般邂逅相逢者，得之不勝其樂。私情偷合者，去之亦足為奇。

1、按：格局不宜僅是獨腳戲，因此官喜財，殺喜印，財喜食傷之類。但兩者之間卻被忌神隔開，或有刑冲，則喜忌夾雜，未有媒介調停，焉能高命？

2、喜神、用神之類如果分開，中無忌神，卻有媒介引通，自然富貴之類。反之，喜用雖有配合對象，但忌神離間，格局即不穩，必欲去之遠離而後快。喜神貼身最有利，「一般邂逅相逢」，指通關。「私情偷合」，指病藥。行運諸般用神得地，不勝其樂。

任氏曰：恩怨者，喜忌也；日主所喜之神遠，得合神化而近之，所謂兩意情通，如中有媒矣。喜神遠隔，得旁神引通而相和好，則有恩而無怨矣。只有閑神忌神而無喜神，得閑神忌神合化喜神，所謂邂逅相逢也。喜神遠隔，與日主雖有情，卻被閑神忌神隔絕，日主與喜神各不能顧，得閑神忌神合會，化作喜神，謂私情牽合也，更為有情。喜神與日主緊貼，可謂有情，遇合化為忌神，喜神與日主雖不緊貼，卻有情於日主，中有忌神隔占，或喜神與閑神合助忌神，此如被人離間，以恩為怨，死不灰心。

1、按：「恩怨」，指喜神與忌神。「兩意情通」，指日主與喜神中有媒介。「邂逅相逢」，指沒有喜神，而閑神忌神恰好合出喜神，天上掉下來的禮物。「私情牽合」，或雖有喜神，但與日主遠隔，而中間為忌神閑神阻隔，日主與喜神自顧不暇，恰逢忌神閑神合化成喜神，暗通款曲。

2、反之，喜神與日主緊貼，因緣際會合化出忌神；或者喜神與日主雖不緊貼，卻有情於日主，但忌神雜於其中，或喜神與閑神合助忌神，中間殺出程咬金，以致以恩為怨。

任氏曰：如日主喜丙火在時干，月透壬水為忌，如年干丁火合壬化木，不特去其忌神，而反生助喜神。如日主喜庚金在年干，雖有情而遠立，月干乙木合庚而近之，此閑神化為喜神，如中有媒矣。日主喜火，局內無火，反有癸水之忌，得戊土，合癸水，化其為喜神，謂邂逅相逢也。日主喜金，惟年支坐酉，與日主遠隔，日主坐巳，忌神緊貼，得丑支會局，以成金之喜神，謂私情牽合也。餘可例推。

按：上述說明不難理解，試看任氏舉例類推，尤透。

按：戊土辰月建祿格，土重近似稼穡格，日時雙冲，甲木微根，疏土無功；指望食傷洩秀，酉金獨支不透干，辰土帶槍投靠，食傷通關走財運，前言「日主所喜之神遠，得合神化而近之，所謂兩意情通，如中有媒矣」

比肩	日主	七殺	正印
戊午	戊戌	甲辰	丁酉
己 丁	丁 辛 戊	癸 乙 戊	辛
劫財 正印	正印 傷官 比肩	正財 正官 比肩	傷官
丙申	丁酉	戊戌	己亥	庚子	辛丑	壬寅	癸卯

任注：此重重厚土，甲木退氣，不能疏土，則土情必在年支酉金，發洩菁華，金逢火，蓋其意亦欲日主之生，雖然遠隔，兩意情通，喜辰酉合而近之，如中有媒矣。初運癸卯、壬寅，離間喜神，功名蹭蹬，困苦刑傷。辛丑運中，晦火會金，入泮，連登科甲。庚子、己亥、戊戌，西北土金之地，仕至尚書。

1、戊日主生在辰月，比劫四見，故「重重厚土」。「甲木退氣」，指甲木生丁火，地支辰酉合金，不利疏土。「金逢火，蓋其意亦欲日主之生」，指酉金被丁火剋，酉金希望土來生。「雖然遠隔，兩意情通」，指辰酉六合，將酉金拉近日主旁邊，接收地氣。「土情必在年支酉金」，總之，身強要食傷洩秀。

2、癸卯運戊癸合火，卯戌合火，日柱雙合與年柱雙冲，必蹇。壬寅運水生木，丁壬合木，轉運。辛丑運就是傷官運，故登科甲。庚子己亥戊戌，土金之地故「仕至尚書」。雜氣官身強。

按：前言：「喜神遠隔，與日主雖有情，卻被閑神忌神隔絕，日主與喜神各不能顧，得閑神忌神合會，化作喜神，謂私情牽合」。日主雖強，月令巳火投靠巳酉丑三合金局，劫化財，初運剋去忌神寅卯印綬，中運財生殺，身殺兩停。

劫 財	日 主	偏 印	比 肩
丙 午	丁 丑	乙 巳	丁 酉
己　丁	辛　癸　己	庚　戊　丙	辛
食　比 神　肩	偏　七　食 財　殺　神	正　傷　劫 財　官　財	偏 財
丁 酉	戊 戌	己 亥	庚 子	辛 丑	壬 寅	癸 卯	甲 辰

任注：丁火生於巳月午時，比劫並旺，又逢木助，其勢猛烈。年支酉金，本日主之所喜，遙隔遠列，又被丁火蓋之，巳火劫之，似乎無情。最喜坐下丑土，烈火逢溼土，則成生育慈愛之心，邀巳酉合成金局，歸之庫內，其情似相和好，不特財來就我，又能洩火吐秀，故能發甲，仕至藩臬，名利雙全。

1、年時丁火生在巳月，時支午火建祿；又時干丙火祿刃在地支，日主強旺至極。「年支酉金，本日主之所喜，遙隔遠列，又被丁火蓋之，巳火劫之，似乎無情，最喜坐下丑土，烈火逢溼土，則成生育慈愛之心」，總之，此話巳酉丑三合金局，靠金局降溫。

2、前言「日主喜金，惟年支坐酉，與日主遠隔，日主坐巳，忌神緊貼，得丑支會局，以成金之喜神，謂私情牽合也」，藉三合三會之力為媒介，故女命甚忌夫星坐在三合三會之中，剪不斷，理還亂。

按：前言：「喜神與日主雖不緊貼，卻有情於日主，中有忌神隔占，或喜神與閑神合助忌神，此如被人離間，以恩為怨，死不灰心」。日主強旺，以食傷、財、官殺制衡，羊刃劫財，正官也池魚之殃。

偏 印	日 主	食 神	正 官
甲 午	丙 辰	戊 午	癸 酉
己　丁	癸　乙　戊	己　丁	辛
傷　劫 官　財	正　正　食 官　印　神	傷　劫 官　財	正 財
庚 戌	辛 亥	壬 子	癸 丑	甲 寅	乙 卯	丙 辰	丁 巳

任注：丙火生於午月午時，旺可知矣。一點癸水，本不相濁，戊土合之，又助火之烈。年支酉金，本有情與辰合，又被午火離間，求合不得，所謂怨起恩中也，兼之運走東南木火之地，一生只有刑傷破耗，並無財喜之事，剋三妻七子，遭回祿四次，至寅運而亡。

1、丙日主兩個羊刃，天干戊癸合化火，食神格與正官格泡湯。「怨起恩中」，指日主丙火調候需要壬水，其次庚金，但午火太旺，隔絕辰酉合金生水之生機。

2、「一生祇有刑傷破耗」，其一，要金水卻行木火之地。其二，地支酉、午、辰、午，自刑滿佈，到處地雷。甲寅運，丙火猛烈，「虎（寅）馬犬鄉，甲木若來必當焚滅。」丙日主身強，原應以壬水剋制，己土洩化，豈堪甲寅運甲生木火，寅午半合兩組，印綬一再撐飽。

532

閑神

原文：一二閑神用去麼，不用何妨莫動他；半局閑神任閑著，要緊之場作自家。

原注：喜神不必多也，一喜而十備矣。忌神不必多也，一忌而十害矣。自喜忌之外，不足以為喜，不足以為忌，皆閑神也。如以天干為用，成氣成合，而地支之神，虛脫無氣，沖合自適，升降無情。如以地支為用，成助成合；而天干之神，游散浮泛；不礙日主。

1、按：閑神原本就不足以理會，不礙事就不動它。閑神多了地盤大，柱運歲都可能化喜化忌，自編自導自演。

2、喜神不必多，一夫當關。忌神不必多，老鼠屎一顆。喜神與用神之外，喜忌都攀不上的就是閑神；如用神在天干，氣勢一體，地支虛脫無氣，沖合升降都無礙；或地支為用神，合會一體，而天干散漫浮濫，卻不礙日主。這些是閑神的特性。

原注：主陽輔陽，而陰氣停泊，不沖不動，不合不助。主陰輔陰，而陽氣停泊，不沖不動，不合不助。日月有情，年時不顧，日主無害。日主無氣無情，日時得所，年月不顧，日主無害。日主無沖無合，雖有閑神。只不去動他。但要緊之地，自結營寨。至於運道，只行自家邊界，亦足以奇。

1、按：陽旺用陰而陰氣停滯；陰旺用陽而陽氣停泊，均不動如山。日月兩柱居中，年時閑神不顧，尚能平安。或日主無氣，但有日時圍繞相助，即使年月無情，日主也能平安如儀。

2、日主與閑神不可沖合，沖則壞事，合則喜忌莫測；閑神安靜就沒事，最宜在行運流年，中立自保，自掃門前雪。至於行運不合會出忌神喜神之類，就是「只行自家邊界」，向警戒防範忌神的巡邏隊，也有可觀之處。

> 任氏曰：有用神必有喜神，喜神者，輔格助用之神也。然有喜神，亦必有忌神。忌神者，破格損用之神也。自用神、喜神、忌神之外，皆閑神也。惟閑神居多，故有一、二半局之稱。

按：輔助格局用神的是喜神，有喜神必有忌神，所以忌神就是破壞格局用神的六親十神。用神、喜神、忌神之外，就算閑神。一般扣除喜、用、忌諸神，可能閑神居多而又形成一（三合）至二（半合）的格局。

> 任氏曰：閑神不傷體用，不礙喜神，可不必動他也，任其閑著。至歲運遇破格損用之時，而喜神不能輔格護用之際，謂要緊之場。得閑神制化歲運之凶神忌物，匡扶格局、喜用，或得閑神合歲運之神，化為喜用，而輔格助用，為我一家人也。

按：閑神不礙事，可不必動他。如果歲運破格，損傷用神之時，喜神卻失去輔助作用，就是「要緊之場」；此時閑神出馬剋去歲運之凶神忌神，使格局用神不受傷害；或者閑神合起歲運化出喜用神幫日主，如同「作自家」人。

> 任氏曰：此章本文，所重者在末句要緊之場，自結營寨；至於運道，只行自家邊界；誠如是論，不但不作自家，反作賊鬼隄防矣，此非一定之理也。

按：「自結營寨」，就是閑神不去會合幫助忌神，發揮保護日主的作用。行走「自家邊界」，則是不加入敵寇忌神陣營；為敵為友乎？沒得固定原則，只能練熟基本功。

任氏曰：如用木，木有餘以火為喜神，以金為忌神，以水為仇神，以土為閑神。木不足，以水為喜神，以土為忌神，以金為仇神，以火為閑神。是以用神必得喜神之佐，閑神之助，則用神有勢，不怕忌神矣。木論如此，餘者可知。

按：例如：木有餘，火洩為喜；金剋為忌；水生木為仇；土受剋則閑。木不足，水生木為喜；土剋水就是忌；金剋弱木為仇；火是閑神。總之，用神以喜神輔佐，閑神也在要緊之場加持，則用、喜、閑神，三種五行在歲運得地機率就增加，而忌神氣衰。

按：月令正印不透干，取食神為用，木火土（喜用閑）一團和氣。

食神	日主	偏財	七殺
丙寅	甲寅	戊子	庚寅
戊 丙 甲	戊 丙 甲	癸	戊 丙 甲
偏財 食神 比肩	偏財 食神 比肩	正印	偏財 食神 比肩
丙申 乙未	甲午 癸巳	壬辰 辛卯	庚寅 己丑

任注：甲木生於子月，兩陽進氣，旺印生身，支坐三寅，松柏之體，旺而且堅，一點庚金臨絕，不能剋木，反為忌神。寒木向陽，時干丙火清透，敵其寒凝，洩其菁英，而為用神。冬火本虛，以寅木為喜神，月干戊土能制水，又能生金，故為閑神；以水為仇神，喜其丙火清純。至卯運，洩水生火，早登科甲。壬辰、癸巳，得閑神制合，官途平坦。甲午、乙未，火旺之地，仕至尚書。

1、「兩陽進氣」，指〈地澤臨〉卦，大寒之時。「旺印生身」，指月支正印主氣。「松柏之體」，指建祿三見木旺而堅。庚金孤懸年干，任氏以為忌神。

2、時干丙火食神四見，故「敵其寒凝，而為用神」。丙火藏在寅中，故寅為喜神。月干戊土能制水生庚金，故為閑神。火是用神，故以水為仇神。辛卯運丙辛合水，卯寅洩水更多，故登科甲。壬辰運水土制合，癸巳運合火寅巳半刑，故「官途平坦」。甲午乙未運木生火用神得運，仕至尚書。原局食神生財，四柱無刑冲，格局清麗。

536

按：羊刃帶建祿，日主強旺；用傷官洩秀。前言「木有餘以火為喜神，以金為忌神，以水為仇神，以土為閑神。」壬申運忌神生仇神。

七殺	日主	傷官	比肩
庚午	甲寅	丁卯	甲子
己　丁	戊　丙　甲	乙	癸
正財　傷官	偏財　食神　比肩	劫財	正印
乙亥　甲戌	癸酉　壬申	辛未　庚午	己巳　戊辰

任注：甲木生於仲春，支逢祿刃，干透比肩，旺之極矣。時上庚金無根為忌，月干丁火為用，通輝之氣，所以早登雲路，仕至觀察，惜無土之閑神。運至壬申，金水並傷體用，故不能免禍耳。

1、甲寅日生在卯月，羊刃格自坐祿，年干比劫，身強無比，庚殺為用，四柱無財，傷官格，時上七殺。甲不離庚，庚不離丁，富貴可期。

2、何謂「惜無土之閑神」？甲木傷官生財，火土同位，還是有財。壬申禍運滋生在印生身，無財剋印，實乃原局過旺，早登雲路是福。《道德經》：「禍兮福之所倚，福兮禍之所伏。」非關閑神。何謂「壬申不能免禍」？傷官無財可駕殺，庚午運傷官駕殺，辛未運財生殺，平步青雲。壬申運殺生印，羊刃建祿何勞印來生身？年時兩柱甲子庚午雙冲，不利晚年。

537

> 原文：出門要向天涯游，何事裙釵恣意留。
>
> 原注：本欲奮發有為者也，而日主有合，不顧用神；用神有合，不顧日主。不欲貴而遇貴，不欲祿而遇祿，不欲合而遇合，不欲生而遇生，皆有情而反無情，如裙釵之留不去也。

按：本節論述天干五合的情況，如下例：丁丑、癸卯、丙戌、辛卯，丙日主正印帶官，原是喜用相輔，但合財而貪花戀酒，即是「日主有合，不顧用神」。又例如乙未、庚辰、戊辰、丙辰，正官被食神合去，無官管束，即「用神有合，不顧日主」。哪壺不開提哪壺，即是有情反無情。

> 任氏曰：此乃貪合不化之意也。既合宜化之，化之喜者，名利自如；化之忌者，災咎必至。合而不化，謂伴住留連，貪彼忌此，而無大志有為也。
>
> 日主有合，不顧用神之輔我，而忘其大志也；
>
> 用神有合，不顧日主之有為，不佐其成功也。
>
> 又有合神真，本可化者，反助其從合之神而不化也。
>
> 又有日主休囚，本可從者，反逢合神之助而不從也。
>
> 此皆有情而反無情，如裙釵之恣意留也。

1、按：天干合，指「貪合不化」，並非合化、假化、真化等範疇。在天干五合中，化喜則喜，化忌則忌；合而不化即羈絆，以致格局模糊，志氣消退。日主合財，不顧用神，壞在物質欲。用神被合去，日主功夫消退，合去甚麼差甚麼。

2、何謂「合神真，本可化者，反助其從合之神而不化」？甲日主合己在辰月，眼看合化成土，再看地支竟冒出寅卯辰三合木局，身強不化。其次，何謂「日主休囚，本可從者，反逢合神之助而不從」？壬日主休囚合丁火，眼看合化成木，地支冒出巳午未，丁火豈肯化木。以上貪合不化，有情反無情。

538

按：乙木五見論七殺，原本可以疏土，前言「合而不化，謂伴住留連，貪彼忌此，而無大志有為也。」然乙庚合而不化，庚金可以洩土，丙火剋去。

偏印	日主	食神	正官
丙辰	戊辰	庚辰	乙未
癸　乙　戊	癸　乙　戊	癸　乙　戊	乙　丁　己
正財　正官　比肩	正財　正官　比肩	正財　正官　比肩	正官　正印　劫財
壬申　　癸酉	甲戌　　乙亥	丙子　　丁丑	戊寅　　己卯

任注：戊土生於季春，乙木官星透露，盤根在未，餘氣在辰，本可為用，嫌其合庚，謂貪合忌剋。不顧日主之喜我，合而不化，庚金亦可作用，又有丙火當頭。至二十一歲，因小試不利，即棄詩書，不事生產，以酒為事，且曰高車大纛，吾不為榮，連陌度阡，吾不為富，惟此怡悅性情，適吾口體，以終吾身，足矣。

1、 戊土生在辰月，地支皆土，時干丙火。正官五見，透出年干，乙庚合「貪合忌剋」，因為一堆土要靠木疏通，而乙去合庚「不顧日主之喜我」。

2、《三命通會》：「戊己生居四月中，戊辰丑未要全逢；喜行財地嫌官煞，運到東方定有凶」。故「至二十一歲，因小試不利」，指戊寅運乙卯年一堆官殺。至於「即棄詩書，不事生產，以酒為事」等行為，指庚金食神無根制不了官殺。不及格的稼穡格；正官五見，小人君子相；靠財官祖蔭。

按：前言：「日主有合，不顧用神之輔我，而忘其大志也」；日主不弱，丙辛合財，貪花戀酒；桃花合財，胭脂紅粉中打滾。

正財	日主	正官	劫財
辛卯	丙戌	癸卯	丁丑
乙	丁 辛 戊	乙	辛 癸 己
正印	劫財 正財 食神	正印	正財 正官 傷官
桃花	華蓋 寡宿	桃花	
乙未	丙申	丁酉	戊戌	己亥	庚子	辛丑	壬寅

任注：丙火生於仲春，印正官清，日元生旺，足以用官。所嫌丙辛一合，不顧用神之輔我。辛金柔軟，丙火逢之而怯，柔能制剛，戀戀不捨，忘有為之志，更嫌卯戌合而化劫。所以幼年過目成誦，後因戀酒色，廢學忘資，竟以酒色傷身，一事無成。

1、丙火生在卯月，調候用神壬、己。「印正官清」，指月柱癸卯正官與正印。「日元生旺」，指正印劫財有力，故身強「足以用官」。「丙辛一合，不顧用神之輔我」，指用官要財為後援，而辛財與日主合，故「忘有為之志」。

2、「卯戌合而化劫」，桃花兩現合劫財，囊底傾瀉終無悔。時柱財剋印，不利婚姻。桃花太重又多合也難怪。

> 原文：不管白雲與明月，任君策馬朝天關。
>
> 原注：日主乘用神而馳驟，無私意牽制也。用神隨日主而馳驟，無私情羈絆也。足以成其大志，是無情而有情也。

按：日主原本應該駕馭喜神、用神，翱遊四海，或志在鐘鼎天關；無私情而成其大志，是無情而有情。

> 任氏曰：此乃逢沖得用之意也，沖則動也，動則馳也。
>
> 1、局中除用神喜神之外，而日主與他神有所貪戀者，得用神喜神沖而去之，則日主無私意牽制，乘喜神之勢而馳驟矣。
>
> 2、局中用神喜神與他神有所貪戀者，日主能沖剋他神而去之，則喜神無私情之羈絆，隨日主而馳驟矣，此無情而反有情。如丈夫之志，不戀私情而大志有為也。

1、按：逢沖是常事，沖忌不沖喜。日主對用神喜神無情，反而對其他閑神有情意，恰巧得到喜神、用神、病藥等當頭棒喝，沖去不倫之合，則日主無私意牽制，乘喜神之勢而馳驟。

2、日主如上述，同理換成喜用神與他神暗通暗合，換日主沖去不倫之合，則喜用神無私情之羈絆，隨日主而馳驟。此皆無情反有情。大丈夫不戀私情，志在四方。

按：月令七殺生印，比劫印綬多，身強喜財殺；月干財星被劫，生殺無力；前言「日主與他神有所貪戀者，得用神喜神冲而去之，則日主無私意牽制，乘喜神之勢而馳驟」。

比肩	日主	正財	劫財
丙申	丙寅	辛亥	丁卯
戊　壬　庚	戊　丙　甲	甲　壬	乙
食神　七殺　偏財	食神　比肩　偏印	偏印　七殺	正印
文昌　驛馬　大耗	紅豔	天乙　劫煞	桃花
癸卯　甲辰	乙巳　丙午	丁未　戊申	己酉　庚戌

任注：此造殺雖秉令，而印綬亦旺，兼之比劫並透，身旺足以用殺，用殺不宜合殺，合則不顯。加以辛金貼身，而日主之情，必貪戀羈絆，喜其丁火劫去辛金，使日主無貪戀之私。申金冲動寅木，使日主無牽制之意。更妙申金滋殺，日主依喜用而馳驟矣。至戊申運，登科發甲，大志有為也。

1、丙火生在亥月，七殺帶印。比劫三見，正偏印三見，身強，故「身旺足以用殺，用殺不宜合殺」。月干辛金「辛金貼身，而日主之情，必貪戀羈絆」。年干丁火剋辛金，故「喜其丁火劫去辛金」，日主就不必戀財。

2、「申金冲動寅木」，實則是寅亥一併衝動，天干丙辛撼動而破合，故財可生殺。又戊申大運，土生金，食傷生財，財生殺，故「登科發甲」。卯申暗合還是財，財多無從羈絆。

按：年時丙辛、巳申合水，日主轉旺，財殺八見，身殺兩停，勢均力敵。若以日月雙冲言，年月干支雙合破局，則偏印格要用火地偏財剋。前言：「局中用神喜神與他神有所貪戀者，日主能冲剋他神而去之，則喜神無私情之羈絆，隨日主而馳驟矣。」寅申冲破去丙辛合，再以壬水剋丙火，此「此無情而反有情」。

偏印	日主	偏財	正印
庚戌	**壬寅**	**丙申**	**辛巳**
丁 辛 戊	戊 丙 甲	戊 壬 庚	庚 戊 丙
正財 正印 七殺	七殺 偏財 食神	七殺 比肩 偏印	偏印 七殺 偏財
戊子 己丑	庚寅 辛卯	壬辰 癸巳	甲午 乙未

任注：壬水生於申月，雖秋水通源，而財殺並旺，以申金為用。第天干丙辛，地支申巳皆合，合之能化，亦可幫身。合之不化，反為羈絆，不顧日主，喜我為用也；且金當令，火通根，只有貪戀之私，而無化合之意。妙在日主自剋丙火，使丙火無暇合辛，寅去冲動申金，使其剋木，則丙火之根反拔，而日主之壬，固無牽制之私，用神隨日主而馳驟矣。至癸巳運，連登甲第，仕至觀察，而成其大志也。

1、壬水生於申月逢長生，水勢滔滔，調候用神戊、丁。「財殺並旺」，指火土一堆，七殺四見，財星四見，護身以「申金為用」，喜正偏印五見。

2、年月干支丙辛、巳申合水，以此而論，財官泡湯；唯因月日兩柱雙冲（互換長生），解除了年月兩柱的雙合，故「日主自剋丙火，使丙火無暇合辛，寅冲動申金，使其剋木」。至癸巳運財生殺，故「連登甲第」。寅巳申三刑要注意順序。

從象

> 原文：從得真者只論從，從神又有吉和凶。

> 原注：日主孤立無氣，天地人元，絕無一毫生扶之意，財官強甚，乃為真從也。既從矣，當論所從之神。如從財，只以財為主。財神是木而旺，又看意向，或要火要土要金，而行運得所者吉，否則凶，餘皆仿此。金不可剋木，剋木財衰矣。（從神不可被剋）

按：真從指日主無氣，格局強在或食傷、或財、或官殺，或三者均停，真從則洩，假從宜助。

> 任氏曰：從象不一，非專論財官而已也。
>
> 1、日主孤立無氣，四柱無生扶之意，滿局官星，謂之從官；滿局財星，謂之從財。
>
> 2、如日主是金，財神是木，生於春令，又有水生，謂之太過，喜火以行之。生於夏令，火旺洩氣，喜水以生之。生於冬令，水多木泛，喜土以培之，火以暖之，則吉；反是必凶。
>
> 3、所謂從神又有吉和凶也，尚有從旺、從強、從氣、從勢之理，比從財官更難推算，尤當審察。此四從，諸書所未載，余之立說，試驗碻實，非虛言也。
>
> 4、從旺者，四柱皆比劫，無官殺之制，有印綬之生，旺之極者，從其旺神也。要行比劫印綬則吉，如局中印輕，行傷食亦佳；官殺運，謂之犯旺，凶禍立至；遇財星、羣劫爭財，九死一生。
>
> 5、從強者，四柱印綬重重，比劫疊疊，日主又當令，絕無一毫財星官殺之氣，謂二人同心，強之極矣，可順而不可逆也，則純行比劫運則吉；印綬運亦佳；食傷運，有印綬沖

544

剋必凶；財官運，為觸怒旺神，大凶。

6、從氣者，不論財官印綬食傷之類。如氣勢在木火，要行木火運；氣勢在金水，要行金水運，反此則凶。

7、從勢者，日主無根，四柱財官食傷並旺，不分強弱，又無劫印生扶，日主又不能從一神而去，惟有和解之可也，視其財官食傷之中，何者獨旺，則從旺者之勢。如三者均停，不分強弱，須行財運以和之，引通食傷之氣，助其財官之勢，則吉；行官殺運次之；行食傷運又次之；如行比劫印綬，必凶無疑，試之屢驗。

按：任鐵樵所述，辭簡理明，下例均可歸納尋檢，不贅述。

按：前言「從勢者，日主無根，四柱財官食傷並旺，不分強弱，又無劫印生扶，日主又不能從一神而去，惟有和解之可也，視其財官食傷之中，何者獨旺，則從旺者之勢。」旺者，財也。

傷官	日主	傷官	正財
丙戌	乙未	丙辰	戊戌
丁 辛 戊	乙 丁 己	癸 乙 戊	丁 辛 戊
食神 七殺 正財	比肩 食神 偏財	偏印 比肩 正財	食神 七殺 正財
甲子 癸亥	壬戌 辛酉	庚申 己未	戊午 丁巳

任注：乙未生於季春，蟠根在未，餘氣在辰，似乎財多身弱。但四柱皆財，其勢必從。春土氣虛，得丙火以實之，且火乃木之秀氣，土乃火之秀氣，三者為全，無金以洩之，無水以靡之，更喜運走南方火地，秀氣流行，所以第發丹墀，鴻筆奏三千之績，名題金榜，鰲頭冠五百之仙也。

1、「四柱皆財，其勢必從」，指乙日主生在辰月，財當令，干支土五見，不見庚辛官殺，從財格。「春土氣虛，得丙火以實之」，指傷官生財。

2、《三命通會》：「日干無氣滿盤財，棄命相從是福胎，運旺財官皆富貴，如逢根助反為災」，從格就從到底，不要中途變節，所以忌行印比自我膨脹之地，即水木之運。原局運走南方火地是傷官生財，「無金以洩之，無水以靡之」，故「名題金榜」。

按:《子平真詮》:「有棄命從財者,四柱皆財而身無氣,捨而成之,格成大貴。若透印則身賴印生而不從,有官煞則亦無從財兼從煞之理。」

偏 印	日 主	食 神	食 神
戊 寅	庚 寅	壬 寅	壬 寅
戊　丙　甲	戊　丙　甲	戊　丙　甲	戊　丙　甲
偏　七　偏 印　殺　財	偏　七　偏 印　殺　財	偏　七　偏 印　殺　財	偏　七　偏 印　殺　財
庚　　　己 戌　　　酉	戊　　　丁 申　　　未	丙　　　乙 午　　　巳	甲　　　癸 辰　　　卯

任注:庚金生於孟春,四支皆寅,戊土雖生猶死,喜其兩壬透於年月,引通庚金,扶嫩木而從財也,亦是秀氣流行,更喜運走東南不悖,木亦得其敷榮,所以早登甲第,仕至黃堂。

1、庚金生在寅月坐絕,急需戊土生身,戊土長生在寅,實則被甲木剋至死絕,故「戊土雖生猶死」。「喜其兩壬透於年月,引通庚金」,以食神通關將無根之庚金洩秀於寅木,從財格成立。

2、「喜運走東南不悖」,從財格喜行財官之地,東方財地,南方財生殺,故「早登甲第」。戊申運揮別南地,印生比劫,一申冲四寅,戊土剋兩壬水,焉能無事!

547

按：月令食神生財，財局得食傷三見挹注，成功不必在我。從財
格，有食傷，不怕劫地。

傷官	日主	偏印	偏財
乙巳	壬午	庚寅	丙寅
庚　戊　丙	己　丁	戊　丙　甲	戊　丙　甲
偏印　七殺　偏財	正官　正財	七殺　偏財　食神	七殺　偏財　食神
戊戌	丁酉	丙申	乙未	甲午	癸巳	壬辰	辛卯

任注：壬水生於孟春，木當令，而火逢生，一點庚金臨絕，丙
火力能煅之，從財格真。水生木，木生火，秀氣流行，登科發
甲，仕至侍郎。

補原文：凡從財格，必要食傷吐秀，不但功名顯達，而且一生
無大起倒凶災，蓋從財最忌比劫運，柱中有食傷，能化比劫生
財之妙也；若無食傷吐秀，書香難遂，一逢比劫，無生化之情，
必有起倒刑傷也。

1、壬水生在寅月，無根，原本靠庚金偏印生身，但被年干丙火剋
掉，故「從財格真」。凡從財格，必要食傷吐秀，不但功名顯
達，而且一生無大起倒凶災。

2、「水生木，木生火，秀氣流行」，蓋從財最忌比劫運，柱中有食
傷，能化比劫生財之妙也，若無食傷吐秀，書香難遂，一逢比
劫，無生化之情，必有起倒刑傷也。

按：日主無根，三合火局透干，丁壬合寅卯，財生殺黨，從殺得氣，只怕比劫運。

七殺	日主	食神	正官
丙戌	庚午	壬寅	丁卯
丁 辛 戊	己 丁	戊 丙 甲	乙
正官 劫財 偏印	正印 正官	偏印 七殺 偏財	正財
紅豔 華蓋 月德 大耗	將星		桃花 天德

甲午	乙未	丙申	丁酉	戊戌	己亥	庚子	辛丑

任注：庚生寅月，支全火局，財生殺旺，絕無一點生扶之意。月干壬水，丁壬合而化木，又從火勢，皆成殺黨，從象斯真，中鄉榜，挑知縣。酉運丁艱，丙運仕版連登，申運詿誤落職。

1、庚金生在寅月，地支寅午戌三合火局，卯財生殺，丁壬合木，時干丙火，都是成全火局，故「從象斯真，中鄉榜」，從殺格。

2、「酉運丁艱」，酉是羊刃，從殺就是老二哲學，何須羊刃衝鋒陷陣！丙運「仕版連登」，指從殺喜殺。「申運詿誤落職」，指丙申運，申是比肩，最忌丙申、丙戌拱酉羊刃，三會比肩槓上官殺，故「落職」。

按：日主無根，地支三合官殺透出，從殺格。己運財生殺，亥運沖巳，平運。

比肩	日主	七殺	七殺
乙酉	乙酉	辛丑	辛巳
辛	辛	辛　癸　己	庚　戊　丙
七殺	七殺	七殺　偏印　偏財	正官　正財　傷官
癸巳　甲午　乙未　丙申		丁酉　戊戌	己亥　庚子

任注：乙木生於季冬，支全金局，干透兩辛，從殺斯真。戊戌運連登甲第，置身翰苑。丁酉、丙申，火截腳而金得地，仕版連登。乙未運沖破金局，木得蟠根，不祿。

1、乙木生在丑月，地支巳酉丑三合透出兩辛，故「從殺斯真」，從殺格。戊戌運，財生殺，故「連登甲第」。丁酉、丙申運「火截腳而金得地」，還是算官殺運，故「仕版連登」。

2、乙未運「沖破金局」，指乙未運是比劫運。《三命通會》：「煞純者亦貴，但次於陰，以陽干不受制也。水火金土皆從，惟陽木不能從……中迍或喪或危，只為運扶干旺。」指乙木比劫運扶身帶根，故「木得蟠根，不祿」。

550

按：前言「從旺者，四柱皆比劫，無官殺之制，有印綬之生，旺之極者，從其旺神也。要行比劫印綬則吉，如局中印輕，行傷食亦佳；官殺運，謂之犯旺，凶禍立至；遇財星、羣劫爭財，九死一生。」

《子平真詮》:「日主得時秉令，四柱皆拱合之神，謂權在一人，只可順其氣勢，引其性情以取用，若強制之，反激而成患。」

劫 財	日 主	劫 財	正 印
乙 亥	甲 寅	乙 卯	癸 卯
甲　壬	戊　丙　甲	乙	乙
比　偏 肩　印	偏　食　比 財　神　肩	劫 財	劫 財

丁 未	戊 申	己 酉	庚 戌	辛 亥	壬 子	癸 丑	甲 寅

任注：甲木生於仲春，支逢兩卯之旺，寅之祿，亥之生，干有乙之助，癸之印，旺之極矣，從其旺神。初行甲運，早采芹香。癸丑北方溼土，亦作水論，登科發甲。壬子印星照臨，辛亥，金不通根，支逢生旺，仕至黃堂。一交庚戌，土金並旺，觸其旺神，故不能免咎也。

1、甲木卯月，羊刃格，寅亥合木，天干透出乙木，癸水來生，故「從其旺神」，曲直格。《三命通會》:「甲乙生人寅卯辰，又名仁壽兩堪評；亥卯未全嫌白帝，若逢坎位必身榮」。

2、初行甲寅運，故「早采芹香」。癸丑運還是算水運，故「登科發甲」。壬子運當然也是水運，辛亥運金生水，還是「坎」位，故「仕至黃堂」。庚戌運土生金剋木，故「觸其旺神」，不能免咎。

551

按：任氏前言「余行道以來，推過四戊午，四丁未，四癸亥，四乙酉，四辛卯，四庚辰，四甲戌者甚多，皆作偏枯論，無不應驗。」炎上格，忌官殺運。

偏印	日主	偏印	比肩
甲午	丙午	甲午	丙午
己 丁	己 丁	己 丁	己 丁
傷官 劫財	傷官 劫財	傷官 劫財	傷官 劫財
壬寅 辛丑	庚子 己亥	戊戌 丁酉	丙申 乙未

任注：丙生仲夏，四柱皆刃，天干並透甲丙，強旺極矣，可順而不可逆也。初運乙未，早游泮水。丙運登科。申運大病危險。丁運發甲。酉運丁艱。戊戌己運仕途平坦；亥運犯其旺神，死於軍前。

1、羊刃四見，偏印生身，羊刃格。炎上格，原局缺水，暴起暴跌，最怕水運。

2、「可順不可逆」，指幫扶相生日主。初運乙未木火幫生，丙運扶日主，申運拱未洩日主合火幫身，病危先凶後吉。丁運幫身發甲。酉運羣劫剋財，伶仃艱苦。戊戌運與己運傷官洩日主，因為甲木坐死印為輕，故運途尚稱平坦。己亥運甲己合土剋水，午亥暗合土剋水，木洩水，壬水七殺冲剋丙火，犯其旺神，死於軍前。否則庚子運原局全部冲動，焉知鹿死誰手？

按：前言「從氣者，不論財官印綬食傷之類。如氣勢在木火，要行木火運；氣勢在金水，要行金水運，反此則凶。」僅無根丁火悖逆金水之勢。

正官	日主	傷官	傷官
丁亥	庚申	癸亥	癸酉
甲　壬	戊　壬　庚	甲　壬	辛
偏財　食神	偏印　食神　比肩	偏財　食神	劫財

乙卯	丙辰	丁巳	戊午	己未	庚申	辛酉	壬戌

任注：庚金生於孟冬，水勢當權，金逢祿旺，時干丁火無根，局中氣勢金水，亦從金水而論，丁反為病。初交壬戌，去其丁火，其樂自如。戌運入泮，而喪服重重，因戌土之制水也。辛酉、庚申，登科發甲，出仕琴堂。己未，運轉南方，火土齊來，詿誤落職。戊午，更多破耗而亡。

1、「從金水而論」，指比劫與食傷一堆。庚金生在亥月，金冷水寒，應以丙丁火解寒；但因為一點丁火生不到效用，故「丁反為病」。

2、初交壬戌，前五年壬水合掉丁火，故「其樂自如」。戌運土剋水，食傷窒礙難行，故「喪服重重」。辛酉庚申運，助其旺神，故「登科發甲」。己未運印綬格剋食傷，火剋金，土剋水，故「詿誤落職」。戊午運雙合癸亥，戊癸合火，甲己合土剋水，丁壬合木洩水，木火土齊來剋金水，故「更多破耗」。

553

按：癸水微根，辰戌冲去，丙壬不合；食傷三見，財星四見，正官四見，木火土一團，格強身弱，大運宜從木火土之氣，比劫不見就是好。

傷官	日主	劫財	正財
甲寅	癸巳	壬辰	丙戌
戊 丙 甲	庚 戊 丙	癸 乙 戊	丁 辛 戊
正官 正財 傷官	正印 正官 正財	比肩 食神 正官	偏財 偏印 正官

庚子	己亥	戊戌	丁酉	丙申	乙未	甲午	癸巳

任注：癸水生於季春，柱中財、官、傷，三者並旺，印星伏而無氣，日主休囚無根，惟官星當令，須從官星之勢。所喜坐下財星，引通傷官之氣。至甲午運，會成火局生官，雲程直上。乙未出仕。申、酉運有丙丁蓋頭，仕途平坦。戊戌運仕至觀察，至亥運幫身，冲去巳火，不祿。所謂弱之極者，不可益也。

1、癸水生在辰月，財星四見，正官四見，食傷三見，故「財、官、傷，三者並旺」，財官傷並旺就是印比衰弱。因為戊土正官在月支當令，所以還是以官殺為樞紐，凡食傷、財官運都好。

2、甲午運寅午戌三合火局生官，故「雲程直上」。乙未運食傷格，故「出仕」。申、酉運應該印剋食傷，助日主犯旺，因丙丁蓋頭，故僅「仕途平坦」。戊戌運「從官星之勢」，故「仕至觀察」。亥運幫身冲去巳火，不祿，從氣宜從到底。年月雙冲，自力更生。

按：丙火微弱，正印無根，看似官生印；月令傷官、正財、正官為用，取其土金水格局旺而從勢。前言：「從勢者，日主無根，四柱財官食傷並旺，不分強弱，又無劫印生扶，日主又不能從一神而去，惟有和解之可也，視其財官食傷之中，何者獨旺，則從旺者之勢。如三者均停，不分強弱，須行財運以和之，引通食傷之氣，助其財官之勢，則吉；行官殺運次之；行食傷運又次之；如行比劫印綬，必凶無疑，試之屢驗。」

比 肩	日 主	正 印	正 官
丙 申	**丙 申**	**乙 丑**	**癸 酉**
戊　壬　庚	戊　壬　庚	辛　癸　己	辛
食　七　偏 神　殺　財	食　七　偏 神　殺　財	正　正　傷 財　官　官	正 財
丁　　戊 巳　　午	己　　庚 未　　申	辛　　壬 酉　　戌	癸　　甲 亥　　子

任注：丙火生丑臨申，衰弱無煙，酉丑拱金，月干乙木凋枯無根，官星坐財，傷逢財化，以成金水之勢。癸亥運中，入泮登科。辛酉庚申，去印生官，由縣令而遷州牧，宦囊豐厚。己未南方燥土，傷官助劫，不祿。

1、丙火生在丑月，自坐申金，火不西奔，故「衰弱無煙」。地支財星四見，喜金生水，喜財生官殺。

2、癸亥運與癸酉年柱拱戌，三合金局就是財，食傷生財，故「入泮登科」。辛酉、庚申運都是財，故「去印生官，由縣令而遷州牧」。己未運食傷運南方燥土，任氏向以燥土同火而論，故稱「傷官助劫」。在古時第六大運算長壽的。

化象

> 原文：化得真者只論化，化神還有幾般話。

> 原注：如甲日主生於四季，單遇一位己土，在月時上合之，不遇壬癸甲乙戊，而有一辰字，乃為化得真。又如丙辛生於冬月，戊癸生於夏月，乙庚生於秋月，丁壬生於春月，獨自相合，又得龍以運之。此為真化矣。

1、按：合而化或合而不化，吉凶喜忌差別甚大；本節討論合化與否後的幾種情況。

2、甲日主生在辰、戌、丑、未月，甲己化土必須在月時天干緊鄰日主，不遇壬癸水生，甲乙木扶，戊土爭己；地支帶有辰字，才算「化得真」。依此類推，丙辛化水要冬季，戊癸合火要夏季，乙庚合金要秋季，丁壬合木要春季；「龍以運之」，有辰支為真化。

> 原注：既化矣，又論化神。如甲己化土，土陰寒，要火氣昌旺。土太旺，又要取水為財，木為官。金為食傷，隨其所向，論其喜忌。再見甲乙，亦不作爭合妒合論。蓋真化矣，如烈女不更二夫，歲運遇之皆閒神也。

按：真化之後，以化出之神論性質。例如甲己化土金水多，身弱，要行木火生旺之地。土太旺，則以財（水）官（木）為托用。至於食傷則隨著柱運歲而觀察方向，靈活看待。真化之後，甲乙木臨歲運，亦無爭合妒合之論，原先日主五行變成閒神。

任氏曰：合化之原，昔黃帝祀天於圜邱，天降十干，爰命大撓作十二支以配之，故日干日天干，其所由合，即天一、地二、天三、地四、天五、地六、天七、地八、天九、地十之義。依數推之，則甲一、乙二、丙三、丁四、戊五、己六、庚七、辛八、壬九、癸十也。如洛書以五居中，一得五為六，故甲與己合。二得五為七，故乙與庚合。三得五為八，故丙與辛合。四得五為九，故丁與壬合。五得五為十，故戊與癸合。合則化，化亦必得五土而後成。

按：上論干支、河圖、陰陽數、生成數的關係，不贅述。

任氏曰：五土者，辰也。辰土居春，時在三陽，生物之體，氣闢而動，動則變，變則化矣。

且十干之合，而至五辰之位，則化氣之元神發露，故甲己起甲子，至五位逢戊辰而化土。乙庚起丙子，至五位逢庚辰而化金。丙辛起戊子，至五位逢壬辰而化水。丁壬起庚子，至五位逢甲辰而化木。戊癸起壬子，至五位逢丙辰而化火。此相合、相化之真源。近世得傳者少，只知逢龍而化，不知逢五而化，辰龍之說，供引之義，如果辰為真龍，則辰年生人為龍，可行雨，而寅年生人為虎，必傷人矣。

按：五、十，居中為土，辰為土。又辰土在春季，時在三陽，此時萬物雷動，動則變，變則化。又起五虎遁，甲己數至戊（土）辰，乙庚數至庚（金）辰；餘類推，逢龍而化，如此而已。

> 任氏曰：至於化象作用，亦有喜忌配合之理，所以化
> 神還有幾般話也，非化斯神喜見斯神，執一而論也。
> 是化象亦要究其衰旺，審其虛實，察其喜忌，則吉凶
> 有驗，否泰了然矣。如化神旺而有餘，宜洩化神之神
> 為用；化神衰而不足，宜生助化神之神為用。

按：「化象」關鍵為何？並非甲己化土，即行運宜土；而是有配
合的道理，不可執一而論，所以「化神還有幾般話」，賣個關頭。
所以逢「化象」，必須審其衰旺、喜忌。例如化神旺而有餘，洩
去才是王道。化神衰而不足，宜生助化神之神，例如甲己化土，
又來火土。

> 任氏曰：如甲己化土，生於未戌月，土燥而
> 旺，干透丙丁，支藏巳午，謂之有餘；再行
> 火土之運，必太過而不吉也，須從其意向。

按：例如，甲己化土，生於未、戌月燥土，又是丙丁、巳午會齊，
即是「有餘」。再行火土大運，就是行偏枯之運。

> 任氏曰：柱中有水，要行金運。柱中有金，要行水運。無
> 金無水，土勢太旺，必要金以洩之。火土過燥，要帶水之
> 金運以潤之。生於丑辰月，土溼為弱，火雖有而虛，水本
> 無而實，或干支雜以金水，謂之不足，亦須從其意向。

按：既然化土是太極點，有水是財，還要庚辛食傷通關「洩化神」。
柱中有庚辛食傷，要水接續食傷而洩化。若無金水一路順行，甲
己化土之勢，要有金運。火土太旺用金水降溫。反之，辰丑月濕
土，火力不足，辰丑支中藏水，或干支夾雜金水，謂之化神「不
足」，須看柱運歲如何。

> 任氏曰：柱中有金，要行火運；柱中有水，要行土
> 運。金水並見，過於虛溼，要帶火之土運以實之，
> 助起化神為吉也。至於爭合妒合之說，乃謬論也。

按：甲己化土，若柱中有金就是食傷，行火運以印綬剋食傷。若柱中有水就是財旺，行土運以比劫剋財。金水並見，過於虛溼，以帶火之土運，充實土神元氣；無關戊己土爭合妒合之說。

> 任氏曰：既合而化，如貞婦配義夫，從一而終，不生二心，
> 見戊己是彼之同類，遇甲乙是我之本氣，有相讓之誼，合
> 而不化，勉強之意，必非佳偶。見戊己多而起爭妒之風，
> 遇甲乙眾而更強弱之性，甲己之合如此，餘可例推。

按：合化而土真，太極點固定，五行喜忌，從一而終。反之，戊己土氣是比劫，甲乙是官殺，在合而不化的情況下，反而增生摩擦糾結。所以土多以比劫起爭妒，遇甲乙官殺，與甲日主不化對調強弱關係。餘可例推。

按：甲己合見辰支，合神真化，太極點為土；先用食傷，庚辛三見，繼之以水，地支滿布。前言：「甲己化土，土陰寒，要火氣昌旺。土太旺，又要取水為財，木為官，金為食傷。」

正財	日主	比肩	劫財
己巳	甲辰	甲申	乙丑
庚　戊　丙	癸　乙　戊	戊　壬　庚	辛　癸　己
七殺　偏財　食神	正印　劫財　偏財	偏財　偏印　七殺	正官　正印　正財
丙子　丁丑	戊寅　己卯	庚辰　辛巳	壬午　癸未

任注：年月兩干之甲乙，得當令之申金、丑內之辛金制定，不起爭妒之風。時干己土臨旺與日主親切而合，合神真實，乃謂真化。但秋金當令，化神洩氣不足。至午運助化神，中鄉榜。辛巳金火並旺，登黃甲，宴瓊林，入翰苑，仕黃堂。庚辰合乙制化比劫，仕至藩臬。

1、天干兩甲，即會爭合己土，但月干甲木被申金所剋，辛金制定，圈豢於原位，爭不過日干，故「不起爭妒之風」。而時干己土臨旺可以與日主親切而合，故「乃謂真化」。日月甲申、甲辰拱子，三合「財」局。

2、「化神洩氣不足」，指申金當令，胃口很好，甲己合土不夠生金。故必須等到「午運助化神」，指印剋食傷，午火生助甲己合化的土，故「中鄉榜」。辛巳運金火併旺，金是食傷，火是印綬，故「入翰苑」。庚辰運「合乙制化比劫」，乙庚合是食傷，以洩為制，故仕至藩臬。

560

按：前言：「如化神旺而有餘，宜洩化神之神為用；化神衰而不足，宜生助化神之神為用。……無金無水，土勢太旺，必要金以洩之。火土過燥，要帶水之金運以潤之。」化土後還是土局，化氣有餘，宜洩。

正財	日主	偏印	偏財
己巳	甲辰	壬戌	戊辰
庚　戊　丙	癸　乙　戊	丁　辛　戊	癸　乙　戊
七殺　偏財　食神	正印　劫財　偏財	傷官　正官　偏財	正印　劫財　偏財
庚午　己巳	戊辰　丁卯	丙寅　乙丑	甲子　癸亥

任注：甲木生於季秋，土旺乘權，剋去壬水，又無比劫，合神更真，化氣有餘。惜運走東北水木之地，功名仕路不及前造。至丑運丁酉年，暗會金局，洩化神而吐秀，登科。戊戌年發甲，仕至州牧。

1、日主甲木合化己土，火帶土，合神更真，以土作太極。前言：「如甲己化土，生於未戌月，土燥而旺，干透丙丁，支藏巳午，謂之有餘；再行火土之運，必太過而不吉也」。果然水木之地，「功名仕路不及前造」。

2、乙丑運丁酉年，三合巳酉丑官殺，隨太極點轉換食傷，「洩化神而吐秀」，故「登科」。戊戌年發甲，雜氣財冲，透干，故「仕至州牧」。《三命通會》：「日干無氣滿盤財，棄命相從是福胎；運旺財官皆富貴，如逢相助反為災。」故丙寅運難言無疚。

按：丁壬化木，生於卯月，前言「化神旺而有餘，宜洩化神之神為用」，化象斯真，太極點轉換成財（火）為食傷，正官（土）為財，則宜火土之地。子運、癸亥，未能顯秩。

食 神	日 主	正 財	正 官
甲 辰	壬 午	丁 卯	己 卯
癸　乙　戊	己　丁	乙	乙
劫　傷　七 財　官　殺	正　正 官　財	傷 官	傷 官
月 德	將 星	天　桃 乙　花	天　桃 乙　花
己 未	庚 申	辛 酉	壬 戌	癸 亥	甲 子	乙 丑	丙 寅

任注：壬水生於仲春，化象斯真，最喜甲木元神透露，化氣有餘，餘則宜洩。斯化神吐秀，喜其坐下午，午生辰土，秀氣流行。少年科甲，翰苑名高。惜乎中運水旺之地，未能顯秩，終於縣宰。

1、壬水生在卯月，一堆火土，身弱。丁壬合木，時干甲木與卯木兩見，造成木氣偏旺，應該以火洩之。故喜日主自坐午火，午火生辰土，食傷生財，故「秀氣流行」。

2、以格局討論食傷生財，財生官，四柱無刑冲，門面清新，故「少年科甲，翰苑名高」。「惜乎中運水旺之地」，因為任氏認為木氣「餘則宜洩」，水來生木就是忌神，故「未能顯秩」。

562

按：丁壬合木，卯支三見，化象更真，化神更有餘。前言「化神旺而有餘，宜洩化神之神為用」，故以火為用，癸水阻去洩化，就是忌神。太極點轉換，財為食傷，正官為財，劫財是印綬。

劫財	日主	正財	正官
癸卯	壬午	丁卯	己卯
乙	己 丁	乙	乙
傷官	正官 正財	傷官	傷官
天乙 桃花	將星	天乙 桃花	天乙 桃花

己未	庚申	辛酉	壬戌	癸亥	甲子	乙丑	丙寅

任注：此與前造只換一卯字，化象更真，化神更有餘。嫌其癸劫爭財，年干己土，透隔無根，不能去其癸水，午火未能流行，此癸水，真乃奪標之客也，雖中鄉榜，終不能出仕。

1、壬水生在卯月，丁壬合木，地支卯木三見，故「化象更真」，但癸水剋住丁火，而己土與癸水遙隔，剋不到。因此午火生不出土。「癸水，真乃奪標之客」，指合化後氣盛，氣盛則要洩木，而癸水不但滅火還生木是忌神。故「雖中鄉榜，終不能出仕」。

2、乙丑運印比不洩反生，必衰。甲子運還是印比，子卯刑三組，子午沖。癸亥運最糟，增生癸水印綬，亥卯半合比劫三組。三卯凶惡多，難言無疚。時柱劫財、傷官、桃花、天乙與前造食神制殺帶月德貴人，當然不同。

按：前言：「既合而化，如貞婦配義夫，從一而終，不生二心，見戊己是彼之同類，遇甲乙是我之本氣，有相讓之誼，合而不化，勉強之意，必非佳偶。見戊己多而起爭妒之風，遇甲乙眾而更強弱之性，甲己之合如此，餘可例推。」戊癸雖合，壬水爭合，粥鍋蟑螂屎。太極點是火，宜木火運，忌土金水。

劫 財	日 主	正 官	正 財
壬 戌	癸 巳	戊 戌	丙 戌
丁 辛 戊	庚 戊 丙	丁 辛 戊	丁 辛 戊
偏 偏 正 財 印 官	正 正 正 印 官 財	偏 偏 正 財 印 官	偏 偏 正 財 印 官
丙 午 乙 巳	甲 辰 癸 卯	壬 寅 辛 丑	庚 子 己 亥

任注：癸水生於季秋，丙火透而通根，化火斯真，嫌其時透壬水剋丙，只中鄉榜。直至卯運，壬水絕地，挑知縣，歷三任而不升，亦壬水奪財之故也。

1、「化火斯真」，太極點是火，比劫是火，印綬是木，官殺是壬癸，食傷是庚辛。「嫌其時透壬水剋丙」，指壬水剋住丙火化神，丙火生食傷不給力，故「只中鄉榜」，指壬水為忌神。

2、前言「化神衰而不足，宜生助化神之神為用」。癸卯運，「挑知縣」，癸卯運與月柱戊戌，戊癸合火，卯戌合火三組；癸卯、癸巳拱辰冲三戌，合中帶冲，故「歷三任而不升」。

假從

1、按：真從難得，退而求其次；局中不免比劫印綬微薄，即是假從；假從者，行運得地依然發達。

2、日主衰弱，財官黨眾，從則保身安家。然而微弱的印比會不時搓動日主發憤圖強，擺脫老二哲學，從之不真，刑戮及身。假行真運亦可取；反之，「其人不能免禍，或心術不端」。

按：假從者，與真從不同在於假從尚有微根淺印，但又無法自力，自樹格局，只能依附食傷、財、官殺之類。假從現象繁多不一，並非只言財官，效果與真從大同小異，若四柱財官，得時當令，而日主虛弱無氣，雖然有微弱的比劫印綬扶持，但柱中又有食神生財，財可破印，或有官殺制比劫，則格強身弱，日主無從依靠，只得依財官之勢；財之勢旺，則從財；官之勢旺則從官。

> 任氏曰：從財行食傷財旺之地；從官行財官之
> 鄉，亦能興發，看其意向，配其行運為是。假從
> 之象，只要行運安頓，假行真運，亦可取富貴。

按：真從則貞吉；物以類聚，從財就行食傷與財。從官則行財官
之地；總之，柱運歲具象微觀。凡假從在行運中達到真從的條件，
亦可取得富貴。

> 任氏曰：何謂真運？如從財有比劫分爭，行
> 官殺運必貴。行食傷運必富。有印綬暗生，
> 要行財運。有官殺洩財之氣，要行食傷運。

按：何謂真運？如從財有比劫紛爭，即落入假從，行官殺運剋去
比劫，漂白成真從，准貴。行食傷運則是食傷洩比劫，退去眼中
釘，准富。有印綬暗生，要行財運，以財剋印。有官殺洩財之氣，
使之不成真財，要以食傷運補財氣剋官殺。

> 如從官殺有比劫幫身，逢官運而名高。有食傷破官，行
> 財運而祿重。有印綬洩官，要財運以破印；謂假行真運。
> 不貴亦富，反此者凶，或趨勢忌義，心術不端耳。
> 若能歲運不悖，抑假扶真，縱使身出寒微，亦能崛起家
> 聲，所為必正矣，此乃源濁流清之象，宜深究之。

1、按：如從官殺有比劫微根幫身，即假從；須行官殺運，以官
　　殺剋比劫，從格就清純而真。若有食傷剋官星，以財星洩掉
　　食傷，使食傷不剋官殺。有印綬洩官氣，即以財剋印。以上
　　去濁而格清，不貴亦富。反之，行運混亂，濁氣長存，或趨
　　勢忌義，心術不端。

2、如果歲運不悖，抑假扶真，即源頭混濁，流氣清純，出淤泥
　　而不染，行正道，振家聲。

按：己土僅靠巳火生扶，金水木一團相生，食財殺，格強身弱，但七殺為用，氣不純。妙在酉金生亥水，亥水生卯木，卯木生巳火。

偏財	日主	七殺	偏財
癸 酉	己 亥	乙 卯	癸 巳
辛	甲　壬	乙	庚　戊　丙
食神	正官　正財	七殺	傷官　劫財　正印

丁	戊	己	庚	辛	壬	癸	甲
未	申	酉	戌	亥	子	丑	寅

任注：春土虛脫，殺勢當權，財遇旺支，喜其巳亥逢沖破印，格成棄命從殺。第卯酉沖殺，己酉半會金局，不作真從而論，所以出身寒微。妙在中隔亥水，謂源濁流清，故能崛起家聲，出類拔萃，早游泮水。壬子運中，連登科甲，以中書而履黃堂，擢觀察。辛亥運金虛水實，相生不悖，仕途平坦，將來庚戌，土金並旺，水木兩傷，恐不免意外風波耳。

1、己土生在卯月，「春土虛脫」，旺木剋春土。「殺勢當權」，月柱七殺疊七殺。「財遇旺支」，癸水偏財坐食神酉金。喜「巳亥逢沖」丙火正印被剋，己土無根逢食傷、財、官殺，乾脆「棄命從殺」。然而卯酉沖，巳酉半會金局，七殺也有食傷剋制，所以「不作真從」。「妙在中隔亥水」，食神剋不到七殺。「源濁」，指財坐劫印。「流清」，指亥水得酉金生，再生卯木巳火。

3、壬子運中，財生殺，假成真，故「連登科甲」。辛亥運食神生財，財可生殺，相生不悖，故「仕途平坦」。庚戌運為何「不免意外風波」？因為土金並旺，土剋水比劫剋財，金剋木食傷剋掉七殺嗎？主要是庚把月柱乙木七殺整柱合掉，七殺格就糊掉了。故「水木兩傷」，財殺泡湯。

按：官殺五見不純，但食傷帶財，比肩逢冲，劫財被合，有利從殺。初運金水助殺，戊戌運食傷制殺，理應破敗，何以無險阻？傷官有財，貪生忘剋。

七殺	日主	七殺	劫財
壬辰	**丙申**	**壬寅**	**丁丑**
癸 乙 戊	戊 壬 庚	戊 丙 甲	辛 癸 己
正官 正印 食神	食神 七殺 偏財	食神 比肩 偏印	正財 正官 傷官
華蓋	文昌 月德 大耗	紅豔 驛馬 孤辰	天德
甲午 乙未	丙申 丁酉	戊戌 己亥	庚子 辛丑

任注：丙火生於初春，火虛木嫩，嫩木逢金，緊貼相冲，連根拔盡，申金又得辰土生扶，殺勢愈旺，格成從殺。用財更妙，年支丑土，生金晦火，故身出官家，早登科甲。運走西北金水，仕至觀察；雖逢土運，仍得金以化之，所以無險阻也。

1、丙火生在寅月長生，「嫩木逢金，緊貼相冲」，指申冲寅偏印被剋，日主無根，丁壬合劫財也撼動不化。官殺五見，庚金偏財坐祿生殺，故「格成從殺」。

2、「年支丑土，生金晦火」，丑土能晦丙火，喜在年支，故「身出官家」。「運走西北金水」，金水就是財殺之地。「雖逢土運，仍得金以化之」，戊戌運雙冲壬辰，雜氣官透出，所以「雖逢土運，仍得金以化之」。原局日月雙冲，財殺同根，權勢中人。

按：戊癸合，辰日，何以不化氣？官殺太重，身不由己。初運水地助殺，乙亥合出木局官殺，甲戌不妙，癸酉全局撼動。

正財	日主	劫財	正官
癸亥	戊辰	己卯	乙卯
甲　壬	癸　乙　戊	乙	乙
七殺　偏財	正財　正官　比肩	正官	正官

辛未	壬申	癸酉	甲戌	乙亥	丙子	丁丑	戊寅

任注：戊土生於仲春，木正當權，坐下辰土，蓄水養木，四柱絕無金氣，又得亥時，水旺生木，又無火以生化之，格取從官，非身衰論也。雖非科甲出身，運走丙子乙亥，連登仕版，位至封疆。至癸酉運，落職而亡。

1、戊土生在卯月，「木正當權」，辰土涵水養木，故「格取從官」。財三見，官殺五見，亥時水旺生木，原局與大運不見傷官食神；雖然有劫財比肩，但己土被卯木夾擊，正官得令，無印化殺，無火以生化。

2、丙子運火絕水旺，財生官。乙亥運壬水生乙木，財生官，故「連登仕版」。甲戌運雙合月柱，雙冲日柱，年柱干鄰支合，甲己合土剋財，卯戌合火印生身，火土與水木惡鬥，必有一番糾纏。癸酉運為何落職而亡？癸酉運與日柱雙合，月柱雙冲，單冲年支，與時柱癸亥拱戌冲辰，拱邊（戌）冲合（辰酉）大凶。拱戌合卯是印，印化官殺，故「落職」

569

按：月令正財不透干，恰逢丁壬合木，寅亥合木，剎那間財星林立，財生殺，從殺，成功不必在我。初運水地生財，庚申、辛酉運就是叛逆期。

劫財	日主	傷官	七殺
庚寅	辛亥	壬寅	丁卯
戊 丙 甲	甲 壬	戊 丙 甲	乙
正印 正官 正財	正財 傷官	正印 正官 正財	偏財
甲午　　乙未	丙申　　丁酉	戊戌　　己亥	庚子　　辛丑

任注：辛金生於孟春，天干丙丁庚辛，陰陽相剋，且金絕火生，地支寅木當令，日時寅亥化木，格取從財。運走水地，生木助火，一無凶處，連登甲榜，由縣宰至郡守，生三子，皆秀發。

1、辛金生在寅月坐絕，「天干丙丁庚辛」，這是筆誤，月干應是壬水。地支寅亥合木兩組，天干丁壬也合木，卯偏財坐祿，幾乎都是財；日主無根，傷殺財均停從勢者，不分強弱須行財運，引通食傷，助其財官皆美。

2、「運走水地，生木助火」，指甲子、癸亥運，食傷生財，故「連登甲榜」。「生三子，皆秀發」，關於子息，任氏貫以食傷論述，原局傷官挺立為用神；若以官殺為子息，丙火引到時支是長生也相符。原局若以從財論，在年干之丁火化財後，地支兩個丙火僅為長生，其勢當不如主氣之甲木正財，忌印地。

按：地支三合亥卯未，透干，七殺為用，財剋印生殺，完美的從殺格。前運水地必發，後運土金之地，不遑多讓。

偏印	日主	七殺	偏財
丁 卯	己 未	乙 卯	癸 亥
乙	乙 丁 己	乙	甲 壬
七殺	七殺 偏印 比肩	七殺	正官 正財
丁未 戊申	己酉 庚戌	辛亥 壬子	癸丑 甲寅

任注：己土生於仲春，春木當令會局。時干丁火，被年上癸水剋去，未土又會木局，不得不從殺矣，科甲出身，仕至觀察。

1、己土生在卯月，七殺當令，地支亥卯未三合官殺，透出月干，又時支還是卯，官殺更旺。日主無根，喜偏印相生，但被癸水剋去。「未土又會木局」本以為未土有比肩，還是化官殺，日主「不得不從殺」。

2、甲寅運官殺真從，癸丑運是財運，財生殺；癸丑與癸亥拱子，合出水局還是財生殺。壬子、辛亥還是財生殺，故「科甲出身」。《三命通會》：「五陽坐日全逢煞，棄命相從壽不堅；如是五陰逢此地，身衰煞旺吉堪言。」指陽干棄命從殺，心不甘情不願，氣到影響福壽。

571

假化

1、按：假化的命格只須行運恰到好處，也能發富貴。因此，日主孤弱，行運合神相會且真，自然論化出真神；好比英雄不嫌出身低，出淤泥而奮發。但有比劫印綬暗扶日主，合神虛弱，又無辰支化合，就談不上真化。

2、歲運扶起合神，制伏忌神，雖為假化，亦可取富貴；總之，對合化有加持效果的均是有利富貴。假化終究不如真化，以假亂真的幕後，其人可能執滯偏拗，作事迍邅，骨肉欠遂。

按：假化有那些形象可以揣摩？（1）、合神真而帶有辰支，但日主自身孤弱氣勢衰頹，例如戊癸合火，干支壬癸亥子多。（2）、化神有餘，日主帶根苗，要化不化，無端糾結。（3）、合神不真，日主無根，否則有根連假化都搆不上。（4）、化神不足，即氛圍不夠，若日主有氣，連假化都搆不上。（5）、合神化神都夠條件，但日主有比劫印綬生扶，真從豈甘願？（6）、合神化神都夠條件，但原局或行運，閒神傷化氣變忌神。

任氏曰：故假化比真化尤難，更宜細究，庶得假化之機：如甲己之合，生於丑戌月，合神雖真，而日主孤弱無助，不能不化，但秋氣翕而寒，又有金氣暗洩，歲運必須逢火，去其寒溼之氣，則中氣和暖矣。

按：這節將假化具體描述，例如甲己合在丑戌月，算是「合神雖真」，而原局日主火土不旺而從化，但逢庚辛、申酉洩去土氣，原局須要火運平衡，以印生身，剋食傷為病藥用神，除去寒濕，以達到中和境界。

任氏曰：生於辰未之月，化神雖有餘，而辰乃木之餘氣，未是通根身庫，木未嘗無根；但春夏氣闢而暖，又有水木藏根，歲運必須土金之地，去其木之根苗，則無分爭矣。

按：若生在辰、未月，化神雖有餘，而乙木餘氣在辰，入庫在未，即帶有根苗，日主甲春有水，夏有根，甲木假化而已；春季宜用土運剋水，夏季宜用金斷去甲木藏根。如此運歲真化，則無紛爭。

任氏曰：如乙庚之合，日主是木，生於夏令，合神雖不真，而日主洩氣無根，土燥又不能生金，歲運必須帶水之土，則能洩火養金矣。

按：例如乙木日主合庚，生於夏季，金難合於火，合神不真，然而乙木元氣洩於庚金，夏季之土燥熱又不能生金，歲運必須帶水之辰、丑濕土，濕土可洩火生金。總之，合在夏季不真，還是以調候優先。

> 任氏曰:生於冬令,金逢洩氣而不足,木不納水
> 而無氣,縱有土而凍,不能生金止水,歲運必須
> 帶火之土,則解凍而氣和,金得生而不寒矣。

按:乙庚合生於冬季,金生水而洩氣,乙木冬季又不納水,土雖濕,但凍土不生金不止水,故歲運必須帶火之土,則解凍而氣和,金得生而不寒。

> 任氏曰:如丁壬之合,日主是丁,生於春令,壬水無根,
> 必從丁合,不知木旺自能生火,則丁火反不從壬化木;
> 或有比劫之助,歲運必須逢水,則火受制而木得成矣。

按:若日主是丁,丁壬合木生於春季,壬水病死之地,即丁火長生自旺,豈肯從壬化木?故將丁壬合木生在春季認為即是真化,有謬誤。須有木勢相助,且歲運水來生木,則春季丁火合壬才真。

> 任氏曰:如丙辛之合,日主是火,生於冬令,重重金水,既合
> 且化;嫌其柱中有土,暗來損我化神,溼土雖不能止水,而水
> 究竟混雜不清,歲運必須逢金土,則氣流行而生水,化神自真
> 矣。如是配合,以假成真,亦能名利雙全,光前裕後也。

按:日主是丙火生在冬季,四柱金水多,合化真切;但柱中有土暗中損及冬水,濕土不能止水合化,但水也被混濁;故歲運逢金土,則土生金化水,其氣流行而真化。以上化神雖不當令,得原局與運歲之助,以假成真,漂白成功,亦能名利雙全。

> 任氏曰:總之格象非真,未免幼遭孤苦,早見蹭蹬;否則,其人
> 執傲遲疑,倘歲運不能抑假扶真,一生作事迍邅,名利無成也。

按:原局化不成真,結構性瑕疵反應在「幼遭孤苦,早見蹭蹬」,如果用神尚能恰到好處,出身雖不靡爛,但執傲遲疑,只能靠歲運扭轉乾坤。

按：前言假化之局，其象不一：例如「化神有餘，而日帶根苗者」年支羊刃，根深即假化。其次「既合化神，而日主得劫印生扶」，自坐正印，自有主張。

正財	日主	比肩	正財
己巳	甲子	甲戌	己卯
庚　戊　丙	癸	丁　辛　戊	乙
七殺　偏財　食神	正印	傷官　正官　偏財	劫財
文昌　劫煞　孤辰	將星	大耗	羊刃

丙寅	丁卯	戊辰	己巳	庚午	辛未	壬申	癸酉

任注：甲日主生在戌月，天干兩甲逢兩己，各自相合。地支卯戌合，雖不能化火生土，卻無爭妒之意。雖是假化，卻有情而不悖。未運破其子水，中鄉榜，庚午己巳，生助化神，出仕琴堂。

1、甲日主生在戌月，調候用神庚、甲。天干甲己合土，地支卯戌合火，火生土，「無爭妒之意」。前言「有既合化神，而日主得劫印生扶者」，是假化的現象之一。原局有比、劫、正印，故「雖是假化，卻有情而不悖」，以剋合比、劫、正印為喜運。

2、辛未運「未運破其子水」正印，故「中鄉榜」。庚午、己巳運火土之地，幫助甲己化土與卯戌化火，故「出仕琴堂」。

按：甲己化土，子月合不真，地支申子水旺，與化神假而不清。前言假化之局，「既合化神，而日主得劫印生扶者」，倘歲運不能抑假扶真，一生作事迍邅。食神生財，木運平順，火地也不差。

正財	日主	食神	比肩
己巳	甲申	丙子	甲子
庚　戊　丙	戊　壬　庚	癸	癸
七　偏　食 殺　財　神	偏　偏　七 財　印　殺	正印	正印
甲申	癸未	壬午	辛巳	庚辰	己卯	戊寅	丁丑

任注：甲木生於仲冬，印綬當權，本是殺印相生，無如坐下絕地，虛極不受水生，見己土貪合，合神雖真而失令，必賴丙火之生，解其寒凝之氣，嫌其旺水秉令，則火亦虛脫，不能生扶，化神假而不清，因之人品不端。至庚辰運，甲午年，剋木生土，中鄉榜而不仕。

1、甲木生在子月，急需丙丁火，其次庚金。「本是殺印相生」，指甲木生在子月是印，甲絕在申是自坐七殺。「見己土貪合」，因為甲己合土，喜歡火土一氣取暖，但日時地支巳申合水，地支申子都是水，故「必賴丙火之生」。

2、「化神假而不清」，指表裡不一，故「人品不端」。庚辰運庚金生水，地支三合水局，水盛土崩；「甲午年剋木生土」，指庚金剋甲木（庚金七殺剋日主而不仕），午火生辰土（生用神土就走運中鄉榜），另午火沖兩子，甲午年與甲申日柱拱未，子未相害兩組（財剋印論凶），巳午未三合火局（火生化神論吉）。

576

按：甲己化土，生於丑月；前言「假化比真化尤難，更宜細究，庶得假化之機：如甲己之合，生於丑戌月，合神雖真，而日主孤弱無助，不能不化，但秋氣翕而寒，又有金氣暗洩，歲運必須逢火，去其寒溼之氣，則中氣和暖矣」。木火之運，洩濕去寒。

正財	日主	傷官	比肩
己巳	甲戌	丁丑	甲寅
庚　戊　丙	丁　辛　戊	辛　癸　己	戊　丙　甲
七殺　偏財　食神	傷官　正官　偏財	正官　正印　正財	偏財　食神　比肩
文昌　亡神　孤辰	華蓋	天乙　寡宿	干祿
乙酉　　甲申	癸未　　壬午	辛巳　　庚辰	己卯　　戊寅

任注：甲木生於丑月，己土通根臨旺，年支祿比，見丁火有相生之誼，無爭妒之勢，雖是假化，卻有情而不悖。至庚辰運，科甲連登，辛巳、壬午，南方火地，生助化神，仕至黃堂。

1、甲木生在丑月，急需丙丁火，其次庚金。「通根臨旺」，甲祿寅在年支。「年支祿比」，指年干甲木是自坐寅祿，木生火，故「見丁火有相生之誼」，指化土後丁火傷官，火生化神土，無爭妒之勢，雖是假化，卻有情而不悖。

2、庚辰運辰土幫助化神土，故「科甲連登」，其次庚辰與日柱甲戌沖出雜氣官殺。辛巳運，火地助化神。壬午運丁壬合木，木火通明，火生化神，故「仕至黃堂」。

按：戊癸合化火，原局甲寅、午未，木火強勢化的真，金水之地必困塞。甲戌運合火帶木，化的真切。乙亥運合木助化神。丙子運前言：「既合化神，而閒神來傷化氣者」，由真返假。

正官	日主	偏印	傷官
戊 午	癸 亥	辛 未	甲 寅
己　丁	甲　壬	乙　丁　己	戊　丙　甲
七　偏 殺　財	傷　劫 官　財	食　偏　七 神　財　殺	正　正　傷 官　財　官
己 卯　戊 寅	丁 丑　丙 子	乙 亥　甲 戌	癸 酉　壬 申

任注：癸水生於季夏，木火並旺。月干辛金無氣，不能生水，日主雖臨旺地，仍受火土兩逼。時干戊土，合神真而且旺，日主不能從合矣。初運壬申癸酉，金水並旺，孤苦不堪。至甲戌運，支會火局，出外得大際遇。乙亥水逢木洩，支得會局，名成異路，財帛豐盈。一交丙子，火不通根，詿誤落職，至壬子年不祿。

1、癸水生在未月，水氣蒸發，需以金水為用。月干辛金坐在未土，燥土很難生金，故「不能生水」挹注癸水。「日主雖臨旺地」，指癸水坐下是亥水，亥水與午火暗合，丁壬合木甲己合土，皆剋洩癸水，故「仍受火土兩逼」。

2、「初運壬申癸酉，金水並旺」，因化神就要真旺，所以金水來都是助日主「抗旺」唱反調，故「孤苦不堪」。甲戌運寅午戌會火局，甲木生火，都是「助旺」，故「得大際遇」。乙亥運「水逢木洩」，指乙木洩水外，另有寅亥合木與午亥暗合，故「財帛豐盈」。丙子運火不通根，水來制旺；壬子年，天干戊土剋壬水，壬水剋丙火；地支子午沖，子未害各兩組，「不祿」。

578

按：壬丁合木，甲乙木五見，就是化的真，前言「既合化神，而日主得劫印生扶者」，然辛金無根，無力阻止化木。前言「化神旺而有餘，宜洩化神之神為用；化神衰而不足，宜生助化神之神為用。」故初運火地洩化神之神為用。壬申、癸酉運剋化神必衰。

正 印	日 主	正 財	食 神
辛 亥	壬 辰	丁 卯	甲 辰
甲　壬	癸　乙　戊	乙	癸　乙　戊
食　比 神　肩	劫　傷　七 財　官　殺	傷 官	劫　傷　七 財　官　殺
干　亡　大 祿　神　耗	華 蓋	天 乙	華　月 蓋　德
乙 亥	甲 戌	癸 酉	壬 申	辛 未	庚 午	己 巳	戊 辰

任注：壬水生於仲春，雖時逢祿印，而化神當令，又年干元神透出，時干辛金無根臨絕，丁火合神，足以剋之，使辛金不能生水，則亥水非壬之祿旺，乃甲之長生，日干不得不合而化矣。運走南方火地，采芹食廩，戰勝棘闈。至壬申、癸酉，金水破局，不但不能出仕，而且刑傷破耗。

579

1、壬水生在卯月，傷官得令，食傷五見，丁壬合木也是食傷。時干辛金印剋食傷，但「無根臨絕」，辛絕在卯，而卯能生丁火剋住癸水。「亥水非壬之祿旺」，因為無根臨絕的辛金生不出亥水，實在拗很大。

2、「日干不得不合而化」，指為丁壬合木鋪梗。己巳、庚午、辛未等運皆南方火地，與化神不悖，故「戰勝棘闈」。壬申癸酉運，壬癸水比劫剋財，申酉金印剋食傷，故「金水破局」，刑傷破耗。

3、試以食傷五見傷官格為論（地支辰亥中的甲乙木均非主氣），日主壬水比劫印四見，日祿歸時，何嘗身弱？食傷洩秀要行財地火運，而壬水合丁化木，旺神就是食傷木，所以南方之地逢財，故「采芹食廩」。壬申運與日柱壬辰拱子三會羊刃，羊刃剋財；壬申雙合月柱丁卯，丁壬是食傷木，卯申是印，印剋用神食傷，比劫剋財，故稱「金水破局」而刑傷破耗。

> 任氏曰：此等假化最多，若作身弱用印，則誤矣。

按：真化與假化只是增加選項之複雜性，原則還是與化神不悖即是。在專旺與從勢之外，以普通格認定大致不誤。任氏上例解說過於執著於棄置辛金正印，故繞口一堆。化氣木過於旺盛，故喜財地，如此而已。

六親論　卷四

順局

> 原文：一出門來只見兒，吾兒成氣構門閭，從兒不管身強弱，只要吾兒又得兒。

> 原注：此與成象從象傷官不同；只取我生者為兒，如木遇火，成氣象。如戊己日遇申酉戌，成西方氣。或巳酉丑全會金局。不論日主強弱。而又看金能生水氣，轉成生育之意。此為流通。必然富貴。

按：從兒格，指食傷多，母衰子旺。只須食傷生財，五行流通就是高命。因此，戊己土遇申酉戌成西方氣，或巳酉丑三合金局。與從財官不同者，無關日主強弱。

> 任氏曰：順者，我生之也，只見兒者，食傷多也，構門閭者，月建逢食傷也，月為門戶，必要食傷在提綱也。不論身強弱者，四柱雖有比劫，仍去生助食傷也，吾兒又得兒者，必要局中有財，以成生育之意也。

按：從兒格基本條件是月令食傷為主，日主強弱無關，因為日主強還是去生食傷，日主弱也是從食傷。至於「吾兒又得兒」，指食傷接續生財，綿延而去。

> 任氏曰：如己身碌碌庸庸，無作無為，得子孫昌盛，振起家聲，又要運行財地，兒又生孫，可享兒孫之榮矣，故為順局。
>
> 從兒與從官不同也，然食傷生財，轉成生育，秀氣流行，名利皆遂，故以食傷為子，財即是孫，孫不能剋祖，可以安享榮華。

按：從兒格可以享受子孫的福蔭，雖然日主平庸，但子息旺則家聲昌隆，必須運行財地，即子息綿延生息，輾轉化育，名利皆遂。財固然剋印，在從兒格的解釋，日主是父（印綬），財是孫，孫不能剋祖，祖能得孫庇蔭。

> 任氏曰：如見官星，謂孫又生兒，則曾祖必受其傷，故見官殺必為己害。如見印綬，是我之父，父能生我，我自有為，焉能容子，子必遭殃，無生育之意，其禍立至，是以從兒格最忌印運，次忌官運，官能洩財，又能剋日，而食傷又與官星不睦，忘生育之意，起爭戰之風，不傷人丁，則散財矣。

按：如果見到官殺，謂「孫又生兒」，即財生殺，殺是日主的曾祖【食傷（自己）→日主（父母輩）→印綬（祖輩）→官殺（曾祖輩）】。「見官殺必為己害」，從兒食傷最重，傷官見官。如見印綬，父親生我，表現是比劫的義務，輪不到子息，故從兒必遭殃，即印剋食傷。簡單說，從兒格最忌印綬運，其次官殺運。因為官洩去財氣又剋日主，而食傷與官星不合，一官鬥爺子孫三代，不傷人丁，則散財。

按：月令食傷四見生財為用，丁壬化木，從兒無印綬最好。

正財	日主	劫財	偏財
丙辰	癸卯	壬寅	丁卯
癸　乙　戊	乙	戊　丙　甲	乙
比　食　正 肩　神　官	食 神	正　正　傷 官　財　官	食 神
甲午	乙未	丙申	丁酉	戊戌	己亥	庚子	辛丑

壬注：癸水生於孟春，支全寅卯辰，東方一氣，格成水木從兒，以時干丙火為用，所謂兒又生兒。只嫌壬水為病，喜丁火合壬化木，反生丙火，轉成生育之意。所以早登科甲，置身翰苑，仕至封疆，申運木火絕地，不祿。

1、癸水生在寅月，傷官得令，地支寅卯辰三會木，年柱卯木生丁火，食神生偏財，從兒格。四柱無金生癸水，辰中癸水三會木，月干壬水合化木，木生火，食傷生財稱「兒又生兒」。

2、前言「不論身強弱者，四柱雖有比劫，仍去生助食傷也，吾兒又得兒者，必要局中有財，以成生育」。原局不管身強身弱，地支傷官成格，正財格成立就是「以成生育」，故「早登科甲」。以普通格而言傷官生財。丙申運是第六個大運，所以必然雙沖月柱，然而用神在甲丙，中傷不輕，又卯申合兩組是印，印尅食傷；還有丙申運與時柱丙辰拱子，三合比劫剋財，如此傷官生財都泡湯，故「木火絕地，不祿」。

583

按：月令食神，水木火不帶印綬，忌神癸水，官殺運未必差。

正財	日主	比肩	偏財
丙辰	癸卯	癸卯	丁巳
癸 乙 戊	乙	乙	庚 戊 丙
比肩 食神 正官	食神	食神	正印 正官 正財

乙未	丙申	丁酉	戊戌	己亥	庚子	辛丑	壬寅

壬注：癸水生於仲春，木旺乘權，四柱無金，亦水木從兒。寅運支類東方，甲戌年入泮，丙子年鄉榜。其不及前造者，月干癸水爭財，無制合之美也，喜其財星有勢，仕路定可亨通。

1、癸水生在卯月，食神當令，以庚、辛印綬為調候用神，四柱無印，食神得用，水木從兒。

2、壬寅運地支寅卯辰三會食傷，「甲戌年入泮」，壬水生寅木帶食傷局，又卯戌生火，傷官生財。「丙子年鄉榜」，前一年乙亥也是水木相生，丙子年水生三會木局，前言「從兒格最忌印運，次忌官運，官能洩財，又能剋日（主），而食傷又與官星不睦，忘生育之意，起爭戰之風，不傷人丁，則散財」。原局不走土官殺運或金印綬運都好。

3、「喜其財星有勢」，時干丙火引到年支坐旺，原局水生木，木生火，一路流行，年柱就見喜用，出身好。「月干癸水爭財，無制合之美」，月支食神洩秀，破財總比沒財好。

按：原局一堆土，食傷重帶財，喜無印綬剋食傷；《三命通會》：「火以水為官，以土為傷，水畏土剋，土得水無益」。月令傷官為用，財為喜。

食神	日主	劫財	傷官
戊 戌	丙 戌	丁 丑	己 未
丁　辛　戊	丁　辛　戊	辛　癸　己	乙　丁　己
劫財　正財　食神	劫財　正財　食神	正財　正官　傷官	正印　劫財　傷官
己　　　庚 巳　　　午	辛　　　壬 未　　　申	癸　　　甲 酉　　　戌	乙　　　丙 亥　　　子

任注：丙火生於季冬，滿局皆土，格成火土從兒。丑中辛財為用，謂一個玄機暗裏存也。所嫌丁火蓋頭，通根未戌，忌神深重，未能顯秩。妙在中運走癸酉、壬申，喜用齊來，宦途順遂。

1、丙火生在丑月，除月干丁火外全是戊己土食傷，故「格成火土從兒」。前言「從兒不管身強弱，只要吾兒又得兒。」因此原局財三見，中運西方金地，好命。

2、「所嫌丁火蓋頭，通根未戌」，指既然食傷生財，當然忌比劫丙丁劫財，而丁火劫財通根戌庫，劫財四見算重，故「忌神深重」。妙在食傷忌印，原局僅乙木入未庫。丑戌未三刑，身強不怕鬥爭。丑未沖雜氣財官，癸酉、壬申運天干透官，地支得財，故「喜用齊來，宦途順遂」。

585

按：月令傷官，食傷六見從兒，正財透干，正是吾兒有兒。

食神	日主	正財	傷官
戊戌	丙戌	辛未	己未
丁 辛 戊	丁 辛 戊	乙 丁 己	乙 丁 己
劫財 正財 食神	劫財 正財 食神	正印 劫財 傷官	正印 劫財 傷官
癸亥　甲子	乙丑　丙寅	丁卯　戊辰	己巳　庚午

任注：丙火生於季夏，滿局皆土，格取從兒。月干辛金獨發，所謂從兒又見兒也，大象觀之，勝於前造，其功名富貴，反不及者，何也？前造金雖不現，而丑內蓄藏三冬濕土，能晦火養金，此辛金顯露，而九夏鎔金，根氣不固，未戌丁火當權，所謂凶物深藏也；兼之運走東南木火之地，雖中鄉榜，一教終身。

1、丙火生在未月，一堆戊己食傷土，故「格取從兒」。月干正財通根到日時地支，正是「從兒又見兒」。與前例相比一個透劫財，一個透正財，此例應勝過前例，故任氏鋪梗問「反不及者，何也」？濕土與燥土生金作用不同，其次木火之地無水運。

2、「前造金雖不現，而丑內蓄藏三冬濕土」，前例正財不透干，但地支丑土能晦火養金，反觀此例正財透干，「而九夏鎔金，根氣不固」，指辛金坐在燥土不生金的未土之上，地支未戌土都是丁火當權，故「凶物深藏」。「運走東南木火之地」，原局食傷要走財地，反悖進入劫財之地，故「一教終身」。

按：原局木火土，藏點金水剛好；大運木火帶土，所忌官印在天干，辛運衰，壬運印綬無妨。

食神	日主	傷官	比肩
丙寅	甲午	丁丑	甲午
戊　丙　甲	己　丁	辛　癸　己	己　丁
偏財　食神　比肩	正財　傷官	正官　正印　正財	正財　傷官
乙酉　甲申	癸未　壬午	辛巳　庚辰	己卯　戊寅

任注：甲木生於季冬，火虛而幸通根有焰，格取從兒。木雖進氣，又逢祿比幫身，所謂從兒不論身強弱，非身弱論也。前造過於燥烈，此則溼土逢燥，地潤天和，生育不悖，聯登甲第，仕至侍郎。

1、甲木生在丑月，比肩兩見，食傷五見，故「格取從兒」，喜正印幽微難見。「祿比幫身」，指日祿歸時，年干比肩。雖然「從兒不論身強弱」，但身強有秀氣可洩總比身弱好。

2、「地潤天和」，天上有火，地支有水土，豐收可期，故「聯登甲第」。從兒喜見兒，但身弱還是忌官殺，身強不忌官殺，多一種選項。

587

按：原局土金水一團，月令傷官透干為用，財為喜，無官殺與印綬；戊戌運丙寅年，印剋食傷。

偏財	日主	傷官	傷官
壬子	戊申	辛丑	辛丑
癸	戊　壬　庚	辛　癸　己	辛　癸　己
正財	比肩　偏財　食神	傷官　正財　劫財	傷官　正財　劫財
癸巳　甲午	乙未　丙申	丁酉　戊戌	己亥　庚子

任注：戊土生於季冬，辛金並透通根，坐下申金壬水，旺而逢生，純粹可觀，早游泮水。至亥運，類聚北方，高攀秋桂。交戊戌通根燥土，奪去壬水。至丙寅年沖去申金壬水之根，體用兩傷，不祿。

1、戊土生在丑月，並非食傷當令，但己土幫生食傷，食傷五見，不敢驟言從兒。正偏財五見，「坐下申金壬水」，原局食傷生財，「純粹可觀」。原局五行缺官殺與印綬。

2、己亥運走水地，地支三會亥子丑水局財地，故「高攀秋桂」。戊戌運與戊申日柱拱酉，半合丑金兩組，滿地食傷金要生水，戊戌要剋水，一番糾纏後進入丙寅年，寅申沖一併沖到食傷與財。又丙寅年木火相生，丙為偏印，寅是官殺，印得官殺生，剋食傷就有力，總之，戊戌運丙寅年木火土一家親，金水難堪，故「體用兩傷，不祿」。

588

按：月令正官、正財，財逢食傷五見，不見官殺與印綬，從兒格；從兒怕印綬，巳運合申，衰午運冲旺子，癸運有蹇。

傷官	日主	食神	食神
辛酉	戊申	庚辰	庚子
辛	戊　壬　庚	癸　乙　戊	癸
傷官	比　偏　食 肩　財　神	正　正　比 財　官　肩	正財
桃花	文昌	紅　華 豔　蓋	將星

戊子	丁亥	丙戌	乙酉	甲申	癸未	壬午	辛巳

任注：此造戊土生季春，局中層疊庚辛，格取從兒，喜其支會財局，生育有情，與前大同小異。此因中年，運走土金，生助財星，所以甲第連登，仕至郡守，前造之不祿不仕，運之背也。

1、戊土生在辰月，庚辛金食傷五見，「格取從兒」；地支申子辰三合財局，故「生育有情」。「與前大同小異」，指前例是財在丑土混濁，而本例則是三合水局。

2、辛巳壬午運印尅食傷，應有蹇遁。「中年運走土金」，指行運比劫生食傷，再生財。癸未運戊癸合火是印綬，需待未運比劫生食傷。甲申運申子辰合出財局，乙酉運合庚辰，一堆食傷生財，故「甲第連登」。

按：月令傷官生財，金水傷官。《三命通會》：「傷官用印宜去財，用財宜去印。……元犯傷官，須要見財則發，傷官最喜行財運」，甲寅、乙卯順境。

傷官	日主	比肩	傷官
壬辰	**辛亥**	**辛亥**	**壬寅**
癸 乙 戊	甲 壬	甲 壬	戊 丙 甲
食 偏 正 神 財 印	正 傷 財 官	正 傷 財 官	正 正 正 印 官 財
己未　戊午	丁巳　丙辰	乙卯　甲寅	癸丑　壬子

任注：辛金生於孟冬，壬水當權，財逢生旺，金水兩涵，格取從兒，讀書一目數行。至甲寅運，登科發甲。乙卯運，由署郎出守黃堂。丙辰官印齊來，又逢戊戌年，沖動印綬，破其傷官，不祿。

1、辛金生在亥月，傷官當令，正是調候用神。食傷五見，地支財四見，食傷生財格。

2、甲寅運水生木，傷官生財，故「登科發甲」。乙卯運偏財運，半合亥水兩組，地支寅卯辰三會偏財，故「出守黃堂」。丙辰運丙是正官，辰是正印，又丙辰運與時柱天剋地刑，丙辛合丙壬沖，故「官印齊來」，殺生印，大運隱伏殺機。戊戌年雙時柱，辰戌沖兩組，戊土剋壬水，印剋食傷，故「破其傷官，不祿」。

按：月令傷官透干生財，金水木一團，初運由水地而進入木地，食傷生財是順境，忌官殺印綬之地。

比肩	日主	比肩	傷官
辛卯	辛卯	辛亥	壬子
乙	乙	甲　壬	癸
偏財	偏財	正財　傷官	食神

己未	戊午	丁巳	丙辰	乙卯	甲寅	癸丑	壬子

任注：辛金生於孟冬，水勢當權，雖天干三透辛金，而地支臨絕，格取從兒，讀書過目成誦，早年入泮。甲寅拔貢出仕縣宰。乙卯運，仕路順遂。丙辰註誤，至戌年旺土剋水，而歿。

1、辛金生在亥月，金水傷官當令透年干，又偏財專位卯木，吾兒又見兒，故「格取從兒」。「讀書過目成誦」，文昌在子，金白水清的特性。

2、甲寅運財運，故「出仕縣宰」，乙卯運還是財運，故「仕路順遂」。丙辰運是丙火官殺生辰土正印，正印有力剋食傷。凡從兒格，行運不悖財星，富貴可期，且秀氣流行，人必聰明出類，學問精醇。因為原局五行缺官殺與印綬，一氣流行就順。但金水傷官喜其清，忌見戊土印綬，戌年印更旺，又卯戌合火兩組，偏財泡湯化官，然後一堆官殺生印，故「旺土剋水而歿」，指印剋食傷。

591

按：從兒格喜食傷生財，忌印運。傷官無財主貧窮。傷官用印宜去財，用財宜去印。(日)元犯傷官，須要見財則發。

反局

1、按：「君賴臣生理最微」，假設木是君，因為君剋臣，所以被木所剋之土為臣，道理甚微妙。例如水泛木漂，木日主用所剋的土去制水，財剋印。

2、「木旺火熾，金伐木則生火」，比劫食傷旺，用官殺剋比劫，食傷可用。「火旺土焦，水剋火則生土」，即食傷生財太旺，以印剋食傷平衡。「土重金埋」，財旺殺輕，用比劫剋財。「金旺水濁」，官重印輕，用食傷制官。

592

任氏曰：君賴臣生者，印綬太旺之意也，此就日主而論。如日主是木為君，局中之土為臣，四柱重逢壬癸亥子，水勢氾濫，木氣反虛；不但不能生木，抑且木亦不能納受其水，木必浮泛矣；必須用土止水，則木可託根，而水方能生木，木亦受其水矣。破其印而就其財，犯上之意，故名為反局也。雖就日主而言，四柱亦同此論。如水是官星，木是印綬，水勢太旺亦能浮木，亦須見土而能受水，以成反生之妙，所以理最微也。火土金水，皆同此論。

1、按：君賴臣生，指印綬太旺。假設日主是木是君，則局中土被木剋就是臣；四柱重逢壬癸、亥子，就是印綬疊疊；水勢氾濫，木氣反而虛浮；不但不能生木，而且木也失去洩水的功能。必須用君剋之臣，反剋生我者。即是用土制水，更且培根；如此導水入正軌，水才能生木。因為「破其印而就其財」，就是壞去君王之權柄，囊括君王之財，故稱為「反局」，其餘仿此。

2、如水是官星，木是印綬，水旺木漂，也必須用土（食傷）才能止水，這種以我剋對付剋我的方法很微妙，火土金水，皆同此論。

按：月令印綬透干五見，印綬重，用比劫生食傷，但食神輕，偏印格逆用。前言：「木君也，土臣也。水泛木浮，土止水則生木」，偏財四見，財印雙清，財剋印剛好。

偏財	日主	偏印	偏印
戊辰	甲寅	壬子	壬辰
癸　乙　戊	戊　丙　甲	癸	癸　乙　戊
正印　劫財　偏財	偏財　食神　比肩	正印	正印　劫財　偏財
庚申　　己未	戊午　　丁巳	丙辰　　乙卯	甲寅　　癸丑

任注：甲木生於仲冬，雖日坐祿支，不致浮泛，而水勢太旺，辰土雖能蓄水，喜其戊土透露，辰乃木之餘氣，足以止水託根，謂君賴臣生也，所以早登科甲，翰苑名高，更妙南方一路火土之運，祿位未可量也。

1、甲木生在子月，正偏印五見一堆水，偏財四見。「日坐祿支」指甲木自坐祿有根，但水勢氾濫還是要戊土築堤擋水。故「喜其戊土透露」，辰土中的乙木也可以幫忙洩水。

2、前言「土止水則生木」，指印多用財剋。「君賴臣生」，木是君日主，被剋的臣子是土，有土來救木，所以早登科甲。「更妙南方一路火土」，寅卯辰巳午運，木洩水，火土剋水。偏印格逆用要有偏財剋，帶貴人就是好命。

按：《子平真詮》：「有印多而用財者，印重身強，透財以抑太過，權而用之，只要根深，無妨財破。……若印輕財重，又無劫財以救，則為貪財破印，貧賤之局。」

偏財	日主	偏印	偏印
戊辰	甲子	壬子	壬戌
癸 乙 戊	癸	癸	丁 辛 戊
正印 劫財 偏財	正印	正印	傷官 正官 偏財
庚申　　己未	戊午　　丁巳	丙辰　　乙卯	甲寅　　癸丑

任注：甲木生於仲冬，前造坐寅而實，此則坐子而虛，然喜年支帶火之戊土，較辰土力量大過矣。蓋戊土之根固，足以補日主之虛，行運亦同，功名亦同，仕至尚書。

1、與前例相同，甲木生在子月，前例自坐寅木，本例還是子水，但因為前例是兩個辰土，而本例則是年支換成戊土。「然喜年支帶火之戊土，較辰土力量大過矣」，因為戊土帶火而乾燥，可以吸收比較多的水。一來一去加加減減，故「戊土之根固，足以補日主之虛」。

2、「行運亦同」，指寅卯辰巳午運，木洩水，火土剋水。偏印格逆用要有偏財剋，帶貴人就是好命。前例年時天剋地刑，本例年時天剋地沖，晚年權勢衰退，見好就收。

按：地支順生；母旺子衰，何來比劫？辰酉合金，說曹操曹操到。

偏印	日主	正印	偏印
己亥	辛酉	戊辰	己巳
甲　壬	辛	癸　乙　戊	庚　戊　丙
正　傷 財　官	比 肩	食　偏　正 神　財　印	劫　正　正 財　印　官

庚 申	辛 酉	壬 戌	癸 亥	甲 子	乙 丑	丙 寅	丁 卯

任注：陳提督造，辛生辰月，土雖重疊，春土究屬氣闢而鬆，木有餘氣，亥中甲木逢生，辰酉輾轉相生，反助木之根原，遙沖巳火，使其不生戊己之土，亦君賴臣生也。其不就書香者，木之元神不透也，然喜生化不悖，又運走東北水木之地，故能武職超群。

1、辛金生在辰月，戊己土五見，是喜是忌？「春土究屬氣闢而鬆」，指辰土能被木剋。前言「土重金埋，木剋土則生金」，木是比劫各一，力量不大，但「辰酉輾轉相生」，巳火生辰土，辰土生酉金，酉金生亥水，「反助木之根原」亥水。

2、「遙沖巳火」，巳火就不生戊己土，扯太遠。不如說月支辰土正印當令，被辰酉合金正印少一咖，丁卯、丙寅運行財地剋印生金，乙丑運三合比劫生金，甲子運水生木。「不就書香者，木之元神不透」，因為辛金壬水來的太晚，老人家不利晚年筆試，原局木之元神不透，幸好水木之地就是食傷生財，故「武職超群」。

按：原局偏印最重，剋制傷官格，傷官生財，回剋印綬。前言「君賴臣生理最微。兒能救母洩天機……火旺土焦，水剋火則生土」，原局無財，壬運戌土制水，壞在結構性瑕疵。

傷官	日主	偏印	劫財
庚午	己卯	丁巳	戊午
己 丁	乙	庚 戊 丙	己 丁
比肩 偏印	七殺	傷官 劫財 正印	比肩 偏印
干祿 月德	將星	驛馬	干祿

乙丑	甲子	癸亥	壬戌	辛酉	庚申	己未	戊午

任注：己土生於孟夏，局中印星當令，火旺土焦，又能焚木，至庚子年春闈奏捷，帶金之水足以制火之烈，潤土之燥也，其不能顯秩，仕路蹭蹬者，局中無水之故也。

1、己土生在巳月，一堆火土，正偏印四見，比劫四見，八字缺水無財不剋印。四十三歲庚子年奏捷，「帶金之水足以制火之烈」，指庚金生子水，此時大運應在申酉之間。

2、前言「破其印而就其財」，原局無水大運金地，食傷無財生，只有靠流年斷斷續續走水運，故「仕路蹭蹬」。

597

原文：兒能生母洩天機。

原注：木為母，火為子。

1、木被金傷，火剋金則生木。（木生火，食傷剋官殺）

2、火遭水剋，土剋水則生火。（火生土，財剋印）

3、土遇木傷，金剋木則生土。（土生金，官殺剋比劫）

4、金逢火煉，水剋火則生金。（金生水，印剋食傷）

5、水因土塞，木剋土則生水。（水生木，比劫剋財）

皆兒能生母之意，此意能奪天機。

按：以子護母，以我生之五行，剋去剋我之五行。不贅述。

任氏曰：兒能生母之理，須分時候而論也。如木生冬令，寒而且凋，逢金水必凍，不特金能剋木，而水亦能剋木也，必須火以剋金，解水之凍，木得陽和而發生矣。火遭水剋，生於春初冬盡，木嫩火虛，非但火忌水，而木亦忌水，必須土來止水，培木之精神，則火得生，而木亦榮矣。土遇木傷，生於春末冬初，木堅土虛，縱有火，不能生濕土，必須用金伐木，則火有焰而土得生矣。金逢火煉，生於春末夏初，木旺火盛，必須水來剋火，又能滋土潤木，而金得生矣。土因水塞，生於秋冬，金多水弱，土入坤方，而能塞水，必須木以疏土，則水勢通達而無阻隔矣，成母子相依之情。若木生夏秋、火生秋冬、金生冬春、水生春夏，乃休囚之位，自無餘氣，焉能用生我之神，以制剋我之神哉？雖就日主而論，四柱之神，皆同此論。

1、按：兒能生母，牽涉季節調候之理。例如甲乙木生在冬天，必須用火解凍，木才得生機。春初仍嚴寒潮濕，木嫩火虛，須用土止水培木，其次用火。土遇木傷，以火生土，但濕土要有庚金劈木生火，兒能生母。

2、金逢火煉，必須水來剋火，又能滋土潤木，而金得生，兒能生母。秋冬坤方之土，金多水弱而水塞，必須木以疏土，成母子相依。木生夏秋（我生剋我）、火生秋冬（我剋剋我）、金生冬春（我生我剋）、水生春夏（我生我剋），既無生我、扶我，乃休囚之位；以上皆兒能護母之義。

按：原局建祿格，食傷與財殺最重，食神為用，印綬運必衰。

七殺	日主	食神	比肩
庚午	甲申	丙寅	甲申
己　丁	戊　壬　庚	戊　丙　甲	戊　壬　庚
正財　傷官	偏財　偏印　七殺	偏財　食神　比肩	偏財　偏印　七殺
甲戌　癸酉	壬申　辛未	庚午　己巳	戊辰　丁卯

任注：春初木嫩，雙冲寅祿，又時透庚金，木嫩金堅，全賴丙火逢生臨旺。尤妙五行無水，謂兒能救母，使庚申之金，不傷甲木。至巳運，丙火祿地，中鄉榜。庚午運發甲。辛未運仕縣宰。總嫌庚金蓋頭不能升遷。壬申運不但仕路蹭蹬，亦恐不祿。

1、甲木生在寅月，建祿格，故「春初木嫩」。寅申冲兩組，故稱「雙冲寅祿」，又「時透庚金，木嫩金堅」指七殺三見七殺格，春木被剋。「尤妙五行無水，謂兒能救母」，前言「木被金傷，火剋金則生木」，指食神丙火剋制七殺，故「庚申之金，不傷甲木」。

2、「巳運，丙火祿地」，己巳運雙合甲申年日兩柱，解開原局雙冲，故「中鄉榜」。庚午運傷官制殺生財，故「發甲」。辛未運丙辛生水，午未合火，土生金，進一退二不能升遷。壬申運冲月柱干支食神與祿泡湯，故「仕路蹭蹬」。甲有寅祿，丙有旺午，庚有申祿，四柱換祿，食神格制七殺格，月柱食神生財，貴人帶驛馬就是好命。

600

按：地支申酉戌隔位，官殺不輕，身弱宜比劫。前言：「木為母，火為子；木被金傷，火剋金則生木」，火地剋去官殺。

傷官	日主	傷官	劫財
丙戌	乙酉	丙子	甲申
丁 辛 戊	辛	癸	戊 壬 庚
食 七 正 神 殺 財	七 殺	偏 印	正 正 正 財 印 官

甲申	癸未	壬午	辛巳	庚辰	己卯	戊寅	丁丑

任注：乙木生於仲冬，雖逢相位，究竟冬凋不茂。又支類西方，財殺肆逞，喜其丙火並透，則金不寒、水不凍，寒木向陽，兒能救母。為人性情慷慨，雖在經營，規模出俗，創業十餘萬，其不利於書香者，由戌土生殺壞印之故也。

1、乙木生於子月，「雖逢相位」，指水生日主，生我為相，但冬天乙木不茂盛。「支類西方」，指地支湊到申酉戌三會金局，故「財殺肆逞」，指食傷生財，官殺三見。

2、「丙火並透」，指天干丙火兩見，地支丁火入庫。「寒木向陽」，指乙木有丙丁火食傷制殺，故「兒能救母」。其不利書香是因為「由戌土生殺壞印之故」，指戌土生酉金七殺，傷官喜財，原局忌印綬剋傷官，而左邊戌土生酉金，酉金生子水，偏印右邊又有申金生，所以財剋不到印，印就難用，印又剋傷官，不是很會讀書。

按：壬水未月水絕，水庫三見；財殺重，無印，用比劫食傷抗衡。

食神	日主	傷官	偏財
甲辰	壬辰	乙未	丙辰
癸　乙　戊	癸　乙　戊	乙　丁　己	癸　乙　戊
劫財　傷官　七殺	劫財　傷官　七殺	傷官　正財　正官	劫財　傷官　七殺
癸卯　　壬寅	辛丑　　庚子	己亥　　戊戌	丁酉　　丙申

任注：壬水生於季夏，休囚之地，喜其三逢辰支，通根身庫，辰土能蓄水養木，甲乙並透，通根制土，兒能生母。微嫌丙火洩木生土，功名不過一衿；妙在中晚運走東北水木之地，捐納出仕，位至藩臬，富有百餘萬。

1、壬水生在未月，水絕而休囚。「喜其三逢辰支」，枯竭之水要比劫相扶，而日柱無金生水，癸水三見入庫，辰土是濕土能蓄水養木。「甲乙並透」，指食傷六見。

2、前言「水因土塞，木剋土則生水」，因此枯竭的壬水有表面被三個辰土滯水，但天干甲乙木通根辰土，將戊土疏通，入庫之癸水得用。「兒能生母」，前言「土因水塞，生於秋冬，金多水弱，土入坤方，而能塞水，必須木以疏土，則水勢通達而無阻隔矣，成母子相依之情」，既然要水勢通達，故「中晚運走東北水木之地」而富有。丁酉運丁壬合木，辰酉合金，順運。戊戌運，一戌冲三辰，戊土剋壬水，必有糾結。

602

按：己土生在卯月，七殺五見，年干癸水生殺，從不從？

食神	日主	七殺	偏財
辛未	己卯	乙卯	癸卯
乙　丁　己	乙	乙	乙
七　偏　比 殺　印　肩	七殺	七殺	七殺

丁未	戊申	己酉	庚戌	辛亥	壬子	癸丑	甲寅

任注：己土生於仲春，四殺當令，日元虛脫極矣，還喜溼土能生木，不愁木盛，若戊土必不支矣。更妙未土，通根有餘，足以用辛金制殺，兒能生母。至癸酉年，辛金得祿，中鄉榜。庚戌出仕縣令。所嫌者，年干癸水，生木洩金，仕路不顯，官囊如洗，為官清介，人品端方。

1、「還喜溼土能生木」，癸水在年干，未土在時支，扯太遠，應該是水生木，財生殺。「若戊土必不支」，指卯戌合火變火土兩局。「未土通根有餘，足以用辛金制殺」，指己土通根到未土，己土生辛金食神，有食神故稱「兒能生母」。

2、〈四言獨步〉：「棄命從煞，需要會煞。從財忌煞，從煞喜財。會逢根氣，命損無猜。」從殺要四柱無比劫印綬，而己日主比旺與偏印在未土。三十一歲「癸酉年辛金得祿」食神制殺，故中鄉榜。庚戌土生金，又合掉七殺，故「出仕縣令」。所嫌癸水生殺，即非從殺。每逢丑年吉凶併見。

603

> 原文：母慈滅子關頭異。
>
> 原注：木母也，火子也，太旺謂之慈母。反使火熾而焚滅，是謂滅子。火土金水亦如之。

按：順生，逆用的關鍵，稱「關頭異」。木母，火子；木太旺反使火滯而滅，即母旺子衰；旺者喜洩，印太旺宜行比劫之地，以洩印之旺氣。

> 任氏曰：母慈滅子之理，與君賴臣生之意相似也。細究之，均是印旺，其關頭異者，君賴臣生，局中印綬雖旺，柱中財星有氣，可以用財破印也。而母慈滅子，縱有財星無氣，未可以財星破印，只得順母之性，助其子也，歲運仍行比劫之地，庶母慈而子安，一見財星食傷之類，逆母之性，無生育之意，災咎必不免矣。

按：母慈滅子與君賴臣生雖是相同之理，稍有分別；前者無財而母旺子衰，旺則宜洩，宜比劫運；而君賴臣生則是有財，用財剋印；一則順生，一則逆用，各有千秋；故「關頭異」。但母慈滅子，「一見財星食傷之類，逆母之性」，指梟印奪食，財剋印之類，慈母氣到亂性。

按：印綬多，日主單薄，母旺子衰，喜比劫運洩印，無財不用。

正印	日主	正印	七殺
甲辰	丁卯	甲寅	癸卯
癸　乙　戊	乙	戊　丙　甲	乙
七殺　偏印　傷官	偏印	傷官　劫財　正印	偏印

丙午	丁未	戊申	己酉	庚戌	辛亥	壬子	癸丑

任注：此造俗所謂殺印相生，身強殺淺，金水運名利雙收，不知癸水之氣，盡歸甲木，地支寅卯辰全，木多火熄，母慈滅子。初運癸丑、壬子，生木剋火，刑傷破耗。辛亥、庚戌、己酉、戊申，土生金旺，觸犯木之旺神，顛沛異常，無存身之地，是以六旬之前，一事無成。丁未運助起日元，順母之性，得際遇，娶妾連生兩子，及丙午二十年，發財數萬，壽至九旬外。

1、「俗所謂殺印相生」，指癸水生甲木，甲木生丁火。「身強殺淺」，指七殺僅一組，印六見護身洩盡七殺。「金水運名利雙收」，申酉是財，亥子是殺，財生殺運名利雙收。「地支寅卯辰全，木多火熄」，一堆寅卯辰三會木，木多火燉，稱「母慈滅子」。

2、初運癸丑、壬子運，水生木印，印多，何須提油救火？故破耗。辛亥、庚戌、己酉、戊申等運，都是土生金旺，故六旬之前，食傷生財或財生殺，都是擾動印綬，故一事無成。前言「只得順母之性，助其子」，故丁未、丙午運發財。

605

按：母多滅子，指印綬六見，正官輸入元氣，原局無財，不可用財剋印；只能以庚申、辛酉運順母之性，順生五行性。

正印	日主	正官	正印
戊戌	辛丑	丙辰	戊戌
丁　辛　戊	辛　癸　己	癸　乙　戊	丁　辛　戊
七殺　比肩　正印	比肩　食神　偏印	食神　偏財　正印	七殺　比肩　正印
甲子　　癸亥	壬戌　　辛酉	庚申　　己未	戊午　　丁巳

任注：辛金生於季春，四柱皆土，丙火官星，元神洩盡，土重金埋，母多滅子。初運火土，刑喪破敗，蕩焉無存。一交庚申，助起日元，順母之性，大得際遇。及辛酉，拱合辰丑，納捐出仕。壬戌運，土又得地，詿誤落職。

1、辛日主，一堆戊己土六見，化盡官殺三見，故稱「丙火官星，元神洩盡」。土重金埋，「母多滅子」，指比劫被印綬撐到爆。

2、初運火土繼續爆撐，故「刑喪破敗」。庚申運助起日元，順母之性，助其子，印生比劫，故「大得際遇」。辛酉運「拱合辰丑」，指辛酉運與月柱丙辰雙合，辰酉合金，丙辛合水，土生金，金生水，五行氣順，故「納捐出仕」。壬戌運「土又得地」，固然印綬之地，又槓上月柱，三戌沖辰，壬水剋丙火，又被年時戊土剋，原局撼動，故「詿誤落職」。

606

按：庚辛亥子丑運，比劫食傷洩去印綬，旺者宜洩，故宜比劫食傷。壬寅運，水滋木，木剋土。原局無財，不宜以財剋印。

正印	日主	正印	正官
戊戌	辛丑	戊戌	丙戌
丁　辛　戊	辛　癸　己	丁　辛　戊	丁　辛　戊
七殺　比肩　正印	比肩　食神　偏印	七殺　比肩　正印	七殺　比肩　正印
丙午　乙巳	甲辰　癸卯	壬寅　辛丑	庚子　己亥

任注：此與前只換一戊字，因初運己亥、庚子、辛丑金水，丑土養金，出身富貴。辛運加捐，一交壬運，水木齊來，犯母之性，彼以土重逢木必佳，強為出仕，犯事落職。

1、辛金生在戌月，前例濕土多，本例燥土多，兩例都是印重殺輕。前例初運繼續撐爆，本例初運則是食傷洩秀，不犯土旺，故「出身富貴」。四柱無財，無木疏土。

2、辛丑運加捐，壬寅運水木齊來，食傷生財，財剋印，故「犯母之性」，犯事落職。「彼以土重逢木必佳」，任氏指俗師以為一堆土，需要寅木來疏通，所以寅運為佳；殊不知辛金「畏土之疊，樂水之盈」，指壬水為辛金的調候，戊己土疊疊是要壬水潤土養金，而非用木疏土，無財之故。

607

按：建祿格水泛木漂，以土制水或比劫洩印綬；好在卯辰甲乙。

偏印	日主	偏印	偏印
壬申	甲子	壬寅	壬子
戊　壬　庚	癸	戊　丙　甲	癸
偏財　偏印　七殺	正印	偏財　食神　比肩	正印
庚戌　　己酉	戊申　　丁未	丙午　　乙巳	甲辰　　癸卯

任注：此俗論木生孟春，時殺獨清，許其名高祿重。不知春初嫩木，氣又寒凝，不能納水，時支申金，乃壬水生地，又子申拱水，乃母多滅子也。惜運無木助，逢火，運與水戰，猶恐名利無成也。初行癸卯、甲辰，東方木地，順母助子，蔭庇大好。一交乙巳，運轉南方，父母並亡，財散人離。丙午水火交戰，家業破盡而逝。

1、甲木生在寅月，建祿格。「時殺獨清」，其實七殺一位面對印綬六見，洩氣了，故「時支申金，乃壬水生地，又子申拱水，乃母多滅子」。「惜運無木助」，指沒有比劫運洩一堆水幫身。「逢火」，指乙巳、丙午、丁未運等都是食傷運，食傷生財就是剋印犯旺。

2、喜初運癸卯、甲辰，比劫洩印，順母助子，故「蔭庇大好」。乙巳運，運轉南方，食傷生財，火土同位財剋印，故「財散人離」。丙午運子午、丙壬冲兩組，故「水火交戰，家業破盡」。

原文：夫健何為又怕妻。

原注：木是夫也，土是妻也。木雖旺，土能生金而剋木，是謂夫健而怕妻。火土金水如之。其有木逢烈火而生土。火逢寒金而生水。水生金者，潤地之燥。火生木者，解天之凍。火焚木而水竭。土滲水而木枯，皆反局。學者細須詳其元妙。

按：木是夫（日主），土是妻。木雖旺，土能生金而剋木，以子護母，即財生官殺，反剋日主；夫健怕妻，是怕妻所生之殺。火土金水同理。例如水日主，逢火是妻財，妻財生官鬼剋日主。又例如，水金滋潤燥土；木火解凍濕土。不贅述。

任氏曰：木是夫也、土是妻也。木旺土多，無金不怕，但一見庚申辛酉字，土生金，金剋木，是謂夫健而怕妻也。歲運逢金，亦同此論。

按：木是夫（日主），土是妻。比劫多，財星旺，無官殺不怕，但見到官殺庚辛一堆，財生殺黨，官殺剋比劫，即是「夫健而怕妻」，原局如此，行運亦同。

任氏曰：如甲寅乙卯日元，是謂夫健，四柱多土，局內又有金，或甲日寅月、乙日卯月，年時多土，干透庚辛之金，所謂夫健怕妻。如木無氣而土重，即不見金，夫衰妻旺，亦是怕妻，五行皆同此論。其有水生土者，制火之烈。木生水者，敵金之寒。水生金者，潤土之燥。火生木者，解水之凍。

按：財多身弱，即使沒有官殺，就是「怕妻」。水生土即濕土，濕土洩火，即「制火之烈」。同理，金寒用水生木。燥土用金生水。寒冰用木生火。

任氏曰：火旺逢燥土而水竭，火能剋水矣（食生財印弱，食傷反剋印）。土燥遇金重而水滲，土能剋木矣（財重生殺，反剋日主）。金重見水泛而木枯，金能剋火矣（殺多印重，官殺反剋食傷）。水狂得木盛而火熄，水能剋土矣（印多比劫重，印反剋財）。木眾逢火烈而土焦，木能剋金矣（比劫重食傷旺帶財，焦土不生金，木火土團結回剋官殺）。此皆五行顛倒之深機，故謂反局，學者宜詳細元妙之理，命學之微奧，其盡洩於此矣。

按：以上皆是兩個五行團結相生，用所生之五行，回剋剋我之五行，所以本節稱「反局」。

按：月令偏財透干為用，財星偏重，身強財生官，身弱官生印或比劫，一路寅卯、乙運、甲子、癸亥，印比生扶。身弱有氣。

正官	日主	偏財	正財
辛未	甲寅	戊辰	己亥
乙 丁 己	戊 丙 甲	癸 乙 戊	甲 壬
劫 傷 正 財 官 財	偏 食 比 財 神 肩	正 劫 偏 印 財 財	比 偏 肩 印
天乙	干祿 孤辰	大耗	劫煞
庚申	辛酉	壬戌	癸亥	甲子	乙丑	丙寅	丁卯

任注：甲寅日元，生於季春，四柱土多，時透辛金，土生金，金剋木，謂夫健怕妻。初運木火，去其土金，早游泮水，連登科甲。甲子、癸亥，印旺逢生，日元足以任其財官，仕路超騰。

1、甲日主生在辰月，自坐祿。「夫健怕妻」，指甲是夫，土被剋就是妻，財星五見，偏財格，財生官殺剋日主，忌財生殺。

2、初運丁卯、丙寅，比劫生食傷，故「連登科甲」。甲子癸亥運，「印旺」指亥子水。「逢生」，指甲木長生在亥。年日雙合，身財兩停，「日元足以任其財官」，指身弱有氣；甲子運拱丑冲未，雜氣財官冲發，帶貴人。財殺旺，原則取印比幫扶日主。

611

按：財多身弱，直接扶日主，甲乙寅卯好，水運持平。

正官	日主	偏財	正財
辛未	甲子	戊辰	己巳
乙　丁　己	癸	癸　乙　戊	庚　戊　丙
劫財　傷官　正財	正印	正印　劫財　偏財	七殺　偏財　食神
庚申　辛酉	壬戌　癸亥	甲子　乙丑	丙寅　丁卯

任注：甲木生於季春，木有餘氣，坐下印綬，中和之象。財星重疊當令，時透官星，土旺生金，夫健怕妻。初運木火，去其土金，早年入泮，科甲連登。仕路不能顯秩者，只因土之病也。前造有亥，又坐祿支，更健於此，此則子未相穿壞印，彼則寅能制土護印也。

1、甲木生在辰月，「木有餘氣」，指乙木劫財。「坐下印綬」，指子水正印，再加上乙木劫財在未土，面對財官似乎「中和之象」。「財星重疊當令」，指財星四見，財生官殺。「夫健怕妻」，指忌財生殺。

2、初運木火，木剋土財，火剋官殺，故「科甲連登」。「土之病」，指財剋印，故「仕路不能顯秩」。「前造有亥，又坐祿支」，指前例日主有長生、臨官，本例則是「子未相穿」，其實就是一堆財剋印。「彼則寅能制土護印」，指寅木剋未土，未土傷不到壬癸水。

612

按：月令日支劫財，身不弱，財官更旺；年月雙冲，劫財削弱，初運喜印來扶身，比劫也好；子運財生殺。

正 財	日 主	偏 財	偏 印
庚 戌	丁 巳	辛 巳	乙 亥
丁　辛　戊	庚　戊　丙	庚　戊　丙	甲　壬
比　偏　傷 肩　財　官	正　傷　劫 財　官　財	正　傷　劫 財　官　財	正　正 印　官
癸 酉	甲 戌	乙 亥	丙 子	丁 丑	戊 寅	己 卯	庚 辰

任注：戴尚書造，丁巳日元，生於孟夏，月時兩透庚辛，地支又逢生助，巳亥逢冲，去火存金，夫健怕妻。喜其運走東方木地，助印扶身，大魁天下，宦海無波。一交子運，兩巳受制，不祿。

1、丁火生在巳月，財星五見，「地支又逢生助」，指日支還是巳火帝旺。「巳亥逢冲」，指年月雙冲，地支丙火剋壬水，甲木剋戊土，僅存庚金。「夫健怕妻」，丁火怕庚金生水。

2、「喜其運走東方木地」，指木生火，印洩殺，故「大魁天下」。丁丑運拱酉，三合巳酉丑財局兩見，山雨欲來風滿樓。「一交子運，兩巳受制」，丙辛合水，子水制巳火，不祿。

按：財格隔位三合透干，帶七殺格，身弱，非印綬不可；原局印綬太弱，宜火土之地。

正財	日主	七殺	正財
癸丑	戊戌	甲子	癸亥
辛　癸　己	丁　辛　戊	癸	甲　壬
傷官　正財　劫財	正印　傷官　比肩	正財	七殺　偏財
丙辰　　丁巳	戊午　　己未	庚申　　辛酉	壬戌　　癸亥

任注：戊戌日元，生於子月亥年。月透甲木逢生，水生木，木剋土，夫健怕妻。最喜坐下戌之燥土，中藏丁火印綬，財雖旺，不能破印，所謂元機暗裏存也。第嫌支類北方，財勢太旺，物極必反，雖位至方伯，宦資不豐。

1、戊土生在子月，自坐旺土，又正財當令，財星五見，正是「夫健怕妻」。財生七殺，唯一正印入庫，化煞有限，七殺虎視眈眈。「元機暗裏存」，指唯一正印入庫，入庫財剋不到。

2、「第嫌支類北方，財勢太旺」，地支三會亥子丑，透干年時，肯定是怕老婆的。「物極必反」，財多不富，官多不貴，貴多反賤，故「宦資不豐」。

614

按：戊午日主自坐羊刃，以丁火正印化殺，好在無水運，申酉助水必衰，己未、戊午運生扶制財，必旺。

七殺	日主	正財	正財
甲寅	戊午	癸亥	癸亥
戊　丙　甲	己　丁	甲　壬	甲　壬
比肩　偏印　七殺	劫財　正印	七殺　偏財	七殺　偏財

乙卯	丙辰	丁巳	戊午	己未	庚申	辛酉	壬戌

任注：倉提督造，戊午日元，生於亥月亥年，時逢甲寅，殺旺，財殺肆逞。夫健怕妻，惜乎印星顯露，財星足以破印，以致難就書香，幸而寅拱午印，剋處逢生，以印化殺，所以武職超群。

1、戊日主生在亥月，正偏財四見，七殺四見，財殺肆虐，幸好丁火正印，丙火偏印，寅午半合印綬，提供日主元氣，但財星太旺剋印，以至「難就書香」。

2、「剋處逢生」，指丙火偏印長生在寅。其實日月雙合。戊癸合火，午亥合出甲己土，丁壬木，木火土怎麼說都是剋財，所以「惜乎印星顯露，財星足以破印」是反話，印不是想像中的不生作用，己巳、戊午、丁未都是火土印綬與比劫，身強而托財官，故「武職超群」。

615

任氏曰：予觀夫健怕妻之命，頗多貴顯者，少究其理，重在一健字之妙也。如日主不健，為財多身弱，終身困苦矣。夫健怕妻，怕而不怕，唱隨之理然也，運遇生旺扶身之地，自然出人頭地。若夫不健而怕妻，妻必恣性越理，男牽欲而失其剛，婦妞悅而忘其順，豈能富貴乎？

按：任鐵樵認為夫健怕妻，關鍵在身強身弱。身強用財生官殺，身弱只能等到印綬、比劫來強身，男牽欲，焉得剛；婦妞悅，焉能相夫教子興家業？

戰局

> 原文：天戰猶自可，地戰急如火。

> 原注：干頭遇甲庚、乙辛，謂之天戰。而得地支順靜者無害。地支寅申、卯酉，謂之地戰；則天干不能為力，其勢速凶。蓋天主動；地主靜故也。

> 庚申甲寅、乙卯辛酉之類是也；皆見謂之天地交戰；必凶無疑。遇歲運合之會之，視其勝負。亦有可存可發者，其有一沖兩沖者，只得一個合神有力。或無神、庫神、貴神，以收其動氣，息其爭氣，亦有佳者。至于喜神伏藏死絕者，又要沖動引用生發之氣。

1、按：「天戰」指天干沖剋，例如庚金剋甲木、辛金剋乙木、丙火剋庚金。「地戰」，指地支六沖，例如亥水沖巳火，申金沖寅木，午火剋酉金。如果地支沒有相沖，天干沖剋還可保全；反之，天干不沖剋，地支沖剋，幾乎破格。

2、「天地交戰」，指天剋地沖；柱運歲的合會勝於單沖單剋。又說有「可存可發」，指水火既濟、互換祿旺等情況。六沖以六合可解，但只能解去一組六沖。至於閑神、墓庫、貴人等可以安頓沖剋的八字，並非一律為凶。

任氏曰：天干氣專，而得地支安靜，易於制化，故天戰猶自可也。地支氣雜，天干雖順靜難於制化，故地戰急如火也。且天干宜動不宜靜，動則有用，靜則愈專；地支宜靜不宜動，靜則有用，動則拔根，必得合神有力，會神成局，息其動氣；或庫神收其動神，安其靜神，謂動中助靜，以凶化吉。如甲寅庚申、乙卯辛酉、丙寅壬申、丁卯癸酉之類。

1、按：天圓地方，天清地濁，天干無所謂藏干，所以「氣專」；地支安靜，天干即易於制化，謂「天戰猶自可」，易於以天干五合解說。地支藏干，五行複雜，互相矛盾冲合，故天干雖平靜，但無法影響地支，謂「地戰急如火」。

2、天道循環，故天干宜動不宜靜，動則必有作用，靜則氣勢專凝。反之，地支宜靜不宜動（忌六冲），靜則萬物生焉，最宜三合三會四平八穩成格局，動則根基不穩。或有入庫作為天干蘊藏精神之處，則動中存靜，培元固本，以凶化吉。如甲寅庚申、乙卯辛酉、丙寅壬申、丁卯癸酉之類；皆是天剋地冲。

天地交戰，雖有合神會神，亦不息其動氣，其勢速凶。如謂兩不冲一，此謬言也。兩寅一申，冲去一寅，存一寅也，如兩申逢一寅，縱使不冲，金多木少，亦能剋盡矣。故天干論剋，地支言冲，冲即剋也。顯然之理，又何疑耶？至於用神伏藏，或用神被合，柱中無引用之神，反宜冲而動之，方能發用。故合有宜不宜，冲亦有宜不宜也，須深究之。

1、按：天地交戰，即天剋地冲，雖然偶有三合三會結合，但柱運歲的變化不息，陰陽不測。有謂「兩不冲一」，是荒謬說法，地支六冲就有剋，天干論剋不一定冲，皆非冲氣以為和。

2、至於用神伏藏，不透天干；或用神被合，四柱大運無法解脫羈絆，權用六冲，險中求富貴，方能發用。變化中冲合是否恰到好處，自須深究。

按：月令偏印透干為用，財印雙清，前言：「天戰猶自可，地戰急如火……地支寅申、卯酉，謂之地戰；則天干不能為力，其勢速凶」，偏印沖破，即無化殺功能。辛亥運壬子七殺年，辛金剋去乙木，帶上原局卯酉沖，用神天剋地沖。

偏 財	日 主	偏 印	七 殺
辛 亥	丁 未	乙 卯	癸 酉
甲　壬	乙　丁　己	乙	辛
正　正 印　官	偏　比　食 印　肩　神	偏 印	偏 財
丁 未	戊 申	己 酉	庚 戌	辛 亥	壬 子	癸 丑	甲 寅

任注：李都思造，丁火生於仲春，支全木局，癸坐酉支，似乎財滋弱殺，殺印相生。不知卯酉逢沖，破其印局，天干乙辛交戰，又傷印之元神，則財殺肆逞。至辛運壬子年，又逢財殺，犯法遭刑。

1、丁火生在卯月，地支亥卯未三合木透干，偏印局。癸水七殺坐酉，財生殺，稱「財滋弱殺」。因此財生殺，殺生印，印生身，「殺印相生」似乎好格局。四柱全陰。

2、「不知卯酉逢沖」，指年月地支卯酉沖，故財剋印「破其印局」，連帶月干乙木偏印失去作用。「天干乙辛交戰」，辛金剋乙木後「財殺肆逞」。辛亥運三合印局深化卯酉沖，壬子年七殺生印，與日柱干合支害，加深財剋印，故「犯法遭刑」。

按：月令七殺為用，喜印，然而殺重印輕；日主建祿兩見，元氣不弱，前言：「兒能生母洩天機……木被金傷，火剋金則生木。」早運庚申，定然困蹇。中運以巳午、丙丁食傷運回剋，異路出身，丙辰運合去用神七殺，沖合太多。

偏財	日主	七殺	偏印
己卯	乙卯	辛酉	癸酉
乙	乙	辛	辛
比肩	比肩	七殺	七殺

癸丑	甲寅	乙卯	丙辰	丁巳	戊午	己未	庚申

任注：天干乙辛己癸，地支兩卯兩酉，金銳木凋，天地交戰，金當令，反有己土之生，木休囚，癸水不能生扶。中運南方火運制殺，異路出身，升知縣。至辰運，生金助煞，遂罹國法。

1、四柱交戰，年時雙沖，月日雙沖。「金銳木凋」，因為酉金當令，乙日主絕在酉，又得己土偏財生金。反觀癸水隔絕而難生乙木。

2、中運己未、戊午、丁巳運，食傷制殺，故「異路出身升知縣」。至丙辰運，辰酉合金是七殺兩組，故「罹國法」。前言「庚申甲寅、乙卯辛酉之類是也。皆見謂之天地交戰。必凶無疑。」原局沖剋太多，天地交戰，動則拔根。

按：月令食神生偏財，食神透干為用，喜財有中運巳午、丙丁；戊申運土生金，殺生印，剋去用神甲木。

食神	日主	比肩	比肩
甲辰	壬午	壬寅	壬申
癸　乙　戊	己　丁	戊　丙　甲	戊　壬　庚
劫財　傷官　七殺	正官　正財	七殺　偏財　食神	七殺　比肩　偏印
庚戌　　己酉	戊申　　丁未	丙午　　乙巳	甲辰　　癸卯

任注：壬水生於寅月，年月兩透比肩，坐申逢生，水勢通源。且春初木嫩，逢沖似乎不美，喜其坐下午火，能解春寒，木得發生，金亦有制。更妙時干甲木，元神發露，天干之水，亦有所歸，運行火地，有生化之情，無爭戰之患矣，是以棘闈奏捷，出宰名區，至申運兩沖寅木，不祿。

1、壬水生在寅月，年月天干壬水比肩兩見，年月地支寅申沖，比劫四見，故「水勢通源」。原局食神格，故日月地支寅午半合，「喜其坐下午火，能解春寒，木得發生」，食神木喜生財。

2、「時干甲木元神發露」，火有甲木作來源。乙巳、丙午、丁未運財生殺，故「棘闈奏捷」。戊申運地支兩申沖寅，天干甲木剋戊土，戊土剋壬水三見，不祿。

按：水旺木漂，無土制水，即以食傷洩水。早運喜卯辰、甲運食傷疏通旺水，乙巳運財生殺，丙午運羣比爭財。

正 印	日 主	比 肩	比 肩
辛 丑	壬 申	壬 寅	壬 申
辛　癸　己	戊　壬　庚	戊　丙　甲	戊　壬　庚
正　劫　正 印　財　官	七　比　偏 殺　肩　印	七　偏　食 殺　財　神	七　比　偏 殺　肩　印
庚 戌	己 酉	戊 申	丁 未	丙 午	乙 巳	甲 辰	癸 卯

任注：天干三壬，地支兩申，春初木嫩，難當兩申夾沖，五行無火，少制化之情，更嫌丑時溼土生金，謂氣濁神枯之象。初運癸卯、甲辰，助其木之不足，蔭庇有餘。乙巳刑沖並見，刑喪破敗。丙午羣比爭財，天干無木之化，家破身亡。

1、壬水生在寅月，但比劫五見，印四見，身強。五行缺火，缺財。「難當兩申夾沖」，指兩申沖一寅。「溼土生金，氣濁神枯」，指丑土溼土利於生金，生金剋木，攪爛水木食神。

2、初運癸卯洩日主，比劫生傷官，順勢而為。甲辰運剋洩日主，比劫生食神，戊土制壬水，得其用神。「乙巳刑沖併見」，因為丙火遇見一堆水，就是群劫爭財，至於為何不以通關的概念解釋乙木洩壬水生丙火得到財？因為辛金剋乙木，巳火合出寅巳申三刑，而且一堆比劫等著剋財。丙午運，丙辛合比劫，寅午半會財，一丙三壬對沖，天干無木之化，地支寅申沖，故「家破身亡」。

按：八字全沖，各有祿支，月令偏印為用，壞在官殺四見太強，殺重印輕，忌財生殺剋印。

七殺	日主	傷官	正官
甲寅	戊申	辛巳	乙亥
戊　丙　甲	戊　壬　庚	庚　戊　丙	甲　壬
比肩　偏印　七殺	比肩　偏財　食神	食神　比肩　偏印	七殺　偏財
癸酉	甲戌	乙亥	丙子	丁丑	戊寅	己卯	庚辰

任注：天干乙辛、甲戊，地支寅申、巳亥，天地交戰，似乎不美。然喜天干乙辛，去官星之混殺。地支寅申，制殺之肆逞。巳亥逢沖，壞印本屬不喜，喜在立夏後十天，戊土司令，則亥水受制，而巳火不傷。中年運途，木火助印扶身，聯登甲第，仕至郡守。至子運，扶起亥水，生煞壞印，不祿。

1、戊土生在巳月，建祿格，年月雙沖，日時雙沖，調候用神甲、丙、癸。年上正官被月上傷官剋制，故「去官星之混殺」。「地支寅申制殺之肆逞」，指寅申沖降低時支七殺之虐。「巳亥逢沖」，以巳申合減輕寅申沖，巳亥沖。

2、己卯、戊寅運木生火，殺生印，故「仕至郡守」。丙子運，丙辛合水財剋印，子水也是財剋印，原局月柱辛巳有暗財，申子半合財，年支亥子半會財，財剋印，用神泡湯，故「生煞壞印，不祿」。總之，原局殺重印輕而已，扶不到印就衰。

623

按：八字全沖，全無祿支，官殺混雜，月令食神偏財不透難用。取七殺格為用神，印綬為喜，逢沖怕合；天地交戰是結構瑕疵。

七殺	日主	正官	劫財
庚午	甲子	辛巳	乙亥
己 丁	癸	庚 戊 丙	甲 壬
正財 傷官	正印	七殺 偏財 食神	比肩 偏印

癸酉	甲戌	乙亥	丙子	丁丑	戊寅	己卯	庚辰

任注：天干甲乙庚辛，地支巳亥子午，天地交戰，局中火旺水衰，印綬未嘗不喜官煞之生，不知庚辛在巳午之上，與亥子茫無關切，正謂剋洩交加。兼之運途不逢水地，刑耗異常，剋三妻四子，至丁丑運合去子水，晦火生金，一事無成而亡。

1、甲木生在巳月，年月雙沖，日時雙沖，難分難解，只知七殺格帶財，身弱，喜歡比劫與印綬。「不知庚辛在巳午之上，與亥子茫無關切」，意思是官殺與印綬互相隔絕，官殺得不到印綬轉化生身。反而坐在食傷之上，日主前後左右正謂「剋洩交加」。

2、「運途不逢水地」，指大運丙子在五旬之外，遠水難救近火。「丁丑運合去子水」，子丑合出濕土，正印泡湯日主轉弱。「晦火」，指食傷難制官殺。「生金」，指官殺肆虐直接攻身，故「一事無成而亡」。原局以食傷加上印綬對抗財生殺，子丑合，喜神泡湯轉忌神。

624

合局

原注：喜神有能合而助之者。如以庚為喜神，得乙合而助金。凶神有能合而去之者。如以甲為凶神，得己合而去之。動局有能合而靜者。如子午相沖，得丑合而靜。生局有能合而成者。如甲生于亥，得寅合而成。皆是也。若助起凶神之合，如己為凶神，甲合之則助土。羈絆喜神之合，如乙是喜神，庚合之則羈絆。掩蔽動局之合，丑未喜神，子午合之則閉。助其生局之合，不喜甲木，寅亥合之則助木。皆不宜也。大率多合則不流通，不奮發，雖有秀氣。亦不為奇矣。

按：三合三會與半合半會五行性不變，唯六合產生變化，例如丙辛合水，火與金化成水。又例如丑土為忌神，子水為喜神，亥子丑三合水，忌神變喜神。多合則五行氣不流通，看似玄奧秀氣，實則未必高命，尤其女命。合沖論述見徐樂吾《子平真詮·論刑沖會合解法》更細膩，不贅述。

任氏曰：合固美事，然喜合而合之最美，若忌合而合之，比沖愈凶也，何也？沖得合而靜之則易，合得沖而靜之則難。

按：五合六合三合三會，原則上是好事，但必須喜合則合。反之，忌諱合而合，比六沖更麻煩。因為沖後復歸寧靜是常態，先凶後吉；合後逢沖，否態初露不已，先吉後凶。

任氏曰：故喜神有能合而助之者為美：如庚為喜神，得乙合而助之者是也。凶神有能合而去之者更美：如甲為凶神，得己合而去之者是也。閒神凶神，有能合而化喜者：如癸為凶神，戊為閒神，戊癸合而化火為喜神是也。閒神忌神有能合而化喜者：如壬為閒神，丁為忌神，丁壬合而化木為喜神是也。如子午逢沖，喜神在午，得丑合之；寅申逢沖，喜神在寅，得亥合之，皆是宜也。如忌神得合而助之者，以己為忌神，甲合之，則為助忌之合；以乙為喜神，庚合之，則為戀凶之合。有喜神閒神合化忌神者：以丙為喜神，辛為閒神，丙辛合化水為忌神是也。有閒神忌神合化凶神者：以壬為閒神，丁為忌神，丁壬合化木為凶神是也。如卯酉逢沖，喜神在卯，得辰合之，化金仍剋木者。巳亥逢沖，喜神在巳，得申合之，化水仍剋火者，皆是不宜也。

按：喜神是庚，乙木是合進助起的元氣，為美。凶神是甲木，合己化土，凶神去之則妙。閑神與凶神也可能化合後變為喜神。總之分類如下：（1）、喜神有能合而助之者為美。（2）、凶神有能合而去之者更美。（3）、閒神凶神，有能合而化喜者。（4）、閒神忌神有能合而化喜者。（5）、有喜神閒神合化忌神者。（6）、閒神忌神合化凶神者。不贅述。

任氏曰：大率忌神合而化去之，喜神合而化來之。若忌神合而不去，不足為喜。喜神合而不來，不足為美，反為羈絆貪戀而無用矣。來與不來，即化與不化也，宜審察之。

按：合化如何論吉凶？大概都是宜將忌神合而化去；喜神合而化入。其次，忌神合而不去，例如忌神是土，甲來合己，不足為喜；喜神是甲，己土來合，合而不來，不足為美。此類羈絆看的見吃不著，其次化與不化亦應審查。

按：月令偏印透干為用，忌神是財；以官殺比劫護印，正是財滋弱殺，化印護身，財印雙清。

正印	日主	偏財	正財
乙未	丙子	庚寅	辛亥
乙 丁 己	癸	戊 丙 甲	甲 壬
正印 劫財 傷官	正官	食神 比肩 偏印	偏印 七殺
壬午 癸未	甲申 乙酉	丙戌 丁亥	戊子 己丑

任注：朱中堂造，丙子日元，生於春初，火虛木嫩，用神在木，忌神在金，最喜亥水流通金性，合寅生木為宜，時支未土，又得乙木盤根之制，去濁流清，中和純粹，為人寬厚和平，一生宦途安穩。

1、丙日主生在寅月，火是長生，木是臨官，木旺火相，以壬水為用，以財滋殺，忌金剋木，財剋印。「忌神在金，喜亥水流通金性」，指忌神庚金剋木，亥水在年支通關，故「合寅生木為宜」。

2、「時支未土，又得乙木盤根之制」，指乙木入未庫，時柱的正印格生身有力。月柱食神生財坐驛馬，好命。〈四言獨步〉：「先財後印，反成其福；先印後財，反成其辱」。先填飽肚子，再講學問。

按：月令偏印透干四見為用，化殺有功，然而壬水多根，即土金水一團，七殺格與偏印格，寅申沖，格局有瑕疵。

正印	日主	偏印	七殺
辛 **丑**	**壬** **寅**	**庚** **申**	**戊** **子**
辛　癸　己	戊　丙　甲	戊　壬　庚	癸
正印　劫財　正官	七殺　偏財　食神	七殺　比肩　偏印	劫財

戊辰	丁卯	丙寅	乙丑	甲子	癸亥	壬戌	辛酉

任注：壬寅日元，生於孟秋，秋水通源，重重印綬。戊丑之土，能生金，不能制水，置之不用，只得順水之性，以寅木為用。至癸運洩金生木入泮，亥運支類北方，去其丑土溼滯之病，又生合寅木，科甲連登，名高翰苑。所嫌者，寅申逢沖，秀氣有傷，降知縣。甲子水木齊來，仕路平安。乙運合庚助虐，罷職回家，丑運生金，不祿。

1、壬水生在申月，倚母當令，比劫三見，印綬四見，故秋水通源，重重印綬，身強。水旺要制水，但「戊丑之土，能生金，不能制水」，指戊土貪生忘剋而生庚金偏印，丑土是溼土，制水難用；八字是一種生存哲學，剋不動就順，故「只得順水之性」，用寅木洩水。

2、癸運洩金生木，故「入泮」。前言「凶神有能合而去之者更美」，亥運三會水局還是洩金生木，所不同是丑土原為忤逆「順水之性」，現在反而順從水性，故亥合寅生木洩水，故「科甲連登」。甲子運水木齊來，不犯忌而平安。乙運偏印剋木，寅木受傷，故「罷職」。丑運印剋食傷，不祿。

按：身強財生殺為喜用，七殺合去反助劫財，戊戌運喜用盡墨。

劫財	日主	七殺	劫財
丁酉	丙午	壬寅	丁亥
辛	己 丁	戊 丙 甲	甲 壬
正財	傷官 劫財	食神 比肩 偏印	偏印 七殺

甲午	乙未	丙申	丁酉	戊戌	己亥	庚子	辛丑

任注：丙午日元，生於寅月，天干兩透丁火，旺可知矣。壬水通根亥支，正殺印相生；所嫌者，丁壬寅亥，化木為忌，以致劫刃肆虐，羣劫爭財。初交北方金水，遺業豐盛。戊戌運又會火局，剋盡金水，家破身亡。

1、乍看比劫四見，七殺為用，身強殺弱。七殺格帶印，「遺業豐盛」，因初運水地，財生殺，剋制比劫。

2、為何「化木為忌，以致劫刃肆逞」？因為丁壬合木，寅亥（壬水為主）合木，壬水兩個七殺泡湯，比劫當然就囂張了。辛丑運濕土帶財官，有遺業。庚子運財生殺，用神得地，然而雙冲日柱，生涯不免纏鬥。己亥運傷官洩日主，七殺制比劫，必有斬獲。戊戌運三合比劫剋財，戊土剋月干壬水，財殺泡湯，行運阻滯，以致劫刃肆逞，羣劫爭財。

按：月令建祿透出，七殺合化比劫，印綬三見，木火土一團，宜比劫金運流行。

偏印	日主	七殺	劫財
丙辰	戊寅	甲戌	己亥
癸　乙　戊	戊　丙　甲	丁　辛　戊	甲　壬
正財　正官　比肩	比肩　偏印　七殺	正印　傷官　比肩	七殺　偏財
丙寅 ｜ 丁卯	戊辰 ｜ 己巳	庚午 ｜ 辛未	壬申 ｜ 癸酉

任注：謝侍郎造，戊生季秋土司令，劫印並透，日主未嘗不旺，但甲木進氣，支得長生祿旺，又辰為木之餘氣，洩火養木，無金以制之，殺勢旺矣。喜其甲己合之為宜，則日主不受其尅，更妙中年運走土金，化制合宜，名高祿重。

1、戊土生在戌月，秋土司令，「劫印並透」，指有正偏印兩見，比劫四見，身衰或旺？「甲木進氣」，指七殺甲木得到亥水長生，寅木日祿，辰土木之餘氣，官殺四見，身殺兩停。

2、「無金以制之」，指食傷不現，官殺無制。月干甲木其實被甲己合土所化，則官殺群龍無首，尅不到日主。中年走巳午未南方火土印比之地，以天干庚辛洩秀，化制合宜，故「名高祿重」。前言「凶神有能合而去之者更美」。

按：月令比劫印綬透出，身強；合神七殺虛弱必化。

偏 印	日 主	七 殺	劫 財
丙 辰	戊 寅	甲 戌	己 巳
癸　乙　戊	戊　丙　甲	丁　辛　戊	庚　戊　丙
正 財　正 官　比 肩	比 肩　偏 印　七 殺	正 印　傷 官　比 肩	食 神　比 肩　偏 印
丙 寅　丁 卯	戊 辰　己 巳	庚 午　辛 未	壬 申　癸 酉

任注：此與前造只換一亥字，則土無水潤，不能養木，甲己之合為不宜，殺無勢，劫肆逞矣。壬申運生化，雖得一衿而不第，中運又逢土金，刑妻剋子，家業潛消，至巳運而卒，毫厘千里之隔也。

1、本例與前例不同在年支是巳火，換句話說，財變成印，因此本例是無財生殺，無財剋印。比劫五見，印綬四見，身旺，又甲己合土化印，撐爆了。「殺無勢，劫肆逞矣」總之，七殺被合成土就是一堆囂張的比劫。而身旺要食傷洩。

2、「壬申運生化，雖得一衿」，指申金生壬水，七殺得到奧援，但地支寅巳申三刑，壬水與天干戊丙冲剋，故「不第」。中運土金，比劫印綬一堆，差在前例有財剋印，而本例無財剋印，印剋食傷就凶了，因此辛未庚午運，比劫生的食傷派不上用場，故。「刑妻剋子」。己巳運一堆火土印比，甲己合土兩組，前言「喜神閒神合化忌神」，指戊土戌月喜甲木疏土，甲木幫倒忙。

631

按：月令食神透干為用，四柱干支相生，木火土一團，身強喜財，忌官殺之地。

食神	日主	偏印	傷官
丙寅	甲子	壬寅	丁未
戊　丙　甲	癸	戊　丙　甲	乙　丁　己
偏財　食神　比肩	正印	偏財　食神　比肩	劫財　傷官　正財
甲午 ｜ 乙未	丙申 ｜ 丁酉	戊戌 ｜ 己亥	庚子 ｜ 辛丑

任注：甲木生於寅月寅時，木嫩氣虛，以丙火解凍敵寒為用，以壬水剋丙為忌。最喜丁壬之合化木，反生丙火。癸酉年本屬不吉，喜其大運在己，能剋癸水，棘闈奏捷。戊運卯年發甲，惜限於地，未能大用。

1、甲木生在寅月寅時，日支又是正印，月干透出偏印，又丁壬合化木，擺明身強；調候用神丙、癸。食傷五見，傷官格帶建祿格。時柱食神生財帶驛馬貴人，好命。

2、「以丙火解凍敵寒為用，以壬水剋丙為忌」，所以壬水合丁火化木生火是好，敵營有人帶槍投靠。「癸酉年本屬不吉」，指金生水，甲木不需要，因為寅月初春猶寒，但己土運剋制癸水。「棘闈奏捷」，指寅亥合木是喜用。「戊運卯年發甲」，戊戌運燥土制水，卯戌合火，甲木食傷火土就是財。「惜限於地」，指行運西北，否則運走東南能大用。

按：原局丁壬、寅亥合木，接近曲直格，水木火一團，土運平平，官殺申酉運，有丙丁蓋頭，《三命通會》：「甲乙生人寅卯辰，又名仁壽兩堪評；亥卯未全嫌白帝，若逢坎位必身榮」。

比肩	日主	偏印	傷官
甲子	甲戌	壬寅	丁亥
癸	丁 辛 戊	戊 丙 甲	甲 壬
正印	傷官 正官 偏財	偏財 食神 比肩	比肩 偏印
甲午　乙未	丙申　丁酉	戊戌　己亥	庚子　辛丑

任注：甲生寅月，得時當令；如用丁火，壬水合去。如用戊土，寅亥生合剋戊，一生成敗不一，刑耗多端。還喜中運不背，溫飽而已，所以合之宜者，名利裕如；合之不宜，刑傷破敗。

1、甲木生在寅月，「得時當令」，指月支建祿格。「用丁火，壬水合去」，指寅月還是濕寒，原局丁火可用，但壬水會合掉丁火化木，而且「寅亥生合剋戊」，指寅亥合木剋制戊土，木雖然幫身，但合化比劫後，其餘僅存戊土、子水，所以木已經不是原局所需。

2、「還喜中運不背」，指己亥、戊戌、丁酉等運沒有水來剋火，印剋食傷之類。若以格局論述：傷官格、偏印格成就一項也好，然而天干兩個格局同時糊掉，原局就吃虧。「成敗不一」，原局甲戌、甲子拱亥，水潮暗湧，印剋食傷，用神不抬頭。

633

君象

原文：君不可抗也，貴乎損上以益下。

原注：日主為君，財神為臣。如甲乙日主，滿局皆木，內有一二土氣，是君盛臣衰；其勢要多方以助臣，火生之，土實之，金衛之，庶下全而上安。

按：日主為君，則所剋之財為臣；如果日主比劫旺，滿盤甲乙木，戊己財星一二，君盛臣衰，要行財地，以食傷通關，挹注財星；再用官殺制比劫，食傷財官對抗殺印。「損上以益下」，指食傷生財洩去比劫之旺勢。

任氏曰：君不可抗者，無犯上之理也。損上者，洩上也，非剋制也，上洩則下受益矣。如以甲乙日主為君，滿局皆木，內只有一二土氣，君旺盛而臣極衰矣，其勢何如哉？惟有順君之性，火以行之，火行則木洩，土得生扶，為損上以益下，則上不亢君，下得安臣矣。若以金衛之，則抗君矣，且木盛能令金自缺，君仍不能抗，反觸其怒，而臣更洩氣，不但無益，而有害也，豈能上安而下全乎？

按：任鐵樵認為身強財弱，應以食傷通關，洩去比劫才有作用，如果以官殺剋制比劫，反觸其怒。原注「金衛之」，任氏認為：「若以金衛之，則抗君矣，且木盛能令金自缺，君仍不能抗，反觸其怒，而臣更洩氣，不但無益，而有害」，兩者論述不同在於有無食傷，有則不宜見官，而食神通關又是身強財弱必要用神，故任氏所述較周全，其餘不贅述。

按：日主太旺，月令食神偏財火土為用，忌金水運。

劫財	日主	食神	比肩
乙亥	甲戌	丙寅	甲戌
甲　壬	丁　辛　戊	戊　丙　甲	丁　辛　戊
比肩　偏印	傷官　正官　偏財	偏財　食神　比肩	傷官　正官　偏財
甲戌　　癸酉	壬申　　辛未	庚午　　己巳	戊辰　　丁卯

任注：甲生於寅月，又得亥之生，比劫之助，年日兩支之戌土虛弱，謂君盛臣衰。最喜月透丙火，順君之性，戌土得生拱之情，則上安而下全。己巳運，火土並旺，科甲連登。庚午、辛未，火得地，金無根，又有丙火回光，庚辛不能抗君，午未足以益臣，仕至藩臬。壬申沖寅剋丙，逆君之性，不祿。

1、甲木生在寅月，建祿格；時柱比劫印生扶，年干甲木，故「君盛」。「年日兩支之戌土」，被甲木剋制所以「臣衰」，故「喜月透丙火」，地支丙丁火三見，食傷四見洩甲木日主剛剛好，故「順君之性」。「上安而下全」，比劫、食傷、財星一路順行。

2、己巳運，火土一堆，食傷生財，故「科甲連登」。庚午運三合火局，午亥暗合木土，木火土一家親。庚辛金無根，火是食傷，又透出月干，既有「丙火回光」，故「庚辛不能抗君」，指官殺制不住比劫。辛未運還是財運，故「午未足以益臣，仕至藩臬」。壬申運雙沖丙寅月柱，「逆君之性」，指忌神印剋食傷用神，不祿。

635

按：日主旺，月令財星薄，宜用食傷生財，忌比劫運爭財。

劫財	日主	比肩	比肩
乙 亥	甲 寅	甲 戌	甲 子
甲　壬	戊　丙　甲	丁　辛　戊	癸
比肩　偏印	偏財　食神　比肩	傷官　正官　偏財	正印
壬午　辛巳	庚辰　己卯	戊寅　丁丑	丙子　乙亥

任注：甲寅日元，生於季秋，土王用事，不比春時虛土，所以此一戊，足以抵彼之兩戊。生亥時，又天干皆木，君盛臣衰。所嫌者，局中無火以行之，群比爭財，無以益臣，則上不安而下難全矣。初運北方水旺，助君之勢，刑喪破耗，祖業不保。丁丑運，火土齊來，稍成家運。戊寅、己卯，土無根，木臨旺，回祿三次，起倒異常，刑妻剋子，至卯而亡。

1、甲日主甲戌、甲寅拱午，地支三合火，傷官格。「君盛臣衰」，天干甲乙木，地支寅亥合木，比劫一堆，故「君盛」；財為臣，僅存戌土主氣戊土為偏財，故「臣衰」。甲寅、甲戌拱午三合傷官。

2、「局中無火以行之，群比爭財，無以益臣」，火是傷官，傷官生財，則比劫無以奪財；所以財為比劫所奪，無以益臣。初運乙亥水生木，比劫猖狂。丙子運子午沖，印剋傷官，無財生殺。丁丑運火生土，傷官生財，稍成家運。戊寅運偏財遇比肩，風中殘燭。己卯運甲己合，卯戌合，會同原局比劫五見，財會羣劫。「至卯而亡」，卯是羊刃，三甲共用，故「刑妻剋子」。

636

臣象

原文：臣不可過也，貴乎損下以益上。

原注：日主為臣，官星為君。如甲乙日主，滿盤皆木，內有一二金氣，是臣盛君衰。其勢要多方以助金。用帶土之火，以洩木氣。用帶火之土，以生金神，庶君安臣全。若木火又盛，無可奈何，則當存君之子，少用水氣，一路行火地，方得發福。

1、按：與上述「君象」角色對調，日主為臣，官殺為君。如甲乙木比劫甚旺，內有微弱的庚辛官殺，即「臣盛君衰」，身強殺弱。行運幫助官殺達到身殺兩停，恰到好處。

2、日主強，官殺弱，則以帶土之火食傷洩日主，或以帶火之土生官殺，使君臣平衡。如果食傷與財都很旺，不可用印生日主，而是要以食傷洩日主。總之，一團木火土，金神得以安頓，少用印綬水地，火土旺，水是飛蛾撲火。

任氏曰：臣不可過，須化之以德也，庶臣順而君安矣。

如甲乙日主，滿局皆木，內只一二金氣，臣盛而君衰極矣；若金運制臣，是衰勢而行威令，必有抗上之意，必須帶火之土運，木見火而相生，臣心順矣。金逢土而得益，君心安矣。

按：日主是臣太旺，以洩化為德政，則百姓安順，君主也能高枕無憂。比劫太旺，官殺太輕，強以官殺制比劫，若行走官殺運就是金運制臣，官殺剋比劫，是君王強徵臣民，臣民必然抗令；應該用帶火之土運，食傷生財，則臣民順心容易使喚。官殺逢財運，官有財賄賂，官就心安。

任氏曰：若水木並旺，不見火土，當存君之子，一路行水木之運，亦可安君。若木火並旺，則宜順臣之心，一路行火運，亦可安君。所謂臣盛而性順，君衰而仁慈，亦上安而下全；若純用土金以激之，非安上全下之意也。

按：水木並旺就是比劫印綬一堆，沒有食傷生財，當以官殺生印，印生比劫，也算順從君意。日主強，官殺弱，若水木並旺，印綬比劫一堆，則順從臣意，一路食傷洩秀，也可用財星撫慰官殺。所謂「臣盛而性順」，指日主旺喜洩；君衰而仁慈，指金衰則用土生金，財生殺。若單純以財生殺，財剋印也不好。

按：〈喜忌篇〉：「時逢七煞，見之未必為凶；月制干強，其煞反為權印」。庚申運，一庚剋兩甲，一申冲三寅。

七煞	日主	比肩	偏財
庚午	甲寅	甲寅	戊寅
己　丁	戊　丙　甲	戊　丙　甲	戊　丙　甲
正財　傷官	偏財　食神　比肩	偏財　食神　比肩	偏財　食神　比肩
壬戌　辛酉	庚申　己未	戊午　丁巳	丙辰　乙卯

任注：甲寅日元，年月皆寅，滿盤皆木，時上庚金無根，臣盛君衰極矣。喜其午時流通木性，則戊土弱而有根，臣心順矣。又逢丙辰、丁巳、戊午、己未，帶土之火，生化不悖，臣順君安，早登科甲，仕至侍郎。庚申運，不能用臣，不祿。

1、 偏財格，比肩四見，身財兩停，有食傷四見通關，富貴可期。何謂「臣盛君衰」？指甲乙木一堆，官殺微弱而言，要生扶官殺為用，但不能刑冲剋合併見。

2、 五行缺水，大運無水。初運乙卯劫財坐羊刃，必然艱辛。丙辰運火生土，丁巳運火土同位，戊午運火土同位，己未運土帶火生殺，故「生化不悖，臣順君安」。「庚申運不能用臣」，因為庚申同時雙冲月日兩柱甲寅，冲年支寅。又庚申、庚午拱未，午未合火洩甲木，原局撼動，糾結不清。一堆金剋木，制臣太過，不祿。己未運三奇貴人，光鮮亮麗。

639

按：原局無食傷，洩日主不可行；假性專旺宜生成之。

正官	日主	劫財	正印
辛未	甲寅	乙卯	癸卯
乙 丁 己	戊 丙 甲	乙	乙
劫財 傷官 正財	偏財 食神 比肩	劫財	劫財

丁未	戊申	己酉	庚戌	辛亥	壬子	癸丑	甲寅

任注：甲寅日元，年月皆卯，又透乙癸；未乃南方燥土，木之庫根，非生金之土，故辛金之君，無能為矣。當存君之子，以癸水為用，運逢甲寅癸丑，遺緒豐盈。壬子辛亥，名利兩優，一交庚戌，土金並旺，不能容臣，犯事落職，破耗剋子而亡。

1、甲寅日元，生在卯年卯月，羊刃、建祿、墓庫，又透出正印劫財，旺到極致。「辛金之君，無能為矣」，指未土非濕土，難以生金，反而成為甲木根深，正官無力。

2、「存君之子」，指金為君，癸水就是「君之子」。初運甲寅順從專旺之氣。癸丑運癸水通根生木，還是順從專旺之氣。壬子、辛亥運，還是順從專旺之氣；尤其亥運地支三合羊刃更順，故「名利兩優」。庚戌運雙合月柱乙卯，庚合乙官殺旺，卯戌合火，戌土生金，前言「甲乙日主，滿局皆木，內只一二金氣，臣盛而君衰極矣；若金運制臣，是衰勢而行威令，必有抗上之意」，故不能容臣，破耗剋子。水地轉進土金之地，水木被剋必衰。

640

按：木火土一團，不容水地爭財；羊刃忌冲合，癸亥運全合，子年安能無事？甲子運全冲，午、未、丑、亥年，征戰不已。

七殺	日主	比肩	比肩
甲寅	戊午	戊午	戊午
戊　丙　甲	己　丁	己　丁	己　丁
比　偏　七 肩　印　殺	劫　正 財　印	劫　正 財　印	劫　正 財　印
丙寅	乙丑	甲子　癸亥	壬戌　辛酉	庚申　己未

(大運：丙寅　乙丑　甲子　癸亥　壬戌　辛酉　庚申　己未)

任注：此造三逢戊午，時殺雖坐祿支，局中無水，火土燥烈，臣盛君衰。且寅午拱會，木從火勢，轉生日主，君恩雖重，而日主之意向，反不以甲木為念。故運走西方金地，功名顯赫，甚重私情，不以君恩為念也。運逢水旺，又不能存君之子，註誤落職。

1、「臣盛君衰」，指官殺弱日主旺，地支羊刃三見。原局甲寅木七殺生印，印生身，四柱無金水。《三命通會》：「羊刃喜見七殺，七殺喜見羊刃…殺無刃不顯，刃無殺不威…大貴登科甲」。

2、「運走西方金地」，指羊刃喜食傷洩氣。「運逢水旺」，指癸亥運，戊癸合火，午亥暗合木土，寅亥合木，原局本就是木火土，行運又一堆木火土撼動原局，必衰。《三命通會》：「財多身弱，遇之為奇；財弱身旺，見之為禍，有財遇劫，運入財鄉，自可成家。無財遇劫，縱非財年，亦須見破」，故落職。

按：金神格，晚運火地；五行流行一圈，財生官為喜用。

比肩	日主	正印	正官
己巳	己酉	丙子	甲寅
庚　戊　丙	辛	癸	戊　丙　甲
傷官　劫財　正印	食神	偏財	劫財　正印　正官
甲申	癸未	壬午	辛巳	庚辰	己卯	戊寅	丁丑

任注：己酉日元，生於仲冬，甲寅官星坐祿，子水財星當令，財旺生官，時逢印綬，此謂君臣兩盛。更妙月干丙火一透，寒土向陽，轉生日主，君恩重矣。早登科甲，翰苑名高，緣坐下酉金，支得巳時之拱，火生之，金衛之，水養之，而日主之力量，足以剋財，故其為官重財，而忘君恩矣。

1、己日主生在子月，「甲寅官星坐祿」，甲木正官自坐祿。「子水財星當令」，子水財星掌提綱；財官有力，故「財旺生官」。「時逢印綬」，指月干正印到時支是正印格。原局日主己土身弱，正印又得正官相生，來的好不如來的巧，故稱「君臣兩盛，更妙月干丙火一透，寒土向陽，轉生日主，君恩重矣」。

2、「緣坐下酉金，支得巳時之拱」，指巳酉半合食傷。「火生之」，指正印生日主。「金衛之」，巳酉拱金剋正官。「水養之」，有水的己土能生金，水也能生官。「日主之力量，足以剋財」，指比劫三見剋子水。「忘君恩」，官星是撈油水的跳板。

母象

原文：知慈母恤孤之道，始有瓜瓞無疆之慶。

原注：日主為母，日之所生者為子。如甲乙日主，滿柱皆木，中有一二火氣，是母旺子孤。其勢要多方以生子孫，成瓜瓞之緜緜，而後流發于千世之下。

按：比劫是母，食傷是子。比劫多氣旺，就要用食傷洩秀，一路順行，故羊刃遇財喜食傷。「母旺子孤」要扶子息成瓜瓞之緜緜。

任氏曰：母眾子孤，不特子仗母勢，而母之情亦依乎子，故子母二人，皆不宜損抑，只得助其子勢，則母慈而子益昌矣。如日主甲乙木為母，內只有一二火氣，其餘皆木，是母多子病。一不可見水，見水子必傷。二不可見金，見金則觸母性，母子不和，子勢愈孤。惟行帶火土之運，則母性必慈，其性向子，子方能順母之意而生孫，以成瓜瓞衍慶於千世之下。若行帶水之土運，則母情有變，反不容子矣。

按：日主五行旺，食傷弱，稱母多子病；不能有印生日主撐爆的現象。也不可見金，因為犯旺是忌諱。只能行運走火土之地，食傷生財，火洩日主木，火順生土，而成全瓜瓞衍慶生生不息之象。因為用神在食傷，所以印綬運不宜。若行運土帶水，水生木還是撐爆，且印剋食傷，故母情有變，反不容子。

按：木局甚旺，以月令食傷為用，財為喜，宜火土，忌金水運。

偏財	日主	劫財	正財
己卯	乙卯	甲寅	戊午
乙	乙	戊 丙 甲	己 丁
比肩	比肩	正財 傷官 劫財	偏財 食神

壬戌	辛酉	庚申	己未	戊午	丁巳	丙辰	乙卯

任注：乙卯日元，生於寅月卯時，滿盤皆木，只有年支午火，母旺子孤，喜其會子，寅午半會，母之性慈而向子，子亦能順母之意，而生戊土之孫。更喜運中火土，所以少年早登龍虎榜，身入鳳凰池，仕至侍郎。一交庚申，觸母之性，不祿。

1、乙木生在寅月，比劫四見，母旺。偏財格，土旺，有食傷最妙。《三命通會》：「甲乙日得亥卯未，局全曲直須榮貴；柱中無亥宜火土，自是生來享福地。」原局不見亥水，不論真從；行運宜走土金財官之地。

2、「性慈而向子」，指甲乙寅卯木一堆，有寅午半合食傷洩日主，即比劫生食傷，食神傷官也生出偏財正財，原局氣勢通順。丙辰運火生土，傷官生財。丁巳運火土同位，食神生財。戊午運還是食神生財。己未運偏財帶食神。正氣無刑冲，越冲越發，但不能刑冲合會併至。庚申運固然是雙冲月柱甲寅，但是雙合日柱乙卯，一冲一合不受用。「觸母之性」，日主為母，官殺剋日主。

按：日主旺，宜食傷洩秀，印剋食神結構性瑕疵，大運忌重疊。

劫財	日主	食神	正印
乙亥	甲寅	丙辰	癸卯
甲　壬	戊　丙　甲	癸　乙　戊	乙
比肩　偏印	偏財　食神　比肩	正印　劫財　偏財	劫財

戊申	己酉	庚戌	辛亥	壬子	癸丑	甲寅	乙卯

任注：甲寅日元，生於季春，支類東方，又生亥時，一點丙火虛露，母眾子孤，辰乃溼土，晦火養木，兼之癸水透干，時逢亥旺，母無慈愛孤恤之心，反有滅子之意。初運乙卯、甲寅，尚有生扶愛子之情，其樂自如。一交癸丑，帶水之土，母心必變，子不能安，破敗異常。至壬子，剋絕其子，家破人離，自縊而亡。

1、日主生在辰月，偏財當令。「支類東方」，指地支寅卯辰三會木，寅亥合木，木局透時干，年干癸水相生；戊土當令是否合化出曲直格？換言之，以當令的偏財下判斷，就是要食傷，食傷討厭印綬，故喜食傷，忌印。「母眾」，指水木一堆。「子孤」，指食傷，但食神格成立。

2、初運乙卯與甲寅運，「尚有生扶愛子之情」，指比劫生食傷，不忤逆火土即可，故「其樂自如」。癸丑運帶水之土，印剋食傷，故「母心必變，子不能安」。壬子運一堆水剋制丙丁火食傷，故「自縊而亡」。本例若從旺成真，印生身無妨。

645

子象

> 原文：知孝子奉親之方，始克諧成大順之風。

> 原注：日主為子，生日者為母。如甲乙滿局皆是木，中有一二水氣。為子眾母衰，其勢要多方以安母。用金以生水用土以生金，則成母子之情，為大順矣。設或無金，則水之神依乎木，而行木火金盛地亦可。

按：若日主為子，印就是母親；講印與比劫的關係。若日主甲乙木一堆，水氣僅一二，就是「子眾母衰」，印衰而比劫旺，行運以水地安母為要。土生金即財生殺，金生水即官殺生印，則皆氣順。如果沒有官殺，無須用印，因為水已經在木中，只能運行比劫、食傷、官殺旺盛之地亦可。不用土是滿局比劫，忌羣劫爭財。

> 任氏曰：子眾母衰，母之性依乎子，須要安母之心，亦不可逆子之性。如甲乙日為主，滿局皆木，中有一二水氣，謂子眾母孤，母之情依乎子，必要安母之心。一不可見土，見土則子戀婦而不顧母，母不安矣。二不可見金，見金則母勢強而不容子，子必逆矣。

按：子眾母衰與母衰子旺意義相同，安母（印綬）之心即是走水運，扶助衰母。不宜者，土是財富，財剋印而不照顧母親。其次不可見金，金是官殺，「逆子之性」，官殺生印，母親強勢掌權，換兒子食傷坐立難安。

> 任氏曰：惟行帶水之金運，使金不剋，而生水，則母情必依子，子情亦順母矣，以成大順之風。若行帶土之金運，婦性必悍，母子皆不能安，人事莫不皆然也，此四章雖主木論，火土金水亦如之。

按：帶水之金運，官殺不剋日主而是貪生印，母順子情。若行帶土之金運，財生殺，殺攻身，婦性必悍，母子不安。其餘如此。

按：羊刃格無官殺，食神生財合去當比劫，母衰子旺要扶母。癸丑金帶水、壬子扶母；庚戌運「帶土之金運，婦性必悍」，破格。

劫財	日主	劫財	正印
乙亥	甲寅	乙卯	癸亥
甲　壬	戊　丙　甲	乙	甲　壬
比　偏 肩　印	偏　食　比 財　神　肩	劫 財	比　偏 肩　印

丁 未	戊 申	己 酉	庚 戌	辛 亥	壬 子	癸 丑	甲 寅

任注：甲寅日元，生於仲春，卯亥、寅亥拱合，滿局皆木。則年干癸水無勢，子旺母孤。其情依乎木，木之性亦依乎水，謂母子情協。初運甲寅、癸丑，蔭庇有餘，早游泮水。壬子中鄉榜。辛亥金水相生，由縣宰遷省牧。庚戌土金並旺，母子不安，註誤落職而亡。

1、甲日生在卯月，羊刃格。寅亥合木，亥卯拱局，曲直格成真。「子旺母孤」，指甲乙寅卯木一堆，水木兩局，水滋木變格。

2、初運甲寅從旺，順旺而行。癸丑運，三合印局助旺，還是助旺而行，水木之地母子同心，故「早游泮水」。壬子運還是助旺不悖。辛亥運金貪生水，水生木，母子同心。庚戌運土金併旺，故「落職而亡」，因為庚戌運與月柱乙卯雙合，乙庚合金，卯戌合火，木火土不容水，又土剋水，庚金官殺攻身有力，故前言「若行帶土之金運，婦性必悍，母子皆不能安」。

647

按：母衰子旺，病藥在子，忌食傷與財運，宜官煞印綬。

比肩	日主	正財	劫財
甲子	甲寅	己卯	乙亥
癸	戊 丙 甲	乙	甲 壬
正印	偏財 食神 比肩	劫財	比肩 偏印

辛未	壬申	癸酉	甲戌	乙亥	丙子	丁丑	戊寅

任注：甲寅日元，生於仲春，滿局皆木，亥卯又拱，時支子水衰極，其情更依乎木，日主戀己土之私情，而不顧母。丁丑運火土齊來，反不容母。諺云：「婦不賢則家不合」，刑傷破耗。丙子火不通根，平安無咎。甲戌又逢土旺破耗異常。乙亥癸酉，生化不悖，續妻生子重振家聲。壬申晚景愈佳，金水相生之故。

1、甲日主生在卯月，羊刃格，正財格。「滿局皆木，亥卯又拱」，指比劫五見。「時支子水衰極」，指子水被甲木洩掉。印衰要依靠兒子甲木。然而甲己合土財，貪財壞印不顧母。

2、丁丑運，火土齊來火生土，財剋印，反不容母，故「刑傷破耗」。丙子運火不通根，子是印助旺，故平安。乙亥運是水木運母子均霑雨露，生化不悖。甲戌運拱午土剋水，財剋印，母印凶咎，故「破耗異常」。癸酉運，殺生印，故「重振家聲」。壬申運金生水，殺生印，故「晚景愈佳」。甲寅、甲子拱丑，正財有根帶貴人，羊刃剋不盡。正財坐桃花羊刃，換老婆也是應該。

性情

原文：五氣不戾，性情中和。濁亂偏枯，性情乖逆。
原注：五氣在天，則為元亨利貞。賦在人，則仁義禮智信之性，惻隱、羞惡、辭讓、是非誠實之情。五氣不戾者，則其存之而為性，發之而為情，莫不中和矣。反此者乖戾。

按：五氣概括指五行，不要一堆刑冲剋之類，則其人個性安祥。混亂偏枯的原局，其人行事乖張忤逆，難以捉摸；故喜四柱無刑冲，五行流通。

任氏曰：五氣者，先天洛書之氣也。陽居四正，陰居四隅，土寄居於艮坤，此後天定位之：

1、東方屬木，於時為春，於人為仁。

2、南方屬火，於時為夏，於人為禮。

3、西方屬金，於時為秋，於人為義。

4、北方屬水，於時為冬，於人為智。

5、坤艮為土，坤居西南者，以火生土，以土生金也。

6、艮居東北者，萬物皆生於土，冬盡春來，非土不能止水，非土不能栽木。猶仁義禮智之性，非信不能成。故聖人易艮於東北者，即信以成之之旨也。賦於人者，須要五行不戾，中和純粹，則有惻隱、辭讓、誠實之情，若偏枯混濁，太過不及，則有是非乖逆驕傲之性矣。

1、按：五氣者，指河圖洛書之類的象、數、義、理。陽居四正，指子午卯酉。陰居四隅，指艮巽坤乾。東方木主仁，西方金主義，南方火主禮，北方水主智。河圖五與十，土在中央；人無信不立，立則以中土卡位為要。依河圖火生土，所以坤土拿到南方與西方之間通關；而艮土居於東方木與北方水之間，有土制水，濕土而後可生東方木。

2、宇宙觀推演至道德觀，發展出仁義禮智信，勉人溫良恭儉讓，故原局須要五行不戾，中和純粹，則有惻隱、辭讓、羞惡、誠實之情；若偏枯混濁，太過不及，則有是非乖逆驕傲之性。

按：月令食神生偏財，透干為用，干支非生則比合，四柱無刑沖，格局無破。水運有財回剋，金運有食神回剋。

偏財	日主	食神	正財
戊辰	甲子	丙寅	己丑
癸　乙　戊	癸	戊　丙　甲	辛　癸　己
正印　劫財　偏財	正印	偏財　食神　比肩	正官　正印　正財
戊午　　己未	庚申　　辛酉	壬戌　　癸亥	甲子　　乙丑

任注：甲子日元，生於孟春，木當令，而不太過。火居相位不烈。土雖多而不燥。水雖少而不涸。金本無而暗蓄，則不受火之剋，而得土之生。無爭戰之風，有相生之美，為人不苟，無驕諂刻薄之行，有謙恭仁厚之風。

1、甲日主生在寅月，建祿格，食神格生財格，四柱無刑沖，原局好命。「木當令，而不太過」，太過則是羊刃格，弱則托不住財官。「火居相位不烈」，指丙火自坐長生寅木，生我為相。「土雖多而不燥」，指財星五見，戊己土有癸水滋潤，異於其他五行之財剋印。

2、「水雖少而不涸」，癸水正印三見有辛金相生。「金本無而暗蓄，則不受火之剋」，指原局無庚辛申酉，而是棲息在丑土之中，有己土與癸水防護，使丙火剋不到辛金，土財星四見生殺有力。「謙恭仁厚」前言「東方屬木，於時為春，於人為仁」。

651

按：月令七殺透干為用，然己土身弱，印比無力，制殺化殺無功。行運水木之地，財生殺黨。戌運化火，小人也有得意時。

七殺	日主	偏印	比肩
乙丑	己卯	丁卯	己酉
辛　癸　己	乙	乙	辛
食神　偏財　比肩	七殺	七殺	食神

己未	庚申	辛酉	壬戌	癸亥	甲子	乙丑	丙寅

任注：己卯日元，生於仲春，土虛寡信，木多金缺，陰火不能生溼土，禮義皆虛。且八字純陰，一味趨炎附勢，其心存損人利己之心，萌幸災樂禍之意。

1、己日主生在卯月，七殺當令，原局七殺三見，無疑是殺強身弱，故「土虛寡信」。「木多金缺」，指官殺強食神剋不動。「八字純陰」，純陰並無大礙，主要是卯酉冲，卯木剋丑土，乙木剋己土，前言「濁亂偏枯，性情乖逆」。

2、「陰火不能生溼土」，指丁火不強己土不受用。「禮義皆虛」，火不強無禮，卯酉冲金不靈光，無義。《三命通會》：「癸酉己巳並乙丑，三位金神時怕有，火鄉煞刃貴相逢，如在水鄉隨刑醜」。行運水地，破格的金神格。

652

按：日主滿局比劫印綬，正官沖去，僅賴食傷洩火，月令傷官不透，透出正印格剋去傷官，諸路不通；地支刑、害、沖俱全。

偏印	日主	正印	比肩
甲午	丙子	乙未	丙戌
己 丁	癸	乙 丁 己	丁 辛 戊
傷官 劫財	正官	正印 劫財 傷官	劫財 正財 食神
癸卯	辛丑	己亥	丁酉
壬寅	庚子	戊戌	丙申

任注：丙生夏季，火焰土燥，天干甲乙，枯木助火之烈，更嫌子水沖激之炎，偏枯混亂之象，性情乖張，處世多驕傲。且急躁如風火，順其性千金不惜，逆其性一芥中分，因之家業破敗無存。

1、丙火生在未月，火炎土燥。天干甲乙正偏印生日主，比劫四見，印綬三見，身強。日支子水被未土剋制，子午沖。

2、「偏枯混亂之象」，指原局戌未半刑，子未害，子午沖。「順其性千金不惜」，指時上羊刃敗財，拿錢充老大。「一芥中分」，指計較到芝麻綠豆要平分。「家業破敗」，因為調候壬、庚不見，僅正印格，四柱無財來剋，空有一張嘴。

> 原文：火烈而性燥者，遇金水之激。
>
> 原注：火烈而能順其性，必明順。惟金水激之，其燥急不可禦矣。

按：火烈只能順其性安撫，以金生水，即財生殺黨，以至狗急跳牆，野火燎原。

> 任氏曰：火燥而烈，其炎上之性，只可純用溼土潤之，則知禮而成慈愛之德。若遇金水激之，則火勢愈烈而不知禮，災禍必生也。溼土者，丑辰也，晦其光，斂其烈，則明矣。

按：火性炎上，不可用金生水，水剋火，反而造成烈焰四竄，愈烈而不知禮。只可以用濕土洩火,濕土指帶有癸水的丑土與辰土,有晦其光，斂其烈的功效。

按：原局雙羊刃透干，缺官殺；月令燥土傷官不用，以辰、丑濕土傷官降溫為用。前言：「火烈而能順其性，必明順。惟金水激之，其燥急不可禦」，有食傷不忌金水。

傷官	日主	偏印	比肩
己丑	**丙午**	**甲午**	**丙戌**
辛 癸 己	己 丁	己 丁	丁 辛 戊
正財 正官 傷官	傷官 劫財	傷官 劫財	劫財 正財 食神
壬寅 辛丑	庚子 己亥	戊戌 丁酉	丙申 乙未

任注：丙午日元，生於午月，年月又透甲丙，猛烈極矣。最喜丑時，干支皆溼土，能收丙之烈，能晦午之光，順其性，悅其情，不凌下也，其人威而不猛，嚴而不惡，名利雙輝。

1、丙火生在午月，月日都是羊刃，年干透丙火，月干甲木生，日主極旺，就靠時柱己丑濕土洩火。食傷四見，一堆羊刃喜歡食傷洩身。

2、乙未運雙冲時柱己丑，喜神被冲，午未合火，幼年必然困苦。丙運太旺，申運拱財必然發跡。酉運會火平安。戊戌運，燥土提油救火，必蹇困。己亥運拱合水土，喜用臨身。庚子運冲剋合，原局震撼必凶。

按：雙羊刃帶祿帶印，辛金杯水無用，子水冲去，前言：「火烈而性燥者，遇金水之激」。

偏印	日主	偏印	正財
甲午	丙子	甲午	辛巳
己 丁	癸	己 丁	庚 戊 丙
傷官 劫財	正官	傷官 劫財	偏財 食神 比肩
丙戌 丁亥	戊子 己丑	庚寅 辛卯	壬辰 癸巳

任注：丙火生於午月午時，木從火勢，烈之極矣，無土以順其性。金無根，水無源，激其猛烈之性，所以幼失父母，依兄嫂而居。好勇不安分，年十六七，身材雄偉，膂力過人，好習拳棒，樂與里黨無賴交游，放蕩無忌。兄嫂不能禁，後因搏虎而被虎噬。

1、原局「木從火勢，烈之極矣」，指月時天干甲木偏印生日主，日主丙火在月時地支，羊刃格兩見。火燥而烈，應以濕土滋潤洩化，不可金水相激。但原局無濕土洩火。

2、「幼失父母」，癸巳運，滴水入熔爐。「搏虎而被虎噬」，非指真虎，應指捕快、幫派、地痞流氓之類。此例與前例區別在羊刃有沒有對等的洩身。

656

> 原文：水奔而性柔者，全金木之神。
>
> 原注：水盛而奔，其性至剛至急，惟有金以行之，木以納之，則柔矣。

按：日主水太旺，水勢滔滔，以金行之，以木納水，金水木一團，物以類聚，以柔克剛。

> 任氏曰：水性本柔，其衝奔之勢，剛急為最。若逢火沖之，土激之，則逆其性而更剛矣。奔者，旺極之勢也，用金以順其勢（原局要趨近潤下格），用木以疏其淤塞。所謂從其旺勢，納其狂神，其性反柔，剛中之德，易進難退之意也。雖智巧多能，而不失仁義之情矣。

按：水雖然性質柔順，但火土同位，火土齊來會犯旺而激起水性，故以金洩土生水，以木納水疏土，讓水順勢而流，金水木一團，火土為忌。雖取巧，但合乎人情世故與八字義理。

按：月令羊刃透干，取外格食神、偏印為用，相隔梟印不奪食。

偏 印	日 主	食 神	劫 財
庚 子	壬 申	甲 子	癸 亥
癸	戊　壬　庚	癸	甲　壬
劫 財	七　比　偏 殺　肩　印	劫 財	食　比 神　肩
丙 辰	丁 巳	戊 午	己 未	庚 申	辛 酉	壬 戌	癸 亥

任注：壬申日元，生於子月，年時亥子，干透癸庚，其勢沖奔，不可遏也。月干甲木凋枯，又被金伐之，不能納水，反用庚金，順其氣勢。為人剛柔相濟，仁德兼資，積學篤行，不求名譽。初運癸亥，從其旺神，蔭庇大好。壬戌運水不通根，戌土激之，刑喪破耗。辛酉、庚申運，入泮補廩，又得四子，家業日增。一交己未，激其沖奔之勢，連剋三子，破耗異常，至戊運而亡。

1、壬水生在子月，月時都是羊刃，天干則是劫財、偏印，旺極。「月干甲木凋枯」，指月干食神成格，但這個食神面臨一堆水，來不及消納，又四柱沒有火洩，以至食神不生財，格局擺著好看。「金伐」指偏印剋食傷，故食傷不靈近潤下格，喜西方。

2、初運癸亥從旺，故「蔭庇大好」。壬戌運戌土剋水，激起水性，故「刑喪破耗」。辛酉庚申運，金生水助旺而不犯旺，故「入泮補廩」。交己未運，甲己是土，未土激水，犯旺就衰。戊午運火土併旺子午沖，午亥合，戊剋壬，甲剋戊，戊癸合，原局撼動。

658

按：羊刃格太旺，靠食傷洩秀，天干火運直接被劫，地支火運有食傷無事，未知鹿死誰手？

比肩	日主	比肩	比肩
壬寅	壬辰	壬子	壬寅
戊　丙　甲	癸　乙　戊	癸	戊　丙　甲
七殺　偏財　食神	劫財　傷官　七殺	劫財	七殺　偏財　食神

庚申	己未	戊午	丁巳	丙辰	乙卯	甲寅	癸丑

任注：天干四壬，生於子月，沖奔之勢，最喜寅時，疏其辰土之淤塞，納其壬水之旺神。所以不驕不傲，秉性穎異，讀書過目不忘，為文倚馬萬言。甲寅入泮，乙卯登科，奈數奇不能得遂所學。至丙辰，沖激旺水，羣比爭財，不祿。

1、天干壬水一氣，月支癸水，羊刃格。寅木洩水，辰土制水，非前例之潤下格。寅木可以洩水，並疏通日支辰土，即是食傷生財，財生殺。「讀書過目不忘」，壬水主智。

2、「甲寅入泮」，食傷洩秀。「乙卯登科」還是洩秀。丙辰運「沖激旺水」，指丙辰運與日柱壬辰天剋地刑，丙火是財，被一堆壬水剋制，羣比爭財，故「不祿」。七殺太弱反成累贅，寅卯運被剋掉是好事，但丙辰運財生殺，蠢蠢欲動革命不成，反被羊刃劫財。

659

按：壬水亥月建祿格，透干帶日刃，身強。原局拱卯三合食傷局洩水；辛酉、庚申運，洩土清水路，己未運財官激水。

七殺	日主	劫財	劫財
戊申	壬子	癸亥	癸未
戊　壬　庚	癸	甲　壬	乙　丁　己
七殺　比肩　偏印	劫財	食神　比肩	傷官　正財　正官
乙卯	丙辰	丁巳	戊午	己未	庚申	辛酉	壬戌

任注：壬子日元，生於亥月申時，年月兩透癸水，只可順其勢，不可逆其流。所嫌未戌兩字，激水之性，故其為人是非倒置，作事不端，無所忌憚。初運壬戌，支逢土旺，父母皆亡。辛酉、庚申，洩土生水，雖無賴邪僻之行，倖免凶咎。一交己未，助土激水，一家五口，回祿燒死。

1、年月拱卯，亥卯未傷官格。時柱七殺格。壬日生在亥月，比劫五見，喜傷官洩水，金以行之（生水），木以納之（疏土），喜水流暢通；忌火土滯水之地。

2、初運壬戌，與日柱壬子拱亥，支逢土旺，亥亥自刑，父母皆亡。辛酉、庚申運以金洩土七殺，並推動水勢，故「倖免凶咎」。己未運正官格通透，合原局官殺三見，剋制日主水勢，助土激水；回祿之災。

> 原文：木奔南而軟怯。

> 原注：木之性見火為慈，奔南則仁之性行於禮，其性軟怯。得其中者，為惻隱辭讓，偏者為姑息，為繁縟矣。

按：木日主有食傷火是仁慈之性，行到南方之地是仁化為禮，反而變的軟弱。此時如果保持中庸為惻隱辭讓之人，不能維持中庸則為人姑息或繁文縟節。

> 任氏曰：木奔南，洩氣太過，柱中有金，必得水以通之，則火不烈。如無金，必得辰土以收火氣，得其中矣，為人恭而有禮，和而中節。如無水以濟土，土以晦火，發洩太過，則聰明自恃，又多遷變不常，而成婦人之仁矣。

按：木日主運走南方火地是洩氣，如果原局有金，則金生水，使南方火氣降低。如果無金生水，就用濕土辰、丑來洩火。能如此中庸的八字，為人恭而有禮。如果沒有水滋潤土，就沒有濕土洩火。如果火氣發洩太過，就是財多身弱，則遷變無常，而成婦人之仁。

按：月令傷官生財，即火土洩氣太多；前言：「木奔南，洩氣太過，柱中有金，必得水以通之，則火不烈」，即印剋食傷，以免洩之過火，兼作調候。火生土，土生金，金生水，水生木，木生火，地支火局透干。

食神	日主	偏印	七殺
丙寅	甲午	壬午	庚辰
戊　丙　甲	己　丁	己　丁	癸　乙　戊
偏財　食神　比肩	正財　傷官	正財　傷官	正印　劫財　偏財
庚寅　　己丑	戊子　　丁亥	丙戌　　乙酉	甲申　　癸未

任注：甲午日元，生於午月，木奔南方，雖時逢祿元，丙火逢生，寅午拱火，非日主有矣。最喜月透壬水以濟火，然壬水無庚金之生，不能剋丙為用，庚金無辰土，亦不能生水。此造所妙者辰也，晦火養木蓄水生金，使火不烈，木不枯，金不鎔，水不涸，全賴辰之一字，得中和之象。申運壬水逢生，及乙酉金旺水生，入泮補廩而舉於鄉。丙戌火土並旺，服制重重。丁亥壬水得地，出宰閩中，德教並行，政成民化，所謂剛柔相濟，仁德兼資也。

1、甲日主生在午月，傷官格，身弱。雖時逢祿元，丙火逢生，但「寅午拱火，非日主有矣」，指甲祿在寅，看似日祿歸時，結果寅午半合火局透干，就不是日主的「祿」。「喜月透壬水以濟火」，指壬水可以滋潤土，以濕土洩火。但如果月干壬水沒有年干庚金生，而年干庚金沒有辰土生，則壬水的作用也被打折扣。總之，「此造所妙者辰也」。

2、辰土所以有妙用，是因為能「晦火養木蓄水生金，使火不烈，木不枯，金不鎔，水不涸」。甲申運是壬水長生，喜印剋食傷，拱未，尚未脫離困境。乙酉運合庚辰金生水，故「入泮補廩」。丙戌火土並旺，忌地支三合火局，故「服制重重」。丁亥運壬水得地，丁壬合木是比劫，午亥有財有比劫，身弱有比劫印，食傷喜見財，故「出宰閩中」。天干庚金生壬水，壬水生甲木，甲木生丙火。地支寅木生午火，午火生辰土，辰土生庚金，貴命。

663

按：傷官生財，木火土太旺，前言：「無水以濟土，土以晦火，發洩太過，則聰明自恃，又多遷變不常，而成婦人之仁」，申中壬水寅木沖去，連帶調候無益。

食神	日主	比肩	食神
丙寅	**甲申**	**甲午**	**丙戌**
戊　丙　甲	戊　壬　庚	己　丁	丁　辛　戊
偏財　食神　比肩	偏財　偏印　七殺	正財　傷官	傷官　正官　偏財
壬寅　辛丑	庚子　己亥	戊戌　丁酉	丙申　乙未

任注：甲申日元，生於午月，兩透丙火，支會火局，木奔南方，燥土不能晦火生金，無水則申金剋盡，柔軟極矣。其為人暗私恩，不知大體，作事狐疑少決斷，所為心性多疑，貪小利，背大利，一事無成。

1、甲日主生在午月，傷官當令，寅午戌地支隔位透干，傷官局，丙火兩透天干，原本應該是個通透的木火通明。但是地支寅申沖，甲申、甲午拱未，故「燥土不能晦火生金」。

2、「無水則申金剋盡」，因為金不生水，無水通關就直接剋木，故甲木「柔軟極矣」，簡單說，甲木被剋洩交加後，故其人「暗私恩不知大體」。缺濕土甲木偏枯，申酉運丙丁蓋頭不生水。

> 原文：金見水以流通。

> 原注：金之性最方正，有斷制執毅。見水則義之性行
> 而為智，智則元神不滯；故流通，得氣之正者，是非
> 不苟，有斟酌，有變化。得氣之偏者，必泛濫流蕩。

按：金生水，金氣流通；西方金屬義，義則方正、果斷、堅毅。
金又生水，水主智，義行由智慧流通，流通即能是非不苟，斟酌
變化，權宜機智行事。反之，精氣神不正，必泛濫流蕩。

> 任氏曰：金者，剛健中正之體也；能任大事，能決大
> 謀，見水則流通，剛毅之性，能用智矣。得氣之正
> 者，金旺遇水也，其人內方外圓，能知權變，處世不
> 傷廉惠，行藏自合中庸。得氣之偏者，金衰水旺也，
> 其人作事荒唐，口是心非，有挾術待人之意也。

按：金者，指庚日主剛健中正，智謀任事，流通剛毅。金剛水柔，
故內方外圓。氣正則剛健權變，處世不傷廉惠。反之，金衰水旺，
剛氣不足，機巧有餘，氣偏則挾術待人，作事荒唐。

按：庚日主，月時双羊刃；用傷官喜生財；前言：「金者，剛健中正之體也；能任大事，能決大謀，見水則流通，剛毅之性，能用智矣」。初運水地，中運木地，義智仁兼具。

正財	日主	傷官	偏財
乙酉	庚子	癸酉	甲申
辛	癸	辛	戊　壬　庚
劫財	傷官	劫財	偏印　食神　比肩
羊刃　桃花	將星　月德	羊刃　桃花	干祿
辛巳	庚辰	己卯	戊寅	丁丑	丙子	乙亥	甲戌

任注：庚生酉月，又年時申酉，秋金銳銳，喜其坐下子水，透出癸水元神，流通金性，洩其菁華。為人任大事而布置有方，處煩雜而主張不靡，且慷慨好施，克己利人也。

1、庚日主生在酉月，月時羊刃，羊刃格。「秋金銳銳」，指一申兩酉。「喜其坐下子水」，一堆金就要洩水，喜傷官格成立，故「流通金性，洩其菁華」。

2、原局劫財比肩三見，食傷三見，羊刃喜歡食傷洩秀，食傷生財羊刃劫不到，故「為人任大事而布置有方」，指會用錢辦事。天干正偏財無根不入庫，正財合日主，故「慷慨好施」。

按：前言「得氣之偏者，金衰水旺也，其人作事荒唐，口是心非，有挾術待人之意也」；母衰子旺，先助其母。

七殺	日主	食神	食神
丙子	庚辰	壬子	壬申
癸	癸　乙　戊	癸	戊　壬　庚
傷官	傷官　正財　偏印	傷官	偏印　食神　比肩
庚申　己未	戊午　丁巳	丙辰　乙卯	甲寅　癸丑

任注：庚生仲冬，天干兩透壬水，支會水局，金衰水旺，本屬偏象。更嫌時透丙火混局。金主義而方，水司智而圓；金多水少，智圓行方。水泛金衰，方正之氣絕，圓智之心盛矣。中年運逢火土，沖激壬水之性，刑傷破耗，財散人離。半生奸詐，誘人財物，盡付東流。凡人窮達富貴，數已注定，君子樂得為君子，小人枉自為小人。

1、庚金生在子月，先許金白水清，再往下看。地支申子辰三合傷官局，天干透出壬水兩見，水勢滔滔。「本屬偏象」，指金生水一堆。「丙火混局」，僅時干丙火孤懸。

2、「水泛金衰，方正之氣絕」，指食傷洩秀過頭，庚金無氣，正義之氣也跟著滅絕。「方正之氣絕，圓智之心盛矣」水屬智，一堆水腦袋就刁鑽。「中年運逢火土，沖激壬水之性」，指甲寅、乙卯、丙辰、丁巳等運都是木火與燥土，相悖金水之性，「刑傷破耗」。時上七殺本是貴命，《三命通會》：「時上偏官身要強，羊刃沖刑煞敢當」，本例從兒不見財，亦無七殺羊刃沖刑。

> 原文：最拗者西水還南。
>
> 原注：西方之水，發源最長，其勢最旺，無土以制之，木以納之，如浩蕩之勢，不順行，反行南方，則逆其性，非強拗而難制乎。

按：中國地勢由西北向東南傾斜，以中原為中心，水從西方源遠流長而來，因此水性不可逆，走南方火地不利，其人強拗而難制乎。

> 任氏曰：西方之水，發源崑崙，其勢浩蕩，不可遏也，亦可順其性，用木以納之，則智之性行於仁矣。如用土制之，若不得其情，有反衝奔之患，其性仍逆而強拗。至於還南，其沖激之勢，尤難砥定，強拗異常，全無仁禮之性矣。

按：大江東流，西水不復返，復返就是由西而進入南方火地，拗水之性，其人不智。水生木，以木洩水，水屬智，水進入木體，木屬仁，其人仁智兼備。若以土剋制，有反冲之特性，不免硬拗。至於走進南方火地，水火不容，其人毫無仁義禮智信。

按：月令偏印透干，帶七殺宜行官殺運；五行缺火，火運護持食神，生殺用印；乙卯、甲寅運，水智化木仁。

食神	日主	偏印	劫財
甲辰	壬申	庚申	癸亥
癸　乙　戊	戊　壬　庚	戊　壬　庚	甲　壬
劫財　傷官　七殺	七殺　比肩　偏印	七殺　比肩　偏印	食神　比肩
壬子　　　　癸丑	甲寅　　　　乙卯	丙辰　　　　丁巳	戊午　　　　己未

任注：壬申日元，生於亥年申月，亥為天門，申為天關，即天河之口，正西方之水，發源最長。所喜者，時干甲木得辰土，通根養木，足以納水。則智之性行而為仁，禮亦備矣。為人有驚奇之品彙，無巧利之才華，中年南方火運，得甲木生化，名利兩全。

1、 壬申日元生於亥年申月，比肩、偏印生日主有力。「所喜者，時干甲木得辰土」，原局年月金生水，水就要木洩，因此喜歡時干甲木食神洩水，辰土是濕土可生木制水。

2、 「則智之性行而為仁」，指印生日主，日主有食傷。水木是智與仁，但五行缺財，是很大缺陷。「禮亦備矣」，缺財中年運行戊午、丁巳運，就補足了缺陷，故「中年南方火運，得甲木生化，名利兩全」。「為人有驚奇之品彙」，壬水屬智，水木傷官。「無巧利之才華」，原局比劫五見，傷官無財拿錢當好人。

按：月令偏印，乍看帶財殺，殺運財運俱全；再看日時雙冲。

偏財	日主	偏印	劫財
丙午	壬子	庚申	癸亥
己　丁	癸	戊　壬　庚	甲　壬
正官　正財	劫財	七殺　比肩　偏印	食神　比肩
壬子　癸丑	甲寅　乙卯	丙辰　丁巳	戊午　己未

任注：壬子日元，生於申月亥年，西方之水，浩蕩之勢，無歸納之處。時逢丙午，冲激以逆其性，為人強拗無禮。兼之運走南方火土，家業破敗無存。至午運強娶人妻，被人毆死。俗以丙火為用，運逢火土為佳，不知金水同心，可順而不可逆，須逢木運，生化有情，可免凶災，而人亦知禮矣。

1、王水生在申月，偏印格帶比劫四見，金生水旺，日刃格。「無歸納之處」，水旺上策是洩水，中策是土制，下策是忤逆；原局無木納水，無土制水。「時逢丙午，冲激以逆其性」，指丙午就是忤逆水性，故「為人強拗無禮」。

2、「運走南方火土」，指己未、戊午運逆水之性。「強娶人妻」，指戊午運，殺官逢財被劫。又戊午運丙午時柱雙冲日柱，戊午運暗合癸亥年柱，一堆木火土大戰金水，故「被人毆死」。任氏認為：「金水同心，可順而不可逆」，故有是理。然而原局財格缺食傷是最大缺陷。

670

> 原文：至剛者東火轉北。
>
> 原注：東方之火，其氣焰欲炎上，局中無土以收之，水以制之，焉能安焚烈之勢。若不順行而反行北方，則逆其性矣；能不剛暴耶。

按：丙火帶甲乙寅卯東方木，指丙日主年月有偏印相生，當然就是用濕土洩火氣。水剋火，若反行北方，則水生木，木生身，至剛者，太旺就是缺陷。其人逆其性，剛暴自愎。

> 任氏曰：東方之火，火逞木勢，其炎上之性，不可禦也；只可順其剛烈之性，用溼土以收之，則剛烈之性，化為慈愛之德矣。一轉北方，焉制焚烈之勢，必剛暴無禮；若無土以收之，仍行火木之運，順其氣勢，亦不失慈讓惻隱之心矣。

按：火日主一堆印綬，應順勢以濕土辰丑收納，則剛烈化為慈愛。如果走北方水地，則水火不容，必剛暴無禮，還不如南方火地順勢而行。若無濕土，則順勢火木，柔順以對，《易》曰：「不速之客來，敬之終吉」。

671

按：雙羊刃透干，鋒銳加倍；食傷五見，喜財地，不宜印綬運。

傷官	日主	偏印	比肩
己丑	丙午	甲午	丙寅
辛 癸 己	己 丁	己 丁	戊 丙 甲
正財 正官 傷官	傷官 劫財	傷官 劫財	食神 比肩 偏印
壬寅 辛丑	庚子 己亥	戊戌 丁酉	丙申 乙未

任注：丙午日元，生於午月寅年，年月又透甲丙，其焚烈炎上之勢，不可遏也。最妙丑時在支，溼土收其猛烈之性，為人有容有養，驕諂不施，運逢土金，仍得丑土之化，科甲連登，仕至郡守。

1、丙午日元生在午月，日刃月刃帶長生，年月兩干比肩偏印，身強到極點。羊刃沒有七殺對抗，就要食傷洩身；原局食傷五見，比劫四見，偏印成格，木火土一氣相隨。

2、前言「只可順其剛烈之性，用溼土以收之」，故「最妙丑時在支，溼土收其猛烈之性」。「運逢土金」，指丙申、丁酉、戊戌等運，以財剋印保全食傷，以土晦火，故「科甲連登」。己亥運拱子沖兩午，暗合月柱甲午，寅亥合木，原局撼動沖合並見，必有凶咎。

按：真炎上格，雙羊刃，宜洩不宜生；寅卯有功，庚子運冲合。

偏財	日主	比肩	劫財
庚寅	丙午	丙午	丁卯
戊　丙　甲	己　　丁	己　　丁	乙
食神　比肩　偏印	傷官　　劫財	傷官　　劫財	正印
戊戌　　己亥	庚子　　辛丑	壬寅　　癸卯	甲辰　　乙巳

任注：丙午日元，生於午月，年時寅卯，庚金無根，置之不用，格成炎上。局中無土吐秀，書香不利，行伍出身。至卯運得官。壬運失職。寅運得軍功，驟升都司。辛丑運生化之機氣無。一交庚子，冲激午刃，又逢甲子年雙冲陽刃，死於軍中。

1、丙日主，月刃日刃，比肩劫財一堆，時上偏財庚金無用，故「格成炎上」喜東南。《星平會海》：「火多炎上氣冲天，玄武無侵富貴全」，忌水旺冲火。

2、「無土吐秀」，指火土同位所以食傷不算洩秀，故「書香不利」。至「卯運得官」，指水木火一氣順生。「壬運失職」，指壬水冲丙火。「寅運得軍功」，木生火專旺從旺，故「驟升都司」。「辛丑運生化之機氣無」，指辛金尅木，丑土晦火。「一交庚子，冲激午刃」，指一子冲兩午。「又逢甲子年雙冲羊刃」，指兩子冲午，子丑合。玄武相侵，故「死於軍中」。

> 原文：順生之機，遇擊神而抗。
>
> 原注：如木生火，火生土，一路順其性情次序，自相和平。中遇擊神，而不得遂其順生之性，則抗而勇猛。

按：五行要平順化生，

> 任氏曰：順則宜順，逆則宜逆，則和平而性順矣。如木旺得火以通之，順也，土以行之，生也，不宜見金水之擊也。木衰，得水以生之，反順也，金以助水，逆中之生也，不宜見火土之擊也。我生者為順，生我者為逆，旺者宜順，衰者宜逆，則性正情和，如遇擊神，旺者勇急，衰者懦弱，如格局得順逆之序，其性情本和平，至歲運遇擊神，亦能變為強弱，宜細究之。

1、按：《易》曰：「數往者順，知來者逆」兩者都好；故原局有適合順生或逆生，無論順逆成格有情就是好。例如木生火是通順，繼之以土是生息不已；不宜見金來剋木，水來剋火。

2、反之，木衰，用水來生，順序掉反，則用金來生水，視為「逆中之生」；不宜見火來剋金，土來剋水。旺者宜順，衰者宜逆，都是五行流暢的具體實現。

674

按：原局木火旺盛，前言「旺者宜順，衰者宜逆，則性正情和」，然初運水地逆行，身旺何勞印綬？格局美而運不濟事。

偏印	日主	食神	正財
壬申	甲寅	丙寅	己亥
戊　壬　庚	戊　丙　甲	戊　丙　甲	甲　壬
偏財　偏印　七殺	偏財　食神　比肩	偏財　食神　比肩	比肩　偏印
戊午　己未	庚申　辛酉	壬戌　癸亥	甲子　乙丑

任注：甲寅日元，生於寅月，木旺得丙火透出，順生之機，通輝之象，讀書過目成誦。所嫌者時遇金水之擊，年干己土虛脫，不制其水；兼之初運北方水地，不但功名難遂，而且破耗刑傷，一交辛酉，助水之擊，合去丙火而亡。

1、甲寅日元，生於寅月，建祿兩見。丙火食神透干，食神洩秀，順生之機，木火通明，「讀書過目成誦」。

2、「所嫌者時遇金水之擊」，指時柱申金生壬水，印剋食傷。「年干己土虛脫」，指正財坐在亥水之上無力，而寅申沖之戊土無用。又初運乙丑、甲子、癸亥，全部是印綬之地，連結時柱壬申水，食神被剋制。「一交辛酉，助水之擊」，金生水，「合去丙火而亡」。食神格與偏印格對抗賽，梟印在辛酉運內外夾擊達陣。月時雙沖，根基一定空。

675

按：月令食神生財為用，財滋弱殺歪道；總之，食神生財或財印雙清七殺來亂，格局三透就有矛盾，壞在月時雙冲。

偏印	日主	偏財	七殺
壬申	**甲午**	**戊寅**	**庚寅**
戊　壬　庚	己　丁	戊　丙　甲	戊　丙　甲
偏財　偏印　七殺	正財　傷官	偏財　食神　比肩	偏財　食神　比肩
丙戌　乙酉	甲申　癸未	壬午　辛巳	庚辰　己卯

任注：甲午日元，生於寅月，戊土透出，寅午拱火，順生之機，德性慷慨，襟懷磊落。亦嫌時逢金水之擊，讀書未授，破耗多端。兼之中運不濟，有志未伸。還喜春金不旺，火土通根，體用不傷，後昆繼起。

1、甲日主生在寅月，建祿格，「戊土透出」，偏財格。「寅午拱火，順生之機」，指水生木，木生火，火土同位，食傷生財。「亦嫌時逢金水之擊」，指時柱申金生壬水，印剋甲木最愛的食傷，故「讀書未授」。中運火地印剋食神，故「有志未伸」。

2、「還喜春金不旺，火土通根」，指建祿格而不是羊刃格，火土通根就食傷洩秀，「體用不傷」，「體」指日主，七殺隔位；「用」指偏財剋偏印，印就剋不到用神食傷。「春金不旺」，春土被剋生金力衰。「後昆繼起」，時支官殺坐旺。本例是建祿兩見，剛中有柔，寅申隔位冲；而前例直接日時相冲，撼動日主。

> 原文：逆生之序，見閑神而狂。

> 原注：如木生亥，見戌酉申則氣逆，非性之所安。
> 一遇閑神，若巳酉丑逆之，則必發而為狂猛。

按：木長生在亥，並非身旺，以官殺多而剋之，格強身弱故不宜；即「氣逆」，不安於性。須看身強身弱，不可一概論之。

> 任氏曰：逆則宜逆，順則宜順，則性正情和矣，如木旺極，得水以生之，逆也；金以成之，助逆之生也，不宜見己丑之閑神也。如木衰極，得火以行之，反逆也，土以化之，逆中之順也；不宜見辰未之閑神也，此旺極衰極，乃從旺從弱之理，非前輩旺衰得中之意，如旺極見閑神，必為狂猛，衰極見閑神，必為姑息，歲運見之亦然，火土金水如之。

1、按：原局有宜順宜逆，故木旺得水是逆。如果金來剋木，反成棟樑，但不要土多，否則財旺生官，日主不堪負荷。

2、木極衰，衰不禁扶，乾脆「反逆」，以火地洩盡木氣，稱「逆中之順」。雖然再用土將火卸掉，求氣勢流通，但辰未土為財，財生官殺成黨則屬於從旺從弱的範疇。「旺衰得中」，指尚可制衡，而非脫序之極旺極衰無可扶正，故宜從旺；否則閑神生旺神必暴戾，閑神生衰氣必姑息；柱運歲亦然。

按：官輕印綬比劫重，旺就不宜殺來混，宜水木，忌土金財殺。

比肩	日主	正官	偏印
甲子	甲寅	辛亥	壬子
癸	戊　丙　甲	甲　壬	癸
正印	偏財　食神　比肩	比肩　偏印	正印
己未　戊午	丁巳　丙辰	乙卯　甲寅	癸丑　壬子

任注：甲寅日元，生於亥月，水旺木堅，旺之極矣。一點辛金，從水之勢，不逆其性，安而且和。逆生之序，更妙無土，不逆水性。初運北方，入泮登科。甲寅、乙卯從其旺神，出宰名區。丙辰尚有拱合之情，雖落職而免凶咎。丁巳遇閑神沖擊，逆其性序而卒。

1、甲寅日柱自坐祿，生在亥月，寅亥合木，辛金生亥水，故「水旺木堅」。「旺之極」，指比肩、印綬一大堆，當成曲直格雖不中亦不遠矣！「一點辛金，從水之勢，不逆其性」，指正官生印，故「安而且和」，因為五行缺一就是原局的遺憾，特別格也不一定命高。「更妙無土」土是閑神剋旺印，何苦又生殺亂性。

2、初運甲寅乙卯從旺，故「出宰名區」。「丙辰尚有拱合之情」，指甲寅與丙辰同一旬，還是落在專旺的氣勢，故「落職而免凶咎」。丁巳運火土生旺之地，丁剋用神，丁壬合木，火土食傷生財與專旺水木對槓，故「逆其性序而卒」。

按：月令偏印透干為用，正官為喜，火土同位，財運剋用神。

正財	日主	正官	偏印
己巳	甲寅	辛亥	壬寅
庚　戊　丙	戊　丙　甲	甲　壬	戊　丙　甲
七殺　偏財　食神	偏財　食神　比肩	比肩　偏印	偏財　食神　比肩
己未　戊午	丁巳　丙辰	乙卯　甲寅	癸丑　壬子

任注：甲寅日元，生於寅年亥月，辛金順水，不逆木性，逆生之序。所嫌巳時為閑神，火土冲剋逆其性，又不能制水。初交壬子，遺緒豐盈。癸丑地支閑神結黨，刑耗多端。甲寅乙卯，丁財並益。一交丙辰，助起火土，妻子皆傷，又遭回祿，自患顛狂之症，投水而亡。

1、同前例，甲寅日柱生在亥月，辛金正官生印綬，不逆木性，為何投水而亡？因為「所嫌巳時為閑神」，巳時就是火土生旺之地，與官生印金生水就是不對盤，故稱「火土冲剋逆其性」。「不能制水」，指寅亥合，寅刑巳，巳火必須面臨當令強勢之金水。

2、初運壬子與年柱拱丑，濕土含金帶水，故「遺緒豐盈」。癸丑運「閑神結黨」，指原局財星四見，癸丑是個財剋印的大運，故「刑耗多端」。甲寅運與乙卯運都是官生印，印生比劫順勢順用，故「丁財並益」。丙辰運是火土並旺，四個食神帶上財星五見，就是食傷生財與官殺生印之對抗賽，故顛狂投水。

679

按：月令食神生財極旺，五行缺水，喜從旺神火土，忌金水。

正財	日主	傷官	偏財
己巳	甲寅	丁巳	戊戌
庚　戊　丙	戊　丙　甲	庚　戊　丙	丁　辛　戊
七殺　偏財　食神	偏財　食神　比肩	七殺　偏財　食神	傷官　正官　偏財
乙丑　甲子	癸亥　壬戌	辛酉　庚申	己未　戊午

任注：甲寅日元，生於巳月，丙火司令。雖坐祿支，其精洩盡。火旺木焚，喜土以行之，此衰極從弱之理。初運戊午、己未，順其火土之性，祖業頗豐，又得一衿。庚申逆火之性，洩土之氣，至癸亥年，沖激火勢而亡。

1、甲寅日柱生巳月，丙火最強，自坐「祿支」，原局無水，故貶為「其精洩盡」。丙丁食傷五見，故「火旺木焚，喜土以行之」，喜財洩食傷。「衰極從弱」，指日主被一堆食傷洩氣，沒有印綬剋食傷，擋不住食傷就用財星次第洩氣。

2、戊午、己未運，順其火土之性，祖業頗豐。庚申運雙沖日柱，巳申合水兩組，根基沖動；癸亥年雙沖月柱用神與時柱，柱運歲總體合出官殺生印閑神，原局食傷不曾被印綬剋過，從高枕無憂到四面楚歌。任鐵樵在此點撥流年技法，語帶朦朧。《三命通會》：「棄命從財，須要會財。若逢根氣，命損無猜」，真從假從？庚申運惟一比肩被拔。

原文：陽明遇金，鬱而多煩。
原注：寅午戌為陽明，有金氣伏於內，則成其鬱鬱而多煩悶。

按：丙火光明，又帶火局之類，稱「陽明」。財星隱藏在濕土中，難以生化而出。與前述木火順生之機，火土同位即得財星不同不同，此述日主用神之區別。

任氏曰：陽明之氣，本多暢遂，如遇溼土藏金，則火不能剋金，金又不能生水，而成憂鬱；一生得意者少，而失意者多。則心鬱志灰，而多煩悶矣。必要純行陰濁之運，引通金水之性，方遂其所願也。

按：火日主地支火局，就是喜歡通明之象；如果遇到濕土藏金，丑土之類；則火被水熄滅，而土中之金也無法生水，拉扯之間人生進退失據就很憂鬱，所以乾脆走金水運，順勢而為。

按：羊刃透干，食傷洩財或官殺相制，不宜比劫印綬之地。

偏財	日主	比肩	正印
庚寅	**丙午**	**丙戌**	**乙丑**
戊　丙　甲	己　丁	丁　辛　戊	辛　癸　己
食神　比肩　偏印	傷官　劫財	劫財　正財　食神	正財　正官　傷官

戊寅	己卯	庚辰	辛巳	壬午	癸未	甲申	乙酉

任注：丙火日主，支全寅午戌，食神生旺，真神得用，格局最佳。初運乙酉甲申，引通丑內藏金，家業頗豐，又得一衿。所嫌者，支會火局，時上庚金臨絕，又有比肩爭奪，不能作用。丑中辛金伏鬱於內，是以十走秋闈不第。且少年運走南方，三遭回祿，四傷其妻，五剋其子，至晚年孤貧一身。

1、丙日主，地支寅午戌三合火，一副「陽明之氣」。雖有正印相生，但丑土不肯善罷干休。地支食傷四見遇財格，故稱「食神生旺，真神得用」。其實印無根，財被劫，有局格不美。

2、乙酉與甲申運，金地呼應丑中金水，故「家業頗豐」。又說「時上庚金臨絕，又有比肩爭奪，不能作用，丑中辛金伏鬱於內，是以十走秋闈不第」，考試考不好是食神當令只想搞妻財。因為晚年財星坐絕，原局身強本以為可以托財官，原來是三合大羊刃，又走羊刃運，妻財俱損。故「晚年孤貧」。辛金入丑庫，羊刃要劫財，拉扯之間「鬱鬱而多煩悶」。

按：前言「陽明之氣，本多暢遂，如遇溼土藏金，則火不能剋金，金又不能生水，而成憂鬱；一生得意者少，而失意者多……。必要純行陰濁之運，引通金水之性，方遂其所願也」。宜金水運。

傷官	日主	比肩	七殺
己丑	丙寅	丙午	壬戌
辛　癸　己	戊　丙　甲	己　丁	丁　辛　戊
正財　正官　傷官	食神　比肩　偏印	傷官　劫財	劫財　正財　食神
甲寅　癸丑	壬子　辛亥	庚戌　己酉	戊申　丁未

任注：丙寅日元，生於午月，支全火局，陽明之象。此緣劫刃當權，壬水無根，置之不用，不及前造多矣。丑中辛金伏鬱，所喜者，運走西北陰濁之地，出身吏部，發財十餘萬，異路出仕，升州牧，名利兩全，而多暢遂也。

1、丙日主地支三合火局，生在午月，比前例更像個羊刃，故稱「陽明之象」。雖然七殺無根，但食傷五見，傷官格成立，所以「壬水無根，置之不用，不及前造多矣」，指傷官無財可制殺。

2、丁未運合木火，順勢而行，無咎。戊申與己酉運是「西北陰濁之地」，實則是柱運歲身財兩停，故「升州牧」。此例其實就是羊刃有食傷洩氣，然後食傷生財。晚年時柱傷官生財很穩當。差異在前例丙火得乙木生，劫財更囂張，此例壬水剋制比肩，相差很多。

683

原文：陰濁藏火，包而多滯。
原注：酉丑亥為陰濁。有火氣藏於內。則不發輝而多滯。

按：地支酉丑亥多見，而僅存之地支即便有微火，也是悶燒而已。

任氏曰：陰晦之氣，本難奮發，如遇溼木藏火，陰氣太盛，不能生無焰之火，而成溼滯之患，故心欲速而志未逮，臨事而模稜少決，所為心性多疑，必須純行陽明之運，引通木火之氣，則豁然通達矣。

按：巳酉丑癸亥，陰晦之氣，如果金水旺，則木不生發，火不成焰，作用既然被阻滯，其人有心無運，猶豫不決，心性多疑。若行木火之地，時來運轉。

按：月令偏印透干為用，財為喜，宜巳午丁火。前言「陽乘陽位陽氣昌，最要行程安頓；陰乘陰位陰氣盛，還須道路光亨。」

劫財	日主	偏印	比肩
壬戌	癸丑	辛酉	癸亥
丁　辛　戊	辛　癸　己	辛	甲　壬
偏財　偏印　正官	偏印　比肩　七殺	偏印	傷官　劫財

癸丑	甲寅	乙卯	丙辰	丁巳	戊午	己未	庚申

任注：陳榜眼造，癸水生於仲秋，支全酉亥丑，為陰濁。天干三水一辛，逢戌時，陰濁藏火。亥中溼木，不能生無焰之火，喜其運走東南陽明之地，引通包藏之氣，身居鼎甲，發揮素志。

1、癸水生於酉月，金白水清，正在可惜一堆金水。偏印格很旺，比劫四見，故身強。偏印格要逆用，時支惟一丁火偏財，傷官溼木力量也不夠，要看大運臉色。

2、早運庚申還是陰位。己未七殺運雙冲日柱，由印化煞，不免折騰。戊午運火土就是財殺，偏財剋偏印，七殺對日主，身殺兩停。丁巳運雙冲年柱，但用神偏財得地，福顯禍隱，不冲用神沒事。丙辰運雙合月柱，雙冲時柱，丙辛化水，辰酉合金，光亨變陰霾，旺轉衰。

685

按：月令建祿帶傷官，傷官旺則喜財地，申酉運金多水濁，氣勢凝滯；巳午未甲乙丙丁，道路光亨，豁然通達。

比 肩	日 主	偏 印	偏 財
癸 亥	癸 亥	辛 亥	丁 丑
甲　壬	甲　壬	甲　壬	辛　癸　己
傷官　劫財	傷官　劫財	傷官　劫財	偏印　比肩　七殺
癸 卯　甲 辰	乙 巳　丙 午	丁 未　戊 申	己 酉　庚 戌

任注：地支三亥一丑，天干二癸一丁，陰濁之至。年干丁火，雖不能包藏，虛而無焰，亥中甲木，無從引助，喜其運走南方，陽明之地，又逢丙午丁未流年，科甲連登，仕至觀察。

1、癸日主生在亥月，地支一堆水，故「陰濁之至」，與前例相同，也是偏印格喜逆用，僅帶一個偏財。故當運走南方丙午、丁未運，都是偏財運，加諸丙午、丁未流年，故「科甲連登」。

2、比劫五見，偏印成格，是否能做為潤下格？假使此造確實在丙午、丁未大運流年登科甲，必然非是潤下格，否則丙丁火豈不成為羣劫爭財。

按：月令傷官生財為喜用，忌殺生印，火土與金水對抗賽。

食神	日主	偏印	比肩
癸巳	辛酉	己亥	辛丑
庚　戊　丙	辛	甲　壬	辛　癸　己
劫財　正印　正官	比肩	正財　傷官	比肩　食神　偏印

辛卯	壬辰	癸巳	甲午	乙未	丙申	丁酉	戊戌

任注：支全丑亥酉，月干溼土逢辛癸，陰濁之氣。時支巳火，本可暖局，大象似比前造更美；不知巳酉丑全金局，則亥中甲木受傷，巳火丑土之官印，竟化梟而生劫矣。縱運火土，不能援引，出家為僧。

1、辛金生在亥月，自坐祿，地支巳酉丑俱全，年干透出辛金，比劫強勢，故稱「不知巳酉丑全金局」，則唯一正財甲木被傷。印綬三見成偏印格。食傷三見，傷官格。

2、「巳火丑土之財官，竟化梟而生劫」，指經過巳酉丑三合，將丙火正官與丑土中的己土偏印變成比劫；好東西都搞糊了。三合比劫力量大，唯一正財就遭殃。「縱運火土，不能援引」，指大運丙丁、午未也無濟於事，故「出家為僧」。其實丙、丁、午、未是分散在天干與地支，丁坐酉，丙坐申，乙木剋未土，自家糾結而已。月時雙冲，食神與偏印格同根透出，土旺則用神受損。

687

原文：羊刃局，戰則逞威，弱則怕事。傷官格，清則謙和，濁則剛猛。用神多者，情性不常。時支枯者，虎頭蛇尾。

原注：羊刃局，凡羊刃。如是午火，干頭透丙，支又會戌會寅，或得卯以生之，皆旺，透丁為露刃。子沖為戰。未合為藏，再逢亥水之克，壬癸水之制，丑辰土之洩，則弱矣。傷官格，如支會傷局，干化傷象，不重出，無食混，身旺有財，身弱有印。謂之清。反是則濁。夏木之見水。冬金之得火。清而且秀。富貴非常。

按：羊刃分強弱，強則征戰無休，弱則怕事畏局。傷官格不雜食神，無刑冲濫多，則清合謙遜；濁則剛猛。用神多者，捉摸不定，說比作還強。調候要持平，否則為人處事虎頭蛇尾。其餘詳下任鐵樵解說更清楚。

任氏曰：羊刃局，旺則心高志傲，戰則恃勢逞威；弱則多疑怕事，合則矯情立異。如丙日主，以午為陽刃，干透丁火為露刃，支會寅戌，或逢卯生，干透甲乙，或逢丙助，皆謂之旺。支逢子為沖，遇亥申為制，得丑辰為洩，干透壬癸為剋，逢己土為洩，皆謂之弱；支得未為合，遇巳為幫，則中和矣。

1、按：羊刃格也分強弱，如原局食傷財殺旺，相對的羊刃弱。反之，印綬比劫多，羊刃強，即身強格弱。強弱又如何？強則心高氣傲，恃勢逞威；弱則多疑怕事；合則矯情立異。

2、例如丙火以午火為羊刃，丁火透出，地支三合三會火局，或有印綬透出，總之，比劫祿刃印會聚，謂之旺。地支子午沖，亥水申金剋制羊刃，丑、辰、己濕土，干透壬癸，洩去羊刃殺氣，謂之弱。弱則有未合午，巳火幫身，則羊刃衰轉中和。

688

> 任氏曰：傷官須分真假，真者身弱有印，不見財為清。假者身旺有財，不見印為貴。

按：官殺難制羊刃，轉用傷官洩秀，傷官有真假；真者身弱有印，不見財為清，即傷官配印，見印不宜見財。又假傷官是身旺有財，傷官洩成財氣，不可見印，以免印剋食傷，即貴。

> 任氏曰：真者，月令傷官，或支無傷局，又透出天干者是也。假者，滿局比劫，無官星以制之，雖有官星氣力不能敵，柱中不論食神傷官，皆可作用，縱無亦美；只不宜見印，見印破傷為凶。

按：月令傷官透干即真，傷官不可多見。假傷官則是滿局比劫，無官星或官星極微，則傷官食神皆可用來洩日主，「縱無亦美」，指若無食神官星，單用傷官也行。但傷官為用神，不宜見印破傷為凶。

> 任氏曰：凡傷官格，清而得用，為人恭而有禮，和而中節，人才卓越，學問淵深。反此者傲而多驕，剛而無禮，以強欺弱，奉勢趨利，用神多者，少恆一之志，多遷變之心。

按：傷官成格，清合謙恭，學問卓越。反之，驕傲無禮，尤其用神多者，少恆一之志，多遷變之心。《三命通會》：「此格主多材藝，傲物氣高，心險無忌憚，多謀少遂，弄巧成拙，常以天下之人不如己，而人亦憚之惡之」。

> 任氏曰：時支枯者，狐疑少決，始勤終怠，夏木之見水，必先有金，則水有源。冬金之遇火，須身旺有木，則木有焰，富貴無疑。若夏水無金，冬火無木，清枯之象，名利皆虛也。

按：本節論調候，木火傷官要有水，金水傷官要有木火，水木傷官要火土；即夏天要有水，冬天要有火的調候用神概念。反之，無調候滋潤，名利皆虛。

按：月令羊刃，時干七殺成格；《三命通會》:「身旺殺制太過，喜行殺旺運；或三合殺運，如無制伏，要行制伏運方發。」

七殺	日主	偏印	比肩
壬辰	**丙申**	**甲午**	**丙寅**
癸　乙　戊	戊　壬　庚	己　丁	戊　丙　甲
正官　正印　食神	食神　七殺　偏財	傷官　劫財	食神　比肩　偏印
壬寅　辛丑	庚子　己亥	戊戌　丁酉	丙申　乙未

任注：丙火生於午月，陽刃局逢寅申，生拱又逢比助，旺可知矣。最喜辰時，壬水透露更妙，申辰洩火生金而拱水，正得既濟。所以早登科甲，仕版連登，掌兵刑重任，執生殺大權。

1、丙日主生在午月，羊刃格。月干甲木，年支寅木生午火，故「生拱又逢比助」，羊刃極旺。七殺格成立，羊刃駕殺，故「壬水透露更妙」。妙在七殺格成立，印綬三見，七殺化去。

2、「申辰洩火生金而拱水」，指申與辰都是內藏土與水，足以洩掉羊刃強勢之火，進而濕土生金滋潤七殺。年月木生火象，日時金生水象，故稱「正得既濟」，掰的好；所以登科甲，掌生殺大權。《三命通會》:「羊刃者，天上之凶星，人間之惡煞；喜偏官、印綬。忌反吟、伏吟。魁罡、三合。大率與七殺相似。故羊刃喜見七煞，七煞喜見羊刃，兩凶互相制伏。猶正官喜正印。煞無刃不顯，刃無煞不威。」羊刃在前，七煞在後。

690

按：羊刃旺，七殺為用。前言「身旺殺制太過，喜行殺旺運」，即羊刃強過官殺，要行殺旺運。

七殺	日主	偏印	比肩
壬辰	**丙寅**	**甲午**	**丙申**
癸　乙　戊	戊　丙　甲	己　丁	戊　壬　庚
正官　正印　食神	食神　比肩　偏印	傷官　劫財	食神　七殺　偏財
壬寅　　辛丑	庚子　　己亥	戊戌　　丁酉	丙申　　乙未

任注：此與前八字皆同，前則坐下申金，生拱壬水有情，此則申在年支，遠隔又被比劫所奪。至申運生殺，又甲子流年會成殺局，沖去羊刃，中鄉榜，以後一阻雲程。與前造天淵之隔者，申金不接壬水之氣也。

1、 此例與前例，區別在寅申對調而已。此例日主坐下寅木無水，換成木火，無法如前例一般的「正得既濟」。故「申在年支，遠隔」，午火剋制申金，年干丙火也是剋金，故稱「又被比劫所奪」。

2、 丙申運申金生壬水，故稱「生殺」。又「甲子流年會成殺局」，指柱運歲三合申子辰。瞬間就是水沖掉火，故稱「沖去羊刃，中鄉榜」。「一阻雲程」，指鄉榜後仕程不利。丁酉合木生刃，合金生水先衰後吉。戊戌運雙沖時柱用神，己亥運合甲午助刃。「申金不接壬水之氣」，指地支七煞被寅午斷開，而日月柱是甲午、丙寅一團木火，是結構性瑕疵。夏水無金，刃無煞不威。

691

按：偏弱的羊刃格，《三命通會》：「身弱見財官，固喜羊刃分財合煞，若見食傷，身弱脫氣，亦喜羊刃扶持」。

食神	日主	食神	食神
戊戌	丙辰	戊午	戊子
丁　辛　戊	癸　乙　戊	己　丁	癸
劫財　正財　食神	正官　正印　食神	傷官　劫財	正官
丙寅　　乙丑	甲子　　癸亥	壬戌　　辛酉	庚申　　己未

任注：丙日午提，刃強當令，子沖之，辰洩之，弱可知矣。天干三戊，竊日主之精華，兼之運走西北金水之地，則羊刃更受其敵。不但功名蹭蹬，而且財源鮮聚。至甲寅年，會火局，疏厚土，恩科發榜。

1、「丙日午提」，指丙日主，月令午火就是提綱，羊刃格。但子午沖，羊刃怕沖。「辰洩之」，指午火洩於辰土。「弱可知矣」，指這支羊刃面對食傷六見的局面屬身弱。天干食神三見，故「竊日主之精華」。大運走庚申、辛酉，均非印比幫生之地，故身弱而「功名蹭蹬」。

2、「甲寅年，會火局，疏厚土」，「疏厚土」，指原局一堆食傷，疏土要甲寅年才夠力，印剋忌神食傷。「會火局」，指月柱戊午，大運壬戌，流年甲寅，羊刃得到援助身強，故「恩科發榜」。地支子午沖，辰戌沖，一生未逢舒心。

按：原局比劫坐財爭財，寅運水木火，財生殺黨。

食神	日主	正財	比肩
壬午	庚午	乙酉	庚午
己 丁	己 丁	辛	己 丁
正印 正官	正印 正官	劫財	正印 正官
癸巳 壬辰	辛卯 庚寅	己丑 戊子	丁亥 丙戌

任注：和中堂造，庚生仲秋，支中官星三見，則酉金陽刃受制，五行無土，弱可知矣。喜其時上壬水為輔，吐其秀氣，所以聰明權勢為最。第月干乙木透露，戀財而爭合，一生所愛者財，不知急流勇退。但財臨刃地，日在官鄉，官能制刃，財必生官，官為君象。故運走庚寅，金逢絕地，官得生拱，其財仍歸官矣。由此觀之，財乃害人之物，所謂欲不除，似蛾撲燈，焚身乃止，如猩嗜酒，鞭血方休，悔無及矣。

1、庚日主生在酉月，羊刃格。「羊刃受制」，指午火三見，酉金被剋制，又五行無土生金，故是支身弱的羊刃。既知正官為忌神，時干之壬水就是喜神，食神合正官，幫羊刃對抗正官。

2、庚合乙戀財。財臨刃地，財坐羊刃錢囊遲早被剋。日在官鄉，指日支正官可以制服羊刃，羊刃被制伏，財必生官。子運一子冲三午，雙合時柱，羊刃得以發揮，互換祿。庚寅運金絕寅午半合羊刃被融。「其財仍歸官」，暗指財產被充公。

按：身殺兩停，土水兩旺用金運通關。辛未運丁丑年合冲太甚。

七殺	日主	偏財	正官
戊申	**壬辰**	**丙子**	**己丑**
戊　壬　庚	癸　乙　戊	癸	辛　癸　己
七殺　比肩　偏印	劫財　傷官　七殺	劫財	正印　劫財　正官
戊辰　己巳	庚午　辛未	壬申　癸酉	甲戌　乙亥

任注：印提臺造，壬水生於子月，官殺並透通根，全賴支會水局，助起羊刃，謂殺刃兩旺。惜乎無木，秀氣未吐。身出寒微，喜其丙火敵寒解凍，為人寬厚和平，行伍出身。癸酉運，助刃幫身，得官。壬申運，正謂一歲九遷，仕至極品。一交未運制刃，至丁丑年火土並旺，又剋合子水，不祿。

1、壬水生在子月羊刃格。「官殺並透通根」，官殺天透地藏五見。地支申子辰三合官殺帶丑土，土水兩局，喜金運通關，正是甲戌、癸酉、壬申西方金運。「惜乎無木」，暗指身殺兩停，木制較強的官殺。「行伍出身」，羊刃持權，必作邊庭將帥。羊刃偏官有制，膺執掌於兵權。「為人寬厚和平」。

2、癸酉運金生水助刃，故「得官」。壬申運拱水局羊刃，故「仕至極品」。辛未運丑未冲，子未害，流年丁丑雙冲大運辛未。「剋合子水，不祿」，兩丑冲一未，子丑合兩組。

694

按：甲木年支羊刃透干，火土金甚強，大運宜比劫印綬撐住羊刃；己丑運印比俱失，合印失權，合財生官制身。

七殺	日主	劫財	正官
庚午	甲子	乙未	辛卯
己　丁	癸	乙　丁　己	乙
正財　傷官	正印	劫財　傷官　正財	劫財
丁亥　戊子	己丑　庚寅	辛卯　壬辰	癸巳　甲午

任注：稽中堂造，甲子日元，生於未月午時，謂夏木逢水，傷官配印。所喜者卯木剋住未土，則子水不受其傷，足以沖午。有病得藥，去濁留清。天干甲乙庚辛，各立門戶，不作混論，乃滋印之喜神。更妙運走東北水木之地，體用合宜，一生宦途平順。

1、甲日主生在未月，因為自坐子水，故稱「夏木逢水」。火是傷官，水是印，故稱「傷官配印」。印怕財剋，所以要有個比劫制住財，故「所喜者卯木剋住未土」。未土被制住後，子水免於腹背受敵，故「足以沖午」。有病得藥，指子水被午未夾擊。

2、「天干甲乙庚辛，各立門戶，不作混論」，指正官七殺在兩頭，稱官殺混雜；但辛絕在卯刃，庚被火制；甲有子印，乙坐下庫根，官殺力衰又要面對傷官，故「不作混論」，反而金生水，正印喜得滋潤。東北水木之地就是印綬比劫幫生，貴人有力，月時雙合，故「宦途平順」。

按：甲日主帶庚金、丁火，調候雖好，日主無根。原局地支三合火局帶土，傷官生財不透。「仕路蹭蹬」者，日月兩柱空亡申酉，年時兩柱空亡戌亥。

七殺	日主	偏印	七殺
庚午	甲戌	壬午	庚午
己 丁	丁 辛 戊	己 丁	己 丁
正財 傷官	傷官 正官 偏財	正財 傷官	正財 傷官

庚寅	己丑	戊子	丁亥	丙戌	乙酉	甲申	癸未

任注：甲木生於午月，支中三午一戌，火炎土燥，傷官肆逞。月干壬水無根，全賴庚金滋水，所以科甲聯登。其仕路蹭蹬者，只因地支皆火，天干金水，木無託根之地，神有餘而精不足也。

1、甲日主生在午月，地支一堆火土，故稱「火炎土燥，傷官肆逞」。「月干壬水無根，全賴庚金滋水」，指七殺生印，故「科甲聯登」。然而傷官要清，地支傷官四見即「濁」，甲申運拱酉，傷官會七殺；從勢者，不行比劫印綬運。

2、「其仕路蹭蹬」，指四柱全陽，不知機靈；地支一堆火，傷官不透而悶騷。「無託根之地」，指日主無根。又殺印無根，不帶貴人，甚麼事都缺臨門一腳，故「神有餘」，看似格局清麗，「而精不足」，指甲木元氣盡洩於傷官，病藥用神印綬。亥運轉機，戊子運旺神發。

696

按：日主無根身弱，月令傷官不透，水木火與土金綬對抗，宜行比劫印綬生扶之地。

比肩	日主	七殺	偏財
庚辰	庚辰	丙子	甲子
癸 乙 戊	癸 乙 戊	癸	癸
傷官 正財 偏印	傷官 正財 偏印	傷官	傷官
甲申　　癸未	壬午　　辛巳	庚辰　　己卯	戊寅　　丁丑

任注：周侍郎造，庚金生於仲冬，金水寒冷。月干丙火，得年支甲木生扶，解其寒凍之氣，謂冬金得火。但子辰雙拱，日元必虛。用神不在丙火而在辰土，比肩佐之。所以運至庚辰、辛巳，仕版連登。

1、庚日主生在子月，金寒水冷。就靠月干丙火暖身，丙火又得甲木作燃料，解除一身寒氣，故稱「冬金得火」。但「子辰雙拱」，指兩子兩辰半合水局。「日元必虛」，指一堆食傷水洩秀太過分。「用神不在丙火而在辰土」，因為食傷水太過，所以當務之急在用戊己土印綬制水。「比肩佐之」，用辰土補點金氣當元氣。原局印比與傷官對抗賽。

2、初運寅卯之地洩傷官，好事。庚辰運，土剋水印剋傷官，庚金幫身，好事。辛巳運，火土之地又辛金幫身，傷官臣服，故「仕版連登」。壬午運與丙子水火既濟，子年不來都好。

697

按：官殺四見，無印綬，日主以食傷反制外，宜行土金運。

七殺	日主	傷官	七殺
丁酉	辛巳	壬子	丁巳
辛	庚 戊 丙	癸	庚 戊 丙
比肩	劫財 正印 正官	食神	劫財 正印 正官
甲辰　乙巳	丙午　丁未	戊申　己酉	庚戌　辛亥

任注：熊中丞學鵬造，辛金生於仲冬，金寒水冷，過於洩氣。全賴酉時扶身，巳酉拱而佐之。天干丁火，不過取其敵寒解凍，非用丁火也。用神必在酉金，故運至土金之地，仕路顯赫。一交丁未敗事矣。凡冬金喜火取其暖局之意，非作用神也。

1、辛日主生在子月，金寒水冷，條候用神丙、戊、壬，丙戊不缺，最愛壬水。食傷與官殺合計六見，故「過於洩氣」。「全賴酉時扶身」，因為印不是主氣。「巳酉拱而佐之」，日主得比劫。

2、「天干丁火，不過取其敵寒解凍，非用丁火」，因為原局官殺太重，隱憂在保存食傷。換言之，柱運歲官印不要強勢並存的壓制食傷。「用神必在酉金」，指日主剋洩交加，先用比劫補元氣。「運至土金之地」，指庚戌、己酉、戊申、丁未等運皆為土生金，故「仕路顯赫」。交入丁未運就是進入火地，丁壬合財生殺，丁未丁巳拱午冲子，子未害不夠看。「冬金喜火取其暖局之意，非作用神」，任鐵樵指出格局與調候是有分別的。

698

疾病

> 原文：五行和者，一世無災。

> 原注：五行和者，不特全而不缺，生而不克。只是全者宜全，缺者宜缺。生者宜生，剋者宜剋，則和矣。主一世無災。

按：古人把疾病看成災難；五行平和者，一世無災。不只五行齊全，多生息，少刑剋；凡遇到圓滿不破者，該缺陷則缺陷，宜相生則相生，喜剋則剋，時地皆宜也都算「五行和者」。換言之，扶抑、通關、病藥、調候、專旺等用神恰到好處，否則八字欲求圓滿極難矣。

> 任氏曰：五行在天為五氣，青赤黃白黑也。在地為五行，木火土金水也。在人為五臟，肝心脾肺腎也。人為萬物之靈，得五行之全；表於頭面，象天之五氣；裏於臟腑，象天地之五行。故為一小天也，是以臟腑各配五行之陰陽而屬焉。

按：天有五氣之象，地有五行、五色、五臟、五官等，人體就是一個小太極。因此，臟腑也以陰陽五行各自歸納，以對症下藥。

> 任氏曰：凡一臟配一腑，腑皆屬陽，故為甲、丙、戊、庚、壬；臟皆屬陰，故為乙、丁、己、辛、癸。或不和，或太過、不及，則病有風、熱、溼、燥、寒之症矣；必得五味調和，亦有可解者。

按：五腑屬陽，五臟屬陰，甲膽、乙肝、丙小腸，丁心、戊胃、己脾鄉、庚大腸、辛屬肺、壬膀胱、癸腎臟。凡不和，太過、或不及，則有風、熱、溼、燥、寒之症，要使五行調和。

任氏曰：五味者，酸、苦、甘、辛、鹹也。酸者屬木，多食傷筋。苦者屬火，多食傷骨。甘者屬土，多食傷肉。辛者屬金，多食傷氣。鹹者屬水，多食傷血，此五味之相剋也。

按：酸屬木，多傷筋。苦屬火，多傷骨。甘屬土，多傷肉。辛屬金，多傷氣。鹹屬水，多傷血。

任氏曰：故曰五行和者，一世無災。不特八字五行宜和，即臟腑五行，亦宜和也。八字五行之和，以歲運和之。臟腑五行之和，以五味和之。和者，解之意也，若五行和，五味調，則災病無矣。

按：八字五行原局要和諧，否則運歲彌補缺陷而合亦屬佳局。臟腑五行之和，以五味和之，藥補不如食補。

任氏曰：故五行之和，非生而不剋、全而不缺為和也。其要貴在洩其旺神，瀉其有餘；有餘之旺神瀉，不足之弱神受益矣，此之為和也。若強制旺神，寡不敵眾，觸怒其性，旺神不能損，弱神反受傷矣。

按：五行和諧並非生而不剋，全而不缺；而是要旺則有洩，衰則宜補；將有餘補不足。因此，強制旺神，兩敗俱傷，此與看命格羊刃用七殺的理論，略有不同，僅能洩其有餘。

任氏曰：是以旺神太過者宜洩，不太過者宜剋，弱神有根者宜扶，無根者反宜傷之。凡八字，須得一神有力，制化合宜，主一世無災，非全而不缺為美，生而不剋為和也。

按：結論清晰，不贅述。

按：原局五行平均，木火土為日月核心，金水在外帶金水運。

食神	日主	七殺	正財
庚申	戊戌	甲寅	癸未
戊 壬 庚	丁 辛 戊	戊 丙 甲	乙 丁 己
比 偏 食 肩 財 神	正 傷 比 印 官 肩	比 偏 七 肩 印 殺	正 正 劫 官 印 財
丙 丁 午 未	戊 己 申 酉	庚 辛 戌 亥	壬 癸 子 丑

任注：戊生寅月，木旺土虛，喜其坐戌通根，足以用金制殺。況庚金亦坐祿支，力能伐木。所謂不太過者，宜剋也。雖年干癸水生殺，得未土制之，使其不能生木。喜者有扶，憎者得去，五行和矣。且一路運程，與體用不背，壽至九旬，耳目聰明，行止自如，子旺孫多，名利福壽俱全，一世無災無病。

1、戊日主生在寅月，春木臨官帝旺，木剋土，故「木旺土虛」。「喜其坐戌通根」，日主雖然土虛，但也得到自坐比肩的強度。「足以用金制殺」，指地支比劫四見，能生食傷，三見透干，「庚金亦坐祿支」，指時柱庚申自坐祿；故能「制殺」伐木。

2、「所謂不太過者」，指官殺三見帶印剛好，故「宜剋」；否則是「宜從」。「雖年干癸水生殺，得未土制之」，指癸水助長七殺，但年支未土制住癸水，阻滯水生木。故「喜者（食傷）有扶，憎者（官殺）得去」，月時雙冲，根基一定空。「子旺孫多，名利福壽俱全」，食神生財同根透坐驛馬。

701

按：前言「弱神有根者宜扶，無根者反宜傷之」，忌金運。

七殺	日主	食神	七殺
甲寅	戊寅	庚午	甲寅
戊 丙 甲	戊 丙 甲	己 丁	戊 丙 甲
比肩 偏印 七殺	比肩 偏印 七殺	劫財 正印	比肩 偏印 七殺
戊寅 丁丑	丙子 乙亥	甲戌 癸酉	壬申 辛未

任注：局中七殺五見，一庚臨午無根，所謂弱神無根宜去之。旺神太過宜洩之，用午火則和矣。喜其午火當令，全無水氣。雖運逢金水，不能破局而無礙。運走木火，名利兩全，此因神氣足，精氣自生，是以富貴福壽，一世無災，子廣孫多，後嗣繼美。

1、戊日主生在午月，羊刃格；天干庚金孤懸，故「弱神（庚）無根宜去之」。「旺神太過宜洩」，指局中七殺五見，喜用印化殺，地支印綬四見，勉力匹配七殺，故「用午火則和」。「全無水氣」，午火忌水剋，表示可用印。

2、壬申運一申冲三寅，雙冲日柱，衰者冲旺，焉知禍福？「雖運逢金水」，指大運在申酉戌亥子等金水之地，與原局木火土制衡稍遜，故「不能破局而無礙」。「運走木火，名利兩全」，因為甲戌運拱火，木生火；乙亥運寅亥合木，還是木生火，剋去庚金。丙子運丙火剋庚金，子冲午，子水被一堆寅木洩掉，無礙。總之，食神庚金就是被當成豬隊友、眼中釘。

702

按:「旺神太過者宜洩,不太過者宜剋」,比劫旺生食傷帶財。

食神	日主	正財	傷官
乙卯	癸亥	丙子	甲子
乙	甲　壬	癸	癸
食神	傷官　劫財	比肩	比肩

甲申	癸未	壬午	辛巳	庚辰	己卯	戊寅	丁丑

任注:癸亥日元,年月坐子,旺可知矣。最喜卯時洩其菁英,裏發於表。木氣有餘,火虛得用,謂精足神旺。喜其無土金之雜,有土則火洩,不能止水,反與木不和。有金則木損,更助其汪洋。其一生無災者,緣無土金之混也。年登耄耋,而飲啖愈壯,耳目聰明,步履康健,見者疑為五十許人,名利兩全,子孫眾多。

1、癸水生在子年子月亥日,一堆水,故「旺可知」。「最喜卯時洩其菁英」,時柱乙卯食神有力,足以洩日主。「裏發於表」,時柱為「裏」,月干丙火為「表」。「木氣有餘」,指食傷四見。「火虛得用」,指丙火孤懸,得用食傷四見有後援,故謂「精足神旺」。「喜其無土金之雜」,指水木火一家子就不要土金來相雜,否則官殺剋比劫,印剋食傷,「助其汪洋」。

2、「一生無災者,緣無土金之混」,戊寅、己卯、庚辰、辛巳、壬午運,都是走木火之地。「名利兩全」,比劫生食傷,食傷生財,氣勢順行。「子孫眾多」,食神時柱坐旺。

703

原文：血氣亂者，生平多疾。
原注：血氣亂者。不特火勝水。水克火之類。五氣反逆。上下不通。往來不順。謂之亂。主人多病。

按：所謂血氣亂，五行顛倒，主人多病多疾。

任氏曰：血氣亂者，五行背而不順之謂也。五行論水為血，人身論脈即血也。心胞主血，故通手足厥陰經，心屬丁火，心胞主血，膀胱屬壬水，丁壬相合，故心能下交於腎，則丁壬化木，而神氣自足，得既濟相生，血脈流通而無疾病。故八字貴乎剋處逢生，逆中得順而為美也，若左右相戰，上下相剋，喜逆逢順，喜順逢逆，火旺水涸，火能焚木，水旺土蕩，水能沉金，土旺木折，土能晦火，金旺火虛，金能傷土，木旺金缺，木能滲水，此五行顛倒相剋之理，犯此者，必多災病。

按：本節陳述中醫五行理論，總之，神氣自足，既濟相生，剋處逢生，逆中得順而為美，則血脈流通而無疾病。反之，五行顛倒相剋，必多災病。

按：丁火未月，木火土一團旺氣，庚申兩不呼應，唯一壬水熬乾。
前言：「八字貴乎剋處逢生，逆中得順而為美也，若左右相戰，上下相剋，喜逆逢順，喜順逢逆，火旺水涸，火能焚木，水旺土蕩，水能沉金，土旺木折，土能晦火，金旺火虛，金能傷土，木旺金缺，木能滲水，此五行顛倒相剋之理，犯此者，必多災病。」

正財	日主	偏印	劫財
庚戌	丁未	乙未	丙申
丁　辛　戊	乙　丁　己	乙　丁　己	戊　壬　庚
比　偏　傷 肩　財　官	偏　比　食 印　肩　神	偏　比　食 印　肩　神	傷　正　正 官　官　財
癸 卯	壬 寅	辛 丑	庚 子	己 亥	戊 戌	丁 酉	丙 申

任注：丁生季夏，未戌燥土，不能晦火生金，丙火足以焚木剋金，則土愈燥而不洩，申中壬水涸而精必枯。故初患痰火，亥運水不敵火，反能生木助火，杯水車薪，火勢愈烈，吐血而亡。

1、丁火生在未月，要濕土洩火，但一堆燥土，不能晦火生金。「丙火足以焚木剋金」，指年干丙火洩印剋財，申金被丙火剋，很弱的壬水正官也不滋印，故「申中壬水涸而精必枯」，己亥運己土蓋頭，故「水不敵火」，吐血而亡。

2、原局四柱無水，丁日主被一堆木火土包夾，大運進入水地，己亥、乙未拱合木局兩組，反而激起火土反彈。火旺水涸，火能焚木，火土同位，不要指望食傷。

705

按：前言「心胞主血，故通手足厥陰經，心屬丁火，心胞主血，膀胱屬壬水，丁壬相合，故心能下交於腎，則丁壬化木，而神氣自足，得既濟相生，血脈流通而無疾病。」丁不下交，壬水熬乾。

偏印	日主	劫財	七殺
甲午	丙申	丁未	壬寅
己 丁	戊 壬 庚	乙 丁 己	戊 丙 甲
傷官 劫財	食神 七殺 偏財	正印 劫財 傷官	食神 比肩 偏印

乙卯	甲寅	癸丑	壬子	辛亥	庚戌	己酉	戊申

任注：丙火生於未月午時，年干壬水無根，申金遠隔，本不能生水，又被寅沖午劫，則肺氣愈虧。兼之丁壬相合化木，從火則心火愈旺，腎水必枯，所以病犯遺泄，又有痰嗽。至戌運全會火局，肺愈絕，腎水燥，吐血而亡。

1、丙日主生在未月午時，月干丁火，丁壬合木；時干甲木，一堆木火，申金被午未包夾，日支壬水最重要，又被「寅沖」，指申金與寅木相沖；「午劫」，午火劫財剋水，故壬水七殺格好看而已。注意死對頭的比劫何時囂張？

2、原局印綬三見，比劫四見，身強。庚戌運，寅午戌三合比劫火局，凡寅年、巳年、午年、未年、戌年都是險象環生。年日雙沖，主本不合。

706

按：木火土一團，前言「全者宜全，缺者宜缺。」一世無災。

七殺	日主	比肩	偏印
壬辰	丙寅	丙寅	甲辰
癸 乙 戊	戊 丙 甲	戊 丙 甲	癸 乙 戊
正官 正印 食神	食神 比肩 偏印	食神 比肩 偏印	正官 正印 食神
甲戌　癸酉	壬申　辛未	庚午　己巳	戊辰　丁卯

任注：木當令，火逢生，辰本溼土，能蓄水，被丙寅所剋，脾胃受傷，肺金自絕，木多滲水，而腎水亦枯。至庚運，木旺金缺，金水並見，木火土肆逞矣，吐血而亡。此造木火同心，可順而不可逆，反以壬水為忌。故初行丁卯、戊辰、己巳等運，反無礙。

1、丙火生在寅月，故「木當令」。「火逢生」，指丙火長生在寅。兩個辰土含水，但日月兩柱都是木火相輝映，戊癸合火，寅木剋辰土。「丙寅所剋，脾胃受傷」，指寅木剋土脾胃。「肺金自絕」，丙火剋金，肺屬金。

2、原局印綬五見，比肩三見，身強。庚午運火幫身，而「木旺金缺」，因原局無金，庚溶於坐下午火。「金水並見」，指庚金也能生水。「木火土肆逞」，火日主撐爆，故「吐血而亡」。「木火同心」，還是指印比一堆身強，「可順而不可逆」，故源頭水不用，恐觸怒原局強勢的火土。

原文：忌神入五臟而病凶。

原注：柱中所忌之神，不制不化，不沖不散，隱伏深固，相克五臟則其病凶。忌木而入土則脾病。忌火而入金則肺病。忌土而入水則腎病。忌金而入木則肝病。忌水而入火則心病。又看虛實。如木入土。土旺者。則脾自有餘之病。發於四季月。土衰者。則脾有不足之病。發於春冬月。餘皆仿之。

按：四柱忌神不受制化，也沖不去，隱伏深固，如眼中釘，肉中刺，歲運一到即發作。忌木而入土，土屬脾胃，則脾病。火入金肺病，土入水腎病，金入木肝病，水入火心病。五行固然忌其剋神深入，唯亦有反剋之理，與燥濕寒暖之機，其餘如此。

708

任氏曰：忌神入五臟者，陰濁之氣，埋藏於地支也，陰濁深伏，難制難化，為病最凶。如其為喜，一世無災。如其為忌，生平多病。

1、土為脾胃，脾喜緩，胃喜和，忌木而入土，則不和緩而病矣。

2、金為大腸肺，肺宜收，大腸宜暢，忌火而入金，則肺氣上逆，大腸不暢而病矣。

3、水為膀胱腎，膀胱宜潤，腎宜堅，忌土而入水，則腎枯膀胱燥而病矣。

4、木為肝膽，肝宜條達，膽宜平，忌金而入木，則肝急而生火，膽寒而病矣。

5、火為小腸心，心宜寬，小腸宜收，忌水而入火，則心不寬，小腸緩而病矣。

6、又要看有餘不足，如土太旺，木不能入土，則脾胃自有餘之病。脾本忌溼，胃本忌寒，若土溼而有餘，其病發於春冬，反忌火以燥之。土燥而有餘，其病發於夏秋，反忌水以潤之。

7、如土虛，弱木足以疏土，若土溼而不足，其病發於夏秋，土燥而不足，其病發於冬春。蓋虛溼之土，遇夏秋之燥，虛燥之土，逢春冬之溼，使木託根而愈茂，土受其剋而愈虛；若虛溼之土，再逢虛溼之時，虛燥之土，再逢虛燥之時，木必虛浮不能盤根，土反不畏其剋也，餘仿此。

按：子丑合，水不流通，腎病。庚剋寅木，木屬肝，忌三合金局。

正印	日主	傷官	偏財
乙未	丙子	己丑	庚寅
乙 丁 己	癸	辛 癸 己	戊 丙 甲
正印 劫財 傷官	正官	正財 正官 傷官	食神 比肩 偏印
丁酉	丙申	乙未	甲午	癸巳	壬辰	辛卯	庚寅

任注：丙火生於季冬，坐下子水，火虛無焰，用神在木。木本凋枯，雖處兩陽，萌芽未動，庚透臨絕，為病甚淺。所嫌者月支丑土，使庚金通根，丑內藏辛，正忌神深入五臟。又己土乃庚金嫡母，晦火生金，足以破寅。子水為腎，丑合之不能生木，化土反能助金，丑土之為病，不但生金，抑且移累於水，是以病患肝腎兩虧。至卯運能破丑土，名列宮牆。乙運庚合，巳丑拱金，虛損之症，不治而卒。

1、丙火丑月，自坐子水，故「火虛無焰」，用木通關，故「用神在木」。「兩陽」，指十二消息地澤臨卦，大寒之時，故「萌芽未動」。「庚透臨絕」，指庚金透在年干，自坐寅是「臨絕」，故「為病甚淺」，但行運則不一定禍淺。因為用神是木，庚金就是忌神，庚金通根丑，辛金入丑庫，故「忌神深入五臟」。

2、丙日主剋不到庚金，而己土通關生庚金，庚金有力剋寅木，故「足以破寅」。子水與丑土六合後不生木，子丑合土生金更猛，所以丑土合掉喜神，滋生忌神庚金。辛卯運破丑土，子水流通，故「名列宮牆」。乙運合庚，巳年與丑土拱金忌神，故「肝腎兩虧」，不治而卒。逆生，月時雙冲。

按：水木火一團，未土暗拱木局，用神變忌神。丁未運又暗拱木局，財生殺剋去日主。

傷官	日主	比肩	七殺
壬辰	辛未	辛亥	丁亥
癸　乙　戊	乙　丁　己	甲　　壬	甲　　壬
食神　偏財　正印	偏財　七殺　偏印	正財　　傷官	正財　　傷官
癸卯	乙巳	丁未	己酉
	丙午	戊申	庚戌

任注：辛金生於孟冬，丁火剋去比肩，日主孤立無助，傷官透而當令，竊去命主元神，用神在土不在火也。未為木之庫根，辰乃木之餘氣，皆藏乙木之忌。年月兩亥，又是木之生地，亥未拱木，此忌神入五臟歸六腑。由此論之，謂脾虛腎泄，其病患頭眩遺洩，又更甚於胃脘痛，無十日之安。至己酉運，日主逢祿，采芹得子。戊運，剋去壬水補廩。申運，水逢生，病勢愈重。丁運日主受傷而卒。

任注：觀右兩造，其病症與八字五行之理，顯然相合，果能深心細究，其壽夭窮通，豈不能預定乎。

1、辛金生亥月，丁火剋比肩，日主孤立無根，身弱怕剋洩。傷官三見透干帶七殺格，原局又剋又洩。用土洩殺生印剋傷官。故「用神在土不在火」。用土當然怕木，原局「未為木之庫根，辰乃木之餘氣，皆藏乙木之忌。年月兩亥，又是木之生地，亥未拱木，此忌神入五臟六腑」，地支財星四見，暗滋七殺。

2、己酉運辛祿在酉，辰酉合掉一個偏財，故「采芹得子」。戊運剋壬水，忌神財星被斷源，故「補廩」。申運財星木遇食傷水，不利剋洩交加之局，故「病勢愈重」。丁運合木生火而卒。

> 原文：客神遊六經而災小。
>
> 原注：客神比忌神為輕，不能埋沒。游行六道，則必有災。如木游於土之地，而胃災。火游於金之地而大腸災。土行水地膀胱災。金行木地膽災。水行火地小腸災。

按：客神比忌神為輕，無動化即無妨，若會合運歲生助忌神，循環化入必有災。以五行性而言，木游於土，犯脾胃。火游於金，犯大腸。土行水地，犯膀胱。金行木地，犯肝膽。水行火地，犯小腸。

> 任氏曰：客神遊六經者，陽虛之氣，浮於天干也。陽而虛露，易制易化，為災必小。猶病之在表，外感易於發散，不至大患，故災小也。究其病源，仍從五行陰陽，以分臟腑，而五臟論法，亦勿以天干為客神論虛，地支為忌神論實；必須究其虛中有實，實處反虛之理，其災祥了然有驗矣。

按：「客神遊六經」，指陽干在天干無根，易於制化，未必大病。客神之說仍須就陰陽五行特性分別臟腑，根深病魔如影隨形，微根就怕合會忌神，無根則病之在表，外感易於發散，不至大患。

按：庚日主天干財殺、食神，僅靠地支比劫印綬生扶，前言「客神遊六經而災小」，甲木通根辰中乙木，亥運長生點燃。

七殺	日主	偏財	食神
丙戌	庚午	甲辰	壬辰
丁　辛　戊	己　丁	癸　乙　戊	癸　乙　戊
正官　劫財　偏印	正印　正官	傷官　正財　偏印	傷官　正財　偏印
壬子	庚戌	戊申	丙午
辛亥	己酉	丁未	乙巳

任注：庚午日元，生於辰月戌時，春金殺旺，用神在土。月干甲木本是客神，得兩辰蓄水藏木，不但遊六經，而且入五臟，且年干壬甲相生，不剋丙火。初運南方生土，所以脾胃無病。然熬水煉金，而患弱症。至戊申運，土金並旺，局中以木為病，木主風，金能剋木，接連己酉、庚戌三十載，發財十餘萬，辛亥運金不通根，木得長生，忽患風疾而卒。

1、庚日主生在辰月戌時，地支印綬四見。「春金殺旺」，指庚金在春天是坐絕，加上午戌半合火局，還是要辰土為「用神」。月干甲木忌神剋辰土，辰土藏水生木，以致原局食傷變弱。「年干壬甲相生，不剋丙火」，指食神生財，壬水食神剋不到七殺，但壬水也洩掉。

2、初運南方火地生土，故「脾胃無病」，但火地「熬水煉金」，原局水弱。戊申運土金並旺，金生水剋木，己酉、庚戌運都是土生金，故「發財十餘萬」。辛亥運丙辛合水，亥水生木，木剋土，故「患風疾而卒」。原局年時雙冲，食傷生財，雜氣財官。

按：日主身弱，丑水難敵近火，燥土難生金，忌木火運；乙卯運客神忌神一家親，滴水熬乾。

偏印	日主	七殺	劫財
庚戌	壬寅	戊午	癸丑
丁　辛　戊	戊　丙　甲	己　丁	辛　癸　己
正財　正印　七殺	七殺　偏財　食神	正官　正財	正印　劫財　正官
庚戌　辛亥	壬子　癸丑	甲寅　乙卯	丙辰　丁巳

任注：壬寅日元，生於午月戊時，殺旺又逢財局，殺愈肆逞，所以客神不在午火，反在寅木。助其火勢，客神又化忌神，戊癸化火，則金水相傷。運至乙卯，金水臨絕，得肺腎兩虧之症，聲啞而嗽，於甲戌年正月，木火並旺，而卒。

1、日柱壬寅，地支寅午戌三合財局，天干戊癸也化火。火生土，火土同位，官殺五見，生火的木就是客神。寅木「助其火勢」，喧賓奪主，故「客神又化忌神」。

2、壬水午月當令，地支三合火局，唯一癸水用神化忌神。乙卯運金水臨絕，金管肺，水主腎，故「聲啞而嗽」。「甲戌年正月」，天干木火，地支三合六合也是火，故「木火並旺，而卒」。

按：庚金在外浮於天干為客神，虛露無根，易制易化，為災必小。

偏財	日主	偏財	正印
庚寅	丙子	庚辰	乙亥
戊　丙　甲	癸	癸　乙　戊	甲　壬
食神　比肩　偏印	正官	正官　正印　食神	偏印　七殺
壬申　癸酉	甲戌　乙亥	丙子　丁丑	戊寅　己卯

任注：丙子日元，生於季春，溼土司令，蓄水養木，用神在木。得亥之生，辰之餘，寅之助。乙木雖與庚金合而不化，庚金浮露天干為客神，不能深入臟腑，而游六經也。水為精，亥子兩見，辰又拱而蓄之，木為氣，春令有餘，寅亥生合火為神。時在五陽進氣，通根年月，氣貫生時，精氣神三者俱足。則邪氣無從而入，行運又不背，一生無疾，名利裕如。惟土虛溼，又金以洩之，所以脾胃虛寒，不免泄瀉之病耳。

1、丙子日柱，生於辰月，辰土癸水入庫可以蓄水養木。原局比劫很弱就靠印綬生身，故「用神在木」，因為木是「亥之（長）生，辰之餘（木的餘氣），寅之助」。

2、生用神的是水，水的源頭是金，故「庚金浮露天干為客神」，又無根，故「不能深入臟腑，而游六經」。「水為精，亥子兩見，辰又拱而蓄之，木為氣」，指原局水生木，故「春令有餘」，又「寅亥生合火為神」，指官殺三見的水，經由寅亥合木通關而生日主。「五陽進氣」，澤天夬穀雨時。「通根年月」指正印格護身。

> 原文：木不受水者血病。

> 原注：水東流而木逢沖，或虛脫，皆不受水也，必主血病。蓋肝屬木，納血，不納則病。

按：木納水是天性，原局因刑沖之類而無法得到水生，則木性虛脫無氣，缺水犯在血病，因為肝屬木，無法正常納血。

> 任氏曰：春木不受水者，喜火之發榮也。冬木不受水者，喜火之解凍也。夏木之有根而受水者，去火之烈，潤地之燥也。秋木得地而受水者，洩金之銳，化殺之頑也。春冬生旺之木，要其衰而受水。夏秋休囚之木，要其旺而受水，反此則不受。不受則血不流行，故致血病矣。

按：以下是木的受水類型。

1、春木不受水，直接順勢用火洩去木。

2、冬木不受冰水，以火解凍調候。

3、夏木有根而能受水，例如甲辰，或甲寅帶亥，既能生木又能潤土降溫。

4、秋木得地而能受水，即用水洩金化殺。

5、春冬尚寒不缺水，不衰不用水。

6、夏秋之木非洩即剋，木不旺不受水。

以上木日主與水的關係，受水則無血病；以木為身體，以水為血液，還算通。

按：月令偏財食神透出，木火太旺要有水又不可多，前言：「夏木之有根而受水者，去火之烈，潤地之燥」。

偏財	日主	食神	食神
己卯	乙亥	丁未	丁亥
乙	甲　壬	乙　丁　己	甲　壬
比肩	劫財　正印	比肩　食神　偏財	劫財　正印

己亥	庚子	辛丑	壬寅	癸卯	甲辰	乙巳	丙午

任注：乙木生於未月，休囚之位，年月兩透丁火，洩氣太過。最喜時祿通根，則受亥水之生，潤其燥烈之土，更妙會局幫身，通輝之象。至甲辰運，虎榜居首，科甲連登，格取食神用印也。

1、乙木生在未月，未月燥土有丁火生，而乙木柔弱，故稱「休囚之位」，實則不然，因為地支亥卯未三合木局。「年月兩透丁火，洩氣太過」，指三合木局有本錢給食神洩秀。

2、「喜時祿通根，則受亥水之生」，亥水生卯木，故「潤其燥烈之土」。「會局幫身」，指亥卯未三合木局。甲辰運是財運，食神生財，故「科甲連登」。「格取食神用印」，原局食神生財同根透，何以置財不顧？比劫太旺剋財，連個官殺都沒有，接近曲直格，所以甲辰運成真。

按：地支火局，亥水逢冲，木不受水，從兒格，微根合去。前言「夏秋休囚之木，要其旺而受水，反此則不受」，指木不旺，水來也無福消受，忌印剋食傷，不如順勢而洩。

食神	日主	比肩	傷官
丁亥	乙巳	乙未	丙戌
甲　壬	庚　戊　丙	乙　丁　己	丁　辛　戊
劫財　正印	正官　正財　傷官	比肩　食神　偏財	食神　七殺　正財
癸卯	辛丑	己亥	丁酉
壬寅	庚子	戊戌	丙申

任注：乙木生於未月，干透丙丁，通根巳戌，發洩太過，不受水生，反以亥水為病，格成順局從兒。初交丙申、丁酉，得丙丁蓋頭，平順之境。戊戌運剋盡亥水，名利兩得。至己亥水地，病患臌脹，只因四柱火旺又逢燥土，水無所歸，故得此病而亡。

1、乙木生在未月火土之地，縱然通根入庫，也被乙巳與乙未拱合之食傷火局消耗殆盡。「通根巳戌」，指巳中丙火，戌中藏丁火，故「發洩太過」。原局亥水在一片木火土中成為忌神豬隊友，故「反以亥水為病」。因為一堆火，亥水冲不動三合火局，所以「格成順局從兒」，從就順行，不要印剋食傷。

2、初運丙申、丁酉，申酉被丙丁蓋頭，無氣生水，故為「平順之境」。戊戌運剋盡亥水，故「名利兩得」。己亥運「病患臌脹」，指亥水沒通路，故「水無所歸」。

> 原文：土不受火者氣傷。
>
> 原注：土逢沖而虛脫，則不受火，必主氣病。蓋脾屬土而容火，不容則病矣。

按：火生土，土不受火，元氣必傷，如前述木不受水，必病。土被沖動，例如脾屬土，辰戌沖，則難以化火，火病滋生脾病。

> 任氏曰：燥實之土不受火者，喜水之潤也。虛溼之土不受火者，忌木之剋也。冬土有根而受火者，解天之凍，去地之溼也。秋土得地而受火者，制金之有餘，補土之洩氣也。遇燥則地不潤，過溼則天不和，是以火不受，木不容，過燥必氣虧，過溼必脾虛，不受則病矣。

1、按：燥實之土不生萬物，故不宜受火，用水能潤土降溫。反之，虛濕之土無火調節氣候，最忌木來落井下木。冬土有根，宜用火解凍去濕。秋土得地即土被金洩，宜用火剋金補土。

2、遇到燥土則地不滋潤，或遇到濕土則天候紊亂，所以火也撐不下，木也不挺立，均不利萬物生息。過於燥熱必虧元氣，過於潮濕脾臟則虛，總之，土要平衡的水火，金木才能作用。

按：原局無水，前言「燥實之土不受火者，喜水之潤」，不但無水反而進入丁卯木火之地。傷官為用，謹防印地。

劫財	日主	傷官	劫財
己未	戊戌	辛未	己巳
乙 丁 己	丁 辛 戊	乙 丁 己	庚 戊 丙
正官 正印 劫財	正印 傷官 比肩	正官 正印 劫財	食神 比肩 偏印
癸亥 甲子	乙丑 丙寅	丁卯 戊辰	己巳 庚午

任注：戊土生於未月，重疊厚土，喜其天干無火，辛金透出，謂裏發於表。其精華皆在辛金，運走己巳、戊辰，生金有情，名利裕如。丁卯運，辛金受傷，地支火土並旺，不能疏土，反從火勢，則土愈旺，辛屬肺，肺受傷，血脈不能流通，病患氣血兩虧而亡。

1、戊土生在未月，原局一堆火土，是否稼穡格？故「喜其天干無火」，因為日主已經太強了。太強喜歡洩氣，故喜「辛金透出」，未土生辛金，稱「裏發於表」，地支印綬四見。

2、「精華皆在辛金」，指一堆土都將元氣加持給傷官，辛金為用。己巳、戊辰，生金有情，故「名利裕如」。丁卯運，卯木生丁火，有根之火引動地支四見之火剋辛金，即是印剋食傷，柱運歲梟印奪食。

按：前言「冬土有根而受火者，解天之凍，去地之溼也」，指一般原則，如果從財就忌印比犯旺。

正財	日主	比肩	傷官
壬申	己亥	己丑	庚辰
戊　壬　庚	甲　　壬	辛　癸　己	癸　乙　戊
劫財　正財　傷官	正官　　正財	食神　偏財　比肩	偏財　七殺　劫財
丁酉　　丙申	乙未　　甲午	癸巳　　壬辰	辛卯　　庚寅

任注：己亥日元，生於丑月，虛溼之地，辰丑蓄水藏金，庚壬透而通根，只得任其虛溼之氣，反以水為用而從財也。初運庚寅、辛卯，天干逢金生水，地支遇木剋土，蔭庇有餘。壬辰、癸巳，不但財業日增，亦且名列宮牆。巳運剋妻破財。此造四柱無火，得申時壬水逢生，格成假從財，故遺業豐厚。讀書入學，妻子兩全，若一見火，為財多身弱，一事無成。至甲午運，木無根而從火；己巳年火土並旺，氣血必傷，患腸胃血症而亡。

1、日柱己亥，生在丑月，辰、申地支也含水，己亥、己丑拱子，故稱「虛溼之地」，透出壬水，年干庚金生水，故「以水為用而從財」，從財格最怕比劫剋財，假從亦同，所以剋比劫好事。

2、初運庚寅、辛卯，金生水財，木是官殺剋比劫，故「蔭庇有餘」。壬辰運拱子一堆財，癸運還是財，故「名列宮牆」。巳運印生日主，洩掉官殺，引財剋印，攪和一陣後「剋妻破財」。四柱無火印，不怕印剋食傷，食傷就能專心生財。「若一見火，為財多身弱」，真從假從就是要從到底，印來是幫忙謀反，必凶。甲午運木生火，不妙，己巳年流月三刑、三合火、天剋地刑、反吟一堆。

721

原文：金水傷官，寒則冷嗽，熱則痰火，火土印綬，熱則風痰，燥則皮癢，論痰多木火，生毒鬱火金。金水枯傷而腎經虛，水木相勝而脾胃泄。

原注：凡此皆五行不和之病，而知其病，知其人，則可以斷其吉凶。如木之病何如？又看木是日主之何神？若木是財而能發土病，則斷其財之衰旺，妻之美惡，父之興衰，亦不必顯驗。然有可應而六親與事體又不相符者，殆以病而免其咎者也。

1、按：依照八字判斷身體狀況，不外以五行偏枯、寒熱、配合行運而已。因此金水多，寒則冷嗽，熱則痰火。火土多，熱則風痰，燥則皮癢。痰多木火，生毒鬱火金。金水枯傷而腎虛，水木相勝而脾胃泄，木旺剋土，脾胃洩氣。不贅述。

2、斷身體與命格行運道理是喜忌大致相同的，如果六親與事業竟與用神行運失準，該衰而旺，可能是因為發病而免去凶咎。意即八字吉凶已經反映，其餘在人事之努力。

任氏曰：

1、金水傷官，過於寒者，其氣辛涼，真氣有虧，必主冷嗽。

2、過於熱者，水不勝火，火必剋金；水不勝火者，心腎不交也；火能剋金者，肺家受傷也，冬令虛火上炎，故主痰火。火土印綬，過於熱者，木從火旺也，火旺焚木，木屬風，故主風痰。

3、過於燥者，火炎土焦也，土潤則血脈流行，而營衛調和；皮屬土，土喜煖。煖即潤也。所以過燥則皮癢，過溼則生。

4、夏土宜溼，冬土宜燥，在人則無病，在物則發生，總之火多主痰，水多主嗽。

5、木火多痰者，火旺逢木，木從火勢，則金不能剋木，水不能勝火，火必剋金而傷肺，不能下生腎水，木又洩水氣，腎水必燥，陰虛火炎，痰則生矣。

6、生毒鬱火金者，火烈水涸，火必焚木，木被火焚，土必焦燥，燥土能脆金，金鬱於內，脆金逢火，肺氣上逆，肺氣逆則肝腎兩虧，肝腎虧則血脈不行，加以七情憂鬱而生毒矣。土燥不能生金，火烈自能暵水，腎經必虛。土虛不能制水，木旺自能剋土，脾胃必傷。

7、凡此五行不和之病，細究之必驗也。然與人事可相通也，不可專執而論，如病不相符，可究其六親之吉凶，事體之否泰，必有應驗者。(此段最重要，認為人事相通不可專執，意思是必須也從生活環境、生活習性，品德修養，後天努力等因果關係，判斷妻財子祿壽)

8、如日主是金，水是財星，局中火旺，日主不能任其財，必生火而助殺，反為日主之忌神，即或有水，水能生木，則金氣愈虛，金為大腸肺，肺傷而大腸不暢，不能下生腎水，木洩水而生火，必主腎肺兩傷之病。然亦有無此病者，必財多破耗，衣食不敷，是其咎也。然亦有無病而財源旺者，其妻必陋惡，子必不肖也，斷斷有此一驗。

9、其中亦有妻賢子孝而無病，且財源旺者，歲運一路土金之妙也。然亦有局中金水，與木火停勻，而得肺腎之病者，或財多破耗，或妻陋子劣者，亦因歲運一路木火，而金水受傷之故也，宜仔細推詳，不可執一而論。

按：何種情形反應何種病症，原局缺陷可在大運彌補，不贅述。

按：原局無火，前言「金水傷官，寒則冷嗽」，丙辰運合出金水。

偏印	日主	傷官	傷官
己丑	辛酉	壬子	壬辰
辛　癸　己	辛	癸	癸　乙　戊
比　食　偏 肩　神　印	比 肩	食 神	食　偏　正 神　財　印
庚申	己未	戊午	丁巳	丙辰	乙卯	甲寅	癸丑

任注：辛金生於仲冬，金水傷官。局中全無火氣，金寒水冷，土溼而凍。初患冷嗽，然傷官佩印，格局清純，讀書過目成誦，早年入泮。甲寅、乙卯，洩水之氣，家業大增。至丙辰運，水火相剋而得疾，丙寅年火金旺，水愈激，竟成弱症而亡。

1、辛金生在子月，食傷五見，金水傷官，用火暖身。缺火，故「金寒水冷，土溼而凍」。水多主嗽，初患冷嗽。格局傷官配印，《三命通會》：「傷官用印宜去財，用財宜去印；身旺者用財，身弱者用印」，原局印弱食傷重。《子平真詮》：「傷官配印者，印能制傷，所以為貴；反要傷官旺，身稍弱始為秀氣」。

2、甲寅、乙卯運順勢生財，家業大增。丙辰運，丙辛合，丙壬冲，辰辰自刑，辰酉合，子辰半合，原局撼動。至流年丙寅拱卯，運歲木生火，水傷與火官激戰。丙寅年火『金』旺？指辰酉合金，辰運生金，寅木生丙火；其次運歲拱卯三會財，子卯刑，卯酉冲，傷官被洩，火土勝出。

725

按：前言「火多主痰，水多主嗽」，原局金水多，帶火制衡。

傷官	日主	正官	偏印
壬辰	辛酉	丙子	己丑
癸 乙 戊	辛	癸	辛 癸 己
食神 偏財 正印	比肩	食神	比肩 食神 偏印
戊辰 己巳	庚午 辛未	壬申 癸酉	甲戌 乙亥

任注：金水傷官，丙火透露，去其寒凝，故無冷嗽之病。癸酉入學補廩，而舉於鄉。問曰：金水傷官喜見官星，何以癸酉金水之運，而得功名？余曰：金水傷官喜火不過要其煖局，非取以為用也，取火為用者，十無一二，取水為用者，十有八九，取火者必要木火齊來，又要日元旺相，此造日元雖旺，局中少木，虛火無根，必以水為用神也。壬申運由教習得知縣。辛未運丁丑年，火土並旺，合去壬水，子水亦傷，得疾而亡。

1、辛日主生在子月，食傷四見，金水傷官，也是偏印格。丙火透出，去其寒凝，故無「冷嗽之病」。癸酉運「補廩」，為何金水之地反而順境？任鐵樵略以：「金水傷官是以丙丁火暖身，並非以火為用神，而火要帶木作為後援，因為火是官殺，所以要身強為條件。」原局缺木，火僅是暖身而已。

2、壬申運金生水，申子辰三合水局，辛金得壬水淘洗，晶瑩剔透，故「得知縣」。辛未運丁丑年（運歲天剋地冲），「火土並旺」，指丑未相冲，丁壬合木生火，「子水亦傷」指子未害，子丑合。

726

按：日主無根身衰，財運生殺，火多主痰，庚辰降火痊癒。

七殺	日主	七殺	偏財
丙戌	庚子	丙子	甲戌
丁 辛 戊	癸	癸	丁 辛 戊
正官 劫財 偏印	傷官	傷官	正官 劫財 偏印
甲申 癸未	壬午 辛巳	庚辰 己卯	戊寅 丁丑

任注：庚金生於子月，丙火並透，地支兩戌燥土，乃丙之庫根，又得甲木生丙，過於熱也。運至戊寅、己卯，而患痰火之症。庚辰比肩幫身，支逢溼土，其病勿藥而愈，加捐出仕。辛巳長生之地，名利兩全；其不用火者，身衰之故也。凡金水傷官用火，必要身旺逢財，中和用水，衰弱用土也。

1、庚金生在子月，但天干丙火兩見，通根戌土丁火，官殺四見，官殺得甲木偏財生，故官殺強傷官弱用比劫。前言「木火多痰者，火旺逢木，木從火勢，則金不能剋木，水不能勝火，火必剋金而傷肺，不能下生腎水；木又洩水氣，腎水必燥，陰虛火炎，痰則生矣。」

2、戊寅、己卯運，木生火，火剋金而傷肺，故「患痰火之症」。庚辰運金生水，子辰半合水，故「勿藥而愈」。辛巳運丙辛合水，還是身弱用比劫。故火是官殺，而「不用火者」。金水傷官用火，火是官殺，故「必要身旺逢財」。強弱中庸者用食傷。身弱用印。

按：木火土一團，唯一亥水合寅木午火，有似無，庚金不生水。

正印	日主	傷官	比肩
丙寅	己亥	庚午	己巳
戊　丙　甲	甲　壬	己　丁	庚　戊　丙
劫財　正印　正官	正官　正財	比肩　偏印	傷官　劫財　正印

| 壬戌 | 癸亥 | 甲子 | 乙丑 | 丙寅 | 丁卯 | 戊辰 | 己巳 |

任注：己土生於仲夏，火土印綬，己本溼土，又坐下亥水，丙火透而逢生，年月又逢祿旺，此之謂熱，非燥也。寅亥化木生火，夏日可畏，兼之運走東南木地，風屬木，故患風疾。且巳亥體陰用陽，得午助，心與小腸愈旺。亥逢寅洩，庚金不能下生，腎氣愈虧，又患遺泄之症，幸善調養，而病勢無增。至乙丑，運轉北方，前病皆愈。甲子、癸亥水地，老而益壯，又納妾生子，發財數萬。

1、己土生在午月，印綬四見，故稱「丙火透而逢生」；比劫四見，稱「年月又逢祿旺」。總之，火土旺而身強。坐下亥水輾轉生寅木，生丙火，生己土，故稱「熱非燥」。

2、「運走東南木地」，東南巽卦，巽為木為風，「故患風疾」。「巳亥體陰用陽」，「體陰」指巳亥為陰地支，但藏干是丙戊庚與壬甲，故「用陽」。「得午助」，丁火生己土，丁火是心。「亥逢寅洩」，注意缺水。「庚金不能下生」，因自坐午火。說半天就是缺水而「腎氣愈虧」。乙丑運補水病愈。甲子運發財。

728

按：原局無水，火炎土燥，癸運滴水熬乾，羣劫爭財。

正印	日主	比肩	傷官
丁 巳	戊 戌	戊 戌	辛 未
庚　戊　丙	丁　辛　戊	丁　辛　戊	乙　丁　己
食 神　比 肩　偏 印	正 印　傷 官　比 肩	正 印　傷 官　比 肩	正 官　正 印　劫 財
庚 寅　辛 卯	壬 辰　癸 巳	甲 午　乙 未	丙 申　丁 酉

任注：戊土生於戌月，未戌皆帶火燥土，時逢丁巳，火土印綬；戌本燥土，又助其印，時在季秋，此之謂燥，非熱也。年干辛金，丁火剋之，辛屬肺，燥土不能生金。初患痰症，肺家受傷之故也，其不致大害者，運走丙申丁酉，西方金地。至乙未甲午，木火相生，土愈燥，竟得蛇皮瘋，所謂皮癢也。癸巳運水無根，不能剋火，反激其焰，其疾辛以亡身，此火土逼乾癸水，腎家絕也。

1、原局火炎土燥，時柱丁巳烈火，又四柱無水，故「謂燥，非熱也」，破格的稼穡格。最怕羣劫爭財。年干辛金屬肺，面對丙丁火五見而傷肺，故「初患痰症」，所幸大運申酉西方金生水。

2、乙未、甲午運，進入火地，木生火，火生土，火土比劫撐到爆，得「蛇皮瘋」。癸巳運戊癸合火，「反激其焰」而亡。《三命通會》：「見巳午火即貴，亦不宜多；多則土燥，不能滋生萬物。」食傷四見傷官格，印綬五見偏印格；原局傷官格（金屬肺）勉強對抗比印，癸巳運傷官想生財，反遭財星倒貼印局。

729

按：己土濕寒，缺火，亦無火運，前言「土虛不能制水」，壬申、癸酉運，爛泥巴太多。

七殺	日主	偏印	比肩
乙丑	己亥	丁丑	己丑
辛　癸　己	甲　壬	辛　癸　己	辛　癸　己
食神　偏財　比肩	正官　正財	食神　偏財　比肩	食神　偏財　比肩
己巳　庚午	辛未　壬申	癸酉　甲戌	乙亥　丙子

任注：己土生於季冬，支逢三丑；日主本旺，過於寒溼；丁火無根，不能去其寒溼之氣；乙木凋枯，置之不用，書香難就。己土屬脾，寒而且溼，故幼多瘡毒。癸酉、壬申運，財雖大旺，兩腳寒溼瘡，數十年不愈。又中氣大虧，亦乙木凋枯之意也。

1、己土生在丑月，地支一堆水土，「日主本旺」，指比劫偏印合計五見。「過於寒溼」，指地支財四見。「書香難就」，指丁火與乙木無根，木火不通不明。

2、前言「土虛不能制水，木旺自能剋土，脾胃必傷」。原局己土屬脾，寒而且溼，不能制水，故「幼多瘡毒」。癸酉、壬申運，財雖大旺，但「腳寒溼瘡」。原局身財兩停，有食神通關，故財運即能掌握。比肩雖多也有官殺制服，「財雖大旺」，不足為奇。

按：日主剋洩交加用印綬，水地水運後，甲辰運生火合土制水。

七殺	日主	正財	食神
庚午	甲戌	己亥	丙戌
己 丁	丁 辛 戊	甲 壬	丁 辛 戊
正財 傷官	傷官 正官 偏財	比肩 偏印	傷官 正官 偏財

丁未	丙午	乙巳	甲辰	癸卯	壬寅	辛丑	庚子

任注：甲木生於亥月，印雖當令，四柱土多剋水，天干庚金無根，又與亥水遠隔，戌中辛金，鬱而受剋。午丙引出戌中丁火，亥水被戌土制定，不能剋火，所謂鬱火金也。庚為大腸，丙火剋之。辛為肺，午火攻之。壬為膀胱，戌土傷之，謂火毒攻內。甲辰運木又生火，沖出戌中辛金，被午剋之，生肺癰而亡。

1、甲木生在亥月，勿以偏印當令作為身強，因為「四柱土多剋水」財剋印。「天干庚金無根，又與亥水遠隔」，指庚金難生水。辛金藏在戌中，戌土有丙丁火相生，土厚埋金，故「鬱而受剋」難生水。「午丙引出戌中丁火」，指食傷四見有力。「亥水被戌土制定」，亥水被戌己土包夾，故亥水「不能剋火」。「鬱火金」，指金遇猛火不生水。因此庚（大腸）、辛（肺）、壬（膀胱）都有毛病。

2、甲辰運木生火，比劫生食傷，「沖出戌中辛金」，指辰戌沖，正官辛金被沖出，又「被午剋之」而亡。原局財生官殺與食傷對抗賽，甲辰運食傷壯大，剋住辛（肺）正官，故「生肺癰」。

按：庚金管肺，癸水管腎，俱無根，申酉運尚有力道，丙戌運甲木森森，木火剋盡金水。

比肩	日主	正印	七殺
甲戌	甲午	癸未	庚寅
丁 辛 戊	己 丁	乙 丁 己	戊 丙 甲
傷官 正官 偏財	正財 傷官	劫財 傷官 正財	偏財 食神 比肩
辛卯　庚寅	己丑　戊子	丁亥　丙戌	乙酉　甲申

任注：木火傷官用印，得庚金貼身，生癸水之印，純粹可觀，讀書過目不忘。庚癸兩字，地支不載，更嫌戌時會起火局，不但金水枯傷，而且火能熱木，命主元神洩盡。幼成弱症，肺腎兩虧。至丙戌運，逼水剋金而殀。

1、甲木生在未月財當令，天干七殺生印，再看均無根，故稱「庚癸兩字，地支不載」。又地支食傷四見，財星四見，食傷生財看似好，殊不知地支寅午戌、午未，三合六合都是火洩日主，故稱「更嫌戌時會起火局」。木火傷官印無力，再遇火運必凶。

2、總之「金水枯傷，而且火能熱木，命主元神洩盡」，故「肺（庚）腎（癸）兩虧」。丙戌運三合火局，虎馬犬鄉，甲來焚滅；丙火剋去辛金，故「逼水剋金而殀」。

按：前言「然有可應而六親與事體又不相符者，殆以病而免其咎者也」，火旺化火，敗在官殺，二子不肖換身體健康。

偏印	日主	正財	傷官
戊寅	庚戌	乙卯	癸酉
戊 丙 甲	丁 辛 戊	乙	辛
偏印 七殺 偏財	正官 劫財 偏印	正財	劫財

丁未	戊申	己酉	庚戌	辛亥	壬子	癸丑	甲寅

任注：春木當權，卯酉雖沖，木旺金缺，土亦受傷，更嫌卯戌寅戌拱合化殺，本主脾虛肺傷之疾，然竟一生無病，但酉弱卯強，妻雖不剋，而中菁難言，生二子，皆不肖，為匪類，故免其病，財亦旺也。

1、庚金生在卯月，乙木當令，「更嫌卯戌、寅戌拱合化殺」，指化殺之火剋制庚日主，故應「本主脾虛肺傷之疾」。為何一生無病？因為有一好就沒兩好，有一壞就沒兩壞，因為「生二子，皆不肖，為匪類」，指食傷病於寅卯之地，故「免其病」。

2、「妻雖不剋」，指正財格雖然被酉金冲剋，然而卯戌合火剋金，勉力平衡；但不免「中菁難言」，指兩人不溝通，正財逢冲，卯戌解，桃花旺到底。「財亦旺」，指正財格有力。庚日主雖然身弱，但年柱羊刃有加持作用。先財後印，反成其福。先印後財，反成其辱。

出身

原文：巍巍科第邁等倫，一個元機暗裏存。

原注：凡看命看人之出身最難。如狀元出身，格局清奇迴異。若隱若露，奇而難決者，必有元機。須搜尋之。

按：命格中的功名、出身高低，很難一般見識，必須在若隱若現中仔細分判，若難以分辨，必有蛛絲馬跡般的線索，例如微根、暗會、行運天干引拔。

任氏曰：命論人之出身最難，故有元機存焉。

1、元機者，不特格局清奇迴異、用神真假之分，須究支中藏神司令，包羅用神喜神，使閑神忌神不能爭戰，反有生拱之情。

2、又有格局本無出色處，而名冠群英者，必先究其世德之美惡，次論山川之靈秀，所以鍾靈毓秀，從世德而來者，不論命也。故世德心田居一，山川居二，命格居三。

3、然看命之要，非殺印相生為貴，官印雙清為美也；如顯然殺印財官，動人心目者，必非佳造。若用神輕微，喜神暗伏，秀氣深藏者，初看並無好處，越看越有精神，其中必有元機，宜仔細搜尋。

1、按：論出身最難，但能掌握其中玄機即可。先看格局是否清奇秀麗，用神真確，地支藏干囊括用神與喜神，其中閑神與忌神不與喜用神唱反調，反而生拱有情。

2、雖然格局並非清奇亮麗，卻能名冠群英，就須查其家風祖德，風水優劣，命運因後天因素而翻轉乾坤。即「故世德心田居一，山川居二，命格居三」。

3、並非殺印相生、官印相生、財官雙美就是高命，反而是財官印格局聳動，過於完美而成為瑕疵。喜用神雖不明朗呈現，但仔細分判，元機盎然，行運截長補短，自有其中奧妙。

按：月令官殺局生印帶財，格重身輕，食傷不混，宜印綬。

劫財	日主	正財	正財
戊辰	己未	壬寅	壬辰
癸 乙 戊	乙 丁 己	戊 丙 甲	癸 乙 戊
偏財 七殺 劫財	七殺 偏印 比肩	劫財 正印 正官	偏財 七殺 劫財
庚戌	戊申	丙午	甲辰
己酉	丁未	乙巳	癸卯

任注：己土生於孟春，春官當令，天干覆以財星，生官有情。然春初己土溼而且寒，年月壬水，通根身庫，喜其寅中丙火司令為用，伏而逢生。所謂元機暗裏存也。至丙運，元神發露，戊辰年比助時干，剋去壬水，則丙火不受剋，大魁天下。以俗論之，官星不透，財輕劫重，謂平常命也。

1、「春官當令」，壬辰與壬寅拱七殺。天干財星兩見，通根辰庫，即正偏財四見，故「生官有情」。地支官殺五見，行運甲乙透出天干。當此財殺旺盛時即應檢視日主是否不堪負荷？原局比劫五見，「寅中丙火司令為用」帶印綬，身不弱但格強。故「元機暗裏存」，指等待扶身大運。

2、至丙午運「元神發露」，指印綬大運財生官，官生印。戊辰年一堆比劫幫身剋財，印不受財剋制，就能幫身。「俗論之，官星不透，財輕劫重，謂平常命」，任氏以暗拱三會官殺局，稱「官星不透」。原局是「財輕劫重」，但大運木火，比劫暫時未現。

按：月令偏財，天干比肩，以食傷四見生財洩比劫為喜，辰戌冲，結構性瑕疵，忌官殺運剋日主，又生出印綬剋去用神食傷。

食神	日主	比肩	偏印
丙寅	**甲戌**	**甲辰**	**壬戌**
戊 丙 甲	丁 辛 戊	癸 乙 戊	丁 辛 戊
偏財 食神 比肩	傷官 正官 偏財	正印 劫財 偏財	傷官 正官 偏財
壬子 辛亥	庚戌 己酉	戊申 丁未	丙午 乙巳

任注：甲木生於季春，木有餘氣，又得比祿之助，時干丙火獨透，通輝純粹。年干壬水，坐下燥土之制，又逢比肩之洩，輾轉相生，則丙火更得其勢。至戊運，戌之元神透出制壬，兩冠羣英，三元及第。其仕路未能顯秩者，運走西方金地，洩土生水之故也。

1、甲木生在辰月，比劫三見，食傷四見，財星四見，很明顯要行木火土運勢。「木有餘氣」，指乙木劫財。何以「輾轉相生，則丙火更得其勢」？因為壬水生甲木，甲木生丙火，喜歡木火土忌金水官印。一堆食傷生財，印壬水就是忌神豬隊友。

2、戊申運「戌之元神透出制壬」，指原局戊土偏財都在地支，戊申運天干接引出戊土偏財，故「制壬」財剋印「三元及第」。「仕路未能顯秩」，因為金地洩土生水，金將喜神轉忌神，豬隊友揮之不去。

按：月令食神帶偏財，財透干為用，日主食傷不弱，財有生機。
丁不離甲，甲不離庚，庚不離丁；財印雙清。

正財	日主	比肩	正印
庚戌	丁卯	丁丑	甲寅
丁　辛　戊	乙	辛　癸　己	戊　丙　甲
比　偏　傷 肩　財　官	偏 印	偏　七　食 財　殺　神	傷　劫　正 官　財　印
乙 酉 ∣ 甲 申	癸 未 ∣ 壬 午	辛 巳 ∣ 庚 辰	己 卯 ∣ 戊 寅

任注：丁火生於季冬，局中印綬重疊，弱中變旺，足以用財，庚金虛露，本無出色，喜其丑內藏辛為用，亦是元機暗裏存也。丑乃日元之秀氣，能引比肩來生，又得卯戌合，而丑土不傷，所以身居鼎右，探花及第。

1、丁火生在丑月，局中「印綬重疊」，指正印兩個，又自坐偏印，但丁丑與丁卯暗拱寅正印，故「弱中變旺」。財星三見帶食傷，「元機暗裏存」，木火土金一路順暢。

2、「丑乃日元之秀氣」，指丁火生丑土。「能引比肩來生」，指月干丁火生丑土。「卯戌合，而丑土不傷」，指卯木本應剋制丑土，但卯戌合火反而也生丑土。丑土為提綱不受傷，時柱傷官生財坐天月德貴人，四柱無刑冲就是好命。

按：月令傷官為用帶財，無財運就廢棄；日主衰弱，宜印比之地。

劫財	日主	食神	正官
辛巳	庚子	壬子	丁亥
庚　戊　丙	癸	癸	甲　壬
比肩　偏印　七殺	傷官	傷官	偏財　食神
劫煞　天德	將星	將星　月德	文昌　亡神
甲辰　乙巳	丙午　丁未	戊申　己酉	庚戌　辛亥

任注：庚金居於仲冬，傷官太旺，過於洩氣，用神在土，不在火也，柱中之火，不過取其煖局耳。四柱無土，取巳中藏戊，水旺剋火，火能生土，亦是元機暗裏存也。至戊運丙辰年，火土相生，巳中元神並發，亦居鼎右。

1、庚金生在子月，食傷四見，月令傷官格。比劫偏印僅在時柱出現，認定身弱，但大運庚戌、己酉、戊申等都是土金加持日主。用神在土金，火是暖身用。

2、雖四柱無土，取「巳中藏戊」，火土同位，火能生土，故「元機暗裏存」。至戊申運丙辰年，柱運歲暗拱食傷水局。「火土相生」，指流年丙辰殺生印，原局傷官無財，喜逢食傷制官殺。丁未拱財滋生弱殺，氣勢流暢，氛圍和諧；丙午運冲合太甚。年時雙冲，人脈衰絕。

> 原文：清得盡時黃榜客，雖存濁氣亦中式。

> 原注：天下之命，未有不清而發科甲者。清得盡者，非必一一成象，雖五行盡出而能安放得所，生化有情，不混閑神忌客，決發科甲。即有一二濁氣，而清氣或成一個體段，亦可發達。

1、按：清，指格局有成，若不成但有救，或大運有解。(格局成敗請參閱《子平真詮三十天快譯通》)。原局清新有利科甲，雖存有濁氣，尚能有中等官命。

2、科甲之命必須格局存有清氣。能有一股清氣，雖然未必財官格局用神彰顯，但能位置排列正確，行運不悖，閑神忌神不來相混，決發科甲。原局雖有濁氣，雖然有點濁氣，但大運成一個體段，也能發達。

任氏曰：清得盡者，非一行成象、兩氣雙清也。

1、雖五行盡出，而清氣獨逢生旺，或真神得用，
　　或清氣深藏者，黃榜標名也。

2、若清氣當權，閑神忌客，不司令，不深藏，得
　　歲運制化者，亦發科甲也。

3、清氣當權，雖有濁氣，安放得所，不犯喜用，
　　雖不能發甲，亦發科也。

4、清氣雖不當令，得閑神忌客不黨濁氣，匡扶清
　　氣，或歲運安頓者，亦可中式也。

1、按：何謂「清得盡」？不是指一行成象的專旺、從格，或兩
　　氣雙清的木火二局、金水兩局等。例如五行完備，但其中有
　　相輔相成的兩行為清流當權派。又如清氣當權，閑神、忌神
　　不當令，不居祿旺之位，行運配合得好。

2、清氣當權，雖有濁氣，但干支位置排列恰當，喜神用神皆無
　　剋害，雖不能名列前榜，也是儒林秀士。又清氣雖不當令，
　　但閑神忌神不結合濁氣，而在歲運中幫助清氣，即或不幫但
　　在大運中喜用不受冲剋，也是科甲中人。

按：原局無水，七殺重帶薄財為用，丙火生比劫也不弱，殺重身輕，行火土運剛好。庚申、辛酉運，雜入木火土，合冲太甚必衰。

正印	日主	七殺	劫財
丙寅	己卯	乙卯	戊辰
戊　丙　甲	乙	乙	癸　乙　戊
劫財　正印　正官	七殺	七殺	偏財　七殺　劫財

癸亥	壬戌	辛酉	庚申	己未	戊午	丁巳	丙辰

任注：平傳臚造，己土生於卯月，殺旺提綱，乙木元神透露，支類東方。時干丙火生旺，局中不雜金水，清得盡者也。若一見金，不但不能剋木，而金自傷觸其旺神，徒與木不和，為不盡也。

1、己土生在卯月，「殺旺提綱」，七殺在月支稱提綱，「乙木元神透露」，指七殺格透月干。「支類東方」，指地支寅卯辰三會。「時干丙火生旺」，丙火通根是正印生己土，正印生身，偏印化煞。「局中不雜金水」，原局都是木火土，不雜庚辛、申酉，壬癸、亥子之類的。

2、為何「若一見金，不但不能剋木，而金自傷觸其旺神」，因為在〈衰旺〉章中提到，「土太衰者而似火也，宜木以生之。」原局假從殺，就喜行官殺木運，一旦見金觸其旺神官殺則不合。「清得盡」，指木火土一團，金水不來就好。

741

按：傷官、正印、偏財皆成格局，如何取捨？土金成黨身強，食傷洩秀生財剛好，忌印剋食傷，故乙卯運好，甲運合出忌神。

偏財	日主	正印	傷官
甲申	庚子	己未	癸未
戊 壬 庚	癸	乙 丁 己	乙 丁 己
偏印 食神 比肩	傷官	正財 正官 正印	正財 正官 正印
辛亥	壬子	癸丑	甲寅	乙卯	丙辰	丁巳	戊午

任注：庚金生於未月，燥土本難生金，喜其坐下子水，年透元神，謂三伏生寒，潤土養金。雖然土旺水衰，妙在申時拱子，有洩土生水扶身之美，更妙火不顯露，清得盡也。初交戊午、丁巳丙運，生土逼水，功名蹭蹬，家業破耗。辰運支全水局，舉於鄉。交乙卯制去己未之土，登黃甲，入詞林，又掌文柄，仕路顯赫。

1、庚金生在未月，未是燥土難以生金，但自坐子水透干在年，傷官格。「三伏」指未月。「生寒」指癸水成傷官格。「潤土」，指未月燥土不生金，但有癸水使燥土變濕土，故反能「養金」。「雖然土旺水衰，妙在申時拱子」，指印綬四見，但壬水長生與子水半合，水土勢均力敵。原局食傷金有洩土、生木之作用。「火不顯露」，天干不見官殺，故「清得盡」，指傷官配印成格。

2、初運戊午、丁巳都是火土之地，食傷壬癸水受制，不利傷官生財，故「功名蹭蹬」。丙辰運三合申子辰傷官局，大利傷官生財，故「舉於鄉」。交乙卯運剋制己土，財剋印，傷官全力發揮故「仕路顯赫」。日祿歸時，不見官星，青雲得路。

742

按：〈旺衰〉篇「木太旺者而似金，喜火之煉」，羊刃喜傷官。

傷官	日主	正印	正印
丁卯	甲午	癸亥	癸未
乙	己 丁	甲 壬	乙 丁 己
劫財	正財 傷官	比肩 偏印	劫財 傷官 正財

乙卯	丙辰	丁巳	戊午	己未	庚申	辛酉	壬戌

任注：甲木生於亥月，癸水並透，其勢泛濫。冬木喜火，最喜卯時，不特丁火通根，亦且日主臨旺，又會木局，洩水生火扶身。更妙無金，清得盡矣。至己未運，制其癸水，丙辰流年，捷南宮，入翰苑，官居清要。

1、甲木生於亥月，天干又兩透癸水，故水「勢泛濫」。「冬木喜火，最喜卯時」，因原局時柱丁火傷官自坐卯木，燃料用不完，故「丁火通根，亦且日主臨旺」，時支羊刃忙到死。又拱卯會木局，洩水生火扶身，氣勢順行。但印綬沒有官殺作後援，而傷官有比劫作後援，故印剋不動傷官，傷官卻可專心等待財運。

2、己未運是財運，雙合日柱，財剋印，傷官如魚得水；丙辰流年，食神生財，故「入翰苑」。戊午運刑合太多。

按：雖有印比，食神官殺剋洩交加，喜用印比，忌食傷財殺。

食神	日主	七殺	劫財
乙卯	癸卯	己酉	壬辰
乙	乙	辛	癸　乙　戊
食神	食神	偏印	比　食　正 肩　神　官
丁　　丙 巳　　辰	乙　　甲 卯　　寅	癸　　壬 丑　　子	辛　　庚 亥　　戌

任注：癸卯日元，食神太重，不但日元洩氣，而且制殺太過。喜其秋水通源，獨印得用，更妙辰酉合而化金，金氣愈堅。局中全無火氣，清得盡矣，所以早登雲路，名高翰苑。惜中運逢木，仕路不能顯秩也。

1、日主癸卯，自坐食神；食神四見洩的凶，酉月偏印，印剋食神，單拳難敵四手。「制殺太過」，四個食神制官殺。「秋水通源」，指癸水生在酉月。「獨印得用」，指專位偏印。「更妙辰酉合而化金」，指辰酉合金，金生水，且解除卯酉之天剋地冲。食神格生不出財，大運無財就指望官殺運。

2、「局中全無火氣」，沒有火就是沒有財，前〈旺衰〉篇有言「水太衰者而似金也，宜土以生之」。土是喜神，故「中運逢木，仕路不能顯秩」，指食神剋制官殺過甚，癸丑運夾傷官，脫離印比之地即衰，故「仕路不能顯秩」。月時雙冲，平安下莊也好命。

按：原局食傷財殺旺，日主偏弱，喜月令偏印透干生身，食傷生財洩身為忌；己巳年殺印相生，名題雁塔。

七殺	日主	偏財	正印
丙子	庚子	甲戌	己亥
癸	癸	丁 辛 戊	甲 壬
傷官	傷官	正官 劫財 偏印	偏財 食神
將星 月德 天德	將星	紅豔 寡宿	文昌 亡神
丙寅	丁卯	戊辰	己巳	庚午	辛未	壬申	癸酉

任注：庚金生於戌月，地支兩子一亥，干透丙火，剋洩交加。喜其印旺月提，雖嫌甲木生火剋土，得甲己合而化土，清得盡也。至己巳流年，印星有助，沖去亥水甲木長生，名題雁塔。

1、庚金生在戌月，燥土不生金，食傷三見洩日主，「干透丙火」，水火都是剋洩。「喜其印旺月提」，甲木的表象是生火剋日主，實則甲木周邊沒有火，反而甲己合土也可以生日主。

2、己巳流年火土印生比劫，巳亥沖，沖去壬水食神生財，使印綬助身。也「沖去亥水甲木長生」，甲木是偏財會生官殺，如此印綬加持，食傷生財也退場，有利身弱者，故「名題雁塔」。

按：月令金水傷官，金水重，火土輕；日主無根，格重身輕；喜印綬比劫之地，忌財殺。

劫財	日主	七殺	正印
辛巳	庚子	丙子	己亥
庚　戊　丙	癸	癸	甲　壬
比肩　偏印　七殺	傷官	傷官	偏財　食神
戊辰　　己巳	庚午　　辛未	壬申　　癸酉	甲戌　　乙亥

任注：庚金生於仲冬，地支兩子一亥，干透丙火，剋洩並見。喜其己土透露，洩火生金，五行無木，清得盡也。至己巳年，印星得助，名高翰苑。所不足者，印不當令，又己土遙列而虛，故降任知縣。

1、庚金生在子月，「兩子一亥」洩身，又「干透丙火」剋身，故「剋洩並見」。「喜其己土透露」，指正印可以洩七殺，通根時支。身弱的殺印相生，不宜食神生財。

2、己巳年印星得助，故「名高翰苑」，因為印剋食傷，免除食傷生財，財生殺的剋洩交加。差在「印不當令」，且己土隔位生日主，隔鞋搔癢。故「降任知縣」。辛未運拱午冲子，必衰。庚午運冲七殺傷官，冲剋太多。

按：原局剋洩交加，宜用印與比劫，丁卯、未土皆印比流年。

七殺	日主	七殺	比肩
壬辰	丙子	壬辰	丙申
癸　乙　戊	癸	癸　乙　戊	戊　壬　庚
正官　正印　食神	正官	正官　正印　食神	食神　七殺　偏財
庚子	戊戌 丁酉	丙申 乙未	甲午 癸巳

任注：丙火生於季春，兩殺並透，支會殺局，喜其辰土當令制殺，辰中木有餘氣而生身，病在申金，無此盡美，所以天資過人。丁卯年合殺，而印星得地，中鄉榜。辛未年去其子水，木火皆得餘氣，春闈亦捷。究竟申金為嫌，不得大用歸班，更嫌運走西方，以酒色為事也。此似王衍梅造。

1、丙火生在辰月，地支一堆官殺，又七殺透出月時天干，官殺六見。「喜其辰土當令制殺」，指辰中戊土食神制殺，但不要指望食神制殺，因為申子辰三合官殺局。要用印綬化殺，所以「病在申金」，指金生水，財生官殺，財又剋印，所以金是仇神，水是忌神。「無此盡美」，無財串連食神七殺就是貴格。

2、丁卯年，丁壬合，壬水斷頭是好事，而「印星得地」，洩水生火，故中鄉榜。辛未年「去其子水」，指未土剋制癸水，未中有丁火幫身，己土剋水，故「春闈亦捷」。「究竟申金為嫌」，金生水是仇神，「歸班」還鄉。「酒色」退休唱唱卡拉OK而已。

747

按：月令七殺透干為用，無印，比劫靠自己；水運好，木運帶火，日主扛不住。

傷官	日主	比肩	七殺
乙巳	壬子	壬戌	戊午
庚　戊　丙	癸	丁　辛　戊	己　丁
偏印　七殺　偏財	劫財	正財　正印　七殺	正官　正財
庚午　　己巳	戊辰　　丁卯	丙寅　　乙丑	甲子　　癸亥

任注：壬水生於戌月，水進氣，而得坐下陽刃幫身，年干七殺，比肩攬之，謂身殺兩停。其病在午，子水沖之；又嫌在巳，子水隔之，使其不能生殺。且戌中辛金暗藏為用，同胞雙生，皆進士。

1、壬水生在戌月，七殺當令，官殺四見透在年干，七殺格。壬子日自坐羊刃，壬水透在月干，比劫兩見，官殺強過比劫，何以號稱「身殺兩停」？因為壬戌與壬子拱亥，日主有暗椿，使比劫與官殺半斤八兩。

2、「其病在午」，指年支午火被子水沖，「又嫌在巳」，指巳午遙隔，其實拱亥沖巳更妙，故使火「不能生殺」。「戌中辛金暗藏為用」，辛金正印加持化殺。乙丑運三合印綬，定有佳音。丙寅運火局財生殺，定然困蹇。丁卯運木火生殺，刑喪破耗。原局年柱戊午與日柱壬子，水火激盪。身殺兩停，貴而不久。

按：日主不弱，格局剋洩交加，原局無水，無印化殺，宜印綬比劫運；藤蘿繫甲，可春可秋。

正財	日主	七殺	正官
戊寅	乙卯	辛巳	庚戌
戊　丙　甲	乙	庚　戊　丙	丁　辛　戊
正財　傷官　劫財	比肩	正官　正財　傷官	食神　七殺　正財
己丑　　戊子	丁亥　　丙戌	乙酉　　甲申	癸未　　壬午

任注：乙木生於巳月，傷官當令，足以制官伏殺，坐下祿支扶身，寅時又藤蘿繫甲。至庚辰年，支類東方，中鄉榜，不發甲，只因四柱無印，戊土洩火生金之故也。同胞雙生，其弟生卯時，雖亦得祿，不及寅中甲木有力，而藏之為美。故遲至己亥年，印星生拱，而始中鄉榜也。

1、乙木生在巳月，傷官當令，丙火得日主相生有力，傷官居於提綱，寅戌相拱，故「足以制官伏殺」。乙日自坐祿，「藤蘿繫甲」，指時支寅木可供乙木攀附強身。殺食傷財多，宜印比。

2、庚辰年寅卯辰三會木局，故「中鄉榜」。「不發甲」，因為原局無印，又「戊土洩火生金之故」，指財生殺，無印化殺，欠缺臨門一腳。「同胞雙生，其弟生卯時」，雙胞胎後出生者，往往有以後退一個時辰論斷。「故遲至己亥年，印星生拱」，生拱印星之外，印剋食傷（亥沖巳），寅亥合木幫身。主本合，好兆頭。

按：官殺五見帶財格，印綬護身阻止從殺，狗拿耗子就是忌神。

七殺	日主	正官	正財
甲寅	戊午	乙卯	癸亥
戊 丙 甲	己 丁	乙	甲 壬
比 偏 七 肩 印 殺	劫 正 財 印	正 官	七 偏 殺 財
丁未　戊申	己酉　庚戌	辛亥　壬子	癸丑　甲寅

任注：戊土生於仲春，官殺並旺臨祿，又財星得地生扶，雖坐下午火印綬，虛土不能納火，格成棄命從殺。官殺一類既從，不作混論。至子運沖去午火，庚子年金生水旺，沖盡午火，中鄉榜。

1、戊土生在卯月，正官當令，官殺五見，年干財星相生，日主偏弱。但「虛土不能納火」，指己土不在丑未，對印綬不買單，故「格成棄命從殺」。「官殺一類既從」，月時天干正官七殺相混，既然從殺就「不作混論」，指沒有官殺混雜的缺憾。

2、壬子運與日柱戊午水火相激盪，子沖午，財剋印生殺，庚子年還是子沖午，大運剋印，流年財生殺，原局並無食傷剋官殺之局面，柱運歲呈現完美的「棄命從殺」，故「中鄉榜」。前〈旺衰〉篇有言「木旺極者而似火，喜水之剋也」。

按：原局土旺水衰，印剋食傷，比劫弱，喜比劫通關金帶水，中運木火土，金受剋水不流。

傷官	日主	食神	偏印
癸未	**庚寅**	**壬戌**	**戊子**
乙 丁 己	戊 丙 甲	丁 辛 戊	癸
正財 正官 正印	偏印 七殺 偏財	正官 劫財 偏印	傷官
庚午　己巳	戊辰　丁卯	丙寅　乙丑	甲子　癸亥

任注：庚金生於戌月，印星當令，金亦有氣，用神在水，不在火也。至庚申流年，壬水逢生，又洩土氣，北闈奏捷。所嫌者，戊土元神透露，不利春闈，兼之中運木火，財多破耗。

1、庚金生於戌月，戊土是印星當令。「金亦有氣」，指辛金劫財多少幫身。印綬又四見都是擺明身強。「用神在水」，因為土多要水能流動，水不流動就是身強不洩秀；即有印剋食傷之虞。

2、庚申流年「壬水逢生」，壬水長生在申，申子半合水，庚申化土生水，故「北闈奏捷」。「所嫌者，戊土元神透露」，因為庚在戌月土厚，戊土透干變成土厚埋金。以日主喜忌而言，庚不離丁，但丁來被壬合掉。「中運木火」，木火生土印，就說不要印的，故「財多破耗」。

按：月令偏印透干帶正印，土多水滯，母旺子衰，庚申、辛酉運，金生衰水。《子平真詮》：「有印多而用財者，印重身強，透財以抑太過，權而用之，只要根深，無妨財破。」

正印	日主	偏印	正印
戊子	辛亥	己未	戊子
癸	甲 壬	乙 丁 己	癸
食神	正財 傷官	偏財 七殺 偏印	食神

丁卯	丙寅	乙丑	甲子	癸亥	壬戌	辛酉	庚申

任注：辛金生於夏季，局中雖多燥土，妙在坐下亥水，年時逢子潤土養金，能邀其未拱木為用。至丁卯年，全會木局，有病得藥，棘闈奏捷。

1、辛金生在未月，局中有燥土印綬四見，厚土埋金。但壬癸水食傷三見，水能「潤土養金」。「能邀其未拱木為用」，未土有亥水可以伺機合木，丁卯運亥卯未三合財，「全會木局」，偏財剋偏印，故「有病得藥，棘闈奏捷」。

2、原局辛金喜壬水淘洗晶瑩，木（財）疏（剋）土（印），因此水木食傷生財是喜用。天干三印，自鳴清高，自我設限。〈相心賦〉：「梟神當權，使心機而始勤終怠。好學藝而多學少成。」〈奧旨賦〉說：「年時月令有偏印，吉凶未明；大運歲君逢壽星，災殃立至」。

752

> 原文：秀才不是塵凡子，清氣還嫌官不起。
>
> 原注：秀才之命，與異路人貧人富人之命。無甚大別。然終有一種清氣處。但官星不起。故無爵祿。

按：秀才固然超脫於凡夫俗子，八字必有清秀之處，但官星之力尚不足，故離官貴爵祿還是有一段距離。何謂「官星不起」？任氏歸納如下。

> 任氏曰：秀才之命，與異路貧富人，無甚分別，細究之，必有清氣存焉。官星不起者，非官星不透之謂也。
>
> 1、如官星太旺，日主不能用其官。（身弱不託財官）
>
> 2、如官星太弱，官星不能剋日主。（官弱無官）
>
> 3、如官旺用印見財者。（財生官，財剋印，日主扛不住）
>
> 4、如官衰用財遇劫者。（比劫奪財，無財滋弱官）
>
> 5、如印多洩官星之氣者。（官星被洩無力）
>
> 6、如官多無印者。（官多無印，直接剋日主）
>
> 7、如官透無根，地支不載。（正官虛懸，合剋皆去）
>
> 8、如官坐傷位，傷坐官位。（干支相剋，官星即有若無）
>
> 9、如忌官逢財（財生官。官更旺），喜官遇傷者（喜神被剋去），皆謂之官星不起也，縱有清氣，不過一衿終身。

按：括弧內扼要解說，不贅述。

1、有富而秀者，身旺財旺，與官星不通也。（身旺帶財無官）

2、或傷官顧財不顧官也。（傷官生財官無緣）

3、有貧而秀者，身旺官輕，財星受劫也。（寒儒自賞只剩一身）

3、或財官太旺印星不現。（財生殺黨，日主扛不住）

4、或傷官用印，見財不見官也。（傷官配印，不宜見財）

有學問過人，竟不能得一衿，老於儒童者。此亦有清氣存焉，格局原可發秀，只因運途不齊，破其清氣，以致終身不能稍舒眉曲也。亦有格局本可登科發甲者，亦因運途不齊，屢困場屋，終身一衿，不能得路於青雲也。也有格局本無出色，竟能科甲連登，此因一路運途合宜，助其清氣官星，去其濁氣忌客之故也。

按：除格局悖逆外，又有本可登科發甲，但運途不濟。反之，格局本無出色，竟能科甲連登，是運途助其官星取清而已。不贅述。

按：財星透干為用，喜食傷通關比劫財星，宜火運火地，忌水地。

正財	日主	正印	偏印
戊寅	乙卯	壬戌	癸巳
戊　丙　甲	乙	丁　辛　戊	庚　戊　丙
正財　傷官　劫財	比肩	食神　七殺　正財	正官　正財　傷官

甲寅	乙卯	丙辰	丁巳	戊午	己未	庚申	辛酉

任注：乙卯日元，生於季秋，得寅時之助，日主不弱。足以用巳火之秀氣，戌土火庫收之，壬癸當頭剋之。格局本無出色，且辛金司令，壬水進氣通源，幸得時透戊土，去濁留清。故文望若高山北斗，品行似良玉精金。中運逢火，丙子年，優貢。惜子水得地，難得登雲。

1、乙日主生在戌月，戌月厚土有巳火為後援，乙木要比劫扶身洩秀，自坐祿，藤蘿繫甲，得寅時之助，故「日主不弱」可生食傷。原局正財四見，剋去虛浮正偏印，其次印剋食傷，食傷坐祿坐庫坐長生，浮印剋不住食傷，故宜去印。「格局本無出色」，指官星太弱，傷官不弱。「幸得時透戊土，去濁留清」，指戊癸合，壬水獨清。

2、「文望若高山北斗」，指年柱財官印坐驛馬，初運辛酉、庚申殺助印。中運逢南方火地，「丙子年，優貢」，指丙火幫助傷官生財。「惜子水得地」，指丙子年，丙火自坐子水唱反調。

755

按：財生殺黨剋印，前言：「官星太旺，日主不能用其官」。

劫財	日主	七殺	正印
乙亥	甲申	庚申	癸未
甲　壬	戊　壬　庚	戊　壬　庚	乙　丁　己
比肩　偏印	偏財　偏印　七殺	偏財　偏印　七殺	劫財　傷官　正財
壬子　　癸丑	甲寅　　乙卯	丙辰　　丁巳	戊午　　己未

任注：甲申日元，生於孟秋，庚金兩坐祿旺，喜亥時絕處逢生，化殺有情。癸水元神透出，清可知矣。但嫌殺勢太旺，日主虛弱，不能假殺為權，所以起而不起也。廩貢終身，不能一第。

1、甲申日主生在申月，甲絕在申，庚七殺坐祿，一堆七殺是否殺強身弱？印綬四見化殺是否半斤八兩？「喜亥時絕處逢生」，甲木本是絕在申，但甲木長生在亥，喜有偏印與甲木來幫扶，故「化殺有情」。

2、「癸水元神透出」，指印綬護身可用。「但嫌殺勢太旺」，七殺太重。「日主虛弱」，所謂印綬四見要注意正印癸水自坐死絕，清而無用，申中壬水長生兩見，原局大運不見會局，故「不能假殺為權」。己未運生殺，不利日主。戊午運火土洩日主。丁巳冲掉壬印用神。丙辰運火生土，土生殺剋印。乙卯運機運乍現，亂合一堆必有閃失。「不能一第」，比劫坐大耗、亡神，還是個寒儒。

按：傷官格，前言「傷官顧財不顧官」，即官星不起，生財也妙。

食神	日主	正印	正官
己酉	丁巳	甲辰	壬午
辛	庚 戊 丙	癸 乙 戊	己 丁
偏財	正財 傷官 劫財	七殺 偏印 傷官	食神 比肩
壬子　辛亥	庚戌　己酉	戊申　丁未	丙午　乙巳

任注：丁火生於季春，官星雖起，坐下無根，其氣歸木。日主臨旺，時財拱會有情，卻與官星不通。且中年運走土金，財星洋溢，官星有損，功名不過一衿，家業數十萬。若換酉年午時，名利雙輝矣。

1、丁日主生在辰月，濕土會洩丁火，但年日支祿旺並存。「官星雖起」，指壬水正官在年干。「坐下無根」，壬水自坐午火不通根。「其氣歸木」，用辰土中藏的癸水作根氣，沒魚蝦子也好。但辰酉合金，七殺變節歸財，故「卻與官星不通」。

2、「中年運走土金」，指丁未、戊申、己酉、庚戌等運，都是食傷生財，身強火土金一掛，故「官星有損」。「若換酉年午時」，指財在前，辰酉合財合的密切，財生官殺。食神在後，巳午火半會食傷生財可滋官殺。意思是此人早運大局為財生官殺，下半生食傷生財，則「名利雙輝」。月時雙合，晚年平安下莊。

按：前言「官坐傷位」,「印多洩官星之氣」,即官星不起。

劫財	日主	正印	正官
丁酉	丙午	乙卯	癸未
辛	己 丁	乙	乙 丁 己
正財	傷官 劫財	正印	正印 劫財 傷官
丁未 戊申	己酉 庚戌	辛亥 壬子	癸丑 甲寅

任注：丙午日元,坐於卯月,局中木火兩旺。官坐傷位,一點財星劫盡,謂財劫官傷。壬運雖得一衿,貧乏不堪。子運回沖,又逢未破,剋妻。辛運丁火回劫,剋子。亥運會木生火而亡。

1、丙火生在卯月,正印透干又帶半合,日柱自坐劫財,日刃格。年月天干正官生正印,正官剋不到日主,劫財年時通氣,日主太旺。「木火兩旺」,指正印劫財三見,木火土一掛同黨。「官坐傷位」,指正官坐在傷官己土之上,傷官剋無根官星。

2、「一點財星劫盡」,指時柱原局唯一的正財被劫財蓋頭,謂「財劫官傷」,故「壬運雖得一衿」,但貧乏不堪。「子運回沖」,指壬子運雖然與日柱丙午水火既濟,但丁壬合,子午沖,子卯刑,子未破,故「剋妻」。「辛運丁火回劫」,指丙辛合水和丁火劫財對槓,故「剋子」。「亥運會木生火」,指亥卯未三合木局生火,日主撐爆。又午亥暗合,天干丙辛合,丁剋辛,辛剋乙,原局撼動而亡。任鐵樵偏向將大運分干支各五年討論。

758

按：申中七殺微根，偏印透出為用；印多洩官星之氣，官星不起。

食神	日主	偏印	七殺
甲辰	壬申	庚申	戊申
癸 乙 戊	戊 壬 庚	戊 壬 庚	戊 壬 庚
劫財 傷官 七殺	七殺 比肩 偏印	七殺 比肩 偏印	七殺 比肩 偏印
戊辰	丁卯	丙寅	乙丑	甲子	癸亥	壬戌	辛酉

任注：此造大象觀之，殺生印，印生身，食神清透，連珠相生。清而純粹，學問過人，品行端方。惜乎無火，清而少神。用土則金多氣洩，用木則金銳木凋。兼之運走西北金水之地，讀書六十年，不克博一衿。家貧出就外傳四十載，受業者登科發甲，而自己不獲一衿，莫非命也。

1、任鐵樵習慣先講反話，然後轉話風。「大象觀之，殺生印，印生身」，指戊土七殺生偏印，偏印生日主。然後日主生甲木食神，故「食神清透」，指天干順生，無財剋印，教書剛好。

2、「惜乎無火」，缺火就缺財，七殺五見，面對一堆有力的印綬，已經被化盡，食傷又來剋制，所以沒財星當後援，故「清而少神」，神指財星。用戊土七殺被申金洩光，用食傷木又被堅硬孤僻的偏印剋制，故「用土則金多氣洩，用木則金銳木凋」。「兼之運走西北金水之地」，金是印綬，水是比劫，地支比劫四見，就是寧願到處破財，死守道義，不願得罪朋友的濫好人。

759

按：天干戊癸合，地支七殺微根，合殺留官，喜火土之地財官，前言「官衰用財遇劫」，劫財不劫財，官星可起。

七殺	日主	劫財	正官
戊申	壬申	癸酉	己亥
戊　壬　庚	戊　壬　庚	辛	甲　壬
七殺　比肩　偏印	七殺　比肩　偏印	正印	食神　比肩
乙丑　丙寅	丁卯　戊辰	己巳　庚午	辛未　壬申

任注：此造官殺並透無根，金水太旺，太不及前造之純粹也。喜其運走南方火土，精足神旺。至未運，早游泮水。午運科甲連登。己巳、戊辰，仕路光亨。與前造天淵之隔者，非命也，實運美也。

1、壬水生在酉月，金白水清，忌戊己土阻塞為病，但地支多出兩個申，洩土生水，金水太旺，故「不及前造之純粹」，此是反話，前例四柱全陽，缺財走比劫運。「喜其運走南方火土」，因為原局比劫四見，印綬三見，身強，故以木火土財殺為用。

2、辛運不喜印生身。未運燥土制水有功，帶財殺，故「早游泮水」。午運火土一氣呵成，故「科甲連登」。己巳運己土剋癸水，冲去亥水。戊運戊癸合火得財。辰運合酉生水，拱合水局去財必有刑耗。缺財走財運，故「非命也，實運美」。

原文：異路功名莫說輕，日干得氣遇財星。

原注：刀筆得成名者，與不成名者自異，必是財星得個門戶，通得官星。中有一種清皦之氣，所以得出身。其老于刀筆而不能出身者，終是財星與官不相通也。

按：「異路功名」，也算功名，必須日主不弱，有財生官，要或明或暗相連一氣，否則財官不通，命格就受限。文官武將成名者，自然命格非凡，但同樣必須以財作為官星奧援，而格局中又有清新之氣，如果到老不發跡，必是礙於財官不相通。

任氏曰：異路功名：有刀筆成名者，有納捐出身者，雖有分別，總不外日干有氣，財官相通也。

1、或財星得用，暗成官局。（財生官）
2、或官伏財鄉，兩意情通。（納捐出身，買票當官不宜嚷嚷）
3、或官衰逢財，兩神和協。（財官相合，互通有無）
4、或印旺官衰，財星破印。（財剋印，財生官來的恰好）
5、或身旺無官，食傷生財。（日主洩秀，有錢能使鬼推磨）
6、或身衰官旺，食神制官。（格局逆用，貴人提拔）必有一種清純之氣，方可出身，其仕路之高，須究格局之氣勢、運途之損益可知矣。

按：以上是歸納異路功名類型。

1、不能出身者,日干太旺,財輕無食傷,喜官而官星不通,或無官也。(比劫重,財輕被劫,官無後援,又無食傷生財;官星無財,或無官)

2、如日干太弱,財星官星並旺者。(身弱不託財官)

3、有財官雖通,傷官劫占者。(財官雖通,比劫剋財,傷官剋官,糾結一團)

4、有財星得用,暗成劫局者。(財可生官,逢劫破局)

5、有喜印逢財(財剋印,剋我所喜),忌印逢官者(官生印,生我所忌)。皆不能出身也。

按:解釋於括弧內,不贅述。

按：前言「官伏財鄉，兩意情通」，身強之時得官。

偏 財	日 主	偏 印	正 財
戊 辰	甲 寅	壬 申	己 巳
癸　乙　戊	戊　丙　甲	戊　壬　庚	庚　戊　丙
正　劫　偏 印　財　財	偏　食　比 財　神　肩	偏　偏　七 財　印　殺	七　偏　食 殺　財　神
甲 子	乙 丑	丙 寅	丁 卯	戊 辰	己 巳	庚 午	辛 未

任注：甲木生於孟秋，七煞當令。巳火食神貪生己土，忘剋申金。兼之戊己並透，破印生殺，以致祖業難登，書香不繼。喜其秋水通源，日坐祿旺，明雖沖剋，暗卻相生。由部書出身，至丁卯、丙寅運，扶身制殺，仕至觀察。

1、日主身弱，七殺當令，財星六見剋印，破格，必以扶身制殺為用。「巳火食神貪生己土」，即食神貪生旺剋，不制殺反生財，「兼之戊己並透」，財星會將印綬剋去，又去生殺，整體就是「破印生殺」的局面，以致祖業難登，書香不繼。

2、任鐵樵反面講完講正面，「喜其秋水通源」，偏印直通坐下壬水。「日坐祿旺」，指日主自坐祿。「明雖沖剋」，指寅申沖。「暗卻相生」，指巳申合水，六合就緩解六沖，水可生木。丁卯運三會比劫扶身，雙合月柱，身殺兩停。丙寅運木火合力對抗財殺，故「扶身制殺」，又丙寅運雙沖壬申月柱，丙火長生在寅，壬水長生在申，互換長生，故「仕至觀察」。

763

按：月令財殺食，食傷四見，正官難出頭，前言忌「喜印逢財」，宜行比劫之地扶身，剋財強官。

食神	日主	傷官	正官
丁丑	乙卯	丙戌	庚午
辛 癸 己	乙	丁 辛 戊	己 丁
七殺 偏印 偏財	比肩	食神 七殺 正財	偏財 食神
甲午 癸巳	壬辰 辛卯	庚寅 己丑	戊子 丁亥

任注：乙卯日元，生於季秋，丙丁並透通根，五行無水，庚金置之不論。最喜財星歸庫，木火通輝，性孝友，尤篤行誼。由部書出身，仕至州牧，其不利於書香者，庚金通根在丑也。

1、乙日主生在戌月，丙丁食傷四見並透，傷官格。五行無水，「庚金置之不論」，因為庚金被丙火、午火包夾，根本談不上生水。金水不成器殺印難用，乙日主乾脆找木火土一卦攪和。

2、「喜財星歸庫」，指正財與偏財在地支丑、戌。「木火通輝」，指日主洩秀。原局食傷重有財化，財足以生官殺，殺無印可洩，由食傷剋制。食傷雖重，但時干丁火洩於坐下丑土，這個傷官驕氣就不重。「不利於書香者，庚金通根在丑」，指辛金入丑庫，財剋印，財要入庫，官殺入庫則不顯達。

764

按：戊日午月，金水濕土多，食傷生財，羊刃格不忌官殺。前言「身旺無官，食傷生財」，宜行官殺運丁卯、丙寅。

正 財	日 主	食 神	劫 財
癸 亥	戊 申	庚 午	己 丑
甲　壬	戊　壬　庚	己　丁	辛　癸　己
七　偏 殺　財	比　偏　食 肩　財　神	劫　正 財　印	傷　正　劫 官　財　財
壬　　　癸 戌　　　亥	甲　　　乙 子　　　丑	丙　　　丁 寅　　　卯	戊　　　己 辰　　　巳

任注：戊土生於午月，印星秉令，時逢癸亥，正日元得氣遇財星也。但金氣太旺，又年支溼土，晦火生金，日元反弱。則印綬暗傷，書香難遂，捐納出身。至丁卯、丙寅運，木從火勢，生化不悖，仕至黃堂，喜其午火真神得用。為人忠厚和平，後運乙丑，晦火生金不祿。

1、戊日主生在午月，羊刃格。印星當令，比劫四見，身強。羊刃格會劫財，年干羊刃化出食神，月支羊刃也被丑土、申金中化出食傷，所以這羊刃不凶，故稱「日元反弱」。「印綬暗傷」，指原局氣勢在土生金，金生水，水（財）旺當然剋火（印）。

2、「金氣太旺」，指食傷多。又「年支溼土」，指丑土晦火生金，羊刃歸羊刃，印不剋食傷，也經不起食傷連續瀉肚子，故「書香難遂」。「捐納出身」，指食傷生財格，有錢就是老大。

3、丁卯運木火，官殺生印。丙寅還是官殺生印，故「仕至黃堂」。「午火真神得用」，指弱羊刃碰到官殺生印，印生身，正是王八對烏龜。否則運走金水日主難堪，因此「乙丑晦火生金」不祿。

按：前言「財星得用，暗成官局」，官星雖起，柱運歲沖合太甚。

偏印	日主	七殺	偏財
丙辰	戊戌	甲辰	壬子
癸 乙 戊	丁 辛 戊	癸 乙 戊	癸
正財 正官 比肩	正印 傷官 比肩	正財 正官 比肩	正財
壬 辛 子 亥	庚 己 戌 酉	戊 丁 申 未	丙 乙 午 巳

任注：戊戌日元，生於季春，時逢火土，日元得氣。雖春時虛土，而殺透通根，兼之壬水得地，貼身相生，此謂身殺兩停，非身強殺淺也。天干壬水剋丙，所以書香不利。喜其初運南方，捐納出身，仕名區，宰大邑。但財露生殺為病，恐將來運走西方，水生火絕。其人好奢少儉，若不急流勇退，難免不測風波。

1、戊日主生在辰月，「時逢火土」，火土是印綬與比肩，原局比肩印綬五見，故「日元得氣」。春天木最旺剋土，故「春時虛土」。「殺透通根」，指月干七殺通根辰土乙木。「兼之壬水得地」，指偏財壬水通根入庫的癸水正財，財殺同根。所以日主與財殺對比後，稱「身殺兩停」，非「身強殺淺」。

2、「書香不利」，因為天干財剋印，且地支辰戌沖也是財剋印。初運南方，「捐納出身」，年月財多官弱無印，道德放一邊，鈔票比高下。「財露生殺」，財官同根透天干，是非與金錢攪和一起，發錢買官總要回收。金地生水，殺生印滅，官殺直接攻身。

766

按：月令偏印透出為用，前言「印旺官衰，財星破印」是財官相通；初運金水之地，剋去忌神印綬扶官，戌運比劫剋去喜神財星。

偏財	日主	偏印	正官
庚寅	丙戌	甲寅	癸巳
戊　丙　甲	丁　辛　戊	戊　丙　甲	庚　戊　丙
食神　比肩　偏印	劫財　正財　食神	食神　比肩　偏印	偏財　食神　比肩
丙午	丁未	戊申	己酉	庚戌	辛亥	壬子	癸丑

任注：丙火生於孟春，官透為用，清而純粹。惜乎金水遙隔，無相生之意。且木火並旺，金水無根，書香不繼，游幕捐納縣令。究竟財官不通門戶，丁丑年大運在戌，火土當權得疾而亡。

1、丙日主生在寅月，「官透為用」，指癸水正官為用神，可惜無根。「惜乎金水遙隔」，指時干庚金遠金生不了近水，無相生癸水之意。「木火並旺」，指印綬三見，比劫四見，但金水財官無根，食神生財最旺，火土食傷，火炎土燥燒腦袋，故「書香不繼，游幕捐納縣令」。

2、「究竟財官不通門戶」，指前言「有財星得用，暗成劫局者」，地支比劫四見就是「暗成劫局」，故財不能生官。庚戌運拱午一堆火，丁丑年火生土，故「火土當權」剋制微弱的癸水正官。

767

按：月令財格，喜食傷，出身有家業；前言「財官雖通，傷官劫占者」即是財官不通，又自刑滿布，六合比劫。又身旺無官，則用食傷生財，時上有殺反而累贅。身強。

七殺	日主	正財	傷官
丁酉	辛酉	甲辰	壬辰
辛	辛	癸 乙 戊	癸 乙 戊
比肩	比肩	食神 偏財 正印	食神 偏財 正印
壬子　辛亥	庚戌　己酉	戊申　丁未	丙午　乙巳

任注：辛金生於季春，支逢辰酉，干透壬丁，似乎佳美。不知地支溼土逢金，丁火虛脫無根，甲木雖能生火，地支辰酉化金，亦自顧不瑕。捐納部屬，不但財多破耗，而且不能得缺。雖壬水生甲，遺業十餘萬，但運走土金，未免家業退，而子息艱也。

1、辛金生在辰月，辰土帶水，辰酉合金，金又生水，年月兩柱食傷生財的氣象。四柱合金，金生水，食傷為水，財為木，喜運走水木之地。「干透壬丁」，指天干傷官生財，財生官，故「似乎佳美」。其實丁火隔位得不到甲木生火，而甲木坐辰化金，面對劫財「自顧不瑕」。「捐納部屬」，印化比劫指花錢買官。身強食傷生財成立，印比為忌。

2、「雖壬水生甲」，指辛金有調候壬、甲，傷官坐天德與月德貴人，故「遺業十餘萬」，但中運走土金之地與木火無緣。初運乙巳、丙午財殺身強無妨，戊申、己酉運撐旺日主，「家業退」。

地位

原文：臺閣勳勞百世傳，天然清氣發機權。

原注：能知人之出身，至于地位之大小，亦不易推。若夫為公為卿，清中又有一種權勢出入矣，不專在一端而論。

按：有官貴權勢者，原局能夠分判出身好壞，至於官職與權勢高低，不容易推敲；如果高至公卿則有一股權勢氛圍可資辨認。

任氏曰：臺閣宰輔，以及封疆之任，清氣發乎天然，秀氣出乎純粹。四柱之內，皆與喜神有情，格局之中，並無可嫌之物，所用者皆真神；所喜者皆真氣。此謂清氣顯機權也，度量寬宏能容物，施為必正不貪私，有潤澤生民之德，懷任重致遠之才。

按：貴至三公，輔弼重臣之類，格局用神自然秀氣，清流而不混濁。四柱喜神有情，格局之中生洩順暢，並無刑冲等閒神、忌神夾雜。喜神、用神清新而真切有情；此謂「清氣顯機權」，就是個剛正不阿，富貴不能淫，威武不能屈的國家棟樑。

769

比肩	日主	食神	食神
戊午	戊辰	庚辰	庚申
己　丁	癸　乙　戊	癸　乙　戊	戊　壬　庚
劫　正 財　印	正　正　比 財　官　肩	正　正　比 財　官　肩	比　偏　食 肩　財　神

任注：此董中堂造，天然清氣在庚金也。

按：戊日主時支羊刃生扶，身強；順勢以食神洩秀生財，火土金水，食神生財，一路清新，不雜官殺。

正官	日主	正印	正官
甲子	己丑	丙寅	甲子
癸	辛　癸　己	戊　丙　甲	癸
偏 財	食　偏　比 神　財　肩	劫　正　正 財　印　官	偏 財

任注：此劉中堂造，天然清氣在丙火也。

按：己日主生在寅月尚寒，濕土帶水，財官一堆身弱，用印生身暖身；年日雙合，日時雙合，官印雙清。

正印	日主	七殺	七殺
乙未	丙子	壬寅	壬申
乙 丁 己	癸	戊 丙 甲	戊 壬 庚
正印 劫財 傷官	正官	食神 比肩 偏印	食神 七殺 偏財

任注：此鐵尚書造，天然清氣在乙木也。

按：丙火在寅月尚寒，寅申沖，官殺四見，殺重印輕，用乙木生火帶土，以木化殺，反制金水。

比肩	日主	正官	正印
庚辰	庚申	丁卯	己亥
癸 乙 戊	戊 壬 庚	乙	甲 壬
傷官 正財 偏印	偏印 食神 比肩	正財	偏財 食神

任注：此秦侍郎造，天然清氣在丁火也。

按：庚日主生在卯月，自坐祿，比肩旺，庚不離丁，月令財生官為用，井欄叉格，不喜丙丁巳午歲運。

按：掌握生殺大權的命格，大抵散見在前，本節不贅述，僅論述羊刃看法。

任氏曰：掌生殺大權，兵刑重任者，其精神清氣，自然超特，必以刃旺敵殺，氣勢出入也。局中殺旺無財，印綬用刃者，或無印而有羊刃者，此謂殺刃神清也；氣勢轉者，刃旺當權也，必文官而掌生殺之任。刃旺者，如春之甲用卯刃、乙用寅刃。夏之丙用午刃、丁用巳刃。秋之庚用酉刃、辛用申刃。冬之壬用子刃、癸用亥刃。

1、按：「刃旺敵殺」，指羊刃駕殺，身殺兩停之類格局，局中自有一番豪氣。例如局中七殺旺而無財，有印綬與羊刃，但不可財來剋印；或者身強無印綬而有羊刃，稱「殺刃神清」。如果行運生扶日主，羊刃當權，必是文官而帶生殺大權。

2、此處羊刃指月令，甲在卯，乙在寅，丙在午，丁在巳，庚在酉，辛在申，壬在子，癸在亥，均從陽順陰逆數到帝旺。

任氏曰：若刃旺敵殺，局中無食神印綬，而有財官者，氣勢雖特，神氣不清，乃武將之命也。如刃不當權，雖能敵殺，不但不能掌兵權，亦不能貴顯也，其人嫉惡太嚴。如刃旺殺弱亦然，必傲物而驕慢也。

按：若七殺與羊刃相當，局中無食神制殺、印剋食神化殺之類攪局，卻帶有財官氣勢，雖有而局不清新，降格當武將。如羊刃力道不足，雖能衝鋒立功，賞爵封官就是少一截，其人嫉惡太嚴，易遭詆毀暗算。反之，羊刃力道太旺，七殺相對弱化，必自大傲慢，目中無人。

按：壬水生木，帶隔位三合火局，殺強刃弱，亥子丑食傷制殺。

七殺	日主	正印	食神
丙戌	**庚午**	**己酉**	**壬寅**
丁 辛 戊	己 丁	辛	戊 丙 甲
正官 劫財 偏印	正印 正官	劫財	偏印 七殺 偏財
丁巳 丙辰	乙卯 甲寅	癸丑 壬子	辛亥 庚戌

任注：庚日丙時，支逢生旺，寅納壬水，不能制殺，全賴酉金羊刃當權為用。隔柱寅木，使其不能會局，此正刃殺神清，氣勢特也。早登科甲，屢掌兵刑生殺之任，仕至刑部尚書。

1、庚日主生在酉月，羊刃格。但地支寅午戌三合，透出七殺，這個羊刃寡不敵眾。「寅納壬水」，意思指壬水貪生忘剋，不能制一堆七殺火。但中運水地，羊刃與食傷合力制殺，偏弱的羊刃得運。前言：「刃不當權，雖能敵殺，不但不能掌兵權，亦不能貴顯也，其人嫉惡太嚴」。

2、雖然任氏說「隔柱寅木，使其不能會局」，只是強調「刃殺神清」，指月支酉受己土生，是個清楚的羊刃格。「早登科甲」，〈千里馬〉：「羊刃偏官有制，膺執掌於兵權」。甲寅運木火一堆，必有災咎。前言：「刃旺殺弱亦然，必傲物而驕慢也」。驕將必敗。

按：羊刃輕，金水財官殺重，宜木洩水，火土回剋七殺。

七殺	日主	七殺	偏財
壬辰	丙子	壬午	庚戌
癸 乙 戊	癸	己 丁	丁 辛 戊
正官 正印 食神	正官	傷官 劫財	劫財 正財 食神
庚寅 己丑	戊子 丁亥	丙戌 乙酉	甲申 癸未

任注：丙子日元，月時兩透壬水，日主三面受敵，柱中無木洩水生火，反有庚金生水洩土，全賴午火旺刃當權為用。更喜戌之燥土，制水會火，鄉榜出身，丙戌、丁亥運，仕至按察。

1、丙日主生在午月，月時兩透壬水，日主三面受敵，「柱中無木洩水生火」「反有庚金生水洩土」，全賴午火旺刃當權為用，戌時燥土與午火半合，可制水會火，故「鄉榜出身」，丙戌運與丁亥運，「仕至按察」。重點是日月兩柱水火既濟，祿元互換。

2、原局因為羊刃力量較官殺四見弱（一隻羊刃對抗一組官殺），所以申酉運必然破耗。丙戌運火土幫身。至於丁亥運是丁壬合木，亥水與午火暗合木與土，官殺又洩又剋，羊刃勝出。

774

按：前言「身衰官旺，食神制官」，原局宜金水之地，忌火土。

七殺	日主	七殺	傷官
戊申	壬辰	戊子	乙卯
戊　壬　庚	癸　乙　戊	癸	乙
七殺　比肩　偏印	劫財　傷官　七殺	劫財	傷官
庚辰　辛巳	壬午　癸未	甲申　乙酉	丙戌　丁亥

任注：壬辰日元，天干兩煞通根辰支，年干乙木凋枯，能洩水而不能制土，正剋洩交加。最喜子水當權會局，殺刃神清。至酉運生水剋木，又能化殺，科甲連登。甲申癸運，仕路光亨，至按察。未運羊刃受制，不祿。

1、壬水生在子月，羊刃格；先看七殺，四見之七殺配一個庚金，無力化殺，乍看還是身弱，再看申子辰三合水，其實七殺幾乎算浮見。「能洩水而不能制土」，指乙卯傷官生財，財生殺，傷官是仇神。

2、「殺刃神清」，大運走西方金地，印生日主，日主得到平衡。乙酉運卯酉冲，冲掉仇神，辰酉合幫助羊刃，又能化殺，故「科甲連登」。甲申癸運都是金水幫助羊刃，故「仕路光亨」。未運燥土制羊刃，不祿。戊癸合火，弱弱的羊刃不入財殺之地。

按：前言「或無印而有羊刃者，此謂殺刃神清也；氣勢轉者，刃旺當權也，必文官而掌生殺之任」。木火運反剋七殺，刃旺當權。

七殺	日主	正官	食神
庚午	**甲申**	**辛卯**	**丙辰**
己　丁	戊　壬　庚	乙	癸　乙　戊
正財　傷官	偏財　偏印　七殺	劫財	正印　劫財　偏財
己亥　戊戌	丁酉　丙申	乙未　甲午	癸巳　壬辰

任注：甲申日元，生於仲春，官殺並透通根，日時臨於死絕，必用卯之羊刃。喜其丙火合辛，不但無混殺之嫌，亦且卯木不受其制，刃殺神清。且運走南方火地，科甲出身，仕至臬憲。

1、甲日主生在卯月，羊刃格。「官殺並透通根」，指天干的官殺通根到日支。甲日主在申坐絕，死在午，官殺多單靠羊刃需要印比。但「喜其丙火合辛」，指正官被合，對方陣營有人帶槍投靠，卯羊刃被剋也就舒緩，沒有官殺混雜的缺點，故稱「刃殺神清」，身弱的羊刃格。

2、「運走南方火地」，就是食傷運，甲午、甲申拱未合午，乙未運與庚午時柱，還是食傷之地，故「科甲出身」。羊刃用食傷火地，反剋官殺，以子護母。

> 原文：分藩司牧財官和，格局清純神氣多。

> 原注：方面之官。財官為重。必清奇純粹。
> 格正局全。又有一段精神。

按：分發到外地管理，獨當一面之命格，必然財官相合，格局清純，用神顯達，顯示五行氣勢順暢的精氣神。

> 任氏曰：方面之任以及州縣之官，雖以財官為重，必須格局清純，更須日元生旺，神貫氣足。然後財官情協，則精氣神三者足矣。又加官旺有印，官衰有財，財旺無官，印旺有財，左右相通，上下不悖，通根年月，氣貫日時，身殺兩停，殺重逢印，殺輕遇財者，皆是也。必有利民濟物之心，反此者，非所宜也。

按：方面要員須財官和諧外，格局輕、日主旺、精氣神不在話下。而必須有官旺有印，官衰有財，財旺無官，印旺有財等合格特徵。其餘不贅述。

按：癸水巳月幾近滅絕，巳火合酉丑，無情化有情。

劫財	日主	食神	偏財
壬子	癸酉	乙巳	丁丑
癸	辛	庚 戊 丙	辛 癸 己
比肩	偏印	正印 正官 正財	偏印 比肩 七殺
丁酉　戊戌	己亥　庚子	辛丑　壬寅	癸卯　甲辰

任注：癸水生於巳月，火土雖旺，妙在支全金局，財官印三者皆得生助，更喜子時，劫比幫身，精神旺足。尤喜中年運走北方，異路出身，仕至郡守，名利兩全，生七子皆出仕。

1、癸水生在巳月，快要被熬乾了。「妙在支全金局」，巳酉丑三合印綬幫日主。「財官印三者皆得生助」，丙丁火財有乙木關愛的眼神；七殺正官有巳火相助；印則是融入三合金局。時柱壬子，時上羊刃，故喜「子時，劫比幫身」。

2、「喜中年運走北方」，亥子丑地幫日主，故「名利兩全」。「生七子皆出仕」，羊刃喜食傷。《三命通會》：「日干無氣，時逢羊刃不為凶。」年時雙合，長袖善舞，可見天子。

778

按：月令傷官為用，財為喜；前言「財旺無官」，行水地旺財生官，寅卯之地反剋用神傷官。

偏印	日主	傷官	劫財
乙巳	丁酉	戊戌	丙寅
庚　戊　丙	辛	丁　辛　戊	戊　丙　甲
正財　傷官　劫財	偏財	比肩　偏財　傷官	傷官　劫財　正印
丙午　乙巳	甲辰　癸卯	壬寅　辛丑	庚子　己亥

任注：丁火生於戌月，局中木火重重，傷官用財，格局本佳，部書出身，仕至縣令。惜柱中無水，戌乃燥土，不能生金晦火，木生火旺，巳酉無拱合之情，所以妻妾生十子皆剋。

1、丁日主生在戌月，「局中木火重重」，指印綬與比劫合計六見。「格局本佳」，傷官四見，財星三見，故「傷官用財」。雖「仕至縣令」，惜柱中無水，水是官殺，官殺是子息。

2、「戌乃燥土，不能生金晦火，巳酉無拱合之情」，原局比劫重，喜用傷官生財，初運亥子丑彌補了原局缺水的遺憾，進入寅卯之地必有災咎。〈天玄賦〉：「傷官用印宜去財，用財宜去印。」傷官火土宜傷盡。

按：月令財官印，取透干之官印為用，官為印所化，即不宜食傷剋官殺；又印格劫財旺，無須比劫印綬幫身。

正印	日主	劫財	正官
戊子	辛巳	庚寅	丙子
癸	庚　戊　丙	戊　丙　甲	癸
食神	劫財　正印　正官	正印　正官　正財	食神

戊戌	丁酉	丙申	乙未	甲午	癸巳	壬辰	辛卯

任注：辛金生於寅月，財旺逢食，官透遇財。又逢劫印相扶，中和純粹，精神兩足。初看似乎身弱，細究之，木嫩火虛，印透通根，日元足以用官。中年南方火運，異路出身，仕至黃堂。

1、辛日主生在寅月，「財旺逢食」，指甲祿在寅，食神兩見。「官透遇財」，以格局而言則是官印相生，「劫印相扶」，指印生比劫，所以日主也是有氣，故「中和純粹，精神兩足」。

2、「細究之，木嫩火虛」，指丙火長生在寅，寅木被庚金蓋頭，財生官剋印的作用較差。「印透通根」，正印三見成格，化盡正官剛好，又避開了財星「生官剋印」失去平衡的疑慮，故「日元足以用官」。中年走火運，直接見官。原局月令提綱，財官印就是好兆頭，其次官印相生格局有成，四柱無刑沖。

按：官印太旺，前言「官旺有印，官衰有財，財旺無官，印旺有財，左右相通」，原局印星太重，逆用以財剋印。

七殺	日主	偏印	正印
甲寅	戊寅	丙午	丁亥
戊　丙　甲	戊　丙　甲	己　丁	甲　壬
比　偏　七 肩　印　殺	比　偏　七 肩　印　殺	劫　正 財　印	七　偏 殺　財
戊戌　　己亥	庚子　　辛丑	壬寅　　癸卯	甲辰　　乙巳

任注：戊土生於午月，局中偏官雖旺，印星太重。木從火勢，火必焚木。一點亥水，不能生木剋火。交癸運，剋丁生甲，北籍連登科甲，出宰名區。辛運合丙，仕路順遂。交丑運，剋水，告病致仕。

1、戊日主生在午月，也算羊刃，再看火一堆，身強。「偏官雖旺」，指七殺四見。「印星太重」，指印綬五見，即殺輕印重。「木從火勢，火必焚木」，指印化七殺。「一點亥水，不能生木剋火」，財星唯一壬水，既然殺重自然不宜財生。

2、癸卯運「剋丁生甲」，印被剋，殺逢助，殺輕印重扭轉成剛剛好，故「連登科甲」。「辛運合丙」，前五年化印，故七殺元氣得用。後五年丑運，剋水，故「告病」；殺輕印重用財。

781

按：前言「日干太弱，財星官星並旺」，即官星不起；水木之地
幫身，妙運。財滋弱官，比劫比印綬更妙。

正官	日主	偏財	正財
辛未	甲子	戊辰	己巳
乙　丁　己	癸	癸　乙　戊	庚　戊　丙
劫財　傷官　正財	正印	正印　劫財　偏財	七殺　偏財　食神
庚申　　辛酉	壬戌　　癸亥	甲子　　乙丑	丙寅　　丁卯

任注：甲子日元，生於季春，木有餘氣，坐下印綬，官星清透，
且子辰拱印有情。更妙運走東北水木之地，功名登甲榜。只嫌
子未破印，仕路未免有阻，老於教職。

1、甲日主生在辰月，通根劫財，故「木有餘氣」。「坐下印綬」，
日主自坐正印。「官星清透」，指時干正官混不到七殺。「子
辰拱印有情」，指甲日主面對一堆財、官、食傷，故需正印
貼身護身。「更妙運走東北水木之地」，身弱喜水木是印比
幫身，故「登甲榜」。

2、「只嫌子未破印」，身弱用印，未土在時支剋子水，故仕路
有阻。「老於教職」，合乎正印卦象。《三命通會》：「正官
有用不須多，多則傷身少則和；日旺再逢生印綬，定須平步
擢高科」。此例身弱而非日旺。

782

原文：便是諸司幷首領，也從清濁分形影。

原注：至貴者莫如天也。得一以清，而位乎上，故膺一命之榮。莫不得清氣，所以雜職。或佐貳首領等官，豈無一段清氣，而與濁氣者自別。然清濁之形影難解，不專是財官印綬內有清濁，凡格局、氣象、用神、合神、日主化氣、從氣、神氣、精氣、以序收藏。發生意向，節度性情，理勢源流，主從之間皆有之。先于皮面，尋其形影，得其形而遂可以尋其精髓，乃論大小尊卑。

1、按：凡官貴首領，地區司員等命格，也是依照前述在「清」與「濁」分出高下。

2、原注引用《老子》學說，天得一以清，「一」可以理解為「道」故原局氣清，有受命之榮耀；未得清氣「所以雜職」，指東作西混。如果或有「佐貳首領等官」之時，則是行運有段清氣。但清濁是一體兩面，互為表裡，若要明辨，談何容易？不僅是「財官印綬內有清濁，凡格局、氣象、用神、合神、日主化氣、從氣、神氣、精氣」等均等同。尚有「發生意向。節度性情。理勢源流。主從之間」等。先從八字刑冲合會解讀，逐級探索，有了這段基本功，即可「得其形而遂可以尋其精髓」，乃有地位上大小尊卑的依據。

任氏曰：命者，天地陰陽五行之所鍾也。清者貴也；濁者賤也。所以雜職佐貳等官，亦膺一命之榮，雖非格正局清真神得用，而氣象格局之中，冲合理氣之內，必有一點清氣。

按：命格，彌綸天地之道；故以陰陽五行為現象，清貴濁賤。雜職佐貳等小官吏，雖非真神有情，在一定範圍內，還是必有一點清氣。

任氏曰：雖清氣濁氣之形影難辨，總不外乎天清地濁之理。天干象天，地支象地，地支之上升於天干者，輕清之氣也；天干下降於地支者，重濁之氣也。天干之氣本清，不忌濁也；地支之氣本濁，必要清也。此命理之貴乎變通也。天干濁，地支清者貴；地支濁，天干清者，賤也。

按：天清地濁，清者自清，故天干不忌濁，即冲剋之意。地支本濁，濁者喜清，命理本如此。故天干混濁而地支清新，貴格。反之，地支混濁，天干清新，顛倒事理，賤命。

任氏曰：地支之氣上升者影也；天干之氣下降者形也，於升降形影冲合制化中，分其清濁，究其輕重，論其尊卑可也。

按：〈繫辭上〉「在天成象，在地成形」，日月星辰「影」也，山川草木「形」也，懸象運轉以成昏明，山澤通氣，雲行雨施，清濁變化於刑冲合會中，就其輕重而論尊卑。

按：月令七殺生印帶拱，財生七殺格；財生殺黨，用印化殺。中運巳午、丙丁火運。

偏印	日主	偏財	偏財
丙辰	戊戌	壬寅	壬辰
癸　乙　戊	丁　辛　戊	戊　丙　甲	癸　乙　戊
正財　正官　比肩	正印　傷官　比肩	比肩　偏印　七殺	正財　正官　比肩
庚戌　己酉	戊申　丁未	丙午　乙巳	甲辰　癸卯

任注：戊土生於寅月，木旺土虛。天干兩壬剋丙生寅，此天干之氣濁，財星壞印，所以書香不繼。喜寅能納水生火，日主坐戌之燥土，使壬水不致沖奔，其清處在寅也，異路出身，丙運升縣令。

1、戊土生在寅月，「木旺土虛」，指七殺當令，日主被剋。「天干兩壬剋丙」，原局印綬三見，印星雖旺，但財星四見，水剋火，財剋印，故「財星壞印」。「生寅」，財生殺，莫將寅當成單純的七殺，壬辰、壬寅拱官殺格。「喜寅能納水生火」，指水生木，木生火，一氣呵成。

2、「日主坐戌之燥土」，加上比肩印綬一堆，正是身強逢財官。故「壬水不致沖奔」，指日主戊戌既不怕旺水，反將旺水去生官殺。原局「財星壞印」是反話，因為壬辰、壬寅拱七殺格，「生寅」剛剛好，七殺成格當然要有印綬，財殺一掛喜走火運。

785

按：甲木丑月，天寒地凍；月令財官印，正印透干為用，冬木要火不要水；外格傷官丁火調候為藥，中運丙丁巳午。

傷官	日主	正印	偏印
丁卯	甲寅	癸丑	壬午
乙	戊　丙　甲	辛　癸　己	己　丁
劫財	偏財　食神　比肩	正官　正印　正財	正財　傷官
辛酉　庚申	己未　戊午	丁巳　丙辰	乙卯　甲寅

任注：甲木生於丑月，水土寒凝，本喜火以敵寒，更妙日時寅卯氣旺，丁火吐秀，其清在火也。所嫌壬癸透干，丁火必傷，難遂書香之志。然地支無水，干雖濁，支從午火留清，異路出身。至戊午運，合癸制壬，有病得藥，升知縣。

1、甲木生於丑月，所以要先來把火暖身，故「本喜火以敵寒」。「日時寅卯氣旺」，時干傷官丁火有燃料做本錢，通根年支，傷官格。「丁火吐秀」，丁火洩秀，這把火也不弱，故「其清在火」。

2、「嫌壬癸透干」，指丑土濕冷又壬癸水加持，以致「難遂書香之志」，指冬水不生木。地支無水，「干雖濁，支從午火留清」，前言「天干濁，地支清者貴；地支濁，天干清者，賤也」，故「異路出身」。戊午運，「合癸制壬」，戊癸合火，戊制壬，印不剋食傷，食傷得用，故「有病得藥，升知縣」，格局與調候合一為用。

按：原局官殺四見，食傷四見，正印成格，各有話語權不相讓；
然子丑合，正官投靠傷官，故傷官獨大，生財最優，配印其次。
中運申酉戌之地，食傷生財。

傷官	日主	正印	七殺
己丑	丙子	乙巳	壬辰
辛　癸　己	癸	庚　戊　丙	癸　乙　戊
正財　正官　傷官	正官	偏財　食神　比肩	正官　正印　食神
癸丑　壬子	辛亥　庚戌	己酉　戊申	丁未　丙午

任注：丙火生於巳月，天地煞印留清。所嫌者丑時合去子水，
則壬水失勢，化助傷官，則日元洩氣。一點乙木，不能疏土，
異路出身。雖獲盜有功，而上意不合，竟不能升。

1、丙日主生在巳月，「天地煞印留清」，指年干七殺與月干的
　正印格成立。「所嫌者丑時合去子水」，因為癸水正官被合
　七殺就失勢，子丑合土，反而化去丙日主元氣，故稱「化助
　傷官，則日元洩氣」。

2、「一點乙木，不能疏土」。食傷四見一堆土，需要甲木疏土，
　乙木力有未逮。《三命通會》：「傷官火土宜傷盡，金水傷
　官要見官，木火見官官有旺，土金官去反成官」。原局日主
　強，殺輕印重，官殺剋不住比劫，要平衡就是洩。

按：日主無根，月令偏財透出為用，忌食神生財，喜印綬地支四見生身，壬午運制火，辛巳運蓋不住。

偏財	日主	正財	食神
丁巳	癸酉	丙戌	乙酉
庚　戊　丙	辛	丁　辛　戊	辛
正　正　正 印　官　財	偏 印	偏　偏　正 財　印　官	偏 印
戊 寅	己 卯	庚 辰	辛 巳	壬 午	癸 未	甲 申	乙 酉

任注：癸酉日元，生於戌月，地支官印相生，清可知矣。所嫌者，天干丙財得地，兼之乙木助火剋金，所以書香難遂。喜秋金有氣，異路出身。至巳運逢財壞印，丁艱回籍。

1、癸日主自坐偏印，生在戌月，「地支官印相生」，指戌土正官，日支偏印，官生印，故「清可知矣」。「所嫌者，天干丙財得地」，月干的丙火有丁火呼應。「兼之乙木助火剋金」，丙火又有乙木做燃料，財剋印，故「書香難遂」。

2、「喜秋金有氣」，指日主癸水面對一堆財官，需要印綬護身，因地支酉金兩見，故能「異路出身」。巳運旺財破壞酉印，故「逢財壞印」，回老家啃老本。前言「天干濁，地支清者貴；地支濁，天干清者，賤也」，原局天干食神生財，固然算清，但財剋印，再看地支印綬四見帶財，運歲財來就「濁」了。

788

按：《子平真詮評注》：「財為我剋，必須身強，方能剋制；若身弱，雖有財不能任，則財反為禍矣」。前例貪財壞印，本例財剋去忌神，使食神通關用財滋弱殺。

比肩	日主	比肩	七殺
戊午	戊子	戊辰	甲申
己 丁	癸	癸 乙 戊	戊 壬 庚
劫 正 財 印	正 財	正 正 比 財 官 肩	比 偏 食 肩 財 神
丙 乙 子 亥	甲 癸 戌 酉	壬 辛 申 未	庚 己 午 巳

任注：戊子日元，生於辰月午時，天干三戊，旺可知矣。甲木退氣臨絕，不但無用，反為混論。其精氣在地支之申，洩其精英。惜春金不旺，幸子水沖午，潤土養金，雖捐納佐貳，仕途順遂。

1、戊日主生在辰月，天干戊土三見，午時比劫幫生，日主健旺。「甲木退氣臨絕」，指甲木坐絕在申金。「不但無用，反為混論」，因為甲木不成格，年干甲木又被截腳。「其精氣在地支之申」，因為身旺，既不能身殺兩停，只能用食傷洩氣，故稱「洩其精英」。

2、「惜春金不旺」，金用來生水，申金雖不旺，地支子辰財氣不弱，生殺有力。「幸子水沖午，潤土養金」，財剋印，財生殺用錢買官，故「仕途順遂」。庚辛申酉運通關，財逢食傷。

按：日主強，又帶印綬，忌印綬運撐身，宜木火運洩身。

偏印	日主	食神	劫財
庚戌	壬子	甲子	癸巳
丁 辛 戊	癸	癸	庚 戊 丙
正財 正印 七殺	劫財	劫財	偏印 七殺 偏財
丙辰　丁巳	戊午　己未	庚申　辛酉	壬戌　癸亥

任注：壬子日元，生於仲冬，天干又透庚癸，其勢泛濫。甲木無根，不能納水。巳火被眾水所剋，亦難作用。故屢次加捐，耗財不能得缺。雖時支戌，砥定汪洋，又有庚金之洩，兼之中運辛酉庚申，洩土生水，劫刃肆逞，有志難伸。

1、壬子日元，生在子月，劫財透干，故「其勢泛濫」。「甲木無根，不能納水」，洩水靠唯一甲木，無根不成格難有功效。「巳火被眾水所剋，亦難作用」，唯一巳火也被癸水包圍。「故屢次加捐，耗財不能得缺」，原局兩支羊刃，比劫剋財剋很大。

2、「雖時支戌，砥定汪洋」，原指望戌土止水，卻去生庚金。「兼之中運辛酉、庚申」，金生水，印生一堆比劫，故「劫刃肆逞，有志難伸」。兩支羊刃很難調停；己未運制衡旺水稍緩沖奔；戊午運必有禍事。

歲運

按：吉凶看大運，但流年更重要。冲剋看旺衰，合會看五行化喜化忌。日主就像是我，我是坐轎的。扛轎的就是喜神、用神、忌神、仇神之類服侍我的「舟馬引從之人」。

按：大運重地支，是因為地支的合會刑冲涵義豐富，但天干也不能擺到一邊。流年就像出門遇到的人地事物，譬如天干週轉，地支還要兼顧。斷命先看日主，日主喜忌如何，再配合其他七字綜合判斷大運喜忌。

按：例如甲木祿在寅，絕在申，旺衰如何？木主仁，氣質個性如何？物理看木，指冬水不生木，喜庚金雕鑿之類調候理論。其次，辨識大運，論喜忌旺絕之地即知休咎；流年拼湊後吉凶悔吝即顯著。最後詳論刑冲合會，即得出旺衰休咎而了然在心。

任氏曰：富貴雖定乎格局，窮通實係乎運途。所謂命好不如運好也，日主如我之身，局中喜神用神，是我所用之人。運途乃我所臨之地，故以地支為重，要天干不背，相生相扶為美。故一運看十年，切勿上下截看，不可使蓋頭截腳，如上下截看，不論蓋頭截腳，則吉凶不驗矣。

按：富貴顯示在格局，通達困蹇在於運途。老生常談「命好不如運好」，因為我是日主，局中喜用神為我所用，為我抬轎。運途之地以地支為重，天干要相合相生，故「一運看十年，切勿上下截看」，因為將天干五年，地支五年分開看，會失去拱合、蓋頭截腳之類的判斷機制。任鐵樵有時將大運天干地支分成兩截各五年看，如果干支一氣，例如甲寅、乙卯就不分別論述。

任氏曰：

1、如喜行木運，必要甲寅、乙卯，次則甲辰、乙亥、壬寅、癸卯。

2、喜行火運，必要丙午、丁未，次則丙寅、丁卯、丙戌、丁巳。

3、喜行土運，必要戊午、己未、戊戌、己巳，次則戊辰、己丑。

4、喜行金運，必要庚申、辛酉，次則戊申、己酉、庚辰、辛巳。

5、喜行水運，必要壬子、癸亥，次則壬申、癸酉、辛亥、庚子。

6、寧使天干生地支，弗使地支生天干。天干生地支而蔭厚；地支生天干而氣洩。

1、按：喜行木運，以甲寅、乙卯干支同氣最佳；其次甲辰（木得濕土）、乙亥（木得水生劫財扶）、壬寅（木得水生）、癸卯（木得水生）。

2、喜行火運，以丙午、丁未干支同氣最佳；其次丙寅（火得木生）、丁卯（火得木生），丙戌（劫財相扶）、丁巳（劫財相扶）。

3、喜行土運，必要戊午（火土相生）、己未（火土相生）、戊戌（火土相生）、己巳（火土相生）；次則戊辰（濕土相扶）、己丑（濕土相扶）。

4、喜行金運，以庚申、辛酉干支同氣最佳；次則戊申（土生金）、己酉（土生金）、庚辰（濕土生金）、辛巳（土生金）。

5、喜行水運，以壬子、癸亥干支同氣最佳；次則壬申（金生水）、癸酉（金生水）、辛亥（金生水）、庚子（金生水）。

6、既然大運重地支，天干生地支勝於地支生天干；天干生地支福氣上門，地支生天干元氣洩出，用神得氣，福稍薄而已。

> 任氏曰：何謂蓋頭？如喜木運，而遇庚寅、辛卯。喜火運，
> 而遇壬午、癸巳。喜土運，而遇甲戌、甲辰、乙丑、乙未。
> 喜金運，而遇丙申、丁酉。喜水運，而遇戊子、己亥。

按：蓋頭即是天干剋地支，例如喜木而遇到庚寅運，庚金剋寅木。
其餘如：喜火，壬午水蓋頭火。喜土，甲戌木蓋頭土。喜金，丙
申火蓋頭金。喜水，戊子土蓋頭水。即所喜地支被天干所剋。

> 任氏曰：何謂截腳？如喜木運，而遇甲申、乙酉、乙丑、乙巳。
> 喜火運，而遇丙子、丁丑、丙申、丁酉、丁亥。喜土運，而遇
> 戊寅、己卯、戊子、己酉、戊申。喜金運，而遇庚午、辛亥、
> 庚寅、辛卯、庚子。喜水運，而遇壬寅、癸卯、壬午、癸未、
> 壬戌、癸巳是也。蓋干頭喜支，運以重支，則吉凶減半。

1、按：截腳即是地支剋天干；例如喜木，甲申地支金剋木。喜
　　火，丙子地支水剋火，或丙申地支退火。喜土，戊寅地支木
　　剋火，或己酉地支洩土氣。喜金，庚午地支火剋金，或庚寅
　　天干坐絕。喜水，壬寅地支木洩水，或癸未地支土剋水，或
　　癸巳天干坐絕。

2、地支是主角，蓋頭則吉凶減半。截腳雖干為喜，支不載干，
　　則十年皆否，坐立難安。

任氏曰：假如喜行木運，而遇庚寅辛卯，庚辛本為凶運，而金絕寅卯，謂之無根，雖有十分之凶而減其半。如原局天干有丙丁透露，得回制之能，又減其半；或再遇太歲逢丙丁，制其庚辛，則無凶矣。寅卯本為吉運，因蓋頭有庚辛之剋，雖有十分之吉，亦減其半，如原局地支有申酉之沖，不但無吉而反凶矣。

按：任氏在此結尾歸納大運吉凶：例如喜木，論凶先以大運庚辛蓋頭減半，其次，原局若有丙丁火透出，再減一半；如果流年丙丁再剋制庚辛，則無凶咎。反之，大運喜木逢寅卯運論吉，因庚辛蓋頭，吉象減半；如果逢寅卯喜運，原局竟然又有申酉回剋，等於喜神被干支夾攻，沖剋太多，喜用也會泡沫化。

任氏曰：又如喜木運，遇甲申、乙酉，木絕於申酉，謂之不載；故甲乙之運不吉。如原局天干又透庚辛，或太歲干頭遇庚辛，必凶無疑，所以十年皆凶。如原局天干透壬癸，或太歲干頭逢壬癸，能洩金生木，則和平無凶矣，故運逢吉不見其吉，運逢凶不見其凶者，緣蓋頭截腳之故也。

1、按：如喜木，行運甲申、乙酉，木絕在申酉，地支剋去天干就是地支「不載」，故甲乙運不吉，這個理由和截腳類似，坐立難安。如果加上原局天干庚辛金一堆，表示此運有外力沖剋，喜木必凶。

2、反之，天干透壬癸，太歲透壬癸，庚化為水生木，忌化喜，則和平無凶。所以大運雖重地支，但不能單看，否則可能因蓋頭截腳之故，逢吉不見其吉，逢凶不見其凶。

任氏曰：太歲管一年否泰，如所遇之人，故以天干為重，然地支不可不究。雖有與神之生剋，不可與日主運途之沖戰。最凶者天剋地沖，歲運沖剋，日主旺相，雖凶無礙；日主休囚，必罹凶咎。日犯歲君，日主旺相無咎，日主休囚必凶；歲君犯日，亦同此論。故太歲宜和，不可與大運一端論也；如運逢木吉，歲逢木反凶者，皆戰沖不和之故也，依此而推，則吉凶無不驗。

1、按：太歲輪流轉，就像所遇之人，故以天干會轉為重，但地支也要探討。地支雖然與用神互有沖剋，但流年不可與大運日支沖戰，最凶者歲運反吟、四柱雙沖；如果日主旺相，雖凶無礙；反之日主身弱必然凶咎。

2、日主沖到流年太歲，日主旺相無咎；反之，日主休囚必凶，流年沖日主，亦同此論。所以太歲宜合，不可與大運同理而論，是指大運喜忌很明顯，例如大運逢木吉，而流年逢木反凶，皆因其它干支刑沖合會的新氣象所致，即不可將流年與大運同理論述，而柱運歲並論更是陰陽不測。

796

按：地支食傷四見為「濁」，前言「地支之氣本濁，必要清也」。
月令食神生財，雖不透干，用正官喜神接應，水木火一團。

正官	日主	正官	比肩
丁丑	庚辰	丁亥	庚辰
辛 癸 己	癸 乙 戊	甲 壬	癸 乙 戊
劫財 傷官 正印	傷官 正財 偏印	偏財 食神	傷官 正財 偏印
乙未 甲午	癸巳 壬辰	辛卯 庚寅	己丑 戊子

任注：庚辰日元，生於亥月，天干丁火並透，辰亥皆藏甲乙，
足以用火。初運戊子、己丑，晦火生金，未遂所願。庚運丙午
年，庚坐寅支截腳，天干兩丁足可敵一庚，又逢丙午年，剋盡
庚金，是年進而中，丁未又連捷，榜下知縣。寅運官資頗豐，
辛卯截腳，局中丁火回剋，仕至郡守。壬辰水生庫根，至壬申
年，兩丁皆傷，不祿。

1、庚日亥月，天干丁火並透，正官浮見並透，無根之官。「辰
   亥皆藏甲乙」，指地支財星三見，財生殺，故「足以用火」。

2、「初運戊子己丑，晦火生金」，戊子己丑濕土生金，火截腳，
   故「未遂所願」。庚辛運庚寅運寅木生火，理當吉慶，然而
   庚是蓋頭蓋住喜神，但本身截腳也無力，而流年丙午剋掉庚
   金，且「天干兩丁足可敵一庚」，所以含隔年丁未同樣情形，
   故「榜下知縣」。寅運是財運又拱卯，故「官資頗豐」。「辛
   卯截腳」，兩個丁火剋掉辛金，卯財繼續旺。壬辰運一堆食
   傷剋官殺，至壬申年，壬辰運與壬申年拱子，夾帶地支食傷
   四見，沖「兩丁皆傷」。

797

按：日主得濕土生，微根入庫，不弱。月令傷官生財透出為喜，再生正官，水木火相生，濁在財印爭戰。

正官	日主	偏印	正財
丁 丑	庚 辰	戊 子	乙 未
辛　癸　己	癸　乙　戊	癸	乙　丁　己
劫　傷　正 財　官　印	傷　正　偏 官　財　印	傷 官	正　正　正 財　官　印
庚　　　　辛 辰　　　　巳	壬　　　　癸 午　　　　未	甲　　　　乙 申　　　　酉	丙　　　　丁 戌　　　　亥

任注：庚辰日元，生於子月，未土穿破子水，天干木火，皆得辰未之餘氣，足以用木生火。丙運入泮，癸酉年行乙運，癸合戊化火，酉是丁火長生，均以此年必中，殊不知乙酉截腳之木，非木也，實金也。癸酉年水逢金生，又在冬令，焉能合戊化火，必剋丁火無疑。酉中純金，乃火之死地，陰火長生之說，俗傳之謬也，恐今八月又建辛酉，局中木火皆傷，防生不測之災，竟卒於省中。

1、庚日主生在子月，傷官當令。年支未土穿破子水，天干乙木丁火，通根地支辰與未。「足以用木生火」，指財生殺，暗示財是用神。原局正財、偏印、正官皆成格，其中印綬最旺。

2、丙戌運入泮。乙酉大運癸酉年，「均以此年必中」，殊不知乙被酉截腳，戊癸也合而不化，反得辰酉合金，日主撐爆。「恐今八月又建辛酉，局中木火皆傷，防生不測之災，竟卒於省中」，任鐵樵隱瞞核心理論，乙酉運、癸酉年、辛酉月，擺明就是三支羊刃「群劫爭財」，喜神被剋去。

按：身強用財，忌火地燥土，前言「喜行金運，必要庚申、辛酉」。

劫財	日主	正印	食神
丁酉	丙寅	乙卯	戊子
辛	戊　丙　甲	乙	癸
正財	食　比　偏 神　肩　印	正印	正官

癸亥	壬戌	辛酉	庚申	己未	戊午	丁巳	丙辰

任注：丙寅日元，坐於卯月，木火並旺，土金皆傷，水亦休囚。幼運丙辰、丁巳，遺業消磨。戊午、己未，燥土不能生金洩火，經營虧空萬金，逃出外方。交庚申、辛酉二十年，竟獲居奇之利，發財十餘萬。

1、丙日主生在卯月，木火併旺，指印綬比劫多，身強，故「土金皆傷」，土是食傷，金是財星。「水亦休囚」，唯一子水被卯木洩，午土蓋頭。木火旺直覺是喜金水。

2、初運丙辰，火土旺不利身強。丁巳運還是火土旺一樣不利，故「遺業消磨」。戊午、己未運還是火土之地，「燥土不能生金洩火」，故「經營虧空」。庚申辛酉運，干支都是財，故「發財十餘萬」。原局日主強，要食傷洩秀，但正印緊貼食神，進入財運用財剋印，食神得用。

799

按：火土太旺，羊刃喜財殺，地支食傷四見論濁，與天干官印不合；雖喜申酉運，無奈被蓋頭。

偏印	日主	正官	比肩
甲午	丙午	癸巳	丙申
己　丁	己　丁	庚　戊　丙	戊　壬　庚
傷官　劫財	傷官　劫財	偏財　食神　比肩	食神　七殺　偏財
辛丑　庚子	己亥　戊戌	丁酉　丙申	乙未　甲午

任注：丙午日元，生於巳月午時，羣比爭財，逼乾癸水。初運甲午，刃劫猖狂，父母早亡。乙未助刃，家業敗盡。交丙申丁酉，火蓋頭，且局中巳午回剋金，貧乏不堪。交戊戌稍能立足。

1、丙日主生在巳月，再看日時兩支羊刃，旺到不知如何調停？癸水一點是財，比劫四見，故「羣比爭財」。

2、初運甲午，第三支羊刃報到，劫財剋偏財，故「父母早亡」。乙未運巳午未三合還是大羊刃，故稱「助刃」而家業敗盡。交丙申運與丁酉運，都是火鍋蓋頭，「且局中巳午回剋金」，還被原局地支巳午火回剋，故「貧乏不堪」。「戊戌稍能立足」，因為羊刃喜食傷洩。任鐵樵為何不將原局視為專旺格，因為巳申合，癸水薄根有反制作用，如果以反證而言，專旺格宜順其旺勢，故在甲午與乙未東南運應該生發，否則何以「家業敗盡」？

> 原文：何為戰。
>
> 原注：如丙運庚年，謂之運伐歲。日主喜庚，要丙降，得戊得己者吉。日主喜丙，則歲不降運，得戊己以和為妙。如庚坐寅午，丙之力量大，則歲運亦不得不降，降之亦保無禍。庚運丙年，謂之歲伐運。日主喜庚，得戊己以和丙者吉。日主喜丙，則運不降歲，又不可用戊己洩丙助庚。若庚坐寅午，丙之力量大，則運自降歲。亦保無患。

1、按：丙運逢庚年，丙剋庚，謂之運伐歲。日主如果喜歡庚金，要用丙火降服，或戊己土生庚金洩火皆吉。反之，如果日主喜歡大運丙火，則流年庚金被大運丙火所剋，流年不宜反剋大運，故以戊己土五行順生為妙。庚雖為喜，卻坐寅午，不如歲運從絕，面對火局裡應外合，溫馴臣服亦保無禍。

2、庚運丙年，丙年剋庚運，歲伐運；日主喜庚運，用戊己土化火生金。反之，日主喜丙，運不宜剋流年，也不可用流年火生土，化火生金；或若庚運坐寅午火支，火力強，則乾脆馴服於流年火局之中亦保無患。

任氏曰：戰者剋也，如丙運庚年，謂之運剋歲，日主喜庚，要丙坐子辰，庚坐申辰，又局中得戊己洩丙，得壬癸剋丙則吉。如丙坐午寅，局中又無水土制化，必凶。如庚運丙年，謂之歲剋運；日主喜庚則凶，喜丙則吉；喜庚者要庚坐申辰，丙坐子辰，又局中逢水土制化者吉，反此必凶，喜丙者依此而推。

1、按：如果丙運流年庚，丙運剋庚年，假設日主喜庚流年，要丙運坐子辰，庚坐申辰，以申金扶持，辰土相生，補足喜神元氣；用流年水局之力剋去丙運，即天干受剋，用敵我地支一齊回剋，最好再有戊己土洩丙，壬癸水剋丙，使忌神四面楚歌。反之，丙火坐下寅午生扶，必凶。

2、如庚運丙年，流年剋大運，日主喜庚而流年冲大運必凶；喜丙流年，以丙去庚則吉。喜庚要庚坐申辰，以申金扶持，辰土相生，補足喜神元氣；而讓忌神丙火坐子辰水局濕土之上，甚且水土制化丙火最佳。反之，必衰。其餘同理。

按：日主太旺宜食傷生財，庚運丙年，謂之歲伐運，歲不降運。

偏財	日主	偏印	正財
庚寅	丙辰	甲午	辛卯
戊　丙　甲	癸　乙　戊	己　丁	乙
食神　比肩　偏印	正官　正印　食神	傷官　劫財	正印
丙戌　丁亥	戊子　己丑	庚寅　辛卯	壬辰　癸巳

任注：丙火生於午月，旺刃當權，支全寅卯辰，土從木類，庚辛兩不通根。初交癸巳壬辰，金逢生助，家業饒裕，其樂自如。辛卯金截腳，刑喪破耗，家業十敗八九。庚運丙寅年剋妻，庚坐寅支截腳，丙寅歲剋運，又庚絕丙生，局中無制化之神。於甲午月木從火勢，凶禍連綿，得疾而亡。

1、丙火生在午月，羊刃格，「支全寅卯辰」，地支三會印綬格又透干，身旺。「土從木類」，食神傷官倒戈生日主。「庚辛兩不通根」，財星浮見天干。

2、初運癸巳與壬辰運，帶水之火土能生金，金逢生助，財得地剋忌神印綬，故家業饒裕。辛卯運金截腳，故「刑喪破耗」。庚寅運丙寅年剋妻，庚被截腳，丙寅年是流年剋大運，又「庚絕丙生」，指時柱庚寅，大運庚寅，流年丙寅，三寅再加原局三會木，木多金缺；原局與流年丙火兩見剋大運庚金，流年定衰。甲午月還是木火剋金。

按：看似木多，不知帶火無印，卯酉沖，日主很虛；忌殺喜印。

比肩	日主	劫財	七殺
乙酉	乙卯	甲午	辛卯
辛	乙	己　丁	乙
七殺	比肩	偏財　食神	比肩

丙戌	丁亥	戊子	己丑	庚寅	辛卯	壬辰	癸巳

任注：乙木生於午月，卯酉緊沖日祿，月干甲木臨絕，五行無水。夏火當權洩氣，傷官用劫，所忌者金。初運壬辰、癸巳，印透生扶，平順之境。辛卯運，惟辛酉年沖去卯木，刑喪剋破。至庚運丙寅年，所忌者金，而丙火剋去之，局中無土水洩制丙火，又火逢生，金坐絕，入泮，得舒眉曲也。

1、乙木午月，日時卯酉沖，月干甲木坐下午火，洩氣當「臨絕」。「五行無水」，指四柱缺印星。夏火當權洩氣，原局以食神生財為用，故「傷官用劫」，「所忌者金」，因為沒有印綬化殺。

2、初運癸巳與壬辰，「印透生扶」，壬癸水是印，故「平順之境」。辛卯運七殺臨絕，「惟辛酉年沖去卯木」，因為流年天干辛剋兩個乙木，地支酉金也是剋兩個卯木，酉酉自刑，原局撼動，故「刑喪剋破」。庚寅運丙寅年，流年丙火剋大運庚金正官，且局中無土水洩制丙火，「火逢生」指丙坐寅木長生，揚眉吐氣。

> 原文：何為沖。

> 原注：如子運午年，謂之運沖歲。日主喜子，則要助子。又得年之干頭，遇制午之神；或午之黨多，干頭遇戊甲字者必凶。如午運子年，謂之歲沖運。日主喜午，而子之黨多，干頭助子者必凶。日主喜子，而午之黨少，干頭助子者必吉。若午重子輕，則歲不降。亦無咎。

1、按：沖，指六沖；例如子運午年，運沖歲；喜神在子，金水來最好。甚且流年干頭是制火的五行，以眾喜擊破寡忌。反之，午火黨多，干頭又是制去子水的戊土，洩水的甲木，必凶。

2、午運子年，歲沖運；日主喜午，而子年合會水局沖喜神，甚且年干金水幫助子水，必凶。反之，日主喜子水，而午火寡頭，天干幫助水局，眾喜擊破寡忌，必吉。或午重子輕，午流年氣勢較旺，亦無咎。

> 任氏曰：沖者破也，如子運午年，謂之運沖歲。日主喜子，要干頭逢庚壬，午之干頭逢甲丙，亦無咎。如子之干頭遇丙戊，午之干頭遇庚壬，亦有咎。日主喜午，子之干頭逢甲戊，午之干頭遇甲丙，則吉。如子之干頭遇庚壬，午之干頭遇甲丙，則凶。

按：子運午年，運沖歲；日主喜子水，干頭庚壬金水相生扶，如此即使午年干頭甲丙，也被金水剋去，則無咎。如子水運干頭遇丙戊剋洩蓋頭，午火年干是庚壬，還是休咎年。反之，日主喜流年午火，子運干頭是甲木洩水戊土蓋頭，午年干頭是甲木生丙火扶，則吉。反之，子運干頭有庚壬生扶，午年之干頭有甲木生丙火扶，各有樁腳力挺，打群架比單挑嚴重，必凶。

805

> 任氏曰：如午運子年，謂之歲沖運。日主喜午，要
> 午之干頭逢丙戊，子之干頭遇甲丙，則吉。如午之
> 干頭遇丙戊，子之干頭遇庚壬，必凶，餘可類推。

按：午運子年，流年沖大運；日主喜午運，要午運之干頭丙火戊土，子運之干頭甲丙，以強化午火，弱化子水，則吉。

反之，午運雖喜干頭有丙戊，但子水干頭庚壬生扶，來勢洶洶，必凶，餘可類推。

> 原文：何為和。

> 原注：如乙運庚年，庚運乙年，則和。日主喜金則吉，日主喜木則不吉。子運丑年，丑運子年，日主喜土則吉。喜水則不吉。

按：乙庚合金，乙木不見了，喜歡庚的有人帶槍投靠論吉；喜歡乙木的就倒楣。同理：子運丑年，子丑合土，喜土則吉；丑運子年，子丑合土，水沒了，喜水的倒楣。

> 任氏曰：和者合也。如乙運庚年，庚運乙年，合而能化，喜
> 金則吉，合而不化，反為羈絆；不顧日主之喜我，則不吉矣。
> 喜庚亦然，所以喜庚者，必要木金得地；乙木無根，則合化
> 為美矣。若子丑之合，不化亦是剋水，喜水者必不吉也。

按：歲運乙庚合金，合化成金，喜金就是論吉。合而不化，庚反而被拖累，庚辜負日主期待，只想合乙就要倒楣。乙木無根合化好，有根只合掉天干，地支拉扯間還是不美。若子丑相遇不合化，喜水者水還在，別高興得太早，因水還是被剋。

806

原文：何為好。

原注：如庚運辛年，辛運庚年，申運酉年，酉運申年，則好。日主喜陽，則庚與申為好。喜陰，則辛與酉為好。凡此皆宜例推。

按：歲運庚辛、申酉有干鄰、半會的情意論好。喜陽就喜庚、申，喜陰就喜辛、酉。自家人互換祿位，肥水不落外人田。

任氏曰：好者，類相同也。如庚運申年，辛運酉年，是為真好，乃支之祿旺，自我本氣歸垣，如家室之可住。如庚運辛年，辛運庚年，乃天干之助，如朋友之幫扶，究竟不甚關切，必要先旺運通根，自然依附為好，如運無根氣，其見勢衰而無依附之情，非為好也。

按：大凡同類相聚，君臣慶會都是好事。庚申、辛酉自坐祿旺，自我本氣歸垣，自住最安心。如果辛運庚年這種天干相扶，如同天氣輪轉過往，幫扶的情意有限，所以自坐祿旺有根最妙。如果運無根氣，如同浮萍隨波，隨便來個冲刑就倒楣。

貞元

> 原文：造化起於元，亦止於貞，再肇貞元之會，胚胎嗣續之機。

> 原注：三元皆有貞元，如以八字看，以年為元，月為亨，日為利，時為貞。年月吉者，前半世吉。日時吉者，後半世吉。以大運看。以初十五年為元。次十五年為亨。中十五年為利。後十五年為貞。元亨運吉者，前半世吉。利貞運吉者，後半世吉。皆貞元之道。

按：八字扯到元亨利貞，當作春夏秋冬的循環也行。天地一太極，太極之中又有太極。年為元（根），月為亨（苗），日為利（花），時為貞（果），也通。各占十五年，剛好一甲子循環。

> 原注：然有貞元之妙存焉；非特絕處逢生，北盡東來之意也。至於人之壽終矣，而既終之後，運之所行，果所喜者歟，則其家必興。果所忌者歟，則其家必替。蓋以父為貞，子為元也。貞下起元之妙，生生不息之機。予著此論，非欲人知考之年，而示天下萬世，實所以驗奕世之兆，而知數之不可逃也。學者晟之。

1、按：這段是說元、亨、利、貞，看似機械性四季輪轉，但不只是逢絕則生，北圈完，東風生的運作；但不同的是大運有喜忌，喜則興，忌則衰；妙在壽終正寢後的大運，喜則家風揚昇，忌則笑看興替。因為「貞」為父，父由子承續，所以「元」就是子息。

2、元、亨、利、貞之妙在曉諭生生不息，而作者著書之本意，不是要讓人們預知榮華富貴，福祿壽，而是要知道累積世代如此多的命例徵兆，天下之數冥冥之間不可逃。學者明之。

任氏曰：貞元之理，河洛圖書之旨也。河洛圖書之旨，即先後天卦位之易也。先天之卦，乾南坤北，故西北多山，崑崙為山之祖。東南多水，大海為水之歸，是以水從山出，山見水止，夫九河瀉地，極汪洋澎湃之勢，溯其源，皆星宿也。

按：元亨利貞的意義，就是河圖洛書的道理；也是《易經》先後天八卦意義。先天八卦，天地定位，故乾南坤北，故西北多山，東南多水，溯其源，皆星宿，在天成象，在地成形。

任氏曰：夫五岳插天，極崇隆峻險之形，窮其本，皆崑崙也。惟人有祖父亦然，雖分支派衍，莫不出於一脈，故一陰生於坤之初，一陽生於乾之始，所以離為日體，坎為月體。

按：五岳：泰山、華山、嵩山、衡山、恆山，追溯始祖山都是崑崙山。比喻人類繁衍，開枝散葉，祖先一脈不可廢。先天八卦的乾宮是後天八卦的離宮，先天八卦的坤宮是後天八卦的坎宮；順此，離火是日，坎水是月，天道日月，地道水火，人道父母。

任氏曰：而貞元之理，原於納甲，納甲之象，出於八卦，故父乾而母坤，震為長男，繼乾父之體，因坤母之兆，故太陰自每月廿八至初二，盡魄純黑而為坤象。坤者，猶貞之意也。初三光明三分，一陽初生，震之象也，震者，元之兆。初八上弦，光明六分，兌之象也，兌者，猶亨之理也。十八日，月盈而虧缺三分，巽之象也，猶利之義也。

按：這節說明西漢象數學家京房，結合天文學利用月亮圓缺匹配八卦形象，定出三畫卦納甲，又說震、兌、巽、坤四卦就是元、亨、利、貞，雖是術數易學之基礎，但無關八字學核心技術，不贅述。

任氏曰：是以貞元之道，循環之理，盛極而衰，否極而泰，亦此意也。觀此章之旨，不特人生在世，運吉者昌，運凶者敗。至於壽終之後，而行運仍在，觀其運之吉凶，而可知其子孫之興替。故其人既終之後，而其家興旺者，身後運必吉也；其家衰敗者，身後運必凶也；此論雖造化有定，而數之不可逃，為人子者，不可不知考之年，而善繼述之。若考之身後運吉，自可承先啟後，如考之身後運凶，亦可安分經營，挽回造化。若祖宗富貴，自詩書中來，子孫享富貴，即棄詩書者，若祖宗家業，自勤儉中來，子孫享家業，即忘勤儉者，是割扶桑之幹，而接于文梓，未有不槁者；決渭河之水，而入於涇川，鮮有不濁者，何也？其本源各自不相附耳，學者宜深思之。

1、按：盛極而衰，無往不復，禍福相依是術數《易》學的基本規則。所以「再肇貞元之會，胚胎嗣續之機」，故壽終之後，仍可觀察家運吉凶，窺知子息興替。為人子者，雖知造化有定，仍須善繼家風遺業。

2、後繼之人既知運吉，更當百尺竿頭，承先啟後。反之，運蹇困窒，亦可安心經營，守成圓滿。務必將祖先如何辛勤起家之本源，繫于包桑。

參考書目

任鐵樵增注，袁樹珊撰輯，《滴天髓闡微》。

徐樂吾著，《造化元鑰評註》。

萬民英，《三命通會》。

沈孝瞻原著，徐樂吾評註，《淵海子平評注》。

梁湘潤著，《流年法典》。

梁湘潤著，《子平母法總則》。

梁湘潤著，《大流年判例》。

梁湘潤著，《余氏用神辭淵》。

徐樂吾著，《子平粹言》。

於光泰博士，《八字奧秘三十天快譯通》。

於光泰博士，《子平真銓三十天快譯通》。

國家圖書館出版品預行編目資料

滴天髓三十天快譯通/於光泰著

--初版—桃園市

於光泰，2023.01

810 面；14.8X21 公分

ISBN：978-626-01-0858-8

CIP： CST:命書

293.1　　　　　　　111020916

滴天髓三十天快譯通

2023 年 1 月　初版　第 1 刷

作者：於光泰

出版者：於光泰

地址：桃園市桃園區大業路二段 103 號 7 樓之 2

電話：(03)472-4980

Email：s91923010@yahoo.com.tw

印刷：明邦印刷事業有限公司

地址：新北市中和區中山路二段 327 巷 11 弄 5 號 1 樓

電話：(02)2247-5550

建議售價：新台幣壹仟肆佰元整

ISBN：978-626-01-0858-8